Alleen in Deutschland

# Alleen in Deutschland

Bedeutung | Pflege | Entwicklung

Herausgegeben von Ingo Lehmann und Michael Rohde

Edition Leipzig

Dieses Buch wurde gefördet durch die

sowie das

und Lorberg Baumschulerzeugnisse

Bibliografische Information Der Deutschen Bibliothek
Die Deutsche Bibliothek verzeichnet diese Publikation
in der Deutschen Nationalbibliografie;
detaillierte bibliografische Daten sind im Internet über
http://dnb.ddb.de abrufbar.
ISBN-13: 978-3-361-00613-3
ISBN-10: 3-361-00613-9

© 2006 by Edition Leipzig
in der Seemann Henschel GmbH & Co. KG, Leipzig
www.edition-leipzig.de

Die Verwertung der Texte und Bilder, auch auszugsweise, ist ohne Zustimmung der Rechteinhaber
urheberrechtswidrig und strafbar. Dies gilt auch
für Vervielfältigungen, Übersetzungen, Mikrover-
filmungen und für die Verarbeitung mit elektronischen
Systemen.

Konzeption, wissenschaftliche Bearbeitung und
Redaktion: Ingo Lehmann, Michael Rohde
Umschlag: Lambert und Lambert, Düsseldorf
Layout: Oberberg · Seyde und Partner,
Lurette Seyde, Leipzig
Satz: Steffi Glauche, Leipzig
Reproduktionen: LVD GmbH, Berlin
Druck und Binden: Offizin Andersen Nexö Leipzig
Printed in Germany

Gedruckt auf alterungsbeständigem Papier mit
chlorfrei gebleichtem Zellstoff.
Die Schreibweise folgt den Regeln der neuen
Rechtschreibung.

Frontispiz: Herbstliche Stimmung in einer Ahornallee
bei Uecker-Randow, 2003

*Lückige Allee aus Bergahorn und Flatterulmen bei Buschow Nordwest-Mecklenburg, 1996 (Foto: Ingo Lehmann)*

# Inhalt

9 Vorwort
10 Einführung

Geschichte, Typen und künstlerische Darstellung von Alleen

14 CLEMENS ALEXANDER WIMMER
Alleen – Begriffsbestimmung, Entwicklung, Typen, Baumarten
24 HEIKE PALM
Alleen in Gärten von der Renaissance bis zum Rokoko
30 DIETGER HAGNER
Alleen zur Zeit des Landschaftsgartens – von der Aufklärung bis zum Historismus
36 HEINO GRUNERT
Die Reformbewegung und die Renaissance der Alleen zu Beginn des 20. Jahrhunderts – das Beispiel Hamburg
40 EVA BENZ-RABABAH
Alleen des 20. Jahrhunderts im städtebaulichen Zusammenhang

Zur Bedeutung der Alleen als Kultur- und Umweltgut

52 DETLEF KARG
Alleen in ihrer Bedeutung für die Denkmalpflege
58 AXEL KLAUSMEIER
Vom Nutzen und der Funktionsvielfalt der Alleen
64 HUBERTUS FISCHER
Alleen literarisch – vom Barock bis zur Moderne
70 ANNETTE DORGERLOH
Spielräume – Alleen in der Malerei und Grafik
76 MARTIN KRAFT UND HARALD PLACHTER
Die naturschutzfachliche Bedeutung von Alleen

Alleen im Licht der Umwelt- und Verkehrspolitik

86 KARL TEMPEL, ELKE THIELE UND HEIDEMARIE APEL
»Deutsche Alleen – durch nichts zu ersetzen« – die Kampagne des Bundesumweltministeriums und der Alleenschutzgemeinschaft e.V.
90 LUTZ TÖPFER
Schutz und Bewahrung der historischen Kulturlandschaft als Aufgabe der Deutschen Bundesstiftung Umwelt – Förderpaxis zum Erhalt von Alleen
94 ERWIN PFEIFFER UND BERND KREBS
Die Deutsche Alleenstraße – eine Ferienstraße durch die schönsten Regionen Deutschlands
98 CORINNA CWIELAG UND SILKE FRIEMEL
Alleen brauchen Freunde – eine Lobby für die Straßenbäume in Mecklenburg-Vorpommern und Brandenburg
102 FRANK SZYMANSKI
Alleen in Brandenburg aus Sicht der Verkehrspolitik
106 JÜRGEN PETERS, ANDREAS FISCHER UND MEINHARD OTT
Regionales Alleenmanagement in Brandenburg – Modellregion Naturpark Märkische Schweiz

Zur aktuellen Situation der Alleen in Deutschland

110 INGO LEHMANN UND ALEXANDER MÜHLE
Außerorts verlaufende Straßenalleen und ihre Entwicklung im 20. Jahrhundert
118 MARGITA MEYER
Historische Alleen in Schleswig-Holstein – ein topografischer Überblick
124 INGO LEHMANN
Mecklenburg-Vorpommern – Land der Alleen

132 RAINER SCHOMANN
Alleen in Niedersachsen – ein kaum bekanntes Kulturgut

138 MICHAEL ROHDE UND JÖRG WACKER
Alleen in den Gärten der Stiftung Preußische Schlösser und Gärten Berlin-Brandenburg

146 ACHIM RÖTHIG
Nordrhein-Westfalen – ein Bundesland der vergessenen Alleen?

150 JENS SCHEFFLER
Alleen in Sachsen – ein Beitrag zur Geschichte und aktuellen Situation

156 RAINER HERZOG
Alleen in Bayern

Rechtliche Schutzmöglichkeiten für Alleen

164 ERNST-RAINER HÖNES
Allgemeiner Überblick zum gesetzlichen Schutz von Alleen

172 PETER JORDAN
Hinweise über historische Schutzvorschriften für Alleen

174 CARL-AUGUST AGENA UND HANS WALTER LOUIS
Alleenschutz und Verkehrssicherungspflicht

178 VERENA SAUTTER
Rechtlicher Schutz von Alleen am Beispiel des Landes Brandenburg

184 DIETER J. MARTIN
Alleen und Umweltprüfungen

Methodik zur Erhaltung, Pflege und Erneuerungsmaßnahmen für Alleen

190 MICHAEL SEILER
Maße, Proportionen, Erziehung und Pflege von Alleen in Gärten des Barock und Rokoko

194 MICHAEL ROHDE
Erhaltungs- und Pflegemethoden für Alleen im 19. Jahrhundert

202 PETER FIBICH
Beherzte Erneuerung – Alleen in der Gartendenkmalpflege der DDR

210 RAINER SCHOMANN
Methodischer Umgang mit denkmalgeschützten Alleen heute

216 DIRK DUJESIEFKEN
Erhaltung sehr alter und schadhafter Alleen

222 HARTMUT BALDER
Zur Beurteilung und Behandlung geschädigter Wurzelbereiche von Alleen

228 HEINZ-DETLEF GREGOR
Schadfaktoren für innerstädtische Alleebäume und Möglichkeiten der Schadensbegrenzung

234 GERD BOLLMANN
Bewertung von Alleen-Kappungen aus der Sicht eines Baumpflegeunternehmers

238 ANDREAS VON HOEREN
Alleenpflege aus der Sicht eines Landschaftsarchitekten

242 Kurzbiografien
244 Ortsverzeichnis Alleen
247 Bild- und Rechtenachweis

## Vorwort

Alleebäume begleiten Straßen durch das Land und knüpfen auf diese Weise Bänder, nicht nur zwischen Orten, sondern auch durch die Zeiten. Wer etwa der »Deutschen Alleenstraße« durch Brandenburg und Mecklenburg-Vorpommern, durch Thüringen oder durch Hessen und Sachsen-Anhalt folgt, wird neben den historischen Bäumen auch einer geistesgeschichtlichen Entwicklung folgen können. Die Landesverschönerungen im Gartenreich des Dessauer Fürstenhauses, das klassische Weimar oder die alte Kulturlandschaft der Mark Brandenburg etwa, von der Theodor Fontane ein so eindrucksvolles Zeugnis gegeben hat, haben nicht zuletzt durch die erhaltenen Alleen noch immer ein Gesicht. In den Wegen über das Land manifestiert sich die Zeit ganz handfest in den inzwischen zuweilen mächtigen Bäumen.

In Alleen verknüpft sich die Kultur mit der Natur auf eine einzigartige Weise. Alleen gliedern das Land und sind selbst gegliedert, sind schöne Wege und oft erstaunlich komplexe und vielschichtige Lebensräume.

Alleen sind gleichzeitig gefährdete Orte. Die als Erinnerung an eine vergangene Zeit geschätzten gestalteten Straßen scheinen aus der Perspektive einer zeitgemäßen Straßennutzung beispielsweise zunehmend hemmend, ja gefährlich. Selbst wenn sich diese Haltung, Alleenbäume vorsorglich zu Gunsten der Verkehrssicherheit zu fällen, nicht erneut durchgesetzt hat – verkehrspolitische Argumente haben die großflächige Zerstörung vieler Alleen in den alten Bundesländern verursacht –, so führen andere mit den Menschen verknüpfte Faktoren zum Schwinden der Bäume am Straßenrand. Streusalz und Miniermotte etwa, aber auch die mangelnde Pflege der Alleen, etwa durch unterlassenes Nachpflanzen, bedrohen den Bestand dieser ganz besonderen Elemente der historischen Kulturlandschaft.

Mit Unterstützung der Deutschen Bundesstiftung Umwelt (DBU) hat es die Alleenschutzgemeinschaft e.V. nun unternommen, das reiche Wissen um Alleen erstmals zusammenzufassen und zu verknüpfen. Unser Dank gilt insbesondere Herrn Ingo Lehmann, dem Vorsitzenden der Alleenschutzgemeinschaft e.V., und Dr. Michael Rohde, Gartendirektor der Stiftung Preußische Schlösser und Gärten Berlin-Brandenburg, für ihren unermüdlichen Einsatz, der dieses Vorhaben erst möglich werden ließ.

Der vorliegende Band der interdisziplinären Fachtagung im Zentrum für Umweltkommunikation der DBU in Osnabrück vom November 2006 präsentiert auf eindrucksvolle Weise eine hohe Fachkompetenz. Chancen und Risiken für den Erhalt von Alleen werden deutlich identifiziert, aber auch Lösungswege zur Bewahrung dieser besonderen Elemente der historischen Kulturlandschaft aufgezeigt. Ich hoffe, dass dieses Buch einen Beitrag zur Schärfung der öffentlichen Wahrnehmung für ein zunehmend bedrohtes Gut leisten kann.

Dr.-Ing. E.h. Fritz Brickwedde
Generalsekretär der Deutschen Bundesstiftung Umwelt (DBU)

*Etwa zweihundertjährige Lärchenallee in Schwerin-Friedrichsthal, 1998.*

# Einführung

Alleen sind ein wertvolles Kultur- und Naturgut in Landschaft, Stadt und Garten. Sie zeugen von der Landesgeschichte, entfalten Wohlfahrtswirkung und sind zu einem Faktor des Tourismus geworden. Die »Deutsche Alleenstraße« ist seit rund zehn Jahren ein Markenzeichen. Die grünen Dome bieten farbige Motive für Maler und werden von Dichtern besungen. Sie stehen für Einsamkeit und Kommunikation, für Begrenzung, Weite und Ordnung. Berlins Straße »Unter den Linden« oder Baden-Badens »Lichtentaler Allee« erzählen Geschichten, sind weithin bekannt. Theodor Fontane nannte sie »Grüne Haine des Reisens«. Alte Alleen bieten Schatten und Schutz, sind Lebensräume für eine Vielfalt von Tierarten. Obstbaumalleen zeigen Blütenpracht und bringen Ernten. In den Städten stellen sie mit ihren unterschiedlichen Baumarten wertvolle Promenaden und Biotope dar. Alleen bilden in Gärten, Parks und Landschaften Strukturen, gestalten Räume und führen zu markanten Bauten und Orten. Leberecht Migge, bedeutender Gartenarchitekt des frühen 20. Jahrhunderts, fasste Alleen als »Organismus« auf und Fontane wollte sie gar vermenschlichen: »Junge Kastanien- und Kirschgänge« würden wie Kinder wirken, die »bei der ersten Kommunion der Dorfkirche zustreben«.

Alleen werden als Gegenstand der Denkmalpflege und des Naturschutzes gleichermaßen geschützt und erhalten. Sie müssen durch besondere Methoden und gärtnerische Techniken der Schnitt- und Wundbehandlungen ständig gepflegt und revitalisiert werden. Manchmal müssen sie zum Teil oder im Ganzen auch durch junge Bäume ersetzt werden. Vereine und Stiftungen wie auch politische Vertreter von Bund, Ländern und Gemeinden setzen sich inzwischen für den Erhalt von Alleen ein und fördern Neuanpflanzungen.

Das Buch »Alleen in Deutschland« bespricht erstmals umfangreich die Bedeutung, Pflege und Entwicklung von Alleen. In interdisziplinärer Betrachtung wird auf die öffentliche Relevanz unterschiedlicher Aspekte Bezug genommen, u. a. die räumlich-künstlerische Wirkung von Alleen, ihre weitreichende Nutzungsgeschichte, ihre Bedeutung innerhalb der bildenden Künste, ihr ökologischer Wert für die Umwelt wie auch ihr Wert für Heimatkunde und Erholung. Das Buch will über dieses wichtige Thema informieren und sensibilisieren, aber eben auch Anregungen bieten, sich für die Erhaltung alter und die Förderung neuer Alleen als privates und öffentliches Anliegen einzusetzen.

Beiträge zur Geschichte der Alleen zeigen, aus welchen Gründen sie nach spezifischer Form und Funktion angelegt worden sind. Zu allen Zeiten haben sie als gartenkünstlerisches Element eine Rolle gespielt, manchmal mehr in Gärten und Parkanlagen, zu anderen Zeiten überwiegend in Städten und Landschaften. Alleen sind hier die prägenden grünen Strukturen, früher als Leitmotiv der Landesverschönerung des 19. Jahrhunderts angepflanzt und heute als übergreifender Bestandteil unserer Kulturlandschaft wahrzunehmen. In zeitgenössischen Lehrbüchern werden die Vielfalt der Alleentypen, ihre Proportionen und Formen definiert. Auch die jüngere Geschichte ist Gegenstand der Forschungen, zum Beispiel im städtebaulichen Zusammenhang.

Die Bedeutung von Alleen als Kultur- und Umweltgut darzustellen und der Öffentlichkeit gegenüber zu vermitteln, ist eine wichtige Aufgabe. Immer mehr wird auch ihre ökologische Funktion erkannt und geschätzt, insbesondere in den »naturfernen« Agrarlandschaften und Siedlungsbereichen. Alleen stellen Biotope, Orientierungslinien und Verbindungsachsen dar, sind Fortpflanzungsräume für Vögel und Insekten oder wesentliche Nahrungsquellen.

Ohne Zweifel haben Alleen in Deutschland in der zweiten Hälfte des 20. Jahrhunderts aufgrund der erheblichen Zunahme des Automobilverkehrs und des damit verbundenen Ausbaus von Straßensystemen deutliche Verluste hinnehmen müssen. Alleen haben zudem unter den hohen Emissionen aus Industrie und Verkehr wie auch unter dem Streusalz zu leiden. Erst seit den letzten drei Jahrzehnten machen engagierte Bürger durch Verbände und Vereine,

Forschungsinstitutionen wie auch zuständige Fachämter zunehmend auf das Ausmaß dieser Probleme aufmerksam. Auch die überwiegende Mehrheit der deutschen Fahrzeugführer schätzt die alten Alleen. Das Buch zeigt positive Beispiele aktueller Aktionen und Förderungen, Projekte für Neupflanzungen wie auch Verkehrs- und Alleenkonzepte.

Eine systematische Erfassung und Auswertung der geschichtlichen, künstlerischen und städtebaulichen Bedeutung der Alleen steht in vielen Ländern der Bundesrepublik Deutschland noch aus. Erstmals wird jedoch ein Überblick über den bis heute bekannten Bestand an Alleen und einseitigen Baumreihen in Deutschland vorgestellt, fußend auf aktuellen Forschungen. Beispielhaft werden sieben Bundesländer mit vielfältigen Hinweisen auf ihren reichen damaligen und gegenwärtigen Alleenbestand behandelt.

Alleen haben über Jahrhunderte hinweg aus vielfältigen Gründen besonderen Schutz genossen, nicht nur, weil sie Holz und Früchte liefern oder Kühlung und Windschutz bieten, sondern auch, weil sie eine Zierde von Gärten, Städten und Landschaften sind, feudale und bürgerliche Symbole darstellen. Mit der Einführung von Denkmal- und Naturschutzgesetzen einschließlich ihrer zuständigen Schutz- und Fachbehörden in Deutschland haben sich Schutz und Entwicklung von Alleen kontinuierlich verbessert. Das Buch stellt das Spektrum und die Möglichkeiten gegenwärtiger Rechtsvorschriften, insbesondere auf Bundes- und Landesebene, vor.

Alleen, vor allem denkmal- oder naturgeschützte, erfordern in ihren Maßnahmen zur Erhaltung, Pflege und Neupflanzung ein hohes Maß an methodischen, gärtnerischen und biologischen Fachkenntnissen, über Jahrhunderte entwickelt und tradiert. Das Buch hat dieses Wissen neu aufbereitet, bis hin zur jüngeren Geschichte, z. B. dem denkmalpflegerischen Umgang mit Alleen in der DDR. Aber auch zeitgemäße Verfahren zur Wundbehandlung von Ästen im Stamm- und Kronenbereich oder zur Revitalisierung der Wurzelbereiche werden aufgezeigt. Erfahrungsberichte zur allgemeinen Alleenpflege nennen wichtige Regeln und praktische Hinweise.

Das Buch »Alleen in Deutschland« kam durch ideelle und finanzielle Unterstützung der Deutschen Bundesstiftung Umwelt (DBU) zustande, namentlich durch ihren Generalsekretär Dr.-Ing. E.h. Fritz Brickwedde, seinen damaligen Stellvertreter Dr. Willi Real und den Leiter für Umwelt- und Kulturgüterschutz Dr. Arno Weinmann wie auch seinen Nachfolger Lutz Töpfer. Folgerichtig steht die Publikation auch im Zusammenhang mit der im November 2006 bei der DBU in Osnabrück stattfindenden Fachtagung. Die Buchbeiträge kommen aus Gesellschaft und Politik, von Rechtsexperten, Unternehmern der Baumpflege wie auch engagierten Baumschützern, von Fachleuten der Landschaftsarchitektur, der Denkmalpflege, des Naturschutzes und der Biologie wie auch von Vertretern der Garten- und Kunstgeschichte oder der Germanistik. Es werden neben interdisziplinären Grundlagen vor allem Wege aufgezeigt, wie unsere Alleen in ihrer Vielfalt auch künftigen Generationen erhalten bleiben können. Seltene, bekannte und in Vergessenheit geratene Literatur zu einem alten Thema ist aufbereitet und neu gewertet worden. Es fehlt auch nicht an Hinweisen auf weitere, in Zukunft noch aufzuarbeitende Themen und Forschungen.

Unser Dank gilt den Autoren, die bereitwillig und ohne Honorar, jedoch mit großer Fachkenntnis und besonderem Engagement an diesem Buch mitgewirkt haben. Gleichermaßen danken wir den zusätzlichen Förderern, der Baumschule Lorberg aus Tremmen/Brandenburg sowie dem Landesamt für Denkmalpflege Schleswig-Holstein, ferner Christina Müller, Iris Klein, Lurette Seyde und Steffi Glauche vom Verlag Edition Leipzig für die gute Zusammenarbeit, schließlich all jenen, die uns mit Rat und Tat auf vielfältige Weise geholfen haben.

Ingo Lehmann und Michael Rohde
Hansestadt Wismar und Potsdam im August 2006

Alleen stellen in der Gartengeschichte ein wichtiges Gestaltungselement dar. Im Barock, der hohen Zeit der Alleen, strukturierte diese grüne Architektur die Gartenräume, griff in die Landschaft aus und fasste die Straßenräume von Städten. In den Lehrbüchern wurden Alleentypen, ihre Proportionen und Formen definiert. Zur Zeit des Landschaftsgartens verlagerte sich die Bedeutung von Alleen und Promenaden auf die Stadtbaukunst. Nach den Vorstellungen der Landesverschönerung wurde auch die Landschaft von Alleen durchzogen. Mit der Wiedereinführung architektonischer Gartenkunst erlebten Alleen in den Gärten, Parks und Städten schließlich eine Renaissance.

*Geschlossene Ahornallee im Landkreis Uecker-Randow (Vorpommern). Aufgrund zunehmender Standortveränderungen werden solche Alleen immer seltener.*

Geschichte, Typen und künstlerische Darstellung von Alleen

Clemens Alexander Wimmer

# Alleen – Begriffsbestimmung, Entwicklung, Typen, Baumarten

Die Geschichte der Allee ist nicht gründlich erforscht. Die bislang beste Arbeit ist eine englische Dissertation von Sarah Couch (1992), die allerdings keine Angaben über Mitteleuropa enthält.[1] Die deutsche Forschung ist über die versprengten Angaben bei Gothein 1914 und Teilaspekte kaum hinausgekommen.[2]

Am Anfang gilt es, mit dem populären Irrtum aufzuräumen, Alleen seien Straßen, an denen Bäume stehen. Da allée von aller (ambulare) und nicht von arbre kommt, hat der Begriff eigentlich mit Bäumen nichts zu tun und heißt Gehbahn. So steht es auch im »Dictionnaire des deux Nations« von 1762: »Allee: ein Gang, ein Hin- und Hergang, ein Spaziergang, Lustgang in einem Garten oder anderswo.«[3] In Frankreich wird allée noch heute so verstanden, während in Deutschland, wo das Wort Allee spätestens seit Leonhard Christoph Sturm 1699 verwendet wird, schon Krünitz 1773 eine Neigung zur Verknüpfung mit Bäumen erkennen lässt: »Allee, ist ein mit großen oder kleinen Bäumen besetzter, nicht weniger mit Sträuchern oder Stauden und Blumengewächsen eingefaßter Schnur-gerader, oder mit seinen beiden Seiten parallel- oder gleich-laufender Lustgang oder Spazierweg, in- oder ausserhalb eines Gartens.« Das Holländische (allee), Dänische und Schwedische (allé), Englische (alley), Russische (аллея), Tschechische (alej) und Polnische (aleja) kennen das Fremdwort auch, während es im Italienischen und Spanischen fehlt. Eine Allee ist also ursprünglich keine doppelte Baumreihe, sondern ein breiter Weg, der mit Bäumen, Kübeln, Hecken oder Rabatten eingefasst sein kann, auch Laubengänge können dazuzählen.

Der Vollständigkeit halber muss auch das Wort avenue (urspr. advenue, Zuweg) erwähnt werden. Es findet sich zuerst bei Claude Mollet 1615 und Louis Savot 1624, dann bei André Mollet 1651 und Pierre Morin 1658 im Zusammenhang mit Landhäusern, ohne dass es klar gegen allée abgegrenzt wird. John Evelyn verwendete es 1654 in seinem Tagebuch. 1664 definierte er avenue »the principal walk to the front of the house«. Krünitz schrieb 1773: »Mit Bäumen besetzte Wege, welche sich insgemein mit einem entlegenen Gegenstande endigen, oder nach einem Lustschloß oder Lusthaus führen, werden Avenüen genannt.« Allgemein scheint avenue von Anfang an eine breitere Straße als allée zu bedeuten. In England (avenue) und Spanien (avenida) wird das Wort wie Allee im Deutschen verwendet, während es sich im Deutschen nicht durchgesetzt hat.

Der zweite verbreitete Hauptirrtum über Alleen ist die Annahme, Baumalleen habe es schon immer gegeben. Tatsächlich sind sie eine relativ junge Erscheinung, wenn man den Orient, Ägypten und das alte Rom ausklammert. Sie verbreiteten sich, von Herrensitzen und Städten ausgehend, in der Renaissance und im Barock allmählich in die Landschaft. Allgemein landschaftsprägend wurden sie nicht vor der zweiten Hälfte des 18. Jahrhunderts.

## Ursprung der Alleen

Die mittelalterliche Landschaft kannte offenbar keine Alleen. Der Ursprung der Alleen scheint im Spiel mit optischen Effekten zu liegen, wie es die Renaissance liebte. Die Entdeckung der Perspektive (durch Brunelleschi um 1420) führte zunächst zur Anlage von Sichtachsen und später auch zur Anlage gerader Alleen. Die Sichtachsen strukturierten zuerst das Haus, dann den Garten und zuletzt die Landschaft.

Beim Palazzo Medici in Florenz (1444 von Michelozzo) führt die zentrale Eingangsachse durch einen tunnelartigen Raum in den symmetrischen Säulenhof und auf der anderen Seite des Gebäudes wieder ins Freie. Im Außenraum verliert sie sich im Diffusen. Gothein nennt zwei literarische Quellen aus dem Italien des 15. Jahrhunderts, die möglicherweise auf die Existenz von aufs Haus bezogenen Baumalleen deuten. Der Florentiner Kaufmann Giovanni Ruccelai erwähnt 1459 in einer Beschreibung seiner Villa drei Pergolen, deren

[1] Kurzfassung: Couch, Sarah M.: The Practice of Avenue Planting in the Seventeenth and eighteenth centuries. In: Garden History 20/1992, S. 173–200.
[2] Fink, Eberhard: Die Baumallee, ihre Entwicklung und Bedeutung in der Gartenkunst. In: Das Gartenamt 4/1955, S. 47–49, 65–67; Bührle, Sabine: Die Alleen im Barock: Anmerkungen zur Entwicklung, Bedeutung und Erhaltung. In: Das Gartenamt 37/1988, S. 75–80; Baumann, Martin / Kirsch, Rolf / Krosigk, Klaus v.: Alleen: Gegenstand der Denkmalpflege. Berlin 2000, S. 9–14; Gamer, Jörg: Allee und Boskett als Gartenelemente. In: Denkmalpflege und historische Grünanlagen: Referate des 3. Ludwigsburger Fachseminars. Ludwigsburg 1986, ungebundener Nachtrag.
[3] Nouveau Dictionnaire françois-allemand et allemand-françois à l'usage des deux nations. Tome 2. Straßburg 1762.

eine mit Eichen bepflanzt war und auf ein Tor zuführte. Vasari berichtet von einer Maulbeerallee, die von der Villa Medici Castello zum Arno ging.⁴ Mangels Abbildungen sind diese Angaben unsicher. Weitere literarische Quellen der Zeit sind Alberti (1485), der für seine ideale Villa »Gänge, die das ganze Jahr im Schmucke des grünen Laubes prangen« nennt, und die »Hypnerotomachia Poliphili« (1499), wo eine 740 Meter lange Baumallee aus Zypressen vorkommt, die geradlinig auf das Portal des Palastes der Königin Willensfreiheit zuführt.⁵

Eindeutige Zeugnisse stammen aus dem 16. Jahrhundert. Das Wort allée taucht in dieser Zeit erstmals auf. Charles Estienne definiert 1536 »Ambulacrum siue ambulatio, une allee« in seiner Schrift »De re hortensi libellus«.⁶

Tintoretto malte 1543 eine auf ein Portal ausgerichtete Baumallee. Paolo Veroneses Fresko im Bacchuszimmer der Villa Barbaro in Maser (1558/59) zeigt eine Baumallee auf ein Schloss zuführend. Ein Projekt Palladios (1566) sah drei Baumalleen in Richtung auf einen Rundtempel vor. Es scheint, dass die ersten Baumalleen der Renaissance aus keinem anderen Grunde angelegt wurden, als um Sichtachsen zu begleiten.

In dem europaweit verbreiteten Hausvaterbuch von Charles Estienne und Jean Liebault (1564) wird eine idealtypische Gutsanlage der Renaissance beschrieben. Sie ist an einer zentralen Allee als Rückgrat aufgebaut. Zunächst wird mit allée der Flur des Hauses bezeichnet.⁷ Im weiteren Verlauf wird auch der zentrale Gartenweg allée genannt.⁸ Estienne und Liebault betonen zwar die Wichtigkeit der Aussichten aus dem Haus, erwähnen aber noch keine Alleen außerhalb des umfriedeten Haus- und Gartenbezirks.

## Der Übergang der Allee in die Landschaft

Wann genau die Allee den Garten verließ und in die Landschaft hinaustrat, lässt sich nicht exakt bestimmen. Für Italien und Frankreich lag der Zeitpunkt in der zweiten Hälfte des 16. Jahrhundert, für Deutschland und England in der ersten Hälfte des 17. Jahrhunderts. Im Manierismus kam es zu einer nach Art und Abfolge differenzierten Inszenierung der Ausblicke.⁹ Dies geschah nicht mehr allein innerhalb eines Gebäudes, sondern auch in Stadtbild und Garten, den Bindegliedern zur Landschaft. Das Heraustreten der Alleen in die Landschaft scheint eng mit der Sichtachse zusammenzuhängen. Veronese malte wiederholt Sichtachsen aus dem Gebäude in Garten und Landschaft. Dabei sitzt teils Christus vor dem Fluchtpunkt, teils führt die Achse ins Unendliche.

Die Vogelschauen italienischer Gärten des 16. Jahrhunderts von Jacopo Lauro oder Giusto Utens zeigen oft Baumalleen innerhalb eines weiträumig ummauerten Garten- und Parkbereichs, jedoch nur selten außerhalb. Eine dieser Ausnahmen ist Utens' Bild der Villa La Peggio, wo eine Allee zu einem Gebäude auf einem fernen Hügel führt. Ein Stich der Villa Montalto (Rom) von Falda zeigt zwei bepflanzte Sichtachsen jenseits der Gartenmauern fortgeführt, in die zu diesem Zweck Gittertore eingebaut wurden. Es wird angenommen, dass diese Achsen auf Papst Sixtus V. (1585–1590) zurückgehen. Olivier de Serres (1600) nennt in seiner Beschreibung des idealen Landguts, anders als Estienne und Liebault, die vom Haus in die Landschaft führenden Alleen ausdrücklich.¹⁰

Der Herzog von Croÿ legte zwischen 1596 und 1605 auf seinem Gut Heverlee bei Löwen Baumalleen an. Die wichtigste befand sich in der Achse vor und hinter dem Schloss, weitere fassten die herrschaftlichen Wiesen ein. Eine 1605 von Justus Lipsius veröffentlichte Vogelschau spricht von »viae & adsitae arbores, itemque sepes« (Wege, sowohl mit Bäumen als auch mit Hecken besetzt). Ein Detailplan aus demselben Jahr zeigt die Hauptallee und den Anfang einer Querallee. Für das Alleesystem wurden Hügel abgetragen, Senken aufgefüllt und Gewässer reguliert.¹¹

In Mitteleuropa scheint das erste Beispiel einer Baumallee über Land die Hellbrunner Allee in Salzburg zu sein. Sie entstand zwischen 1612 und 1618 im rechten Winkel zur Zufahrt des Schlosses Hellbrunn und wird dem Architekten Santino Solari aus Como zugeschrieben. Ein Gemälde von 1618 zeigt sie bereits mit Bäumen bepflanzt, ein Plan um 1630 die Schlosszufahrt ebenso.¹² Weitere Landschaftsalleen folgten. Wallenstein legte 1630 im böhmischen Gitschin (Jičín) eine 1,7 Kilometer lange vierreihige Lindenallee an, die vom Stadttor neben dem Schloss auf die Seitenfassade der auch von ihm erbauten Loggia Libosad führte. Die Hauptachse der Loggia war eine Allee in den zugehörigen Tiergarten. Maßgeblich waren wiederum italienische Architekten, Andrea Spezza und Nicolo Sebregondi.¹³ Die Baumallee scheint demnach aus Italien zunächst in die katholischen Gebiete Mitteleuropas gekommen zu sein, und zwar zusammen mit anderen Elementen des Manierismus.

Der protestantische Kurfürst Friedrich Wilhelm von Brandenburg folgte solchen Vorbildern, als er Sichtachsen in seinem Land einführte, zuerst mit der Straße Unter den Linden, die er 1647 vom Berliner Stadtschloss ausgehend ins freie Feld legte. Diese Allee bestand aus sechs Reihen Linden und Nussbäumen und war 250 Ruten (952 Meter) lang. Merkwürdig ist, dass sie keinen konkreten Bezugspunkt wenigstens am Ende zum Schloss hatte, wo sich damals Stallungen befanden. Es wird vermutet, dass hier, an der Stelle des späteren Portals V, bereits ein Tor geplant war. Ein Cornelis Rijckwaert zugeschriebener Plan für das Amt Schenkendorf in der Neumark von etwa 1666/67 zeigt eine zweireihige Baumallee von einem Lusthaus auf einen Turm in der Landschaft.¹⁴ Die ersten Baumalleen in Potsdam sollen 1668 unter Mitwirkung von Johann Moritz entstanden sein. Es handelt sich um die vom Stadtschloss ausgehende Breite Straße und die im rechten Winkel ansetzende Jäger-

[4] Gothein, Marie-Louise: Geschichte der Gartenkunst. Bd. 1. Jena 1914, S. 221, 262.
[5] Wimmer, Clemens Alexander: Geschichte der Gartentheorie. Darmstadt 1989, S. 32, 36.
[6] »Mit dem Schaber (rastrum) oder der Walze geebnete Strecke, entlang der Ränder desselbigen Gartens, welche zuweilen auch ein Pflasterbelag (pauimentum) war, in welchem wir der Sammlung, des Vergnügens oder der Erquickung des Sinnes halber zu wandeln pflegen.« Estienne, Charles: De re hortensi libellus. Paris 1536, S. 22 f.
[7] »Genau gegenüber dem Portal zu Eurem Gut soll der Eingang Eures Hauses liegen, der über eine Treppe von wenigstens acht Stufen in den ersten Stock desselben führen soll. Sein Eingang soll eine Allee mittlerer Breite sein, die eine weitere Öffnung zum Garten hat, wo sie ihren Ausgang über ebenso eine Treppe wie die vorhergehende haben soll.«
[8] »Am Ende der großen Allee [die deutsche Ausgabe von 1577 übersetzt: Spatziergang, die italienische 1623: viale], die Ihr von Eurer Treppe bis zur Mauer des Baumgartens zwischen den beiden Gärten anlegen sollt, ohne eine andere Einfriedung oder Abgrenzung als zwei lebendige Hecken, soll der Baumgarten sein, von den andern Gärten durch Mauern getrennt, welcher sich in die Quere zwischen beiden Seiten der Umfriedung Eures Anwesens erstreckt. Und inmitten besagter großen Allee soll ein Brunnen sein, um die Gärten über Kanäle und Rinnen mit dem zu bewässern, was sie brauchen.« Estienne, Charles / Liebault, Jean: L'Agriculture et maison rustique. Paris 1567, Livre premier, Chap. V.

allee, die auf eine Hügelkuppe, den heutigen Pfingstberg, zielte. Es sollen allées doubles gewesen sein, die aus »allerhand Bäumen« bestanden. Die Baumarten waren möglicherweise regelmäßig gemischt.

Theorie und Praxis lassen also erkennen, dass die Alleen zuerst Gliederungselemente des Hauses und Gartens, später auch der zugehörigen Kulturlandschaft waren. Dabei bestand ihre Aufgabe darin, die irdische Weltordnung zu betonen, in deren Mittelpunkt der Landesherr oder Grundbesitzer stand. »Die ›dritte Natur‹ des Gartens, seine ›schöne Ordnung‹, griff auf das Territorium über.«[15]

Im barocken Gesamtkunstwerk spielten als Sichtachsen ausgebildete Alleen eine bedeutende Rolle. Solche Baumalleen waren oft nur scheinbar wie Wege ausgebildet, aber nicht zum Verkehr gedacht, ja manchmal vom Garten aus gar nicht erreichbar. Der Architekt Leonhard Christoph Sturm beschreibt 1718 solche programmatisch-ästhetischen Alleen: »Die größte Schönheit der Alleen bestehet darin/ wenn man das Ende derselben nicht absehen kann/ ... Nun kann aber ein Garten selbst so lang nicht werden/ darum muß man durch die Ring-Mauer desselben ein mit eisernem Gatterwerck verschlossenes Thor machen/ und dahinter auf dem Felde mit weitläufigen Bäumen die Allee entweder an einem Stück weiter fortführen/ oder denn auf demselben Tieffen sind/ die man in dem Garten nicht siehet/ nur auf den Höhen/ biß man aus den Garten dadurch in die freye Lufft hinaussehe.« So war ursprünglich die Achse der Champs Elysées konzipiert. Vom Potsdamer Neuen Palais führt seit 1763 eine Baumallee »nur fürs Auge« nach Westen. Auch Krünitz erwähnt solche Alleen »bloß der Aussicht wegen«.

## Die Rolle des point de vue

Da viele Alleen als Begleitung von Sichtachsen dienten, bedürfen ihre Ausgangs- und Endpunkte einer besonderen Betrachtung. Ist nicht nur der Ausgangs-, sondern auch der Endpunkt begehbar, so fungieren beide ebenso als Ausgangs- wie als Endpunkt, je nach Aufenthaltsort des Betrachters. Schlösser, Pavillons und Rondells können zugleich Ausgangs- und Endpunkt sein. Zugänglichkeit ist jedoch keineswegs selbstverständlich. Häufig wurde ein entfernter point de vue um des Bildes wegen in eine Anlage einbezogen, ohne dass ein Begehen vorgesehen war, selbst wenn der Punkt rein theoretisch begehbar war. Schaut man von solchen weit entfernten points de vue zurück, so ergibt sich keine entsprechende achsiale Sicht. Dies ist etwa bei Bergspitzen oder Kirchtürmen der Fall.

Die frühsten, hausbezogenen Alleen haben in aller Regel eine Tür als Ausgangspunkt. In umgekehrter Richtung wirkt die Tür als point de vue. Wohl erst im Manierismus wurden auch die jenseitigen Enden von Sichtachsen durch points de vue fixiert. Das frühste bekannte Beispiel bietet die Villa d'Este in Tivoli um 1560. Hier liegen die Zielpunkte noch innerhalb des Gartens. Zur gleichen Zeit kam außerdem das Ausrichten von Neuanlagen auf bestehende points de vue in der Ferne auf. In den Gärten des Escorial führen Wege auf ferne Bergspitzen. Der Garten von Hellbrunn (1613) ist auf das vorgefundene Schloss Goldenstein ausgerichtet, das sich in fremdem Besitz befand, das Schwetzinger Schloss auf den Dicken Turm des Heidelberger Schlosses.

Eine Übergangsform oder ein Notbehelf sind am Ende der Allee auf der Gartenmauer platzierte Gemälde. Sie werden von Salomon de Caus 1612 und von André Mollet erwähnt und kommen auch in süddeutschen und österreichischen Barockgärten vor.[16] Mit den Errungenschaften aus Renaissance und Manierismus wurden auch die points de vue durch die Gartenkunst des Barock übernommen. Manchmal wurden vorhandene Sichtachsen nachträglich mit Baumreihen flankiert. So geschah es in Hellbrunn mit der Achse nach Goldenstein, in Nymphenburg mit der Achse nach Pipping und in Niederschönhausen mit der heutigen Seestraße nach dem Bau des Schlosses Charlottenburg.

Points de vue können auch eine ikonografische Bedeutung haben. Erinnert sei an Veroneses Christusbilder vor dem Fluchtpunkt. Viele frühe Beispiele für eine Ausrichtung von Neuanlagen auf bestehende Bauwerke sind geistlich motiviert. Der Botanische Garten in Padua (1545) war auf die Türme der Basilica del Santo ausgerichtet. Unter Henri IV. von Frankreich (1589–1610) wurden Straßen auf Kirchtürme zugeführt. Die Kurfürsten von Bayern richteten ihre Schlösser auf Kirchen aus, so zuerst das Alte Schloss Schleißheim 1598 auf die Garchinger Kirche im Osten und auf die Münchner Frauenkirche im Süden. Im Barock wurde der Mirabellgarten in Salzburg auf den Dom fixiert, und von Schloss Seehof schlug man 1729/1731 eine Sichtschneise nach Bamberg. In der Umgebung von Turin verwirklichte Filippo Juvarra seit 1715 ein gewaltiges Achsensystem, bei dem Schloss Rivoli auf die Kirche Superga ausgerichtet wurde. Diese Orientierungen, von der Kunstgeschichte meist nicht oder nur am Rande erwähnt, sind nicht als kleine Spielereien, sondern als sinnstiftende Bekenntnisse zu werten. Sie waren bis ins 18. Jahrhundert besonders in katholischen Ländern verbreitet.[17]

Im Absolutismus kamen auch eindeutig irdische Zielpunktsetzungen der Hauptachse vor. Es konnten Skulpturen sein wie in Chantilly das Reiterstandbild des Connétable und in Vaux-le-Vicomte der Herkules Farnese. Dieser Typ ist am deutlichsten in der Wilhelmshöher Allee (Kassel) ausgeprägt, die auf die riesige, landschaftsbeherrschende Herkulesfigur als Verkörperung des Fürsten zuführt. Andere Beispiele weltlicher points de vue am Ende von Alleen sind Burgruinen (Eaton Hall) und Grablegen (Ledreborg, Dänemark), die der historischen Legitimation des Standesherrn dienten.

| 9 | Wimmer, Clemens Alexander: Zur schönen Aussicht: Typologie und Genese einer ästhetischen Errungenschaft. In: Wege zum Garten. Leipzig 2004, S. 30–36.
| 10 | »Zur Zier des Anwesens ziehe er [der Hausvater] die Avenuen vom Haus, so weit er kann, durch lange und breite Alleen in die Ferne, die geradlinig angelegt und gut geebnet sind, er lasse sie seine Wälder durchqueren, so es sich machen lässt, ohne große Unregelmäßigkeit, oder er säume seine Alleen mit Bäumen, von einer Art, welche am leichtesten wächst und von größtem Nutzen und Vergnügen ist.« De Serres, Olivier: Le théâtre d'agriculture. Paris 1600, Lieu premier, Chap. IV.
| 11 | Gärten und Höfe der Rubenszeit im Spiegel der Malerfamilie Brueghel und der Künstler um Peter Paul Rubens, hrsg. von Ursula Alice Härting. München 2000, S. 199f., 208–211.
| 12 | Bigler, Robert: Schloß Hellbrunn : Wunderkammer der Gartenarchitektur. Wien u. a. 1996, Abb. 90, 103.
| 13 | Gothein (wie Anm. 4), Bd. 2, S. 122f.; Šejn, Miloš: Wallenstein Loggia and the Baroque Composition of Landscape around Jičín. http://sejn.avu.cz/concept/landa18.htm.
| 14 | Wendland, Folkwin / Wendland, Folkwart: Die Gärten des Johanniterordens in der Mark Brandenburg. In: Garten Kunst Geschichte: Festschrift für Dieter Hennebo zum 70. Geburtstag. Worms a. Rhein 1994, S. 13–22.
| 15 | Jöchner, Cornelia: Die schöne Ordnung und der Hof. Weimar 2001, S. 71.
| 16 | Morgan, Luke: The Early modern Trompe-l'oeil garden. In: Garden History 33/2006, S. 286–293.
| 17 | Wimmer (wie Anm. 9), S. 30–36.

*Allée double in Schleißheim (Bayern)*

Frankreich bevorzugte meist die frei auslaufende Hauptachse. In den Gärten Le Nôtres kreuzt man beim Promenieren zahlreiche Achsen, die von wichtigen Stellen in die Ferne weisen und sich am Horizont verlieren. Nur selten stehen am Ende von Sichtachsen, die von französischen Barockschlössern ausgehen, Figuren oder gar Bauwerke. In den französisch geprägten Anlagen Deutschlands, Englands und der Niederlande finden sich ebenfalls Sichtachsen in die Unendlichkeit.

Sicherlich kann es als ein Schritt in die Entgrenzung des Raumes gesehen werden, wenn an die Stelle eines point de vue die Unendlichkeit tritt. Ikonografisch mag die Unendlichkeit statt des Kirchturms wie dieser für Gott stehen, sofern man sie nicht als säkularisierte Abstraktion verstehen will.

### Mailbahnen

Eine Sonderform der Allee war die Mailbahn, die möglicherweise auch eine Rolle bei der Verbreitung gebäudeunabhängiger Baumalleen gespielt hat. Das jeu de mail (uspr. palmail, engl. pall-mall, ital. pallamaglio) gab es schon im Mittelalter. Ob es zuerst in Frankreich, Italien, Schottland oder Irland entstand, ist unklar. Es wurde in Frankreich unter Franz I. zu einer höfischen Mode, auch Henri IV. und Ludwig XIV. spielten es gern. Jakob I. brachte es 1604 von Schottland nach London. In Genf richtete man 1637 eine Mailbahn ein. Das Spiel wurde auf einer langen Bahn gespielt, an deren Ende ein eiserner Reifen über dem Boden aufgehängt war. Ziel war es, einen Ball aus Buchsbaumholz von ca. einem Fuß Umfang mit einem schweren hölzernen Schläger (maillet) die Bahn entlang und durch den Reifen zu schlagen. In der ersten Hälfte des 17. Jahrhunderts kam das Spiel auch nach Holland und Deutschland.

Es bot sich an, die Bahn mit Baumreihen zu beschatten. Wann dies erstmals geschah, ist noch ungeklärt. 1638 wurde in Altona die noch heute so genannte Pallmaille aus 400 Linden, Ahornbäumen und Ulmen in vier Reihen angelegt.[18] 1652 entstand in Hamburg-St. Georg die Große Allee, bepflanzt mit Ulmen.[19] Weitere Alleen folgten, so dass die Mailbahn für Hamburg einen Vorbildcharakter gehabt zu haben scheint. Auch andere Städte bekamen Mailbahnen, wovon in London noch jetzt die Straßen Pall Mall und The Mall zeugen. Außerdem wurden in höfischen Gärten Mailbahnen angelegt, so in Bayreuth, Ansbach, Schleißheim, Charlottenburg, Brühl, Pillnitz und Laxenburg. Diese waren selbstverständlich mit Bäumen bepflanzt und unterschieden sich nicht grundsätzlich von den mittlerweile allgemein üblichen doppelten Baumalleen der Gärten. Louis Liger weist

[18] Borgman, Sylvia: Altona, Elbgärten. In: Historische Gärten in Schleswig-Holstein. Heide 1996, S. 110.
[19] Neddermeyer, Franz Heinrich: Topographie der Freien und Hanse Stadt Hamburg. Hamburg 1832, S. 317.

darauf hin, dass Mailbahnen im Gegensatz zu normalen Alleen kein Quergefälle haben dürfen. Nach Johann Caspar Bechstedt (1772) nannte man in Frankreich eine allée double Mailbahn, wenn sie außen zusätzlich mit Hecken eingefasst war (Verhältnis der Bahnen 0,5:1:2:1:0,5). In der französischen Literatur ist diese Definition allerdings bisher nicht nachgewiesen. Noch heute werden in den romanischen Ländern Baumalleen vielfach für ein Kugelspiel (Boule) genutzt.

## Vom Herrensitz unabhängige Alleen

Von Gebäuden unabhängige Baumalleen gab es vereinzelt schon im 16. und 17. Jahrhundert. Um 1540 sollen in Frankreich an Landstraßen Ulmen gepflanzt worden sein.[20] Angeblich ließ Kurfürst August von Sachsen 1580 an den aus Dresden hinausführenden Straßen Obstbäume pflanzen. Landgraf Moritz von Hessen verabschiedete am 16. August 1625 einen »Unterricht wie und welchergestalt es mit Pflanzung der fruchtbaren Bäume, auch Weydenstämme und Weinstöcke solle gehalten werden.« Hierin geht es vor allem um die Bepflanzung der Landstraßen mit Obst- und Nussbäumen.

Peter Lauremberg spricht in seinem Gartenbuch 1631 die Baumalleen im Zusammenhang mit Quincunxpflanzungen an: »Auch sich in beträchtliche Länge erstreckende Wege können auf beiden Seiten mit Bäumen besetzt werden, was den Spaziergang angenehmer macht.«[21] Vermutlich meint er damit Alleen über Land. Boyceau erwähnt 1638 ausdrücklich Alleen in Wald und Feld, die vierreihig mit Ulmen, Eichen oder Linden zu bepflanzen seien. Ähnlich schreibt Hohberg 1682: »Wo grosse weite Gründe und schöne Gelegenheit/ neben gutem Grunde an den Spazier-Wegen/ auch ausserhalb der Gärten sind/ da können von Nüß- und Kästenbäumen [Kastanien] gantze lange gedoppelte Reyen/ Lust-Gänge gesetzt werden.«[22] Wenn man Ansichten des späten 16. und frühen 17. Jahrhunderts betrachtet, zeigt sich jedoch, dass Baumalleen eher selten waren.

Mit einer größeren Zahl manieristischer Sichtachsen-Alleen operierte Johann Moritz von Nassau-Siegen in Kleve. Als Beispiel sei der Sternberg im Neuen Tiergarten (1657–1660) genannt, von dem zwölf Schneisen in unterschiedlichen Winkeln zu points de vue führen, die teils vorgefunden, teils eigens errichtet wurden, aber vom Klever Schloss unabhängig waren. Auch um Oranienburg schuf Johann Moritz mit der Kurfürstin Luise Henriette von Brandenburg Sichtachsen, die als Baumalleen oder Schneisen im Wald ausgebildet waren.

Seit der Thronbesteigung Ludwigs XIV. 1661 und der großen Barockisierungswelle, die seitdem auch Deutschland erfasste, wetteiferten Fürsten und Städte in der Pflanzung von Baumalleen. Den Haag und Scheveningen wurden 1663 durch eine 5 Kilometer lange und 50 Meter breite Straße verbunden, welche von acht Baumreihen begleitet war. Im Jahre 1667 schuf André Le Nôtre die Avenue des Tuileries vom Tuilerienschloss in die Landschaft, die heutige Champs-Elysées, als 1,9 Kilometer lange Sichtachse mit vier Baumreihen und 1670/71 den Cours de Parc in Dijon, eine 1,5 Kilometer lange vierreihige Lindenallee von der Stadt in die Landschaft.

Die zahlreichen Bepflanzungsedikte des 17. Jahrhundert scheinen nur ausnahmsweise (wie das hessische von 1625) einen Pflanzort Straße vorzuschreiben. In Brandenburg gab es seit 1686 solche Edikte, jedoch erst das Maulbeeredikt von 1714 erwähnt Wege als Anpflanzungsort. Im 18. Jahrhundert wurden die Wegebepflanzungen auf dem Lande vor allem von den Fürsten intensiviert. Aus Brandenburg ist beispielsweise bekannt, dass Friedrich II. 1743/44 Linden aus Hamburg kommen ließ, um die Landstraßen um Potsdam zu bepflanzen. In einem Edikt vom 17. April 1745 schreibt er, dass er sich systematisch bemüht habe, auf dem Land um Berlin Alleen anzulegen und zu erweitern, und er verordnete lebenslange Festungshaft für Beschädigung der Alleebäume.

Am 7. Juni 1765 ließ Friedrich schließlich eine umfangreiche Anleitung in Form eines Edikts ergehen, »wie es in Zukunft wegen Anpflanzung der wilden Bäume und Obst-Stämme im Königreich Preußen gehalten werden soll«. Es hieß, die Wege sollten »so viel nur immer thunlich in gerader Linie« geführt werden. »Die Einwohner der Ländereyen gewinnen auch hierbey nicht nur gegen die Krömmen am Boden, sondern verhüten ausserdem noch das Ausbiegen oder querüber fahren, zu geschweigen, daß die Land-Strassen alsdenn viel besser aussehen werden, zumahlen wenn sie von beyden Seiten ausserhalb dem Graben nach dem Felde werts mit Bäumen besetzet werden.« Die Folge der Anweisung des Geradelegens der Strecken waren seltsame Zickzackalleen, die man auf den friderizianischen Plänen der Umgebung von Potsdam sieht, wo man Kurvenverläufe erwarten würde.[23]

Alleen wurden nach Wilhelm Heinrich Riehl noch im 19. Jahrhundert auf dem Lande als eine Angelegenheit des Adels betrachtet, die das Volk in seinen Belangen beeinträchtigte. Damit erklärte Riehl die schon im 18. Jahrhundert zahlreich überlieferten und nicht abreißenden Zerstörungen von Alleen. Er schrieb 1857: »Hunderte von Dörfern processiren heute noch mit den Edelleuten wegen der Ausrottung der bereits stark geschundenen Alleen, und zwar nicht immer deßhalb, weil Schatten und Wurzelwerk der alten Bäume den angrenzenden Aeckern schaden, sondern oft bloß darum weil der Bauer sie nicht leiden mag als ein Denkmal des alten aristokratischen Regiments mit seinen Leistungen und Lasten. Mancher hundertjährige schattenreiche Baumgang dieser Art ist im Jahre 1848 dem ›Volke‹ zum Opfer gefallen.«[24]

[20] Couch (wie Anm. 1), hier S. 174.
[21] Lauremberg, Peter: Horticultura. Rostock 1631, Liber II, Cap. V.
[22] Hohberg, Wolf Helmhard von: Georgica curiosa. Nürnberg 1682, 4. Buchs Anderer Theil, Cap. XXIII.
[23] Wimmer, Clemens Alexander: Alleen in Brandenburg : Der Große Kurfürst erfand die Straßenbepflanzung. In: Gartenkultur in Brandenburg und Berlin. Potsdam 2000, S. 112–119.
[24] Riehl, Wilhelm Heinrich: Land und Leute. Stuttgart 1857, S. 65.

## Die Alleentypen in den Lehrbüchern

Jacques Boyceau hält 1638 als erster die Allee eines längeren Abschnitts in seinem Gartenbuch für würdig. Er nennt die Haupttypen und stellt Proportionsregeln (Länge zu Breite und Höhe) auf.

Das erste Unterscheidungsmerkmal der Alleen ist die Zahl der Baumreihen. »Die von Hecken (d'espalier, ou hautes bordures) begleiteten Grandes allées, die den Gartenblick ganz oder teilweise benehmen, müssen von contre-allées begleitet werden, die halb so breit sind oder ein wenig schmaler, um als bedeckte Promenaden dienen zu können.«[25]

Der Ausdruck contre-allée findet sich seit Boyceau bei allen nachfolgenden Autoren. Das Verhältnis der drei Gehbahnen mit 1:2:1 erinnerte an eine Basilika. Solche Alleen gab es schon Anfang des 17. Jahrhunderts, wie ein Gemälde von Jan Wildens beweist. Möglicherweise kommen sie aus Italien.[26] La Quintinye verwendet statt grande allée das Wort avenue.[27] D'Aviler macht keinen Unterschied zwischen allée und avenue.[28]

Spätestens seit Dezallier 1709, der die Alleen von allen Autoren am ausführlichsten behandelt, heißt der vierreihige Alleetyp allée double im Unterschied zur allée simple. Sechs- und achtreihige Alleen sind Ausnahmen, die in den Lehrbüchern nicht auftreten. Laut D'Aviler bepflanzt man die Hauptalleen mit Rosskastanien, und dazwischen Eibenpyramiden. Geschnittene Eiben oder Fichten in jeden oder jeden zweiten Baumzwischenraum zu pflanzen, sowohl bei doppelten als auch bei einfachen Alleen, war eine sehr verbreitete Praxis, wie Gartenveduten zeigen (z. B. Chantilly oder Charlottenburg).

Liger lehnt Eiben oder Fichten an dieser Stelle ab. Er empfiehlt stattdessen Blütensträucher, Stockrosen oder Sonnenblumen. Eine andere, wie diese ins Rokoko verweisende Lösung ist die Verbindung der Stämme mit Girlanden. Die drei Bahnen wurden oft auch durch contre-espaliers, d. h. niedrige Hecken (banquets) oder Lattenzäune, die mit den beiden inneren Baumreihen in derselben Flucht standen, getrennt. Nach Gamer geschah dies wohl zuerst Anfang der 1690er-Jahre in Marly. Laut Dezallier soll man auf jede Art von Einzelpflanzen zwischen den Bäumen verzichten und drei bis vier Fuß hohe Hecken nehmen, über die man hinwegsehen kann. Leonhard Christoph Sturm fasste 1718 die drei Möglichkeiten zusammen: »Diese [doppelten] Alleen, wenn sie gar breit sind/ werden zuweilen durch eine an beyden Seiten gesetzte Reihe niedriger geschnittenen Hecken/ oder geschnittener Bäume/ oder beydes untereinander/ oder endlich geschnittener Bäume/ Sonnen-Blumen und Pappel-Rosen [Alcea rosea] untereinander gleichsam in drey Alleen abgetheilet/ davon beyde an der Seite höchstens halb/ wenigstens den vierdten Theil so breit werden/ als die mittlere Allee.«[29]

Das zweite Unterscheidungsmarkmal der Alleen ist ihre Öffnung zum Himmel. Nach Estienne 1536 unterschieden schon die Römer tectae inambulationes und subdiales, soli & aeri expositae. Nach Boyceau gibt es allées couvertes und allées découvertes (offene und geschlossene Alleen). Die geschlossenen Alleen müssen im Verhältnis zu ihrer Länge schmaler sein als die offenen, da der Raum unter den Bäumen größer wirkt, wenn man den Himmel nicht über sich sieht. Offene Alleen werden nach Dezallier von hohen Hecken, Bäumen oder Taxus, Franzbäumen (Obstniederstämmen) oder Rabatten gesäumt und geschlossene Alleen durch oben geschlossene Bäume oder Hecken. Zur Anwendung dieser Typen schreibt er: »Es ist eine general-Regel, daß die Haupt-Alléen, gleichwie die sind vor dem Gebäude, einem Pavillon, Wasser-Fall, etc. stets entdeckt und offen zu halten, und sie auch viel breiter, als die andern zu machen, damit man zu Ende der Allée einen Theil von dem Vorder-Theil des Hauses sehen, oder einen andern schönen Prospect haben kan. Es ist, wenn man sich zu Ende einer Allée befindet, nichts Angenehmers, als wenn man zu dessen Ende nichts als kaum die Thür von dem Vorhofe eines Gebäudes erblicket. Hingegen muß man die Quer- oder Seiten-Gänge bedecken, ingleichen die Alléen, welche an solchen Oertern seyn, so nicht viel zu bedeuten haben, und wo man keinen sonderlichen Prospect findet.«[30] Eine eher seltene Sonderform sind Alleen, deren Baumkronen in exakter Kugelform (en boule) geschnitten wurden.

Das dritte Unterscheidungsmerkmal der Alleen ist ihre Oberfläche. Dezallier unterscheidet weiße und grüne Alleen, d. h. solche, die mit Sand bestreut sind und solche, die in der Mitte einen Rasenteppich haben und nur seitlich Sandwege. In England existieren wohl auch gänzlich grüne Wege. Einen Wegeunterbau hat es oft gar nicht gegeben, die Oberfläche wurde, um Kosten zu sparen, nur in der Mitte überhöht, gestampft und aus optischen Gründen mit maximal zwei Zoll Sand bestreut und geharkt. D'Aviler empfiehlt allerdings, einen Unterbau aus Schotter einzubringen. Dies verhindere Unkrautwuchs und Maulwürfe. Dézallier empfiehlt sogar einen dreischichtigen Aufbau. Für besonders feine Alleen wie Mailbahnen verwende man gestampften Salpeter.

Weitere von Dezallier und neueren Autoren angeführte Unterscheidungsmerkmale können vernachlässigt werden, da sie sich auf Lage, Neigung oder Anordnung im Entwurfskontext beziehen und nicht auf die Allee selbst. Diese vorstehend kodifizierten Regeln galten auch für Deutschland. Wo deutsche Gartenautoren des 18. Jahrhunderts sich über Alleen äußern, rezipieren sie mehr oder weniger Dezallier. Dies gilt für Sturm 1718, Danreiter, Johann Caspar Bechstedt 1772,[31] Krünitz 1773 und auch für Autoren anderer europäischer Länder.

Die Alleen der französischen Lehrbücher sind stets so bepflanzt, dass sich die Bäume rechts und links genau

[25] Boyceau de la Barauderie, Jacques: Traité du Jardinage, Paris 1638, Kap. 4
[26] Härting (wie Anm. 11).
[27] La Quintinye, Jean de: Instruction pour les jardins fruitiers et potagers. Paris 1690, 1. T., 5. Kap.
[28] D'Aviler, Augustin Charles: Cours d'architecture. Paris 1691, S. 193.
[29] Sturm, Leonhard Christoph: Der auserleßeneste und Nach den Regeln der antiquen Bau-Kunst sowohl/ als nach dem heutigen Geschmack verneuerte Goldmann. Teil P. Vollständige Anweisung/ Grosser Herren Palläste ... Augsburg 1718.
[30] Dezallier d'Argenville, Antoine-Joseph: Die Gärtnery/ So wohl In ihrer Theorie ... Augsburg 1731, S. 66.
[31] Bechstedt, Johann Caspar: Vollständiges Niedersächsisches Land- und Garten-Buch. 1. Theil. Flensburg 1772.

gegenüberstehen. In der Praxis findet man allerdings auch solche mit versetzten Bäumen, z. B. in Heverlee, Gitschin, Enghien, Kleve, Het Loo und Hannover. Gamer meinte, dass diese Pflanzpraxis auf Norddeutschland, die Niederlande und Belgien beschränkt sei, während er aus Frankreich kein solches Beispiel kenne. Das oben zitierte hessische Edikt von 1625 und Moses Cook 1676 erwähnen die versetzte Pflanzweise.[32] Sie wurde inzwischen auch in österreichischen Barockanlagen beobachtet, in diesen Fällen nur an Zufahrten zu Schlössern und Jagdhäusern außerhalb von Gärten.[33]

## Tiergärten und Jagdwälder

Im Brüsseler Schlosspark wurde um 1600 eine grand mail oder große Schießbahn in Form einer Eichenallee angelegt. Jan Brueghel d. Ä. zeigt sie auf einem Gemälde mit jagdbaren Tieren und fürstlichen Spaziergängern, die die Tiere allerdings nicht schießen, sondern füttern.[34] Möglicherweise gab es zu dieser Zeit ähnliche Schießbahnen auch in Deutschland.

Durch Bündelung von Sichtachsen entstand schon früh der Stern, zuerst in Filaretes Entwurf zu einer Idealstadt (1464), später der Dreistrahl bei der Piazza del Popolo in Rom (1534/1549). Diese Achsen waren noch nicht mit Bäumen bepflanzt. In barocken Jagdanlagen und Tiergärten spielte dann der baumbepflanzte Alleenstern eine wichtige Rolle. Hans Friedrich von Flemming beschrieb 1719 einen idealen Tiergarten so: »Mitten in dem Garten setzet man gemeiniglich ein recht grosses Lust-Hauß, welches ratione der acht Abschnitte [in welche man den Tiergarten teilt] auch achteckigt aufgeführet werden muß, so daß man von ieder Seite auf deren einem Abschnitt heraus, biß an das Ende des Gartens sehen möge ... Von allen Seiten des mittleren Lust-Hauses werden bis an das Ende des Gartens gerade Linien und Gänge gezogen. An einem ieden Gang kommt in den Pallisaden wiederum ein kleines Lust-Hauß mit der Ausfahrt zu sehen, und wird dem grossen mittlern Lust-Hause in gerader Linie gegenüber gestellt. Alsdenn kann man aus dem grossen Hause von einer Seite zur andern das Wildpräth mit grossem Vergnügen wechseln sehen, und sich an ihrem Hin- und Hergehen ergötzen.«[35]

Die Sternanlagen spielten auch bei der Parforcejagd eine wichtige Rolle. Hierbei wurde das Wild durch Hunde bis zur Ermattung gehetzt und dann vom Jagdherrn mit dem Hirschfänger erlegt. Dazu mussten die Jagdwälder »mit Alleen und Schneisen durchgängig versehen seyn, damit man in das Creutze und die Quere fortkommen kann, und sind die sechs- und achtsternigten Alleen ... die bequemsten hierzu«.[36] Auf diesen Alleen konnten sich neben den berufsmäßigen Jägern auch weniger mobile Jagdherren mit ihren Gästen fortbewegen und so an der Jagd teilnehmen.

Die bei der Sterneinteilung auftretenden diversen Winkel ermöglichten es, das Treiben genauer der herrschenden Windrichtung anzupassen, als es eine rechtwinklige Einteilung zuließ. Häufig waren auch diese Alleen auf Gebäude ausgerichtet, was der leichteren Orientierung diente, besonders bei bedecktem Himmel. Ein dritter Vorteil der Alleen war, dass man den Boden pflügen und in der frischen Erde die Wildfährten besser erkennen konnte. Die Sternplätze selbst wurden als Sammel- und Beobachtungsplätze benutzt. Diese Art des Jagens galt als fester Bestandteil einer fürstlichen Hofhaltung. Deshalb findet man Sternanlagen an vielen Residenzen.

Beim »Hauptjagen« und »Bestätigungsjagen« ging es weniger beschaulich zu. Das Wild wurde zusammengetrieben und in Schussweite zur Jagdgesellschaft gebracht, die sich in einem Jagdschirm befand, von wo aus sie die Tiere ohne Gefahr und Anstrengung schießen konnte. Für das Zusammentreiben verwendete man Tücher, welche entlang der Gestelle oder Alleen angebracht wurden. Diese Jagdart war als Instrument fürstlicher Machtdemonstration ebenfalls an den Höfen üblich.

## Gehölzarten

An Alleenstraßen wurden im Barock bevorzugt Linden oder Ulmen gepflanzt, die am schnittverträglichsten waren. Im 17. Jahrhundert nahm man meist *Tilia platyphyllos* oder die aus Holland bezogene *T. × vulgaris* (Holländische Linde).[37] Diese wurde in großer Zahl aus Holland nach Deutschland, England und Schweden exportiert. André Mollet nennt Linden und Holländische Ulmen (orme, Ypern, *U. × hollandica*) als beste Alleebäume. Laut Liger lösten die Ulmen und Hainbuchen die Linden in der Mode als Alleebäume ab.

In den äußeren Gartenbezirken waren Alleen aus Rosskastanien beliebt, die etwas größer werden durften (bei Le Nôtre, in Eggenberg/Graz um 1680, Charlottenburg 1697, Hampton Court 1699, Seehof 1699, Nordkirchen, Ludwigsburg, Krageholm/Schweden um 1700). Dezallier bemängelte, dass Rosskastanien die Alleenwege mit herabfallenden Blüten, Früchten und Blättern beschmutzen. Duhamel schrieb 1760, die Holländischen Ulmen hätten nach den Linden auch die Rosskastanien verdrängt. Auch in England wurden im 18. Jahrhundert vor allem Ulmenalleen angelegt.

Doch gab es wohl eine größere Artenvielfalt, als es Alleen, die überdauert haben, vermuten lassen. Liger erwähnt, dass man in großen Parks die Alleenstraßen mit Fichten besetzen kann. Alleen aus Fichten, Tannen oder Lärchen findet man als besondere Effekte z. B. in Hellbrunn und in Pillnitz. Barocke Alleen aus Eichen, Buchen, Esskastanien, Schwarz- und Weißpappeln, Platanen und Robinien waren selten, da sie unter Schnitt unansehnlich wurden. Sie kamen aber für

[32] Cook, Moses: The manner of raising, ordering and improving forest-trees. London 1676, S. 137; nach Couch (wie Anm. 1), S. 187.
[33] Doblhammer, Rupert / Drexel, Anita: Gehölze und Wege in formalen historischen Gartenanlagen Österreichs. Frankfurt a. M. u. a., 2005, S. 43
[34] Härting (wie Anm. 11), S. 204, 239.
[35] Flemming: Der vollkommene Teutsche Jäger. Bd. 1. Leipzig 1719. Zit. nach: Wimmer, Clemens: Sichtachsen des Barock. Berlin 1985, S. 8.
[36] Döbel, Heinrich Wilhelm: Neu eröffnete Jäger-Practica. 2. Aufl. Leipzig 1754. Zit. nach: Wimmer, ebenda, S. 21.
[37] Jacques, David / van der Horst, Arend J.: De Tuinen van Willem en Mary. Amsterdam 1988, S. 116 f.; zu den verwendeten Klonen S. 205 f. und ausführlich Bengtsson, Rune: Variation in common lime (Tila europaea L.) in Swedish Gardens of the 17th and 18th centuries. Alnarp 2005; Couch (wie Anm. 1).

ungeschnittene Alleen außerhalb des Gartens in Frage. Gamer erwähnt: »In Enghien hat man eine größere Abwechslung dadurch zu schaffen versucht, indem die verschiedenen Alleen, die auf den Pavillon des Sept Etoiles zuführen, jeweils mit einer anderen Art bepflanzt sind. Gelegentlich gibt es auch einen Artenwechsel innerhalb einer Baumreihe.« In dem um 1704 von Jean Trehet angelegten Liechtensteinschen Garten in Wien sind die Alleen zu Seiten des Parterres gemäß Salomon Kleiners Ansichten von ca. 1738 abwechselnd mit Rosskastanien und Fichten bepflanzt. Die Fichten sind hochstämmig und ebenso hoch wie die Laubbäume gehalten.

[38] Bechstedt (wie Anm. 31), Bd. 1, Art. Alleebäume.

|  | Morin 1658 | Liger 1736 | Dezallier 1747 | Bechstedt 1772[38] |
|---|---|---|---|---|
| Linde | offene Alleen und Avenuen | Alleen und Avenuen | sehr schön | allgemein geachtet |
| Holländische Linde | Avenuen |  | besonders schön |  |
| Ulme | offene Alleen und Avenuen | Alleen und Avenuen | sehr geeignet, über Land, nicht an Bassins und Nutzgärten | bester Alleebaum, Nachteil: Wurzelkonkurrenz |
| Holländische Ulme | offene Alleen | Alleen und Berceaux | besonders geeignet |  |
| Rosskastanie | offene Alleen und Avenuen | bedeckte Alleen | in der Mode, Nachteile, im Park, an Bassins | bis vor kurzem gemein |
| Edelkastanie | Avenuen | Alleen und Straßen | über Land | Alleen |
| Robinie | offene Alleen und Avenuen | im 17. Jahrhundert Mode | früher häufig verwendet | früher häufig verwendet |
| Walnuss | offene Alleen und Avenuen | Alleen und Avenuen, nicht in Gärten |  |  |
| Bergahorn | offene Alleen und Avenuen | früher häufig verwendet für Alleen und Avenuen |  | Alleen |
| Platane | Avenuen |  |  | am schönsten, aber selten |
| Zitterpappel | Avenuen | schnellwüchsig | an Reservoiren und Kanälen und über Land, feuchte Stellen |  |
| Schwarzpappel | Avenuen | schnellwüchsig | über Land, feuchte Stellen |  |
| Maulbeerbaum | Avenuen |  |  |  |
| Hasel, Birne, Apfel, Pflaume, Kirsche | Avenuen |  |  |  |
| Fichte | Avenuen |  | Allen in großen Parks, zwischen anderen Alleebäumen |  |

*Artenempfehlungen für Alleen bei barocken Autoren*

»Besonders schutz-
würdige« Blutbuchenallee
zwischen Pokrent und
Renzow (Mecklenburg),
1994

Alleen aus Pyramiden- oder Säulenpappeln (*Populus nigra* 'Italica') werden gern mit Napoleon in Verbindung gebracht. Sie kamen jedoch schon wesentlich früher auf. Bereits in der ersten Hälfte des 18. Jahrhunderts wurde die Form in der Lombardei beobachtet und als »lombardische Pappel« nach Frankreich gebracht. Man sieht sie im Hintergrund mancher französischer Rokokogemälde. Duhamel erwähnt schon 1760 Alleen aus diesen Bäumen.

Die Einführung in Deutschland ist dem 1763 gegründeten Leipziger Intelligenzcomtoir zu verdanken. 1762 veröffentlichte Pelée de St. Maurice ein Traktat »L'art de cultiver les Peupliers d'Italie«. Der Autor beschreibt die Anzucht in der Baumschule und die Pflanzung am Standort genau. Auf diese Publikation hin gingen auch in Deutschland zahlreiche Bestellungen ein, die das Comtoir 1764 an Pelée nach Frankreich vermittelte. Im Frühjahr 1765 gelang es, eine geringe Zahl Reiser zu erhalten, wovon den Bestellern je ein bis zwei Stück unentgeltlich überlassen wurden. 1766 sandte Pelée 1000 Reiser aus der Baumschule in Sens zum Weiterverkauf nach Leipzig. Auch der für alles Französische eingenommene König Friedrich II. scheint Gefallen an der Neueinführung gefunden zu haben. Gemälde, die das Potsdamer Neue Palais um 1770 kurz nach dessen Fertigstellung darstellen, zeigen massenhaft säulenförmige Bäume entlang der Maulbeerallee und an der Allee vom Neuen Palais nach Norden.[39] 1770 wurde eine Säulenpappelallee von Karlsruhe nach Durlach angelegt. Nachdem auch Fürst Franz von Anhalt-Dessau diverse »Lustchausseen« mit lombardischen Pappeln bepflanzt hatte, wurden seit 1789 auch die ersten preußischen Chausseen von Berlin nach Brandenburg und von Berlin nach Frankfurt a. d. Oder damit bepflanzt.[40]

Ende des 18. Jahrhunderts kamen Platanenalleen auf (z. B. in Potsdam 1797). Im 19. Jahrhundert wurden auch gern besondere Alleen aus exotischen Koniferen angelegt, 1842 eine Allee aus *Araucaria araucana* in Bicton, in Elvaston vielreihige Alleen, z. B. aus *Araucaria imbricata* im Wechsel mit *Abies nobilis* und *Cryptomeria japonica*, *Cedrus libani* und *Cedrus deodara*, *Pinus radiata* mit *Pseudotsuga douglasii*, *Abies spectabilis*, *A. pinsapo* und *Tsuga canadensis*. Wer konnte, leistete sich eine Allee aus Mammutbäumen. Ähnlich wurde in Hagenburg/Steinhuder Meer in den 1880er-Jahren eine *Taxodium*-Allee gepflanzt usw. 1878 veröffentlichte Eduard Petzold ein Büchlein über Alleepflanzungen, woraus besonders Alleen aus mehreren Arten hervorzuheben sind, etwa Blutulme und Eschenahorn im Wechsel. Paul Jurass empfand in der Gartenkunst 1905 Blutbuchenalleen »von hervorragend schöner Wirkung«.[41] Es gibt mehrere solche in Deutschland, als eine der ältesten gilt die in Renzow (Mecklenburg).

## Schlangenalleen

Geschlängelte Baumalleen wirken vor dem Hintergrund der Entstehungsgeschichte der Allee als ein Widerspruch in sich: geometrisch, was die Anordnung betrifft, landschaftlich, was den Verlauf betrifft. Sie treten daher nicht in Renaissance und Barock, sondern erst in der Übergangszeit vom Barock- zum Landschaftsgarten auf, so in Claremont (1725) und Stowe (1753). In Potsdam-Sanssouci, Rehgarten, entstanden nach 1763 sog. Schlangenalleen oder »englische Alleen«, die mit Buchen bepflanzt und »mit allerhand Strauchgebüsch umgeben waren. Dies bestand in Haselnuß-, Stachelbeer-, Johannisbeer-, Jasmin-, Flieder- pp. Sträuchern«.[42] Geradlinige Alleen waren während der Zeit des Landschaftsgartens nicht mehr erwünscht. Vorhandene wurden versteckt oder gefällt. Den angenehmen Effekt der Alleebäume aber wollte man nicht missen.

Die geschwungenen Wege des Landschaftsgartens wurden in der Regel abwechslungsreich und nicht symmetrisch bepflanzt. Doch auch im Landschaftsgarten, z. B. bei Brown und in Wörlitz, gab es hin und wieder geschwungene Baumalleen. Im 19. Jahrhundert, als die geraden Alleen wieder zu Ansehen kamen, blieben geschwungene Alleen eine Alternative. Sckell empfahl sie 1818 ausdrücklich für Auffahrten. Zur Bepflanzung nannte er Ulmen, Linden, Rosskastanien, Eschen, Eichen, Ahorn, Platanen, Schwarz- und Silberpappeln, Buchen, Esskastanien oder Hainbuchen. Pückler riet 1834 für Landstraßen und Schlosszufahrten zu doppelten Alleen aus Ulmen und Eichen, Linden und Rosskastanien, Ahorn oder Akazien, die erst dicht gepflanzt, später ausgedünnt wurden. Auch Lenné hat geschwungene Alleen entworfen (z. B. Plan für Sanssouci 1816, Reichenbach/Pommern 1825, Garten Jacobs, Potsdam 1835). Joshua Reynolds 1786, Uvedale Price 1794 und Loudon 1806 empfahlen geschwungene Alleen im Sinne des Pittoresken auch für den Städtebau.[43] Hier findet man sie im 19. Jahrhundert häufiger. Stadtplanungen mit landschaftlichen Alleen sind Victoria Park bei Manchester um 1837 und Ilford bei London 1848 oder Olmsteds Plan für Riverside 1869. Auch Lennés alleegesäumter Landwehrkanal in Berlin kann hier genannt werden.

[39] Wimmer, Clemens Alexander: Kurze Geschichte der Säulenpappel. In: Zandera 16/2001, S. 10–14.
[40] Wimmer (wie Anm. 23), S. 112–119.
[41] Ders.: Bäume und Sträucher in historischen Gärten. Dresden 2001.
[42] Ders.: Geschichte der Gehölze in Sanssouci. In: Günther, Harri: Gehölze in den Gärten von Sanssouci. 3. Aufl. Potsdam 2000.
[43] Germann, Georg: Krumme Straßen. In: Zeitschrift für Stadtgeschichte 3/1976, S. 10–25.

Heike Palm

# Alleen in Gärten von der Renaissance bis zum Rokoko

Im heutigen Sprachgebrauch verwendet man den Begriff »Allee« für einen von zwei Baumreihen eingefassten Weg.[1] Historische Abbildungen zeigen, dass solche von hohen Bäumen gesäumten Wege bei der Gestaltung von Gärten in Deutschland bis in die zweite Hälfte des 17. Jahrhunderts kaum eine Rolle spielten.[2] In ihrer additiven Struktur ähnelten die deutschen Gärten den italienischen Villengärten der Renaissance.[3] In Italien wurden jedoch bereits im 15. und 16. Jahrhundert neben Hecken, Zäunen, Spalieren und Pergolen auch Baumreihen zum Einfassen von Wegen verwendet. Ein frühes Beispiel, bei dem eine Allee eine über den Garten hinausreichende Sichtverbindung zur Landschaft bildete, ist die Villa Quaracchi bei Florenz (1459).[4] Häufig schirmten die Baumreihen der Alleen Nutzgartenbereiche ab

[1] Zur Geschichte des Begriffes, der Entwicklung, der Typen und Baumarten siehe den Beitrag vom Clemens Alexander Wimmer »Alleen – Begriffsbestimmung, Entwicklung, Typen, Baumarten« in diesem Buch. Grundlegend weiterhin: Fink 1955; Gamer 1986; Bührle 1988; Alleen – Gegenstand der Denkmalpflege 2000; Wimmer 2001.

[2] In Deutschland wurde die Entwicklung in der Gartenkunst im 17. Jahrhundert durch den Dreißigjährigen Krieg (1618–1648) und seine Auswirkungen gehemmt. Zu den durch Abbildungen dokumentierten Schlossgärten dieser Zeit im deutschen Sprachraum gehören der Stuttgarter Lustgarten, der alte Lustgarten in Kassel, der Lustgarten in Hessen (bei Wolfenbüttel), der Münchner Hofgarten, der Köthener Schlossgarten, der Schlossgarten von Hellbrunn bei Salzburg, der Heidelberger Schlossgarten, der Berliner (»Cöllner«) Lustgarten, der Schlossgarten von Ora-

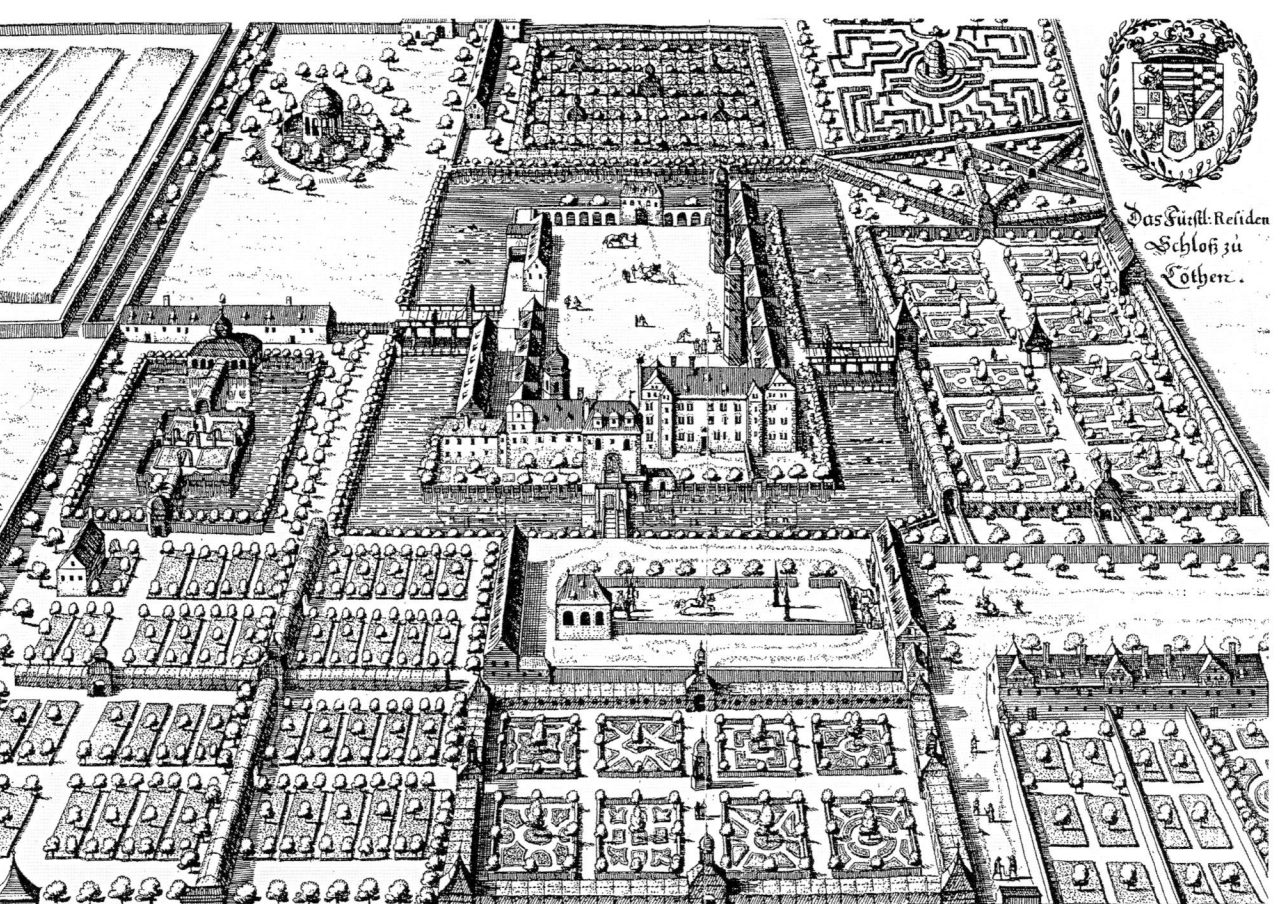

*Der zu Beginn des 17. Jahrhunderts angelegte Köthener Schlossgarten. Kupferstich von Matthaeus Merian, um 1650*

oder begleiteten die Wege in dem in Reihen bepflanzten Obstgarten. Manchen Villen waren waldartige Bereiche (selvatico, parco) in unregelmäßigem Gelände angegliedert, die als Wildgehege genutzt wurden. Schneisen und Alleen führten zu den im Park verborgenen Gebäuden, Grotten, Brunnen, Skulpturen und anderen Attraktionen.[5]

Die Ansicht aus der Vogelschau des zu Anfang des 17. Jahrhunderts angelegten Köthener Schlossgartens (links) zeigt nahezu das ganze Spektrum der damals in deutschen Gärten üblichen Wegegestaltung.[6] In den Ziergartenbereichen rahmten überschaubare Hecken die Beetfelder und bildeten gleichzeitig die Einfassungen der Wege. Kleinkronige Bäume, die die niedrigen Hecken oder Zäune in regelmäßigen Abständen überragten, gliederten den Weg rhythmisch und lenkten den Blick. Laubengänge boten Aufenthaltsmöglichkeiten im Schatten, trennten und umfassten Bereiche unterschiedlicher Nutzung. Im Übergangsbereich vom Zier- zum Irrgarten sind Wege erkennbar, die von hohen Hecken eingefasst sind. Einzig in dem im Vordergrund (links) dargestellten Nutzgarten waren Obstbäume so am Rand der Pflanzflächen angeordnet, dass sie die dazwischen verlaufenden Gartenwege alleeartig rahmten. In Köthen waren die wichtigsten Wege innerhalb der Quartiere zwar schon durch ihre Breite und betonte Schnittpunkte hervorgehoben. Die Wirkung der wenigen durchgehenden Wege wurde jedoch durch die quer dazu verlaufenden Laubengänge gemindert.

## Alleen im Barockgarten

Zur größten Entfaltung kam die Gestaltung mit Alleen in der Epoche des fürstlichen Absolutismus in der Gartenkunst des Barock. Höhepunkt war die Schloss- und Gartenanlage von Versailles, die der französische König Ludwig XIV. (reg. 1661–1715) ab 1662 aus einem Jagdschloss seines Vaters entwickeln und ab 1677 zur ständigen Residenz ausbauen ließ.[7] Hier verband André Le Nôtre die bereits vorher entwickelten Gestaltungselemente der Gartenkunst zu einem differenzierten, hierarchischen Ordnungssystem, das sich aus der Gliederung des Schlosses ableitete.[8] Die Gestaltungsprinzipien des französischen Barockgartens prägten die Gartenkunst auch in Deutschland bis zur zweiten Hälfte des 18. Jahrhunderts.[9]

Bei der Herstellung dieses neuen »Ordnungsgefüges« hatten Alleen wichtige Funktionen. Sie stellten Verbindungen zu weiter entfernten Besitzungen her, strukturierten großräumige Bereiche und verknüpften Stadt, Schloss, Garten und Park zu einer Residenz-Landschaft. Über ihre praktische Funktion als Verbindungsweg hinaus kam ihnen die Aufgabe zu, das Land vom Zentrum der Macht her sichtbar zu durchdringen.

Die hierarchische Struktur der Gesamtanlage verlangte eine Konzentration der aufwändigsten Bereiche am Schloss und an der Hauptachse des Gartens. Daraus folgte ein Abnehmen der Gestaltungsdichte vom Garten zum Park wie auch eine Abstufung innerhalb der Kernzone des Gartens. Dazu wurde eine Vielzahl von Varianten für die Hauptgestaltungsmittel des Gartens – die Parterres, Boskette und Alleen – entwickelt.[10] Durch ihre Flexibilität in Breite, Höhe und Länge eigneten sich die Baumalleen sowohl zur Betonung der Grobstruktur und Rahmung der Gartenanlage wie auch zur weiteren Gliederung des Boskettbereichs und zur Rahmung des Parterres.

## Hauptalleen und Hauptachsen im Barockgarten

Die Hauptalleen zeichneten sich gegenüber den anderen Wegen durch ihre besondere Breite aus und überragten deutlich die Hecken, die das Grundgerüst des Gehölzbereiches bildeten. Um einen Blick durch die gesamte Allee auf betonte End- oder Blickpunkte zu gewährleisten, mussten die Mittelbahnen der Hauptalleen nach oben offen sein. Pläne und Vogelschauansichten zeigen, wie die Hauptalleen zur Gliederung und Erschließung von Gartenanlagen eingesetzt wurden.

Das Alleensystem des Großen Gartens in Hannover-Herrenhausen (S. 26) besteht aus einer Allee, die den Garten an drei Seiten rahmt, und einem daran angeschlossenen Alleekreuz, das die Hauptachsen der südlichen Gartenhälfte akzentuiert.[11] Hier verknüpfen die Hauptalleen zwei unterschiedlich strukturierte Gartenbereiche aus verschiedenen Anlagephasen. Die Schnittstellen der Alleen sind als Halbmonde und Rondelle ausgebildet. Im Schnittpunkt der beiden orthogonalen Hauptalleen befindet sich die Große Fontäne, eine der Hauptattraktionen des Gartens. Die Randallee ist auf zwei Pavillons am südlichen Ende des Gartens ausgerichtet. Die breiten Mittelbahnen sämtlicher Alleen wurden gegenüber den Seitengängen (contre-alleen) durch den Wechsel von Linden und kegelförmig geschnittenen Nadelbäumen betont. Aus der ca. zwei Kilometer langen Randallee eröffneten sich dem Spaziergänger über den Einfassungskanal hinweg reizvolle Aussichten in die Landschaft und auf die Stadt Hannover.

Auch in der Karlsaue in Kassel wurde die Kombination von Alleen und Kanälen zur Einfriedung und Rahmung des Gartens genutzt.[12] Da hier die Kanäle zwischen zwei Alleen geführt wurden, konnte man den Garten zu Fuß oder zu Pferd umrunden bzw. mit dem Boot auf der breiten Mittelbahn der Alleen umfahren. Drei weitere Alleen erschlossen den Garten fächerförmig und verbanden den reich gegliederten Boskettbereich mit dem Zentrum der Anlage. Die Achsen strahlten vom Mittelsaal des Orangeriegebäudes – das hier das Schloss ersetzt – und vom Ende des Parterres aus, materialisierten sich aber erst jenseits der anschließenden großen Rasenfläche (Boulingrin) als Alleen.

---

nienburg, der Schlossgarten in Weimar. Die Abbildungen erschienen überwiegend in den von der Werkstatt Merian herausgegeben Länderbeschreibungen (1642–1688). Abdruck der Abbildungen in: Hennebo/Hoffmann 1965 (Reprint 1981).
| 3 | Überblick dazu in: Gothein 1926; Hennebo/Hoffmann 1981; Hansmann 1988.
| 4 | Gothein 1926. Bd. 1, S. 220 ff.
| 5 | Z. B. in Pratolino und bei der Villa Lante.
| 6 | Zum Köthener Garten: Karkosch 2002.
| 7 | Lablaude 1995.
| 8 | André Le Nôtre (1613–1700) war bis zu seiner Pensionierung 1693 der führende Gartenkünstler am Hof Ludwigs XIV.; Hauptwerke: Vaux-le-Vicomte (1656–1661, für den französischen Finanzminister Nicolas Fouquet), Versailles, Fontainebleau, Chantilly, Saint-Germain-en-Laye, Clagny, Saint-Cloud.
| 9 | Zum Barockgarten grundlegend Gothein 1926; Hennebo/Hoffmann 1981; Hansmann 1988.
| 10 | Vgl. dazu Hansmann 1988, S. 164–176, Wimmer 2001, S. 44–56.
| 11 | Palm 1998; Panning 1998.
| 12 | Zur Geschichte der Karlsaue siehe Becker 1996; siehe auch Staatspark Karlsaue Kassel 2004.
| 13 | Herzog 1999; Herzog 2003. Der Plan von 1755 stellt die Lage der Nebenachsen des Dreistrahls ungenau dar. Freundliche Auskunft von Herrn Nordmann, Bayerische Schlösserverwaltung, München.

*Großer Garten in Hannover-Herrenhausen aus der Vogelschau, Blickrichtung von Süden nach Norden,
Kupferstich von J. J. Müller und Jost van Sasse, verlegt bei Pieter Schenk, Amsterdam, um 1725*

In Nymphenburg (S. 27) erschloss eine Vielzahl sich schneidender Alleen den Park und verband ihn mit dem Garten. Besonders prägend waren zwei Alleebündel, die die Gartenanlagen an der Badenburg und Pagodenburg in den Park integrierten, und der von zwei Alleen gerahmte Kanal, der die Hauptachse des Gartens in den Park fortsetzte. Er bildete die mittlere von drei Achsen, die von der Terrasse des Schlosses ausstrahlten und Sichten zu weit entfernten Blickpunkten in der Landschaft eröffneten.[13] Auch die häufig an die Lust- und Jagdschlösser angegliederten Wildgehege und Jagdwälder wurden durch ausgedehnte Sternschneisen-Systeme oder gepflanzte Alleen strukturiert.[14]

Nach dem Vorbild des französischen Barockgartens wurde auch in deutschen Gärten große Aufmerksamkeit auf die Gestaltung der Hauptachse gerichtet. Sie setzte die Mittelachse des Schlosses fort und fungierte in den überschaubaren Bereichen als Symmetrieachse des Gartens. Da sie in umgekehrter Blickrichtung das Schloss als Bezugspunkt der Gartenanlage ins Blickfeld setzte, war sie breiter anzulegen als die übrigen Wege und als offene Allee zu gestalten.[15] Im Parterre wurde sie meist durch niedrige, in den Rabatten der Parterrefelder wachsende Formbäumchen – bisweilen in Kombination mit Skulpturen – eher andeutungsweise gerahmt. Die Formbäume gliederten den Weg rhythmisch und führten beim Durchschreiten den Blick über das Parterre hinaus in die Tiefe des Gartens. Ein in der Mitte des Hauptweges verlaufendes lang gestrecktes Rasenband konnte diesen »Tiefenzug« noch verstärken.[16] Zuweilen wurde der Hauptweg zusätzlich durch zwei Reihen kunstvoll geschnittener Formgehölze oder Kübelpflanzen hervorgehoben.[17] Eine sehr artifizielle Möglichkeit war die Fontänenallee, bei der der Weg zwischen zwei Reihen von Wasserbecken verlief, in denen sich in regelmäßigem Abstand Springstrahlen erhoben.[18]

Im anschließenden Boskettbereich musste die Hauptallee ebenfalls nach oben offen gehalten werden, um den Durchblick zum Schloss zu gewähren, sie benötigte aber bei größeren Anlagen zur Hervorhebung eine stärkere raumbildende Fassung. Die Mittelachse war deshalb oft als Allee mit drei Wegebahnen ausgebildet, die aus zwei Baumreihen und den Einfassungen der angrenzenden Boskets (Hecken, Spaliere) bestand. Bisweilen wurde die Hauptallee auch im Boskettbereich mit Skulpturen ausgeschmückt oder durch den regelmäßigen Wechsel von Laubbäumen mit kegelförmig geschnittenen Nadelbäumen hervorgehoben.[19]

|14| Besonders interessante Alleensysteme in Clemenswerth, Göllersdorf (Österreich) und Werneck (Fasaneriegarten).
|15| Dezallier d'Argenville 1747/1760 (Nachdruck 1972), S. 58–70; Le Blond 1731 (Nachdruck 1986), S. 65–80, Krünitz 1773.
|16| Z. B. in Hannover-Herrenhausen, Charlottenburg, Eutin.
|17| Z. B. Gaibach, Hanau-Philippsruhe, Moritzburg in Sachsen.
|18| Wie in Vaux-le-Vicomte (Frankreich), Het Loo (Niederlande), Schleißheim bei München oder Großsedlitz (Sachsen).
|19| Mit Skulpturen z. B.: Versailles und Salzdahlum bei Wolfenbüttel.

Die zeitgenössische Theorie empfahl, die Hauptalleen am Ende des Gartens durch Gittertüren zu schließen, die den Ausblick in die Landschaft ermöglichten und aus größerer Entfernung transparent wirkten. Ein ähnlicher Effekt wurde erzielt, wenn die Einfriedung (Zaun, Mauer) an dieser Stelle in einer Vertiefung geführt oder durch eine Wasserfläche gebildet wurde. Die Fortsetzung der Hauptachse durch den Park und/oder in die Landschaft steigerte ihre perspektivische Wirkung und suggerierte, dass sich die Besitzungen des Eigentümers bis ins Unendliche erstreckten.[20]

## Alleen im Boskett- und Parterrebereich

Zuweilen wurden Alleen als Rahmung von Parterres gepflanzt. Sie ermöglichten dann das Vergnügen, das aufwändig geschmückte Parterre zu erleben, ohne sich dem Sonnenschein und der großen Hitze der unbeschatteten Flächen aussetzen zu müssen. Entsprechend ihrer exponierten Lage und Funktion waren solche Alleen besonders gestaltet. Das Parterre von Schloss Augustburg in Brühl war auf beiden Seiten durch kunstvoll beschnittene und gedeckte Alleen wie von Galerien flankiert.[21] Ähnliche Funktion hatten Alleen

[20] Z. B. in Nymphenburg und Charlottenburg.
[21] Hansmann 1988, S. 215 f.; vgl. auch die aufwändige Ausgestaltung der vierreihigen Lindenallee, die das Parterre und den Spiegelteich im Charlottenburger Schlossgarten rahmte (Wimmer 1984, S. 27), und die Alleen, die das Parterre am Palais Liechtenstein (Wien) flankierten. Letztere bestanden zunächst aus hochstämmigen Nadelbäumen, die im Wechsel mit Rosskastanien gepflanzt waren, später aus kastenförmig geschnittenen Laubbaumalleen (Hansmann 1988, S. 215 f.).
[22] Ähnlich die Seepromenade(n) des Eutiner Schlossgartens; Thietje 1994, S. 50, 123 f., oder am Schloss Seehof bei Bamberg.
[23] Z. B. im Schlossgarten von Schönbrunn (Wien), wo der Boskettbereich um 1700 durch ein System orthogonaler Alleen gegliedert war, das in den 1750er-Jahren durch Diagonalalleen ergänzt wurde; Hajós 1995, S. 139–146.
[24] In Charlottenburg waren es zwei vertieft angelegte Rasenbahnen für das Kugelspiel (Boule), eine Mailbahn und zwei Kanäle für Bootswettfahrten und Ringelstechen; Wimmer: Die Gärten 1985, S. 30 ff.
[25] Vgl. den Zentralbereich im Potager von Versailles und die Gestaltungsregeln für den Küchengarten von Jean de La Quintinye: Instruction pour les jardins fruitiers et potagers. Bd. 1, T. 1, 2. Paris 1690; siehe auch Albert 2003, S. 39–43. Im Küchengarten in Hannover (Linden) gab es 1742 mehrere solche Alleen, in denen Obstbäume mit

*Schloss- und Gartenanlage Nymphenburg, Aufmaß mit zwei Veduten, 1755, unbekannter Zeichner*

an der Grenze des Gartens, aus denen sich Blicke auf besonders reizvolle landschaftliche Situationen boten. Im Charlottenburger Schlossgarten zu Berlin begleitete eine Allee aus Rosskastanien als eine schattige Promenade das Flussufer.[22]

Die gewöhnlichen Wege in der Gehölzzone des Gartens wurden meist durch die Einfassungshecken der Bosketts und die sie überragenden Füllgehölze gerahmt. In großen Anlagen fanden sich zusätzliche Alleen, die den Boskettbereich abwechslungsreicher gestalteten und schattige Wegeverbindungen bildeten.[23] Auch die in den Boskettbereich mancher Barockgärten integrierten Spieleinrichtungen, die lang gestreckte Spielbahnen verlangten, wurden von Alleen begleitet. Sie ermöglichten wie im Charlottenburger Schlossgarten den Spielern einen kurzfristigen Rückzug in den Schatten und den Zuschauern den Aufenthalt an einem angenehm geschützten Platz.[24]

Offene Alleen wurden auch zur Gliederung des Küchengartens genutzt. Um die Beetflächen nicht zu sehr zu überschatten, pflanzte man meist Zwerg- oder halbhohe Formobstbäume (Busch, Pyramide, Fächerform, Hohlkrone) in die einfassenden Rabatten. Aus ästhetischen Gründen und um den Platz optimal zu nutzen, wurden unterschiedliche Baumarten und Kronenformen im gleichmäßigen Wechsel kombiniert.[25]

## Alleen im Rokokogarten

In der Zeit des Rokoko, die in Frankreich etwa mit der Regierungszeit Ludwigs XV. begann (reg. 1723–1774), drückte sich die Abwendung von Monumentalität und Prunk in der Neigung zu vielfältiger Ausstattung, verspielten Formen und Kleinräumigkeit aus.[26] Auch in Deutschland wurden in dieser Epoche (1730–1770) – neben vielen Anlagen nach herkömmlichem Schema – Gärten gestaltet, in denen die hierarchische Gliederung der Gesamtanlage und die strikte Ausrichtung auf das Gebäude aufgegeben oder abgeschwächt waren.[27] Zwar durchzogen lange Alleen die Gärten, erschlossen und verbanden ihre Teilbereiche. Allerdings fehlten die aus der Mittelachse des Gebäudes abgeleiteten Hauptalleen, die den gesamten Garten hierarchisch organisiert hätten. Die zahlreichen Funktionen, die die Hauptallee im klassischen Garten in sich vereinte, wurden auf verschiedene Alleen verteilt, die miteinander »konkurrierten«. An dem Plan des Veitshöchheimer Hofgartens (unten) lässt sich diese Eigenheit gut ablesen.[28] Weder die auf die Mittelachse des Schlosses zielende Zufahrtsallee noch eine der langen, den gesamten Boskettbereich gliedernden Alleen hatte die Funktion einer Hauptallee. Die aufwändigsten Ausstattungselemente des Gartens waren hingegen an der kürzeren mittleren Querachse des Boskettbereichs angeord-

fächerförmig und mit pyramidal gezogenen Kronen abwechselten.
| 26 | Zum Rokokogarten siehe Hennebo / Hoffmann, Kap. Rokoko, S. 313–381; Dennerlein 1981; Lauterbach 1987, bes. S. 206 ff.; Hasekamp 1999, S. 169–175; Wimmer 2001; S. 34–44, 69 ff.
| 27 | Dazu gehören so unterschiedliche Gärten wie Rheinsberg, Sanssouci, die Eremitage bei Bayreuth, Wilhelmsthal bei Kassel, Schwetzingen, die Solitüde bei Stuttgart, Mosigkau bei Dessau, Lichtenwalde bei Chemnitz und Veitshöchheim, auf deren Besonderheiten, Ausstattung und spätere Veränderungen hier nicht eingegangen werden kann.

*Hofgarten Veitshöchheim, Plan des Hofgärtners Johann Anton Oth, 1779*

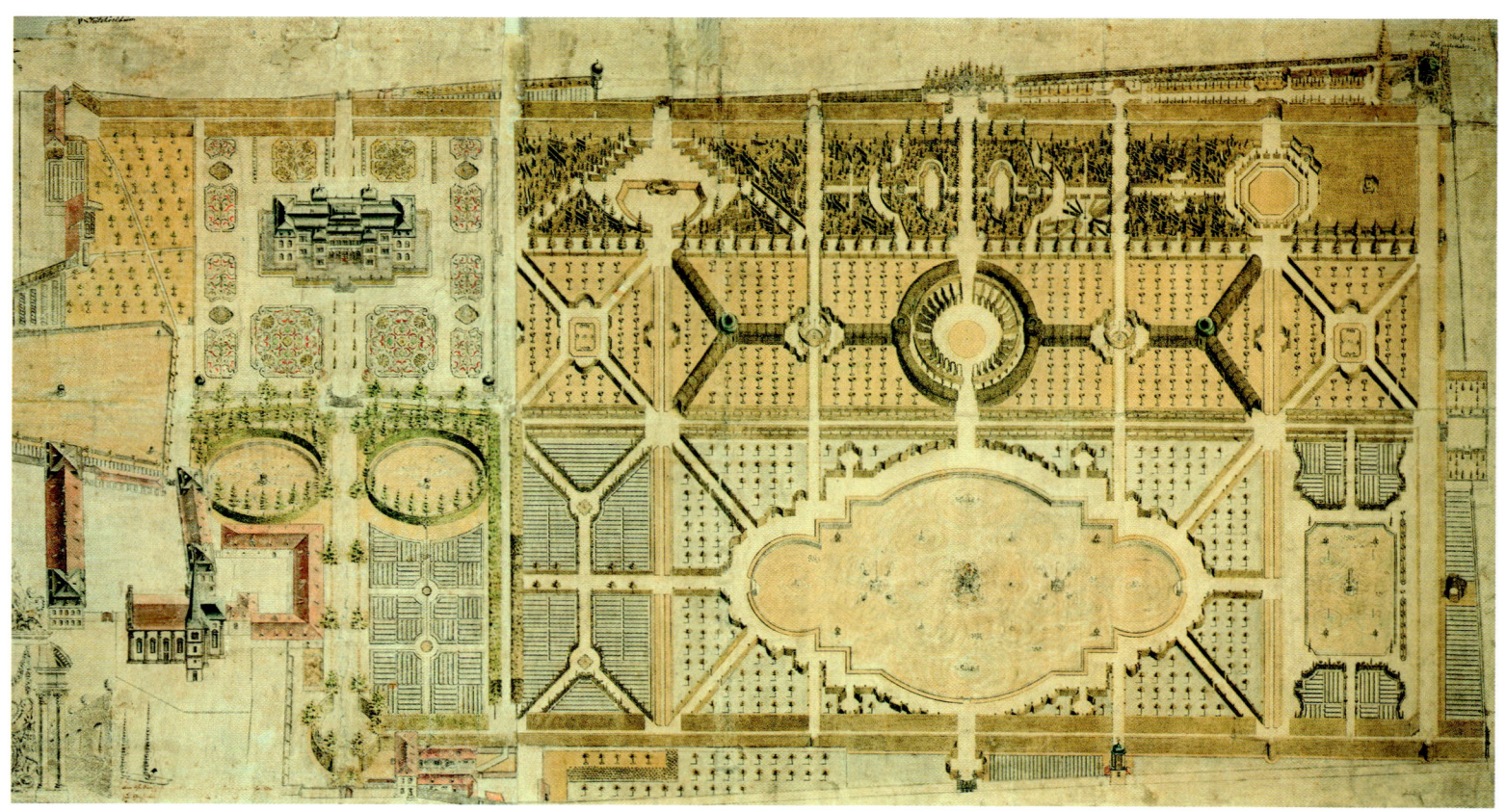

net,[29] die durch ihre Unabhängigkeit vom Gebäude die Eigenständigkeit des Gartens betonte.

Die in den Rokokogärten angestrebte Mannigfaltigkeit und die spielerischen Formen wirkten sich auch auf die Gestaltung der Nebenwege aus. Komplizierte, verwinkelte Wegeführungen in den Boskettbereichen verleiteten zum ziellosen Umherwandern im Garten.[30] Neben Laubengängen und geschlossenen Alleen waren halbhohe Hecken als Wegerahmung beliebt. Sie erlaubten den Einblick in die abwechslungsreich, u. a. mit Blütengehölzen bepflanzten Füllgehölzbereiche der Boskette. In Veitshöchheim waren zwei lange Alleen von solchen Brüstungshecken gerahmt. In einer der Alleen wurden die Hecken durch hoch aufgeastete Fichtenbäume überragt, in der anderen waren es kastenförmig geschnittene Linden, die eine durchgehende Hochhecke bildeten. Neben den üblichen Arten wurden jetzt auch vermehrt Blütengehölze als Alleebäume verwendet. Eine Besonderheit stellten die durch Girlanden von rankenden Pflanzen (Festons) verbundenen Bäume dar.[31]

In der zweiten Hälfte des 18. Jahrhunderts ging die Epoche des geometrisch-architektonischen Gartens auch in Deutschland langsam zu Ende.

[28] Zum Veitshöchheimer Hofgarten: Werner 1998; Tunk/Roda 1991; Hoffmann 1976. Für die Bereitstellung der Plan- und Modellfotos danke ich Herrn Albert, Bayerische Schlösserverwaltung, München.

[29] Die große Kaskade, der aufwändig gestaltete Mittelsalon der Laubenzone und der mit Figuren und Wasserspielen geschmückte Parnass im Zentrum des Großen Sees.

[30] Hoffmann 1976, vgl. auch die in den 1750er-Jahren in den Schlossgarten von Schönbrunn eingefügten Diagonalalleen; Hajós 1995, S. 139–146.

[31] Abbildungen in: Lauterbach, S. 158, 161, 207. Eine solche Allee gab es auch in dem Garten in Machern bei Leipzig, der trotz seiner frühen landschaftlichen Gestaltung noch mehrere lineare Alleen aufwies. Paul Gottlob Christoph Andreae beschrieb sie 1796 sehr anschaulich: »Tritt man aus dem Salon heraus, so kommt man in eine Kirschbaumallee, die mit Festons geschmückt ist. An jedem Kirschbaume sind zwei Weinstöcke gepflanzt, welche erst an den Stämmen hinauf, und dann an Drahtfäden von einem Baum zum andern gezogen werden. In der Mitte des Raums zwischen den Bäumen stehen Rosenstöcke. Wie schön der Anblick dieser Guirlanden sey, die in freyer Luft über den Rosen zu schweben scheinen, dieß lässt sich nur fühlen, nicht aber durch die Feder Andern mitteilen.«

### Literatur

Albert, Jost: Anmerkungen zum Formobstschnitt. Protokoll eines Vortrags. In: Nutzpflanzenkulturen in historischen Gärten, hrsg. von der Gärtenabteilung der Bayerischen Schlösserverwaltung, Seminarskript 2003, S. 39–43.

Alleen – Gegenstand der Denkmalpflege. Möglichkeiten ihres Schutzes, ihrer Erhaltung und Erneuerung. Ein Arbeitspapier der Arbeitsgruppe Gartendenkmalpflege der Vereinigung der Landesdenkmalpfleger in der Bundesrepublik Deutschland. Berichte zur Forschung und Praxis der Denkmalpflege in Deutschland, 8. Berlin 2000.

Andreae, Paul Gottlob Christoph: Machern. Für Freunde der Natur und Gartenkunst. Leipzig 1796.

Becker, Horst: Die Geschichte der Karlsaue in Kassel: Planungsgeschichte und Bestandserfassung. T. I: Vom Renaissancegarten zum Barock- und Rokokogarten. In: Die Gartenkunst 8/1996. H. 1, S. 29–58.

Bührle, Sabine: Die Alleen im Barock. Anmerkungen zur Entwicklung, Bedeutung und Erhaltung. In: Das Gartenamt 37/1988, H. 2, S. 75–80.

Dennerlein, Ingrid: Die Gartenkunst der Régence und des Rokoko in Frankreich. Grüne Reihe: Quellen und Forschungen zur Gartenkunst, 4. Worms 1981.

Dezallier d'Argenville, Joseph Antoine: La théorie et la pratique du jardinage. Paris 1760. Nachdruck, mit einer Einleitung von Hans Foramitti. Hildesheim, New York 1972.

Diedenhofen, Wilhelm: Gärten und Parks in Kleve. Rheinische Kunststätten, 202. 2., neu bearb. Aufl. Neuss 1986.

Fink, Eberhard: Die Baumallee, ihre Bedeutung in der Gartenkunst. In: Das Gartenamt 4/1955. H. 3, S. 47 ff., u. H. 4, S. 65 ff.

Gamer, Jörg: Allee und Boskett als Gartenelemente. In: Denkmalpflege und historische Grünanlagen. Referate des 3. Ludwigsburger Fachseminars. Manuskript. Ludwigsburg 1986.

Gothein, Marie Luise: Geschichte der Gartenkunst. 2 Bde. 2. Aufl. Jena 1926.

Grisebach, August: Der Garten. Eine Geschichte seiner künstlerischen Gestaltung. Berlin 1910.

Hajós, Beatrix: Die Schönbrunner Schlossgärten. Wien, Köln, Weimar 1995.

Hansmann, Wilfried: Gartenkunst der Renaissance und des Barock. 2., durchges. Aufl. Köln 1988.

Hasekamp, Uta: Gartentheorie und stilistische Züge deutscher Gartenkunst um 1760. In: Die Gartenkunst des Barock. ICOMOS, Hefte des deutschen Nationalkomitees, 28. München 1999, S. 169–178.

Hennebo, Dieter / Hoffmann, Alfred: Geschichte der deutschen Gartenkunst. Bd. 2. Hamburg 1965. Reprint 1981.

Hennebo, Dieter: Geschichte des Stadtgrüns. Bd. 1. Hannover, Berlin 1979.

Herzog, Rainer: Die Behandlung von Alleen des 18. Jahrhunderts in Nymphenburg, Ansbach und Veitshöchheim. In: Die Gartenkunst des Barock. ICOMOS, Hefte des Deutschen Nationalkomitees, 28. München 1999, S. 7–14.

Herzog, Rainer: Friedrich Ludwig von Sckell und Nymphenburg. Zur Geschichte, Gestaltung und Pflege des Schlossparks Nymphenburg. Begleitheft zur Ausstellung. Bayerische Schlösserverwaltung. München 2003.

Hoffmann, Alfred: Gärten des Rokoko: Irrendes Spiel. In: Park und Garten im 18. Jahrhundert. Kolloquium der Arbeitsstelle 18. Jahrhundert, Gesamthochschule Wuppertal. Würzburg und Veitshöchheim 1976. Heidelberg 1978, S. 36–47.

Karkosch, Michael: Der Residenzgarten zu Köthen. Ein gartendenkmalpflegerisches Entwicklungskonzept. Diplomarbeit am Institut für Grünplanung und Gartenarchitektur der Universität Hannover 2002.

Krünitz Oeconomische Encyclopaedie. Bd. 1. Leipzig 1773, Artikel Alleen S. 501–514.

Lablaude, Pierre-André: Die Gärten von Versailles. Worms 1995.

Lauterbach, Iris: Der französische Garten am Ende des Ancien Régime. Worms 1987.

LeBlond, Alexandre [d. i. Dezallier d'Argenville]: Die Gärtnerey sowohl in ihrer Theorie oder Betrachtung als Praxi oder Übung. Übersetzung von Franz Anton Danreiter. Augsburg 1731. Nachdruck, hrsg. und mit einem Nachwort von Harri Günther. München 1986.

Markowitz, Irene: Die Fächeralleen im Benrather Schloßpark. In: Die Gartenkunst. 1/1989, H. 2, S. 183–192.

Palm, Heike: Die Alleen des Großen Gartens in Hannover-Herrenhausen. Ein Versuch der Annäherung an das historische Bild. In: Naturschutz und Denkmalpflege. Wege zu einem Dialog im Garten, hrsg. von Ingo Kowarik, Erika Schmidt, Brigitt Sigel. Veröffentlichungen des Instituts für Denkmalpflege an der ETH Zürich. Bd. 18. Zürich 1998, S. 251–265.

Panning, Cord: Pflanzen – Schneiden – Kappen – Fällen – Pflanzen. Zum pflegerischen Umgang mit den Alleen in den Herrenhäuser Gärten. In: ebenda, S. 267–276.

Staatspark Karlsaue Kassel Parkpflegewerk. Historische Analyse, Dokumentation Denkmalpflegerische Zielsetzung, hrsg. von Bernd Modrow, Michael Rohde, bearb. von Michael Rohde, Horst Becker, Jörn Langhorst, Michael Karkosch. Edition der Verwaltung der Staatlichen Schlösser und Gärten Hessen, Monographien, 7. Regensburg 2004.

Thietje, Gisela: Der Eutiner Schlossgarten. Gestalt, Geschichte und Bedeutung im Wandel der Jahrhunderte. Neumünster 1994.

Tunk, Walter / Roda, Burkhard von: Veitshöchheim. Schloss und Garten. Amtlicher Führer. Bayerische Verwaltung der staatlichen Schlösser, Gärten und Seen. 7. Aufl. München 1991.

Werner, Ferdinand: Der Hofgarten in Veitshöchheim. Worms 1998.

Wimmer, Clemens Alexander: Die Gärten des Charlottenburger Schlosses, hrsg. vom Senator für Stadtentwicklung und Umweltschutz. Berlin 1984, 2. Aufl. 1985.

Ders.: Sichtachsen des Barock in Berlin und Umgebung. Zeugnisse fürstlicher Weltanschauung, Kunst und Jägerlust. Berlin 1985.

Ders.: Bäume und Sträucher in historischen Gärten. Gehölzverwendung in Geschichte und Denkmalpflege. Muskauer Schriften, 3. Dresden 2001.

Dietger Hagner

# Alleen zur Zeit des Landschaftsgartens – von der Aufklärung bis zum Historismus

Die gartengeschichtliche Entwicklung des späten 18. Jahrhunderts ist durch die Ablösung barocker Gestaltungsformen gekennzeichnet. Nach einer gewissen Übergangsphase, in der Alleen aus unterschiedlichen Gründen noch sichtbar erhalten wurden, galt nun die Natur als Vorbild für künftiges Gartengestalten. In dieser Phase wurden geometrisch und symmetrisch angeordnete Alleen mit ihrer perspektivischen Wirkung als Gestaltungs- und Strukturelement von Park- und Gartenbereichen überwiegend abgelehnt.

## In der Frühzeit des Landschaftsgartens – neue Vorstellungen und alte Alleen

Seit den 1760er-Jahren entstanden – vielfach nach dem Vorbild Englands – auch auf dem Kontinent frühlandschaftliche Gärten und Parkanlagen als Neuschöpfungen. Zu den häufigen Aufgaben der Gartenkünstler gehörte es jedoch, bereits vorhandene architektonische Anlagen landschaftlich umzugestalten – zunächst nur einzelne Bereiche, in denen die den Grundriss prägenden Alleen beibehalten worden sind, wie in Sanssouci, Rheinsberg, Weißenstein bei Kassel, Schwetzingen.[1] Alleen wurden als Gestaltungselement akzeptiert und geschätzt, z. B. im Park Machern bei Leipzig, wo eine Kirschallee am Südufer des Schwemmteichs nach einer Beschreibung von Glasewald aus dem Jahr 1799 mit Blumen unterpflanzt und die einzelnen Bäume durch Festons aus Weinstöcken miteinander verbunden waren.[2]

Mit der weiteren Ausdifferenzierung von Regeln zur Landschaftsgartenkunst im 19. Jahrhundert wurde der Umgang mit Alleen detailliert in den zeitgenössischen Gartenschriften behandelt. Gartenkünstler hatten immer wieder Schwierigkeiten, die zumeist schon älteren, gut entwickelten Alleen vollständig zu entfernen. So äußerte Friedrich Ludwig von Sckell 1818: »… so muß der Gartenkünstler, dem ein solcher Auftrag anvertraut worden ist [Umwandlung eines regulären Gartens], vordersamst wohl überlegen, ob nicht vielleicht einige im großen Styl der alten Kunst gezeichnete gute Formen mit ihren ehrwürdigen Alleen ohne Nachtheil der neuen Anlage erhalten werden können? Der Axt ist es ein Leichtes, in einem Tage ein Werk zu vernichten, wozu die Natur ein ganzes Jahrhundert zum Hervorbringen brauchte.«[3] Eine Methode, die er anwendete, war das Verstecken der Alleen hinter Pflanzungen,[4] eine gängige Verfahrensweise, die auch allgemein in den frühen Landschaftsgärten üblich war. Ein Beispiel sind die von Sckell seit 1777 vorgenommenen Umgestaltungen im Schlossgarten Schwetzingen. Die neuen landschaftlichen Teilbereiche schirmte er überwiegend durch Deckpflanzungen von den nach wie vor barocken Parkteilen mit ihren gliedernden Alleen ab. Ebenso verfuhr er im Schlosspark Nymphenburg, wo er ab 1804 die Zentralachse aus einem Kanal mit begleitenden Alleen beibehielt. Er verdeckte sie vollständig durch Gehölzpartien, die er aus barocken Strukturen entwickelte. In Fällen, wo Sckell ein Verstecken nicht für möglich hielt, kam für ihn die Fällung und manchmal auch die Umpflanzung von Alleebäumen in Frage. Alleen in Waldbereichen pflanzte er lediglich an deren Enden zu, um sie dadurch dem Auge zu entziehen und gleichzeitig möglichst viele Altbäume zu erhalten.[5] Im Schlosspark Nymphenburg ließ man die verbliebenen Alleen frei wachsen oder auch im Ansbacher Hofgarten, wo man schon kurz vor der landschaftlichen Umgestaltung ab 1794 auf gesonderte Schnittmaßnahmen verzichtete.[6]

Um die Wirkung von Alleen dem neuen Ideal des Natürlichen anzugleichen, wurden verschiedene Konzepte verfolgt. Christian Cay Lorenz Hirschfeld empfahl 1780 die »strenge Regelmäßigkeit« dadurch zu mindern, dass man »die gerade Linie zuweilen mit der schwankenden abwechseln läßt«[7]. Auch der herzogliche Anhalt-Dessauische Hofgärtner zu Wörlitz, Ludwig Schoch, vertrat die Auffassung,

|1| Vgl. Hoffmann, Alfred: Der Landschaftsgarten. Hamburg 1963, S. 52f., vgl. auch Gärten der Goethezeit, hrsg. von Harri Günther. Leipzig 1993.
|2| Vgl. Franz, Kathrin: Einige Untersuchungen zur Bepflanzung des frühen Landschaftsgartens im Hinblick auf die Restaurierung des Macherner Gartens. In: Die Gartenkunst. 1. Jg., H. 2/1989, S. 258.
|3| Sckell, Friedrich Ludwig von: Beiträge zur bildenden Gartenkunst. München 1818, S. 223.
|4| Ebenda, S. 183 (Anm.), 227.
|5| Ebenda, S. 227f.
|6| Herzog, Rainer: Die Behandlung von Alleen des 18. Jahrhunderts in Nymphenburg, Ansbach und Veitshöchheim. In: Die Gartenkunst des Barock, Tagungsbericht, Hefte des Deutschen Nationalkomitees von ICOMOS XXVIII. München 1998, S. 7–14. Ob die Nymphenburger Alleen im 18. Jahrhundert Formschnitten unterzogen wurden, ist bisher nicht geklärt. (Ebenda, S. 7).
|7| Hirschfeld, Christian Cay Lorenz: Theorie der Gartenkunst. Bd. II. Leipzig 1780, S. 65.
|8| Schoch, Ludwig: Umrisse für Freunde der Gartenkunst. Dessau 1828, S. 18.

*Ausschnitt aus dem »Verschoenerungs Plan vom Koenigl: Thiergarten bei Berlin«, Peter Joseph Lenné, 1832. Um die landschaftliche Gestaltung zwischen den Alleestrahlen des 18. Jahrhunderts durch übergreifende Wiesenzüge miteinander zu verbinden, durchbrach Lenné die Alleen stellenweise.*

| 9 | Vgl. Hinz, Gehard: Peter Joseph Lenné und seine bedeutendsten Schöpfungen in Berlin und Potsdam (1937). Nachdruck in: Hinz, Gerhard: Peter Joseph Lenné. Das Gesamtwerk des Gartenarchitekten und Städteplaners. 1. T. Hildesheim, Zürich, New York 1989, S. 34.
| 10 | Hirschfeld (wie Anm. 7), S. 65.
| 11 | Vgl. Hennebo, Dieter: Geschichte des Stadtgrüns. T. I. Von der

dass eine Allee, als Hauptweg zu einem Gebäude, einem Garten zu hoher Verschönerung diene, allerdings mit der Bedingung, dass sie geschlängelt verlaufe.[8] Bei der Erstanlage des Neuen Gartens in Potsdam zwischen 1787 und 1791 verwendete der aus Wörlitz berufene Johann August Eyserbeck mehrere geschwungene bzw. geschlängelte Alleen, die zudem im Park offen sichtbar waren. Sie wurden also als gestalterisches Element im landschaftlichen Park akzeptiert oder in »natürlichen« Linien angepflanzt, bis sie Peter Joseph Lenné bei der Modernisierung ab 1817 weitgehend entfernen ließ.[9]

Bereits Hirschfeld machte Vorschläge, neu angelegte Alleen besser in die landschaftliche Gestaltung einzubinden. Er empfahl, Höhe, Wuchs- und Laubform sowie die einzelnen Abstände der Bäume innerhalb der Allee zu variieren,[10] Grundlagen, die von späteren Gartenkünstlern mit detaillierten Angaben zur Artenverwendung und Anordnung weiter ausdifferenziert wurden.

Großen Anteil hatten Alleen im 18. Jahrhundert an der Entwicklung des Stadtgrüns. Bei der Entfestigung von Städten wie Münster, Dresden, Hamburg, Magdeburg, Leipzig oder Braunschweig wurden sie in Form teils mehrreihig bepflanzter Promenaden, manchmal auch kombiniert mit Platzanlagen, in zahlreichen Städten beliebte Orte öffentlichen Lebens und wirken bis heute prägend auf so manchen Stadtgrundriss.[11]

Auch in den zunächst noch fast ausschließlich durch fürstliches Engagement entstehenden öffentlichen Parkanlagen wurden Alleen während der Zeit des Landschaftsgartens weiterhin berücksichtigt. Hirschfeld beschrieb dies 1785 in seinem Kapitel über Volksgärten: Gerade Alleen seien hier nicht nur zulässig, sondern zu bevorzugen, da sie eine bessere Aufsicht durch die Polizei ermöglichten. »Man will sich finden, sich sehen, mit einander umherwandeln, sich unterhalten.« Gerade »Gänge« stimmten derlei Absichten mehr zu als schmale, sich krümmende Pfade.[12]

Nahezu gleiche Vorstellungen vertraten auch zahlreiche Gartenkünstler des 19. Jahrhunderts. Bei der Umgestaltung des Berliner Tiergartens, den schon Hirschfeld als beispielhaft hervorgehoben hatte, behielt auch Peter Joseph Lenné die Alleen aus dem 18. Jahrhundert bei, obwohl er ihnen eigentlich »ängstliche Regelmäßigkeit« zusprach, die »der Abwechslung und Freiheit« keinen Raum ließen. In der Beschreibung seines ersten Teilentwurfs von 1818 heißt es weiter: »… man verlangt in diesen Gärten das Vergnügen, der Gesellschaft und den Anblick anderer Umhergehender zu genießen, man will sich sehen und finden, und hierzu sind offene breite grade und sich durchkreuzende Alleen nötig.«[13]

Im Zusammenhang mit Volksgärten äußerte auch Friedrich Ludwig von Sckell, dass in den geraden und breiten Alleen der regulären Gartenkunst »das Volk auf einmal in Masse gesehen werden kann« und einen »weit imposanteren Anblick gewährt, als in den allerschönsten Schlangen-Wegen der Naturgärten«.[14] Bei der Gestaltung des Englischen Gartens in München hatte er allerdings auf solche regelmäßigen Strukturen verzichtet.

Neue gestalterische Möglichkeiten brachte auch die Einführung der Säulenpappel (Populus nigra 'Italica'), die in Deutschland Mitte des 18. Jahrhunderts ihrer markanten Form wegen einige Bedeutung erlangte. Neben der häufigen Verwendung im Landschaftsgarten – Sckell empfahl sie beispielsweise in zahlreichen Pflanzbeispielen kombiniert mit unterschiedlichen Arten[15] – fand sie auch als Alleebaum schnelle Verbreitung. Auch Friedrich Wilhelm II. von Preußen ließ sie im Potsdamer Neuen Garten und für verschiedene von Berlin ausgehende Staatschausseen pflanzen.[16]

Bestrebungen, die Landschaft künstlerisch zu gestalten, hatte es schon in früherer Zeit gegeben, so durch den brandenburgischen Statthalter Johann Moritz von Nassau-Siegen, der seit 1647 seine Residenzstadt Kleve und mehrere Parkanlagen durch Kanäle und Lindenalleen mit der weiteren Umgebung zu einer »Parklandschaft« verband.[17] Neue Anstöße erhielt dieses Bestreben im 18. Jahrhundert – ausgehend von England – unter dem Begriff der »ornamented farm«, das auch in Deutschland – hier häufig in Verbindung mit einem Landschaftspark – zu der Forderung der Aufschmückung und Verschönerung der Landgüter u. a. auch mit Alleen führte.[18]

Aufgenommen und weiterentwickelt wurden diese Ideen durch den Fürsten Friedrich Franz von Anhalt-Dessau, der im Rahmen eines revolutionären Reformprogramms sein gesamtes Fürstentum in ein »Gartenreich« umgestaltete. Dabei spielten bei der Bepflanzung weiter Bereiche des Straßen- und Wegesystems mit Obstalleen ästhetische und ökonomische Beweggründe sowie der Vorbildcharakter zur allgemeinen Beförderung der Landeskultur die entscheidende Rolle. In der Nähe der Städte und Parkanlagen wurden die Straßen stärker akzentuiert, indem sich in wiederholendem Rhythmus unterschiedliche Abfolgen von Obstbäumen, Säulenpappeln und zum Teil auch weitere Arten abwechselten, manchmal sogar in Form vierreihiger Alleen. Eine Reisebeschreibung bemerkt 1808: »Da schattet micht die lombardische Pappel, nach einer schönen Regel längs dem Wege in langen Doppelreihen gleich einer Schirmwand aufgezogen. Wie ein schneeweißer Gürtel prankte die köstliche Blüthe des Obstbaumes zwischen jedem der Fremdlinge.«[19] Schon damals erregte diese Gestaltung großes Aufsehen und mag mancherorts als Vorbild gedient haben. Noch 1828 empfahl Georg Schoch dieses Bepflanzungssystem für die schon oben erwähnten Zuwege zu einem im Garten gelegenen Gebäude.[20]

## Alleen in der ersten Hälfte des 19. Jahrhunderts

Die Gartenkunst der ersten Jahrzehnte nach 1800 ist gekennzeichnet sowohl durch die Reduzierung exotischer und sentimentaler Staffagen als auch durch eine höchstmögliche Annäherung an die Idee des Natürlichen. Diesen Zeitraum bezeichnete Alfred Hoffmann als Zeit des »reifen landschaftlichen Gartenstils«.[21] Damit verstärkten sich Tendenzen, die regelmäßige, aber auch die räumlich trennende Wirkung von Alleen im Landschaftsgarten zu überwinden. Das betraf auch Fälle, wo sie aus verschiedenen Gründen erhalten bleiben sollten.

Ein beliebtes Mittel, die strenge Regelmäßigkeit von Alleen aufzuheben oder zu mindern, ohne sämtliche Bäume vollständig entfernen zu müssen, war das von Humphry Repton (1752–1818) angewandte Prinzip des Durchbrechens von Alleen. Diese Methode führte beispielsweise Fürst Hermann von Pückler-Muskau in Bad Muskau durch und beschrieb die Maßnahmen in seinen »Andeutungen«.[22] Auch Peter Joseph Lenné bediente sich dieser Möglichkeit, wie seine Entwürfe zur Umgestaltung des Charlottenburger Schlossparks ab 1818 zeigen.[23] Auf Wunsch Friedrich Wilhelms III. von Preußen musste er die alten Hauptalleen um das ehemalige Parterre und den Karpfenteich sowie die Zugangsallee zum Mausoleum beibehalten. Um dennoch übergreifende Sichtachsen zu verwirklichen und die Alleen vom Park aus unsichtbar zu machen, setzte er sie stellenweise frei oder verdeckte sie durch dichte Pflanzungen oder Ergänzung mit einzelnen Gehölzen.

Eine abweichende Auffassung vertrat Adolph von Hake 1842 in seiner Schrift »Über höhere Gartenkunst«. Die vielen Versuche, Alleen zu durchbrechen, um ihre nachteilige Wirkung zu vermeiden, würden keine günstigen Resultate liefern. Hake forderte die weitgehende Auflösung der Alleestrukturen – selbst in der Landschaft – bis auf wenige einzelne Bäume, die nicht mehr ihre ursprüngliche Bestimmung verrieten.[24] Die zunächst noch häufig verwendete Säulenpappel wurde nun, vor allem zur Verwendung als Alleebaum, abgelehnt. Schon Fürst Pückler hielt ihre Form z. B. für zu unmalerisch und zu steif,[25] von Hake hob unter den nachteiligen Eigenschaften, die Alleen u. a. für den »malerischen Effect« einer Landschaft hätten, besonders den gleichförmigen Wuchs der Säulenpappeln hervor, deren häufige Verwendung er beklagte.[26]

Nach 1800 erhielten die Tendenzen der Landesverschönerung, die durch den Fürsten Franz in Anhalt-Dessau bereits früher Gestalt angenommen hatten, neuerlichen Auftrieb. In Bayern erfolgte das vor allem durch die viel beachtete Schrift des Architekten Gustav Vorherr aus dem Jahr 1808 »Ueber Verschönerung Deutschlands. Ein Fingerzeig«. Darin forderte er dazu auf, das ganze Land durch Förderung des Ackerbaus, der Gartenkunst und der Baukunst planmäßig zu verschönern.[27] Dass auch in der folgenden Zeit die Alleepflanzung in der Landschaft eine wichtige Rolle spielte, zeigt z. B. die 1836 anonym in München erschienene Schrift »Belehrung über die zweckmäßigste Art der Anpflanzung von Alleen an Landstrassen«. Darin werden genaue Anweisungen zur Artenwahl, Anzucht und Pflanzung von Alleebäumen gegeben. Auffallend ist die Anmerkung, dass bei einer Fällung und einem Austausch der Bäume in fünfzigjährigem Turnus die Kosten aller künftigen Straßenanpflanzungen aus dem Ertrage bestritten werden könnten.[28]

Die Landesverschönerung war auch ein Ideal der Gartenkünstler und wurde von ihnen meist als fester Bestandteil ihres Aufgabengebietes begriffen. Gestalterisch war sie dabei verständlicherweise mehr an der Idee des Landschaftsgartens und an natürlich wirkender Gestaltung orien-

Antike bis zur Zeit des Absolutismus. Hannover u. a. 1970; Bernatzky, Aloys: Von der mittelalterlichen Stadtbefestigung zu den Wallgrünflächen von heute. Berlin 1960.
[12] Hirschfeld, Christian Cay Lorenz: Theorie der Gartenkunst. Bd. V. Leipzig 1785, S. 69.
[13] Hinz (wie Anm. 9), S. 140.
[14] Sckell (wie Anm. 3), S. 223.
[15] Herzog, Rainer: Pyramidenpappel oder Pyramideneiche? Anmerkungen zur Verwendung von Gehölzen mit säulenförmigem Habitus bei Friedrich Ludwig von Sckell (1750–1823). In: Garten Kunst Geschichte. Worms 1994, S. 67–74.
[16] Wimmer, Clemens Alexander: Kurze Geschichte der Säulenpappel. In: Zandera 16, Nr. 1, 2001.
[17] Hennebo, Dieter: Städtische Baumpflanzungen in früherer Zeit. In: Meyer, Franz Hermann u. a.: Bäume in der Stadt. Stuttgart 1978, S. 18.
[18] Pruns, Herbert: Ornamented Farm in der deutschen Kulturlandschaft. In: Berlin-Potsdam. Kunstlandschaft, Landeskultur, Bewahrung der Umwelt. Symposium in Potsdam vom 22.–24. Oktober 1993, hrsg. von Hermann Heckmann. Weimar, Köln, Wien 1994. Hirschfeld – der u. a. die Ideen des englischen Gartentheoretikers Thomas Whately aufnahm – wid-

*Verschönerte Landschaft nach »englischer Art«. Tafel II aus: Carl Ritter, 1839. Regelmäßig gepflanzte Alleen lehnte er in der Landschaft überwiegend ab. »Schmale Streifen förmlicher Waldmassen«, die in Gruppen aufgestellt sein Konzept einer »Englischen Allee« darstellen, empfahl er auch als »Waldstreifen, um ganze Gründe einzufangen«.*

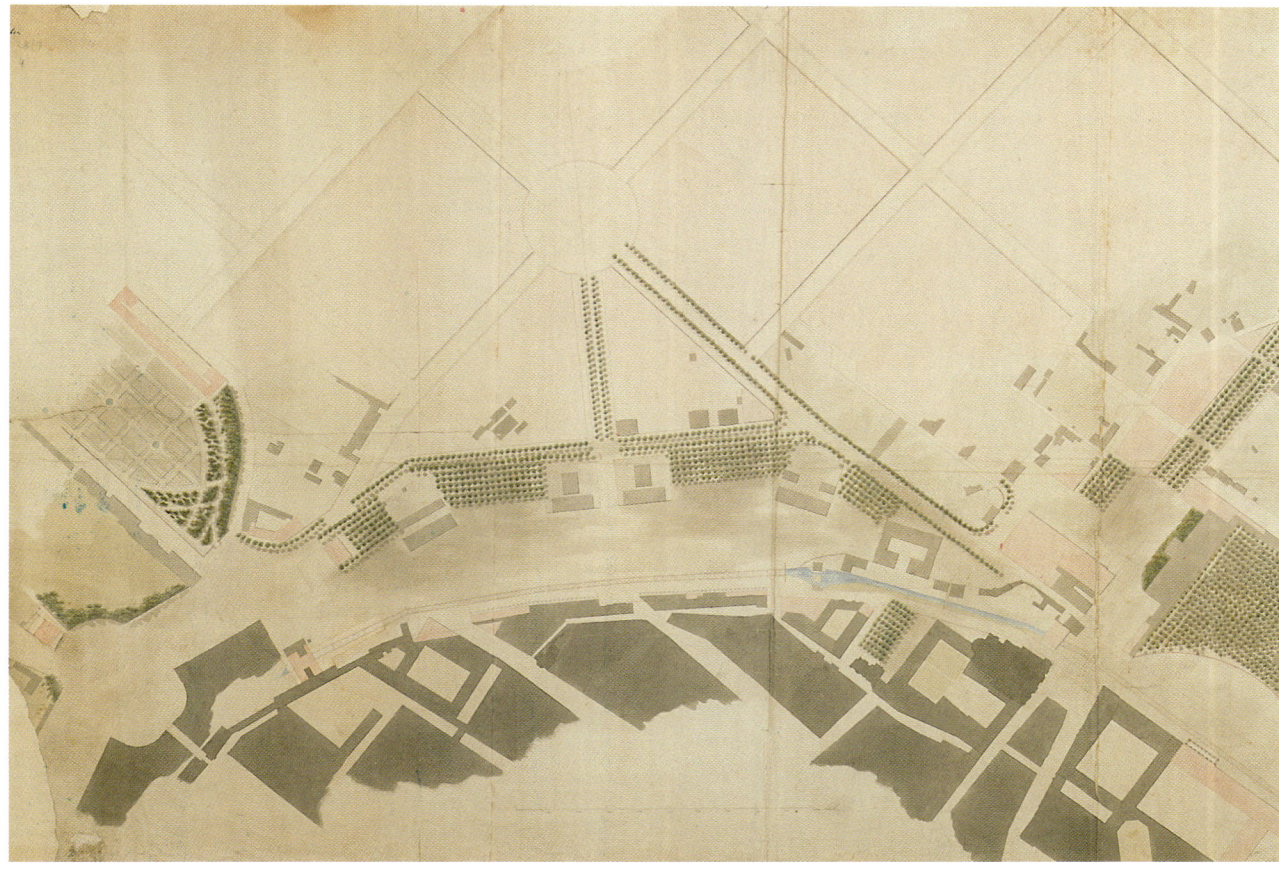

*Stadtplanung in München durch Friedrich Ludwig von Sckell: Erster Teil des Generalplans für München (Plan 1811 oder später, evtl. ein Entwurf oder eine Kopie, da nicht näher bezeichnet). Im Plan nur angedeutete Alleen gliedern die neue Maxvorstadt und fassen den Maximiliansplatz ein (Bildmitte).*
*Im Entwurf zur späteren Ludwigstraße sah Sckell eine vierreihige Allee vor (im Bild rechts).*

met in seiner »Theorie der Gartenkunst« diesem Thema bereits ein gesondertes Kapitel: Gartenmäßige Verschönerung einzelner Teile eines Landsitzes, (wie Anm. 12), S. 120–194.
| 19 | Vgl. Lott, Kirsten: Der Obstbau im Gartenreich. Einführung in die Geschichte der frühen Obstpflanzungen. In: Das Gartenreich an Elbe und Mulde. Ausst.-Kat. der gleichnamigen Ausstellung der Staatlichen Schlösser und Gärten Sachsen-Anhalt, Wörlitz, Oranienbaum, Luisium. Murnau 1994, S. 56–65. Zitat, vgl. Lott, Kirsten. In: Bruinigk, Heinrich Friedrich von: Bemerkungen über das landwirthschaftliche System der Herzoglichen Oekonomie zu Wörlitz. In Briefen. Leipzig 1808, S. 130.
| 20 | Schoch (wie Anm. 8), S. 13.
| 21 | Hoffmann (wie Anm. 1), S. 186.

*Alleeverwendung in der Stadtplanung bei Peter Joseph Lenné 1846: Darstellung einer einfachen und doppelreihigen Allee für das Tempelhofer und Schöneberger Ufer. Darstellung im Schnitt und im Grundriss mit abwechselnder Pflanzung grün- und rotlaubiger Bäume. Zeichnung von Gustav Meyer*

tiert. Fürst Pückler hatte in England einen neuen Alleentypus kennen gelernt. In seinen »Andeutungen« schlug er ihn für die Bepflanzung von Landstraßen mit schlechten Bodenverhältnissen vor: Links und rechts der Straße wird ein Streifen »wie eine Waldpflanzung mit jungem Holz ganz voll gepflanzt, dazwischen aber einzelne höhere Gruppen, die eine Art fortlaufender unregelmäßiger Allee über dem niedrigen Gebüsch bilden, verteilt«.[29] Eine solche weitgehende Auflösung des Alleecharakters, der ja überwiegend durch eine regelmäßige Anordnung gekennzeichnet ist, wurde in der Folgezeit auch von anderen Autoren vorgeschlagen. Carl Ritter beschreibt 1839 in seiner Schrift »Anleitung zur Verschönerung der Landgüter und Landschaften« unter dem Begriff »Englische Allee« in Gruppen angelegte Waldpflanzungen beiderseits von Wegen, die durch offene Stellen mit Einzelbäumen unterbrochen werden.[30] Lenné bezog in seine Planung für das Gut Reichenbach von 1820, die er auch in den »Verhandlungen des Vereins zur Beförderung des Gartenbaues in den Königlich Preußischen Staaten«[31] veröffentlichte, die gesamte Feldflur verschönernd mit ein. Auch er verwendete hierzu lediglich eine geschwungene, mehrfach in weiten Teilen durchbrochene Allee und besetzte die Wege streckenweise mit schmalen, unregelmäßigen Pflanzungen. Andererseits hat Lenné bei der parkartigen Verschönerung der Landschaft der Insel Potsdam, beispielsweise bei der Gestaltung des königlichen Gutes »Bornimsches Amt«, auch verschiedene Alleepflanzungen angelegt.[32]

Parallel zu diesen Entwicklungen richtete sich mit Beginn des 19. Jahrhunderts die Aufmerksamkeit vielerorts verstärkt auf stadtplanerische Aufgaben. Alleen hatten dabei entscheidende grünplanerische Funktionen zu erfüllen. Friedrich Ludwig von Sckell war schon ab 1807 an den Planungen der Maxvorstadt zur Erweiterung Münchens beteiligt.[33] 1811 und 1812 erarbeitete er als Mitglied der Baukom-

mission die ersten beiden Teile eines Generalplans für die Residenzstadt München. Neben der Bereitstellung als öffentliches Grün für die Stadtbevölkerung und der repräsentativen Funktionen waren hierin Alleen vor allem auch »ein wichtiges Element für die Organisation des Stadtplans. Baumreihen zeigen die Ausrichtung der Straßenachsen an oder betonen am Saum der Plätze ihre Grundrißgestalt und übersetzen auf diese Weise die Struktur des Stadtplans in die dritte Dimension.«[34] Für die Sonnenstraße im Bereich der ehemaligen Befestigung zwischen Karlstor und Sendlinger Tor plante Sckell lockere Wohnbebauung mit zugeordneten Gärten sowie eine fünfreihige Promenade, wobei er besonderen Wert auf die Trennung von Fuß- und Fahr- bzw. Reitwegen durch eine leichte Barriere legte. An der Hauptfahrstraße wurden Italienische Pappeln gepflanzt, damit die Chaussee besser austrocknen könne; die übrigen Baumreihen sollten aus Kastanien, Eschen, Ahorn oder Ulmen bestehen.[35] In vergleichbarer Weise befassten sich Lenné ab 1839 mit Bebauungsplanungen z. B. für Berlin, München und Wien sowie Maximilian Friedrich Weyhe mit städtebaulichen Aufgaben in Düsseldorf, bemüht, stadtumfassende Grünzüge zu verwirklichen.

## Alleen im späten Landschaftsgarten – gewohnte Techniken und neue Wertschätzung im »Gemischten Stil«

Im weiteren Verlauf des 19. Jahrhunderts wurden die verschiedenen bereits bekannten Techniken des Durchbrechens und Versteckens von Alleen in der Gartenkunst weiterverwendet und nur zum Teil stärker ausdifferenziert. Gartenkünstler, die sich intensiver mit Alleen in ihren Lehrbüchern befassten, waren Hermann Jäger und Eduard Petzold. Letzterer publizierte seit den 1840er-Jahren immer wieder über dieses Thema und verfasste schließlich 1878 ein spezielles Buch darüber.[36] Sowohl Jäger als auch Petzold behandelten nochmals das Durchbrechen von Alleen, wobei Petzold dem aber durchaus kritisch gegenüberstand, da es die »Allee als einheitliche Anlage« verstümmle und der für die umgebenden Partien erreichte Gewinn ein höchst spärlicher bliebe.[37] Seine Pläne zeigen, dass er dann gelegentlich auch ihre regelmäßige Struktur und Wirkung innerhalb einer landschaftlichen Gestaltung akzeptierte, ohne sie mit Pflanzungen direkt zu kaschieren wie beispielsweise bei den Entwürfen zur Umgestaltung des Parks Middachten in den Niederlanden und dem Park Bodelschwingh in Dortmund.[38]

Jäger und Petzold griffen auch den von Pückler vorgeschlagenen Typ der »landschaftlichen Allee« wieder auf. Jäger nannte sie »landschaftliche Wildholzallee« und zitierte die von Pückler erwähnten Vorzüge;[39] Petzold meinte, dass die Umgebung der Straße durch sie etwas »Anmuthiges, Parkartiges« erhalte.[40] Alleen hielt Petzold überdies für geeignet zur Verwendung für Landstraßen (auch Obstbäume), Volksgärten, Promenaden und zur Verbindung einer Residenz mit ihren Vorstädten. In diesen Fällen schätzte er die Regelmäßigkeit und Symmetrie und machte sogar Vorschläge für die Zusammenstellung von Farbkontrasten und den Wechsel der Baumhöhen.[41] Jäger übernahm die Angaben für regelmäßige Auffahrten von Sckell und wies darauf hin, dass Alleen – bevorzugt in »gebogener« Form – in öffentlichen Gärten, verbunden mit natürlichen Anlagen, unentbehrlich sowie für öffentliche Wege in der freien Landschaft zu bevorzugen sind. Auch erwähnte er sie in Verbindung mit Häuserreihen, also zur Bepflanzung der Stadtstraßen.[42]

Weitergehende gestalterische Verwendungsmöglichkeiten von Alleen in den Parkanlagen des 19. Jahrhunderts gründeten sich in dem maßgeblich von Humphry Repton entwickelten »Zonierungsprinzip«, das die Einführung einer fließenden Verbindung »unterschiedlich strukturierter, ausgestatteter und nutzbarer Teilbereiche zu einem stimmigen Gesamtkunstwerk«[43] bewirkte. Die Integration von regelmäßigen, nutzbaren Gärten in der Nähe des Hauses, die zum »aufgeschmückten« Pleasureground und von dort in die landschaftlichen Parkbereiche überleiteten, bot eine »Erweiterung des gestalterischen Repertoires« durch regelmäßige, architektonische Bestandteile und förderte damit historistische bzw. eklektizistische Ansätze. Beispiele sind die durch italienische Vorbilder beeinflussten Gestaltungen Lennés bzw. Wilhelms IV. in Potsdam.[44] Fortan wurden unter der Bezeichnung »Gemischter Stil« sowohl zonierte als auch solche Anlagen eingeordnet, in denen architektonische und landschaftliche Gartenbereiche gleichwertig integriert waren. Gestaltungselement in den neuen architektonischen Gartenarealen waren u. a. auch Baumreihen und Alleen, die die Bildung von regelmäßigen Gartenräumen ermöglichten.

Solche Anlagen finden sich vermehrt ab Mitte des 19. Jahrhunderts, z. B. Lennés Planungen für Lindstedt bei

[22] Pückler-Muskau, Hermann von: Andeutungen über Landschaftsgärtnerei. Stuttgart 1834, S. 198.
[23] Hinz (wie Anm. 9), S. 118f., vgl. Abb. 41: »Verschönerungs-Plan von Charlottenburg«, Peter Joseph Lenné 1819.
[24] Hake, Adolph von: Über höhere Gartenkunst. Stade 1842 (1863), S. 74.
[25] Pückler (wie Anm. 22), S. 93.
[26] Hake (wie Anm. 24), S. 74.
[27] Vgl. Däumel, Gerd: Über die Landesverschönerung. Gneisenheim/Rheingau 1961, S. 44f.
[28] Anonym: Belehrung über die zweckmäßigste Art der Anpflanzung von Alleen an Landstrassen. München 1836, S. 22.
[29] Pückler (wie Anm. 22), S. 108f.
[30] Ritter, Carl: Anleitung zur Verschönerung der Landgüter und Landschaften. Wien 1839, S. 42–45.
[31] Verhandlungen des Vereins zur Beförderung des Gartenbaues in den Königlich Preußischen Staaten. 2. Bd. Berlin 1826, S. 147–169.
[32] Günther, Harri: Peter Joseph Lenné. Gärten/Parke/Landschaften. Stuttgart 1977, S. 118f.
[33] Zu Sckells stadtplanerischer Betätigung in München vgl. Lehmbruch, Hans: »So wirkte Sckell«. Friedrich Ludwig von Sckell als Stadtplaner in München. In: Die Gartenkunst. 14. Jg. 2/2002, S. 327–394; vgl. auch Wanetschek, Margret: Die Grünanlagen in der Stadtplanung Münchens von 1790–1860. München 1971.

*Entwurf für den Park Feldafing im »Gemischten Stil«, um 1864, vermutlich Carl von Effner: Gärtnerische Anlage anstelle des nicht mehr weiterverfolgten Schlossbaues nach dem Tod Maximillians II. von Bayern*

*Carl von Effner, Entwurf für den Park Linderhof im »Gemischten Stil«, um 1874. Kurze Alleen begleiten seitlich das Wasserbassin.*

| 34 | Lehmbruch (wie Anm. 33), S. 346.
| 35 | Ebenda, S. 354.
| 36 | Petzold, Eduard: Die Anpflanzung und Behandlung von Alleebäumen. Berlin 1878.
| 37 | Ders.: Die Landschaftsgärtnerei. Leipzig 1862, S. 186.
| 38 | Vgl. Rohde, Michael: Von Muskau bis Konstantinopel. Eduard Petzold – ein europäischer Gartenkünstler 1815–1891. Amsterdam, Dresden 1998, S. 185f., 210f.
| 39 | Jäger, Hermann: Lehrbuch der Gartenkunst. Berlin, Leipzig 1877, S. 404.
| 40 | Petzold (wie Anm. 37), S. 187.
| 41 | Petzold, Eduard: Beiträge zur Landschafts-Gärtnerei. Weimar 1849, S. 43f.; Petzold (wie Anm. 37), S. 184f.
| 42 | Jäger (wie Anm. 39), S. 249, 380, 403.
| 43 | Hennebo, Dieter: Vom »klassischen Landschaftsgarten« zum »Gemischten Styl«. Zeittypische Gestaltungstendenzen bei Peter Joseph Lenné. In: Peter Joseph Lenné – Volkspark und Arkadien, hrsg. von Florian von Buttlar. Berlin 1989, S. 50.
| 44 | Hennebo (wie Anm. 43), S. 50f.; zur stilistischen Entwicklung im 19. Jahrhundert vgl. auch Hennebo, Dieter: Gestaltungstendenzen in der deutschen Gartenkunst des 19. Jahrhunderts. In: Die Gartenkunst. 4. Jg. 1/1992, S. 1–11.
| 45 | Vgl. Stephan, Manfred: Die historische Entwicklung der Park- und Gartenanlage von Schloß Linderhof. In: Die Gartenkunst. 4. Jg. 1/1992, S. 13–34.

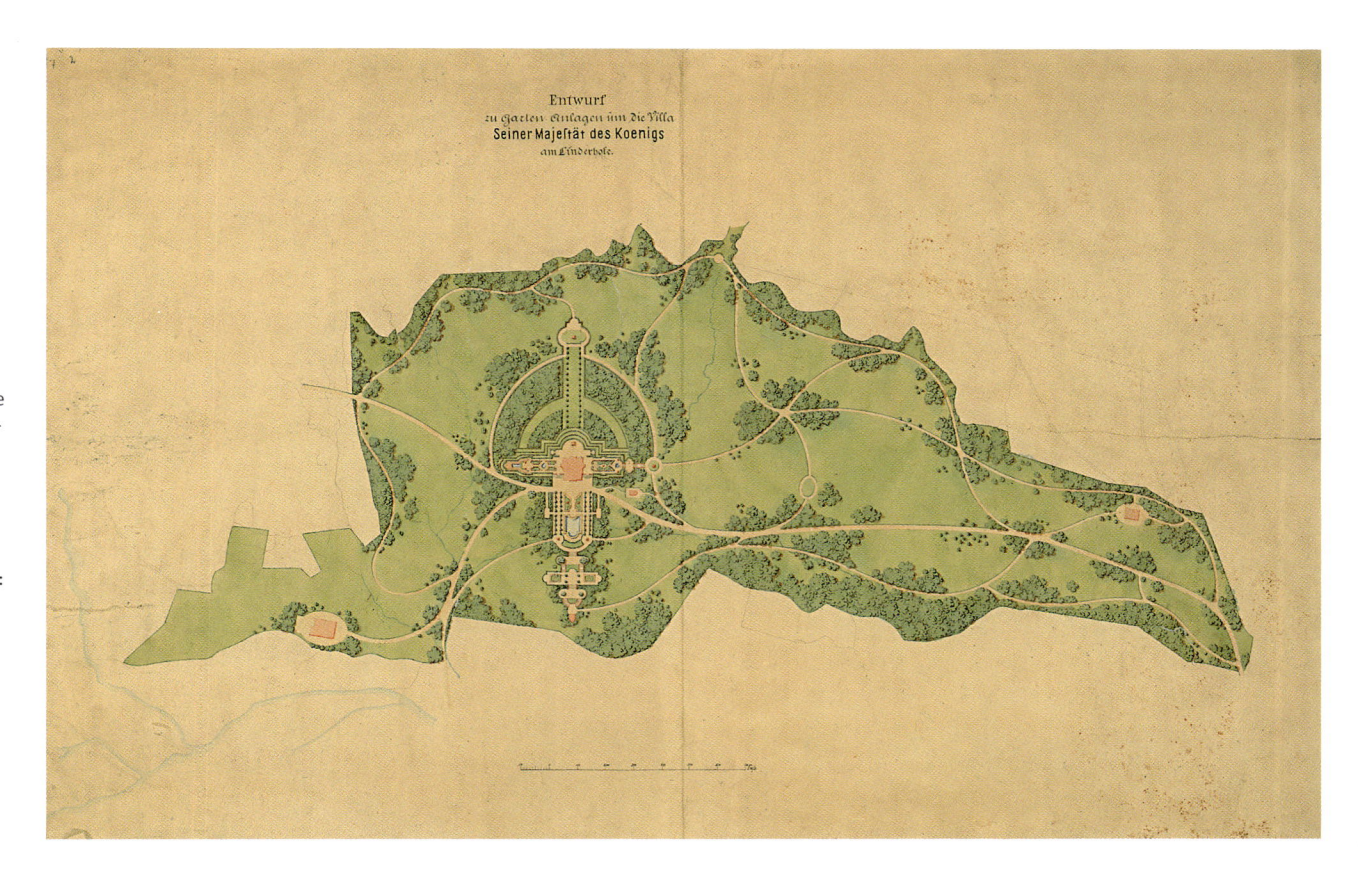

Potsdam (1859). Viele Absolventen der Gärtnerlehranstalt in Potsdam-Wildpark folgten den Gestaltungstendenzen von Lenné und Gustav Meyer. So z. B. auch der in Bayern tätige, später geadelte Carl Effner, der für Ludwig II. unter dessen starker gestalterischer Einflussnahme u. a. die Parkanlage von Schloss Linderhof plante, wo beidseitig eines Bassins kurze, nun sogar wieder geschnittene Alleen verwendet wurden.[45] Ähnliche Tendenzen finden sich auch in Entwürfen Effners für den Park Feldafing, wo er regelmäßige Gartenstrukturen als Ersatz für den nicht verwirklichten Schlossbau empfahl.

Mit der Entstehung unabhängiger Gartenverwaltungen ab der Mitte des Jahrhunderts wurde – nun in kommunaler Verantwortlichkeit – die Entwicklung des Stadtgrüns wesentlich befördert.

Bei den häufig im »Gemischten Stil« angelegten Stadtparkanlagen hatten Alleen und architektonische Gartenräume oftmals auch die Aufgabe, den Bedürfnissen der Zeit folgend die Nutzungsmöglichkeiten der Parkanlagen zu erweitern. Zentrale, alleegerahmte Spiel-, Fest- und Tummelwiesen finden sich in den Berliner Stadtparkanlagen Friedrichshain, Humboldthain und dem Treptower Park, angelegt durch den Gartendirektor Gustav Meyer, oder im Braunschweiger Bürgerpark von Friedrich Kreiss. Die Alleen übernahmen hier wieder stärker raumbildende Funktionen, wie sie es überwiegend schon in der Zeit der architektonischen Gärten vor allem der Barockzeit getan hatten.

## Bewertung

Der knappe Überblick über die verschiedenen Tendenzen der Alleeverwendung macht deutlich, dass diese auch nach der Einführung des Landschaftsgartens in Deutschland zum Teil weiterhin beibehalten wurden und dass sie für bestimmte Fälle, z. B. für Zufahrten oder öffentliche Parkanlagen, sogar ein bevorzugtes Parkelement waren. Parallel dazu ist eine zunehmende Bedeutung von Alleen im Rahmen der »ornamented farm«, der Landesverschönerung, und der Stadtplanung feststellbar. Im 19. Jahrhundert gewannen Alleen im Stadtgrün, für Parkanlagen auch im Sinne des »Gemischten Stils« als gestalterisches und funktionales Element wieder prägenden Einfluss.

Die funktionelle Erweiterung der Stadtparkanlagen mit architektonischen Gartenräumen verweist bereits auf die künftige Entwicklung der Gartenkunst und damit auf die Volksparkanlagen des frühen 20. Jahrhunderts, in denen Alleen mit dem Anspruch weitestgehender Benutzbarkeit wieder zum dominierenden Gestaltungsmittel wurden.

Heino Grunert

# Die Reformbewegung und die Renaissance der Alleen zu Beginn des 20. Jahrhunderts – das Beispiel Hamburg

Die Reformbewegung in der Gartenkunst hatte zu Beginn des 20. Jahrhunderts in Hamburg mit dem Direktor der Hamburger Kunsthalle Alfred Lichtwark einen maßgeblichen theoretischen Begründer. Er sah im Typus des formal architektonischen Gartens mit raumprägenden Alleen ein Vorbild für die dringend notwendige Erneuerung der Gartenkunst und prangerte den landschaftlichen Garten als künstlerischen Tiefstand an. So schilderte er bereits 1892 in seiner Schrift »Makartbouquet und Blumenstrauß« einen Bauerngarten in der hamburgischen Marsch mit seinen charakteristischen geraden Wegen, regelmäßigen Beeten, Hecken sowie reich bestellten Blumen- und Gemüsegärten.[1]

Lichtwark ging es jedoch in erster Linie um den gestalterischen Rahmen für neue, zeitgemäße Parkinhalte und Nutzungen der notwendigen sozialen Aufgaben. Seiner Auffassung nach konnten nur so für alle Bevölkerungsschichten benutzbare Sport-, Kinderspielplätze und Restaurants untergebracht und gleichermaßen praktische und ästhetische Bedürfnisse berücksichtigt werden. Hecken, Baumreihen oder Alleen als Teil der künstlerischen Formensprache waren weniger Zweck als vielmehr das Ergebnis zur Erfüllung von Nutzungsanforderungen.[2]

## Die Ablösung des Landschaftsgartens durch den neuen architektonischen Garten

Die lange Diskussion um die Anlage des Hamburger Stadtparks fiel in eine Zeit, als nicht nur Architekten, Künstler und Kunstgewerbler eine Gartenkunstreform forderten, sondern bereits seit längerem im Berufsstand der Gartenkünstler die Diskussion über die Wiederzulassung formaler Gestaltungsprinzipien geführt wurde.

Die u. a. von Hermann Muthesius 1904/05 geforderte konsequente Anwendung geometrischer Gestaltungsformen in Verbindung mit der alleinigen Zuständigkeit des Architekten für Haus und Garten führte in Deutschland zu heftigen Auseinandersetzungen, sprachen sie doch dem Berufsstand die fachliche und existenzielle Berechtigung ab und degradierten den Gärtner zu einer ausführenden Hilfskraft. Das führte innerhalb des Berufsstandes insbesondere bei der Deutschen Gesellschaft für Gartenkunst zu personellen Veränderungen und zu Diskussionen, vor allem um die Erweiterung der gestalterischen Ausdrucksmöglichkeiten, letztendlich aber auch um ein Nebeneinander von landschaftlicher Gestaltung der Lenné-Meyerschen Schule und regelmäßig-architektonischen Formen, je nach Grundstück und Aufgabenstellung.[3] So nahm Otto Linne, Erfurter Gartendirektor und seit 1904 im Vorstand des Berufsverbandes, 1907 die Mahnungen der Künstler und Architekten ernst, schloss eine Rückkehr zum formalen Garten jedoch noch aus.[4] Dieser formale Garten war in vielen Fällen ein französischer Garten mit seinen geraden Alleen und klaren Raumkanten.

Zu diesem Zeitpunkt hatten jedoch Kunstschriftsteller und Architekten bereits neue Ausstellungsgärten gezeigt, so die Große Gartenbauausstellung in Düsseldorf (1904) mit einer Anlage von Peter Behrens, die Allgemeine Gartenbauausstellung Darmstadt (1905) mit drei Sondergärten von Joseph Maria Olbrich sowie die Große Gartenbauausstellung in Mannheim (1907) mit Beispielen u. a. von Peter Behrens, Max Laeuger und Paul Schultze-Naumburg. Diese Ausstellungsgärten besaßen eine Vorbildfunktion, mit einer neuen, raumkünstlerischen Qualität.

Viele Gartenkünstler, die sich nun »Gartenarchitekten« nannten, akzeptierten recht bald die neu formulierten Gestaltungsformen und -prinzipien und setzten sie mit Hilfe ihres Fachwissens um: Zweckmäßigkeit, Benutzbarkeit, angemessene Gestalt, rhythmische Regelmäßigkeit, Eingehen auf örtliche Gegebenheiten, Beachtung der Bedürfnisse der Bewohner und eine Gleichberechtigung von Zier- und Nutzgarten. Beispielhaft waren die Arbeiten der Hamburger Gar-

| 1 | »Was für eine Perspektive eröffnet dieser Rest ältester Kunstübung«, so Lichtwark, »für die Wiederbelebung einer Gartenbaukunst, die ihren Namen verdient«; vgl. Lichtwark 1892, S. 209.
| 2 | Klausch 1971.
| 3 | Anzumerken ist, dass die Vorstellungen von Muthesius, Lichtwark oder auch Schultze-Naumburg zur regelmäßig-architektonischen Gartengestaltung vor allem aufgrund ihrer Einseitigkeit nicht zuletzt auch bei den reformorientierten Gartenkünstlern in Deutschland auf weitgehende Ablehnung stießen; vgl. u. a. Schneider 2000. Uwe Schneider hat in seinem umfassenden Werk die Reformdiskussion in der Gartenkunst am Beispiel von Hermann Muthesius ausführlich dargestellt.
| 4 | Ebenda, S. 251. Otto Linne wurde 1914 Hamburgs erster Gartendirektor und wirkte maßgeblich an der Ausgestaltung des Hamburger Stadtparks mit.

| 5 | Siehe auch Husen/Grunert 1999, S. 54–80.
| 6 | Schneider 2000, S. 273ff.
| 7 | Behrens 1981, S. 7ff.
| 8 | Siehe auch Wiegand 1979.
| 9 | Eine ausführliche Darstellung der Ereignisse findet sich unter Goecke 1981.
| 10 | Vgl. Eckert 1985.
| 11 | Migge 1908, S. 260f.
| 12 | Ders. 1909, S. 19; vgl. Rohde 1996.
| 13 | Kuick-Frenz 2000, S. 241.
| 14 | Ders., S. 250.
| 15 | Die Ulmen wurden ab Ende der zwanziger Jahre wegen Befalls mit dem Ulmensplintkäfer innerhalb weniger Jahre komplett gefällt und durch Linden ersetzt. Die Linden wiederum wurden im Zweiten Weltkrieg zu einem Großteil gefällt. Im Frühjahr 2006 wurde durch die Stadt Hamburg im Rahmen gartendenkmalpflegerischer Wiederherstellungsarbeiten die wiesenseitige Ulmenreihe mit einer resistenten Sorte neu gepflanzt, um den für den Park wichtigen regelmäßigen, gestalterischen Rahmen der großen Wiese erneut erlebbar zu machen.
| 16 | Siehe auch Grunert 2002, S. 26f.
| 17 | Hölscher 1951, S. 1–11.
| 18 | Encke, Fritz. Zit. nach: Wiegand 1975.

**Literaturverzeichnis**

Behrens, Peter: Der moderne Garten. Berlin, 1911. Nachdruck als Jahresgabe der Pückler Gesellschaft. Berlin 1981.

Eckert, Reinald: Max Laeuger (1864–1952) – Das Werk als Gartenarchitekt. Unveröff. Diplomarbeit an der TU Berlin, 1985.

Goecke, Michael: Stadtparkanlagen im Industriezeitalter. Das Beispiel Hamburg. In: Geschichte

tenbaufirma Jakob Ochs mit ihrem künstlerischen Leiter Leberecht Migge, die nicht nur in Hamburg, sondern auch in Berlin und europaweit tätig war.[5] Hecken, Laubengänge und Baumreihen sowie eine weitgehend regelmäßige Gestaltung waren wesentliche Leitlinien der Entwürfe, wo immer die Situation es erforderte.

Große Teile dieser Gartenkunstreform bezogen sich auf die Gestaltung von Hausgärten, wie ein viel beachteter Wettbewerb nach fachlichen Vorgaben der Reformer Fritz Encke und Hermann Muthesius in der Zeitschrift »Die Woche« im Jahr 1908 zeigt.[6] Als herausragendes Beispiel der Verwendung einer Allee im Hausgarten gilt der Entwurf von Peter Behrens für den Archäologen Theodor Wiegand (Peter-Lenné-Str. 28–30 in Berlin-Dahlem). Hier entstand eine repräsentative Villa im klassizistischen Stil mit einer Gartenanlage, die durch eine kurze Allee gegliedert wird. In seiner Schrift »Der moderne Garten« beschreibt Behrens 1911 den Garten als Teil des Hauses bzw. als Wohnung im Freien, der nach dem architektonischen Prinzip der Zeit zu bilden ist.[7] Vorbilder fand er in der alten Gartenkunst Italiens und Frankreichs. Raumbildung und die dritte Dimension waren für ihn besonders wichtige Gestaltungspunkte, die beispielsweise auch durch Hecken und Laubengänge verstärkt werden konnten.

Die Kunst, Baumreihen zu pflanzen oder Alleen anzulegen, war nie gänzlich aufgegeben worden. Auch im 19. Jahrhundert waren Alleen als ein effektvolles Gestaltungsmittel in einzelnen, großen Parkanlagen, vor allem auch im Stadtgrün, als Promenaden und als begrünte Straßenzüge präsent. Zur Steigerung der Wirkung wurden Alleenbäume an ausgewählten Stellen gepflanzt, im Großen Tiergarten in Berlin (Lenné), im New Yorker Central Park (Olmsted), im Bremer Bürgerpark (Benque) oder im Berliner Humboldthain (Meyer). Oft wurden umliegende Straßen und/oder zentrale Einrichtungen der Parkanlagen mit regelmäßigen Baumreihen, Alleen oder auch Baumhainen gestaltet. Umgesetzt wurde dies auch 1908 im Schillerpark in Berlin (Friedrich Bauer), einem der ersten größeren Volksparks des 20. Jahrhunderts. Am Beispiel von Fritz Enckes Arbeiten in Köln sieht man im Vergleich von Vorgebirgspark und dem wenige Zeit später entstandenen Blücherpark den Stellenwert, den Baumreihen, Hecken und Alleen nun einnehmen sollen.[8]

## Der Hamburger Stadtpark als Vorbild

Ende 1901 bat der Hamburger Senat die Bürgerschaft um Zustimmung zum Ankauf von Ländereien in Winterhude zur Anlage eines Stadtparks.[9] Erste Entwürfe des Oberingenieurs Vermehren wurden von Lichtwark kritisiert, bis schließlich der Senat einen Wettbewerb auslobte. 1906 heißt es in einem Bericht der Stadtparkkommission,

»... dass die Bedeutung der hier gestellten Aufgabe es rechtfertige, einen Ideen-Wettbewerb zu veranstalten, der die Gewähr biete, dass möglichst Vollkommenes geleistet und eine künstlerische Gesamtwirkung der Architektur und der gärtnerischen Raumbildung erzielt werde.«

Das Wettbewerbsergebnis von 1908 zeigte im Wesentlichen unter 66 eingereichten Arbeiten nur eine in gänzlich architektonisch-regelmäßiger Gestaltung, den Entwurf von Max Laeuger aus Karlsruhe. Dieser wurde allerdings vor allem aus Funktionsgründen abgelehnt, obwohl er mit seinen geradlinigen Baumwänden bzw. Alleen klar definierte Räume für unterschiedliche Nutzungsmöglichkeiten bot.[10] Viele der eingereichten Arbeiten zeigen lediglich eine alleeartige Baumbepflanzung der umliegenden Straßen wie auch der größeren Parkwege. Lichtwarks Ideen für den neuen Park finden sich an vielen Stellen im Laeuger'schen Entwurf wieder, so auch in den projektierten Baumreihen und Wandelgängen. Auch er bezog sich auf historische Vorbilder der Renaissance und des Barock, denn seine ersten Skizzen für Hamburg fertigte er in den Gärten Roms an.

Der Wettbewerb wurde vielfach diskutiert. So beurteilte der Gartenarchitekt Leberecht Migge die meisten der prämierten Wettbewerbsentwürfe als »unbrauchbar und geistlos«. Allein im Laeuger'schen Entwurf sah er zeitgemäße Qualitäten. Laeugers Entwurf sei »eine große, grüne, architektonisch gegliederte und umrandete Lichtung«, die mit ihren verschiedenen Zweckanlagen »alle denkbaren hygienischen, praktischen und ästhetischen Forderungen« in sich vereinige.[11] Im Zusammenhang mit seinem 1913 publizierten Buch über »Die Gartenkultur des 20. Jahrhunderts« entstand – eben auch nach Anregungen des Hamburger Stadtparks – gleichzeitig einer seiner frühen Volksparke, der Mariannenpark in Leipzig. Es ist durchaus zeittypisch, dass Migge für die Anlage neuer Alleen in Artenwahl, Formen und Kompositionen experimentierte, wie schon »alle Perioden hoher Gartenkultur das ihnen jeweils zur Verfügung stehende (also gezüchtete) Pflanzenmaterial« verwendet hätten und lobte u. a. die »so vielfach variierten Säulen-Pyramiden und Kugel-Laubformen«. Die von ihm geplanten Alleen hatten manchmal Unterpflanzungen oder Unterbrechungen für Aussichten, unterschiedliche Aufastungen und Abstände sowie auch größte Artenvielfalt: im Mariannenpark z. B. am Eingang eine geradlinige Roteichenallee, um den Rosengarten eine geschnittene Kugelakazienallee und ein Rondell aus Pyramidenpappeln, die Rodelbahn alleeartig gefasst von zwei Baumreihen mit dem dicht bestandenen Wechsel aus Birken und Lärchen.[12]

Im Ergebnis des Hamburger Wettbewerbs wurden schließlich von Friedrich Sperber, Oberingenieur, und Fritz Schumacher, dem neuen Baudirektor, ein neuer Entwurf für die Anlage des Hamburger Stadtparks erarbeitet und verabschiedet. Geradlinige Alleen oder Heckenstrukturen sind hier allerdings erneut kaum zu finden, wenn auch im Ge-

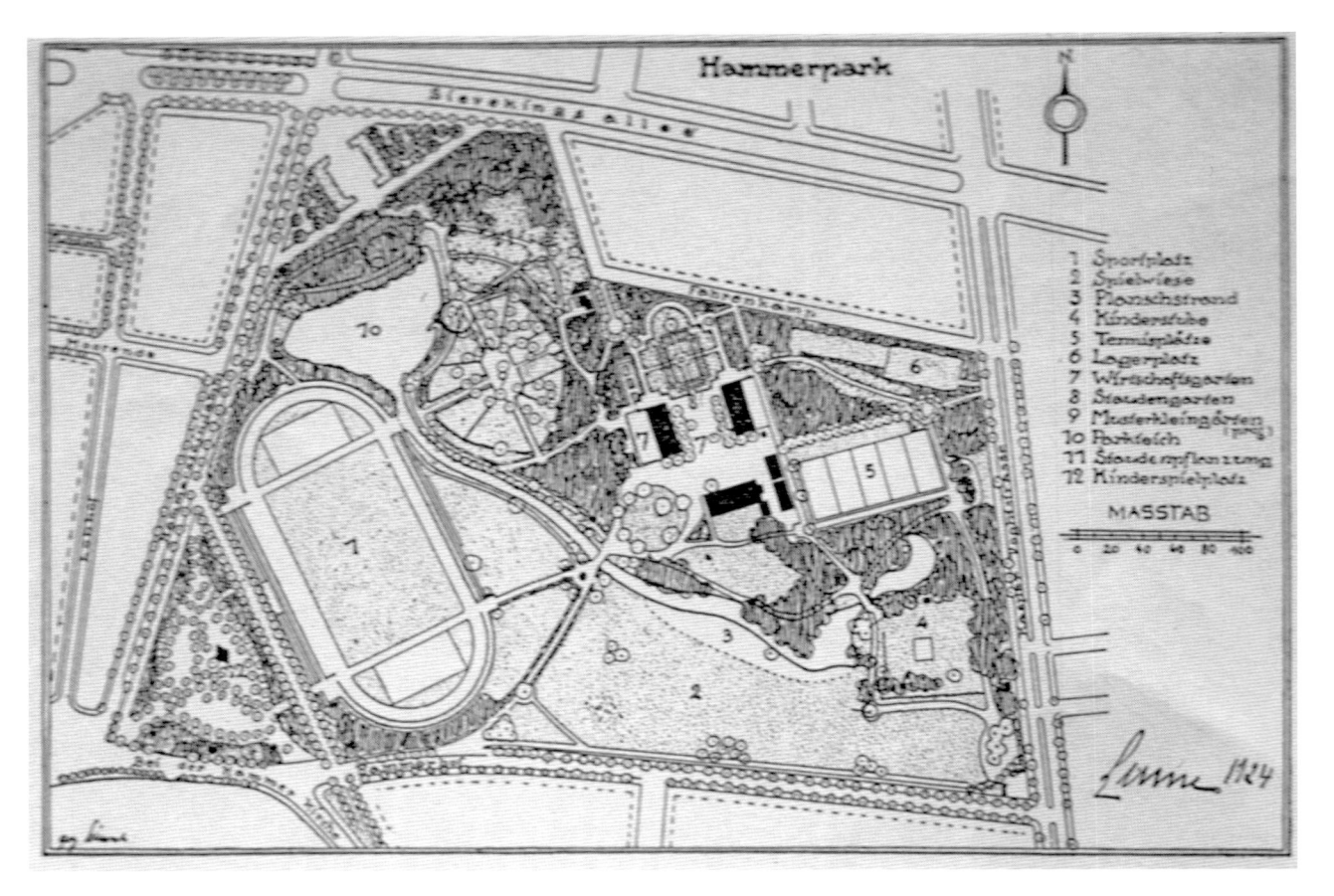

*Hammer Park, Entwurf von Otto Linne, 1924 (Stadtgrün und Erholung der BSU Hamburg)*

des Stadtgrüns, hrsg. von Dieter Hennebo. Bd. V. 1. Aufl. Hannover 1981.

Grunert, Heino: Historische Platanenallee im Hamburger Stadtpark wiederhergestellt. In: Stadt und Grün. H. 10/2002, S. 26 f.

Hölscher, Ferdinand: Harburgs Grünflächenschwerpunkt am Außenmühlenteich. Auszug aus dem Mitteilungsblatt des Harburger Techniker-Vereins. H. 2/1951, Nr. 8, S. 1–11.

Husen, Britta von / Grunert, Heino: Der Gartenarchitekt Jakob Ochs (1871–1927) und sein Atelier. In: Die Gartenkunst. 11. Jg., H. 1/1999, S. 54–80.

Klausch, Helmut: Beiträge Alfred Lichtwarks zu einer neuen Gartenkunst in seiner Zeit. Dissertation TU Hannover 1971.

Kuick-Frenz, Elke von: Anwalt des sozialen Grüns: die funktionale und gestalterische Entwicklung öffentlicher Grün- und Freiflächen am Beispiel der Planungen Otto Linnes. Teilbd. 1. Hamburg 2000.

Lichtwark, Alfred: Makartbouquet und Blumenstrauß. In: Hamburger Weihnachtsbuch. Hamburg 1892.

Migge, Leberecht: Der Hamburger Stadtpark, Laeuger und Einiges. In: Die Raumkunst. H. 17/1908, S. 257 ff.

Ders.: Der Hamburger Stadtpark und die Neuzeit. Die heutigen öffent-

*Hamburger Stadtpark, Schrägluftaufnahme, Ende der zwanziger Jahre, Blicke von Osten über die Stadthalle die große Achse entlang nach Westen zum Wasserturm*

lichen Gärten – dienen sie in Wahrheit dem Volke? Betrachtungen eines Praktikers. Hamburg 1909.

Ders.: Die Gartenkultur des 20. Jahrhunderts. Jena 1913.

Rohde, Michael: Ein Volkspark des 20. Jahrhunderts in Leipzig von Migge und Molzen. Parkpflegewerk für den Mariannenpark. In: Die Gartenkunst. 8. Jg., H. 1/1996, S. 75–107.

Schneider, Uwe: Hermann Muthesius und die Reformdiskussion in der Gartenarchitektur des frühen 20. Jahrhunderts. Worms 2000.

Wiegand, Heinz: Die Entwicklung der Gartenkunst und des Stadtgrüns in Deutschland zwischen 1890 und 1925 am Beispiel der Arbeiten Fritz Enckes. In: Geschichte des Stadtgrüns, hrsg. von Dieter Hennebo. Bd. II. 2. bearb. u. erw. Aufl. Hannover 1979.

*Hamburger Stadtpark, Senkrechtaufnahme 1928. Bemerkenswert ist die achsial-regelmäßige Gestaltung als Grundgerüst der Parkanlage.*

samtergebnis einzelne Gehölzgruppen durch ihre Anordnung durchaus auch gerade Linien ergeben, was an Gestaltungen des so genannten Gemischten Stils der Lenné-Meyer'schen Schule erinnert. Erst der überarbeitete Entwurf von Schumacher nahm das Thema Alleen, Baumreihen und Hecken auch in der Plandarstellung wieder auf. Dass Schumacher in Bezug auf zahlreiche Mängel bei der Ausführung der Arbeiten kritisiert wurde, u. a. von der erwähnten Deutschen Gesellschaft für Gartenkunst, was 1914 in die Anstellung von Otto Linne als erstem Gartendirektor der Stadt mündete, sei vermerkt.[13]

Schumacher wertete 1928 rückblickend die große Achse zwischen Wasserturm und Hauptrestaurant, ohne allerdings die angrenzenden Räume als geometrisch oder regelmäßig zu charakterisieren. Beispielhaft erwähnt seien die straffere Formgebung der großen Festwiese im Vergleich zum ersten Entwurf oder auch die in zahlreichen Details festgehaltenen Sondergärten, deren gestalterisches Grundgerüst immer wieder aus Baum- oder Heckenreihen gebildet wird. Zu erwähnen sind u. a. eine Zuckerahornallee, Ulmen- und Lindenalleen, das Blutbuchenrondell am Pinguinbrunnen sowie als Besonderheit die Blutbuchenhecken am Parkzugang zur Trinkhalle. Vergleicht man jedoch den Laeuger-Entwurf mit der ausgeführten Anlage Ende der 1920er-Jahre wird deutlich, wie sehr sich Schumacher und in Teilen sicherlich auch Otto Linne dem Laeuger-Entwurf angenähert haben. Laeuger bekam deshalb 1928 eine Ehrenmedaille für seinen Hamburger Entwurf.[14]

Baumreihen, Alleen und Hecken bilden heute in vielen Fällen das gestalterische Grundgerüst des Hamburger Stadtparks. Auffällig ist die große Ost-West-Achse zwischen Stadthalle und Wasserturm mit der durch Ulmenalleen eingefassten großen Festwiese[15] sowie die Nord-Süd-Achse von der Liebesinsel zur Freilichtbühne mit der vor kurzem wiederhergestellten Platanenallee mit Verlängerung in Richtung Rosengarten.[16] Die Verengung bzw. Erweiterung des Allee-Querschnitts ist in diesem Zusammenhang ein Gestaltungsmittel, dass in ähnlicher Form im Übergang der großen Wiese zur eher schmalen Wasserturmschmuckachse zu sehen ist. Zeittypisch sind das mit einer Doppelreihe von geschnittenen Linden in ovaler Grundform eingefasste Planschbecken, das Blutbuchenrondell um den Pinguinbrunnen, die in Deutschland ihresgleichen suchende Blutbuchenhecke zur Trinkhalle, der geschnittene Baumhain im Kaffeegarten des Landhauses Walter wie auch die Lindenhochhecke davor, die vor kurzem in Teilen erneuerte Zuckerahornallee und nicht zuletzt auch der Heckengarten.

Das geradlinige Grundgerüst dieses Stadtparks ist das Hauptgestaltungsmittel und ermöglicht nicht zuletzt aufgrund der Größe des Parks den Einbau zahlreicher, in der Höhenlage leicht variierter Sondergärten, großer waldartiger Bereiche und Wiesenflächen in freien Formen. Deutlich wird, dass die Achsen und geraden Kanten durch Baumreihen, Alleen und Hecken gebildet werden und das Wegenetz sich diesen unterordnet oder sich daran orientiert. Die Hauptwege bzw. die ehemaligen Korsostraßen verlaufen im Gegensatz dazu in großen, leicht geschwungenen Formen und bieten so dem Spaziergänger nicht das mitunter wenig abwechslungsreiche Bild aus einer längeren Allee. Besonders wichtig ist die Bepflanzung der den Park umgebenden Straßen als Alleen und damit die Einbeziehung der Umgebung in die Gestaltung der Parkanlage – ein Punkt, der von Seiten der Stadtplanung heute leider oft zu wenig Beachtung findet.

In Hamburg selbst fand das vielfach beachtete Vorbild kaum Nachahmungen, sieht man vom Hammer Park, der auch als eine Art Miniaturausgabe des Hamburger Stadtparks gelten kann, einmal ab. Der fast zeitgleich eröffnete Altonaer Volkspark folgt anderen Traditionen wie auch der Harburger Stadtpark. Ferdinand Hölscher, sein Schöpfer, schreibt 1952 rückblickend über sein 1926 eingeweihtes und später mehrfach vergrößertes Werk: »Daß man sich dabei weitgehendst der von der Natur vorgearbeiteten Motive bediente, also in gelockerter, landschaftlicher Form arbeitete, war zur damaligen Zeit, wo das formale Prinzip in der Park- und Gartengestaltung herrschte, wo man noch ganz im Fahrwasser der ›großen Achsen‹ segelte, beachtenswert.«[17] Fritz Encke resümiert über die große Diskussion der Gartenkunstreform in Deutschland zu Beginn des 20. Jahrhunderts: »Weder diese noch jene Gestaltungsweise ist allein daseinsberechtigt, sondern jede Gestaltungsart, wie sie auch heißen möge, ist erlaubt, wenn das Ergebnis wirklich schön ist …«[18]

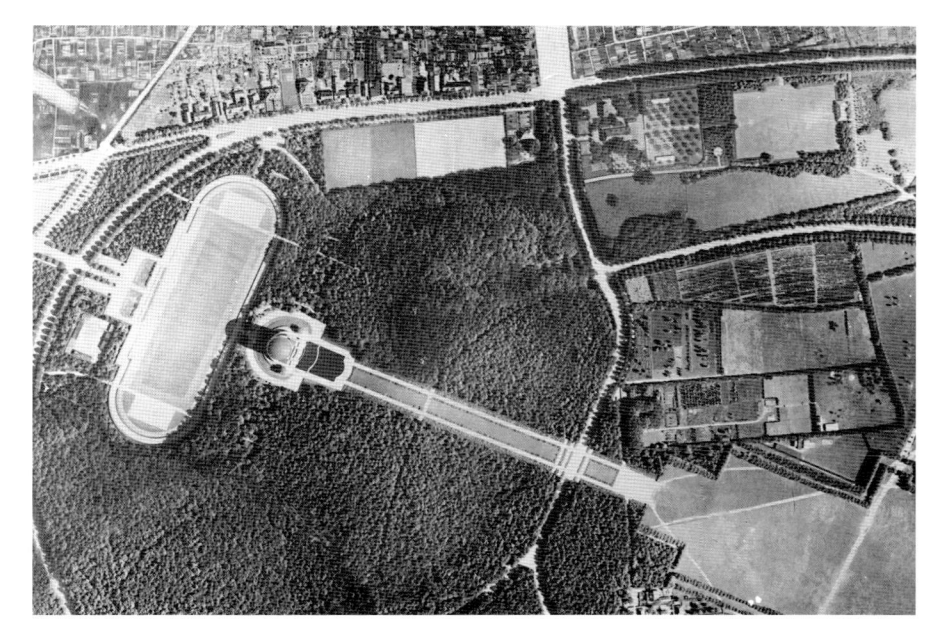

Eva Benz-Rababah

# Alleen des 20. Jahrhunderts im städtebaulichen Zusammenhang

Die Verwendung von Alleen als Elemente des Stadtgrüns weist nach meiner Überzeugung einen engen Zusammenhang mit den wechselnden städtebaulichen Leitvorstellungen auf. Insofern erklärt sich gerade in deutschen Städten im 20. Jahrhundert eine fehlende Kontinuität.

Da diese Auffassung von der Forschung noch nicht systematisch belegt ist, kann dieses im folgenden Beitrag auch nur exemplarisch geschehen. Deutlich werden die Brüche in Beispielen, in denen explizit auf Alleen verzichtet wird. Sie belegen, dass Hugo Koch nur zum Teil mit seiner 1921 in »Gartenkunst im Städtebau« geäußerten Überzeugung Recht behielt: »Die Baumallee war und wird dauernd ein künstlerisches Motiv bleiben ...«[1]

Der Begriff der Allee ist unterschiedlich verstanden worden. Schließt man sich dem Verständnis des Begriffs von Uerscheln und Kalusok an, dann kommen sowohl Wege als auch Straßen in Frage, die von einer oder mehreren – dann beidseitigen und parallelen – Baumreihen begleitet werden, wobei die Bäume in regelmäßigem Abstand gepflanzt sind.[2] Seit 1900 wurden Baumpflanzungen im Städtebau mit verschiedenen Zielsetzungen verwendet.

## Alleen als städtische Promenaden

Für das nur 3 Kilometer vom Potsdamer Platz entfernte Schöneberger Südgelände in Berlin erarbeitete Stadtbauinspektor Paul Wolf auf der Grundlage eines 1910 ausgeschriebenen Wettbewerbs einen »reformierten Bebauungsplan«. Dieser musste, um Entschädigungsansprüche zu vermeiden, die gleiche bauliche Ausnutzung wie der gültige, auf öffentliche Grünflächen verzichtende Bebauungsplan erreichen. Wolf setzte Alleen in dem Projekt vielfältig ein: zur Rahmung von bandförmigen Erholungsparkanlagen, hier Parkpromenade genannt (die nebenher die Quartiere gliederten und durchlüfteten), zur Betonung wichtiger Sichtbe-

*1926 realisierte Anlage der so genannten Ceciliengärten in Schöneberg*

| 1 | Koch, Hugo: Gartenkunst im Städtebau. 2. Aufl. Berlin 1921, S. 20.
| 2 | Uerscheln, Gabriele/Kalusok, Michaela: Kleines Wörterbuch der europäischen Gartenkunst. Stuttgart 2001, S. 43. Die Verfasserinnen verweisen ausdrücklich auf den Einsatz als »Promenaden« im Städtebau.
| 3 | Rapsilber, M.: In den Ceciliengärten. In: Die Bauwelt 3/1912, S. 28. Dem Lob stimmte Julius Posener auch 1980 noch zu.

*(links)*
*Willmannsches Gelände in Schöneberg, so genannte Ceciliengärten, Paul Wolf, 1912*

ziehungen (die auch der Orientierung in dem 200 Hektar großen Gebiet dienten), zur Rahmung flächiger Spielwiesen an den Schulen. Die Fassaden der im Wesentlichen straßenbegleitenden Bebauung wurden durch Baumreihen und Hecken ergänzt, die unbebauten Flächen durch unterschiedlich hohe und geschlossene, architektonisch wie vegetativ bestimmte Wände gerahmt.

Der Ausbruch des Ersten Weltkrieges verzögerte zuerst die Ausführung des rechtskräftigen Plans, sein Ausgang machte ihn schließlich obsolet, weil der Wohlstand, den das Mittelschichtviertel mit gut 15 Prozent Spielplätzen und Erholungsparkanlagen voraussetzte, geschwunden war.

Ein derartiges Modell wurde in begrenztem Umfang in den benachbarten Ceciliengärten verwirklicht, bei denen – ebenfalls auf der Grundlage eines von Paul Wolf erarbeiteten »reformierten Bebauungsplans« – Wohnblöcke von geringer Tiefe mit nahezu reiner Blockrandbebauung um einen lang gestreckten »Square« gruppiert sind. Die Randalleen aus rot blühenden Kastanien des als Parkpromenade gedachten Squares bilden eine Aufweitung der inneren, schmalen, alleebegleiteten Anliegerstraße, die im Süden Anschluss an weitere Grünflächen findet.

Die Ausführung des Parks leitete Wolf noch selbst, aber das Ensemble war erst 1926 realisiert, daher blieben die Formen bescheidener als in den Entwürfen. In der Fachpresse erntete die Konzeption jedoch zuvor schon großes Lob als »erste Gartenstadt, nicht draußen in fernab liegenden Wäldern, sondern hart am Brennpunkt des Riesenverkehrs«.[3] Die squareartige Parkanlage in ihrer Mitte wurde von Behrendt ein »Wahrzeichen« des Wohnquartiers genannt,[4] das es aus der gesichtslosen Häusermasse heraushebe.

Vorbilder fand Wolf einerseits im landesfürstlichen Städtebau sowie andererseits in England, in den dortigen Gartenstädten, im Londoner Regent's Park und in den oft von einfachen Baumreihen umgebenen Squares im Londoner Westen, die zu dieser Zeit auch in Deutschland publiziert wurden.

In den bereits durch Fluchtlinienpläne für dichte Bebauung ausgewiesenen Stadterweiterungen waren solche

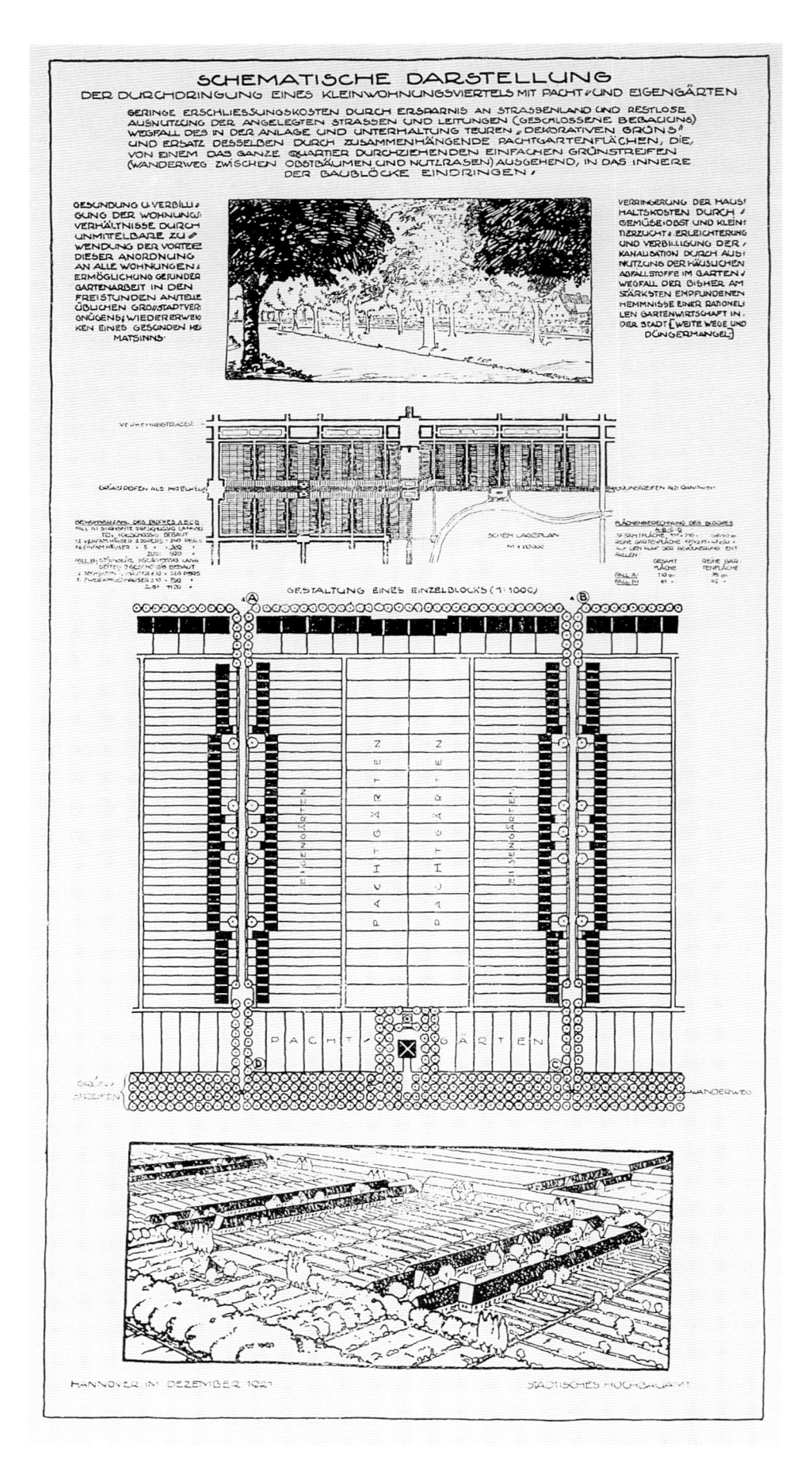

*Kleinwohnungsviertel mit Pacht- und Eigengärten, Schema von Paul Wolf, um 1920*

raumgreifenden grünen Bänder nur ausnahmsweise nachträglich einzubringen. Die Ausgestaltung der dort – oft ursprünglich als »Schmuckplätze« – ausgesparten Blöcke als alleeumkränzte »Gartenplätze« folgte der verstärkten Forderung nach mehr Bewegung und Aufenthalt im Freien.

## Alleen als Grünverbindung

Bei Fritz Schumachers um 1920 entwickelter Konzeption für den inneren Grüngürtel Kölns, den man wegen der geringen Breite mit einer Perlenkette vergleichen könnte, stärkten Alleen die räumliche Wirksamkeit wesentlich. In einem benachbarten Bereich legte Schumacher Grünflächen auch in Form von Kleingärten an, zwischen denen eine Obstbaumallee einen Wanderweg mitführte – eine eindeutige Konzession an die wirtschaftlichen Bedingungen und die mit der Kleingarten- und Kleinpachtlandordnung (1919) erheblich gestiegene Bedeutung der Kleingärten. Die Stadtplanung hatte sie jetzt als Dauerinstitution zu akzeptieren.

Für eine ähnliche Anordnung entwickelte Paul Wolf, nun Stadtbaurat für Hochbau in Hannover, in diesen Jahren ein Schema: An Sackgassen lagen Reihenhäuser mit Gärten, zwischen zwei solcher Gartenrückseiten waren wiederum Pachtgärten an Dungwegen aufgereiht. Das kammartige Muster setzte sich spiegelgleich fort, die Mitte des Doppelkamms bildeten mehrreihige Obstbaumalleen über Nutzrasenflächen. Wolf verzichtete zu dieser Zeit wegen der Anlage- und Pflegekosten auf das teure »dekorative Grün« (Erläuterungstext im Bild), verwendete Baumpflanzungen in verschiedener Form: als dicht gereihte Straßenbäume an den höheren Mehrfamilienhäusern, als in den tieferen Vorgärten der niedrigeren Einfamilienhäuser rhythmisch verteilte, doppelpunktartige Pflanzungen und als vierreihige Obstbaumallee am Wanderweg zwischen Pachtgärten. So wäre auf Dauer eine fußläufige Verbindung mit der Landschaft, die man heute als Grünverbindung bezeichnen würde, erhalten geblieben. Die Bestimmung für Fußgänger unterscheidet sie von den in ähnlicher Intention angelegten amerikanischen Parkways, deren Profile in der Regel sowohl Reit- und Promenadenwege als auch Straßen für Automobile einbetteten.

Nach Aufnahme seiner Tätigkeit als Leiter des Hochbauamtes in Dresden 1922 setzte Paul Wolf diese systematische Durchdringung neuer Quartiere mit Grünverbindungen fort, insbesondere unter Einbeziehung neuer Kleingartenkolonien. Diese die Gesamtstadt strukturierenden Verbindungen betonten die Gleichwertigkeit der autonomen Freiräume von Parkanlagen bis hin zu Friedhöfen im Verhältnis zu den bebauten Räumen – eine Gleichwertigkeit, die sowohl aus dem Gartenstadtgedanken als auch aus Wolfs wiederholter Beschäftigung mit städtischen Grünsystemen hervorging.

## Alleen zur Strukturierung von Wohnquartieren

Paul Wolfs Entwürfe für die um 1920 in Hannover angelegten Siedlungen zeigen, dass inflationär steigende Baukosten dazu führten, Baumpflanzungen im öffentlichen Raum stark einzuschränken, ihre gliedernde und die Blicke leitende Wirkung jedoch auf Baumpflanzungen in privaten Vorgärten und Hausgärten zu übertragen (siehe Blickbeziehungen als gestrichelte Linien im Entwurf für die so genannte Gartenstadt Laatzen). Nur auf dem Lindenplatz, wo sie den in geschlossener Bauweise konzipierten Kern der Kleinhaussiedlung betonten, standen Alleen im öffentlichen Raum. Auf die Ausführung der alleeartigen Pflanzungen auf den privaten Grundstücken hatte die Stadtplanung allerdings wenig Einfluss. Insofern werden die in Modellen und Vogelschauen dargestellten Baumreihen selten in der gewünschten Vollständigkeit realisiert worden sein. Dennoch sind sie ein sichtbares Zeichen der engen Verbindung von Städtebau und Grünplanung zu dieser Zeit: Ohne die Baumreihen wirken die Bauten der vor allem aus Einzel- und Doppelhäusern bestehenden Siedlung wie ein Fragment. Bei oft nur 40 Quadratmeter großen Kleinhäusern, die um 1920 üblich waren – nicht zuletzt weil große Grundstücke den Gemüseanbau und die Verrieselung der Abwässer erlaubten[5] –, konnten nur Baumreihen und geschnittene Hecken die visuelle Einheit der »Siedlung« wahren.

Verwirklicht wurden diese einprägsamen, strukturierenden Baumpflanzungen innerhalb eines umfassenden Entwurfs für alle Außenräume hingegen erst in einer Phase des wirtschaftlichen Aufschwungs, nämlich bei einer 1927 unter Wolfs Nachfolger Elkart begonnenen Stadterweiterung in Hannover-Kleefeld, der so genannten Gartenstadt Kleefeld. Die Alleen fassten die in Doppelhäusern und in Gruppenbauweise errichteten Wohnbauten baublockweise zusammen. Grundlage war eine sehr durchdachte Konzeption der städtischen Gartendirektion und der freien Gartenarchitekten Hübotter und Langerhans.

## Baumreihen in Sanierungsgebieten

Die städtebaulichen Forderungen nach einer besseren Besonnung der Wohnungen und Durchlüftung der Wohnquartiere griffen früh auch auf die bestehende Bebauung über. Jahrzehntelang verhinderte die Wohnungsnot aber die Sanierung der den Anforderungen nicht entsprechenden Quartiere. Trotz heftiger Kritik an ungesunden Wohnverhältnissen schon vor dem Ersten Weltkrieg kam es in Hannover erst 1936 zur ersten Sanierung in der Altstadt. Diese geschah, geleitet von Stadtbaurat Karl Elkart, durch Entkernung der Blockinnenhöfe, Verbreiterung einiger Straßenzüge und Freilegung eines neuen Platzes vor dem 1649 erbauten Ball-

[4] Behrendt, W. C.: Großstädtische Wohnquartiere. In: Bau-Rundschau, 1/1913, S. 105.
[5] Eine Kanalisation war durch die inflationäre Entwicklung unbezahlbar.
[6] Ein Großteil dieser jungen Bäume wird im Krieg Schaden genommen haben, ein Foto von 1946 zeigt »Reste der Linden am Pariser Platz«. Historische Gärten. Eine Standortbestimmung, Ausstellung – Projekte: Straßenzug Unter den Linden, hrsg. von der Vereinigung der Landesdenkmalpfleger in der Bundesrepublik Deutschland und Landesdenkmalamt Berlin. Berlin 2003, S. 116.
[7] Mendelssohn, Heinrich. In: Schindler, Norbert: Gartenwesen und Grünordnung in Berlin. In: Berlin und seine Bauten, Bd. IX. Gartenwesen, hrsg. vom Architekten- und Ingenieurverein zu Berlin. Berlin, München, Düsseldorf 1972, S. 16.
[8] Die Versetzung erfolgte vom Königsplatz bzw. vom Platz vor dem Reichstag, wo sie der Neugestaltung im Wege standen.
[9] Hentzen, Kurt: Die Grünanlage als Glied monumentaler Stadtbaukunst. In: Brandenburgische Jahrbücher Nr. 14/15, Berlin 1939, S. 112.
[10] Zit. in: ebenda, S. 131.
[11] Zwar hatte es nach dem Siebenjährigen Krieg

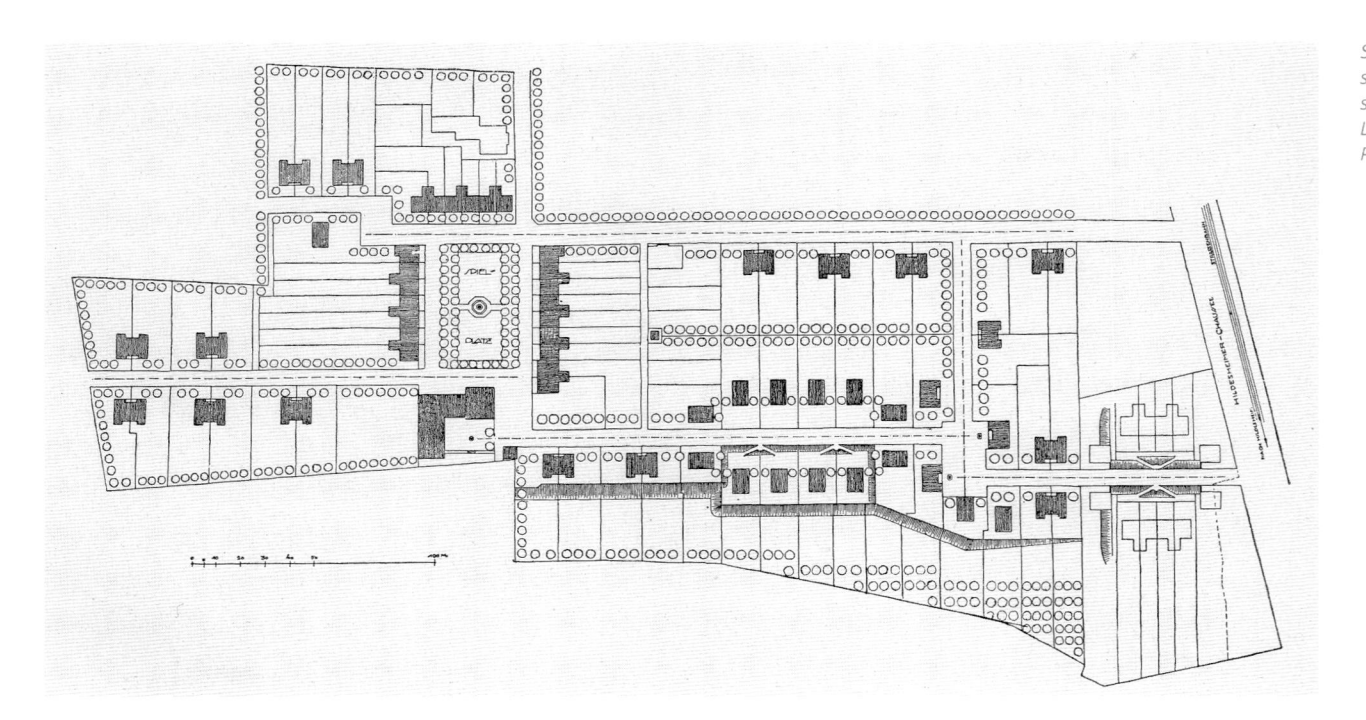

*Städtische Kleinhaussiedlung in Hannover, so genannte Gartenstadt Laatzen, Paul Wolf, 1920*

hof, einem Saalbau für Ballspiele. Der durch die Freilegung entstandene Platz sollte nach dem Plan eine doppelte, mit der Gebäudeflucht schwingende und vor dem Eingang unterbrochene Baumreihe erhalten. Auch an der Parallelstraße Tiefental diente die Verbreiterung der Gasse nicht nur Belichtungs- und Verkehrsbedürfnissen: Sie bot wiederum einer Baumreihe Platz, die sich im Winkel um den Baublock und auch in Verlängerung des Tiefentals an der Kirche fortsetzte. Zusammen mit den vorhandenen Bäumen und den geplanten Einzelbaumpflanzungen auf dem ehemaligen Kirchhof bewirkten diese Reihen eine Heraushebung des Kirchenbaus aus seiner Umgebung. Ganz im Gegensatz zu den Promenaden am Ufer des kurz zuvor neu angelegten Maschsees wurden inmitten der Altstadt geradlinige Alleen nicht eingesetzt – vermutlich, weil sie dem Charakter der historischen Bebauung widersprochen hätten.

## Baumpflanzungen an Durchbruchsstraßen

Für Berlin wurde nach 1933 ein Achsenkreuz geplant, dessen Ost-West-Achse aus früheren, zum Teil neu zu pflanzenden Alleen entstehen sollte, während sich die (nicht mehr vollendete) Nord-Süd-Achse großenteils als Durchbruchsstraße darstellte. Verantwortlich für die Neugestaltung der Reichshauptstadt war seit 1937 Generalbauinspektor (GBI) Albert Speer. 1936 wurde als Teil der Ost-West-Achse die Allee »Unter den Linden« im zentralen Raum am Pariser Platz neu gepflanzt.[6] Bereits 1647 war sie mit sechs Baumreihen als Reitweg zwischen Stadtschloss und Jagdrevier angelegt worden (später hatte die Allee überwiegend vier Baumreihen). Das Modell des GBI zeigt östlich des Brandenburger Tores eine nur noch zweireihige Allee auf der Mittelpromenade. Die Charlottenburger Chaussee als westlich anschließender Teil dieser Achse und Längsachse des Tiergartens war bereits 1929 unter Verweis auf Paris für eine Inszenierung als »Allee des Deutschen Reiches« in Betracht gezogen worden.[7] Zur Olympiade 1936 und bei Mussolinis Besuch erhielt sie eine Festausschmückung, die durch den Einsatz von Fahnen und architektonischen Elementen die Länge des Straßenverlaufs betonte.

Nach diesem »Probelauf« wurde die ursprünglich 15,45 Meter breite Chaussee in 50 Meter Breite vom Baumbestand befreit. Ein leicht erhöhter, hellerer Mittelstreifen trennte ab 1939 die Richtungsfahrbahnen mit jeweils fünf Fahrspuren, begleitet von ebenfalls helleren Radfahrwegen und Trottoirs. Der Große Stern wurde von 80 auf 200 Meter Durchmesser vergrößert, mit Torgebäuden sowie einer Sandsteinmauer gefasst und schließlich durch die auf einem Sockel erhöhte Siegessäule und Denkmale (u. a. von Bismarck und Moltke) betont, die hierher versetzt wurden.[8] Nicht zuletzt die architektonische Ausgestaltung und die Steigerung der Verkehrskapazität verliehen dieser Straße Monumentalität, die bei Paraden und Fackelumzügen besonders eindrucksvoll wirken sollte. Die Neugestaltung verzichtete im Abschnitt des Tiergartens ganz auf Alleebäume: »… die Beleuchtungsmaste, zu denen bei festlichen Anlässen noch wirkungsvolle Pylonen hinzukommen, geben der Ost-West-Achse einen solch strengen Rhythmus, wie er selbst durch Baumalleen niemals erreicht werden könnte.«[9]

Demgegenüber wollten die Planer bei der etwa 6 Kilometer langen Nord-Süd-Achse auf Alleen nicht verzichten:

im Zusammenhang mit Schlossbauplänen erste Überlegungen zur Anlage eines grünen Ringes mit mehrreihigen Alleen gegeben (Cuvilliés 1762), aber die Entfestigung kam erst nach den napoleonischen Kriegen voran. Hofbaumeister Thormeyer stellte systematische Überlegungen zu einem Grüngürtel an. Auf dem verfüllten Wassergraben wurden Alleen gepflanzt, die zusammen mit privaten Gärten in der Stadtkarte von 1833 noch die Fläche der ehemaligen Festungsanlagen erkennen ließen. Später aber wurden diese in Privatbesitz befindlichen Flächen weitgehend bebaut. Nur auf dem Neustadtwall entstand die ebenfalls von Thormeyer konzipierte klassizistische Bebauung mit baumbepflanzten Straßen und offener Bebauung. Grau, Reinhard: Die Entwicklung und Bedeutung der Historischen Gärten im Grünflächensystem der Stadt Dresden. Denkmalpflegerische Probleme ihrer Erhaltung, Pflege und Restaurierung. In: Die Gartenkunst 2/1991, S. 253 f.

| 12 | Hoffmann, Hubert: Hoffnung auf eine bessere Zukunft? Bemerkungen zu den Aufsätzen von Otto Kohtz und Dr. Paul Wolf in der Neuen Bauwelt. In: Neue Bauwelt 5/1950, H. 16, S. 259.
| 13 | Lerm, Matthias: Abschied vom alten Dresden. Rostock 2000, S. 69.
| 14 | Die tiefe Lage des Wasserspiegels und die geringe Breite des Flusses schränkten seine Wirkung allerdings ein.

*Aufbauplan der Innenstadt Hannover, Ausschnitt, Konstanty Gutschow 1949*

Es sollten »mehrere Reihen von Alleebäumen die monumentale Wirkung«[10] der bis zu 142 Meter breiten Straßenachse stärken. Die »Große Straße« mit ihren Monumentalbauten spannte sich zwischen dem projektierten Nord- und Südbahnhof. Als »Stadtkrone« umfasste sie u. a. die Kuppelhalle am Königsplatz und den Triumphbogen weiter südlich als dominierende Gebäude und wurde begleitet von fünfundzwanzig- bis dreißiggeschossigen Hochhäusern. Nördlich der am Spreebogen positionierten Kuppelhalle vermittelte das auf schlechtem Baugrund vorgesehene 1200 Meter lange »Große Becken« die Richtungsänderung zum Nordbahnhof.

Davon abzugrenzen sind Straßendurchbrüche, die nach dem Luftkrieg in die oft zerstörten städtebaulichen Grundstrukturen eingriffen. Sie unterschieden sich in den weltanschaulichen Intentionen von dieser großen Achse, oft führten sie aber Absichten der »Sanierung« im Sinne von verkehrstechnischer Modernisierung und baulicher Auflockerung weiter. Paul Wolf sah nun für Dresden, wo er seit 1922 als Stadtbaurat gewirkt hatte, die Chance, die Hauptverkehrszüge und das Grünflächennetz neu zu ordnen, dazu die Flussufer und das Gelände des im 19. Jahrhundert bebauten Stadtwalls einzusetzen.[11]

Er wollte die zerstörten Gebiete unter Beibehaltung der historischen Grundstruktur an die Forderungen des modernen Städtebaus anpassen. Das Postulat einer Auflockerung der dichten Bebauung schien durch die Erfahrungen des Luftkrieges berechtigter denn je. (Auch in Hannover forderte Elkart schneisenartige Fluchtwege – selbst durch unzerstörte Quartiere hindurch. Das Motiv des »städtebaulichen Luftschutzes« wurde aber im Allgemeinen nicht öffentlich genannt.) Es war also kein Einzelfall, dass in Dresden nun weiträumige Straßen mit breiten »Grünpromenaden« vom Hauptbahnhof über den ehemaligen Stadtwall (»Ring-Straße«) bis zum Elbufer führen sollten. Wie bei Wolfs Vorkriegsplanungen für die »Neugestaltungsstadt« sollte das ehemalige Wallgelände nun von der früheren Mittelbebauung freigehalten werden, wodurch die mehr als 50 Meter breiten Straßenräume über einen großzügigen Mittelstreifen verfügen würden. Zeichnungen zeigen eine Mittelpromenade für Fußgänger zwischen Rasenbändern mit lockerem Baumbestand aus unterschiedlichen Arten, an ihrem Rand jeweils Straßenbahngleise (erweiterbar für künftige Schnellbahnstrecken), dann folgen Fahrbahn und Trottoir vor einer kammartigen Neubebauung mit etwa zehngeschossigen Hochhäusern.

Über diese »Grüntangenten« wollte Wolf gleichzeitig den Nord-Süd- und den Ost-West-Verkehr leiten. Damit sollte der Altmarkt als Verkehrsknotenpunkt entlastet werden, um dort auf eine Verbreiterung des historischen Achsenkreuzes verzichten zu können. Auch die vom Hauptbahnhof zum Altmarkt führende Prager Straße weitete Wolf nur wenig auf, führte die Fußgänger aber parallel dazu auf einer innerhalb eines Baublocks gelegenen Promenade, in einem »Innenpark«. Dieses Konzept bildete eine großräumige Fortsetzung der bis dahin auch in Dresden nur ansatzweise realisierten Sanierungen.

Warum fanden hier regelmäßige Baumreihen oder Alleen keine Anwendung mehr? Zum einen stand der Vorwurf im Raum, »das Hochhaus als eine Art Motiv neobarocken Städtebaues zu verwenden«,[12] der bei Einsatz von Alleen noch weniger zu entkräften war. Zum anderen gab es eine rigorose Abwendung von alleebegleiteten Achsen, die nach dem Vorbild der Reichshauptstadt auch in den Gauhauptstädten ausgiebig geplant worden waren und nun für Zeitzeugen vorläufig die Elemente von Achse und Allee mit dem Bild von marschierenden Kolonnen verbanden. Allerdings gelang es nicht, das Vakuum durch einen adäquaten Ersatz zu füllen.

Seine Vorstellungen konnte Paul Wolf nicht mehr selbst einbringen, weil er als Beauftragter für Luftschutz nach den

Luftangriffen vom Februar 1945 zwangsweise in den Ruhestand versetzt worden war. Sie sind aber in ähnlicher Weise im 1946 beschlossenen Aufbauplan seines Nachfolgers und langjährigen Mitarbeiters Herbert Conert enthalten. Allerdings blieb auch er folgenlos, weil noch im gleichen Jahr eine Änderung des Bodenrechts die wichtigste Voraussetzung für eine Anknüpfung an den historischen Stadtgrundriss verwarf: Das Gesetz über den Aufbau der Städte in der DDR brachte ein »gesellschaftliches Verfügungsrecht über Grund und Boden in den zerstörten Stadtgebieten«.[13]

Umgekehrt verlief die Entwicklung in Westdeutschland, wo die frühere Parzellenstruktur besonders mit dem Wiederaufleben der Wirtschaft einer durchgreifenden Stadtplanung – selbst bei flächiger Zerstörung der Bebauung – Widerstand entgegensetzte. Frühzeitig realisierte Projekte wie das folgende stellten hierbei Ausnahmen dar. In Hannover sollte nach der Zerstörung der Innenstadt insbesondere die dort projektierte Durchbruchsstraße am Leineufer zwei langjährige stadtplanerische Ziele miteinander verbinden: Einerseits sollte der Durchgangsverkehr auch hier von seiner Kreuzung in der Stadtmitte (Kröpcke) verlegt und um die Innenstadt herum geleitet werden, andererseits sollte ein mit dem Fluss diagonal durch die Stadt führender Grünzug die Herrenhäuser Gärten mit Maschpark und Maschsee verbinden. Diese mit »Leibnizufer« bezeichnete Durchbruchsstraße nutzte die Trümmerflächen an der Nahtstelle zwischen Altstadt und Neustadt. Sie weist im Verlauf ihrer Planungsgeschichte hinsichtlich der gedachten Baumpflanzungen einen signifikanten Wechsel in der formalen Gestaltung auf. War es 1948 im Wiederaufbauplan unter Stadtbaurat Otto Meffert noch eine beidseitig von einer Allee begleitete Hauptverkehrsstraße, die neben dem von der Bebauung freigelegten Leineufer verlief, so wurden Straße und Fluss unter dem eine Generation jüngeren Nachfolger Hillebrecht als wesentliche Elemente des Grünzugs aufgefasst. Ein breiter Grünstreifen, auch hier als Reservefläche für eine Straßenbahn gedacht, trennte die Fahrbahnen und setzte sich als Rasenfläche mit lockerem Baumbestand auf der Böschung zur Leine fort.[14] Später erhielt der Mittelstreifen ebenfalls unregelmäßig verteilte Baumpflanzungen, während das gegenüberliegende Steilufer baulich gefasst wurde und mit Mauern, Rampen und Treppen die Bezeichnung »Hohes Ufer« visualisierte, über dem sich die Silhouette der Altstadt mit den wieder aufgebauten Kirchen, dem Zeughaus und dem Leineschloss erhob.

Auf dem Trümmergrund hat sich durch frühzeitigen formellen Beschluss der Aufbauplanung also eine ähnliche Grüntangente realisieren lassen, wie sie in Dresden von Wolf geplant war – allerdings ohne Mittelpromenade. Die Bauverwaltung vertrat das Anliegen, sich u. a. »vom Städtebau Speer'scher Prägung« abzusetzen; das Konzept des »organischen« Städtebaus sollte insbesondere Natur- und Stadtraum enger verbinden.[13]

Der Stadtplaner Konstanty Gutschow, der 1949 im Auftrag der Aufbaugemeinschaft Hannover und in Zusammenarbeit mit dem Stadtbauamt den im Ausschnitt gezeigten Aufbauplan der Innenstadt vorlegte, hielt nur dort an Baumreihen fest, wo eine geschlossene Bauflucht, eine »Stadtkante«, erwünscht war. (Im Gegensatz zu diesem Plan enthielt der wenig später beschlossene »offizielle« Bebauungsplan der Innenstadt nur wenige Aussagen zu Baumpflanzungen.) Man experimentierte über ein Jahrzehnt lang mit lockeren Baumpflanzungen in den aufgeweiteten Straßenräumen.[16] Im Hintergrund steht das seit 1940 in den Fachzeitschriften verbreitete Leitbild der »Stadtlandschaft«, das identisch ist mit dem der »gegliederten und aufgelockerten Stadt«.[17] Darin liegt auch die Intention der landschaftlichen Gestaltung und – als Konsequenz – der Verzicht auf Symmetrie und insbesondere auf Alleen begründet.

## Vorboten einer »Renaissance« der Alleen als Promenaden

In Ostdeutschland fiel 1961 der Beschluss der Stadtverordnetenversammlung Groß-Berlin, der u.a. einen Wiederaufbau der Straße Unter den Linden vorsah, die nun den ersten Abschnitt einer mehr als 3 Kilometer langen »zentralen Achse« zwischen Pariser Platz und Strausberger Platz bildete. Den weiteren Verlauf dieser Magistrale (Stalinallee, heute Karl-Marx-Allee) betonten Segmente neuer Lindenalleen, die – orientiert am Rhythmus der Randbebauung – die Platzräume aussparten und mit einer besonnten Promenade auf der Nordseite das Profil asymmetrisch gestalteten.

Der erste Abschnitt, »Unter den Linden«, war 1390 Meter lang und 60 Meter breit. Im Westteil, in Richtung Pariser Platz, mussten Neubauten eine Höhe von 18 bis 22 Meter einhalten, was auch der maximalen Traufhöhe nach dem so genannten Lindenstatut von 1880 entsprach. Im Ostteil wurden die noch erhaltenen Baudenkmale bis 1969 rekonstruiert. »Der historische Raumzuschnitt« wurde gewahrt und die »vierreihige Baumbepflanzung wiederhergestellt, wodurch die ›Linden‹ wieder den Charakter einer Allee erhielten.«[18] Eine Aufnahme von 1985 zeigt die beeindruckende Wirkung der Allee nur zwei Jahrzehnte nach der Pflanzung. Ein Nachteil blieb dabei die Lage am Brandenburger Tor, die den Boulevard zur Sackgasse degradierte.

Dass hier sowohl in der Rekonstruktion als auch in der Neuanlage früh sowohl die Bezeichnung als auch die formalen Merkmale von Alleen erschienen, tritt als Besonderheit gegenüber der Entwicklung in Westdeutschland hervor. Möglicherweise kam die aus Architektur und Städtebau der frühen DDR bekannte Maxime »National in der Form, demokratisch im Inhalt« auch der Wertschätzung der Alleen zugute.

| 15 | Beide Zitate in: Erste Denkschrift – Die Innenstadt. Textteil zum Aufbauplan, 1. Oktober 1949, hrsg. von der Bauverwaltung der Hauptstadt Hannover. In: Durth, Werner / Gutschow, Niels: Träume in Trümmern, (2) Städte. Braunschweig/Wiesbaden 1988, S. 754. Die Abwendung von Achsen und den sie akzentuierenden Alleen erklärt auch die spätere Neuinterpretation des Waterlooplatzes, dessen Oval seit dem 18. Jahrhundert eine Baumreihe betonte. Die Platzgestaltung wurde nachträglich in die Konzeption des fließenden Raums des Leibnizufers und in die asymmetrische Gestaltung der Raumkanten integriert.
| 16 | Bis Anfang der 1960er-Jahre wurde das in mehreren Stufen ausgebaute Leibnizufer gestaltet: Noch 1949 legte Gartenarchitekt Heydenreich einen Entwurf für die Gestaltung des Leibnizufers vor (Plankartei Grünflächenamt Hannover). Baumpflanzungen am Leibnizufer und am Waterlooplatz waren erneut am 30. Januar 1954 Thema von Besprechungen in der Bauverwaltung. Um die richtigen Standorte hierfür zu finden, sollten zunächst Pfähle eingeschlagen werden, danach sei die Wirkung bei einer Begehung mit Hillebrecht zu prüfen (Grünplanungsbesprechung vom 30. Januar 1954, Handakte Hillebrecht Nr. 81, Stadtarchiv Hannover). Die letzte Fassung der Pläne für das Leibnizufer stammt von 1961, der Bepflanzungsplan von 1962.
| 17 | Göderitz, Johannes / Rainer, Roland / Hoffmann, Hubert: Die gegliederte und aufgelockerte Stadt. Tübingen 1957. Die Publikation erfolgte erst sehr spät, sie war schon während des Krieges fertig gestellt, dann aber verschollen (Durth, Werner / Gutschow, Niels: Träume in Trümmern. Stadt-

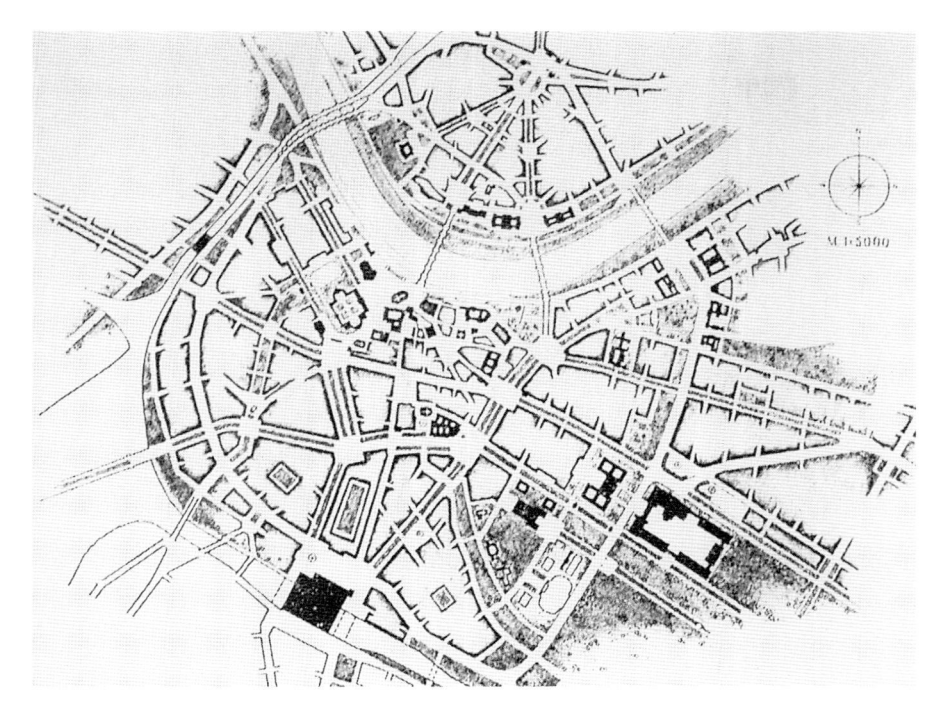

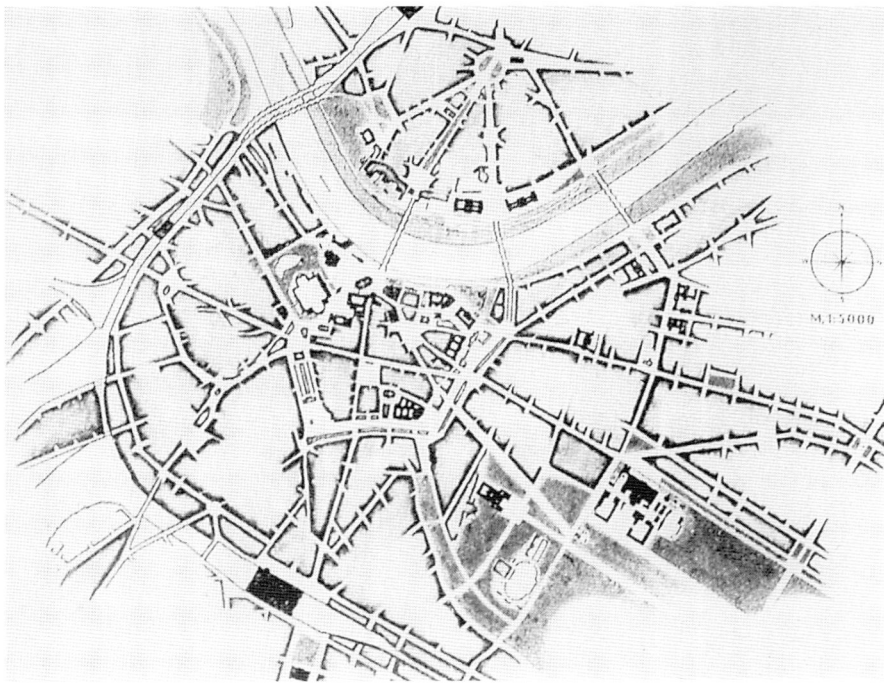

den, bilden insofern einen Sonderfall, der die eingangs genannte Definition in Bezug auf das Kriterium der Parallelität der Baumreihen nicht einhält.) Anlass zu der Vermutung, dass diese Allee als Vorbild wirkte, geben die 1969 veröffentlichte Darstellung des »Modells einer sozialistischen Großstadt«[19] mit diesem historischen Element inmitten der perspektivischen Darstellung und die Neugestaltung der »Straße der Einheit« (heute Hauptstraße) als Fußgängerzone zum 30. Jahrestag der Gründung der DDR.

Der Aufbauplan für die Dresdner Innenstadt von 1969, anlässlich des 20. Jahrestages der Staatsgründung entstanden, bestimmte die Neugestaltung des Zentrums mit überdimensionierten Straßen und großmaßstäblicher Bebauung lange Zeit. Gleichzeitig dienten Alleen und Haine auf dem Gelände des ehemaligen Walls der Betonung der Grenzen der Altstadt wie der räumlichen Schließung der Straßenschneisen. Dabei bildeten, vom Platz der Einheit (Albertplatz) in der Neustadt ausgehend, die Hauptstraße mit der historischen Allee (heute aus Platanen), der Neustädter Markt, die Augustusbrücke, der Schlossplatz, die Schlossstraße, der Altmarkt bis zur Prager Straße und der Wiener Platz vor dem Hauptbahnhof eine von Nord nach Süd verlaufende Hauptfußgängerverbindung, deren Akzentuierung durch Sequenzen regelmäßiger Baumpflanzungen nahe lag.

Der Altmarkt war 1952 auf Ministerratsbeschluss als so genannter zentraler (Demonstrations-)Platz bestimmt und dazu zunächst auf 20 000, später sogar auf 34 000 Quadratmeter[20] in jeder Richtung aufgeweitet worden. Die ihn im Norden tangierende Straße wurde zudem als Magistrale stark verbreitert. Der Aufbauplan 1969 verschmälerte den Altmarkt optisch durch zwei doppelte, nach dem südlichen Drittel unterbrochene Baumreihen an den Längsseiten. Inmitten der Unterbrechung der auf die Kreuzstraße zielenden Fuge erscheint ein skulpturales Motiv, womit sich dieser südliche Platzteil vor der Kreuzkirche, der vor 1945 bebaut war, wieder als separater Raum andeutete.

Eine vom stellvertretenden Stadtarchitekten Peter Sniegon geleitete Arbeitsgruppe entwickelte 1965 die städtebauliche Neukonzeption der Prager Straße als Fußgängerzone mit einem Hotel- und Gaststättenkomplex, mit zweigeschossigen Ladenbauten und einer zwölfgeschossigen Wohnzeile von 240 Metern Länge als östlicher Raumkante. Das nördliche Ende dieses Raumabschnitts, der bis 1969 als erster entstand, markierte eine Stufenanlage südlich des Rundkinos, die etwa dem Verlauf der früheren Ferdinandstraße folgte, den Anstieg von der tiefer liegenden Seevorstadt im Süden nach der Altstadt vermittelte und der neuen Prager Straße »eine innere Spannung« gab.[21] Zwei doppelte Baumreihen waren mit einem Abstand von etwa 10 Metern zwischen den Stämmen vor die beiden zweigeschossigen Pavillons am Fuß der langen Wohnzeile gerückt. Nördlich und südlich dieser Alleesegmente war jeweils eine weitere hainartige Baumpflanzung gruppiert: Vor der Treppe

*Dresden, Innenstadt vor der Zerstörung (unten) und Vorentwurf für den Wiederaufbau von Stadtbaurat Conert, 1946*

Auch in Dresdens Altstadt erhielten zu dieser Zeit Baumreihen neue Bedeutung, wozu das Vorbild einer in der Neustadt (vor dem Brand von 1685 »Altendresden«) erhaltenen Allee beigetragen haben dürfte. Die 450 Meter lange Lindenallee bildete in der barocken Stadtkonzeption Wolf Caspar von Klengels den mittleren Strahl einer Patte d'oie – sie stellte ab 1736 das erste öffentliche Grün innerhalb der Stadt dar, wobei der Binnenraum Fußgängern vorbehalten war. (Dabei verjüngen sich sowohl der umbaute Raum der Promenade als auch die zweireihige Allee selbst nach Normit dem Stufenbrunnen, die zum Rundkino hinaufführte, schloss ein Hain aus Eschenahorn an der Stirnseite der Pavillons diesen Raumabschnitt ab, im Süden verdeckte eine klammerartige Baumpflanzung in der Linie der Alleesegmente einen Wendehammer als Vorfahrt zum Hotel Newa. Als Baumart wurde überwiegend die rot blühende Rosskastanie gewählt, die sich neben der auffälligen Blüte durch eine mittlere Höhe und eine kompakte Krone auszeichnet. Die Baumreihen korrespondierten in ihrer Ausrichtung mit der langen Zeile und den Ladenbauten, sie boten eine Art Widerlager für die kammartige Anordnung der drei elfgeschossigen Hotels, die wie Bastionen vorstießen und dies auch in ihren der Landschaft des Elbtals entliehenen Namen wiedergaben: Bastei, Königstein, Lilienstein. Die Baumdächer der zwei Alleesegmente waren zum offenen Raum hin jeweils mit dem gleichen Muster aus Beeten (ein größeres mit Rasen, ein quadratisches mit Wechselpflanzung) und Wasserbecken mit künstlerischer Gestaltung unterlegt. Der grafisch gestaltete Bodenbelag mit seiner Querbänderung betonte das großzügige, rund 80 Meter breite Profil. An der gärtnerischen und künstlerischen Detaillierung war ein Kollektiv aus zahlreichen Landschaftsarchitekten (Objektleiter: J. Pietsch) und Künstlern beteiligt: »In engster Zusammenarbeit mit dem bildenden Künstler hat er [gemeint ist der Landschaftsarchitekt als Berufsstand, d. Verf.] Raumfolgen in unverwechselbaren Bildern und Maßstäblichkeit zum Menschen in der sozialistischen Gesellschaft geschaffen.«[22]

Die Alleesegmente vermittelten als architektonische Elemente zwischen dem Maßstab der Bebauung und dem der Fußgänger. Auch wenn es sich hier nicht um eine Allee im klassischen Sinne handelte, so lässt sich hierin doch ein kraftvoller Versuch erkennen, ein ähnlich gewichtiges Element für den öffentlichen Raum zu gewinnen. – Der jüngst erfolgte Umbau der Prager Straße macht die beschriebene Gesamtkonzeption unkenntlich. So, wie die Alleesegmente in der Prager Straße und die (nicht ausgeführten) Baumreihen auf dem Altmarkt mit Unterbrechung und Versetzung aus der Mitte des Raumes jeden Anschein einer traditionellen Allee mieden, so hielten es Greiner und Gelbrich auch in ihrem in jenen Jahren erschienenen Buch »Grünflächen der Stadt«: Sie umgingen den Begriff der »Allee«, sprachen lediglich von »städtebaulich wirksame(n) Baumreihen«.[23] Beides erscheint signifikant für den Versuch, eine eigenständige, moderne Haltung zu formulieren.

Seit Beginn der 1960er-Jahre hatte sich unter dem Motto »Urbanität durch Dichte« in Westdeutschland ein neues Leitbild durchgesetzt. Dabei gewann der innerstädtische Straßenraum im Zuge des U-Bahn-Baus in Hannover (der Beschluss dazu fiel 1965) an Bedeutung. Die angestrebte Aufwertung der Innenstadt kam nicht zuletzt am Kröpcke, dem Schnittpunkt mehrerer U-Bahn-Linien, zur Geltung. Für die auf dem früheren Wall geführte Georgstraße hatte Hofbaumeister Georg Ludwig Friedrich Laves in der ersten Hälfte des 19. Jahrhunderts Alleen vorgesehen, begleitet von einer Platzfolge und bedeutenden Bauten, etwa dem Hoftheater auf der früheren Windmühlenbastion. Der westliche Teil der Georgstraße besaß aber schon vor dem Zweiten Weltkrieg keine Allee mehr und die Aufbauplanung von 1949 behielt diese Auffassung bei.

Die einmündende Bahnhofstraße als Verknüpfung von Kröpcke und Hauptbahnhof, als mittlerer Strahl eines Dreistrahls in der gleichfalls von Laves konzipierten Ernst-August-Stadt angelegt, wies 1879 eine doppelte Baumreihe auf einem Mittelstreifen auf. Diese Bäume mussten bis 1914

planung 1940–1950. München 1993, S. 298). Die Dominanz des Leitbildes zeigt sich dort, wo eine in den Stadtraum eingeführte Tangente mit einer vorhandenen Allee zusammentraf: Der 1959

*Dresden, Prager Straße, veröffentlicht 1974*

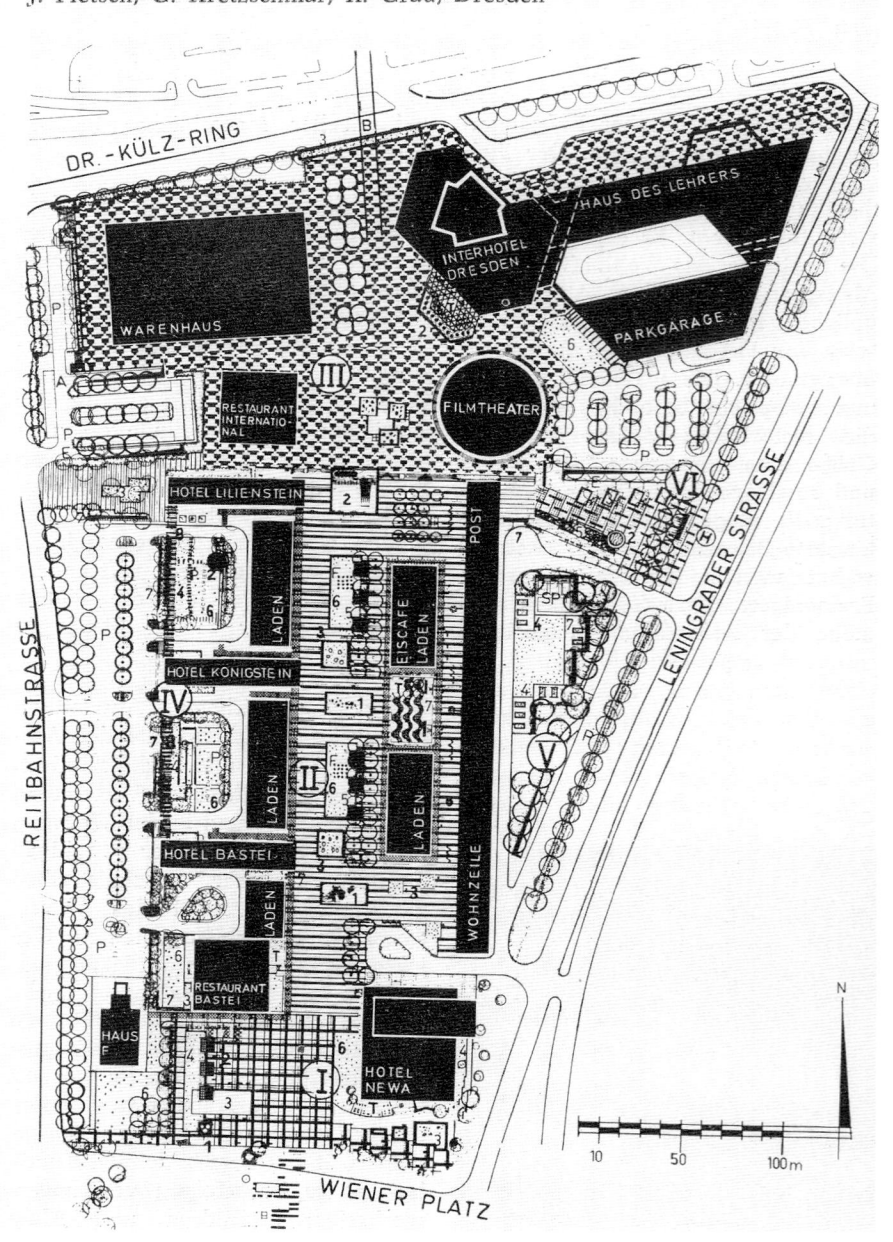

Straßenausbauten weichen. Der Bebauungsplan Innenstadt 1949 sah nun in der Bahnhofstraße wieder beidseitig eine Baumreihe vor. Diese Bäume wurden auch ersetzt, als über dem U-Bahn-Tunnel um 1978 eine unterirdische »Passerelle« mit großen Öffnungen zur Straßenebene angelegt wurde, die die Verbindung zur Oststadt jenseits des Bahnhofs vermitteln sollte.

Da die U-Bahn und die darüber liegende Fußgängerzone den Raum für Fahrbahnen und Straßenbahn einsparten, wurde eine Allee auch im westlichen Teil der Georgstraße möglich, wo sie mit Unterbrechungen über die Lange Laube und den Königsworther Platz bis zur Herrenhäuser Allee fortgeführt werden konnte. (Die erfolgreiche Neupflanzung dieser letztgenannten vierreihigen Lindenallee ab 1972 mag zur Fortsetzung als Doppelreihe durch die Innenstadt beigetragen haben.)

Im östlichen Teil der Georgstraße, wo sich der Baumbestand weitgehend gehalten hatte, wurde die Allee bis zum Aegidientorplatz weitergeführt, wo wiederum die Allee an der Hildesheimer Straße ansetzte. Es entstand eine so genannte Grüne Achse von 7 Kilometer Länge aus über 1000 Bäumen. Die Baumart wechselt dabei in den räumlichen Sequenzen: Es handelt sich überwiegend um Linden, in der Langen Laube um Weißdorn, in der Südstadt um Platanen.

Für die Achse als stark frequentierte Fuß- und Radwegverbindung bilden die Baumreihen ein wichtiges Orientierungselement. Der traditionelle »Schorsenbummel«, eine sonntägliche Veranstaltung im Sommer, nutzt die kleinklimatische Gunst und die besondere Atmosphäre der Promenade auf der Georgstraße, die zusammen mit den anschließenden Platzräumen und besonderen Bauten einzigartig für Hannover ist. Allerdings trennt die Allee den ebenfalls von Laves konzipierten Georgsplatz in der Diagonalen. Dessen Neugestaltung ab 1956 nach den Vorstellungen von Gartendirektor Lendholt (Entwurf: Lendholt/Laage/Wolf) hatte den durch die Straßenverbreiterung entstandenen Verzicht auf die frühere Allee begrüßt, um den Platzraum stärker als Einheit zu betonen. Die Neugestaltung verband die beiden dreieckigen Platzteile über die Straße hinweg durch ein dezentes Raster in der Pflasterung. Ausgestaltet mit Plastiken, beleuchteten Brunnen, Hochbeeten, mobilen Gartenstahlsesseln und dreisitzigen Bänken entwickelte sich der neue Platz rasch zu einem beliebten Aufenthaltsort. Die »gute Stube der Stadt«[24] entschwand bei der erneuten Herstellung einer Allee der öffentlichen Aufmerksamkeit – eine Aussetzung der Baumreihen wie an anderen Plätzen hätte das vermieden.

Nach 1990 hat das planerische Leitbild der europäischen Stadt an Bedeutung gewonnen, das zeigen auch die im hippodamischen System entworfenen neuen Stadtteile, in denen Alleen nun regelmäßig wieder zur Anwendung kommen (Beispiel Hannover-Kronsberg). Insbesondere das 1997 für Berlin aufgestellte und später vom Senat beschlossene »Planwerk Innenstadt« orientiert sich explizit an dieser Leitvorstellung. Das »Freiraumkonzept zum Planwerk Innenstadt« definierte innerhalb dieser Rahmenbedingungen eindeutige öffentliche und private Freiräume sowie entsprechende Typen von Park und Garten. Zu den klassischen Freiraumtypen gehört zweifellos die Allee. Ihre Aktualität belegt wiederum der prominenteste Straßenzug Berlins »Unter den Linden«, dessen städtebauliche Grundfigur – Quarré (Pariser Platz) – Korridorstraße mit Promenade – Forum Fridericeanum – Lustgarten – sich bis heute wenig verändert hat. Von Gutachtern wurde ein Konzept erarbeitet, das innerhalb des 60-Meter-Profils Flächen für den Kraftfahrzeugverkehr, insbesondere Stellplatzflächen, zusammenfasst und zugunsten großzügigerer Bürgersteige und einer breiteren, auf kommerzielle Nutzungen verzichtenden Mittelpromenade reduziert. Während die inneren Baumreihen erhalten bleiben, sollen die äußeren ersetzt werden.[25]

»Alleen als städtische Promenaden«, der Ausgangspunkt dieser Ausführungen im Berlin der wilhelminischen Ära, sind damit erneut im Berlin des 21. Jahrhunderts ein das Stadtbild prägendes, vielseitig nutzbares Element, das nicht zuletzt dem städtebaulichen Zusammenhang der Regierungsstandorte unterschiedlicher Provenienz dient.

---

in Hannover fertig gestellte Zubringer Bremer Damm führte mit einem breiten Mittelstreifen an den Königsworther Platz (und damit an den Innenstadtring) heran. Dabei verkürzte er allerdings die bei der Bevölkerung beliebte Herrenhäuser Allee.
|18| Topfstedt, Thomas: Städtebau in der DDR 1955–1971. Leipzig 1988, S. 76.
|19| Sonderausgabe der Sächsischen Zeitung vom 4. Juli 1969. In: Dresden – Europäische Stadt, Rückblick und Perspektiven der Stadtentwicklung, hrsg. von der LH Dresden. Dresden 2000, S. 50f.
|20| Durth/Gutschow (wie Anm. 17), S. 380. Tatsächlich wurde der Altmarkt ab 1953 von 1,3 Hektar auf 3,4 Hektar vergrößert. Goralczyk, Peter: Architektur und Städtebau der Fünfziger Jahre in der DDR. In: Architektur und Städtebau der Fünfziger Jahre, hrsg. vom Deutschen Nationalkomitee für Denkmalschutz. Bonn 1990, S. 65.
|21| Volk, Waltraud: Dresden. Historische Straßen und Plätze heute. Berlin 1977, S. 38.
|22| Pietsch, J. / Kretzschmar, G. / Grau, R.: Fußgängerbereiche in Stadtzentren. In: Landschaftsarchitektur 3/1974, H. 1, S. 5.
|23| Greiner, Johann / Gelbrich, Helmut: Grünflächen der Stadt, 2. überarb. Aufl. Berlin 1976, S. 81. In Bezug auf eine Analyse der Außenräume der Altstadt von Rostock.
|24| Laage, Erwin: Stadtplätze in Hannover. In: Garten und Landschaft 69/1959, S. 37.
|25| Historische Gärten (wie Anm. 6), S. 116f. Ein 1998 ausgelobter Wettbewerb hatte weiterhin ein Regelwerk für die Gestaltung von Straßenmöbeln zum Ziel.

Während für Alleen eine Art Kulturschutz schon länger existiert, hat ihre Bedeutung als Umweltgut – für die Ökologie und die Landschaftsbilder – in den letzten Jahrzehnten zugenommen. Beide Fachbelange wirken zunehmend gemeinsam. Heute werden Alleen einerseits aufgrund ihrer vielfältigen geschichtlichen, künstlerischen oder städtebaulichen Werte, andererseits aus Gründen des Arten- und Biotopschutzes sowie Biotopverbundes geschätzt. Alleen zeugen von ihrer funktionalen Vielfalt, die von repräsentativen bis zu ökonomischen Nutzungsaspekten reichen. Ihre Bedeutung wird in der Literatur, also der Dicht- und Erzählkunst, wie auch in der Malerei sichtbar.

*Lückenhafte Allee aus starken Robinen (Robinia pseudoacacia) und Silberpappeln (Populus alba), ca 160 Jahre alt, 700 Meter lang, zwischen Gessin und Stöckersoll (Mecklenburg), 2006.*
   *Die seltene Artenkombination geht wohl auf Peter Joseph Lenné zurück, der die Allee in Zusammenhang mit seinem Wirken im wenige Kilometer entfernten Schlosspark Basedow (1837–1945) geschaffen haben könnte. Der Schlosspark weist Silberpappeln ähnlicher Dimension auf.*

Zur Bedeutung der Alleen
als Kultur- und Umweltgut

Detlef Karg

# Alleen in ihrer Bedeutung für die Denkmalpflege

Ein Gestaltungselement der Gartenkunst und Stadtbaukunst, das in seiner Wirkung als ordnender Teil der Raumbildung unbestritten bleibt, ist die Baumallee. Ihr Merkmal sind zwei oder auch mehrere parallel verlaufende Baumreihen, die meist Straßen und Wege einfassen, wobei die Bäume in regelmäßig wiederkehrenden Intervallen innerhalb der Reihe aufeinander folgen. Die Wertung von vielfältigen Aspekten der Form und Funktion von Alleen im Laufe der Gartenkunstgeschichte stellt heute ein wichtiges Aufgabengebiet der Denkmalpflege dar. Deshalb hat u. a. auch die Arbeitsgruppe Gartendenkmalpflege in der Vereinigung der Landesdenkmalpfleger in der Bundesrepublik Deutschland für die Behandlung der Alleen als Denkmal im Jahre 2000 ein Arbeitspapier herausgegeben.

Noch im französischen Renaissancegarten bezeichnet allée oder voié einen Weg oder Gang, in einer erweiterten Bedeutung auch Baumgang. Häufig war das geometrisch geradlinig verlaufende Wegesystem in den zur Umgebung abgeschlossenen Gärten mit Wandelgängen aus Holz oder Mauerwerk überdeckt, ebenso mit Laubengängen aus Lattenwerk.

Erst im barocken Garten der ersten Hälfte des 17. Jahrhunderts, etwa seit Claude Mollet (um 1563 – vor 1651) und dann verstärkt seit Jacques Boyceau (1588 – 1633), gewinnt die seitliche Begrenzung der Wege gegenüber den Lauben- und Wandelgängen an Bedeutung. Vermehrt treten nun die von Baumreihen begleiteten Wege in Erscheinung. Dabei werden bedeckte Wege, allée couverte, bei denen die Kronen der Baumreihen baldachinartig den Weg überdecken, von den unbedeckten Wegen, allée découverte, die nach oben offen und breiter als die anderen Wege sind, unterschieden. Für die Hauptwege werden unbedeckte Alleen vorgeschlagen, denn »die breitesten Alleen sind die vornehmsten« (Boyceau). Im deutschen Sprachgebrauch ist das Wort Allee seit der Mitte des 17. Jahrhunderts für parallel geführte Baumreihen nachweisbar.

Jedoch schon auf den Gartendarstellungen aus dem Neuen Reich Ägyptens, wie bei dem Grab des Heerführers von Amenophis III. (1400 – 1362 v. Chr.), sind alleeartig gepflanzte Baumreihen dargestellt, die wohl eher wegen ihrer Schatten spendenden Wirkung als der Raumbildung verwendet wurden. Baumpflanzungen an den Straßen innerhalb der Stadtgebiete lassen schon den Schluss zu, dass hier öffentliche Begegnungsstätten in Art der Promenaden bestanden. Ebenso konnte Dorothy B. Thompson bei ihren Untersuchungen über die Agora von Athen Grünanlagen am Hephaisteion nachweisen. Baumreihen umgaben den Tempel, deren Einzelbäume auf die Stellung der Säulenachsen ausgerichtet waren und somit deutlich einen gestalterischen Bezug zum Gebäude erkennen lassen. Auch im antiken Rom dürfte vor allem die Schatten spendende Wirkung zu ihrer Verwendung beigetragen haben. Aber erst dem barocken Zeitalter bleibt die eindeutige Bestimmung der Baumallee als ein den Raum prägendes Gestaltungselement vorbehalten.

Die Bedeutung der Alleen als Gegenstand der Denkmalpflege hat also nicht nur künstlerische Dimensionen. Mit Alleen sind ebenso geschichtliche und städtebauliche wie auch religiöse Aspekte verbunden. Die auffällige Verwendung alleeartig bepflanzter Wege erscheint seit der Renaissance in der Folge eines sich differenziert darstellenden Achsensystems mit einer zentralisierenden Mittelachse, mit Diagonal-, Quer- und Umgangswegen, mit Kreuzungen und Rondellen. Diese Entwicklung, gekennzeichnet durch eine vom Schloss ausgehende Wegachse, deutet sich in Frankreich seit der Mitte des 16. Jahrhunderts an. In einer klaren Rang- und Reihenfolge werden auch die einzelnen Gartenteile einander zugeordnet und durch das Wegachsensystem verschmelzen Garten, Park und Landschaft. Dieses Achsensystem war darauf gerichtet, die beabsichtigte dominierende Stellung des Schlosses als Zentrum der Macht, als Widerspiegelung der Idee des absolutistischen Staates zu

**Literatur**

Alberti, Leon Battista: De re aedificatoria libra X, 1485, in der deutschen Übersetzung von Max Theurer. Wien, Leipzig 1912.

Alleen – Gegenstand der Denkmalpflege, Möglichkeiten ihres Schutzes, ihrer Erhaltung und Erneuerung. Ein Arbeitspapier der Arbeitsgruppe Gartendenkmalpflege der Vereinigung der Landesdenkmalpfleger in der Bundesrepublik Deutschland. Berichte zur Forschung und Praxis der Denkmalpflege in Deutschland. Berlin, September 2000.

Anforderungen an eine Dokumentation in der Gartendenkmalpflege, hrsg. vom Brandenburgischen Landesamt für Denkmalpflege und Archäologischen Landesmuseum. Petersberg 2005.

Barock in Deutschland – Residenzen, Ausst.-Kat., hrsg. von Ekhart Berckenhagen. Berlin 1966.

Clifford, Derek: Geschichte der Gartenkunst. München 1966.

*Kleve, Blick vom Springberg, 1989*

Fink, E.: Die Baumallee, ihre Entwicklung und Bedeutung in der Gartenkunst. In: Das Gartenamt, 4. Jg., 1955, Nr. 3, S. 47 ff.

Gorissen, Friedrich: Conspectus Cliviae. Kleve 1964.

Gothein, Marie-Luise: Geschichte der Gartenkunst. 2 Bde. Jena 1914.

Grisebach, August: Der Garten. Leipzig 1910.

Hennebo, Dieter: Geschichte des Stadtgrüns. Bd. I: Entwicklung des Stadtgrüns von der Antike bis in die Zeit des Absolutismus. Hannover, Berlin 1979.

Hennebo, Dieter / Hoffmann, Alfred: Geschichte der deutschen Gartenkunst. 3 Bde. Hamburg 1962–1965.

Hinz, Gerhard: Peter Josef Lenné. Berlin 1937.

Hirschfeld, Christian Cay Lorenz: Theorie der Gartenkunst. 5 Bde. Leipzig 1779–1785.

Karg, Detlef: Alleen als Gegenstand der Denkmalpflege – Anmerkungen zur Entwicklung, Bedeutung und Erhaltung. In: Architektur der DDR, 8/1982, S. 492–496.

dokumentieren. Damit entsprach die Baumallee im besonderen Maße dem Anspruch nach Weiträumigkeit und großen Perspektiven als Ausdruck eines übersteigerten Repräsentationswillens.

Der Städtebautheoretiker Leon Battista Alberti (1404–1472) erkannte schon weit vorausschauend diese Wirkung der Allee als Raum bildendes Gestaltungselement. Für uns dokumentiert diese Art von Schriften ein wissenschaftliches Bedeutungskriterium der Denkmalpflege. In der toskanischen Villa Quaracchi wird von einer jenseits der Hauptteile des Gartens verlaufenden geraden Allee mit zwischen Bäumen rankendem wildem Wein zum Arno berichtet, so dass vom Hauptsaal des Gebäudes ein Blick auf den Fluss möglich war. 1540 plante der Bildhauer Niccolò Tribolo (1500–1550) für die Villa Castello bei Florenz eine derartige Allee, für die er oft, wohl aber unberechtigt, als »Erstplaner« einer derartigen Alleeachse genannt wird. Auf der Stufe zum barocken Empfinden stehen die drei divergierenden Zypressenalleen der Villa Montalto ausgangs des 16. Jahrhunderts. Ihren Anfang betonen zwei Löwenbrunnen. Die Mittelallee zielt direkt auf die dreibogige Eingangsloggia des Casinos. Die Nebenalleen führen seitlich am Gebäude vorbei. Es ist das im Barock viel verwendete Motiv des Dreistrahls, eine patte d'oie, die zu einem bestimmenden Merkmal nicht nur in der barocken Gartenkunst Frankreichs werden sollte. André Le Nôtre (1613–1700) vollzog in Vaux-le-Vicomte und dann in Versailles die Umkehrung. Nur führten die Alleen auf das Schloss bzw. auf die auf das Schloss ausgerichteten markanten Punkte im Garten zu. In Versailles sind auch die vom Stadtgebiet kommenden Wegeachsen diesem Ordnungsprinzip unterworfen. Die gleiche Absicht dokumentiert die strahlenförmige Zuführung auf das Schloss in Oranienburg, wobei aber nur zwei Achsen zur Ausführung kamen. Diese Beispiele zeigen, dass der Dreistrahl nicht auf den Garten- und Parkbereich beschränkt blieb. In der Stadtbaukunst äußerte sich wie in der Gartenkunst der gleiche architektonische Gestaltungswille. Nur hatte »die Gartenkunst als die beweglichere« (Hennebo) den Vorrang, Gartenkünstler beteiligen sich seit dieser Zeit maßgeblich an der immer wichtiger werdenden Stadtplanung.

So übernahm der Städtebau auch das Motiv der Sternanlagen von der Gartenkunst. Diese Rondelle mit ihren sternförmigen, in den Wald geschlagenen Schneisen, die sich außerhalb oft als Alleen fortsetzten, entstammen den Jagdrevieren. Sie wurden als Gestaltungsmotiv im 17. Jahrhundert in den Gärten sichtbar, wohl bedingt durch das System von ortho- und diagonal geführten Wegen bzw. Schneisen, das auch den Anschluss der bislang überwiegend selbstständigen Jagdreviere an den Garten ermöglichte. Der Sternplatz, étoile, wie auch die patte d'oie künden von der zunehmenden Kompliziertheit des Wegesystems im Barock. Typische Beispiele für diese Gestaltung sind die Anlagen in Hampton Court in England, Fertöd in Ungarn und besonders Karlsruhe, wo der gesamte Grundriss von Stadt und Garten diesem Motiv verpflichtet ist.

Auch durch die Verwendung der Mittelachse ist die Villa Montalto bemerkenswert. Hinter dem Casino nimmt eine Zypressenallee ihren Anfang, kreuzt andere Alleen, wobei die Schnittpunkte sich platzartig erweitern. Sie endet aber nicht an dem schmiedeeisernen Tor in der Ummauerung, sondern setzt sich im Park fort und führt zu einem Hügel mit Statuen, einem Blickpunkt, in der französischen Gartenkunst als point de vue bezeichnet. Hier kündigen sich schon die Perspektiven im größeren Stil an.

Neben dieser den Raum prägenden Komponente der Allee wurde in Italien auch ihre verbindende Wirkung verschiedenartig genutzter Bereiche deutlich. So diente sie als Kulisse für die hinter Hecken verborgenen Nutzkulturen, wie z. B. für das »Podere« – ein durch Nutzpflanzen charakterisiertes Gebiet – der Villa Aldobrandini. Damit waren in Italien schon zur Zeit der Hochrenaissance und des Frühbarock die Anwendungsbereiche alleeartig gestalteter Wege vorgezeichnet. In Verbindung mit dem Achsensystem traten nun die Alleen als gartenkünstlerisches Element über die Grenzen der Gärten und Parks hinaus. Die Ordovorstellungen in der Gartenkunst, vermittelt durch die Allee, wurden auf die unmittelbare Umgebung und weiterführend auf die ganze Landschaft projiziert, ein Aspekt, der bis heute als Gegenstand der Kulturlandschaft für die Denkmalpflege Bedeutung hat.

Eindrucksvoll ist dieser Gestaltungswille durch das Wirken des Fürsten Johann Moritz von Nassau Siegen (1604–1679) in der zweiten Hälfte des 17. Jahrhunderts zur Ausgestaltung seiner Residenzstadt Kleve belegt. Er vereinte die barocken Gestaltungsprinzipien mit den erprobten landeskulturellen Maßnahmen zu einem System von Kanälen, die von Wegen und Baumreihen oder Alleen begleitet wurden. Von Kleve ausgehend erschließt ein den Raum gliederndes

*»Die Leipziger Promenade bei der Thomaspforte im Jahre 1777«, von Johann August Rossmäßler*

Alleensystem die umgebende Landschaft, wobei vor allem die am Tiergarten, am »Amphitheater« beginnenden Lindenreihen, die den Kanal in Richtung Rhein begleiteten, das Gestaltungsprinzip erkennen lassen. Moritz von Nassau hatte auch bei den ab 1660 gefertigten Ausbauplänen für Potsdam beratend mitgewirkt. Er gab nicht nur Hinweise für die rein städtebaulichen Planungen, sondern empfahl gleichfalls weit in die Umgebung weisende Alleen zu markanten landschaftlichen Punkten, später ein wichtiges Thema der Landesverschönerung. Ebenso gab er Johann Gregor Memhardt (1607–1678) Anregungen für den Ausbau eines einfachen Verbindungsweges zwischen dem Schlossbereich und dem westlich gelegenen kurfürstlichen Jagdgehege in Berlin. 1647 war diese Verbindung noch mit Nuss- und Lindenbäumen bestanden. Sie mussten 1685 beim Ausbau der Berliner Befestigungsanlagen einer sechsreihigen, mit Linden bestandenen Allee weichen, die 1685 auf vier Reihen reduziert und so zu einer der bekanntesten Promenaden als Straße »Unter den Linden« wurde.

Auf eine weitere bedeutende Promenade in der ersten Hälfte des 18. Jahrhunderts in Deutschland verweist Johann Heinrich Zedler (1706–1763) 1737. In Leipzig umgab eine Allee »von schönsten Linden« das Stadtgebiet. Derartige öffentliche, mit Bäumen bestandene Promenaden, in Frankreich Boulevards genannt, markierten vielfach anstelle von Mauern oder Bastionen die Grenze zwischen Stadt und freiem Umland. Es waren Spazierwege zur Erholung und zum Vergnügen. Dass sie anfangs noch im Vorfeld oder in den Randbereichen der Städte lagen, belegt ihre Herkunft von den mittelalterlichen Festwiesen. Diese waren oft regellos, aber auch schon in Reihen mit Bäumen bestanden. Im 18. Jahrhundert wurden sie, wie die Baumreihen auf den Wallanlagen, die so genannten Wallalleen, zu eigenständigen Grünbereichen in den Städten. Dazu gehörte auch der noch im 19. Jahrhundert als Mail bezeichnete Spaziergang, eine Anlage in den Städten und Gärten, die mit alleeartigen Baumreihen bepflanzt war. Ihr Ursprung war eine Art Bahnkrocket, Palmaille, also ein Spielplatz, ein wichtiger denkmalpflegerischer Aspekt zur Nutzungsgeschichte von Alleen.

In diesen städtischen Anlagen behauptete sich die Allee in wirksamer Weise als bestimmendes, eigenständiges Gestaltungselement. Eine umfassendere Bedeutung erlangt sie bei der übergreifenden Gestaltung der Ensembles. So erscheinen Lindenreihen, wie sie Jean Laurent Legeay (1708/10–1790) für Ludwigslust verwendete, als verbindendes Element zwischen Schlossbereich und der sich anschließenden Bebauung. Als repräsentative Verbindungswege, in einer direkten Zuführung als Avenuen bezeichnet, verbinden sie die Residenzen mit den sie umgebenden Schloss- und Parkanlagen wie in Dresden, Berlin, Hannover oder Kassel.

Schon in der zweiten Hälfte des 18. Jahrhunderts mehrten sich die landesverschönernden Absichten bei der Verwendung von weit in die Landschaft weisenden Alleen. Derartige Alleensysteme, wie in Rheinsberg, lösen sich von der vormals direkten Bindung an das in den Schloss- und Gartenanlagen bestehende Wegachsensystem. Sie zeigten nun eine relative Eigenständigkeit, wobei barocke Motive, wie der Dreistrahl oder Stern, weiter verwendet wurden.

Die »große Gartenrevolution« (Clifford), die Ablösung regelmäßiger geometrischer Kompositionsprinzipien durch die landschaftlichen Gestaltungsweisen, brachte zwar eine grundsätzliche Veränderung des Raumgefüges, doch die Al-

Karg, Detlef / Gandert, Ch.: Denkmale der Landschafts- und Gartengestaltung. In: Denkmalpflege im Städtebau und in der Landschafts- und Gartengestaltung, Materialien zur Denkmalpflege, hrsg. vom Informationszentrum beim Ministerium für Kultur. H. IV. Berlin 1972, S. 39–64.

Koch, Hugo: Gartenkunst im Städtebau. Berlin 1923.

Krünitz, Johann Georg: Die Land-Straßen und Chausseen ... Berlin 1794.

Le Blond, Alexandre (Dezallier d'Argenville): Die Gärtnerey sowohl in ihrer Theorie oder Betrachtung, als Praxi oder Übung, in der Übersetzung von Frantz Anton Danreitter. Augsburg 1731.

Maasz, Harry: Das Grün in Stadt und Land. Dresden 1927.

Meyer, Gustav: Lehrbuch der schönen Gartenkunst, 1860, 3. Aufl. Berlin 1895.

Migge, Leberecht: Die Gartenkultur des 20. Jahrhunderts. Jena 1813.

Petzold, Eduard: Die Landschaftsgärtnerei. Leipzig 1862.

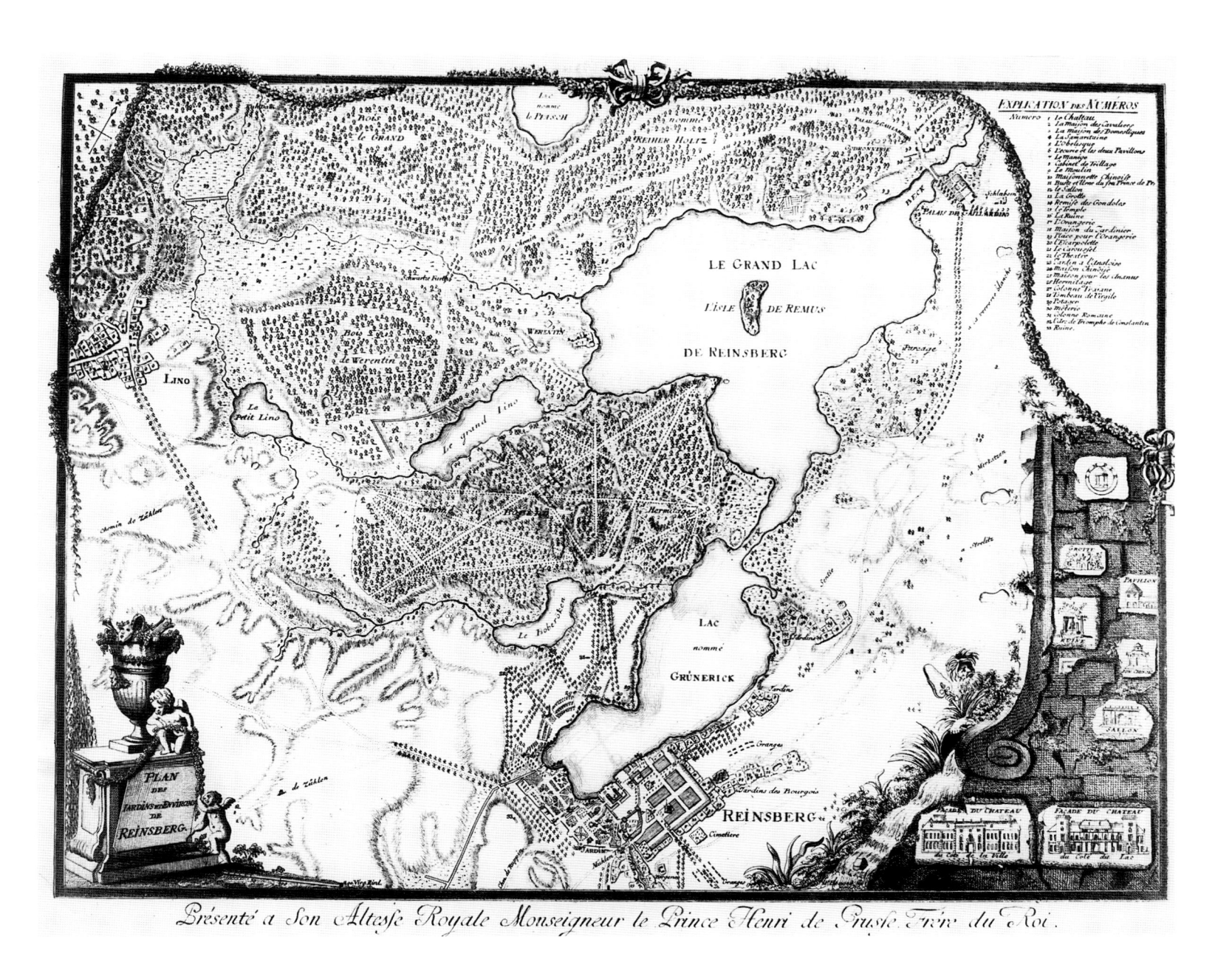

*Rheinsberg, Schlosspark mit Umgebung, 1772, von C. W. Hennert*

lee blieb als eigenständiges Gestaltungselement erhalten, obwohl ihre Verwendung zu grundsätzlichen Erörterungen bei der Gestaltung der Gärten und Parks Anlass gab. Mit ihrer Entfernung hatten schon William Kent (um 1685–1748) und Charles Bridgeman (vor 1709–1738) begonnen, da sie der herrschenden Auffassung einer »natürlichen« Schönheit nicht entsprach und Durchblicke durch eine Reihe von Bäumen kaum den Namen Landschaft verdienen könnten. Die durch sie erfahrbare Teilung des Raumes wie der Rasenflächen wurde auch von Humphry Repton (1752–1818) kritisch bewertet.

Christian Cay Lorenz Hirschfeld (1742–1792) duldet in seiner fünfbändigen »Theorie der Gartenkunst« (1779–1785) die regelmäßig gestalteten Bereiche in unmittelbarer Nähe der Gebäude. Ebenso erkannte Peter Joseph Lenné (1789–1866) das Nebeneinander beider Kompositionsprinzipien an. Er äußerte sich bei der Gestaltung des Berliner Tiergartens auch speziell zur Verwendung der Alleen: »Symmetrie und ängstliche Regelmäßigkeit lässt der Abwechslung und Freiheit kaum Raum; obgleich ich weit entfernt bin, alle Regelmäßigkeit aus öffentlichen Spaziergängen oder Volksgärten verbannen zu wollen; man verlangt in diesen Gärten das Vergnügen der Gesellschaft und den Anblick anderer Umhergehender zu genießen; man will sich sehen und finden, und hierzu sind offene, breite, gerade und sich durchkreuzende Alleen nötig. Ich habe aus dieser Überzeugung alle passenden Alleen auf beifolgendem Plane beibehalten.« Auch Hermann von Pückler (1785–1871) war »weit entfernt sie (die Alleen) als zu regelmäßig zu verdammen«. Er erkannte ihre repräsentative und gliedernde Wirkung und

*Pückler, Hermann von: Andeutungen über Landschaftsgärtnerei. Stuttgart 1834.*

empfahl sie daher für die »Avenuen großer Paläste«, aber auch für die Landstraßen. Damit hatten die beiden wohl bedeutendsten deutschen Vertreter der Gartenkunst der ersten Hälfte des 19. Jahrhunderts die Verwendung der Alleen als eigenständiges Gestaltungselement charakterisiert.

In der Landschaft erfüllten die alleeartigen Baumpflanzungen eine begleitende, die Linienführung der Straßen unterstreichende Aufgabe, so wie es Johann Georg Krünitz zusammenfassend schon 1794 in seiner Enzyklopädie dargestellt hatte. Es sind landesverschönernde Absichten und landeskulturelle Maßnahmen, die vor allem ihre Verwendung außerhalb der Gärten, Parks und Städte bestimmten.

In den Städten des 19. Jahrhunderts prägten sie als verbindendes Element zwischen den Altstädten und den neu errichteten Vorstädten das gesamte Stadtbild, aber gelöst von ihrer Bedeutung als Ausdruck des Repräsentationswillens und der Darstellung des Herrschaftsgefühls im Absolutismus. Der Wunsch nach breiten Alleen bestand gleichfalls in den relativ begrenzten innerstädtischen Grünflächen, wie den Wallanlagen, Promenaden, Plätzen und Volksparks. Diese Alleen dienten nicht nur rein ästhetischen Gestaltungsabsichten, sondern hatten auch noch in der zweiten Hälfte des 19. Jahrhunderts der schon von Hirschfeld vor 100 Jahren geäußerten Forderung zu entsprechen, als Begegnungsstätte zur »Verhütung aller Unordnung unter der vermischten Menge« beizutragen. Ähnlich äußert sich Eduard Petzold (1815–1891), der immer wieder über Alleen publizierte. Er verbannte die Alleen zwar als »völlig unzulässig« aus den landschaftlichen Gartenanlagen oder akzeptierte sie hier bei entsprechender Einbindung nur aus bestimmten historischen Gründen, sah sie aber, wie auch Gustav Meyer (1816–1877) in seinem »Lehrbuch der schönen Gartenkunst«, als innerstädtische Verbindung, als Ort der Begegnung, der Erholung und Geselligkeit für Promenaden, Volksgärten, Stadtplätze, für Landstraßen und ebenso zur Repräsentation für die »Avenue zu bedeutenden Palästen«. Die von ihm aufgezeigten funktionellen, gestalterisch-ästhetischen, sozialen und bioklimatischen Kriterien bestimmten auch in der nachfolgenden Entwicklung ihre Anwendung. Insbesondere in den ersten Jahrzehnten des 20. Jahrhunderts, wohl durch die Wiederbelebung regelmäßiger-geometrischer Kompositionsprinzipien in der Garten- und Stadtbaukunst wurden Alleen, oftmals in einer großen Spannweite bei der Gehölzartenverwendung, erneut propagiert – zu nennen sind Autoren wie Leberecht Migge (1881–1935) und Harry Maasz (1880–1946).

Die Allee war in der Renaissance eine Art Leitlinie im Garten und in ihrer perspektivischen Wirkung ein wesentliches Gestaltungsmittel des Barock. Hier erreichte sie unbestritten einen Höhepunkt. Wenn auch oft nur im Ansatz, so wurden doch die unterschiedlichen Aufgaben in den verschiedenen Anlagenarten vorgezeichnet. Ihre Bestimmung unter veränderten gesellschaftlichen Bedingungen wandelte sich, ihr äußeres Erscheinungsbild blieb aber erhalten. Zu der dabei zu verzeichnenden Vielfalt – zwei- und mehrreihige Alleen, Alleenkreuze, Alleensterne usw. – gehört auch eine Unterscheidung nach frei wachsenden und beschnittenen bzw. geformten Alleen. Letztere verweisen auf einen regelmäßigen Rückschnitt des Einzelbaumes als Kugel, Kegel usw. oder den Kastenschnitt (Hochhecken). Der Formschnitt ermöglichte bemerkenswerte Erscheinungen wie die »Fächerallee« im Schlosspark von Benrath oder die zum Schloss Bothmer führende »Festonallee« bei Klütz. Habitus und Formbarkeit der verwendeten Gehölzarten waren in der Regel für ihre Verwendung entscheidend. Nur vereinzelt erscheint in der Allee ein Artenwechsel, so der Wechsel von

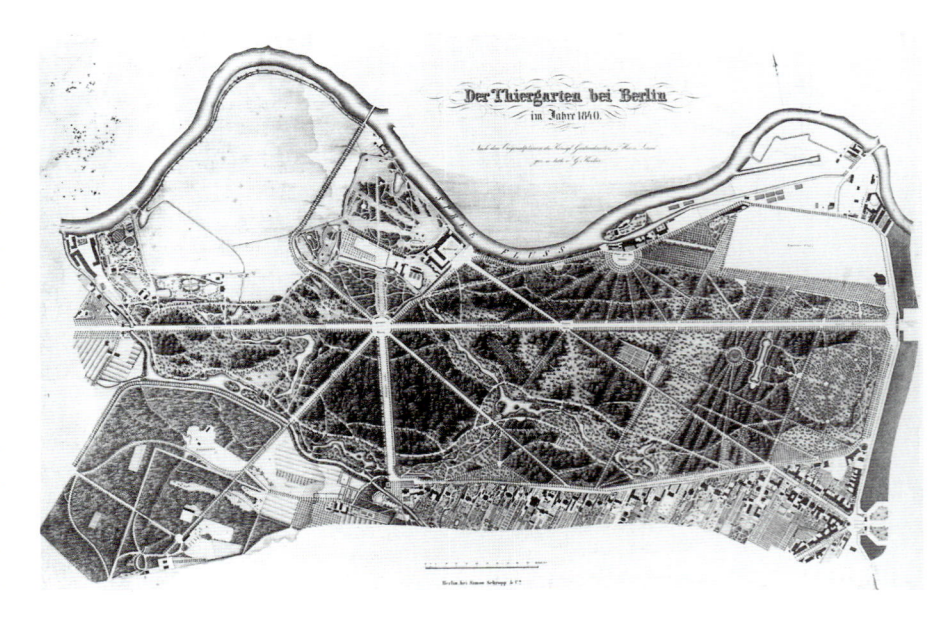

*Berlin, Tiergarten, 1840, nach dem Originalplan von Peter Joseph Lenné, gezeichnet und lithografiert von Gerhard Koeber*

*Klütz, Schlossanlage Bothmer, Bäume der Feston-Allee, 2006*

*Reinsberg, Schlosspark, Hauptallee, 1998*

Rommel, Alfred: Die Entstehung des klassischen französischen Gartens im Spiegel der Sprache. Berlin 1934.

Rose, Hans: Spätbarock. München 1922.

Stritzke, Klaus: Bäume als archäologische oder geschichtliche Dokumente. In: Naturschutz und Denkmalpflege. Wege zu einem Dialog im Garten, hrsg. von Ingo Kowarik. Zürich 1998, S. 229–236.

Stübben, Joseph: Der Städtebau. Handbuch der Architektur. 9. Halbbd. Leipzig 1924.

Thompson, Dorothy Barr / Griswold, Ralph E.: Garden Lore of Ancient Athens. Princeton 1963.

Volkamer, Johann Christoph: Nürnberger Hesberiden. Nürnberg, Frankfurt, Leipzig 1708.

Wölfflin, Heinrich: Renaissance und Barock. München 1926.

Zedler, Johann Heinrich: Universal-Lexikon. Leipzig, Halle, 1732–1750.

Tannen und Kastanien im Garten des Palais Lichtenstein in Wien, von Linden und Lärchen, Fichten und Linden im Rheinsberger Schlosspark oder der Wechsel von Fraxinus exelsior (Esche), Fraxinus pubescens alba (Esche mit weiß panaschierten Blättern) und Acer platanoides Schwedlerii (Ahorn mit roten Blättern beim Austrieb) auf der Landstraße von Märkisch-Wilmersdorf nach Thyrow – eine Analogie zu den Farben des Besitzers der Gutsanlage mit Herrenhaus und Park, des Vorsitzenden der Dendrologischen Gesellschaft, des Grafen von Schwerin. Als Teil eines Ganzen unterlag der Baum, ob in seiner natürlichen Schönheit oder in einer vielfältig künstlich geformten Gestalt und in seiner praktischen Wirkung, immer einem einheitlichen Gesamteindruck.

Die kurze Darstellung der Entwicklung und Bedeutung der Allee als prägendes Gestaltungselement zeigt, welcher Stellenwert ihr in den einzelnen Stilepochen zuerkannt wurde. Aus ihrem Zeugniswert, gleichwohl ihrer Wirkung als eigenständiges Gestaltungselement wie auch als übergreifender, vielfältiger Bedeutungs- und Funktionsträger, erwächst ihre Bestimmung als Denkmal und damit als Teil unseres kulturhistorischen Erbes. Um ihre Bedeutung für uns tatsächlich bestimmen zu können, bedarf es auch für die Allee, gleich den anderen Denkmalgattungen, der Darstellung und Analyse ihrer historischen und gestalterischen Entwicklungsphasen. Quellenstudium, Bestandserfassung und -bewertung, Dokumentation eingedenk der Bewertung der einzelnen Entwicklungsphasen als Einzelelement wie als Teil einer Gesamtanlage, eines Gartens, Parks oder einer Stadt- bzw. Dorfanlage, ebenso als prägendes Element in der Landschaft nach kunst- und gartenhistorischen bzw. landeskulturellen Kriterien (raumkünstlerische Analyse und Bewertung) sind die grundlegenden Voraussetzungen für die zu ihrer Pflege und Erhaltung und damit Wirkung erforderlichen denkmalpflegerischen Maßnahmen. Schnittmaßnahmen zur Pflege und Verjüngung, Nachpflanzungen in Teilbereichen oder die totale Neupflanzung stehen dabei immer im Hinblick auf den zu erörternden Einzelfall zur Betrachtung an. Das dabei zu erhaltende oder zu erzielende Erscheinungsbild wird von der vorhandenen authentischen Substanz abzuleiten sein, von den verwendeten Gehölzarten – zu berücksichtigen sind Habitus und Biologie – wie den aus der Geschichtlichkeit erwachsenen Wertzuschreibungen für Einzelbäume und der Gesamterscheinung der Allee und ihrer Bestimmung im Raum.

Axel Klausmeier

# Vom Nutzen und der Funktionsvielfalt der Alleen

Mitten in der Zeit des westdeutschen Wirtschaftswunders und damit während der rasanten Motorisierung breiter Bevölkerungsschichten konstatierte »Pareys Illustriertes Gartenbaulexikon« 1956, dass es sich bei Alleen um ein Gestaltungsmittel der Welt von gestern handele. Alleen seien zwar an Schlossauffahrten noch sehr wirkungsvoll, ihre Bedeutung gegenüber der Baumeinzelstellung hätten sie jedoch eingebüßt.[1] Überhaupt seien Alleen vornehmlich »im Städtebau zur Betonung bedeutender Straßenzüge, ferner zur Abgrenzung von Fahrrad- und Fußgängerwegen gegen die Autostraße und als Windschutz« zu finden. Des Weiteren seien sie »Schatten spendend für Spazierwege und Promenaden«.

Eine solche Geringschätzung kam Alleen in früheren – wie auch heutigen – Zeiten nicht zu. Vielmehr dienten sie aufgrund ihrer vielfältigen Nutzbarkeit u. a. als Schatten spendender Transportweg oder auch als Rohstofflieferant. Fast niemals stand bei der Anlage von Alleen nur eine Nutzung im Vordergrund, sondern immer mischten sich verschiedene Anforderungen mit Bedürfnissen und Gestaltungscharakteristika. Dies hängt auch mit der Entwicklung der allgemeinen Gartengeschichte zusammen, denn bis zur Mitte des 17. Jahrhunderts waren Lust- und Nutzgarten und damit »Delectatio« und »Utilitas« ohnehin noch nicht voneinander getrennt.[2] So ist es selbstverständlich, dass man auch Alleen nach diesen Gesichtspunkten einordnete, und das nicht nur in Deutschland, sondern in ganz Europa.

## Die Nutzung und Bedeutung von Alleen im Altertum

Alleen gehören von alters her zu den klassischen Gestaltungs- und Ausstattungselementen von Kulturlandschaften, gestalteten Gärten und Parklandschaften wie auch städtischen Bereichen.[3] Bereits im alten Ägypten und in Mesopotamien sind Alleen als Schattenspender, als Frucht- und Holzproduzenten, aber auch als raumgliedernde Strukturen bekannt. Insbesondere den Ägyptern dienten sie als Macht- und Hoheitszeichen. Formale, mit Sphingen geschmückte Alleen symbolisierten die Macht der Priesterschaft.[4] Plinius erwähnt in seinen Landhausbeschreibungen Alleen als Zuwegungen zu Landhausvillen; die geometrische römische Stadtstruktur erhielt in den straßenbegleitenden Alleebäumen eine wesentliche raumbildende Unterstützung.

Während Alleen im klassischen Griechenland unbekannt waren, waren sie offenbar im frühen Persischen wie im Römischen Reich weit verbreitet. Die Aufgabe eines die Landschaft ordnenden, gliedernden wie verbindenden Sys-

[1] Pareys Illustriertes Gartenbaulexikon, hrsg. von Richard Maatsch. 5., völlig neu bearb. Aufl. in 2 Bde. Bd. 1. Berlin, Hamburg 1956.
[2] Siehe hierzu: Jöchner, Cornelia: Die »schöne Ordnung« und der Hof. Geometrische Gartenkunst in Dresden und anderen deutschen Residenzen. Weimar 2001, S. 47 ff.
[3] Alleen – Gegenstand der Denkmalpflege. Möglichkeiten ihres Schutzes, ihrer Erhaltung und Erneuerung. Ein Arbeitspapier der Arbeitsgruppe Gartendenkmalpflege der Vereinigung der Landesdenkmalpfleger in der Bundesrepublik Deutschland, hrsg. von der Vereinigung der Landesdenkmalpfleger in der Bundesrepublik Deutschland. Berlin 2000, S. 7.
[4] The Oxford Companion to Gardens, Oxford 1986. Eintrag »Avenue«.

*Bedeckte Allee im Garten von Schloss Augustusburg in Brühl, Juli 2005*

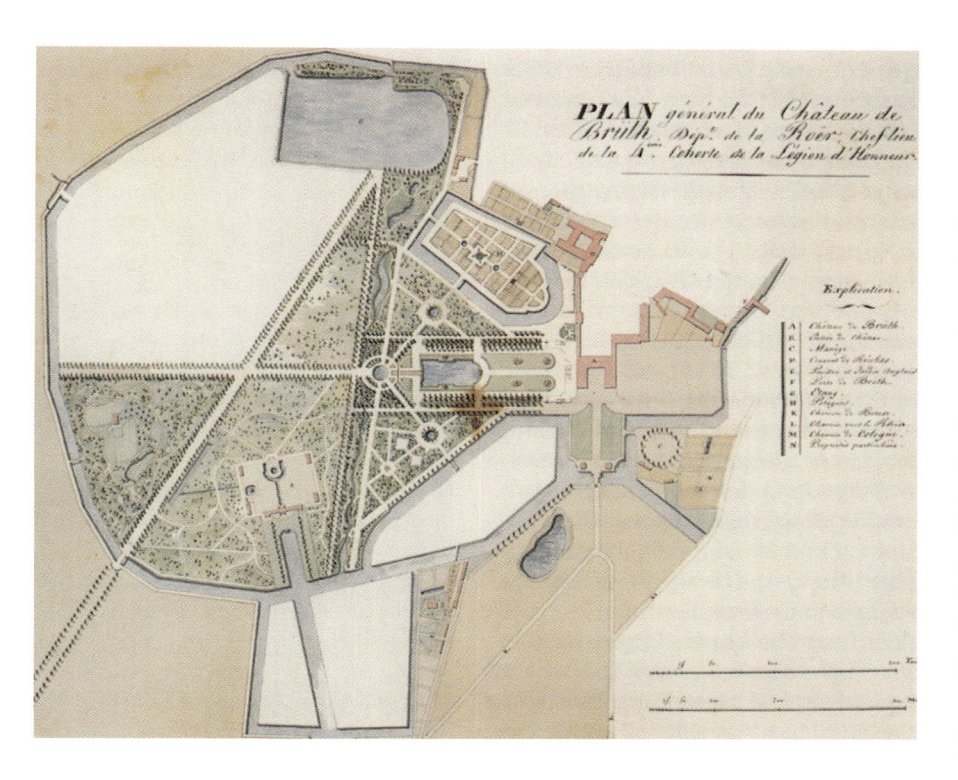

*Plan der Brühler Gärten, so genannter Dycker Plan, um 1805. Landschaft und Gärten sind durch Alleen miteinander verwoben.*

| 5 | Ebenda; Encyclopedia of Gardens. History and Design, ed. by Candice A. Shoemaker. Bd. 1, Eintrag »Avenue«. Chicago, London 2001.
| 6 | Brix, Michael: Der barocke Garten. André Le Nôtre in Vaux-le-Vicomte. Stuttgart 2004, S. 40.
| 7 | Le Blond, Alexandre (Dezallier d'Argenville): Die Gärtnerey sowohl in ihrer Theorie oder Betrachtung als Praxi oder Übung. Augsburg 1731. Zit. nach dem Reprint, hrsg. und mit einem Nachwort versehen von Harri Günther. Leipzig, München 1986, S. 25.
| 8 | Zit. nach der deutschen Übersetzung von Christoph Leonhard Sturm: D'Aviler, Augustin Charles. Cours d'Architecture. Augsburg 1725–1759, S. 214.

tems wurde nach dem Zusammenbruch der Reiche nicht beibehalten. Für das Mittelalter sind gepflanzte Alleen kaum bekannt. Erst mit der Wiedererstarkung individueller Macht im Italien der Renaissance gewannen sie bei der Gestaltung von privaten Arealen wieder an Bedeutung. Zypressen waren dabei die am häufigsten verwendeten Alleebäume, die vorwiegend Auffahrten und Zuwegungen zu privaten Gütern säumten.[5] Gestaltung, Ausprägung und Verwendung von Alleen in Europa, insbesondere in Italien, Frankreich und den Niederlanden, haben auf die Entwicklung der Alleen in Deutschland eingewirkt.

## Repräsentation, Ästhetik und Ort des gesellschaftlichen Lebens – Alleen in barocken Gärten und Landschaften

Die wohl vielschichtigste Verwendung fanden Alleen im Zeitalter der ausgehenden Renaissance und des Barock. In dieser Zeit wurden gestaltete Parkanlagen und umliegende Territorien durch Alleen miteinander verwoben. Bei dieser Entwicklung spielten mehrere Faktoren eine wichtige Rolle.

Der »geometrische« Garten des letzten Drittels des 17. sowie des beginnenden 18. Jahrhunderts war in seiner Ausdehnung und räumlichen Gestalt neuartig. Die verschiedenen Gartenteile, die bislang additiv zusammengefügt und durch jeweils kleinere Einfassungen und Rahmungen bzw. Ineinanderschachtelungen im Raum voneinander getrennt waren, wurden nun in einer homogenen Ordnung, vor allem mit den Beispielen André Le Nôtres, gewissermaßen zusammengezogen. In den älteren italienischen Gärten, wie Montalto in Rom, oder den französischen, wie in Liancourt, separierten die Alleen die verschiedenen Räume des Gartens, die damit als völlig eigenständige Einheiten behandelt wurden.[6] In dem neuen Gestaltungsverfahren aber spielten Alleen und Jagdschneisen eine gewichtige Rolle, denn sie schlossen nun auch größere Waldgebiete ein.

Mit dieser Veränderung des räumlichen Verständnisses ist zugleich die wohl wichtigste ästhetische Maxime der gartenkünstlerischen Traktate zu Beginn des 18. Jahrhunderts formuliert: die Gliederung des Raumes und das Gebot, nicht zuviel auf einmal zu sehen. Der Gartentheoretiker Dezallier d'Argenville warnt genau vor diesem Phänomen, denn Langeweile im Garten heißt für ihn, dass alles »gleich in die Augen fällt«.[7] In diesem Sinne argumentiert auch Charles Augustin d'Aviler in seinem »Cours d'Architecture«: Man solle die Alleeschneise so führen, dass »allezeit ein hauptsächlich Stück darauf treffe«.[8] Die Länge der Allee galt als richtig, wenn das Objekt an ihrem Ende gut »entdeckt« werden konnte. Es handelte sich damit also um ein dramaturgisches Heranführen des Blickes an das Gebäude, indem die Bäume der Allee die seitlichen Gartenpartien verdeckten. Alleen sollten also immer zu einem »imponirenden Schlusspunkt« führen.

Wie gewichtig der ästhetische Aspekt behandelt und darüber hinaus weitere Funktionen der Alleen interpretiert wurden, erläutert d'Argenville. Auch für ihn gliedern Alleen den Raum, sie übernehmen ästhetische wie symmetrische Aufgaben bei der Landesverschönerung: »Die Alleen in den Gärten sind wie die Strassen in denen Städten. Sie führen einen bequemlich von einem Ort zum andern/ und sind gleichsam Wegweiser/ welche einen durch den gantzen Garten führen. Ausser der Annehmlichkeit und Bequemlichkeit … sind sie auch eine von denen groesten Schönheiten der Gärten/ wenn sie gut ausgetheilet und wohl angeleget sind … Die bedeckten Alléen bestehen aus Bäumen oder Spalieren/ welche sich oben dergestalt schliessen/ dass man den Himmel nicht sehen kann, und durch ihre Dunckele/ in welche die Hitze der Sonnen nicht dringen kann, ein angenehme Kühle verursachen. …« Und da es unterschiedliche Arten von Alleen gibt, kann man sie auch verschieden nutzen und genießen: Bedeckte Alleen zeichnen sich dadurch aus, »dieweil man darinnen auch zur Mittagszeit in kühlem Schatten gehen kan«, während man bei offenen Alleen »von oben her eine frische Lufft« genießt.[9]

Alleen erfüllten mit diesen Eigenschaften eine große Sehnsucht der Menschen des Barockzeitalters, denn die Vorstellung, sich längere Zeit freiwillig der Sonne auszusetzen, erschien als völlig abwegig. Damit kamen den schattigen Alleen auch gesellschaftliche Funktionen zu, denn das Verweilen auf Ruheplätzen in ihnen erschien genauso reizvoll wie der gesellschaftliche Aspekt des »Sehens und Gesehenwerdens« beim Flanieren.

## Dresden, Kleve, Potsdam und andere Anlagen um 1700

Zahlreiche Fürsten schmückten bereits am Ende des 16. Jahrhunderts ihre Residenzen mit Alleen. So ließ auch Kurfürst August I. von Sachsen schon um 1580 alle nach Dresden führenden Straßen mit Obstbäumen bepflanzen und folgte damit holländischen Vorbildern. In Holland waren straßen- und kanalbegleitende Alleen und Baumreihen in der freien Landschaft, gepflanzt aus Gründen des Windschutzes, des Schattenwurfes sowie der Verschönerung des Landschaftsbildes, zu diesem frühen Zeitpunkt bereits durchaus üblich. Ein sehr frühes und bedeutendes deutsches Beispiel einer weit ausgreifenden Landschaftsgestaltung mit Hilfe von Alleensystemen ist Kleve, die Residenzstadt des Fürsten Johann Moritz von Nassau-Siegen. Der barocke Garten wurde dort durch die in das Umland führenden Alleen erweitert und so die Landschaft in die Gestaltung einbezogen. Selbstverständlich dienten die Alleenschneisen auch der Jagd, insbesondere der Treibjagd, bei der das Wild von Treibern aus dem Wald bzw. dem Unterholz in die offene Allee gehetzt wurde, die die Schützen dann als Abschussfläche nutzten. Die Umgestaltung der Landschaft um Kleve unter Johann Moritz sollte das Vorbild für die Potsdamer Gestaltungen unter dem Großen Kurfürsten in Brandenburg werden.[10]

Wie im Plan des Landvermessers Samuel von Suchodoletz[11] aus der Zeit von 1679 bis 1683 deutlich wird, verbinden die seit 1668 angelegten Alleen die Stadt Potsdam mit den sie umgebenden Dörfern und Lustschlössern Caputh, Bornim und Glienicke.[12] Zugleich dienten sie als Sichtachsen, die auch in dieser Hinsicht mit den Schöpfungen Johann Moritz' vergleichbar sind. 1665 existierte in Potsdam ein sechsstrahliger Wegestern, der vom Stadtschloss seinen Ausgang nahm und zugleich Sichten in die Landschaft ermöglichte. Einige Alleen, etwa die Breite Straße und die Jägerallee, dienten »nicht Communicationszwecken, sondern zur Verschönerung der landschaftlichen Perspective«.[13] Der Kurfürst nutzte die Alleen aber auch zur Jagd. Später, beim Einzug des jungen Königs Friedrich I. in Potsdam 1701, wurde eine Ehrenpforte in eine der Alleeachsen gestellt, als »Endprospect derselben Allee auf dem Gipfel des Golmer Pannenbergs«.[14] So avancierte die Allee zum Teil des königlichen Dekors.

Offenbar war auch König Friedrich II. am Ausbau von Alleen gelegen. Die Artenvielfalt und Durchmischung friderizianischer Alleen ist typisch für die Gartenkunst des Rokoko und unterscheidet sich damit deutlich von der Gleichförmigkeit einheitlicher Lindenalleen des Barock. So findet sich auch in dem 1786 erschienenen »Hausvater« des evangelischen Pastors Christian Friedrich Germershausen eine detaillierte Auflistung der damals gebräuchlichen Alleebäume, nämlich Eiche, Bergahorn, Spitzahorn, Birke, Esche, Linde, Rosskastanie und Robinie.[15] Die aus der Lombardei stammende Pyramiden- oder Säulenpappel (*Populus nigra* 'Italica') half dagegen, die Sehnsucht nach dem Süden zu überwinden. Wimmer hat gezeigt, dass diese Pappel stark mit Frankreich in Verbindung gebracht wurde und so wundert es wenig, dass der frankophile König deren Einführung beförderte.[16] Dicht gestellt dienten sie zugleich als Windschutz und Napoleon nutzte Alleen aus Säulenpappeln zu militärstrategischen Zwecken.

Auch am Beispiel des Großen Gartens in Dresden lässt sich – stellvertretend für zahlreiche Gartenanlagen dieser Zeit – hervorragend zeigen, wie die Alleen aus den Gärten in die Landschaft hinausführten und beide miteinander verbanden. Bereits um 1700 waren dort Ansätze einer Allee vorhanden, die durch das Blasewitzer Tännicht vom Garten hin zum anderen Ufer der Elbe führen sollte.[17] Rein ästhetische Gestaltungsbedürfnisse vermischten sich so mit repräsentativen.

Vergleichbare Gestaltungen lassen sich in beinahe allen großen Barockanlagen in Deutschland, etwa in Berlin-Charlottenburg, Hannover-Herrenhausen, Nymphenburg, Brühl, Ludwigsburg, Kassel oder Karlsruhe nachweisen. In allen genannten Anlagen halfen Alleen, die einzelnen Residenzen und das umliegende Territorium zu erschließen, zu vernetzen, den fürstlichen Territorialraum zu markieren und als eigenen Raum zu begreifen. Etwas später, um die Mitte des 18. Jahrhunderts, zählten Alleen im Vorfeld oder auf den Wällen bereits zur festen Ausstattung deutscher Städte.

| 9 | Le Blond (wie Anm. 7), S. 65 f. Unterschieden wird hier in »Die gerade Allée, die Quer-Allée, die runde, oder nach dem Circkel eingerichtete Allée, die seitwärts dem Winckel bestehende Allée, und die in das Creutz sich durchschneidende Allée.«
| 10 | Wimmer, Clemens Alexander: Aus der Frühzeit des Potsdamer Lustgartens. In: Nichts gedeiht ohne Pflege. Die Potsdamer Parklandschaft und ihre Gärtner, hrsg. von der Stiftung Preußische Schlösser und Gärten Berlin-Brandenburg. Potsdam 2001, S. 14.
| 11 | Suchodoletz, Samuel von: Ichnographia oder Eigentlicher Grundriß der Churfürstlichen Herrschaft Potstamb, GStAPK. Berlin, Kartenabteilung, Abt. VI, Nr. 360.

*»Fuerstlicher Park zu Branitz«*, 1903

*Eine bekannte Maulbeerallee befindet sich im Norden Brandenburgs in Zernikow. Sie wurde 1751 durch den Geheimkämmerer Friedrichs II., Michael Gabriel Fredersdorff, angepflanzt. Sie zeichnet sich, wie andere Relikte von Maulbeeralleen in Brandenburg, durch die Zähigkeit und Vitalität ihrer Individuen aus.*

## Ökonomische Aspekte von Alleen

Alleebäume trugen dazu bei, den sicheren Transport von Personen und Gütern zu garantieren, indem sie die Straßenbreite fassten, festlegten und markierten. Dies war besonders wichtig in Zeiten, als die mangelnde Befestigung der Chausseen und damit der allgemein zu beklagende schlechte Zustand der Straßen allgegenwärtig war. Die unterschiedlichen Achsbreiten der Fuhrwerke mit schmalen Eisen auf Holzrädern zerfurchten die Fahrbahnen schnell. Die Kutscher fuhren – sehr zum Unmut der Bauern und Waldbesitzer – in bestellte Felder und Forste. 1752 erging in Preußen ein Erlass, nach dem die Landbewohner die Dorfstraßen und ortsnahen Wege mit Obstbäumen bepflanzen sollten und 1754 befahl König Friedrich II. der Kurmärkischen Kriegs- und Domänenkammer, »daß sämmtliche Heer- und Poststraßen von denen Eigenthümern, oder zeitigen Besitzern derer daranstoßenden Aecker und Pertinentzien, ohne Unterschied, sowohl von denen von Adel, Beamten und Pächtern, als anderen nach Beschaffenheit des Terrains, mit Maul-Beer-Weyden-Obst und anderen nutzbaren Bäumen bepflanzet werden sollen.«[18]

Eine weitere Verordnung Friedrichs II. von 1765 regelte die zukünftige Anpflanzung und Behandlung der »wilden Bäume und Obst-Stämme«: »Die Einwohner der Ländereyen gewinnen auch hierbey nicht nur gegen die Krömmen am Boden, sondern verhüten ausserdem noch das Ausbiegen oder querüber fahren, zu geschweigen, dass die Land-Strassen alsdenn viel besser aussehen werden, zumahlen wenn sie von beyden Seiten ausserhalb dem Graben nach dem Felde werts mit Bäumen besetzet werden.«[19]

Auch in der »Märkischen Ökonomischen Gesellschaft« wurde das Thema der Alleen vor ökonomischem Hintergrund mehrfach behandelt. Leider musste es oft in Zusammenhang mit Vandalismusproblemen auf die Tagesordnung gebracht werden und so wurden »1) die Hirten, 2) die Schäfer, 3) die Büdner, 4) die Knechte auf dem Lande … 6) die Hütekinder, 7) die Fuhrleute, 8) die wandernden Handwerkspursche, 9) der angehende Soldat« als Hauptfeinde der Alleen beschrieben.[20]

Alleebäume dienten auch als Rohstoffe. Seit der Zeit des Großen Kurfürsten sind in Brandenburg-Preußen zahlreiche Edikte mit der Anweisung, Bäume zu pflanzen, um die Holzversorgung zu garantieren, bekannt. Dabei kamen den gepflanzten Bäumen immer mehrere Funktionen zu. Neben Obst- und Maulbeerbäumen nahmen auch Weiden eine gewichtige Anzahl ein, denn sie waren als schnell wachsende Gehölze nicht nur für die Holzgewinnung, insbesondere beim Zaunbau und zur Ausbesserung der Wege, beliebt, sondern eigneten sich ebenso als Zusatzfütterung für die Schafe.[21] Offenbar wurden frisch gepflanzte Bäume jedoch immer wieder gestohlen, um günstig Brennholz zu gewinnen.

»War schon 1707 im königlichen Seidenbauprivileg für die preußische Sozietät der Wissenschaften davon die Rede, dass, da die Maulbeerbäume ebenso wie Linden aufwachsen und Schatten Spenden und neben dem Nutzen auch zur Zierde gereichen, von ihnen ganze Gänge und Alleen zu pflanzen seien, so plädierte auch Leonhard Frisch, der Gewährsmann des hinter diesem Projekt stehenden Philosophen Johann Gottfried Leibniz, in seiner 1713 in Berlin erschienen kleinen Schrift dafür, sie in Alleen entweder allein oder mit andern Bäumen vermischt zu pflanzen. Allerdings sollten sie nicht zu dicht beieinander stehen, damit die ihnen nötige Besonnung gesichert sei. In dieser Tradition gab Friedrich II. am 13. September 1754 an den Kriegs- und Steuerrat Johann Gottlob Voss den Befehl, sämtliche Heer- und Poststraßen mit Maulbeerbäumen, Weiden, Obst und anderen nutzbaren Bäumen zu bepflanzen. Aus der Sicht der Nutzung für den Seidenbau machte der Plantageninspektor Johann Friedrich Thym in seiner 1750 erstmals in Berlin erschienen Schrift »Practic des Seidenbaues« die Einschränkung, dass die Blätter der an Heerstrassen und Viehtriften gepflanzten Bäume bei trockenem Wetter wegen des vielen Staubes nicht so gut seien. Man sollte das Laub dieser Bäume nur nach Regen solange nutzen, wie es noch staubfrei sei.«[22]

Eine gute Pflege der Alleen war Voraussetzung für die Verhütung von Unfällen. Da aber die Verkehrssicherheit häufig nicht gewährleistet war und kein gültiges Gesetz

|12| Vgl. zu »Alleen in Brandenburg« den grundlegenden Aufsatz von Clemens Alexander Wimmer: Alleen in Brandenburg. Der Große Kurfürst erfand die Straßenbepflanzung. In: Gartenkultur in Brandenburg und Berlin, hrsg. vom Brandenburgischen Ministerium für Landwirtschaft, Umweltschutz und Raumordnung. Potsdam 2000, S. 112–119.
|13| Wimmer (wie Anm. 10), S. 16.
|14| Kopisch, August: Geschichte der Königlichen Schlösser und Gärten zu Potsdam. Von der Zeit ihrer Gründung bis zum Jahre MDCCCLII. Berlin 1854, S. 55.
|15| Germershausen, Christian Friedrich: Der Hausvater in systematischer Ordnung. Vom Verfasser der Hausmutter. 5 Bde. Leipzig 1783–1786.
|16| Siehe Wimmer (wie Anm. 12), S. 117.
|17| Vgl. hierzu Jöchner (wie Anm. 2), S. 121. Als Referenz wird der Plan Dresdens von Hans August Nienborg aus der Zeit um 1700 herangezogen. Sächsisches Hauptstaatsarchiv Dresden, Schrank IX, Fach III, Nr. 7.
|18| Siehe Wimmer (wie Anm. 12), S. 114.
|19| Zit. nach: ebenda, S. 115.
|20| Annalen der märkischen ökonomischen Gesellschaft. Bd. 1. T. 1 (1792), S. 127 ff.
|21| Siehe dazu Wimmer (wie Anm. 12), S. 115.

zur Anpflanzung von Alleen existierte, berief sich Preußen im Jahre 1828 zur Verbesserung der Situation auf eine ältere Vorschrift, die öffentlichen Wege zu bezeichnen, »um Unglücksfälle zu verhüten. Hierzu findet sich kein zweckmäßigeres, und in der Regel auch kein wohlfeileres und dauerndes Mittel, als die Bepflanzung derselben mit Alleebäumen«. Landräte, Polizei und Gemeinden wurden darin zum wiederholten Male angehalten, neue Alleen zu pflanzen.[23]

## Alleen im Landschaftsgarten – der Traum von der »naturnahen«, unsichtbaren Gestaltung

Mit dem Aufkommen des Landschaftsgartens schien das Ende geradliniger Alleen besiegelt zu sein. In landschaftlichen Partien von Parkanlagen sollten Alleen nicht mehr sichtbar sein. Für dieses Problem bot der Engländer Humphrey Repton eine Lösung an, die er das »Durchbrechen (Brechen) der Allee« nannte. Ausnahmen waren z. B. größere Anlagen, wo symmetrische Gärten den Übergang zum (englischen) Park bildeten; aber auch dann sollten Alleen nur in kurzer Ausdehnung auftreten. In diesem Sinne argumentierte auch der für die Entwicklung in Deutschland einflussreichste Gartentheoretiker des ausgehenden 18. Jahrhunderts. Der Kieler Professor Cay Lorenz Hirschfeld widmete der Allee zwar noch ein eigenes Kapitel, doch urteilte er vernichtend: »Nichts ist gemeiner, als gerade Alleen als Zugänge zu Schlössern und adelichen Landsitzen zu gebrauchen … Geht indessen eine Allee eine lange Strecke in gerader Linie fort, so entspringt eine gewisse Unannehmlichkeit, sowohl von der Einförmigkeit des Zuganges, als auch von der ewigen Unbeweglichkeit des Gebäudes … Noch mehr wird die ekelhafte Einförmigkeit empfunden, wenn auf den Seiten des Weges alle weitere Aussicht gehemmt ist, und das Auge nicht in angränzenden Gegenständen Zerstreuung des Verdrusses und der langen Weile suchen kann.«[24] Überhaupt seien »Alleen, als besondere Zugänge zu den Landsitzen, sehr entbehrlich … Nicht selten verbergen sie den Anblick eines schönen Gebäudes aus der Ferne; auch versperren sie, von dem Hause aus betrachtet, zuweilen alle erfreuende Aussichten in die Landschaft, und verbreiten über den Sitz des Vergnügens ein dunkles Aussehen«.

Alleen seien demnach, will man Hirschfeld Glauben schenken, in der Lage, körperliches Unbehagen zu verursachen. Ganz eindeutig aber ist sein Urteil nicht, denn an anderer Stelle heißt es, dass sie »nicht ganz gegen die Natur (scheinen), wenn sie nur nicht in einer langen Strecke sich fortziehen«. Erscheine eine Allee also »natürlich« im Sinne des Landschaftsgartens, sei sie akzeptabel und wirke stimmungsbildend. Und Hirschfeld weiter: »Nach dieser Wirkung, die so wenig heitern Landhäusern zustimmt, sehen wir doch weite Alleen noch jetzt nicht ungern als Zugänge zu alten gothischen Schlössern. Sie haben hier nicht bloß das Schickliche, sondern auch das Ehrwürdige und Feyerliche, das wir unter den hohen Gewölbern und in den langen dunklen Gängen der Domkirchen und alter Klöster zu empfinden pflegen. Die Höhe und die Dunkelheit erheben die Seele. Sie glaubt in die Zeiten der ehrwürdigen Vorwelt versetzt zu seyn.«

Schließlich böte die Allee auch praktische Vorteile. »Sie mag sich hier in ihrer völligen Regelmäßigkeit zeigen, indem sich von dem Gebäude aus der Begriff von Kunst, Ordnung und Regelmäßigkeit vorbereitet, und sich der Nachbarschaft mittheilt. Unter den Ueberwölbungen zusammengezogener Bäume findet der Bewohner einen bequemen Spaziergang bey der Hitze und beym Regen, kühle Sitze im Freyen, und, wenn er will, seine Tafel.«[25]

Hirschfeld fasst hier paradigmatisch die Funktionen zusammen, die die Theorie des Landschaftsgartens Alleen noch zugestehen konnte: Neben den Schutz vor der Unbill des Wetters gesellen sich raumbildende, gestalterische und ästhetische Aspekte, die, wie im Falle der gotischen Gebäude, semantisch überhöht werden.

## Die Verbindung des Schönen mit dem Nützlichen – Ästhetik und Ökonomie

Im Dessauer Gartenreich wurden Alleen dagegen pragmatischer behandelt. Sie folgten den Wegen und Straßen durch das Gartenreich und dienten der Landesverschönerung ebenso wie der Ernährung der Bevölkerung. So schrieb Propst Friedrich Reil, ein Bewunderer des Reformwerkes des Fürsten Leopold Friedrich Franz von Anhalt-Dessau, in seiner 1845 verfassten, schwärmerisch-verklärten Fürstenbiografie zur Landesverschönerung: »So kam der Reisende … von welcher Seite er auch eintrat, in einen endlosen und unbegrenzten, schönen und blühenden Garten, wandelte unter fruchtbeladenen Obstbäumen, über Wiesen, die im schönsten Grün prangten, durch herrliche, schattenreiche Waldungen, zwischen üppigen Saaten …«[26]

Alleen im Dessauer Gartenreich führten folglich in die unterschiedlichen Gärten. Sie leiteten die Dramaturgie und stimmten die Besucher optisch auf ihr künftiges Reiseziel ein. Alleen waren somit wesentlicher Teil der Landschaftskomposition und waren das verbindende Element der Gartenanlagen, die sich wie Perlen an einer Kette um Dessau, die einstige Residenzstadt anhaltischer Fürsten, anordneten. Zumeist waren sie beidseitig von Baumreihen, meist Ahorn, Buchen, Linden, sogar Eichen, aber vor allem von Obstbäumen gesäumt. Besonders gern wurden Säulenpappeln gepflanzt, deren schlanke, schnellwüchsige Ge-

[22] Seiler, Michael. Schriftliche Mitteilung an I. L., Juni 2006.
[23] Zit. nach: ebenda, S. 119.
[24] Hirschfeld, Cay Lorenz: Theorie der Gartenkunst. II. Theil, 2. Abschnitt. Kiel 1779, S. 65.
[25] Ebenda, S. 64 f., 69.
[26] Reil, Friedrich: Leopold Friedrich Franz. Herzog und Fürst von Anhalt-Dessau. Dessau 1845. Zit. nach dem Reprint, hrsg. von den Staatlichen Schlössern und Gärten Wörlitz, Oranienbaum, Luisium. Wörlitz 1990, S. 48.
[27] Erfurth, Helmuth: Dessau – Der Englische Garten. Impressionen einer Wanderung. Dessau 2003, S. 17.
[28] Sckell, Friedrich Ludwig von: Beiträge zur bildenden Gartenkunst für angehende Gartenkünstler und Gartenliebhaber. 2., verb. Ausgabe. München 1825. Zit. nach dem Reprint. Worms 1982, S. 202 f.

*Geschützte Allee bei Milkersdorf in Brandenburg, April 2006*

stalt, an lombardische Pappeln erinnernd, einem »Italienzitat« glich.[27] Ab 1765 sind hier ferner Alleen in wechselnder Baumartenverteilung von Linden und Pappeln bekannt.

Auch Friedrich Ludwig von Sckell behandelte in seinem in zweiter Auflage 1825 veröffentlichten Lehrbuch Alleen mehrfach und plädierte, viel weniger radikal und dogmatisch als noch Hirschfeld, für einen Umgang mit ihnen in Milde. Der Gartenkünstler solle »vordersamst wohl überlegen, ob nicht vielleicht einige im großen Style der alten Kunst gezeichnete gute Formen mit ihren ehrwürdigen Alleen ohne Nachtheil der neuen Anlage erhalten werden können?«[28] Sckell sah zahlreiche Vorteile in Alleen, die für ihn insbesondere ästhetischer Natur waren. Alleen waren für ihn fester Bestandteil der Landesverschönerung, ja, sie könnten, wenn sie denn »natürlich« erscheinen, einer Landschaft und einem Landgut Würde verleihen, da sie »mit der Landschaft, durch welche sie durchführen, in einer bildlich-harmonischen Verbindung stehen«. Zwar seien natürlich gestaltete Auffahrten zu Landsitzen immer künstlichen-geometrischen vorzuziehen, doch seien auch künstliche Auffahrten von Nutzen: »Nur solche ehrwürdige künstliche Auffahrten vermögen zu verkünden, dass sie zum Pracht-Wohnsitze eines Regenten hinführen, und auch nur diese sind im Stande, durch ihren majestätischen Charakter, der ihnen ganz eigen ist, hier Fürstengröße auszudrücken … Allein man pflegt auch bei großen Palästen doppelte Auffahrten (Alleen) anzulegen, wo dann zugleich auch eine mittlere Durchsicht erhalten wird, welche den einfachen Auffahrten weit vorzuziehen sind, indem sich 4 bis 6 Reihen Bäume mit weit mehr Majestät, Würde und Pracht ausdrücken, als eine einfache Auffahrt mit 2 Baumreihen zu thun im Stande ist.«[29]

Durch das gesamte 19. Jahrhundert hindurch wurden Alleen im Zuge der Landesverschönerungen u. a. durch Peter Joseph Lenné gepflanzt, etwa in der Umgebung von Potsdam und auf zahlreichen Gutsanlagen. Auch Hermann Fürst von Pückler-Muskau benutzte Alleen in diesem Sinne, so etwa in seinem Park in Branitz, wo Alleen den inneren mit dem äußeren Park gestalterisch verbinden. Dabei sind die so genannte Pückleralle wie auch die Englische Allee jedoch Alleen im Pückler'schen Sinne, also nicht Alleen mit durchgehenden Baumreihen, sondern mit abwechselnd dichten Gehölzgruppen.

## Neuere Nutzungsaspekte von Alleen

Mit dem Ende des so genannten »klassischen« Landschaftsgartens verschwanden Alleen allmählich als malerische Gestaltungselemente der Landschaft und avancierten zur großzügigen Geste im Stadtgrün. Gustav Meyers doppelte Platanenallee in Berlin-Treptow aus dem letzten Drittel des 19. Jahrhunderts, die noch immer die Zu- und Ausfahrt von Süden nach Berlin garantiert, erzählt von dieser Transformation. Sie verfügt über majestätischen Charakter und lässt etwas von der Größe einstiger Zufahrten zu adeligen Gutsanlagen erahnen. Der Gartengestalter Eduard Petzold spielte ebenso auf hygienische wie gesundheitliche Aspekte an, wenn er angesichts schnell wachsender Städte und rascher Industrialisierung empfahl, in den Ballungsräumen Alleen der Promenaden und Volksgärten gleichermaßen zu behandeln, da sie auch aus »Gesundheitsrücksichten ein Bedürfniss für die Bevölkerung grosser Städte« seien.[30]

Zwar fanden Alleen in der zweiten Hälfte des 19. Jahrhunderts in den Anlagen des Historismus sowie in der architektonischen Gartenkunst des frühen 20. Jahrhunderts noch vielfältige Verwendung, doch ließ die rasche Motorisierung nach dem Beginn des 20. Jahrhunderts die pflegeintensiven Alleen als gestalterisches Auslaufmodell erscheinen. Zudem konnte die Versorgung der Bevölkerung mit Holz und frischem Obst, die einst wesentliche Begründung für die Anlage von Alleen war, längst billiger, schneller und zuverlässiger gewährleistet werden. Auch für die Produktion von Seide wurden nun keine Maulbeeralleen mehr benötigt.

Nationalsozialistische Herrschaftsinszenierungen benutzten noch einmal die große Geste, die majestätische Bäume in Reihe gepflanzt zu vermitteln in der Lage sind. In der zweiten Hälfte des 20. Jahrhunderts wurden Alleen vermehrt auch ökologisch wertvolle Qualitäten zugesprochen, denn bekanntlich produzieren die Bäume nicht nur große Mengen an $CO_2$, sondern sie absorbieren Staub, dienen als Nistplätze und bieten auch wertvollen Lebensraum für unzählige Lebewesen. Neu angelegte Alleen findet man jedoch nur noch vereinzelt im städtebaulichen Zusammenhang. Und dennoch: Fährt man heute auf einer dicht beschatteten Allee dahin, beschleicht einen das Gefühl des Gestrigen, dem heutigen Verkehr nicht mehr angepassten und aus der Mode gekommen. Die pure Freude und der Genuß daran sind jedoch ungebrochen.

|29| Ebenda, S. 169 f.
|30| Petzold, Eduard: Die Landschaftsgärtnerei. Ein Handbuch für Gärtner, Architekten, Gutsbesitzer und Freunde der Gartenkunst: Mit Zugrundelegung Repron'scher Prinzipien. Leipzig 1862. Zit. nach: Rohde, Michael: Von Muskau bis Konstantinopel. Eduard Petzold – ein europäischer Gartenkünstler. Muskauer Schriften. Bd. 2. Amsterdam, Dresden 1998, S. 101.

Hubertus Fischer

# Alleen literarisch – vom Barock bis zur Moderne

Alleen sind ihrem Ursprung nach Hoheitszeichen, die stets in Beziehung zu herrschaftlichen Bauten standen. In Holland ist man dagegen schon früh dazu übergegangen, auch Ufer von Kanälen und Landstraßen mit Bäumen zu begrenzen. Auf die Alleen in der Malerei der Niederländer und ihren »sozialpolitischen Signalwert« ist Martin Warnke vor einiger Zeit eingegangen. Dabei hat er die von Meindert Hobbema (1638–1709) in seiner »Allee von Middelharnis« (1689) »aufgereihten Bäume als Zeugen einer oft nachgeahmten Kulturationsleistung der holländischen Republik« interpretiert.[1] Diese Befreiung von »höfischen Paradediensten«[2] findet man in der deutschen Malerei augenscheinlich nicht.[3] Aber man findet Gärten reicher Bürger, die die Gartenkultur der Fürsten kopierten und dann in ihrem Sinne auch die Alleen interpretierten. Ein solches Beispiel eröffnet den Reigen jener Facetten, in denen Alleen auf die eine oder andere Weise literarisch geworden sind.

## »Krystall«-Allee

Barthold Heinrich Brockes (1680–1747) war weit in Europa herumgekommen und ein wohlhabender Mann. Er sprach sechs Sprachen und brachte es bis zum Senator. In seiner Heimatstadt Hamburg erinnert jedoch so gut wie nichts mehr an ihn und kaum einer kennt heute noch seine Gedichte, es sei denn, er beschäftigt sich literaturwissenschaftlich mit ihnen. Dabei hat Brockes in den neun Bänden seines »Irdischen Vergnügens in Gott« diesen sich in der Mannigfaltigkeit und Schönheit einer mit allen Sinnen wahrgenommenen Natur offenbaren lassen. Seine Beschreibungen und Bilder scheinen oft von der Malerei inspiriert, seine Sprache und der Klang seiner Verse von der Musik bewegt zu sein. Letzteres muss man jedoch auf Bach und Händel oder besser noch Corelli und Telemann beziehen, zu denen er auch in persönliche Beziehungen trat.[4]

In Brockes' »Betrachtung einer sonderbar-schönen Winter-Landschaft«, die – jedenfalls im deutschen Sprachraum – poetisch von ihm überhaupt erst entdeckt worden ist (nachdem die holländischen Landschaftsmaler das »Eisvergnügen« ja schon viel früher zu ihrem Sujet erkoren hatten[5]), finden sich die folgenden Verse:

Da alle Bäume, alle Hügel,
Wie Leuchter-Kronen, helle Spiegel,
Die selbst der Sonnen Wunder-Strahl
An allen Orten trifft, bemalt, durchdringet, schmücket,
Im ungemeßnen Erden-Saal,
In einem hellen Glanz und Schein
Erstaunlich anzusehen sein.
Es wird mein Auge fast entzücket,
Da ich zur selben Zeit, im Garten, die Allee
Auf gleiche Weise,
Durch den so schnell geschmolznen Schnee,
In einem hell bestrahlten Eise,
Nicht schimmern, feurig funkeln seh.
Sie war nicht anders anzuschauen,
Als wie ein Weg, den man, im Bergwerk, aus Juwelen
Und Diamanten ausgehauen.
Wenn man durch fließenden geschmolzenen Krystall
Die Bäume ganz gezogen hätte;
So könnten sie in einer hellern Glätte,
Als wie sie damals überall,
Unmöglich funkeln, blitzen, glänzen.[6]

Brockes hat hier offensichtlich den Blick durch die winterliche Allee vor seinem Landhaus vor Augen, wie er in umgekehrter Richtung auf dem Kupferstich von Christian Fritsch (1746) dargestellt ist. Man sieht eine »andere« Allee: heckenartig geschnittene Baumwände, die von hölzernen Bögen überwölbt werden, mit mannshohen Durchgängen und vorn einem Brunnen. Der Vergleich mit dem aus dem

|1| Warnke, Martin: Politische Landschaft. Zur Kunstgeschichte der Natur. München, Wien 1992, S. 21.
|2| Ebenda.
|3| Eine nur scheinbare Ausnahme bildet die »Allegorie des Danziger Handels« (1608) des in Danzig ansässig gewordenen Niederländers Isaak van dem Blocke (gest. 1628), die im Durchblick durch einen Triumphbogen eine streng regelmäßige Allee zeigt die Abb. rechts; hier ist der »höfische Paradedienst« lediglich ins Patrizische umcodiert; vgl. Morawinska, Agnieszka: Polnische Malerei von der Gotik bis zur Gegenwart. Aus dem Polnischen von Wolfgang Jöhling. Warszawa 1984, Tafel 16.
|4| Vgl. Barthold Heinrich Brockes 1680–1747. Gedichte. Auswahl und Vorwort von Eckart Kleßmann. Hamburg 1994.
|5| Vgl. z. B.: Die »Kleine Eiszeit«. Holländische Landschaftsmalerei im 17. Jahrhundert. Eine Ausstellung der Staatlichen Museen zu Berlin, Gemäldegalerie, in Zusammenarbeit mit dem GeoForschungsZentrum (GFZ), Potsdam. Berlin 2001.
|6| Brockes, Barthold Heinrich: Betrachtung einer sonderbar-schönen Winter-Landschaft. In: ders.: Irdisches Ver-

*Allegorie des Danziger Handels, Gemälde von Isaak van dem Blocke, 1608, Rechtstädtisches Rathaus Gdansk*

glitzernden Diamant herausgehauenen Weg unter Tage ergibt ja auch nur dann einen Sinn, wenn dem Betrachter »über Tage« ein ähnlicher Weg vor Augen steht. Darauf weist auch die Wendung von der »hellern Glätte« hin, die anschließt an das Bild vom »fließenden geschmolzenen Krystall«, denn solche Oberflächen können vereiste Zweige und Zweigspitzen dem Betrachter nur dann bieten, wenn sie wie Hecken dicht gewachsen und glatt geschnitten sind.

Schaut man genauer hin, fällt auf, dass der Dichter zwischen der »freien Natur« mit ihren »Bäumen« und »Hügeln« und der menschlich geformten Natur insofern keinen Unterschied macht, als er beide in architektonische Formen fasst: die eine als »ungemeßnen Erden-Saal«, der mit seinen »Leuchter-Kronen« und »Spiegeln« den Anblick eines sich endlos weitenden Prunksaals evoziert; die andere als Weg durch die Wände einer funkelnden und strahlenden Juwelenpracht, bei der man unwillkürlich den Glanz einer Schatzkammer assoziiert. Das »fließende geschmolzene Krystall« scheint freilich auf die »flutgeschmolzne[n] Krystalle« in dem »Pegnesischen Schäfergedicht« von Georg Philipp Harsdörffer (1607–1658) und Johann Klaj (1616–1656) zurückzugehen.[7]

Von heute aus gesehen mutet das vielleicht fremd und künstlich an, aber es geht nicht um »Stimmung«, wie uns die Romantik gelehrt hat, sondern um das »Physicalische« und seine bildhafte, sprachkünstlerische Repräsentation. Als eine besondere ästhetische Facette will es erinnert sein, weil es die Aufmerksamkeit auf oft Übersehenes lenkt. Übersehen wird auch leicht, welche Funktion Alleen im 18. Jahrhundert im öffentlichen Raum, also jenseits der fürstlichen oder privaten Gärten, haben konnten. Ein knapp ausgeführtes Beispiel mag das andeuten.

## Professorenpromenade

Vom »sozialpolitischen Signalwert« der Allee hatte Warnke gesprochen. Der »Prospect der Allee in Göttingen« (ca. 1763) weist auf einen Zeichenwert der Allee im urbanen Raum hin. Sie schmückt zweifellos, aber sie gliedert auch den urbanen Raum, ja sie hebt aus ihm eine lang gezogene Promenade markant heraus. Und indem sie das tut, lenkt sie die Aufmerksamkeit auf jene, die dort promenieren – die Professoren, die ambulant ihre Gedanken explizieren: »Auf der Allee des Abends, wo ich mit HE. Prof. Büttner eine Stunde spatzierte, äusserte der leztere seine Gedancken über die Magnetische Materie«, trug Georg Christoph Lichtenberg (1742–1799) am 17. April 1774 in sein Tagebuch ein.[8] Dadurch, dass die Bäume vor den Gelehrten paradierten, ihnen die Honneurs machten, dürfte die Geisteselite in den Augen der Bürger nachgerade »nobilitiert« worden sein. Im Grunde vermittelten diese aufgereihten Bäume jedoch keinen anderen Eindruck, als Lichtenberg ihn gleich nach seiner Rückkehr aus London 1775 notierte: »In einem Städtgen wo sich immer ein Gesicht aufs andere reimt.«[9]

Was aber wird jenseits der »Städtgen«, wenn es über Land geht, wahrgenommen? Denkt man heute doch vor allem an diese Alleen. »Ueber die Alleen an den Landstraßen« – das war bis gegen Ende des 18. Jahrhunderts kein Thema ästhetischer Betrachtungen, sondern fiel unter »Kameralistische und ökonomische Aufsätze«.[10] Die anbrechende Zeit der Romantik war dann alles andere als alleenselig. Das ist vielleicht am besten am Beispiel eines Dichters zu verdeutlichen, in dessen Versen die romantische Natur geradezu verkörpert erscheint.

*Die Allee in Göttingen, anonymer Kupferstich, um 1763*

## »Daß sie nicht vom Wald mehr träumen …«

Nur einmal hat Joseph von Eichendorff (1788–1857) als Lyriker der Alleen gedacht. Nicht zufällig ist es das Gedicht »Sonst«, das nicht romantisch, sondern rokokohaft einen regelmäßigen Garten aufruft, in dem eine galante Szene zwischen »Chloe«, »Kavalier« und »Kupido« spielt:

> Es glänzt der Tulpenflor, durchschnitten von Alleen,
> Wo zwischen Taxus still die weißen Statuen stehen,
> Mit goldnen Kugeln spielt die Wasserkunst im Becken,
> Im Laube lauert Sphinx, anmutig zu erschrecken.[11]

Das ›Künstliche‹ der Alleen hat Eichendorff sichtlich davon abgehalten, es seiner lyrischen Welt von Wäldern, Tälern, Höhen einzugemeinden. Das geht aus seinem »Prinz Rococco« deutlich genug hervor:

> Prinz Rococco, hast die Gassen
> Abgezirkelt fein mit Bäumen,
> Und die Bäume scheren lassen,
> Daß sie nicht vom Wald mehr träumen.
> …
> Laß die Wälder ungeschoren,
> Anders rauschts, als du gedacht,
> Sie sind mit dem Lenz verschworen,
> Und der Lenz kommt über Nacht.[12]

In der Prosa hat die Allee dagegen einen Platz, wenn sie, wie im ersten Kapitel von »Ahnung und Gegenwart«, ein am Ufer wahrgenommenes Genrebild konturiert: »Sie fuhren soeben an einer kleinen Stadt vorüber. Hart am Ufer war eine Promenade mit Alleen. Herren und Damen gingen im Sonntagsputze spazieren, führten einander, lachten, grüßten und verbeugten sich hin und wieder, und eine lustige Musik schallte aus dem bunten, fröhlichen Schwalle.«[13] Oder wenn, wie im »Taugenichts«, die frei in den Himmel strebenden Buchen ein andachtsvolles Bild der Morgenfrühe ergeben: »Da war es so wunderschön draußen im Garten. … Und in den hohen Buchenalleen, da war es noch so still, kühl und andächtig, wie in einer Kirche, nur die Vögel flatterten und pickten auf dem Sande.«[14]

Ob Bäume vom Wald träumen, wissen wir nicht. Dass Menschen von Bäumen träumen, ist dagegen gewiss.[15]

## Geträumte Allee

In einem Brief der zweiundzwanzigjährigen Annette von Droste-Hülshoff (1797–1848) an ihren wesentlich älteren Mentor und Freund Anton Mathias Sprickmann ist von einem seltsamen Traum die Rede: »… wie ich noch ganz klein war, ich war gewiß erst 4 oder 5 Jahr, denn ich hatte einen Traum, worin ich 7 Jahr zu seyn meinte, und mir wie eine große Person vorkam, da kam es mir vor als gieng ich mit meinen

gnügen in Gott, bestehend in Physicalisch und Moralischen Gedichten. Vierter Theil, 2. Aufl. Hamburg 1735. Zit. nach: Deutsche Landschaften, ausgewählt und eingeleitet von Helmut J. Schneider. Frankfurt a. M. 1981, S. 34.
| 7 | Ebenda, S. 19.
| 8 | »Es sind freylich Schattenspiele«. Eine Lichtenberg-Topographie in Bildern, bearb. von Horst Gravenkamp und Ulrich Joost. Göttingen 1990, S. 90.
| 9 | Ebenda.
| 10 | »Nachricht … Ruppinisch-Prignitzische Wochenschrift. Erstes und zweytes Quartal … 3. Kameralistische und ökonomische Aufsätze … Ueber die Alleen an den Landstraßen«. Angebunden an: Deutsche Monatsschrift, November. Berlin 1792, nach S. 272.
| 11 | Eichendorff, Joseph von: Werke in einem Band, hrsg. von Wolfdietrich Rasch. Stuttgart, S. 339.

| 12 | Ebenda, S. 426 f.
| 13 | Eichendorff, Joseph von: Ahnung und Gegenwart, mit einem Nachwort von Walther Killy. Frankfurt a. M., Hamburg 1964, S. 8.
| 14 | Eichendorff (wie Anm. 11), S. 454.
| 15 | Vgl. Freud, Sigmund: Die Traumdeutung. Frankfurt a. M. 1990.
| 16 | Annette von Droste-Hülshoff an Anton Mathias Sprickmann in Berlin. Hülshoff, 8. Februar 1819. In: Droste-Hülshoff, Annette von: Sämtliche Briefe. Historisch-kritische Ausgabe, hrsg. von Winfried Woesler, bearb. von Walter Gödden, Ilse-Marie Barth u. Winfried Woesler. München 1996, S. 26 f.
| 17 | »Die unbewußten Wunschregungen streben offenbar auch bei Tag sich geltend zu machen.« In: Freud (wie Anm. 15), S. 462.
| 18 | Detering, Heinrich: Nirgends ist es ganz geheuer. Die Droste war alles andere als eine gemütliche Heimatdichterin. In: Frankfurter Allgemeine Zeitung, 4. Januar 1997, Nr. 3.
| 19 | Mörike, Eduard: Werke in einem Band, hrsg. von Herbert G. Göpfert. 5. Aufl. München, Wien 2004, S. 47 f.
| 20 | Krüger, Michael: Er hat den Liebesverrat zum Klingen gebracht. Melancholie als Epochensignatur an der Schwelle zur industriellen Gesellschaft: Rede zur Verleihung des Mörike-Preises der Stadt Fellbach. In: Frankfurter Allgemeine Zeitung, 25. Februar 2006, Nr. 48, S. 43.
| 21 | Zit. nach: Warnke (wie Anm. 1), S. 21.
| 22 | In: Moderne deutsche Naturlyrik, hrsg. von E. Marsch. Stuttgart 1980, S. 263.
| 23 | Pückler-Muskau, Hermann Fürst von: Briefe eines Verstorbenen. Vollständige Ausgabe, neu hrsg. von Heinz Ohff. Berlin 1986, S. 9.

Eltern, Geschwistern und zwey Bekannten spazieren, in einem Garten, der gar nicht schön war, sonder nur ein Gemüsgarten mit einer graden Allee mitten durch in der wir immer hinauf giengen, nachher wurde es wie ein Wald, aber die Allee, mitten durch, blieb, und wir giengen immer voran, das war der ganze Traum, und doch war ich den ganzen folgenden Tag hindurch, traurig, und weinte, daß ich nicht in der Allee war, und auch nie hinein kommen konnte …«[16]

Annette träumt einen gemeinsamen Weg mit ihren Nächsten in eine offene Zukunft hinein »und giengen immer voran«. Als sie erwacht, muss sie jedoch erkennen, dass sie von dem gemeinsamen Weg ausgeschlossen ist und keinen Zugang zu ihm findet. Wieder ist es ein Garten, diesmal aber ein gar nicht schöner Gemüsegarten, der sich dann fortsetzt in einem waldähnlichen Gefilde, und durch Garten und Wald mitten hindurch läuft eine gerade Allee – die als weitgehend zugewachsen zu denken ist, sonst könnte da nicht diese große Traurigkeit des Tages sein, von jenem Weg, den all die anderen gehen, tatsächlich ausgeschlossen zu sein.[17]

Eindrücklicher kann das Gefühl der Fremdheit unter Vertrauten, des mangelnden Zugangs zu ihnen und des Ausgeschlossenseins von jeder gemeinsamen Zukunft kaum erfahren werden als in diesem Gegensatz von Tag und Traum. Es ist die Allee als ambiges Gebilde, das diese Erfahrung sinnlich fassbar macht: Einerseits stiftet sie Gemeinsamkeit und bietet Schutz nach beiden Seiten, lenkt sie den Blick und beflügelt den Schritt in die offene Zukunft hinein; andererseits, nämlich von außen betrachtet, trennt sie, schließt aus, wirkt undurchdringlich und lässt das Kind einsam und traurig zurück. Insofern klingt in der Erzählung dieses frühen Traumes bereits ein Grundthema der Droste-schen Dichtung an, die »Verlorenheit in einer Welt …, die keine Heimat mehr ist«.[18]

## Ritt durch die Allee

Ein vorderhand heiteres Bild der Allee teilt sich dem Betrachter in Eduard Mörikes (1804–1875) Gedicht »Der Gärtner« mit:

Auf ihrem Leibrößlein,
So weiß wie der Schnee,
Die schöne Prinzessin
Reit't durch die Allee.

Der Weg, den das Rößlein
Hintanzet so hold,
Der Sand, den ich streute,
Er blinket wie Gold.

Du rosenfarbs Hütlein,
Wohl auf und wohl ab,

O wirf eine Feder
Verstohlen herab.

Und willst du dagegen
Eine Blüte von mir,
Nimmt tausend für eine,
Nimm alle dafür.[19]

Auch für dieses Gedicht gilt, was kürzlich gesagt worden ist: »Man hört die Melodie mit, die die Worte in reine Musik übersetzt, und versteht, warum Mörike so oft und oft so gut vertont worden ist.«[20] Man spürt auch den Rhythmus, als ritte man selbst durch die Allee: »Wohl auf und wohl ab« in leichtestem Trab und gedämpft durch den Sand. Diese Allee führt wiederum durch einen Garten, einen fürstlichen wohl, und man erinnert sich an Sckells Ausspruch, dass nur Alleen imstande seien, »Fürstengröße durch ihren majestätischen Charakter, der ihnen ganz eigen ist, auszudrücken«.[21] Das betont die Hoheit der Prinzessin, zu welcher der Gärtner sehnsüchtig hinaufblickt: Eine verstohlene Feder wünscht er sich nur, die er mit all seinen Blüten vergelten will. Das wirkt wie hingetupft, wie ein flüchtiges Märchen, in dem aber der Ton der Vergeblichkeit unüberhörbar nachklingt.

Eine »hölzerne Suche/ nach Bäumen in Gedichten«, wie Gregor Laschen in »Naturgedicht 7« formuliert,[22] soll hier nicht geboten werden. In der Reiseliteratur kommen einem die Alleen ganz zwanglos entgegen.

## Alleen unterwegs

In Hermann Fürst Pücklers (1785–1871) »Briefe eines Verstorbenen« erfährt man Praktisches aus England über die Einfassung und Verdeckung der Landschaft mittels Alleen: »Die Art, Alleen zu pflanzen, gefällt mir. Es wird nämlich ein fünf Fuß breiter Streifen Landes längs des Weges rigolt, und dicht aneinander ein Gemisch verschiedener Bäume und Sträucher hineingepflanzt. Die am besten wachsenden Bäume läßt man später in die Höhe gehen, und die anderen hält man als unregelmäßigen niedrigen Unterbusch unter der Schere, welches den Aussichten, zwischen der Krone der hohen Bäume und dem Gesträuch, eine schönere Einfassung gibt, das Ganze voller und üppiger macht, und den Vorteil gewährt, daß man, wo die Gegend uninteressant ist, die Laubwand von unten bis oben dicht zuwachsen lassen kann.«[23]

Man erfährt aber auch, wie man das Innen und Außen mittels einer Allee so aufeinander bezieht, dass dadurch überraschende ästhetische Effekte entstehen: »… und überall boten die bis auf den Boden gehenden Fenster die Aussicht auf den herrlichsten, von einem Fluß durchströmten Park. Auf einer fernen Anhöhe sah man in eine sehr breite Lindenallee hinein, an deren Ende im Sommer eine

Zeitlang die Sonne täglich untergeht, welches auf diese Art in der geraden Verlängerung des Gewächshauses die prachtvollste natürliche Dekoration abgeben muß, um so mehr als die Sonne zugleich in einer großen Spiegeltür gegenüber wieder zurückstrahlt.«[24] Allein die »Briefe eines Verstorbenen« führen den Leser durch eine Vielzahl von Alleen und auch an viele Alleen in Gärten und Parks mit ästhetisch geschultem Blick heran.

Nicht ganz so reich ist die Ausbeute bei einem noch prominenteren (Reise-)Schriftsteller des 19. Jahrhunderts. Theodor Fontane (1819–1898) in seinen »Wanderungen durch die Mark Brandenburg« lässt in Paretz »an die Stelle der Obstbäume, die uns bisher begleiteten, ... hohe Pappeln [treten], überall die spalierbildende Garde königlicher Schlösser«,[25] und er weiß im Kapitel »Kloster Chorin« gleich ein ganzes Landschaftsbild mit einer Lindenallee zu komponieren: »In der Mitte der Insel erhebt sich der sogenannte Mühlenberg, der beste Punkt, um einen Überblick zu gewinnen. Wir erkennen von hier aus – unter den Zweigen der Bäume hindurch – die Kirchenstelle und die Hospitalstelle, wir sehen die prächtige alte Lindenallee, die am Nordufer der Insel entlang den dahinter liegenden breiten Schilfgürtel halb verdeckt, und sehen durch die offenen Stellen hindurch die blaue Fläche des Sees, die sich wie ein Haff jenseits des Schilfgürtels dehnt.«[26]

In der Zeit, als Fontane märkische Klöster, Dörfer und Rittersitze aufsuchte und bei der Anfahrt auf Gusow, den alten Derfflinger-Sitz, notierte: »Halben Weges, ebenda wo das Plateau abzufallen beginnt und eine Pappelallee ihre Vorposten hoch hinaufschickt, halten wir, um uns an dem Landschaftsbilde zu freuen«,[27] wurde die Allee als Zeichen des Rittersitzes auch instrumentalisiert.

## »Jüden=Allee«

Im »Kleine[n] Reactionär«, einer wenig bekannten satirischen Zeitschrift der 1860er-Jahre im Umfeld des konservativen »Preußischen Volks-Vereins«, ist unter dem Titel »Ritter A. J. M. Itzig hat das Rittergut Waldegg gekauft« eine antisemitische Bild-Text-Geschichte über acht Folgen abgedruckt. Die erste zeigt die Ankunft der neuen Eigentümer und als zweites Bild gleich eine alte Allee, in der drei Figuren stehen:

Frau Itzig *(geräth in Extase [sic!] wie vor zehn Jahren in Heidelberg)*: O, was für schöne Bäume! wie alt sind die wohl?
Inspektor: Wohl schon Jahrhunderte, zum Theil schon ein Jahrtausend alt.
Ritter Itzig: Heißt 'ne Verschwendung! Das sind wohl 2 000 Klafter Nutzholz und 10,000 Klafter Brennholz. Na, zu lange werden diese Bäumchen hier nicht mehr stehen bleiben![28]

Im Unterschied zu den Vorbesitzern, die bis in die Urvätergeneration niemals Hand an die prächtigen Bäume gelegt haben, taxiert der neue Besitzer sofort deren Ertrag, um die Allee demnächst abholzen zu lassen. Soll heißen: Was zählt, ist allein der Profit – nicht Schönheit, Alter, Pietät. Dies am Umgang mit der Allee zu demonstrieren aktivierte das Ressentiment der Leserschaft: jener Rittergutsbesitzer, die entweder mit Neid auf das große Geld sahen oder sich selbst von Konkurs und Subhastation bedroht fühlten, und jener durch die Kapitalisierung der Gesellschaft verunsicherten Seelen, die sich – traditionsfromm – an die Zeugnisse alter Herrlichkeit hielten und die kalte Berechnung allein dem »neureichen Juden« zuschrieben.

Dem »Kleine[n] Reactionär« genügte das nicht: Berlins prominenteste Allee musste herhalten, um eine weitere antisemitische Invektive zu platzieren: »Einem unverbürgtem Gerücht zufolge sollen die Jüdenstraße den Namen Deutsche Straße und die Linden den Namen Große Jüden=Allee erhalten.«[29]

Der junge Alfred Kerr (1867–1948), als Sohn einer wohlhabenden jüdischen Familie in Breslau geboren, beschreibt gut drei Jahrzehnte später mit leichter Hand das Auf und Ab in den Berliner Alleen: »Viel weniger abenteuerlich und bequemer [als die Fahrten über Land, d. V.] sind doch die Verdauungsfahrten auf Gummi, wenn die goldene Abendsonne voll unvergänglicher Poesie auf die im Bau begriffene Villa des jungen Bleichröder fällt.« Nach diesem ironischen Schlenker wird es atmosphärisch dicht, teilt sich dem Leser

| 24 | Ebenda, S. 519.
| 25 | Fontane, Theodor: Wanderungen durch die Mark Brandenburg, hrsg. von Walter Keitel und Helmuth Nürnberger. 2. Bd. 2. Aufl. München 1977, S. 321.
| 26 | Ebenda, S. 89.
| 27 | Ebenda, 1. Bd., S. 731.
| 28 | Der kleine Reactionär, 6. Dezember 1862, Nr. 10, S. 88.
| 29 | Ebenda, 8. November 1862, Nr. 6, S. 55; vgl. auch ebenda, 6. Dezember 1862, Nr. 10, S. 86.

*Der Ritter A. J. M. Itzig hat das Rittergut Waldegg gekauft.*
*Anonymer Holzstich, 1862*

*Vielreihige Erlenallee bei dem Landsitz Elswoud. »Allee in Overveen«. Gemälde von Max Liebermann, 1895. Gesellschaft Kruppsche Gemäldesammlung Essen*

ein neues großstädtisches Alleengefühl mit: »Wir jagen die Alleen auf und ab, und es ist wirklich wundervoll, wie die laue Luft um das Gesicht streicht. Reizvoll entfernen sich die Wagen voneinander, man stellt Vermutungen an, in welcher Allee man sich wieder begegnen wird, und eine junge Frau erzählt indessen von demjenigen Teil ihres Lebens, den sie in Boston verbracht.«30

In den Erzählwelten der Moderne bergen die Alleen dagegen auch abweisende und latent bedrohliche Seiten. Die Zeit ihrer befreienden Verwandlung kann dann gerade der Winter sein.

## Alleen dunkel, Alleen hell

In Thomas Manns (1875–1955) Erzählung »Herr und Hund« von 1919 verspürt man eine deutliche Reserve gegenüber der »eingeführte[n] und nachgepflanzte[n]« Vegetation: »Da kommt wohl in Alleen und öffentlichen Anlagen die Roßkastanie fort, der rasch wachsende Ahorn, selbst Buchen und allerlei Ziergesträuch; doch alles das ist nicht urwüchsig, das ist gesetzt, so gut wie die welsche Pappel, die aufgereiht ragt in ihrer sterilen Männlichkeit.«31 Und in »Der kleine Herr Friedemann« (1897) führt den Verkrüppelten eine Parkallee in seine tiefste Demütigung und in den Tod: »Wir wollen die Mittelallee hinuntergehen, sagte sie. Am Eingang standen zwei niedrige, breite Obelisken. Dort hinten, am Ende der schnurgeraden Kastanienallee sahen sie grünlich und blank den Fluß im Mondlicht schimmern. Ringsumher war es dunkel und kühl.«32 Die Allee setzte ein hohes Zeichen für Friedemanns bevorstehende Erniedrigung, als er zum ersten Mal »vor der roten Villa stand«;33 sie hat auch das letzte Wort, als er sich ertränkt: »… der Park rauschte leise auf, und durch die lange Allee herunter klang gedämpftes Lachen.«34 Es lohnte, die dunkle Spur der Alleen in Thomas Manns Werk weiter zu verfolgen. Die helle Spur, die sie bei einem anderen Autor hinterlassen hat, hat er gleichwohl geschätzt.

Im Roman »Der Stadtpark« von 1935 – er spielt im Ersten Weltkrieg – zeichnet der Prager Dichter Hermann Grab (1903–1949) eine Choreografie der Winterspaziergänge durch die Alleen des Stadtparks, die in sozialer, psychologischer und ästhetischer Hinsicht nicht so leicht ihresgleichen findet: »Aber im Winter waren die Besucher der Hauptallee auf solche Distanzen hin verteilt, daß man an das Bestehen eines höheren Gesetzes glauben mußte, das nur deshalb die Bäume entlaubt und große Strecken eines grauen Himmels freigelegt hatte, um nach allen Richtungen hin Platz zu machen, und das so durch Verwandlung der Erde in ein übersichtliches Gelände die Freuden der kalten Jahreszeit vermehrte.«35

Enden sollte dieser kurze literarische Spaziergang durch die Alleen dreier Jahrhunderte mit einer anderen Jahreszeit. Da gibt es nämlich Verse, die sich, wenn die Zeit herankommt, wie von selbst einstellen:

Wer jetzt kein Haus hat, baut sich keines mehr.
Wer jetzt allein ist, wird es lange bleiben,
wird wachen, lesen, lange Briefe schreiben
und wird in den Alleen hin und her
unruhig wandern, wenn die Blätter treiben.36

| 30 | Kerr, Alfred: Die Alleen auf und ab. 10. April 1898. In: ders.: Mein Berlin. Schauplätze einer Metropole, mit einem Geleitwort von Günther Rühle. 2. Aufl. Berlin 2004, S. 65 f.
| 31 | Mann, Thomas: Herr und Hund. Ein Idyll. In: ders.: Die Erzählungen. Frankfurt a. M. 1986, S. 626.
| 32 | Ebenda, S. 102.
| 33 | Ebenda, S. 92.
| 34 | Ebenda, S. 105.
| 35 | Grab, Hermann: Der Stadtpark. Frankfurt a. M. 1996, S. 26 f.
| 36 | Rilke, Rainer Maria: Herbsttag. In: ders.: Gedichte. Eine Auswahl, mit einem Nachwort von Erich Pfeiffer-Belli. Stuttgart 1970, S. 15.

Annette Dorgerloh

# Spielräume – Alleen in der Malerei und Grafik

Meindert Hobbemas »Allee nach Middelharnis« (1689)¹ gilt in der Kunstgeschichte seit langem als eine der bedeutendsten Landschaftsdarstellungen.² Gezeigt wird ein von Bäumen gesäumter Weg zu dem kleinen Ort Middelharnis, der sich an der Nordküste der Insel Goeree-Overflakkee in der Provinz Südholland befindet. Die Landschaft ist topografisch genau wiedergegeben; am Horizont erkennbar sind die aus dem 15. Jahrhundert stammende Kirche St. Michael und der Turm des 1639 errichteten Rathauses. Die Komposition überrascht durch ihre ungewöhnliche Perspektive: Unter einem großen Himmel führen die Baumreihen mit ihren hohen, schmalen Stämmen den Blick in die Weite und in die Bildmitte hinein. Ein Spaziergänger mit seinem Hund markiert die Höhe einer Wegkreuzung. Auf der linken Seite schließt sich ein Wäldchen an, rechts liegt eine von einem Wassergraben gerahmte Baumschule, in der ein Mann gerade mit dem Baumschnitt beschäftigt ist. Das Bild zeigt die seit Beginn des 17. Jahrhunderts zu beobachtende Tendenz einer realistischen Erfassung der zivilisationsgeprägten Natur.³ Die holländischen Maler nahmen die Veränderungen der heimatlichen Landschaft durch die Landeskultivierung sehr genau wahr. Hobbemas Bild zeigt, dass Alleepflanzungen nun zunehmend auch außerhalb von repräsentativen Landsitzen und ihrer Umgebung erfolgten. Auffällig ist, dass die Alleebäume sehr hoch aufgeastet wurden und offenbar zur Brennholznutzung dienten.

Bereits 1616, wohl am Ende seines Italienaufenthaltes, hatte der Antwerpener Maler Jan Wildens einen »Schlosspark mit Allee und vornehmer Gesellschaft« gemalt. Wie es auch sein etwa zeitgleich entstandenes Gemälde »April« zeigt, gehörten Baumalleen bereits zum festen Bestand der Gartenkunst.⁴ Auch Jan Brueghels um 1620 entstandenes Gemälde »Die Erzherzöge im Park von Brüssel«, Rubenshuis Antwerpen, lässt die Hofgesellschaft vor der »Grand Mail« agieren, jener als Schießbahn genutzten vierreihigen Eichenallee der Brüsseler Warande, die parallel zu einem offenen Wasserkanal verlief. Sowohl diese frühen Darstellungen als auch die »Allee von Middelharnis« weisen eine erstaunliche Übereinstimmung im Bildaufbau auf. In allen Fällen bildet die Allee als zentraler, perspektivisch fluchtender Weg den kompositorischen Mittelpunkt. Diese Feststellung gilt nicht minder für die späteren deutschen Beispiele.

Die Frage nach den Quellen dieser Bildform führt zurück zu Leon Battista Alberti und den kunsttheoretischen Debatten des Quattrocento, die sich ihrerseits auf Vitruv und die Antike bezogen.⁵ Sie ist verknüpft mit der Geschichte der Perspektive und ihrer Nutzbarmachung für die Malerei.⁶

Für Alberti lag in der »Concinnitas«, dem Ebenmaß der Proportionen, der Schlüssel zur Schönheit. Sie bildet sich aus der Summe der Zahlen, Proportionen und der Anordnung der Teile zueinander, deren höchste Form in der Symmetrie erreicht wird. Proportionen seien, so Alberti, als Naturgesetze unwandelbar; das gelte für die Architektur wie für die Musik oder die Malerei. Er war davon überzeugt, dass der künstlerischen Schönheit ein moralisches und spirituelles Gleichgewicht im Menschen entspricht. Mit der Linear-

*Meindert Hobbema, Allee nach Middelharnis, 1689. London, National Gallery*

| 1 | Das Gemälde ist im Besitz der National Gallery, London. Zur Kunst des 17. Jh. in den Niederlanden vgl. Haak, Bob: Das Goldene Zeitalter der holländischen Malerei. Köln 1984; Möbius, Helga / Olbrich, Harald: Holländische Malerei des 17. Jahrhunderts. Leipzig 1990; Die Entdeckung der Landschaft – Meisterwerke der Niederländischen Kunst des 16. und 17. Jahrhunderts, Ausst.-Kat. Staatsgalerie Stuttgart. Köln 2005.
| 2 | Bereits G. F. Waagen äußerte sich 1854 in diesem Sinne, siehe Schneider, Norbert: Geschichte der Landschaftsmalerei vom Spätmittelalter bis zur Romantik. Darmstadt 1999, S. 148.
| 3 | Vgl. Schneider (wie Anm. 2), S. 137.
| 4 | Vgl. die möglicherweise als Vorbild dienende Verwendung eines Alleenkreuzes und des Dreistrahlmotivs in den Ende des 16. Jh. errichteten Anlagen der Villa Montalto in Rom, geschaffen von Domenico Fontana für Papst Sixtus V. Als frühestes neuzeitliches Beispiel einer Alleepflanzung als raumbilden-

perspektive wollte er den Malern ein Mittel zur Erzeugung eines plausiblen und vereinheitlichten Bildraumes zur Verfügung stellen. Die seit 1425 in Florenz entwickelte Linearperspektive ließ die Bilder zu einer Raumbühne werden, auf der Gegenstände oder Figuren versatzstückhaft agieren konnten.[7] Eine solche nach den Gesetzen der Mathematik erzeugte Ordnung spiegele, so Alberti, die göttliche Harmonie und entfalte ein segensreiches Wirken.

Albertis Theorie sollte in der Folgezeit vielfach Früchte tragen. Für die künstlerische Wahrnehmung der Allee wurde das in den Jahren 1537 bis 1551 vorgelegte architekturtheoretische Werk »L'Architettura« von Sebastiano Serlio höchst bedeutsam.[8] Darin bot Serlio nicht nur die erste systematische Beschreibung der Perspektivbühne, sondern, Vitruv und Alberti folgend, auch eine folgenreiche Festlegung der drei Bühnentypen nach dem Genre. Während die tragische und die komische Bühne mit unterschiedlichen Stadtszenen gestaltet waren, sah der Idealentwurf einer satyresken Szene eine arkadische Landschaftssituation mit Bäumen, Felsen, Wiesen, Blumen und Wasserquellen vor. Der Entwurf zeigt eine zentrale, perspektivisch in den Bildhintergrund ausgerichtete Baumallee, die der gebauten Architektur der beiden anderen Entwürfe von der Struktur her entspricht.[9]

In der Forschung besteht Einhelligkeit darüber, dass die Möglichkeiten dieses Bühnenrahmens die Entwicklung des arkadischen Genres wesentlich mitbefördert haben.[10] Stücke wie Tassos »Aminta« (1580) oder »Il Pastor Fido« von Giovanni Battista Guarini (1590) bewirkten einen Durchbruch und eine eigene Erfolgsgeschichte, die sich in immer neuen Rezeptionsschüben realisierte. Literatur, Bühnen- und Gartenkunst standen dabei mit der Malerei in einem engen Wechselverhältnis. Es überrascht nicht, dass viele Bilder des 16., 17. und frühen 18. Jahrhunderts jenes heiterfestliche Treiben höfischer Gesellschaften in den Alleen der aufwändig gestalteten Gärten zeigen. Jan Wildens Bilder folgten dieser Vorstellung ideell und formal: Der Schlosspark wurde somit zur Bühne für die heitere Gesellschaft, wie es der Bildtitel sagt, »vornehmen Gesellschaft«.

Die streng perspektivische Frontalität der Baumallee in Serlios idealem Bühnenentwurf führte zu einer eigenen Bildform, die bis ins 20. Jahrhundert hinein variiert wurde. Hobbemas »Allee nach Middelharnis« kommt in diesem Transformationsprozess eine Art Scharnierstellung zu. Einerseits entwickelte Hobbema die Bilderfindung Serlios konstruktiv weiter und wandte sie konsequent auf eine konkrete Landschaftssituation an. Andererseits wurde sie selbst zum Auslöser einer eigenen Tradition, die 300 Jahre später von Künstlern wie Vincent van Gogh, Ferdinand Hodler, Max Liebermann oder August Macke aufgenommen und weitergetragen wurde. Tatsächlich wurden Alleedarstellungen als ein eigenständiges Thema der Malerei erst relativ spät wieder manifest; vor allem die Kunst des 19. und frühen 20. Jahrhunderts brachte hier wichtige Beispiele hervor.

Da die frühen Alleen in der Mehrzahl unmittelbar in der Nähe von Schlössern und Landsitzen angelegt wurden, finden sich achsensymmetrische Alleedarstellungen häufig auf repräsentativen Ansichten von Residenzen und ihrer gärtnerisch gestalteten Umgebung.[11] Als aufschlussreich erweisen sich hierbei die vielen im Auftrag ihrer Besitzer entstandenen Kupferstichserien. Die Stichfolgen Rudolf Heinrich Richters, der am Neubau der markgräflich-brandenburgischen Residenz in Schwedt a. d. Oder beteiligt war und um 1742 die neue Situation bildlich dokumentierte, oder Dietrich Findorffs ca. 1767 entstandene Folge von Ansichten der Schloss- und Gartenanlage im mecklenburgischen Ludwigslust sind nur zwei Beispiele einer kaum zu überblickenden Zahl von Schloss- und Gartendarstellungen in der Nachfolge französischer, aber auch englischer Vorbilder mit ihren schnurgeraden Baumalleen.[12] Die genannten Beispiele zeigen auch die Entwicklung von der lange in der topografischen Druckgrafik üblichen Vogelflugperspektive, die bei den Schwedter Veduten noch sichtbar ist, hin zu einer veränderten Erfassung der Landschaft von einem niedrigeren Standpunkt aus: In Ludwigslust ist es ein Baugerüst, das den konkreten Standpunkt des Künstlers markiert. Von dieser Vordergrundbühne aus führt der Blick über einen querrechteckigen, von Alleen gesäumten Platz wie gewohnt in die Tiefe des Bildes hinein auf das Schloss zu. Durch jeweils fünf parallele Baumreihen zu beiden Seiten erfährt diese Achse eine repräsentative Steigerung. Parallel dazu hatte in der Landschaftsmalerei schon längst die »Scena per angelo« die achsensymmetrische Szenografie ersetzt.[13]

Die Geschichte der Malerei bietet eine Fülle von Bildern, die Baumalleen en passant als Teil der Landschaft dokumentieren. Johann Friedrich Meyers »Ansicht des Neuen Palais und Umgebung« (um 1770) oder Gottlob Friedrich Steinkopfs »Blick auf Schloss Rosenstein und das Neckartal« (1828) zeigen Alleen. König Wilhelm I. von Württemberg hatte von 1824 bis 1829 auf dem Kahlenstein über dem Neckar das Landschloss Rosenstein errichten lassen. Mit Blick zum Württemberg, dem heutigen Standort der Grabkapelle der ersten Frau Wilhelms I., Katharina, weist dieses Gemälde eine gut sichtbare Platanenallee auf, die im Jahr 1810 aus dem Stuttgarter Schlossgarten bis zu dieser Anhöhe verlängert wurde. Mit der wachsenden Zahl von Alleepflanzungen in und zwischen den Städten und Dörfern gehörten die Baumreihen im 19. Jahrhundert zum gewohnten Stadtbild und wurden als schmückendes und charakteristisches Gestaltungselement mit erfasst.

Auch Carl Blechens Gemälde »Park der Villa d'Este in Tivoli« (1829) zeigt einen konkreten Ort und eine alte Allee, wobei er sich auf die Hauptachse mit dem Blick auf die hoch liegende Villa konzentrierte.[14] Es ist die berühmte Zypressenallee im Garten des 1550 bis 1572 von Kardinal Ippolito d'Este angelegten Sommersitzes unweit von Rom, die hier schluchtartig wie eine dunkle Kulissenwand aufragt. In sei-

---

dem Gestaltungselement gilt die Villa Quaracchi bei Florenz (1459), siehe Fink, Eberhard: Die Baumallee, ihre Entwicklung und Bedeutung in der Gartenkunst. Das Gartenamt 4/1955, S. 47ff., 65ff.; Baumalleen in Gärten sind bereits aus den alten Kulturen, vor allem aus Persien, später auch aus antiken Quellen (Plinius d. J.), überliefert, siehe Gothein, Marie Luise: Geschichte der Gartenkunst. Bd. 1. Jena 1926.

[5] Siehe Kruft, Hanno-Walter: Geschichte der Architekturtheorie von der Antike bis zur Gegenwart. München 1991, S. 50ff.; Pochat, Götz: Theater und Bildende Kunst im Mittelalter und in der Renaissance in Italien. Graz 1980.

[6] Vgl. Edgerton, Samuel J.: Die Entdeckung der Perspektive. München 2002.

[7] Ebenda, S. 32f.

[8] Serlio stand seit 1540 in den Diensten des französischen Königs und wirkte beim Bau des Schlosses in Fontainebleau beratend mit; vgl. Frommel, Sabine: Sebastiano Serlio Architetto. Milano 1997.

[9] Zit. nach: Pochat (wie Anm. 5), S. 317f. Der besondere Reiz dieser Dekorationen bestand in ihrer Künstlichkeit: Die Blumen, Sträucher und Bäume wurden vielfach täuschend echt aus bemalter Seide hergestellt.

[10] Vgl. Clubb, L. G.: The Pastoral Play: Conflations of Country, Court and City. In: Il teatro italiano del Rinascimento. Mailand 1980, S. 65–73; vgl. auch Pochat (wie Anm. 5), S. 319.

[11] Vgl. Müller, Matthias: Das Schloß als Bild des Fürsten. Herrschaftliche Metaphorik in der Residenzarchitektur des Alten Reichs (1470–1680). Göttingen 2004; Völkel, Michaela: Das Bild vom Schloß. Darstellung und Selbstdarstellung deutscher Höfe in Architekturstichserien 1600–1800. München, Berlin 2001.

nen »Vedute di Roma« hatte Giovanni Battista Piranesi das Zypressenrondell in dem kümmerlichen Zustand um 1750 erfasst; einige restliche Bäume säumen den zentralen Weg.[15] Hauptakteur in Blechens Bild ist die hoch aufragende Allee: Indem er die Proportionen des Hauses und der Bäume verschob und damit die Linearperspektive in Richtung Bedeutungsperspektive veränderte, erscheint die Allee in ihrer Wirkung enorm gesteigert. Die vergleichsweise sehr kleinen, in Renaissancekostüme gekleideten Spaziergänger lassen die umgebende Landschaftskulisse im Licht der untergehenden Sonne erhaben wirken.

Die »Landschaft mit Straßenleben unter Bäumen« (1829) zeigt wiederum eine ausgewachsene und lückenhafte Allee, die aber gänzlich anders aufgefasst ist. Mit ihren expressiv ausgreifenden Stämmen und dem Astwerk wird sie zu einer adäquaten Kulisse für das bunte Treiben auf der schattigen Straße darunter: Die flüchtige Malweise der Ölskizze erfasst sehr gut die schnellen, unterschiedlichen Bewegungsrichtungen von Menschen und Tieren auf der Straße. Der scharfe Kontrast von Licht und Schatten und die umgebende Landschaft zeigen, dass auch diese Szene während Blechens Italienaufenthalt entstanden ist. Hier interessierte ihn jedoch weniger der konkrete Ort als das Atmosphärische der äußerst lebendigen Straßensituation.

Ludwig Emil Grimm setzte in seinem Bild »Orangerie in Kassel im Winter« (1847) Alleen als ein Mittel ein, um Ordnung, Klarheit und Trennung zum Ausdruck zu bringen. Alleen – und vor allem Pappelalleen – dominieren das Landschaftsbild. Die drei in einer Allee gehenden Damen der gehobenen Gesellschaft wirken dagegen der Natur untergeordnet und fast wie verloren.

Das Interesse an Schatten spendenden Alleen als »Promenaden«, mit Bänken als Ruhemöglichkeiten der zumeist bürgerlichen Gesellschaft, bekundeten Maler und Grafiker bereits seit dem Aufkommen des Spazierengehens als kulturelle Praxis. Wie Gudrun M. König dargestellt hat, war es kein Zufall, dass in den 1770er-Jahren die ersten bedeutenden deutschen Promenadendarstellungen erschienen: Daniel Chodowieckis Ansichten des Berliner Tiergartens, darunter die bekannte »Promenade de Berlin« (1772),[16] und

*Carl Blechen, Landschaft mit Straßenleben unter Bäumen / Italienische Landschaft, 1829, Öl auf Papier. Staatliche Museen zu Berlin / Preußischer Kulturbesitz*

|12| In Ludwigslust waren neben Piranesis berühmten Rom-Ansichten Jacques Rigauds Prospekte von Stowe aus dem Jahre 1746 vorbildlich; siehe Völkel (wie Anm. 12), S. 212ff.
|13| »Szena per angolo«: Ein gemalter Schlussprospekt mit einem die Zentralachse der Perspektive verschiebenden, schräg über Eck gestellten Bühnenbild, das Galli-Bibiena von den Hol-

ländern des 17. Jh. übernommen und in die Theaterdekoration eingeführt hatte; vgl. Brauneck, Manfred: Die Welt als Bühne. Geschichte des europäischen Theaters. Bd. 2. Stuttgart 1996.

| 14 | Johann Wilhelm Schirmer hingegen malte einige Jahre später ein Bild mit dem Titel »Zypressen« (1840), das zwar dieselbe berühmte Hauptallee des Gartens der Villa d'Este zum Thema nahm, jedoch nur die Baumwipfel der Allee dargestellte.

| 15 | Piranesi, Giovanni Battista: Veduta della Villa Estense in Tivoli. In: Vedute di Roma; Ficacci, Luigi: Piranesi. The complete Etchings. Köln, London, u. a. 2000, S. 743 (Abb.).

| 16 | Zu den Berliner Alleen vgl. Schindler, Norbert: Berliner Alleen in der Malerei. In: Stadt und Grün, H. 12/1997, S. 889–892.

| 17 | König, Gudrun M.: Eine Kulturgeschichte des Spazierganges. Spuren einer bürgerlichen Praktik 1780–1850. Wien, Köln, Weimar 1996, bes. Kap. 2: »Der Spaziergang als kulturelles und ästhetisches Phänomen«, S. 31–64.

| 18 | Vgl. Wendland, Folkwin: Der große Tiergarten in Berlin. Berlin 1993.

| 19 | Schelle, Karl Gottlob: Die Spatziergänge oder die Kunst spatzieren zu gehen. Leipzig 1802, S. 42; siehe auch König (wie Anm. 19).

| 20 | So malte van Gogh allein in den Jahren 1884 und 1885 während seiner Zeit in Nuenen zahlreiche Alleebilder, die »Herbstliche Allee« (1884, Amsterdam, Van Gogh Museum); »Pappelallee beim Sonnenuntergang« (1885, Otterlo, Rijksmuseum Kröller-Müller), »Herbst-

*Vincent van Gogh, Pappelallee im Herbst, 1884. Van Gogh Museum, Amsterdam*

Johann August Roesmaeslers 1777 gestochene »Promenade in Leipzig«.¹⁷ Roesmaeslers Darstellung promenierender Personen verschiedener Stände erinnert in der Komposition stark an den »Spaziergang auf den Wällen von Paris«, um 1760 gestochen von Pierre François Courtois nach Augustin de Saint-Aubin. Die Entfestigung vieler Städte führte dazu, dass auf den ehemaligen Wallanlagen Landschaftsgärten oder »Promenaden« eingerichtet wurden.

Am Beispiel des Berliner Tiergartens widmete sich Daniel Chodowiecki der belebten und der menschenleeren Allee. Sein 1772 entstandenes Blatt »Promènade de Berlin« gehört zu einer losen Reihe von Darstellungen der beliebtesten Berliner Ausflugsorte mit Publikum. Seitdem König Friedrich II. nach seiner Thronbesteigung den Tiergarten für die Bürger freigegeben hatte, entwickelte sich dort sukzessive eine Ausflugskultur mit temporären Erfrischungshallen und Unterhaltungsmöglichkeiten, die von den Bewohnern der preußischen Hauptstadt gern genutzt wurden, um sich zu präsentieren, Kontakte zu knüpfen und zu pflegen.¹⁸ Chodowieckis Gegensatzpaar »Der Spaziergang« aus der Folge »Natürliche und Affectirte Handlungen« (1778/79) bewirkte längerfristig die Erziehung zu einer veränderten Körperlichkeit, zu neu kodierten Bewegungsmustern im öffentlichen Stadtraum. Der Popularphilosoph Karl Gottlob Schelle betonte in seiner 1802 in Leipzig erschienenen Schrift »Die Spatziergänge oder die Kunst spatzieren zu gehen«, dass es nicht Sinn von Spaziergängen sein dürfe, metaphysischen oder physischen Untersuchungen nachzugehen oder mathematische Probleme zu lösen. »Selbst das schlaue, raffinirte Beobachten der Menschen auf Spatziergängen« sei ebenso sehr gegen den Zweck des Lustwandelns gerichtet wie eine zu intensive Naturbeobachtung.¹⁹

Das gesellige Treiben der Spaziergänger und Ausflügler in öffentlichen Parks und Alleen interessierte die Maler auch im 19. Jahrhundert in zunehmendem Maße. Vor allem die Maler der beginnenden Moderne fanden hier interessante Motive. So kam Vincent van Gogh in seiner Malerei immer wieder auf das Thema der Allee zurück.²⁰ Besonders wichtig wurde dieses Thema für ihn während seiner Zeit in der Provinz Drenthe, wo er u. a. in dem Moordorf Hoogeveen arbeitete.²¹ Eine bestimmte Pappelallee malte er immer wieder in unterschiedlicher Umgebung, einmal mit einem Bauernhaus in der Flucht, später mit am bewaldeten Horizont untergehender Sonne. Auch viele andere europäische Künstler wie Claude Monet, Alfred Sisley, Paul Cézanne, Ferdinand Hodler oder Max Liebermann entdeckten um 1900 Alleen als eigenständiges und lohnendes Motiv. Max Liebermanns 1895 entstandene »Allee in Overveen« erinnert stark an die frühen Alleedarstellungen van Goghs und noch August Mackes 1914 geschaffenes Gemälde »Rotes Haus im Park« lässt an dieses Muster denken.

Es überrascht nicht, dass mit der wachsenden Bedeutung der Landschaftsmalerei im 19. Jahrhundert auch das Interesse an der niederländischen Kunst wieder erstarkte. Hobbemas berühmte Allee, aber auch die Darstellungen Jan Hackaerts, der in seiner Jugend Deutschland und die Schweiz bereist und später vor allem Waldlandschaften und Alleen gemalt hatte, wurden vielfach reproduziert und als Zimmerschmuck erworben.²²

Es ist auffällig, dass die Mehrzahl der Kompositionen noch immer dem Schema Serlios bzw. Hobbemas folgte, auch wenn sich die künstlerischen Mittel seit den 1880er-Jahren erheblich wandelten.²³ Ähnlich gestaltete Max Liebermann einige Jahre später seine »Allee in Overveen« (1895), die nach der »Allee bei Rosenheim« (1893) sein zweites Motiv dieser Art ist. Bei dem großen Landsitz Elswoud in Overveen fand er eine vielreihige Erlenallee vor, die ihn fesselte. Sein Bild zeigt ihre Größe, Harmonie und Schönheit. Der Blick des Betrachters wird nicht durch Spaziergänger abgelenkt; lediglich in einer Seitenallee belebt ein Jäger mit seinem Hund die stille Landschaft.

Wie bei van Gogh lässt sich gerade bei Max Liebermann die künstlerische Entwicklung von der realistischen Detailerfassung bis hin zu einer summarischen Farbgebung am Beispiel seiner Baumalleen gut beobachten. Die so genannte Papageienallee im Amsterdamer Zoo (1901) lenkt die Aufmerksamkeit auf die Besucher in der Allee: das junge Mäd-

*Max Liebermann, Tiergarten mit Spaziergängern, 1930–1932. Städtisches Museum Gelsenkirchen*

chen rechts und die vielen farbig gekleideten Flaneure, meist Frauen und Kinder. »Der Papageienmann« (1902) ist eine Variation derselben Allee. Auch in seiner Berliner Heimat malte Liebermann mehrfach Alleen mit flanierenden Menschen in sonntäglicher Kleidung.²⁴ Er fand seine Motive im Tiergarten, nicht weit von seinem Haus am Pariser Platz entfernt, aber auch im Garten seines Sommerhauses am Wannsee, wo er die Birkenallee mehrfach darstellte, z. B. »Die Birkenallee nach Westen« (1919). Auch August Mackes Dortmunder Bild »Reiter und Spaziergänger in der Allee« (1914) zeigt die Freude an der bunten flanierenden Menge im ordnenden Rahmen der Allee.

Offensichtlich fühlten sich Künstler des späten 19. und frühen 20. Jahrhunderts wieder zu einer Idealform der Allee hingezogen.²⁵ Anders als den Malern der Romantik – wie z. B. Carl Blechen – galt ihnen das Fragmentarische, Mangelhafte der Baumallee als eher negativ konnotiert. Besonders deutlich wird das bei Max Klingers Blatt 4 »Chaussee« seiner Grafikfolge Opus IX »Vom Tode I«. Der 1889 gedruckte Zyklus, ein moderner Totentanz, zeigt Situationen einer plötzlichen Lebensgefahr und eines überraschenden Todes an gewöhnlichen Orten. Das Blatt »Chaussee« bestimmt ein in die Bildtiefe fluchtender Fußweg neben einer baumbestandenen Landstraße, auf dem ein Mensch zusammengebrochen ist. Um keinen Zweifel an der Deutung des Dargestellten zu lassen, ist diese Szene in einen Rahmen gestellt, in dem der Tod als Knochenmann mit der Sense agiert. Gleichsam als Kommentar dieses Geschehens ist der Alleebaum unmittelbar neben dem Toten abgebrochen, der hohe, einst stützende Baumpfahl steht schief und stört die Ordnung der sonst so perfekten jungen Allee. Baum und Mensch sind hier beide Opfer einer spürbaren Gewalt.

Dass eine wohl gewachsene Allee um die Jahrhundertwende geradezu zu einem Inbegriff einer stämmigen Gesundheit werden konnte, zeigt eine Werbung aus der Zeitschrift »Jugend« des Jahres 1909: Die starken Stämme der Alleebäume tragen als Aufschrift Buchstaben, die beim Abschreiten mit den Augen hintereinander gelesen den Namen »Purgen« ergeben, ein von der Firma Dr. Bayer & Co. in Budapest hergestelltes Abführmittel. Das Bild der »Purgen«-

landschaft« (1885, Cambridge, Fitzwilliam Museum), »Dorfstraße mit zwei Figuren« (1885, Privatsammlung), »Allee mit (blühenden) Pappeln« (1885, Rotterdam, Museum Boijmans Van Beuningen) oder später in der Provence auch die diverse Allee in Arles (»Les Alyscamps«) oder das Werk »Zur Arbeit« (1888), das ihn zeigt, wie er mit seinen Malutensilien auf einer Allee unterwegs ist, vgl. Schindler, Norbert: Alleen in der Malerei. Van Gogh und die Allee. In: Stadt und Grün, H. 6/1997, S. 424 f.
| 21 | Über seine 1884 entstandene »Herbstliche Allee« schrieb van Gogh seinem Bruder Theo: »Das letzte, was ich gemacht habe, ist eine ziemlich große Studie von einer Pappelallee mit dem gelben Herbstlaub; hier und da macht die Sonne auf das abgefallene Laub am Boden leuchtende Flecke, die mit den langen Schlagschatten der Stämme abwechseln. Am Ende der Allee ein kleines Bauernhaus, darüber der blaue Himmel zwischen dem Herbstlaub.« Zit. nach: Mittelstädt, Kuno: Vincent van Gogh. Berlin 1981, zu Abb. 6 (o. S.).
| 22 | Vor allem die im Münchner Callwey-Verlag erscheinende Zeitschrift »Kunstwart« und der »Dürerbund« verbreiteten derartige Bilder. So erschien Jan Hackaerts »Eschenallee« als Blatt 156 der Neuen Reihe im »Kunstwart. Meisterbilder für das deutsche Haus«. München 1909; vgl. auch Hackaerts großartige Allendarstellung »An Avenue in a Wood«, nach 1670, Öl a. Leinw., 61 x 50 cm, Wallace Collection, Inv.Nr. P121.

*Edward Munch, Allee im Schneegestöber, 1905/06. Munch-Museum, Oslo*

|23| Vgl. Gaehtgens, Barbara: Holland als Vorbild. In: Max Liebermann – Jahrhundertwende. Ausst.-Kat. der Nationalgalerie Berlin, hrsg. von Angelika Wesenberg. Berlin 1997, S. 83–92; hier konzentriert auf die Auseinandersetzung mit dem Schaffen von Frans Hals und der Millet-Rezeption in dem Kontakt mit Jozef Israels und der Haager Schule.
|24| Liebermann, Max: Allee im Tiergarten mit Spaziergängern und Kutsche, 1920–1922; Allee im Tiergarten mit Spaziergängern, 1930–1932.
|25| Vgl. Schindler, Norbert: Alleen in der Malerei. Die »Gerade Straße«. In: Stadt und Grün, H. 8/1997, S. 552 ff.; siehe auch ders.: Die »bedeckte Allee«. In: ebenda, H. 10/1997, S. 733 ff.
|26| Zit. nach: Loosli, Carl Albert: Ferdinand Hodler. Leben, Werk und Nachlaß. Bd. 1. Bern 1921, S. 76.
|27| In dieser Zeit entstanden drei Winterbilder, »Dorfplatz Elgersburg«, »Schneeschmelze, Elgersburg« und die »Allee im Schneegestöber«, die er auf der Ausstellung der Berliner Secession unter dem Titel »Schneelandschaft aus Thüringen« präsentierte. Hansen, S. Dorothee: Landschaften und Städte. Berlin, Lübeck, Thüringen. In: Munch und Deutschland. Ausst.-Kat. München, Hamburg, Berlin, hrsg. von Uwe M. Schnede. Stuttgart 1994, S. 184, 187 (Abb.).

*Max Klinger, Chaussee. Vom Tode I Bl. 4, 1889. Radierung und Aquatinta*

Allee vermittelt Festigkeit und die Sicherheit, am Ende aus dem Schatten wieder in eine hell beleuchtete Landschaft treten zu können.

Auch Ferdinand Hodler verstand sein Gemälde »Straße nach Envords« (um 1890) als ein Bild des Lebensweges. Die noch sommerliche Allee in ihrer strengen Frontalität zeigt erste deutliche Spuren des Herbstes. Die Schatten werden länger und einige bunte Blätter säumen bereits den auffallend hellen Weg. Die Straße führt auf eine Bergkette zu, die den Horizont abschließt. Auch wenn die Straße weitgehend leer ist, so verweisen doch Wagenspuren, Heuschober und ein Hausdach in der Ferne auf die kultivierende Tätigkeit des Menschen. Hodler hatte »Parallelität« als ein künstlerisches Prinzip entwickelt. Die Komposition sollte »dermaßen schlagend sein, daß sie ihre Wirkung auf den ersten Blick erzeugt. Das wesentliche Gefühl, der Hauptakzent muß betont werden, so daß keine Zweifel möglich sind.«[26] Fritz von Uhde wählte eine Kopfweidenallee als Handlungsort seiner Darstellung der »Flucht nach Ägypten«: Das biblische Geschehen ist in die Gegenwart geholt worden und eine Allee vermochte mit ihrer Gerichtetheit den vorbestimmten Weg Christi als Heilsgeschehen besonders sinnfällig zu machen.

Leopold von Kalckreuths Bild »Kirschen essender Junge« (1893) zeigt eine Kirschbaumallee. Im Mittelpunkt steht der Schuljunge, der seine Mütze mit den Früchten gefüllt hat und nun im Begriff ist, sie zu essen. Der zurückgeneigte Kopf mit den geschlossenen Augen vermittelt das selige Gefühl der Vorfreude. Die nackten Füße und die einfache Kleidung verweisen auf die Herkunft des Jungen, für den die Kirschen eine besondere Delikatesse gewesen sein müssen. Auch hier fällt auf, dass dem Jungen ein besonders schmächtiger Alleebaum zugeordnet ist – als Pendant zu seiner kindlichen Erscheinung.

In Edvard Munchs Gemälde »Allee im Schneegestöber« (1905/06) sind hingegen die zwei Figuren im Vordergrund radikal angeschnitten. Sie bilden nur die Staffage für jene winterliche Allee, die sich hinter ihnen erstreckt. Während die hinteren Bäume ordentlich gereiht sind, strebt der erste Baum nach links aus dem Bild heraus. Seiner Bewegung folgt die linke Figur mit dem orangefarbenen Hut. So wie die Parallelität der Baumreihen endet, werden wohl auch die Wege der beiden Figuren am Ende der Allee auseinander gehen.[27] Ein malerischer Gesamteindruck bestimmt dieses Bild, ähnlich wie bei Liebermanns »Allee beim Jagdschloss Dreilinden« (1929).

Der geordnete Naturraum ist der Ort, der »natürliches« Sein als überwiegend gesellige Lebenspraxis nahe legt. Spaziergänge, Reisen, Erholung, Spiel und Sport sind die bestimmenden, positiv gestimmten Betätigungsformen. Die gleichmäßig gewachsene Allee als Bild des Stetigen, des Lebensweges vermag aber auch zu mahnen und kann sogar Gefahr bergen, wie Klingers »Chaussee« zeigt. Als Bildmotiv besitzen Baumalleen ein hohes symbolisches Potential, das den Darstellungen ebenso wie ihren gepflanzten Urbildern bis heute einen hohen Erlebniswert sichert.

Martin Kraft und Harald Plachter

# Die naturschutzfachliche Bedeutung von Alleen

Baumalleen sind künstliche, vom Menschen geschaffene Landschaftselemente. Sie haben in der vom Menschen unbeeinflussten Natur keine materielle Parallele. Oft bestehen solche Gehölzbestände nur aus einer oder wenigen Baumarten, manchmal auch aus exotischen oder domestizierten (z. B. Apfelbäumen). Die Altersstruktur der Bäume ist unausgeglichen. Meist überwiegen ein oder zwei Generationen. An die Baumreihen grenzen einerseits Straßen, andererseits oft Äcker oder bebautes Gebiet.

Auf den ersten Blick scheinen Alleen somit sehr wenig mit »Natur«-Schutz zu tun zu haben. Relativiert wird diese Einschätzung durch die Tatsache, dass unberührte Natur in Europa durchgängig fehlt. Der Kontinent besteht flächendeckend – und selbst im äußersten Norden – aus Ökosystemen, in die der Mensch in historischer Zeit eingegriffen hat oder dies noch heute tut. Zieht man die Nachwirkungen der letzten Eiszeit ab und berücksichtigt die geografische Lage außerhalb der Tropen, so beherbergt Europa dennoch ein erstaunlich hohes Maß an biologischer Vielfalt. Dies steht im krassen Gegensatz zu anderen Regionen der Erde, in denen durchgängig land- und forstwirtschaftlich genutzte Kulturlandschaften in der Regel eine sehr geringe Biodiversität aufweisen. Sucht man nach den Gründen, so bleibt am Ende nur das unterschiedliche Alter. Kulturlandschaften außerhalb Europas sind fast immer jünger als 500 Jahre. Wir, die Europäer, haben unsere bereits hoch stehenden land- und forstwirtschaftlichen Technologien in diese Regionen exportiert, mit der Folge, dass sich die heimischen Arten an diesen rapiden Wechsel nicht anpassen konnten. In vielen Regionen Europas bestehen solche Kulturlandschaften jedoch bereits seit mehr als 6 000 Jahren. Begonnen mit – nach heutiger Einschätzung – sehr primitiven Technologien, die sehr langsam und stets in Rückkopplung mit dem Nutzungspotential der Landschaften verbessert wurden. Durch diese kontinuierliche Entwicklung konnte sich eine Fülle einheimischer Arten anpassen und aus ihren allmählich verschwindenden natürlichen Lebensräumen in zoo-anthropogene umsiedeln. Hinzu kam die in Europa besonders kleingliedrige kulturelle Vielfalt. Jeder Kulturkreis hat seine Landschaften anders genutzt und entwickelt, mit der Folge, dass die landschaftsökologische Vielfalt wohl nirgends höher ist als in Europa.[1]

Wenn Natürlichkeit im Sinne unberührter Natur in Europa aber nirgends oder allenfalls auf der begrenzten Fläche einiger Nationalparks erreichbar ist, so treten andere Wertkriterien in den Vordergrund: die visuelle Bedeutung für uns Menschen, aber auch die Bedeutung als Ersatz-Lebensraum für heimische Arten. Die Kernfrage des Naturschutzes in Europa ist nicht, wie »unberührte Natur« zu erhalten ist, sondern die Frage, »wie viel Natur« man in vom Menschen geschaffenen Landschaften erhalten will und

[1] Vgl. Plachter 2004.

*Lindenallee an der Deutschen Alleenstraße auf der Insel Rügen*

kann. Dies schließt die Bedeutung künstlich angelegter Ökosysteme ein.

Alleen sind nur ein kleiner Stein aus dem Mosaik der in Europa vom Menschen geschaffenen Lebensräume. Umfassende Beurteilungen ihres Wertes für den Schutz der Biodiversität fehlen bisher, wohl nicht zuletzt, weil ihr Erscheinungsbild einfach zu weit weg ist von dem, was wir als Natur begreifen. Der naturschutzfachliche Kenntnisstand ist auffallend schlecht. Fragmentarische Daten deuten aber an, dass Alleen in Naturschutzstrategien für moderne Landschaften durchaus eine nicht unbedeutende Rolle spielen könnten.

## Schutz der Natur – allgemeine und visuelle Qualitäten

In vielen Gegenden Deutschlands prägen Alleen das Landschaftsbild, vor allem in Brandenburg, Mecklenburg-Vorpommern und Sachsen-Anhalt. Obwohl dort insgesamt noch nicht allzu alt (200–250 Jahre), sind sie zum wesentlichen Bestandteil der »landschaftlichen Eigenart« geworden. Gerade der Schutz und die Förderung der Eigenart von Landschaften ist aber eines der zentralen Anliegen des Naturschutzes in Europa.

Alleen bieten für den Menschen Schutz vor Wind und Regen, spenden Schatten und strukturieren die Landschaft. In unseren Breiten haben die typischen Alleen-Bäume ein Durchschnittsalter von 80 bis 200 Jahren und befinden sich somit in einem leistungsfähigen Alter. Am häufigsten wurden in Deutschland Linde, Spitz- und Bergahorn, Kastanie, Eiche und Robinie angepflanzt, gefolgt von Obstbaumarten, Birke und Eberesche. Seltener sind heute Ulme, Walnuss, Platane, Hain- und Rotbuche.

Deutschland wäre heute ohne den Menschen ganz überwiegend von Wald bedeckt. In vielen Teilen Deutschlands ist der Waldanteil jedoch im Laufe der Geschichte unter 20 Prozent gesunken. Gerade hier erfüllen Alleen eine wichtige Ersatzfunktion für Arten, die entweder auf eine Wald-Umwelt oder Mikrohabitate an Bäumen angewiesen sind.

In unseren modernen, technisierten Landschaften haben Alleen diesbezüglich eine ambivalente Funktion: Sie bieten einerseits vielen Tier- und Flechtenarten durch ihre relativ alten, besonnten Bäume einen wichtigen Lebensraum und entsprechen damit jenen alten Bäumen, die in der vom Menschen kaum beeinflussten »Ur-Landschaft« regelmäßig am Rande von Zusammenbruchsstadien von Wäldern und an natürlichen Waldrändern (z.B. am Rande von so genannten Biberwiesen) anzutreffen waren. Andererseits locken sie viele Tiere in die Nähe von Straßen, mit der häufigen Folge hoher Verluste durch Kollisionen mit Fahrzeugen.

## Bedeutung für Fledermäuse

In Deutschland kommen 25 Fledermausarten vor. Ein erheblicher Teil sind »Baumfledermäuse« (vgl. Tab. 1). Als Sommerquartiere nutzen sie Baumhöhlen, wobei von den einzelnen Arten unterschiedliche Größen bevorzugt werden. Zwar fehlen spezifische Untersuchungen an Alleen, es kann aber angenommen werden, dass alle Baumfledermausarten und einige weitere mit breitem Quartierspektrum auch in Alleebäumen anzutreffen sind.

**Fledermausarten in Deutschland, die Baumhöhlen als Sommer- oder Winterquartiere bevorzugen**

| | |
|---|---|
| Kleine Bartfledermaus | (*Myotis brandtii*) |
| Nymphenfledermaus | (*Myotis alcathoe*) |
| Große Bartfledermaus | (*Myotis mystacina*) |
| Fransenfledermaus | (*Myotis nattereri*) |
| Bechsteinfledermaus | (*Myotis bechsteinii*) |
| Wasserfledermaus | (*Myotis daubentonii*) |
| Großer Abendsegler | (*Nyctalus noctula*) |
| Kleiner Abendsegler | (*Nyctalus leisleri*) |
| Rauhhautfledermaus | (*Pipistrellus nathusii*) |
| Alpenfledermaus | (*Pipistrellus savii*) |
| Braunes Langohr | (*Plecotus auritus*) |

Besser untersucht ist die Bedeutung von Alleen als Orientierungslinien und Jagdgebiete. In einer niederländischen Untersuchung[2] wurde die Bedeutung von linearen Landschaftsstrukturen wie Hecken, Baumreihen und Alleen für die Zwergfledermaus (*Pipistrellus pipistrellus*) und Breitflügel-Fledermaus (*Eptesicus serotinus*) untersucht. Während die Zwergfledermaus signifikant häufiger entlang dieser linearen Elemente nachgewiesen wurde, flog die Breitflügel-Fledermaus auch regelmäßig in offenem Gelände. Auch bei dieser Art sank die Nachweisfrequenz mit der Entfernung vom nächsten linearen Element.

Folgende Funktionen von Alleen sind für fliegende Fledermäuse von Bedeutung:[3]

– Als Orientierungslinien beim Flug vom Quartier zum Jagdgebiet. Diesbezügliche Qualitätsmerkmale sind die Höhe der Gehölze und ihre zeitliche Kontinuität. Echopeilung ist als primäres Orientierungssystem der Fledermäuse aufwändig und reicht artspezifisch über verschiedene Entfernungen. Viele Fledermausarten folgen deshalb unter Minimierung der Echopeilung traditionellen Routen vom Quartier zum Jagdgebiet, das etliche Kilometer entfernt sein kann.
– Jagdgebiete. Die Dichte fliegender Insekten ist entlang der Alleen gegenüber der offenen Landschaft häufig deut-

[2] Verboom/Huitema 1997, S. 117–125.
[3] Richarz / Limbrunner 1992.

lich erhöht. Teilweise nutzen auch Insekten solche vertikalen Gehölzstrukturen als »Landmarken« (z. B. bei Balzflügen). Aber auch das Nahrungsangebot ist für etliche Arten höher (Blüten und Früchte der Bäume). Schließlich entwickeln sich viele Insekten in oder auf Bäumen (S. 81).
– Windschutz. Von Zwergfledermäusen ist bekannt, dass sie bevorzugt auf der Leeseite oder zwischen den beiden Baumreihen einer Allee fliegen bzw. jagen, also in möglichst windarmen Arealen. Dies dürfte auch für weitere Fledermausarten zutreffen.

*Bechsteinfledermaus: eine typische Art, die Höhlen alter Bäume besiedelt (links)*

**Dank**

Wir danken Roland Heuser, Marburg, für die Beratung zum Abschnitt Fledermäuse.

*Typische Brutvogelarten in Alleen: Ortolan und Mittelspecht (rechts)*

## Bedeutung für Vögel

Die Größe der Bäume und das hohe Alter sorgen dafür, dass viele Vogelarten geeignete Brutplätze vorfinden. So sind vor allem baum- und höhlenbrütende Vogelarten in Alleebäumen zu finden, aber auch bodenbrütende Arten kommen vor. Weiterhin dienen alte Alleebäume als Ansitzwarten bei der Nahrungssuche, z. B. für den Grauschnäpper *(Muscicapa striata)*, Neuntöter *(Lanius collurio)* und Ortolan *(Emberiza hortulana)*, sowie als Rastplatz während der Zugperioden. Durch das schützende Laubdach herrscht ein besonderes Mikroklima, welches viele Wirbellose anlockt, die ihrerseits eine wichtige Nahrungsgrundlage für die Vögel bieten. Zahlreiche gefährdete und in ihren Lebensraumansprüchen sehr sensible Arten konnten bisher in Alleen nachgewiesen werden. Unter den mehr oder minder regelmäßigen Bodenbrütern wurden 14 Arten festgestellt,[5] darunter seltene und bedrohte Vögel wie Rebhuhn *(Perdix perdix)*, Braunkehlchen *(Saxicola rubetra)*, Baumpieper *(Anthus trivialis)*, Wiesenschafstelze *(Motacilla flava)*, Grauammer *(Emberiza calandra)* und Ortolan *(Emberiza hortulana)*. Von den busch- und baumbrütenden Vögeln konnten 45 Arten ermittelt werden. Dazu zählen wiederum seltene Arten wie Rotmilan *(Milvus milvus)*, Turteltaube *(Streptopelia turtur)*, Pirol *(Oriolus oriolus)*, Rotkopfwürger *(Lanius senator)*, Neuntöter *(Lanius collurio)*, Raubwürger *(Lanius excubitor)*, Orpheusspötter *(Hippolais polyglotta)*, Sprosser *(Luscinia luscinia)* und Karmingimpel *(Carpodacus erythrinus)*. Haben Allee-Bäume ein hohes Alter erreicht, so finden sich überall Höhlungen, die von Halbhöhlen- und Höhlenbrütern (29 Arten) genutzt werden.[6] Auffällige und zum Teil in Mitteleuropa recht seltene Arten sind Schellente *(Bucephala clangula)*, Gänsesäger *(Mergus merganser)*, Hohltaube *(Columba oenas)*, Halsbandsittich *(Psittacula krameri;* eine exotische Art, die erst seit wenigen Jahrzehnten in Deutschland brütet), Steinkauz *(Athene noctua)*, Waldkauz *(Strix aluco)*, Blauracke *(Coracias garrulus)*, Wiedehopf *(Upupa epops)*, Wendehals *(Jynx torquilla)*, Grauspecht *(Picus canus)*, Grünspecht *(Picus viridis)*, Mittelspecht *(Dendrocos medius)*, Kleinspecht *(Dryobates minor)*, Dohle *(Corvus monedula)*, Halsbandschnäp-

| 4 | Ebenda.
| 5 | Z. B. Hagemeijer / Blair 1997; sowie eigene Beobachtungen.
| 6 | Z. B. Flade 1994; Bauer / Berthold 1996 sowie eigene Beobachtungen.

per (*Ficedula albicollis*) und Gartenrotschwanz (*Phoenicurus phoenicurus*). Als weitere Art kommt noch der Kuckuck (*Cuculus canorus*) als Brutschmarotzer hinzu, so dass mindestens 89 Brutvogelarten Deutschlands in Alleen vorkommen können. Viele weitere Vogelarten nutzen Alleen als Nahrungsgäste oder bei der Rast auf dem Durchzug.

Charakteristisch für viele Alleen Ostdeutschlands, vor allem Eichen- und Kirschalleen, ist der in Deutschland stark gefährdete Ortolan (*Emberiza hortulana*), eine etwa sperlingsgroße, Wärme liebende Ammerart, die besonders empfindlich auf klimatische Schwankungen (regennasse Sommer) reagiert. Der Lebensraum des Ortolans ist eine offene, reich strukturierte Kulturlandschaft mit Waldrändern an Getreide- und Hackfruchtfeldern, einzeln stehenden Bäumen und Büschen, Alleen und Feldhecken. Er ist heute in seinem Bestand in Deutschland stark gefährdet.[7] Sein Nest baut er am Boden an Weg- und Grabenrändern, Rainen, Böschungen, an Ackerstreifen und manchmal auch direkt am Straßenrand in den Alleen.

Fast identische Ansprüche an den Lebensraum stellt die nah verwandte, ebenfalls Wärme liebende Grauammer, die in den alleenreichen Kulturlandschaften Ostdeutschlands noch weit verbreitet ist, insgesamt aber – wie der Ortolan – starke Bestandsrückgänge zeigt.[8] In ausgedehnten Obstbaumalleen, aber auch in vielen alleenartig angeordneten Kopfbäumen ist der seltene Steinkauz (*Athene noctua*) zu finden, der in natürlich vorhandenen Baumhöhlen und Astlöchern, aber auch in verlassenen Spechthöhlen brütet.

Steinkäuze sind, wie die zuvor genannten Vögel, ebenfalls Wärme liebend. Ihre Hauptnahrung besteht aus größeren Insekten, die geschickt im Flug oder am Boden erbeutet werden.[9]

Eine weitere Charakterart mancher Alleen ist der exotisch anmutende Pirol (*Oriolus oriolus*). Er schätzt die dichten Kronendächer der Alleen, in denen er genügend Nahrung (hauptsächlich Insekten), aber auch geeignete Nistplätze vorfindet. Pirole sind nicht selten auch in Kirschbaumalleen zu finden, weil sie zeitweise auch Kirschen verzehren. Sie bauen ihr napfförmiges Nest bevorzugt in hohen Astgabeln von Laubbäumen. Den Rand von Alleen nutzt regelmäßig der Baumpieper (*Anthus trivialis*), der entlang der Alleen an geschützten Stellen am Boden brütet.

Sind die Alleenbäume nicht allzu alt und sind zusätzlich noch einige Buschreihen vorhanden, so eignen sie sich als Bruthabitat von Nachtigall und Sprosser.

Viele der Alleen-Brutvögel gehören zu den Auwald- und Mischwald-Brutvögeln, zu jenen der Parkanlagen, Friedhöfe und Streuobstwiesen, Hecken und Feldgehölze. Auf dem Melaten-Friedhof in Köln existiert eine Platanenallee, die bereits im Jahr 1838 gepflanzt wurde. Die 65 Platanen sind damit fast 170 Jahre alt und bieten vor allem höhlenbrütenden Vögeln gute Nistplätze. Seit 1989 werden dort sechs Höhlenbrüter (Waldkauz, Halsbandsittich, Hohltaube, Grünspecht, Dohle und Star) quantitativ erfasst. Vergleichend dazu wurden dieselben Arten auch an einer Platanenallee in Brühl im Jahr 2005 untersucht (folgende Tabelle).[10]

[7] Bauer 2002.
[8] Hagemeijer / Blair 1997; Bauer 2002.
[9] Z. B. Mebs / Scherzinger 2000.
[10] Eul, Ulrich. Brühl; briefliche Mitteilung.

| Jahr | Waldkauz | Dohle | Hohltaube | Star | Grünspecht | Halsbandsittich |
| --- | --- | --- | --- | --- | --- | --- |
| 1989 | 1 rufendes Männchen (M) | 6 | 0 | 5 | 0 | 6 |
| 1990 | 0 | 6 | 0 | 6 | 0 | 6 |
| 1991 | 0 | 4 | 0 | 4 | 0 | 7 |
| 1992 | 0 | 2 | 0 | 5 | 0 | 8 |
| 1993 | 0 | 1 | 0 | 5 | 0 | 12 |
| 1994 | 0 | 1 | 0 | 5 | 0 | 13 |
| 1995 | 2 Altvögel | 4 | 2 | 6 | 0 | 10 |
| 1996 | 1 (4 juv.) | 3 | 3 | 6 | 0 | 13 |
| 1997 | 1 (4 juv.) | 3 | 2 | 5 | 0 | 11 |
| 1998 | 1 rufendes M | 4 | 2 | 4 | 0 | 12 |
| 1999 | 1 rufendes M | 3 | 2 | 4 | 0 | 10 |
| 2000 | 1 rufendes M | 2 | 2 | 3 | 0 | 10 |
| 2001 | 1 (3 juv.) | 3 | 2 | 3 | 0 | 10 |
| 2002 | 2 Altvögel | 3 | 2 | 4 | 0 | 9 |
| 2003 | 1 (1 juv.) | 3 | 2 | 3 | 0 | 8 |
| 2004 | 1 rufendes M | 3 | 2 | 3 | 1 | 9 |
| 2005 | 1 (3 juv.) | 2 | 2 | 4 | 1 | 9 |

*Zahl der Brutpaare höhlenbrütender Vogelarten in der Platanenallee auf dem Friedhof Melaten in Köln von 1989 bis 2005. Insgesamt 65 Bäume; geplant 1826, angepflanzt bis 1838 (nach: Eul, Ulrich).*

Es zeigt sich, dass der Grünspecht 2004 erstmals in der Platanenallee des Melaten-Friedhofes in Köln mit einem Paar und die Hohltaube erstmals im Jahr 1995 mit zwei Paaren brüteten. Alle anderen Arten brüteten auch schon zu Untersuchungsbeginn 1989. Die Bestände weisen in den 17 Untersuchungsjahren eine etwa gleich bleibende Tendenz auf.

Die Erfassung der selben Arten in einer Platanenallee im Brühler Schlosspark ergab im Jahr 2005 ein Brutpaar des Waldkauzes, vier Paare der Dohle, drei Paare der Hohltaube, vier Paare des Stars, ein Paar des Grünspechts und acht Paare des Halsbandsittichs. Damit waren die Arten etwa gleich häufig wie im selben Jahr auf dem Melaten-Friedhof in Köln. An diesem Beispiel wird deutlich, dass alte Platanenalleen, obwohl es sich um fremdländische Bäume handelt, durchaus wichtige Brutbiotope für einheimische Vögel sein können.

Nach derzeitigem Kenntnisstand nutzen in Deutschland die unten angegebenen Vogelarten Alleen als Bruthabitat.

*In Deutschland in Alleen brütende Vogelarten. Gefährdungskategorien gemäß Deutscher Roter Liste:[11]*

| Bodenbrüter: | Busch- und Baumbrüter: | Höhlen- und Halbhöhlenbrüter: | Brutschmarotzer: |
|---|---|---|---|
| **Rebhuhn *Perdix perdix* (2)** | Habicht *Accipiter gentilis* | Schellente *Bucephala clangula* | **Kuckuck *Cuculus canorus* (V)** |
| Waldlaubsänger *Phylloscopu sibilatrix* | Sperber *Accipiter nisus* | **Gänsesäger *Mergus merganser* (3)** | |
| Fitis *Phylloscopus trochilus* | **Rotmilan *Milvus milvus* (V)** | Hohltaube *Columba oenas* | |
| Zilpzalp *Phylloscopus collybita* | Schwarzmilan *Milvus migrans* | **Halsbandsittich *Psittacula krameri* III** | |
| Zaunkönig *Troglodytes troglodytes* | Mäusebussard *Buteo buteo* | **Steinkauz *Athene noctua* (2)** | |
| Rotkehlchen *Erithacus rubecula* | Turmfalke *Falco tinnunculus* | Waldkauz *Strix aluco* | |
| **Braunkehlchen *Saxicola rubetra* (3)** | Ringeltaube *Columba palumbus* | **Blauracke *Coracias garrulus* (1)** | |
| Schwarzkehlchen *Saxicola rubecula* | Türkentaube *Streptopelia decaocto* | **Wiedehopf *Upupa epops* (1)** | |
| **Baumpieper *Anthus trivialis* (V)** | **Turteltaube *Streptopelia turtur* (V)** | **Wendehals *Jynx torquilla* (3)** | |
| **Wiesenschafstelze *Motacilla flava* (V)** | Waldohreule *Asio otus* | **Grauspecht *Picus canus* (V)** | |
| Bachstelze *Motacilla alba* | **Pirol *Oriolus oriolus* (V)** | **Grünspecht *Picus viridis* (V)** | |
| **Grauammer *Emberiza calandra* (2)** | **Rotkopfwürger *Lanius senator* (1)** | Buntspecht *Dendrocopos major* | |
| Goldammer *Emberiza citrinella* | Neuntöter *Lanius collurio* | **Mittelspecht *Dendrocopos medius* (V)** | |
| **Ortolan *Emberiza hortulana* (2)** | **Raubwürger *Lanius excubitor* (1)** | Kleinspecht *Dyryobates minor* | |
| | Elster *Pica pica* | Dohle *Corvus monedula* | |
| | Eichelhäher *Garrulus glandarius* | Blaumeise *Parus caeruleus* | |
| | Saatkrähe *Corvus frugilegus* | Kohlmeise *Parus major* | |
| | Rabenkrähe *Corvus corone* | Haubenmeise *Parus cristatus* | |
| | Nebelkrähe *Corvus cornix* | Tannenmeise *Parus ater* | |
| | Beutelmeise *Remiz pendulinus* | Sumpfmeise *Parus palustris* | |
| | Schwanzmeise *Aegithalos caudatus* | Weidenmeise *Parus montanus* | |
| | Gelbspötter *Hippolais icterina* | Kleiber *Sitta europaea* | |
| | **Orpheusspötter *Hippolais polyglotta* R** | Gartenbaumläufer *Certhia brachydactyla* | |
| | Mönchsgrasmücke *Sylvia atricapilla* | Star *Sturnus vulgaris* | |
| | Gartengrasmücke *Sylvia borin* | Grauschnäpper *Muscicapa striata* | |
| | Sperbergrasmücke *Sylvia nisoria* | Trauerschnäpper *Ficedula hypoleuca* | |
| | Klappergrasmücke *Sylvia curruca* | Halsbandschnäpper *Ficedula albicollis* | |
| | Dorngrasmücke *Sylvia communis* | **Feldsperling *Passer montanus* (V)** | |
| | Sommergoldhähnchen *Regulus ignicapillus* | | |
| | Misteldrossel *Turdus viscivorus* | | |
| | Amsel *Turus merula* | | |
| | Wacholderdrossel *Turdus pilaris* | | |
| | Singdrossel *Turdus philomelos* | | |
| | **Sprosser *Luscinia luscinia* (V)** | | |
| | Nachtigall *Luscinia megarhynchos* | | |
| | Heckenbraunelle *Prunella modularis* | | |
| | Buchfink *Fringilla coelebs* | | |
| | Kernbeißer *Coccothraustes coccothraustes* | | |
| | Gimpel *Pyrrhula pyrrhula* | | |
| | **Karmingimpel *Carpodacus erythrinus* R** | | |
| | Girlitz *Serinus serinus* | | |
| | Grünfink *Carduelis chloris* | | |
| | Stieglitz *Carduelis carduelis* | | |
| | Bluthänfling *Carduelis cannabina* | | |
| | Birkenzeisig *Carduelis flammea* | | |

1 = vom Aussterben bedroht,
2 = stark gefährdet,
3 = gefährdet,
R = Arten mit geografischer Restriktion in Deutschland,
V = Vorwarnliste,
III = Neozoen.

## Bedeutung für Insekten

Auch zu dieser Tiergruppe liegen nur eher marginale Angaben in verschiedenen Untersuchungen vor. Eine systematische Bestandsaufnahme fehlt. Immerhin zeigen die verfügbaren Befunde, dass Alleen für einzelne, auch hoch bedrohte Arten durchaus eine erhebliche Bedeutung haben können (vgl. Tab. unten). Dies gilt insbesondere für strukturarme Agrarlandschaften und den Siedlungsbereich. Wertgebende Merkmale sind dabei zum einen das oft hohe Alter der Bäume und die Besonnung von Stämmen und dickeren Ästen. Paradoxerweise scheint sich der niedrige Gesundheitszustand der Bäume entlang von viel befahrenen Straßen an der Peripherie großer Städte eher positiv auf die Habitatqualität auszuwirken. Dies hat vermehrt abgestorbene Holzbereiche und die Bildung von Holzmulm im Inneren des Pflanzenkörpers zur Folge, von dem eine große Zahl Holz bewohnender Insektenarten profitieren kann.[12]

Es fehlen noch Befunde für typische Arten der Pappelalleen wie *Amorpha populi* – der Pappelschwärmer – und der Obstbaumalleen *Smerinthus ocellatus* – das Abendpfauenauge. Für ein ursprüngliches Waldland ist die Zahl Gehölz bewohnender Insektenarten in Deutschland besonders hoch. Geiser (1980) schätzt die Anzahl Holz bewohnender Käferarten allein für das Bundesland Bayern auf etwa 1000 Arten und bezeichnet diese Käfergruppe als die gefährdetste von allen. Allerdings scheint die Bedeutung der einzelnen Baumarten sehr unterschiedlich zu sein. Die beiden einheimischen Eichenarten nehmen hierbei die Spitzenposition ein, gefolgt von Weide und Birke.

Alleen bzw. die sie bildenden Bäume können folgende wichtige Funktionen für wirbellose Tierarten und insbesondere Insekten erfüllen. Sie sind:
– Lebensraum für die Larven von Insektenarten, die in stehendem Totholz oder Holzmulm aufwachsen. Besonders hohe Qualitäten bieten Alleen für jene Arten, die auf trocken-warme Umweltbedingungen angewiesen sind. Die diesbezüglich artenreichste Gruppe sind die Käfer.
– Niststätte für Insekten, die entweder vorgegebene Baumhöhlen besiedeln oder sich solche Niststätten im Holz selbst schaffen. An erster Stelle sind hier Hautflügler zu nennen, also solitäre Bienen oder soziale Wespen.
– Lebensraum für Pflanzen fressende bzw. Pflanzensaft saugende Insekten, z. B. bestimmte Schmetterlingsraupen,

|11| Bauer 2002.
|12| Geisler 1991.
|13| Aus: Blab 1986, nach: Petersen 1984.
|14| Vgl. Plachter 2003.
|15| Vgl. Lehmann 1994.

### Literatur und Quellen

Barthel, P. / Helbig, A.: Artenliste der Vögel Deutschlands. Limicola 19/2005, S. 89–111.

Bauer, Hans-Günther / Berthold, Peter: Die Brutvögel Mitteleuropas – Bestand und Gefährdung. Wiesbaden 1996.

Bauer, Hans-Günther / Berthold, Peter / Boye, Peter / Knief, Wilfried / Südbeck, P. / Witt, Klaus: Rote Liste der Brutvögel Deutschlands. 3., überarb. Fassung, 8. Mai 2002, Berichte zum Vogelschutz 39, S. 13–60.

Blab, Josef: Grundlagen des Biotopschutzes für Tiere. 3. Aufl. Bonn / Bad Godesberg 1986.

*Schwärmer- und Spinnerarten unter den Schmetterlingen, die in alten Alleen nachgewiesen sind. Die Mehrzahl der genannten Arten benötigt alte Bäume mit großen Kronen, wie sie vor allem bei einzeln, alleeartig stehenden Bäumen gegeben sind.[13]*

| Deutscher Artname | Wissenschaftlicher Artname | Lebensraum |
|---|---|---|
| Schlehenspinner | *Orygia recens* | Laubbäume |
| Schwammspinner | *Lymantria dispar* | Laubbäume |
| Goldafter | *Euproctis chrysorrhaea* | Laubbäume |
| Schwan | *Porthesia similis* | Laubbäume |
| Pergamentspinner | *Hybocampa milhauseri* | Eiche |
| Kamelspinner | *Lophopteryx camelina* | Laubbäume |
| Mondfleck | *Phalera bucephala* | Laubbäume |
| Lindenschwärmer | *Mimas tiliae* | Linde, Ulme, Vogelbeere |
| Wollrückenspinner | *Polyploca diluta* | Eiche |
| Ringelspinner | *Malacosoma neustria* | Laubbäume |
| Eichenglucke | *Epicnaptera tremulifolia* | Eiche, Pappel, Birke u. a. |
| Pflaumenglucke | *Odonestis pruni* | Laubbäume |
| Sackträger-Art | *Proutia betulina* | Flechten |
| Rindenflecken-Sackträger | *Bacotia sepium* | Fechten |
| Bienen-Glasflügler | *Aegeria apiformis* | Pappel, Weide |
| Bremsen-Glasflügler | *Paranthrene tabaniformis* | Pappel, Weide |
| Großer Birkenglasflügler | *Synanthedon scoliaeformis* | Birke |
| Dickkopffliegen-Glasflügler | *Synanthedon conopiformis* | Eiche |
| Kleiner Eichenglasflügler | *Synanthedon vespiformis* | Eiche, Pappel |
| Apfel-Glasflügler | *Synanthedon myopaeformis* | Apfel, Kirsche, Pflaume, Pfirsich, Vogelbeere |
| Glasflügler-Art | *Synanthedon typhiaeformis* | Apfel |
| Weidenbohrer | *Cossus cossus* | Laubbäume |
| Kastanienbohrer | *Zenzera pyrina* | Laubbäume |

*Der große Eichenbock (Cerambyx cerdo) ist auf alte, besonnte und absterbende Eichenbestände angewiesen. Er ist z. B. in Mecklenburg-Vorpommern »vom Aussterben bedroht« und zählt nach der FFH-Richtlinie zu den Arten, für deren Schutz die Mitgliedstaaten besondere Sorge zu tragen haben.
Ein ca. 5 Zentimeter langes Weibchen im Park Rothemühl (Vorpommern), 2003 (links) sowie Fraßspuren der Larven an Alteichen in einer Allee bei Pritzier (Mecklenburg), 1995, sind sehr seltene Anblicke.*

Zikaden und Pflanzenläuse. Während viele Arten dieser Gilde in Wirtschaftswäldern oder in häuslichen Gärten als Schädlinge auftreten und meist bekämpft werden, können sie sich in Alleen ohne Konflikte mit menschlichen Interessen entwickeln.
– Nahrungsressource. Blühende Alleebäume können für Nektar- und Pollen fressende Arten gerade in strukturarmen Agrar- und Stadtlandschaften ein entscheidendes Nahrungsangebot zum lokalen Überleben der Populationen bereitstellen. Dies trifft z. B. für Lindenarten, Bienen und Hummeln zu.
– Naturnahes landschaftsökologisches Strukturelement. Viele Insektenarten benötigen spezifisch strukturierte Elemente zur Partnerfindung. Etliche Gruppen sind hierbei auf die Gehölzkulissen entlang von Fließgewässern spezialisiert. Ebenso wichtig sind aber vertikal aufstrebende Elemente in sonst kontinuierlich strukturierten Landschaftsausschnitten, zu denen auch Alleen gehören. Aus diesem Grund und wegen windarmer Nischen ist die Dichte fliegender Insekten über und neben Alleen oft besonders hoch. Dieser Reichtum wird von Vögeln, Fledermäusen, aber sicher auch von etlichen anderen kleineren Säugetieren, Amphibien und Reptilien (z. B. Igel, Erdkröte, Zauneidechse) ausgeschöpft.

– Verbindung fragmentierter Populationen. Eine der grundlegenden Ursachen für den Rückgang biologischer Vielfalt und das lokale Aussterben von Arten in modernen Kulturlandschaften ist die Fragmentation und Isolation von Populationen jener Arten, die auf naturnahe Lebensräume angewiesen sind. Die Fauna-Flora-Habitatrichtlinie sieht deshalb auf europäischer Ebene und das Bundes-Naturschutzgesetz auf nationaler Ebene in § 3 den Aufbau von »Biotopverbundsystemen« vor. Für Insekten können Alleen, obwohl künstlich, in hohem Maße eine solche Vernetzungsfunktion erfüllen, nicht nur indem sich dort Bestände bestimmter Arten reproduzieren, sondern auch indem Insekten derartige Landschaftsstrukturen als Landmarken für ihre Flüge benutzen.

## Beurteilung und Handlungsempfehlungen

Alleen können gerade in naturfernen Landschaften (Agrarlandschaften, Siedlungsbereichen) wichtige ökologische Funktionen erfüllen. Diese sind vor allem:
– strukturell prägende Orientierungslinien bei den täglichen Flügen vieler Tierarten,
– Verbindungsachsen für die Konnektivität ansonsten iso-

Flade, Martin: Die Brutvogelgemeinschaften Mittel- und Norddeutschlands. Eching 1994.
Geiser, Remigius: Grundlagen und Maßnahmen zum Schutz der einheimischen Käferfauna. Schriftenreihe für Naturschutz und Landschaftspflege 12. München 1980, S. 71–80.
Hagemeijer, Ward / Blair, Michael: The EBCC Atlas of European breeding birds – their distribution and abundance. London 1997.
Haarbusch, C. / Meyer, M. / Summkeller, R.: Untersuchungen zur Jagdhabitatwahl des Kleinabendseglers (Nyctalus leisleri, Kuhl, 1817) im Saarland. Ökologie, Wanderungen und Genetik von Fledermäusen in Wäldern. In: Meschede, A. / Heller, K.-G. / Boye, P.: Schriftenreihe für Landschaftspflege und Naturschutz 71. Münster, S. 163–175.

Hume, Rob: Vögel entdecken und bestimmen – die Vögel Europas in ihren Lebensräumen. München 1994.

Lehmann, Ingo: Der Straßenbaum als Lebensraum. Deutsche Gesellschaft für Gartenkunst und Landschaftspflege, Landesverband Mecklenburg-Vorpommern, unveröff. Manuskript. Rostock 1994.

Mebs, Theodor / Scherzinger, Wolfgang: Die Eulen Europas – Biologie, Kennzeichen, Bestände. Stuttgart 2000.

Niedersächsische Ornithologische Vereinigung e. V.: NOV-Mitteilungen, Nr. 4, Februar 2000, S. 1–6.

Plachter, Harald: Naturschutz und Landwirtschaft – Widerspruch oder Allianz? In: Ökonomische Rationalität und praktische Vernunft, hrsg. von Ralf Döring und Michael Rühs. Würzburg 2004, S. 421–439.

Plachter, Harald / Heidt, Eckhard / Korbun, Thomas / Schulz, Roland / Tackenberg, Oliver: Methoden der Festlegung von Naturschutzzielen in Agrarlandschaften. In: Naturschutz in Agrarlandschaften. Ergebnisse des Schorfheide-Chorin-Projektes, hrsg. von Martin Flade, Harald Plachter, E. Henne und K. Anders. Wiebelsheim 2003, S. 99–138.

Richarz, Klaus / Limbrunner, Alfred: Fledermäuse. Fliegende Kobolde der Nacht. Stuttgart 1992.

Verboom, B. / Huitema, H.: The importance of linear landscape elements for the pipistrelle *Pipistrellus pipistrellus* and the serotine bat *Eptesicus serotinus*. Landscape Ecology 1, 1997, S. 117–125.

Verboom, B. / Spoelstra, K.: Effects of food abundance and wind on the use of tree lines by an insectivorous bat, *Pipistrellus pipistrellus*. Canadian Journal of Zoology 77, 1999, S. 1393–1401.

lierter Teilpopulationen in strukturarmen Landschaften und somit wesentlicher Baustein eines Biotopverbundsystems in solchen Landschaften,
– windgeschützte Nahrungsgebiete für im Flug jagende Tiere,
– Brut- und Fortpflanzungsraum für Arten, die auf besonnte (warme) Bäume mit Höhlen oder anbrüchigem bzw. totem Holz angewiesen sind,
– wesentliche Nahrungsquelle für Nektar- und Pollen fressende Insekten sowie (je nach Baumart) für Frucht fressende Tiere (einschließlich etliche Wirbeltiere).

Die naturschutzfachliche Bedeutung von Alleen steigt mit der Nutzungsintensität der sie umgebenden Landschaften. »Passend« sind sie allerdings nur dort, wo sie zur »landschaftlichen Eigenart« der Region gehören[14] und nicht durch ähnliche naturnähere Landschaftselemente (gegliederte Waldränder, lineare Gehölze an Fließgewässern usw.) ersetzt werden können. Dies trifft in Deutschland z. B. für viele Regionen Nord- und Nordostdeutschlands, aber auch für manche Mittelgebirgsregionen Süddeutschlands (etwa Obstbaumalleen der Fränkischen und Schwäbischen Alb) zu.

Gerade wegen der genannten Eigenschaften ziehen Alleen eine große Zahl von Tierarten an, die dort allerdings, da in der Regel Straßen begleitend, einem erhöhten Kollisionsrisiko mit Fahrzeugen ausgesetzt sind. Quantitative Daten fehlen hierzu bis heute. Aus der Lebensweise der typischen Arten kann allerdings geschlossen werden, dass die Vorteile einer Allee gegenüber der vielleicht erhöhten Mortalität populationsökologisch dann überwiegen, wenn sie wesentliche Reproduktionsräume strukturell sinnvoll verbinden und/oder Nahrungsressourcen bieten, die die jeweilige Landschaft so nur in geringem Umfang bereithält und für die Populationsentwicklung der jeweiligen Art den begrenzenden Faktor darstellt. Das bedeutet, dass eine Baumallee in einer grünlanddominierten Landschaft geringere Bedeutung hat als in einer Landschaft, die durchgängig von Ackerbau geprägt ist. Ebenso hat sie in einer kleinstrukturierten Landschaft mit gewissen Waldanteilen geringere Bedeutung als in einer bebauten Stadtlandschaft.

Aus den dargestellten Befunden können die folgenden Handlungsempfehlungen abgeleitet werden:
– Im Siedlungsbereich kann der Erhalt und der Aufbau von Alleen generell empfohlen werden.
– Darüber hinaus erscheinen Alleen nur in solchen Landschaften sinnvoll, in denen sie wesentliche landschaftsökologische Funktionen erfüllen, weil andere, naturnähere Varianten nicht möglich sind, und in denen sie »landschaftstypische« Elemente bilden.
– Die wertbestimmenden Merkmale von Alleen sind weniger die Baumartenzusammensetzung als vielmehr das Alter der Bäume und die räumliche Konnektivität mit anderen Gehölzbeständen. Als künstliche Landschaftselemente erfordern sie, dass rechtzeitig dafür gesorgt wird (z. B. durch Nachpflanzung), kontinuierlich einen hohen Prozentsatz alter Bäume zu erhalten.
– Der Wert eines Straßenbaumes als Lebensraum ist abhängig: erstens von der Baumart, zweitens der Struktur der Anpflanzung, drittens der Verkehrsdichte, viertens der Immissionsbelastungen und fünftens dem Baumumfeld.[15]
– Die ökologischen Risiken von Alleen steigen mit der Verkehrsdichte der Straßen, die sie begleiten. Obstbaumalleen sollten deshalb bevorzugt an nicht öffentlichen Bewirtschaftungswegen angelegt werden. Für bestehende Alleen, die als öffentliche Straßen dienen, sollten gegebenenfalls Maßnahmen der Verkehrsberuhigung erwogen werden. In jedem Fall sollte das Lichtraumprofil zwischen den beiden Baumreihen so gestaltet werden, dass fliegenden Tieren eine Ausweichmöglichkeit erhalten bleibt.
– Fremdländische Baumarten werden von viel weniger Arten genutzt als einheimische. Im Falle von Alleen kann dennoch die Pflanzung fremdländischer Arten nicht kategorisch abgelehnt werden, vor allem dann, wenn eine bestimmte Allee landschaftsprägend schon seit langer Zeit aus fremdländischen oder domestizierten Baumarten (z. B. Obstbäumen) bestand.
– Wesentlich entscheidendere naturschutzfachliche Qualitätskriterien einer Allee – unabhängig von den Baumarten – sind: die zeitliche Kontinuität, das Ressourcenangebot an Blüten und Früchten und das Habitatangebot in Form von Baumhöhlen und toten Holzpartien.
– Neu- bzw. Ersatzpflanzungen von Alleebäumen sollten deshalb bevorzugt mit einheimischen Laubbaumarten mit hohem Nektarangebot und relativ großen, von Tieren nutzbaren Früchten erfolgen.
– Die derzeit gültigen gesetzlichen Regelungen zur Verkehrssicherungspflicht schmälern die naturschutzfachliche Qualität von Alleen wesentlich. Baumchirurgische Maßnahmen sollten strikt auf die diesbezüglichen rechtlichen Erfordernisse beschränkt bleiben. An den Außenseiten von Alleen, die ja wegen der Besonnung bzw. Windarmut besondere ökologische Bedeutung haben, sollten solche »Sanierungen« durchgängig unterbleiben, da hierzu kein Rechtsauftrag besteht und sie zu einer wesentlichen Wertminderung der Allee führen.
– Innerhalb der Trauflinie der Bäume sollte eine Allee durchgängig von einem Grünlandstreifen begleitet werden, der weder gedüngt noch vor dem 1. September jeden Jahres gemäht wird. Diese Bereiche zählen in der Regel zum »Straßenbegleitgrün« (Straßenränder, Böschungen) und werden derzeit relativ intensiv gepflegt. Diese Praxis mindert den naturschutzfachlichen Wert von Alleen als ökologische Verbindungsachsen und Quellen hoher Biomasseproduktion ganz wesentlich.

In vergangenen Zeiten mussten Alleen immer wieder dem Straßenbau weichen. Inzwischen machen Bürgerinitiativen, Vereine, Institutionen und Stiftungen auf die Bedeutung von Alleen aufmerksam und begünstigen ihre Erhaltung sowie Neuanpflanzungen. Die »Deutsche Alleenstraße« und ihr zugehöriger Verein haben sich ebenso wie die Alleenschutzgemeinschaft e.V. einen Namen gemacht. Nicht zuletzt durch bürgerliches Engagement fördern die politischen Vertreter auf Bundes- und Landesebene verstärkt neue Alleenkonzepte in der Umwelt- und Verkehrspolitik.

*Kastanienallee in der Nähe von Alt-Ventschow, 1994*

Alleen im Licht der Umwelt-
und Verkehrspolitik

Karl Tempel, Elke Thiele und Heidemarie Apel

## »Deutsche Alleen – durch nichts zu ersetzen« –
die Kampagne des Bundesumweltministeriums und der Alleenschutzgemeinschaft e.V.

An einem Sommertag über Land zu reisen – ob zu Fuß, mit dem Fahrrad oder mit dem Auto – ist Vergnügen und Entspannung zugleich. Dabei erkundet man unbekannte Landschaften, lernt neue Menschen kennen und entdeckt Pflanzen und Tiere, die sonst nicht so leicht zu beobachten sind. Dass dabei prächtige Bäume die Straßen säumen, Schatten spenden und manchmal in Form von Äpfeln oder Birnen auch eine Erfrischung bieten, war in Deutschland jahrhundertelang eine Selbstverständlichkeit. In den sechziger und siebziger Jahren des 20. Jahrhunderts fielen aber zahlreiche Alleen dem Straßenausbau zum Opfer. Erst mit Beginn der neunziger Jahre setzte ein Umdenken ein und ein neues Bewusstsein für den Wert der Alleen entstand. Nach der Wiedervereinigung entdeckten viele Menschen die Schönheiten der Alleen für sich neu. Sie folgten den Spuren Theodor Fontanes auf seinen »Wanderungen durch die Mark Brandenburg«. Sie erkundeten die Ostseeküste in Mecklenburg-Vorpommern und deren Hinterland und stießen dabei immer wieder auf Alleen: kilometerlange Baumreihen mit stolzen alten Bäumen, die die Landschaft gliederten und die Orte miteinander verbanden.

Ein Zeichen für die neue Wertschätzung der Alleen setzte der ADAC mit der Gründung der »Deutschen Alleenstraße«, die von der Insel Rügen bis zum Bodensee führt. Aber die Alleen brauchen viele Fürsprecher, denn sie leiden unter dem Straßenverkehr, den Autoabgasen und dem Einsatz von Streusalz. Viele Bäume sind inzwischen sehr alt und müssen oft aus Sicherheitsgründen gefällt werden. Die Kosten der einzelnen Bäume, deren Pflege und vor allem der Grunderwerb am Straßenrand stehen Neupflanzungen und dem Erhalt bestehender Alleen viel zu oft im Wege. Hinzu kommen viele Autounfälle an Alleebäumen. Dies führte zu Überlegungen, Alleen komplett zu fällen bzw. Neuanpflanzungen nur noch im Abstand von mindestens 8 Metern zum Fahrbahnrand zu gestatten. Abgesehen davon, dass damit der Charakter einer Allee – das geschlossene Kronendach – zerstört worden wäre, würde dies schon aus finanziellen Gründen das Ende der prachtvollen Alleen bedeuten.

Das Bundesumweltministerium hat mit dem neuen Bundesnaturschutzgesetz aus dem Jahr 2002 die Möglichkeit geschaffen, Alleen ausdrücklich unter Schutz zu stellen. Zusätzlich ist es aber wichtig, die Bevölkerung für die Schönheit der Alleen in Deutschland zu sensibilisieren und so ein breites Netzwerk von Unterstützern zu schaffen. Im August 2002 startete das Bundesumweltministerium daher gemeinsam mit der Alleenschutzgemeinschaft e.V. die Sympathiekampagne »Deutsche Alleen – durch nichts zu ersetzen«. Die Motive – eine Brokkoli- und eine Kakteenallee – zielten darauf ab, sofort Interesse und Sympathie hervorzurufen und ein ernstes Thema auf humorvolle Weise in die Öffentlichkeit zu transportieren. Mit der Kampagne sollte bundesweit über die Alleen, über ihren ökologischen, touristischen und kulturellen Wert informiert und damit die Sympathie für

*Astrid Klug, Parlamentarische Staatssekretärin im Bundesumweltministerium, pflanzt Alleebäume gemeinsam mit Halberstädter Kindern am 20. März 2006.*

*Wie ein Blick in die Vergangenheit: geschlossene Lindenallee mit einer Kopfsteinpflasterstraße bei Zülow (Mecklenburg)*

dieses wichtige Kulturerbe neu geweckt werden. Zusätzlich sollte sie die bundesweite Lobby für Alleen stärken und aktive Unterstützer und Förderer suchen. Von Beginn an wurde auf die Kooperation mit bereits vorhandenen Initiativen gesetzt. Das so geknüpfte Netzwerk an Unterstützern sollte kontinuierlich weiterentwickelt werden und sich möglichst auch über die Kampagne hinaus für den Schutz und den Erhalt der Alleen stark machen. Das Bundesumweltministerium und die Alleenschutzgemeinschaft e.V. wollten auch dafür werben, dass Verkehrssicherheit und der Schutz der Alleen im Sinne einer vernünftigen Güterabwägung in Einklang gebracht werden. Aktiver Alleenerhalt sollte durch das Pflanzen von Bäumen realisiert werden. Die Sympathiekampagne macht mit Nachpflanzungen deutlich, dass zum Erhalt der Alleen auch das Schließen von Lücken in bestehenden Alleen und das Anlegen neuer Alleen gehört.

Als Hauptelement der Kampagne wurde die Webseite www.alleen-fan.de eingerichtet. Sie informiert über Alleen und bietet ein allgemeines Kommunikationsforum für alle, die sich für deren Erhalt einsetzen. Weiterführende Links verweisen auf die Kooperationspartner und geben Hinweise auf Aktionen rund um Alleen in den verschiedenen Bundesländern. Ein weiteres zentrales Element ist das Einwerben von Spenden für die Nachpflanzung von Alleebäumen geworden. Dank der finanziellen Absicherung seitens des Bundesumweltministeriums für Organisation und Werbemittel kommen die eingeworbenen Gelder komplett der Alleenschutzgemeinschaft e.V. und damit ausschließlich der Pflanzung und der Pflege der Bäume zugute. Zwei Rundbriefe des Bundesumweltministers an Unternehmen und Einzelpersonen riefen zur Unterstützung der Alleen in Deutschland auf. Bis zum Frühjahr 2006 konnten dank der Spenden sechs Nachpflanzaktionen durchgeführt werden. Dabei wurde vor allem Wert darauf gelegt, in möglichst vielen verschiedenen Regionen Deutschlands zu pflanzen. So fanden Pflanzfeste der Kampagne in der Nähe von Schwerin, in der Gemeinde Probsteierhagen bei Kiel, im Naturpark Niederlausitzer Landrücken, im Biosphärenreservat Spreewald, in Halberstadt und in Berlin statt. Ziel war dabei immer, ein öffentlichkeitswirksames Zeichen für Alleen zu setzen. Die umliegenden Gemeinden und Anwohner wurden aktiv in die Pflanzungen einbezogen, um die Allee fest im Bewusstsein der Anwohner zu verankern.

Die Werbemittel wurden sehr zielgerichtet eingesetzt. Die DIN A1-Kampagnenplakate wurden bundesweit zum Aushang bei den Kooperationspartnern oder in Tourismusbüros versandt bzw. konnten beim Bundesumweltministerium angefordert werden. Im Herbst 2002 und im Frühjahr 2003 machten kostenlose Postkarten u. a. in Restaurants, Kneipen und Kinos auf die Kampagne aufmerksam und warben Unterstützer für Alleen. Das Bundesumweltministerium widmete den Alleen seinen Jahreskalender 2003. Dieser wurde als Dank auch an alle Spender und Unterstützer versandt. Die mehr als 1000 Stück, die per Internet unter www.alleen-fan.de verlost wurden, waren in wenigen Tagen vergriffen. Ein Flyer mit Kurzinformationen zur Kampagne und zu den Alleen in Deutschland wurde als Teil der Öffentlichkeitsarbeit des Bundesumweltministeriums produziert, an alle Kooperationspartner verteilt und kann im Ministerium abgefordert werden.

Erfolgreich verliefen auch die beiden Wettbewerbe, die im Rahmen der Kampagne durchgeführt wurden. Mit einem Motivwettbewerb von März bis Mai 2003 wurde dazu aufgefordert, die bestehenden Motive der Kampagne, Brokkoli- und Kakteenalleen, weiterzuentwickeln. An den Schulen wurden Kinder und Jugendliche gezielt angesprochen, Kunsthochschulen wurden angeschrieben und kostenlose

*Kampagnenmotiv der Sympathiekampagne des Bundesumweltministeriums für Alleen*

Postkarten zum Mitnehmen warben bundesweit für neue Motive. Die meisten der mehr als 300 Beiträge setzten sich sehr kreativ mit dem Thema »Deutsche Alleen – durch nichts zu ersetzen« auseinander. Die Beiträge der Gewinner – z. B. eine von roten Schirmen gesäumte Straße – wurden zu neuen Motiven der Kampagne.

In einem Fotowettbewerb sollten die Akteure ihre Aufmerksamkeit vor allem auf die Schönheit des Kulturgutes »Allee« richten. Alleen-Fans waren von Mai bis August 2003 aufgerufen, ihre Lieblingsallee zu fotografieren. Die Bekanntmachung des Wettbewerbes erfolgte vorrangig durch verstärkte Pressearbeit, Aufrufe auf den Internetseiten der Partner und Unterstützer sowie über Plakate, die an Naturschutz- und Tourismusverbände versendet wurden. Unter den mehr als 500 Einsendungen waren auch ganze Bildergeschichten, Alleen wurden im Wandel der Jahreszeiten porträtiert – kurzum, es entstand ein repräsentativer Querschnitt zum Thema »Alleen in Deutschland«. Bemerkenswert ist, dass zahlreiche Beiträge aus den Regionen stammten, in denen bereits eine Pflanzaktion der Kampagne stattgefunden hatte. Die besten Fotos werden im Rahmen der neuen Kampagne eingesetzt.

Ein wichtiger Faktor ist auch weiterhin das Einwerben von Spendengeldern für die Nachpflanzung und die Pflege von Alleebäumen. Das Osterfest 2006 wurde daher als Anlass für den Start der Gutschein-Aktion genommen. Alleen-Fans können damit ihren Freunden, Bekannten und Verwandten ein originelles Geschenk machen und gleichzeitig etwas Gutes für die Umwelt leisten. Bekannt gemacht wurde die Aktion wiederum über Pressearbeit, Füllanzeigen für Printmedien und über die Webseite der Kampagne. Der Erlös der Gutscheine kommt der Alleenschutzgemeinschaft zugute und wird ausschließlich für Nachpflanzungen und die Pflege von Alleebäumen verwendet.

Zieht man eine Zwischenbilanz, verlief die Kampagne sehr erfolgreich. Die zivilgesellschaftliche Vernetzung des Alleenschutzes konnte dadurch entscheidend gestärkt werden. Neben der Alleenschutzgemeinschaft e.V. haben sich bisher elf weitere Naturschutzverbände bzw. Organisationen aus anderen Bereichen wie z. B. dem Tourismus bereit erklärt, als offizielle Unterstützer der Kampagne und damit der Alleen aufzutreten. Dank der bürgernahen Strukturen dieser Organisationen konnten wiederum zahlreiche Bürgerinnen und Bürger angesprochen werden. Über die Rundbriefe des Ministers gelang es, neue Unterstützer und Sponsoren zu gewinnen. Mit Hilfe der eingeworbenen Spendengelder wurden sechs öffentlichkeitswirksame Pflanzfeste organisiert, die teilweise auch als Initialzündung fungierten. Durch die

*Lindenallee am Wallfahrtsweg zur Maria-Schnee-Kapelle in Mindelheim, Ortsteil Nassenbeuren (Bayern)*

Nachpflanzaktionen wurden die Gemeinden für den Alleenschutz mobilisiert, sie übernahmen oft die Pflege der jungen Bäume, pflanzten weitere nach und sicherten die Komplettierung der Alleen zu.

Die Plakat- und Kartenmotive der Kampagne kamen in der Bevölkerung sehr gut an. Die erste Auflage der Plakate, insgesamt 2000 Stück, war schon nach sechs Wochen vergriffen. Inzwischen ist bereits die vierte Auflage in Arbeit. Der Verteilungserfolg der kostenlosen Postkarten lag bei 82 Prozent. Die 10 000 zusätzlich gedruckten Karten, die mit den Plakaten versendet wurden, waren nach acht Wochen vergriffen.

Die inzwischen dritte Auflage des Informationsflyers ist ebenfalls ein Beleg für das Interesse am Thema. Die Internetseite wird im Schnitt sehr gut besucht und gern für die Suche nach Hintergrundinformationen genutzt. Betrachtet man dabei die begrenzten für Werbung zur Verfügung stehenden Mittel, ist es beachtlich, welchen Bekanntheitsgrad die Kampagne bisher erreicht hat. Viele Bürgerinnen und Bürger suchen Rat, um Alleen vor ihrer Haustür schützen zu können, bieten ihre Hilfe für Nachpflanzaktionen an oder erkundigen sich nach Ansprechpartnern in ihrer Nähe.

Langfristig soll mit Hilfe der Kampagne die bundesweite Vernetzung der Alleenschützer und ihrer Verbände kontinuierlich ausgebaut werden, um ein breites bürgerschaftliches Engagement für den Schutz und Erhalt unserer Alleen zu bewirken. Denn wichtig bleibt nach wie vor, dass in den Bemühungen um den Schutz und Erhalt der deutschen Alleen nicht nachgelassen wird. In vielen Bundesländern organisieren sich Alleen-Fans und finden sich zu neuen Initiativen zusammen. Besonders aktiv sind z. B. die Alleenschützer in Brandenburg und Mecklenburg-Vorpommern. In Sachsen setzt sich der deutsche Verband für Landschaftspflege seit Jahren sehr engagiert für Alleen ein, der Bund für Umwelt und Naturschutz Deutschland in Sachsen-Anhalt rief 2005 das Projekt »Allee-Paten Sachsen-Anhalt« ins Leben und die Landesregierung Nordrhein-Westfalen begann 2006 mit der Pflanzung von insgesamt 100 neuen Alleen. Diese Beispiele stehen für viele, meist ehrenamtlich engagierte Bürgerinnen und Bürger, die einen unschätzbaren Beitrag dafür leisten, dass auch in Zukunft stattliche Alleen unsere Straßen säumen.

*Augen für Alleen – einer der Gewinnerbeiträge des Allee-Fan-Fotowettbewerbes*

Lutz Töpfer

# Schutz und Bewahrung der historischen Kulturlandschaft als Aufgabe der Deutschen Bundesstiftung Umwelt –
Förderpraxis zum Erhalt von Alleen

Das Gesetz zur Gründung der Deutschen Bundesstiftung Umwelt (DBU) vom 18. Juli 1990 setzt einen umfassenden Begriff von Umwelt voraus: Die Fördertätigkeit der ursprünglich mit einem Kapital von über einer Milliarde Euro ausgestatteten Stiftung wurde nicht auf ein klassisches ökologisches Aufgabenfeld beschränkt. Neben dem Anspruch, vor allem kleine und mittlere Unternehmen bei der Einführung von Innovationen für die Umwelt zu unterstützen, war die Erkenntnis maßgebend, dass die Umwelt des Menschen auch die gewachsene historische Kulturlandschaft mit ihren Denkmälern umfasst. Der Schutz des national bedeutenden Kulturguts vor den Folgen menschlicher Umweltzerstörung wurde infolgedessen als eines von vier Förderzielen benannt. Modellhafte Bewahrung und Sicherung wertvoller Kulturgüter im Hinblick auf Umwelteinflüsse wurden neben der Förderung von umwelttechnischen Innovationen, der Wissensvermittlung über die Umwelt, der Bewahrung des Naturerbes und der Vergabe eines Umweltpreises somit als Aufgaben der Stiftung in ihrer Satzung festgeschrieben.

Die Verwendung des aus dem Verkauf der bundeseigenen Salzgitter-AG erlösten Vermögens zur Gründung einer Stiftung bürgerlichen Rechts auf Betreiben des damaligen Bundesfinanzministers Dr. Theo Waigel ist auch durch die besondere historische Situation des Jahres 1990 zu erklären. Im Zuge der friedlichen Revolution des Jahres 1989 und dem Mauerfall war die im Oktober erfolgte Wiedervereinigung der beiden deutschen Staaten möglich geworden; mit den erfolgreich voranschreitenden »Zwei-plus-Vier«-Verhandlungen wurde sie immer wahrscheinlicher. Wenngleich das tatsächliche Ausmaß der Umweltzerstörung in der DDR kaum bekannt war, ließ der offenkundig disparate Ansatz im Umgang mit Fragen des Umweltschutzes in den beiden deutschen Staaten die Problematik bei der Einführung gesamtstaatlicher Umweltstandards erahnen. Die explizite Nennung der Aufgabe zur Unterstützung innerdeutscher Kooperationsprojekte zum Zwecke der Einführung umweltbezogener Technik im Gründungsgesetz der Stiftung deutet auf diese Besorgnis hin.

Der im Allgemeinen katastrophale, oft umweltinduzierte Zustand der Kulturgüter im Gebiet der DDR, der nach der Wiedervereinigung in seiner Breite zu Tage trat, bestätigte die Stiftungsgründer. Zwar hatte die weit verbreitete bedenkenlose Belastung der Umwelt, insbesondere in Form schwefelhaltiger Emissionen aus Industrie und Verkehr, auch am Kulturerbe der Bundesrepublik Deutschland zu schweren Schäden geführt, allerdings war es in Reaktion auf die 1975 – anlässlich des europäischen Jahres der Denkmalpflege – begonnene Diskussion über die Notwendigkeit der Entwicklung von naturwissenschaftlichen Lösungen hier bereits in den 1980er-Jahren zu einer in diese Richtung zielenden umfangreichen Förderung durch die Bundesregierung gekommen.

Die Förderung der Weiterentwicklung der Materialwissenschaften in der Denkmalpflege bildete – parallel zu frühen Programmen zur Notsicherung besonders gefährdeter Denkmale in den neuen Bundesländern – zunächst das Handlungsfeld des mit »Schutz und Bewahrung umweltgeschädigter Kulturgüter« betitelten Förderbereichs der neu eingerichteten Stiftung. Neben der Finanzierung wesentlicher technisch-methodischer Fortschritte für die praktische Denkmalpflege – so etwa der Entwicklung elastifizierter Kieselsäureester zur Steinfestigung oder der Erprobung der Möglichkeiten der Lasertechnik für Aufgaben der Denkmalpflege – wurden aber schon in den frühen neunziger Jahren erste Vorhaben zur Bewahrung bedeutender Alleen unterstützt.

Die erste Auflage der die Tätigkeit der Stiftung festlegenden Förderleitlinien aus dem Jahr 1991 benennt – allerdings als einen unter vielen weiteren Punkten – die Förderwürdigkeit von Vorhaben zur Bewahrung »ausgewählte[r] Aspekte einer Kulturlandschaft als Ausdruck einer gewachsenen historischen Identität und Kontinuität«. Es nimmt

*Lindenallee auf dem Heiligenberg bei Jena-Zwätzen. Der letzte Kopfschnitt der Linden erfolgte 1993, dabei wurde auch Unterholz entfernt, um die Bäume wieder freizustellen. Sie haben inzwischen auch faunistische Bedeutung, befindet sich doch hier eine der größten Populationen des Eremiten (Juchtenkäfer, Osmoderma eremita). Den Zustand der Allee vor 1993 zeigt die Abbildung auf S. 108/109.*

nicht Wunder, dass dieser Passus vor allem für die Begründung von Anträgen zu Vorhaben, die sich mit der Bewahrung von Alleen beschäftigen sollten, herangezogen wurde. Die Alleen in den neuen Bundesländern, die bald die Grundlage einer »Deutschen Alleenstraße« bilden sollten, stellen den Ausdruck einer historischen Identität und Kontinuität dar, die in weiten Teilen der alten Bundesrepublik Deutschland beispielsweise scheinbaren Modernisierungen im Straßenbau zum Opfer gefallen waren.

Alleenspezifische Förderschwerpunkte waren angesichts einer bis dato fehlenden systematischen Erfassung oder wissenschaftlichen Bewertung des Bestandes vor allem Maßnahmen zur Darstellung, Erfassung und Pflege des Vorhandenen. In mehreren Modellprojekten in Mecklenburg-Vorpommern und Thüringen, die jeweils in Zusammenarbeit mit den staatlichen Stellen als Eigentümer, aber auch unter Hinzuziehung privater Initiativen wie des Kuratoriums »Liebenswerte alte Bäume e.V.« durchgeführt wurden, konnten entscheidende Vorarbeiten zum Erhalt von Alleen geleistet werden. Die für ein Einschreiten der DBU notwendigen schädlichen Umweltfaktoren mussten nicht umständlich ermittelt werden: Der drastisch zunehmende Automobilverkehr bildete in seinen unterschiedlichen Ausprägungen einen aktuellen Schadensfaktor. Auch die Folgen der jahrzehntelang stetig zunehmenden Luftverschmutzung und die oft unterlassene Pflege und Nachpflanzung der Alleen hatten zu umfangreichen Schäden geführt.

Als Ergebnis der Vorhaben kam es, wie etwa in Mecklenburg-Vorpommern, über eine zentrale Kartierung der vorhandenen Schäden zum einen zur Entwicklung von angepassten Verkehrskonzepten und zum anderen zur Ausarbeitung geeigneter Pflege- und Erhaltungsmaßnahmen. Die damals noch fördertaugliche Weiterbildung im Kulturgüterschutz wurde über Qualifizierungsmaßnahmen in den Vorhaben erreicht. Auch in Thüringen war die Kartierung vorhandener Schäden ein wichtiges Ergebnis der Förderung. Sie versetzte den thüringischen Landesverband der Schutzgemeinschaft Deutscher Wald in die Lage, angepasste und beispielhafte Sanierungsmaßnahmen in ausgewählten Alleen, aber auch gezielte Ergänzungspflanzungen vorzunehmen. Aus Sicht der DBU sind die seinerzeit bei großem öffentlichem Interesse durchgeführten Modellvorhaben mit Erfolg abgeschlossen worden. Sie konnten einen wichtigen Beitrag dazu leisten, den Alleenschutz auf eine systematische Grundlage zu stellen, aber auch ein öffentliches Bewusstsein für den Wert und die Probleme beim Erhalt von Alleen heranbilden zu helfen.

Mit der Neuauflage der Förderleitlinien im Jahr 2001 wurde der Erhalt der historischen Kulturlandschaft im Rahmen einer Überarbeitung der Förderleitlinien deutlich konturierter geregelt. Vor allem die bezüglich der Bewahrung dieser Landschaftsteile grundlegende interdisziplinäre Zusammenarbeit zwischen Landschaftsplanung, Denkmalschutz, Naturschutz und Landnutzung wurde nun in das Zentrum der Bewertung gestellt und somit für die folgende Fördertätigkeit konstituierend. Die Intensivierung und Weiterentwicklung von Ansätzen einer solchen Zusammenarbeit, die eine besondere Qualität der bei DBU-Projekten intendierten Verknüpfung von Theorie und Praxis darstellt, ist seitdem eine ausgesprochene Absicht der Stiftung geworden. Ebenso wie die Notwendigkeit einer fächerübergreifenden Zusammenarbeit unterstreichen die Förderleitlinien nun die Notwendigkeit und Förderwürdigkeit von Projekten, die sich mit der Ausarbeitung von Konzepten zum Erhalt und zur Entwicklung historischer Kulturlandschaften am konkreten Beispiel beschäftigen. Die Erfahrungen aus zehn Jahren Förderpraxis, in denen sich in der wissenschaftlichen Öffentlichkeit sowohl Begrifflichkeit als auch Disziplin der Kulturlandschaftspflege erst entwickelten, sind hierfür bestimmend gewesen.

Erst in den letzten Jahren ist es verstärkt zur Antragstellung im Bereich des Erhalts historischer Kulturlandschaften

*Das private Engagement von Helmuth Freiherr von Maltzahn und seiner Frau Alla sowie das durch die DBU geförderte Landesparkprogramm Mecklenburg-Vorpommern machten die Neuanpflanzung einer Allee am Schloss Ulrichshusen mit 60 Ebereschen an einem ländlichen Weg im Mai 2000 möglich. (links)*

*Geschlossene Lindenallee bei Alt-Ventschow (Landkreis Nordwestmecklenburg) mit tief ansetzenden Kronen. Aufgrund des erhöhten Standorts der Bäume erfolgten kaum Schnitte am Stamm zur Herstellung des Lichtraumprofils.*

gekommen. Dies scheint nicht zuletzt eine den massiven Strukturwandel – etwa in der Landwirtschaft, aber auch der Landnutzung überhaupt – begleitende Entwicklung zu sein. Die Stilllegung von Flächen, die immer präsenteren Industriebrachen, aber auch eine grundlegend neue Form industrieller Produktion in Zweckbauten in Gewerbegebieten und andere, neuartige Eingriffe in die gewachsene Landschaft, wie sie uns etwa in Windenergie-Parks begegnen, verändern die historische Kulturlandschaft nachhaltig.

Gewachsene Strukturen, wie sie gerade Alleen darstellen, geraten in Zeiten einer rückläufigen staatlichen Steuerung und Förderung unter einen neuartigen Nutzungsdruck: Ihr Erhalt scheint plötzlich der Rechtfertigung zu bedürfen. Dieser Druck führt Antragsteller zu neuen Ansätzen: Ein zunehmender Trend zeigt sich etwa in Versuchen, die erwähnte interdisziplinäre Zusammenarbeit auf bisher nicht berücksichtigte Gruppen auszudehnen. Beispielhafte Projekte zur Bewahrung von Bodendenkmälern haben erfolgreich das Ziel verfolgt, in informellen und freiwilligen Vereinbarungen, die jenseits des durch den Gesetzgeber vorgegebenen Rahmens liegen, eine Kooperation aller Landnutzer – hier etwa der Landwirtschaft in der Lommatzscher Pflege, der Bodendenkmalpflege, des Tourismus und der Landesplanung – zum Erhalt auch des kulturellen Wertes der intensiv genutzten Landschaft zu erreichen.

Die Tatsache, dass Alleen, wie viele andere identifizierbare Elemente der historischen Kulturlandschaft auch, von mehreren fachlichen, aber auch regionalen Zuständigkeiten betroffen sind, erschwert oft den Einsatz zu ihrem Erhalt. Hinzu tritt der Umstand, dass das aus dem Wunsch auf Erhalt und gleichzeitiger Nutzung stammende Konfliktpotential gesetzlich nicht immer eindeutig geregelt ist. Mit der auf freiwilligen Zusatzvereinbarungen basierenden Zusammenarbeit der verschiedenen betroffenen Gruppen kommt es jedoch zu ersten Erfolgen auch im Alleenschutz. Ansätze, wie sie etwa durch das Landesamt für Denkmalpflege in Schleswig-Holstein in einem Modellvorhaben zur Planung und Durchführung einer angepassten Bewahrungsstrategie für historische Alleen unterschiedlichster Ausprägung in einem aktuellen Förderprojekt der DBU verfolgt werden, erscheinen hier als vielversprechende Lösungsschritte.

Unklar bleibt vorerst, wie die mit dem Erhalt von Alleen verknüpften globalen Fragen – etwa die Forderungen zur Verbesserung der Verkehrssicherheit – thematisiert, geschweige denn gelöst werden können. Wir erwarten gerade auch von der dieser Publikation zugrunde liegenden Tagung den Anstoß einer Debatte um innovative und modellhafte neue Strategien für Vorhaben, die sowohl in Form von Ansätzen zur Konzeptentwicklung mit Praxisbezug, aber auch als Ziele von Denkmalpflege und Naturschutz verbindende Maßnahmen durch die DBU förderfähig sind. Wichtig erscheint in diesem Zusammenhang vor allem die Einbindung des bürgerschaftlichen Engagements vor Ort. Nur so wird sich die für den Erhalt der Alleen notwendige Nachhaltigkeit auch nach dem Ende eines Modellprojektes tatsächlich erreichen lassen.

*Deutsche Bundesstiftung Umwelt an einer innerstädtischen Allee in Osnabrück*

Erwin Pfeiffer und Bernd Krebs

# Die Deutsche Alleenstraße – eine Ferienstraße durch die schönsten Regionen Deutschlands

Wann sind Sie zuletzt auf einer beschaulichen Allee durch deutsche Landschaften gereist, fernab von der Hektik mehrspuriger Autobahnen, zu Fuß, mit dem Fahrrad, Motorrad oder dem Pkw? Herzlich Willkommen auf der Deutschen Alleenstraße!

Nach der Wiedervereinigung 1990 machten sich viele Westdeutsche auf, um den bislang verborgenen Teil der gemeinsamen Heimat wiederzuentdecken. Auch wenn die Reisewelle Richtung Westen um ein Vielfaches größer war als die in Richtung Osten, so wurden die neuen Bundesländer doch wissbegierig erkundet. Und schnell wurde deutlich, dass im Osten eine Fülle von Schätzen – Landschaften, Natur, Geschichte und Kunst – erhalten war, wie man sie im Westen nicht mehr antreffen konnte, denn in den 1950er-Jahren wurden in den aufstrebenden Industrieländern »Mobilitätshindernisse« wie Alleebäume reihenweise geopfert. Das heutige Umweltbewusstsein zeigt, wie schwer derartige Aktionen noch Jahrzehnte später nachwirken. Umso erfreuter waren die Reisenden, in den neuen Bundesländern wertvolle Alleebestände zu entdecken.

Auch wenn kurz vor der Verabschiedung des Einigungsvertrages in der Volkskammer der DDR noch Nationalparks und Biosphärenreservate eingerichtet und gesetzlich festgeschrieben wurden, musste man doch um die natürliche Schönheit der Landschaften fürchten. Alte Burgen, historische Schlösser und Gärten, Städte und Dörfer mit altertümlichem Charme, oftmals verbunden mit holprigen Kopfsteinpflasterstraßen, umsäumt von uralten Alleen, vermittelten den Eindruck, als ob die Zeit konserviert worden wäre.

Jedermann wusste, dass hier bald viel geschehen würde. Straßen mussten saniert und neu gebaut werden, um die stark zunehmende Mobilität zu gewährleisten. Schnell, ja fast zu schnell entwickelten sich allerorts Projekte, da die Zahl der Autos sprunghaft zunahm. Neben dem neuen Wagen wollten viele auch neue Straßen. Was sollte nun mit den jahrhundertealten Alleen geschehen? Dem vermeintlichen Fortschritt folgend, sollte anfangs häufig rücksichtslos gegen Baumbestände und unverzichtbare Landschaftsbestandteile vorgegangen werden. Dies blieb nicht unentdeckt. Umweltverbände sammelten Unterschriften und das Thema erhielt mehr und mehr Aufmerksamkeit.

Nachdem auch viele neue ADAC-Mitglieder ihre Sorge um den Erhalt der Alleebäume zum Ausdruck gebracht hatten, griff die ADAC-Motorwelt, Europas auflagenstärkste Zeitschrift, die Thematik im Dezember 1990 auf und machte Vorschläge zum behutsamen Umgang mit den Alleen – vor allem im Hinblick auf die bevorstehende Umgestaltung und den Ausbau von Straßen. Gleichzeitig rief der ADAC zur Rettung der Alleen auf. Eine Bürgeraktion war geboren. Und weil auch die Natur Verbündete braucht, fand der ADAC mit der Schutzgemeinschaft Deutscher Wald (SDW) und dem Kuratorium »Alte Liebenswerte Bäume in Deutschland e.V.« schnell Mitstreiter beim Schutz der Baumveteranen. Die Rettung der Alleen wurde im Herbst 1991 zum gemeinsamen Ziel erklärt.

Nachdem die Kooperation in der Öffentlichkeit vorgestellt worden war, wurde bei der Schutzgemeinschaft Deutscher Wald ein spezielles »Alleen-Alarm-Telefon« eingerichtet, über das die Bürgerinnen und Bürger beim Bekannt werden von Baumfällplänen Hilfe anfordern konnten, damit schnellstmöglich reagiert werden konnte. Dies war die Aufgabe des Alleen-Koordinators Siegfried Friedel, der seine segensreiche Tätigkeit in Halle (Saale) aufnahm und dem es nicht zuletzt zu danken ist, dass viele Alleen in den neuen Bundesländern erhalten wurden. Glücklicherweise verabschiedeten in jener Zeit einige Landesparlamente Naturschutzgesetze, die die Möglichkeit boten, Alleebäume unter Naturschutz zu stellen und damit dem sicheren Zugriff gedankenloser Planer zu entziehen.

Am 9. September 1992 fand in Sellin auf Rügen, Deutschlands größter Insel, die Gründungsversammlung der »Arbeitsgemeinschaft Deutsche Alleenstraße« statt. Das

*Kastanienallee in Mecklenburg-Vorpommern*

erklärte Ziel ist ebenso einfach wie prägnant und zielführend: Die Alleen in Deutschland sollen für zukünftige Generationen erhalten und nach Möglichkeit – wo notwendig – nachgepflanzt werden. Um die Alleen auch ins Bewusstsein der Bundesbürger zu bringen, wurde die Idee der Schaffung einer Ferienstraße konkretisiert. Ein grünes Band, das sich durch ganz Deutschland von Rügen bis zum Bodensee schlängelt, sollte entwickelt werden. Am 3. Mai 1993 war es dann so weit: Das erste Teilstück von über 260 Kilometer Länge wurde zwischen Sellin und Rheinsberg/Brandenburg eröffnet, wobei als Schirmherrin Bundestagspräsidentin Rita Süssmuth gewonnen werden konnte. Die Strecke durchquert Mecklenburg-Vorpommern, das mit seinen mächtigen Backsteinbauten und einmaligen Naturrefugien eine beruhigende Bedächtigkeit ausstrahlt, um schließlich in Brandenburg zu enden. Ein wichtiger Faktor bei der Streckenplanung war der Bestand an Alleebäumen links und rechts der ausreichend dimensionierten Straßen. Es ging nicht darum, die kürzeste Verbindung zwischen kulturellen oder städtebaulichen Sehenswürdigkeiten zu finden. Vielmehr kann sich der Reisende auf der Alleenstraße am grünen Band orientieren und eine Menge entdecken, nicht zuletzt einmalige Landschaften.

Schon im Oktober 1993 folgte das zweite Teilstück von Rheinsberg nach Wittenberg/Sachsen-Anhalt. Die Alleenstraße nahm konkrete Formen an, Folder mit Kurzbeschreibungen der Strecke wurden produziert und zu tausenden an interessierte Alleenfreunde abgegeben. Im September 1994 erreichte die Alleenstraße Goslar in Niedersachsen. Sie führt bei Duderstadt durch das weithin bekannte Eichsfeld im Herzen Deutschlands, das einst durch die innerdeutsche Grenze zerschnitten war und nun wieder in seiner ganzen Schönheit zu entdecken ist.

Wieder konnten prominente Politiker gewonnen werden, die sich für die gute Sache einsetzten und den Alleenschutz nach Kräften förderten. Bundespräsident Roman Herzog zeichnete das Alleen-Schutz-Projekt 1995 im Rahmen des europäischen Naturschutzjahres mit einer Anerkennungs-Urkunde aus – und die Alleenstraße erreichte Moritzburg bei Dresden. Noch im gleichen Jahr wurde das vierte Teilstück eröffnet: Von Wittenberg/Sachsen-Anhalt über die sächsische Landeshauptstadt Dresden nach Plauen im Vogtland führt die Strecke über 420 Kilometer.

Mittlerweile wurde auch die Arbeit in der Kooperation immer professioneller: eine Vereinssatzung wurde entwickelt und der Verein schließlich beim Amtsgericht München offiziell eingetragen. Gründungsmitglieder sind neben dem ADAC, der SDW und dem Kuratorium »Alte, liebenswerte Bäume in Deutschland«, der Deutsche Tourismusverband (DTV) und zahlreiche regionale Tourismusorganisationen, Gemeinden und Verbände. Mit dieser Mitgliederstruktur setzte sich die Erfolgsgeschichte weiter fort: Meiningen in Thüringen stand 1996 im Zentrum der Aufmerksamkeit, denn dort wurde die fünfte Teilstrecke offiziell eingeweiht.

Um auch die immer wieder aufkommenden Fragen der Verkehrssicherheit an den Alleen zu diskutieren, wurde im gleichen Jahr erstmals ein entsprechendes Symposium veranstaltet. Es ging um Fragen wie: Mit welchen Maßnahmen können einerseits die Alleebäume erhalten und wie kann andererseits die Verkehrssicherheit erhöht werden? Welche Mindestabstände zum Fahrbahnrand sind erforderlich? Aspekte, die auch heute noch und ganz aktuell den Baumbestand bedrohen. Ein allgemein gültiges Rezept wurde bislang nicht gefunden. Und dennoch – meist lassen sich Gefahrenpunkte auch ohne die Motorsäge entschärfen.

Der Bekanntheitsgrad der Deutschen Alleenstraße wurde durch eine erfolgreiche Medienarbeit weiter gesteigert: Nachpflanzaktionen lenkten die regionale Aufmerksamkeit auf die weiter wachsende Ferienstraße. Von Thüringen aus schlängelte sich 1997 das grüne Band der sechsten Teilstrecke nach Braubach am Rhein/Rheinland-Pfalz. Es wurde gleich im nächsten Jahr bis Karlsruhe-Ettlingen in Baden-Württemberg weitergeführt. Unter der Schirmherrschaft von Ministerpräsident Erwin Teufel wurde im Jahr 2000 in Baden-Württemberg die Abschlussstrecke von Karlsruhe zur Insel Reichenau im Bodensee eingeweiht und ein großartiges Vorhaben – vorläufig – beendet.

Die Vision, die 1992 entwickelt wurde, ist Wirklichkeit geworden. Über 2 500 Kilometer Alleen verbinden den Nord-

*Geschlossene Alleen-Neuanpflanzung aus Esche, Kirsche und Ahorn an der Deutschen Alleenstraße (L29) bei Gustow (Landkreis Rügen) in einem seitlichen Abstand zur Fahrbahn von 2 Metern und gleichzeitiger Beschränkung der zulässigen Höchstgeschwindigkeit auf 80 Kilometer pro Stunde.*

Eine Ferienstraße, die so viele unterschiedliche Orte, Städte und Regionen verknüpft, lebt von ihrer Heterogenität. Diese erschwert allerdings die unmittelbare Zusammenarbeit. Zu unterschiedlich sind oftmals die Interessen, zu weit entfernt die Protagonisten, die sich für die Alleenstraße konkret vor Ort einsetzen. In den nächsten Monaten und Jahren gilt es, die Alleenstraße vor Ort im touristischen Marketing zu verankern und erlebnisreiche Aktivitäten zu entfalten. Themenbezogene Events müssen gestartet werden, eine Identifikation der einheimischen Bevölkerung wird angestrebt. Die Deutsche Alleenstraße muss zur Erlebnisroute werden, die die Gäste als Besonderheit mit allen Sinnen erleben. Die Tourismusvertreter vor Ort sind hier stärker denn je gefordert. Nur so lassen sich die touristischen Ziele erreichen und mit den ökologischen Notwendigkeiten verbinden. Denn gerade in dieser Hinsicht bietet die Deutsche Alleenstraße sehr günstige Voraussetzungen, da sie vielfach abseits der Hauptstraßen verläuft. So kann auch der Radwanderer oder der Fußgänger die Strecken kennen lernen, vielleicht schon bald mit Hilfe eines »ökologischen Reiseführers«, der zur Entdeckung dieser einmaligen Landschaftsbestandteile einlädt.

Die Schutzgemeinschaft Deutscher Wald e.V. und der ADAC werden sich, wie in der Vergangenheit, für die Deutsche Alleenstraße einsetzen und alles tun, damit die Route in zunehmendem Maße die reisenden Naturfreunde anzieht. Damit leistet sie und die Arbeitsgemeinschaft Deutsche Alleenstraße e.V. einen aktiven Beitrag zum nachhaltigen und sozialverträglichen Tourismus.

*Streckenverlauf der Deutschen Alleenstraße. Bei den gestrichelten Abschnitten handelt es sich um Straßen, die keinen durchgehenden Alleenbestand aufweisen und somit für Neuanpflanzungen vorgesehen sind.*

osten mit dem Südwesten Deutschlands, durchqueren vielfältige Kulturlandschaften und einmalige Naturgebiete. Doch mit der Markierung der Strecke allein ist es nicht getan. Zum einen sind noch viele Streckenabschnitte als Nachpflanzstrecken ausgewiesen. Hier gilt es, Lücken in den Baumreihen zu schließen – im Zuge knapper Haushaltskassen ein zunehmend schwieriges Unterfangen. Die Schilder an der Strecke müssen regelmäßig überprüft und schadhafte ersetzt werden. Zum anderen bildet das Marketing für die Arbeitsgemeinschaft nach wie vor eine große Herausforderung. Zahlreiche Anfragen interessierter Urlauber wollen individuell beantwortet werden. Beratungsmaterial wird nachgefragt. Buchbare Angebote werden erwartet. Um die Fragen nach dem Streckenverlauf und den Sehenswürdigkeiten links und rechts der Route aktuell beantworten zu können, wurden in enger Zusammenarbeit mit dem ADAC die gesamten Beschreibungen, Texte und Karten im Jahr 2004 komplett neu überarbeitet und im PDF-Format für die eigene Homepage (www.deutsche-alleeenstraße.de) aufbereitet. Die gleichen Inhalte findet der interessierte Tourist auch bei ADAC-Online unter der Rubrik Reiseservice/Freizeit und Wochenende.

Corinna Cwielag und Silke Friemel

## Alleen brauchen Freunde – eine Lobby für die Straßenbäume in Mecklenburg-Vorpommern und Brandenburg

Der Baum am Straßenrand – er ist schön, er spendet uns Schatten und gehört einfach dazu: zum Blick aus dem Fenster, zur Fahrt zum Bäcker oder in die nächste Stadt. Doch die Begeisterung für unsere Alleen ist nicht frei von Konflikten. Die Autolobby betont in der Öffentlichkeit immer wieder den unfallträchtigen Alleebaum, was sogar zu Initiativen für baumfreie Straßen geführt hat.

Alleen sind jedoch unverzichtbare Bestandteile unserer Kulturlandschaft, die es zu bewahren gilt. Wie können wir also aktive Freunde für Alleen finden – wie eine effiziente Lobby für den Erhalt unserer Landschaft schaffen? Die zuständigen Fachverwaltungen bemühen sich – oftmals als gemeinsame Partner – um Pflege, Erhalt und Entwicklung von Alleen. Die Erfahrungen des Bundes für Umwelt und Naturschutz Deutschland e.V. (BUND) zeigen darüber hinaus, dass sich die Förderung und Begleitung des bürgerschaftlichen Engagements als unterstützende Maßnahme vor allem in der Umweltbildung gut eignet. Denn wie kaum ein anderes Thema symbolisieren Alleen durch ihre flächendeckende Formenvielfalt in Mecklenburg-Vorpommern und Brandenburg den Konflikt zwischen unserem ständig wachsenden Verkehrsaufkommen und den Aspekten Heimat, Landschaft und Naturschutz. Es ist deshalb wichtig, dass Menschen über die Geschichte und die Funktionen von Alleen etwas erfahren können. Wertvoll sind Informationen aus Kartierungen und Datensammlungen über Alleen. Das weckt Verständnis für den ökologischen und landschaftsästhetischen Wert der Alleen und macht den Sinn des gesetzlichen Schutzes nachvollziehbar.

Die kontinuierliche Öffentlichkeits- und die aktuelle Pressearbeit des BUND zu lokalen Themen des Alleenschutzes bilden die Grundlage für die Diskussion über den Wert und den Erhalt der Alleenlandschaft für die Zukunft. So gelang es beispielsweise im Landkreis Ostvorpommern, dass der Kreistag einen Beschluss mit nur einer Enthaltung und somit parteiübergreifend fasste, der die Erarbeitung einer Konzeption zur Erhaltung bzw. Sanierung der Alleen an Kreisstraßen vorsieht (Beschluss-Nr.: 185-14/06 vom 10. April 2006). Die Alleen des Landkreises wurden auf diesem Wege Gegenstand vieler Gespräche in öffentlichen Sitzungen der Kreistagsausschüsse. Der Beschluss, etwas für den Erhalt der Alleenlandschaft vor Ort zu unternehmen, stärkt den Alleenschutz insgesamt.

Auch in Brandenburg sind Alleenschützer in den Diskussionsprozess um die nachhaltige Alleenentwicklung ein-

*Das Anliegen des Alleenschutzes wurde in Mecklenburg-Vorpommern seit 1998 durch den Umweltminister Prof. Dr. Wolfgang Methling (rechts) und danach auch durch den Wirtschaftsminister Dr. Otto Ebnet (links) unterstützt. Als Signal einer guten Zusammenarbeit im Alleenschutz sowie zur Förderung von Obstbaumalleen pflanzten beide Minister, gemeinsam mit dem damaligen Landrat Dr. Udo Drefahl (Mitte), am 23. Mai 2001 die ersten Apfelbäume historischer Sorten entlang der Kreisstraße 7 bei Groß Molzahn (Landkreis Nordwest-Mecklenburg). Die Neuanpflanzung wurde teilweise aus dem »Alleenfonds« finanziert.*

*Alleen brauchen Freunde*

gebunden. Im September 2000 wurde z.B. die Schutzgemeinschaft Brandenburger Alleen gegründet. Auf dem Höhepunkt der Diskussion über den Erhalt der Bäume an stärker befahrenen Bundesstraßen initiierte dann die bundesweite Alleenschutzgemeinschaft e.V., unterstützt vom BUND Landesverband Mecklenburg-Vorpommern und der Gemeinde Lützow am 14. September 2002 an der B 104 zwischen Schwerin und Gadebusch eine wichtige Alleenpflanzung, die aus Spendengeldern finanziert und vom BUND Landesverband Mecklenburg-Vorpommern unterstützt worden ist. Der damalige Bundesumweltminister Jürgen Trittin und der Umweltminister von Mecklenburg-Vorpommern Wolfgang Methling setzten eigenhändig die ersten Kirschbäume. Die Frage um den Erhalt der Alleenlandschaft war in der Öffentlichkeit als »Chefsache« erkennbar.

Im Alltag jedoch ist der Alleenschutz weit weniger von prominentem Engagement als vom Einsatz aktiver Bürgerinnen und Bürger gekennzeichnet. Viele der Alleen sind inzwischen älter als 80 Jahre – sie waren also für Generationen »immer da«. Viele Menschen verbinden mit ihnen ein Heimatgefühl, weshalb die Sorge um ihren Erhalt in vielen Fällen ein sehr persönliches Anliegen ist. Veränderungen in Alleen fallen besonders ins Gewicht. So optisch imposant eine gesunde alte Allee wirkt, so schockierend ist der Anblick einer gefällten Baumreihe am Straßenrand oder unsachgemäß gekappter Baumkronen.

Oft ist Emotionalität der Auslöser für ehrenamtliches Engagement. Dies führt dazu, dass sich Menschen, die sich vorher möglicherweise nie mit Umwelt- und Naturschutz beschäftigt haben, an Behörden und Verbände wenden. Der Umweltverband agiert als Vermittler und Verbindungsglied zwischen Bürgern und Behörden. So können Erwartungen und Aktivitäten kanalisiert werden. Doch das ehrenamtliche Engagement für Alleen kann naturgemäß sehr vergänglich sein. Denn selbst wenn eine Allee auf diese Weise gerettet werden konnte, kann man sich auf dem Erfolg nicht lange »ausruhen« – zu vielfältig und wiederkehrend sind die Probleme der unsachgemäßen Eingriffe in den Kronen- und Wurzelbereich, des Streusalzeinsatzes, der unzureichenden Unterhaltung bei Überalterung oder die konkurrierender Planungen, insbesondere durch den Straßenbau. Die Vergänglichkeit der Bäume erfordert also langfristiges Engagement und Weitblick. Alleen-Paten bauen mit Partnern aus den Verbänden und zuständigen Behörden solch eine intensive und zukunftsgerichtete Beziehung zu den Alleen vor Ort auf.

Die ursprüngliche Idee der Alleen-Patenschaften ist, die Förderung von Neu- und Nachpflanzungen und ein Informationsnetz »aufmerksamer Augen« zu schaffen, um auf diese Weise die Entwicklung der vielen Alleen zu beobachten. Die Patenschaften sollen die Identifikation mit dem Kulturgut »Allee« für die Zukunft stärken. Die Alleen-Paten überwa-

*AlleenschützerInnen von BUND, ROBIN WOOD, NABU und der Schutzgemeinschaft Brandenburger Alleen machten in einer Aktion im Winter 2005 nordwestlich von Potsdam darauf aufmerksam, dass in Brandenburg in den letzten Jahren sehr viele Alleebäume gefällt, aber nicht nachgepflanzt worden sind. Damit Schutz und Pflege von Alleen auch in Zeiten knapper Kassen möglich sind, empfehlen die Umweltverbände, dass Brandenburg einen Alleenfonds nach dem Beispiel Mecklenburg-Vorpommerns einrichtet.*

chen das Gedeihen und den Zustand von Alleebäumen. An Jungbäumen zeigen sich oft Verletzungen durch Wildverbiss oder Schäden durch Wassermangel in Trockenperioden. Schiefstand nach Sturmereignissen oder Anfahrschäden führen manchmal bis zum Absterben. Gemeinsam mit dem BUND, den für die Pflanzung zuständigen Garten- und Landschaftsbaubetrieben wie auch den Umwelt- und Straßenverwaltungen kümmern sich Alleen-Paten frühzeitig um Nachpflanzungen für abgestorbene Jungbäume. Erfassungsbögen werden angelegt, Foto- und Malwettbewerbe bieten die Chance für eine persönliche Auseinandersetzung mit dem Thema »Baum«. Auf Veranstaltungen können die persönlichen Erfahrungen ausgetauscht werden.

Allein in Brandenburg sorgen sich seit dem Jahr 2000 über 60 Alleen-Paten – Einzelpersonen, Gruppen und Vereine – persönlich um »ihre« Allee. So konnte beispielsweise Anfang 2005 durch rechtzeitiges Handeln eine Kugelahornallee in Eisenhüttenstadt vor der Fällung bewahrt werden. Kugelahorne sind in Städten wichtiger Lebensraum besonders für Singvögel. Die breiten Kronen der kleinen Bäume, die sich aufgrund ihres interessanten Äußeren besonders für kleine Alleen eignen, waren zu einem Problem im Straßenraum geworden. Alleen-Paten hatten sich mit Unterstützung des BUND an den Bürgermeister und die Presse gewandt. Es stellte sich dabei schnell heraus, dass durch einen einfachen Formschnitt die Probleme an der wenig befahrenen Straße behoben werden konnten. Ohne den ehrenamtlichen Einsatz wären die straßenbildprägenden kugeligen Bäume wohl unnötigerweise gefällt worden.

Die meisten Alleen-Paten in Brandenburg kümmern sich um die schönen alten »Allee-Riesen«, doch auch jüngst nachgepflanzte Alleen haben bereits Freunde gefunden. Im Herbst 2004 beispielsweise hat die Kinder-Öko-Gruppe »Apis« der Puschkin-Grundschule in Angermünde die Patenschaft über eine Jungbaumallee an der B 2 neu übernommen. Im Rahmen dieses Projektes haben die Kinder eine Informationstafel für die Autofahrer erstellt, die am Tag der Übergabe der Patenschaftsurkunde vom zuständigen Straßenmeister angebracht wurde. Die Kinder haben viel über »ihre« Bäume erfahren und konnten eine Pflanzung beobachten. Zweimal im Jahr halten sie die Geschehnisse an der Allee auf einem Erfassungsbogen fest und dokumentieren dies mit Fotos. Darüber hinaus haben sie mit viel Begeisterung am Fotowettbewerb der Schutzgemeinschaft Brandenburger Alleen teilgenommen und einen Sonderpreis für die beste Fotoserie gewonnen. Das Engagement der Kinder-Öko-Gruppe im Alleenschutz hat bewirkt, dass die zuständige Straßenmeisterei ein besonders wachsames Auge auf die Jungbäume hat. So wurde ein Anfahrschaden schnell bemerkt, gemeldet und bald behoben. Durch das angebrachte Schild werden die Autofahrer darüber informiert, dass für diese Allee im Rahmen einer Patenschaft gesorgt wird. Durch die lokalen Medien wurde das Engagement in der ganzen Region bekannt.

In Mecklenburg-Vorpommern sind seit 1998 auf Initiative des BUND Landesverbandes insgesamt 21 Alleen-Patenschaften besiegelt worden, in denen sich rund 200 Menschen für Schutz und Erhalt »ihrer« Alleen einsetzen.

Zumeist übernahmen interessierte Jugendgruppen von Schulen, Berufsschulen oder Dorfgemeinschaften eine Patenschaft über eine neu angepflanzte Allee in ihrem unmittelbaren Umfeld. Es gibt jedoch auch Alleen-Patenschaften von Firmen, Hotels oder Seniorengruppen. Auftakt ist immer die gemeinsame Pflanzaktion an jungen Alleen.

So verwirklichten die Alleen-Paten des Künstlerhauses Plüschow im Landkreis Nordwestmecklenburg gemeinsam mit den Kindern des Dorfes und dem BUND im Jahr 1999 ihren Traum von der Allee an der Dorfstraße zur Plüschower Mühle. Gemeinsam mit dem BUND wurde die Neuanlage dieser Allee von der Idee bis zur Anbindung der Bäume umgesetzt. Die Kosten der Pflanzung trug der Alleenfonds des Landes Mecklenburg-Vorpommern.

Die Patenschaften für die großen, alten Alleen entstehen oft bei unmittelbarer Gefahr für die heimatlichen Bäume. Am 3. August 1999 entstand in der Landeshauptstadt Schwerin eine Alleen-Patenschaft mit einem Ortsteilbeirat für eine in Mitteleuropa einzigartige Allee im Stadtteil Friedrichsthal mit bis zu zweihundertjährigen Lärchen. Als ein jüngerer Bestand der Lärchen für ein Kreuzungsbauwerk der neuen Ortsumgehung gefällt werden sollte, gelang es durch das gemeinsame Eintreten des BUND und der Bürger einen alleenfreundlicheren Kompromiss zu erringen. Die Paten veranstalten bis heute ein jährliches Lärchen-Fest und feiern »ihre« Allee durch eine Nachpflanzung mit Lärchen, die durch den Oberbürgermeister begleitet wird.

Auf Rügen übernahm am 6. Juli 2000 die Reha-Klinik des Christlichen Jugenddorfwerkes Garz gemeinsam mit dem Reiseveranstalter AMEROPA die Patenschaft über eine der schönsten Alleen der Insel. Die Krimlindenallee der L 29 zwischen Garz und Kasnevitz macht die touristisch wichtige Bäderstraße über den Insel-Osten von Altefähr nach Binz zu einem einzigartigen Landschaftserlebnis. Diese Alternativroute zur schnellen und zentralen B 96 ist für Reisende ein Genuss. Auf der kurvenreichen Strecke gilt inzwischen Tempo 80. Statt eines normgerecht gesägten Lichtraumprofils gebieten rot-weiße Baken und Baumspiegel respektvolle Rücksichtnahme auf den oft noch perfekten Baumtunnel. Alljährlich im Oktober nehmen die Alleen-Paten gemeinsam mit dem BUND am Rügener Fahrradereignis »Tour d'Allee« teil. Dies ist ein besonderes Allee-Erlebnis: Hier radeln Spitzensportler wie z. B. Jens Voigt oder Uwe Ampler durch die herbstlich gold gefärbten Alleen Rügens. Die Alleenfreunde begleiten sie auf »ihrer« Allee zwischen Garz und Binz.

Alle Alleen – sowohl an viel befahrenen Bundes- und Landesstraßen als auch an untergeordneten Straßen – stehen immer mehr im Spannungsfeld zwischen Verkehrsanforderungen und Naturschutzinteressen, aber auch zwischen Anforderungen von Landwirtschaft und Tourismus. Alleen-Paten versuchen gemeinsam mit dem BUND und den zuständigen Behörden auf vielfältige Weise baumfreundliche Lösungen zu finden und leisten somit einen wichtigen zivilgesellschaftlichen Beitrag für die Zukunft der Alleen.

*Tour d'Allee auf der Insel Rügen*

Frank Szymanski

# Alleen in Brandenburg aus Sicht der Verkehrspolitik

Alleen prägen das Erscheinungsbild der offenen Brandenburger Landschaften zwischen den großräumigen Wald- und Seengebieten. Sie sind in ihrer Dimension, Geschlossenheit und ästhetischen Schönheit etwas Besonderes. Es ist erklärtes politisches und gesetzlich verankertes Ziel, diese landeskulturellen Werte zu erhalten, die einer langen historischen Tradition entspringen. Dazu bedarf es vielfältiger gemeinsamer Anstrengungen und Überlegungen.

Die Funktionen der Alleen haben sich in den vergangenen 50 Jahren mit der Zunahme des Verkehrs gewandelt. Es gilt, in Brandenburg nachhaltige Alleenkonzepte für Verkehr und Landschaften für die Zukunft zu entwickeln, die Ästhetik und Ökologie, Mobilität und Infrastruktur gleichermaßen berücksichtigen. Dies ist eine anspruchsvolle landesweite Aufgabe.

## Alleen an Bundes- und Landesstraßen

Brandenburg ist das alleenreichste Bundesland. An den insgesamt rund 8 600 Kilometer langen Bundes- und Landesstraßen stehen außerorts ca. 2 600 Kilometer Alleen, die in einer Alleenkarte dargestellt sind und besonderen Schutz genießen (siehe S. 103). Dies entspricht ca. 5 200 Kilometer Baumreihen in Alleen, für die ein Bestand von ca. 340 000 Bäumen hochgerechnet wurde. Ausgewiesen sind 3 923 einzelne Alleen mit einer durchschnittlichen Länge von 640 Metern. Hinzu kommen ca. 860 Kilometer Straßen mit einseitigen Baumreihen oder Baumgruppen und 180 Kilometer mit Feldheckenstrukturen. 608 Kilometer Alleen verlaufen in Waldgebieten.

Diese Ergebnisse entstammen landesweiten Erhebungen an Bundes- und Landesstraßen, die seit 1992 mit jährlichen Aktualisierungen kontinuierlich vorgenommen werden. Die Ergebnisse der Kartierungen werden in das Fachinformationssystem »Straßenbäume« (FIS) eingegeben, welches in die allgemeine Straßendatenbank der Straßenbauverwaltung des Landes Brandenburg integriert ist. Die Straßenbauverwaltung verfügt damit über einen Datenfundus, der aktuelle Bestandsanalysen nach zeitlichen und regionalen Ansätzen und die Modellierung von Entwicklungskonzepten ermöglicht.

Die Landkreise und Kommunen in Brandenburg erfassen die Bäume an den Straßen ihrer Zuständigkeit bislang nicht vollständig. Es wird geschätzt, dass hier etwa weitere 5 000 Kilometer Alleen vorhanden sind. Nimmt man noch die rund 600 Kilometer Alleen an Bundes- und Landesstraßen innerhalb von Ortschaften dazu, weist das Land Brandenburg eine stattliche Gesamtlänge von ca. 8 200 Kilometern Alleen auf.

## Alleen im Bedeutungs- und Funktionswandel

Die historische Bedeutung der Alleen in Brandenburg lässt sich bis heute an verschiedenen Alleen vor Ort nachvollziehen und beinhaltet denkmalpflegerische, technische und wirtschaftliche Aspekte wie z. B. den Schutz militärischer Einheiten vor Witterungsunbilden im grünen Tunnel baumbestandener Heerstraßen oder die Erschließung neuer Erwerbsquellen entlang der Verkehrswege (Maulbeerbäume u. a.). Die Alleen dienten auch als Schutz und Versorgung des Bauern und seines Gespanns bei der Feldarbeit wie auch des Händlers auf seinem Weg zum Markt. So wie August der Starke die Handelswege nach Dresden mit Obstbäumen bepflanzen ließ, waren es auch in Brandenburg häufig »Dekrete von oben«, die zur Anlage neuer Alleen führten. Dabei hatten die Landesfürsten nicht nur wirtschaftliche Gründe im Sinn, sondern sie legten natürlich auch Wert auf Kunst und Repräsentation (vgl. hier den Beitrag von Jens Scheffler über Alleen in Sachsen). Diese Funktion erfüllen die Alleen teilweise auch heute noch, dazu

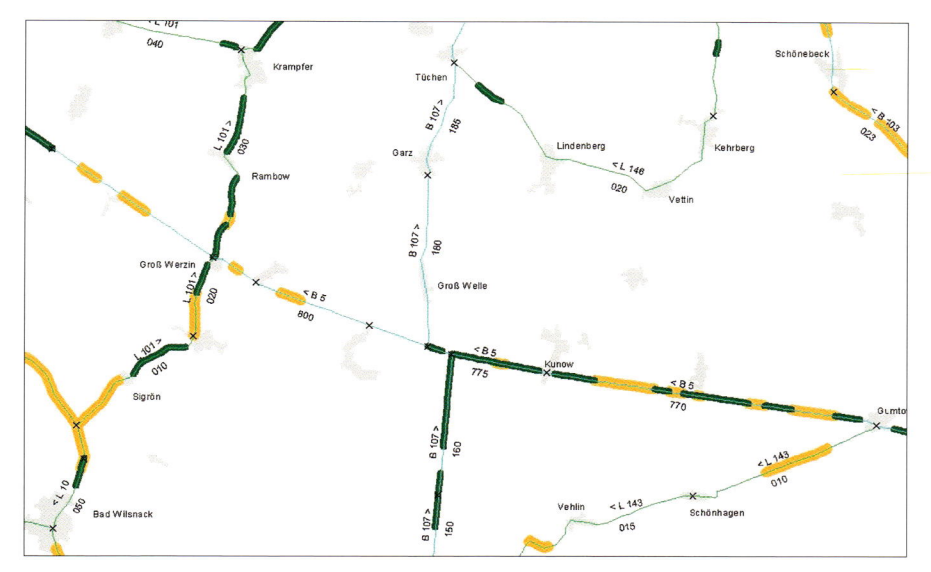

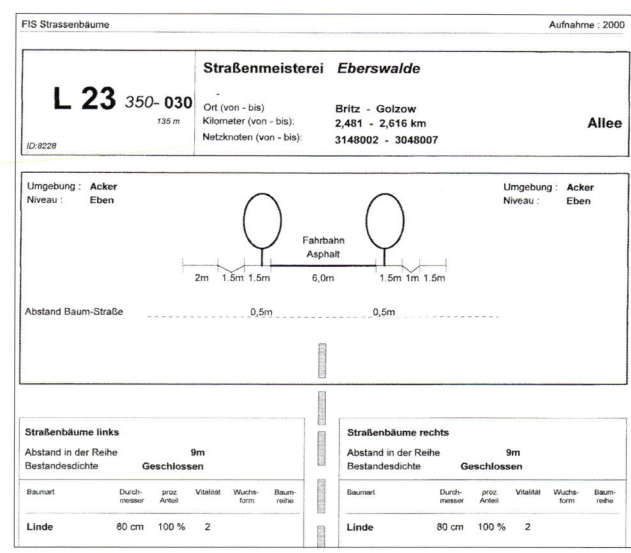

*Ausschnitt aus der Alleenkarte (links),*
*Grüne Linie: Allee;*
*gelbe Linie: Wald*

*Ausschnitt aus einem Datenblatt für einen Alleenabschnitt aus dem FIS mit Querprofildaten, 2002 (rechts)*

kommen inzwischen noch andere: Sie schützen den Verkehrsteilnehmer vor Sonnenlicht, Schnee und Wind, die Straße vor Erosionen. Sie binden Emissionen des Verkehrs. Sie bilden aus der Sicht des Naturschutzes in ausgeräumter Landschaft ein wesentliches Element der Vernetzung der Lebensräume und sie bieten aus der Sicht des Kulturschutzes zu allen Jahreszeiten ein ästhetisches Erlebnis. Dieser Bedeutungs- und Funktionswandel und die neuen Anforderungen des Verkehrs und der Verkehrssicherheit zeigen auf, dass Alleen heute in einem Spannungsfeld stehen und unterschiedlichen Ansprüchen gerecht werden müssen.

## Altersstrukturwandel und Kostenbetrachtungen

Die gegenwärtigen Alleen weisen historisch bedingt eine inhomogene Altersstruktur auf. Es gibt einen deutlichen Altersüberhang aus der Zeit vor 1914 und um 1930. Während der Kriege und Rezessionen gab es kaum Neupflanzungen. Wesentliche Neupflanzungen aus der Zeit nach 1945 betreffen vor allem Obstbaumalleen im ländlichen Raum mit einem Versorgungsanspruch. Diese inhomogene Altersstruktur führt dazu, dass heute ein großer Anteil der Alleebäume das natürliche Lebensende erreicht hat und gefällt werden muss. Die Folgen sind nicht leicht zu bewältigen. Langfristig sollte eine homogene Altersstruktur, d. h. ein ausgewogenes Verhältnis alter und junger Alleenbestände erreicht werden. Dies wäre z. B. durch folgendes Rotationsmodell möglich: Um 2500 Kilometer Alleen in einem hundertjährigen Zyklus zu pflegen und zu erhalten, bedürfte es bei der Annahme eines mittleren Alleebaumalters von ca. 100 Jahren einer jährlichen Neupflanzung von 25 Kilometern Alleen in freigewordene Bereiche. Unbenommen bleibt, dass Alleen einerseits natürlich auch wesentlich älter werden können, also im Bestand verbleiben. Andererseits müssen sie aber gegebenenfalls auch durch z. B. Pilzbefall oder aufgrund von Baumaßnahmen früher vollständig oder auch abschnittsweise ersetzt werden. Eine konstante wirtschaftliche Größe »Alleenerhalt« sollte daher Bestandteil künftiger Haushalte verschiedener Ressorts sein, was für Planbarkeit und Kostenoptimierung ein großer Vorteil wäre. Auch der gezielte Einsatz von Ausgleichs- und Ersatzmaßnahmen zur Neuanlage von Alleen gehört dazu. Einen ersten Schritt geht Brandenburg dabei, indem z. B. Teile der Ausgleichs- und Ersatzmaßnahmen beim Bau der A 14 für Alleenpflanzungen eingesetzt werden. Hierüber gibt es Einvernehmen mit dem Umweltministerium. Indem Flächenpools gebildet und konzentriert eingesetzt werden, steigert sich die Effizienz der Projekte und rund 10 Prozent der Mittel werden frei für Alleebaumpflanzungen. Für die Pflanzung von 5000 Straßenbäumen, wodurch bei 10 Metern Abstand in der Reihe eine Länge von 25 Kilometern Alleen entstehen könnten, müssen jährlich Kosten von der Planung bis zur Ausführung von ca. 2,35 Millionen Euro veranschlagt werden.

## Baumarten und regionale Besonderheiten

Die Hauptbaumarten der Alleen stellen in Brandenburg Linde, Ahorn und Esche mit einem Anteil von 61 Prozent dar. Obstbaumalleen machen einen Anteil von 13 Prozent aus. Da Nutzungsaspekte kaum noch eine Rolle spielen, ist ein Ersatz der Obstbaumalleen durch Wildobstarten oder eine Verlagerung an ländliche Wege zu erwarten. Eiche und Rosskastanie mit einem Anteil von 21 Prozent sollten künftig wegen des Fruchtfalls an untergeordneten Straßen gepflanzt werden. Baumarten wie Ulme, Hainbuche, Feld-

*Allee im Barnim bei Wegendorf*

ahorn, Platane, Baumhasel u. a. mit weniger als jeweils 1 Prozent Anteil sind deutlich unterrepräsentiert und bedürfen der Förderung. Auch hier wird die Notwendigkeit übergreifender Pflanzkonzepte deutlich, um einer Verarmung der Baumartenvielfalt entgegenzuwirken und die entsprechenden Arten den Straßenkategorien anzupassen.

Die Alleen in Brandenburg zeigen regionale Besonderheiten: Typisch für die Uckermark einschließlich Schwedt sind Rosskastanienalleen (zum Teil als Naturdenkmale), die Lausitz ist gekennzeichnet von Roteichen- und Mehlbeerenalleen, in der Elsteraue finden sich viele Birkenalleen, um Beeskow gibt es vor allem Äpfel in den Obstbaumalleen und um Kyritz eher Birnen, um Nauen dominiert die Pflaume. Diese landschaftlichen Besonderheiten bestimmter Orte oder Landkreise sollen in Zukunft erhalten und gefördert werden, um die regionalen Eigenarten der verschiedenen Bereiche Brandenburgs hervorzuheben, ihnen einen unverwechselbaren Charakter zu verleihen und somit den Tourismus zu fördern.

## Unfälle an Straßenbäumen

Es ist erklärtes Ziel der Landesregierung, die Unfallzahlen weiter zu senken. Hierzu muss auch die Verkehrssicherheit in Alleen weiter erhöht werden. Das Fahren in Alleen birgt seit Jahrzehnten bei aller Erlebnisvielfalt und Schönheit trotz Geschwindigkeitsbegrenzungen und sonstigen Verkehrssicherungsmaßnahmen auch Gefahren, die mit bedacht werden müssen: Verkehrsunfälle mit Personenschäden an Straßenbäumen machten 2005 landesweit 12 Prozent aus. Dieser Anteil und die absoluten Zahlen sind seit 1997 kontinuierlich rückläufig (1997: 19 Prozent). Die Verkehrssicherheit in Alleen konnte z. B. durch Schutzplanken, Tempolimits und Überwachung deutlich erhöht werden. Bedenklich ist der hohe Anteil von Unfällen mit Todesfolge: 2005 starben 41 Prozent aller tödlich verunglückten Verkehrsteilnehmer an Bäumen, was 110 Personen betraf. Im Vergleich 1997 waren es 52 Prozent der tödlich Verunglückten (337 Personen).

Der Abstand der Baumpflanzungen innerhalb der Alleen wie auch zu den Straßen hin spielt hierfür eine wichtige Rolle. Alte Alleenstraßen sind gekennzeichnet durch sehr geringe Abstandsmaße vom Baum zur Straßenkante. Der Regelquerschnitt für Alleenstraßen in Preußen um 1900 sah einen Baumabstand zur Straßenkante von 75 Zentimetern vor. In Brandenburg stehen derzeit auf einer Länge von 1 836 Kilometern Alleen die Straßenbäume näher als ein Meter zur Straße (= ca. 70 Prozent der Alleen). Dies stellt heute ein erhebliches Konfliktpotenzial dar; die Abstandsmaße entsprechen überwiegend den verkehrstechnischen Anforderungen um 1900. Zum Schutz des Verkehrs und der Bäume wurden an Brandenburger Bundes- und Landesstraßen bisher 1 352 Kilometer Schutzplanken aufgebaut. Neupflanzungen werden mit einem Mindestabstand von 4,50 Metern zur Straße angelegt, was häufig Grunderwerb erfordert. Im Bereich, wo aus verkehrsrechtlichen Anforderungen ohnehin Schutzplanken stehen, können neue Bäume dichter an die Straße gepflanzt werden.

*Die weißen Baumspiegel an den Stämmem weisen darauf hin, dass das seitliche Lichtraumprofil in der Allee eingeschränkt ist.*

## Ausblick

Die landesweiten Erhebungen offenbaren in einigen Merkmalen deutliche Trends im Zustand der Alleen. Etwa 105 000 Baumfällungen von 1991 bis 2005 stehen ungefähr 92 000 Neupflanzungen im gleichen Zeitraum gegenüber. Dieses Defizit stellt eine Folge der Altersstruktur dar und kann nur durch kontinuierliche Neupflanzungen im Sinne der oben vorgeschlagenen Rotation über die Jahre ausgeglichen werden. Die Alleenentwicklung wird landschaftlich neu geordnet werden müssen. Als neu und ausgebaute mehrstreifige Bundes- und Landesstraßen sind Alleen im historischen Sinn strukturell kaum realisierbar. An diesen wichtigen Straßen des überregionalen Verkehrs erfüllen mosaikartig angelegte Strauchpflanzungen und Grasfluren die Funktionen der Landschaftsgestaltung und der Verkehrsleitung wirksamer.

Für die Alleen an Bundes- und Landesstraßen sind differenzierte, verkehrstechnisch und landschaftsökologisch begründete Pflege- und Entwicklungsmaßnahmen erforderlich. Für ausgewählte, besonders wertvolle alte Alleenbestände wie die vierreihige Lindenallee in der Bornimer Feldflur in Potsdam oder die 2,5 Kilometer lange geschlossene und vitale Lindenallee an der Landesstraße 15 bei Gollmitz ist z. B. erhöhter Schutz anzustreben, um deren Lebenserwartung auch weit über 100 Jahre zu sichern. Für touristische Entwicklungen und die Identifikation der Brandenburger mit ihrem Alleenland sind diese Bestände zu bewahren. Wesentlich ist, neue Freiräume in der offenen Landschaft Brandenburgs für Alleenneupflanzungen auszuweisen und die Neupflanzungen insgesamt in hoher Qualität auszuführen, so dass der Pflege- und Erhaltungsaufwand minimiert wird. Der Gemeinsame Runderlass »Nachhaltige und verkehrsgerechte Sicherung der Alleen in Brandenburg« vom Verkehrs- und Umweltressort aus dem Jahr 2000 war dafür ein entscheidender Schritt (Gemeinsamer Runderlass des Ministeriums für Stadtentwicklung, Wohnen und Verkehr und des Ministeriums für Landwirtschaft, Umweltschutz und Raumordnung vom 24. November 2000).

Der Trend der Verlagerung von Alleenerhalt und -entwicklung in Teilbereichen vom übergeordneten zum untergeordneten Netz wird sich fortsetzen, bedarf jedoch ressortübergreifender Konzepte und Finanzierungen. Die gesellschaftliche Verpflichtung zum Alleenerhalt bietet Chancen einer verkehrstechnisch erforderlichen und landschaftsökologisch bereicherten Neuordnung für die nächsten Jahrzehnte. Innerhalb der Landesregierung von Brandenburg sind derzeit neue Konzepte in der Diskussion, um die Alleen nachhaltig sichern und erhalten zu können. Was wir aber brauchen, sind weitere Finanzierungsquellen. In Zeiten knapper Kassen müssen neue Partner gefunden werden, um die Alleen nicht zum Opfer fiskalischer Sachzwänge werden zu lassen. Brandenburg wird einen Weg finden, die Alleen dauerhaft zu bewahren, wenn es gelingt, eine große Alleenkoalition zu schmieden.

Jürgen Peters, Andreas Fischer und Meinhard Ott

# Regionales Alleenmanagement in Brandenburg – Modellregion Naturpark Märkische Schweiz

Die dreihundertfünfzigjährige Alleengeschichte Brandenburgs spiegelt sich im Landschaftsbild der Mark wider. Wesentlich für den heutigen Bestand sind die Alleen, die im Zuge des Ausbaus der Chausseen im 19. und zu Beginn des 20. Jahrhunderts gepflanzt worden sind.

Darüber hinaus haben Obstalleen, seit 1713 in großer Zahl an den »Communicationswegen« bzw. Ortsverbindungswegen gepflanzt, eine wichtige Bedeutung für das Landschaftsbild.[1] Sie wurden immerhin noch zur DDR-Zeit in den 1950er- und 1960er-Jahren in erheblichem Umfang erneuert.[2] Weiterhin sind vereinzelt Alleen erhalten, die seit dem 17. Jahrhundert im Zusammenhang mit Gutsanlagen gepflanzt wurden. Aufgrund dieser langen Kulturgeschichte ist es nicht verwunderlich, dass die meisten Alleen heute mehr als 100 Jahre alt sind. Eine strategische Erneuerung des Bestandes ist daher dringend erforderlich. Im Folgenden soll am Beispiel der »Märkischen Schweiz« gezeigt werden, wie ein integriertes, kulturgeschichtliche wie sonstige Belange berücksichtigendes »regionales Alleenmanagement«[3] dafür sorgen kann, das vertraute Bild der Alleen auch für zukünftige Generationen zu sichern.

## Ausgangssituation

Trotz des gesetzlichen Schutzes sind die Alleen in der Märkischen Schweiz, wie überall im Land Brandenburg, in ihrem Bestand stark gefährdet. Straßenbau und Unterhaltungsmaßnahmen, mangelhafte Standortbedingungen, aber auch ihr biologisches Alter führen dazu, dass die Zahl der Abgänge exponentiell steigt. In dieser dramatischen Situation geht es um die abschnittsweise Erneuerung sowie die Pflege der Alleen im räumlichen Zusammenhang.

Eine strategische Nachpflanzung, bei der eine Verjüngung von Alleenabschnitten auch zu Lasten einzelner Altbäume vorgenommen wird, ist nicht konfliktfrei. Die Naturparkverwaltung hat sich deshalb bemüht, Interessengruppen zusammenzuführen, ihre Aktivitäten zu koordinieren und so einen gesellschaftlichen Konsens zu erreichen. In dem 2004 gegründeten Arbeitskreis wirken mit:
- Landesbetrieb für Straßenwesen, Niederlassung Frankfurt (Oder)
- Fachhochschule Eberswalde, Fachbereich Landschaftsnutzung und Naturschutz
- Deutsche Gesellschaft für Gartenkunst und Landschaftskultur e.V., Regionalgruppe Frankfurt (Oder)
- Landratsamt des Landkreises Märkisch-Oderland
- BUND, Gruppe Märkisch-Oderland
- Verwaltung des Naturparks »Märkische Schweiz« als Koordinator

|1| Peters, Jürgen: Alleen und Pflasterstraßen als kulturgeschichtliche Elemente der brandenburgischen Landschaft. Bd. 1 Textteil, Bd. 2 Anhang. Diss. am Fachbereich Architektur der Technischen Universität Berlin, 1996.
|2| Kemmer, E.: Straßenobstbau. Institut für Obstbau. Universität Berlin, 1948.
|3| vgl. Peters, Jürgen (wie Anm. 1), S. 190 ff.

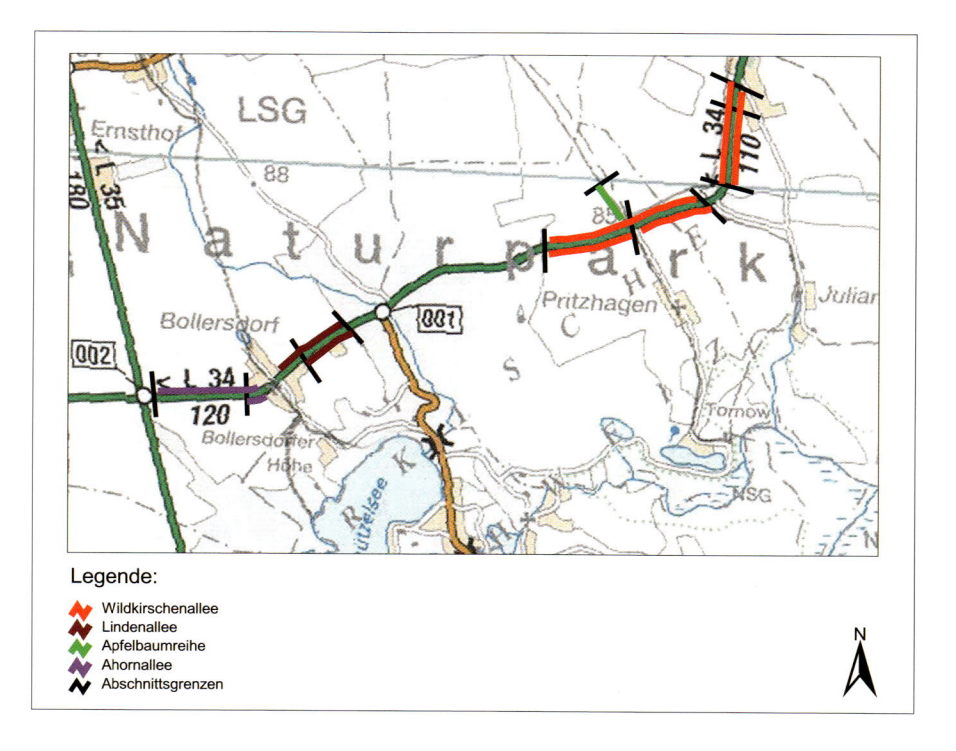

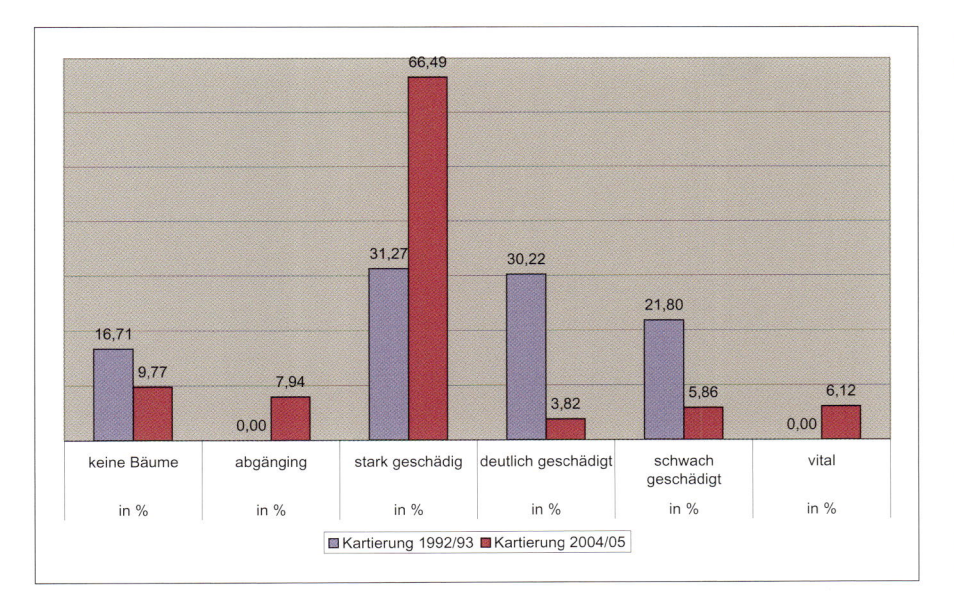

*Vergleich des Zustandes der Baumreihen an Bundes- und Landesstraßen im Naturpark »Märkische Schweiz«*

| | keine Bäume in % | abgängig in % | stark geschädig in % | deutlich geschädigt in % | schwach geschädigt in % | vital in % |
|---|---|---|---|---|---|---|
| Kartierung 1992/93 | 16,71 | 0,00 | 31,27 | 30,22 | 21,80 | 0,00 |
| Kartierung 2004/05 | 9,77 | 7,94 | 66,49 | 3,82 | 5,86 | 6,12 |

## Entwicklung des Bestandes 1992 bis 2005

In den Jahren 1992/93 wurden auf 28 Prozent der Landesfläche die Alleen und andere straßenbegleitende Gehölze im Land Brandenburg durch das Planungsbüro ALV Krassuski, Peters & Partner kartiert.[4] Die Ergebnisse liegen beim Landesumweltamt Brandenburg vor. Eine Folgekartierung mit den gleichen Anspracheknriterien erfolgte für das Gebiet des Naturparks »Märkische Schweiz« in den Jahren 2004/05 in einer Diplomarbeit an der Fachhochschule Eberswalde.[5] So ist ein direkter Vergleich der Vollständigkeit und des Zustandes der Baumreihen für den genannten Zeitraum möglich.

Die Ergebnisse des Vergleiches sind im Diagramm dargestellt. Insgesamt ist die Gesamtlänge der Alleen an Bundes-, Landes- und Kreisstraßen im Gebiet mit 125 Kilometer zwar konstant geblieben, allerdings ist, trotz »Neupflanzungen«, der Anteil geschlossener Alleen von ehemals 19,5 Prozent auf 2 Prozent stark zurückgegangen. Hierbei ist allerdings zu berücksichtigen, dass in der Datenerhebung 2004/05 auch Alleenabschnitte ab einer Mindestlänge von 100 Metern einbezogen wurden. Würde man heute die der Kartierung von 1992/93 zugrunde liegende Mindestlänge von 250 Metern verwenden, gäbe es im Naturpark so gut wie keine geschlossenen Alleenbestände mehr!

Im Diagramm wird auch deutlich, dass sich der Zustand[6] der Alleen und Baumreihen im Vergleichszeitraum erheblich verschlechtert hat. Hiernach hat sich der Anteil »stark geschädigter« Alleen mehr als verdoppelt (von 31,3 Prozent auf 66,5 Prozent).

## Alleenmanagement – das Projekt Landesstraße L34 im Naturpark »Märkische Schweiz«

Entsprechend der einleitend genannten Zielstellung wurde auf der Basis der im vorherigen Kapitel auszugsweise dargestellten Bestandsanalyse ein kooperativ entwickeltes Gesamtkonzept zur Erneuerung der Alleenbestände im Naturpark erstellt.[7] Hiernach werden drei Maßnahmenkategorien unterschieden: »Erhalt und Pflege zukunftsfähiger Abschnitte« – »Umbau lückiger und überalteter Abschnitte« – »Neuanlage von Alleen an baumlosen Abschnitten«.

Der gesamte Bereich der L34 wurde in zehn homogene Abschnitte gegliedert und in einem partizipativen Verfahren, unter Beteiligung der genannten Akteure, nach den Kriterien »kulturhistorische Bedeutung und Landschaftsbild«, »weitestgehender Erhalt vitaler Bäume«, »technische Machbarkeit« (Leitungstraßen) sowie »Verkehrssicherheit« beplant.

Für die Durchführung der Maßnahmen wurde eine fünfjährige Prioritätenliste festgelegt. Die Planung wurde in einer öffentlichen Diskussion und im Rahmen einer Kuratoriumssitzung des Naturparks »Märkische Schweiz« vorgestellt. Mit dem Umbau des ersten Abschnittes ist unter Beteiligung des Landtagspräsidenten und Vorsitzenden des Landestourismusverbandes Gunter Fritsch im Dezember 2005 bereits begonnen worden.

## Fazit

Der aktuelle Zustand der Alleen in Brandenburg, nicht nur im Naturpark »Märkische Schweiz«, erfordert ein konsequentes und vorausschauendes Handeln auf der Basis eines langfristig angelegten Alleenmanagementkonzepts. Ein regionaler gesellschaftlicher Konsens ist für den Erfolg der Alleenerneuerung unverzichtbar. Die Straßenbaulastträger sollten dazu alle Beteiligten auf regionaler Ebene rechtzeitig in die Planung einbinden. Dies setzt den Willen aller Beteiligten zum Erhalt der Alleen als Kulturgut voraus.

Die Großschutzgebietsverwaltungen können hierbei eine wichtige Rolle als »Moderatoren« spielen. Das Beispiel »Märkische Schweiz« zeigt, dass auf regionaler Ebene im partizipativen Verfahren tragfähige Konzepte entwickelt werden können, mit denen sich sowohl die Akteure des Straßenbaus als auch die des Landschaftsschutzes identifizieren können.

[4] Peters, Jürgen / Schaepe, Annemarie: Kartierung von Alleen und Pflasterstraßen in Brandenburg. In: Das Gartenamt 43, 1/1994, S. 40–47.
[5] Fischer, Andreas: Alleen an Bundes-, Landes- und Kreisstraßen im Naturpark Märkische Schweiz – Bestand und Perspektive. Diplomarbeit an der Fachhochschule Eberswalde (Entwurf), 2006.
[6] Ebenda.
[7] Als Indikatoren für den Zustand wurden die »Vitalität« und der »Grad der Stammschädigung« visuell eingeschätzt.

In den Ländern und einzelnen Regionen der Bundesrepublik Deutschland zeugen Alleen von spezifischer Landesgeschichte. Sie führen noch heute durch Gärten, Landschaften und Städte, verweisen auf Strukturen und erinnern an besondere Gestaltungen. Zur Pflege von Straßenbäumen wurden früher sogar Baumwärter bzw. Obstbaumwärter beschäftigt. Inzwischen liegen erste systematische Erfassungen von Alleebäumen vor, fachliche Grundlagen für ihren Schutz und ihre weitere Entwicklung.

*Die Allee befindet sich innerhalb des Geschützten Landschaftsbestandteiles »Heiligenberg«, Teil des FFH-Gebietes 122 »Nerkewitzer Grund – Klingelsteine« Thüringen.*
  *Wahrscheinlich wurde die aus ursprünglich 100 Linden und zwei Rosskastanien bestehende Baumreihe gepflanzt, als Freiherr Moritz Heinrich von Berlepsch, der letzte Komtur der Ballei des Deutsch-Ritterordens, das »Sachsengrab« für 47 im Jahre 1806 gefallene Soldaten errichten ließ. Sie führt auf den Gipfel des Berges, von dem man eine herrliche Aussicht auf das Saaletal und Jena hat.*

Zur aktuellen Situation
der Alleen in Deutschland

Ingo Lehmann und Alexander Mühle

# Außerorts verlaufende Straßenalleen und ihre Entwicklung im 20. Jahrhundert

Nach dem Straßengesetz für das Großherzogtum Baden vom 14. Juni 1884 konnte im Sinne der Verkehrssicherungspflicht die Bepflanzung der Kreisstraßen und Gemeindewege mit Alleen angeordnet werden.[1] Regelungen zur Unterhaltung der Straßenbäume gab es zu Beginn des 20. Jahrhunderts in mehreren Regionen Deutschlands z. B. um 1907 im Regierungsbezirk Kassel.[2] Dass um 1908 in Teilen Deutschlands »trotz dürftiger Bodenverhältnisse« eine vielfältige Alleenlandschaft existierte, lässt sich am Kreis Teltow aufzeigen: Allein hier gab es über 600 Kilometer Straßenalleen mit 56 Baumarten/Sorten und weiteren 19 selteneren Sorten (ohne Obstbäume), einschließlich einer Kiefernallee sowie einzelner langer Wacholderalleen, die ca. 1000 Jahre alt (?) und 8 Meter hoch waren.[3] Alleen in Deutschland haben in Form von mehreren zehntausend Kilometern zwei Weltkriege überlebt. Während des Ersten Weltkrieges wurden z. B. in Bayern im Jahr 1917 Anordnungen zum Schutz von Nussbaum(-alleen) getroffen.[4] Mit Erlass des Bayerischen Staatsministeriums des Innern vom 11. März 1919 wurden Regelungen zum Schutz bestehender Alleen sowie zu Nach- und Neupflanzungen im Zusammenhang mit der Errichtung von Telegrafen- und Telefonlinien festgelegt.[5] Neun Jahre danach, im Herbst 1928, ergab eine Umfrage des Reichsverbandes des deutschen Gartenbaus, dass sich die Automobil- und Motorradfahrer-Verbände, die meisten der befragten Straßenverwaltungen und der Reichspostminister für die Beibehaltung der Alleen an öffentlichen Landstraßen I. und II. Ordnung auch aus Gründen der Verkehrssicherheit ausgesprochen haben. Obwohl eine große Anzahl von Straßenbäumen den zunehmenden Neubau von Straßen, deren Verbreiterung oder Umgestaltung zum Opfer fielen, überlebte ein beachtlicher Teil bis in die 1940er-Jahre. Eine Rolle dabei spielten z. B. die stetigen Bemühungen des deutschen Bundes Heimatschutz nach 1904. Während des Zweiten Weltkrieges wurden gesunde Alleen nur selten komplett gerodet, weil der Generalinspektor für das deutsche Straßenwesen die Nutzung der Alleen mehrfach per Erlass so regelte, dass diese vor einem Kahlhieb geschützt wurden.[6] Sogar Neuanpflanzungen erfolgten bis 1945. Beispielsweise befahl Hitler im Rahmen der Fallschirm- bzw. Seidenproduktion eine systematische Bepflanzung von Straßen mit dem Maulbeerbaum Morus alba, dessen Blätter als Futterpflanze für Seidenraupen dienen.[7] In der vierten vervollständigten Auflage der »Vorläufigen Richtlinien für den Ausbau der Landstraßen RAL 1937« hieß es im Dezember 1942: »Die … Bepflanzung für die freie Strecke in der Ebene ist die Allee … sie gibt dem Kraftfahrer die beste Führung im Verkehr …«[8]

Obwohl die Nachkriegsjahre »erhebliche Lücken« in den Alleen hinterlassen haben,[9] war der Straßenbaumbestand z. B. im vom Krieg zerstörten Dresden 1950/51 mit 31 986 Bäumen beachtlich hoch und sogar höher als im Jahr 1898, als es 25 288 Straßenbäume gab. Deutlich abgenommen hatte aufgrund des Ulmensterbens nur der Bestand von Bergulmen von 2 516 Straßenbäumen auf 291 im Jahr 1950/51.[10]

## Die Entwicklung der Alleen in den zwei deutschen Staaten nach 1950

Seit der Wiedervereinigung beider deutscher Staaten ist klar, dass sowohl die Vielfalt alter Alleen als auch deren Bestand im Osten Deutschlands deutlich höher sind. In der Bundesrepublik Deutschland begann maßgeblich 1956/57 eine gegen die Alleen gerichtete Kampagne, die davon ausging, dass ca. 15 bis 25 Prozent aller Verkehrsunfälle auf das Konto der Straßenbäume zu verbuchen seien. Um den Zusammenhang zwischen Verkehrsunfällen und Baumbestand zu untersuchen, wurden ab 1958 im Raum München 240 Kilometer Straßen ausgewählt, die als typisch für das gesamte Bundes- und Staatsstraßennetz Bayerns außerhalb ge-

|1| Rotenhan, Freiherr von: Die Entwicklung der Landstraßen und die Anforderungen der Gegenwart an dieselben mit besonderer Berücksichtigung Bayerns, hrsg. vom Verband der Wahrung der Interessen der bayerischen Radfahrer. München, 1897.
|2| Gamann, Heinrich: Die Unterhaltung der Wege und Fahrstraßen. Berlin 1908.
|3| Hübner, Otto: Beobachtungen an den Straßenbäumen der Kreischausseen des Kreises Teltow. Mitteilungen der Deutschen Dendrologischen Gesellschaft 17/1908, S. 118–133; ders.: Der Straßenbaum in der Stadt und auf dem Lande. Berlin 1914. Anmerkung der Autoren: Das geschätzte Alter von 1 000 Jahren erscheint nicht richtig, weil der Wacholder maximal 600 Jahre alt werden kann, vgl. Aas, Gregor: Der Gemeine Wacholder. In: Berichte aus der Bayerischen Landesanstalt für Wald und Forstwirtschaft 41/2003, 1–6. Die besonders große Baumartenvielfalt ist auch der Baumschule L. Späth (gegr. 1720) zu verdanken, die zahlreiche Alleen als »Testpflanzungen« anlegte.
|4| Kronfeld, E. M.: Baum und Strauch im Kriege. Mitteilungen der

*Knorrige Birnenallee bei Picher (Mecklenburg), 1995. Der noch erkennbare Sommerweg deutet darauf hin, dass die Pflasterstraße überasphaltiert wurde, obwohl die Allee und Pflasterstraße mit Sommerweg als eine Einheit geschützt werden sollten.*

Deutschen Dendrologischen Gesellschaft 26/1917, S. 122 f.
| 5 | Trenkle, Rudolf: Baumpflanzungen an Straßen und Wegen mit besonderer Berücksichtigung der Landstraßen. Stuttgart 1929.
| 6 | Vgl. hierzu den Beitrag von Ingo Lehmann (I. L.) in diesem Band: Mecklenburg Vorpommern – Land der Alleen.
| 7 | Thiry & Degmair, mündliche Mitteilung von 1999. In: Degmair, Julia: Alleen. Geschichte und Funktion – mit einem Blick auf Hohenlohe. Culterra 28/2002, Schriftenreihe des Instituts für Landespflege, Freiburg i. Br.
| 8 | Amtliche technische Richtlinien für die Anlage von Landstraßen. 6. Aufl. Bielefeld 1967. Informationen dazu verdankt I. L. Herrn Dr. Jürgen Klöckner.
| 9 | Vorreyer, F.: Wir fahren unter Bäumen. Unser Wald. 1953, S. 17 f.
| 10 | Degenhard: Über Anpflanzung von Alleebäumen. Mitteilungen der Deutschen Dendrologischen Gesellschaft 1899–1902, S. 127 ff.; Kühn, Rudolf: Die Straßenbäume. Hannover, Berlin, Sarstedt 1961.
| 11 | Bitzl, F.: Verkehrsunfälle im Zusammenhang mit dem Baumbestand an Straßen. In: Landschaftspflege an Verkehrsstraßen. Straßenbau und Verkehrstechnik, hrsg. vom Bundesminister für Verkehr, H. 69/1968, S. 9–12.
| 12 | Meurer, F. K.: Straße und Baum. In: Landschaftspflege an

schlossener Ortschaften anzusehen waren. Bemerkenswert ist, dass 84,5 Prozent dieser Straßen einen Baumbestand aufwiesen.¹¹ Dies lässt vermuten, dass weit mehr als 60 Prozent aller Bundes- und Staatsstraßen in Bayern zu jener Zeit Straßenalleen waren. Ein ähnliches Forschungsvorhaben in den Jahren 1956/57 in Nordrhein-Westfalen gibt darüber Auskunft, dass im Regierungsbezirk Aachen von den 234 Kilometern untersuchter Straßen ca. 52 Prozent baumbestanden waren.¹² Im August 1966 sollen in der Bundesrepublik Deutschland noch »vielleicht 15 000 km Alleen« vorgekommen sein. Gleichzeitig wird aber auch von einem »Kahlhieb an den Straßen ganzer größerer Gebietsteile« berichtet.¹³ Obwohl sich am 14. November 1966 in Bonn maßgebliche Vertreter der zuständigen Bundesministerien, der Verwaltung, der Automobilverbände, der Verkehrswacht und des Deutschen Rates für Landespflege nicht nur für die Erhaltung, sondern auch für die Neuanpflanzung von Bäumen an Straßen in einem Mindestabstand von 2 Metern bis zu 4,50 Metern vom befestigten Fahrbahnrand aussprachen,¹⁴ scheinen Pflanzaktionen in den Jahren danach kaum erfolgt zu sein. Dies ist auch insoweit erstaunlich, weil bereits in den Untersuchungen von 1958 bis 1960 nachgewiesen wurde, dass sich Baumunfälle bei geringer werdendem Anteil an baumbestandenen Strecken erhöhen (was für eine kontinuierliche Alleenbepflanzung über große Straßenabschnitte spricht) und 71,9 Prozent der Baumunfälle durch menschliche Fehlhandlungen oder verkehrswidriges Verhalten der Beteiligten verursacht wurden. Andere behaupteten, dass der deutsche Alleebaum bösartig sei: »Es ist ein Fall bekannt geworden, wo ein Alleebaum in einer besonders gefährlichen Kurve hinter einem Gasthaus, das für sein gutes Bier bekannt ist, Posto gefasst hatte, offenbar weil er wusste, dass ihm hier die wehrlosen, angetrunkenen Autofahrer in die Falle gingen … Allein während eines Erntedankfestes überfiel dieser Baum dreiundzwanzig Autos.«¹⁵ Von 1949 bis 1990 wurden in der Bundesrepublik Deutschland ca. 50 000 Kilometer Straßen auf mehr als 5,50 Meter verbreitert. Die Mehrzahl der Alleebäume stand in den 1960er-Jahren kaum mehr als 30 Zentimeter zum befestigten Fahrbahnrand entfernt. Ein geringer Abstand zum Fahrbahnrand war – mit Ausnahme z. B. der Obstbaumalleen in Württemberg – historisch begründet, weil Bäume nur selten an die Außenkante des Straßengrabens gesetzt wurden, um Reisende nicht in den Graben zu leiten.¹⁶ So ist anzunehmen, dass mindestens 50 Prozent oder 25 000 Kilometer der verbreiterten Straßen mit Bäumen bestanden waren und diese einseitig gefällt werden mussten. Daraus ergab sich ein Verlust von mindestens 12 500 Kilometer Baumreihe. Diese Schätzung bezieht sich aber allein auf Straßenverbreiterungen. Ein weiterer Teil von Alleen ist im Rahmen der

Kahlhiebe verschwunden und so einer radikalen Minderheit unter den Autofahrern geopfert worden. Bei 100 Bäumen je Kilometer Straßenseite dürfte der Verlust insgesamt deutlich mehr als 1,25 Millionen Straßenbäume ausgemacht haben (darunter viele wertvolle Altbäume). So wird z. B. für die Schwäbische Alb davon ausgegangen, dass heute die Alleen »... um 80 bis 90 Prozent zurückgegangen sind«[17]. Viele Teile Württembergs z. B. um Heilbronn, Waiblingen und Kirchheim waren um 1871 durch einen sehr hohen Bestand an Obstbaumalleen bekannt und wurden deshalb »besonders von den Besuchern aus dem Norden Deutschlands bewundert«[18]. Noch 1929 bestand in Württemberg (davor auch in der Pfalz und in Hessen) eine Verpflichtung, dass die Grundbesitzer entlang der Straßen in einem Abstand von 3 Metern Obstbäume pflanzen mussten.[19] Mit dem in Stuttgart vom Landtag im Jahr 1957 verabschiedeten »Generalplan für die Neuordnung des Obstbaus in Baden-Württemberg« wurde der Niedergang der Obstproduktion im Hochstammverfahren eingeleitet; Neuanpflanzungen entsprechender Alleen erfolgten kaum noch. Hinzu kommt, dass in den 1960er-Jahren Obstbaumalleen gefällt wurden, z. B. in der Region Hohenlohe. Damit war nicht nur für Baden-Württemberg ein substantieller Verlust an Obstbaumalleen verbunden, sondern auch ein »Aussterben historischer Sorten«, vor allem unter den Birnen. In den Jahren 1958 bis 1978 sind auch in den übrigen Teilen der Bundesrepublik Deutschland kaum Obstbaumalleen mit Hochstämmen in der offenen Landschaft gepflanzt worden. Nur noch in Regionen mit Mostherstellung wie z. B. am Bodensee haben Neuanpflanzungen mit edleren, neuen Sorten eine Rolle gespielt. Neuanpflanzungen mit »Großbäumen« wie Eiche, Linde oder Kastanie erfolgten zu Beginn der 1960er-Jahre in keinem nennenswerten Umfang mehr. Beispielsweise hat der Bayerische Landtag mit Beschluss vom 7. Februar 1964 die Bayerische Staatsregierung ersucht »bei allen ... neu anzulegenden oder zu erneuernden Straßen aus Gründen der Verkehrssicherheit in der Regel von der Anpflanzung von Bäumen an den Straßenrändern abzusehen«[20]. Kurze Zeit später wurde der Landtagsbeschluss vom Bayerischen Staatsministerium des Innern zwar modifiziert und gewisse Ausnahmen zugelassen, dies änderte aber nichts an der grundsätzlich ablehnenden Einstellung der Landesregierung gegenüber Neuanpflanzungen von Bäumen an Straßen. Bundesverkehrsminister Seebohm vertrat am 12. Februar 1964 die Auffassung: »Geschlossene Alleen der früher üblichen Art werden in Zukunft nur dann noch neu gepflanzt werden können, wenn ausreichend Platz zu beiden Seiten der Straße vorhanden ist.«[21] Nach der RAL 1956, Teil Querschnittsgestaltung, sollten Straßenalleen mit einer Mindestlänge von 2 Kilometern und in einem Abstand von 4,50 Metern vom befestigten Fahrbahnrand in Ausnahmefällen angelegt werden. In der zeitlich folgenden Richtlinie, der RAL-Q 1974, taucht das Wort »Allee« erstmals nicht mehr auf

*In den Baumbestand dieser Lindenallee bei Camin im Landkreis Ludwigslust wurde bisher nicht erkennbar eingegriffen. Sein natürlicher Wuchs, bedingt durch enge Pflanzabstände, gewährleistet das erforderliche Lichtraumprofil, 1995*

und der Abstand von 4,50 Metern wird generell für »Bepflanzungen« festgeschrieben. Dies war ein klares Zeichen, dass sich nach offenbar siebenjährigen bundesweiten Diskussionen um den Alleenschutz die Gegner der Neuanlage von Straßenalleen durchgesetzt hatten![22] Bemerkenswert erscheint, dass für die Abholzung von Obstbäumen im gesamten Bundesgebiet auf der Grundlage von EG-Verordnungen in den Jahren 1970 bis 1973 und 1977 Prämien gewährt wurden. Dies galt auch für die Fällung von Obstbaumalleen, soweit die Kriterien erfüllt waren. In den fünf Jahren sind 78,2 Millionen DM für die Fällung von Obstbäumen ausgezahlt worden.[23]

Vor den Hintergründen könnte das folgende Beispiel eine Tendenz der Alleenentwicklung zumindest für Niedersachsen widerspiegeln: Für den nördlichen Teil des Landkreises Nienburg ergab eine aktuelle Erfassung und Bewertung von 200,4 Kilometern Alleen, dass es sich bei 47 Prozent um einseitige Baumreihen handelt. Zudem muss in den gegenwärtig sehr uneinheitlichen und in der Mehrzahl lückenhaften Gesamtbestand zu Beginn der 1960er-Jahre durch Fällungen auch beidseitig eingegriffen worden sein, weil an den bereits um 1848 fertig gestellten Straßen

Verkehrsstraßen (wie Anm. 11), S. 13 f.
| 13 | Landgrebe, Hermann: Alleebäume an Straßen. In: Landschaftspflege an Verkehrsstraßen (wie Anm. 11), S. 15–18.
| 14 | Vorschläge der Forschungsgesellschaft für das Straßenwesen e. V., Arbeitsausschuss Landschaftsgestaltung, vom 1. Juli 1967 zur Neufassung der »Richtlinie für die Anlage von Landstraßen, Teil Querschnittsgestaltung (RAL-Q 1956)«. In: Landschaftspflege an Verkehrsstraßen (wie Anm. 11), S. 36–39.
| 15 | Rosendorfer, Herbert: Die springenden Alleebäume 1969. In: Ball bei Thod. Erzählungen. München 1980.
| 16 | Die zweite Wegordnung vom 18. Januar 1772 sah für Württemberg vor,

heute kaum noch ältere Bäume stehen. Bereits um 1897 existierten in dem nördlichen Teil des Landkreises ca. 105 Kilometer Alleen, vor allem auch an wichtigen Verkehrsanbindungen. Heute haben aber nur noch 0,2 Prozent des Gesamtbestandes einen Stammdurchmesser von mehr als 80 Zentimetern – alte Bestände sind also sehr selten. Eine Ausnahme bilden wenige alte Obstbaumalleen mit einem mittleren Stammdurchmesser von 30 Zentimetern. Bemerkenswert ist, dass nur 2,1 Prozent des Gesamtbestandes – vor allem die älteren und mittelalten Alleen – dichter als 1 Meter zum befestigten Fahrbahnrand stehen. Mittelalte Alleen, z. B. vierzig- bis sechzigjährige Lindenbestände, deuten darauf hin, dass es auch in den Jahren nach 1945 bis Ende der 1950er-Jahre Neuanpflanzungen gegeben haben muss. Nennenswerte Pflanzaktionen erfolgten aber erst wieder in den 1980er-Jahren, in vielen Fällen mit Eichen.[24]

Dass Alleen an Straßen in der Bundesrepublik Deutschland überhaupt wieder angepflanzt wurden, ist vermutlich ein Resultat der 1970er-Jahre – beginnend mit dem 1. Europäischen Naturschutzjahr 1970 – als Umweltthemen stärker in das Zentrum gesellschaftspolitischer Diskussionen rückten, Umweltverbände und -vereine starke Mitgliederzuwächse verzeichneten und die staatliche Naturschutzverwaltung auf- und ausgebaut wurde (beginnend in Bayern mit dem ersten Umweltministerium Europas). Auch hat die Verinselung fast aller großer Biotopbestände zur Schaffung von Biotopverbundsystemen an Straßen beigetragen (z. B. durch Alleen als vernetzende Elemente in weiten Agrarlandschaften). Beispielsweise hat das Niedersächsische Landschaftsprogramm im Jahr 1989 einen 5 bis 30 Meter breiten Biotopsaum in der offenen Landschaft entlang von überörtlichen Verkehrswegen vorgeschlagen.

In der DDR wurde die Anpflanzung von Obstbaumalleen bis in die 1960er-Jahre als volkswirtschaftlich wichtige Aufgabe betrachtet. Gebietsweise wurde das Obst entweder zur Selbstversorgung genutzt oder z. B. in Teilen von Sachsen von den Straßenbauämtern selbst geerntet und vermarktet.[25] Zudem wurden im Rahmen des Flurholzanbaus – der für eine zusätzliche Holzerzeugung auf Flächen außerhalb des Waldes eine große Bedeutung hatte – Alleen mit Pappelhybriden neu angepflanzt oder lückige Alleen anderer Baumarten mit Pappeln ergänzt. Straßenalleen wurden somit unter dem Aspekt des Nutzens angelegt. Nennenswerte Neuanpflanzungen mit anderen Baumarten erfolgten nicht. Dafür gab es andere Gründe als in der Bundesrepublik Deutschland. Einerseits waren Hochstämme z. B. von Eiche oder Kastanie in großer Menge nicht verfügbar und deren Pflege auch nicht bezahlbar, um z. B. die Vielzahl der ländlichen Wege und Gemeindestraßen zu bepflanzen. Andererseits blieb die Länge der Straßen des überörtlichen Verkehrs von 1949 bis 1990 nahezu unverändert. An diesen Straßen befanden sich aber bereits überwiegend alte Alleenbaumbestände. Eingriffe z. B. durch Herstellung des Lichtraumprofils waren vielerorts kaum notwendig, weil der Lkw-Verkehr gering war und die Bahn den Großteil des Gütertransportes übernahm. Zwar gab es auch Baumfällungen, Kahlhiebe von Alleen kamen in Größenordnungen aber nicht vor, weil das Verkehrsaufkommen insgesamt deutlich geringer war und auch dadurch einflussreiche Automobil- und Motorradfahrer-Verbände fehlten. Dieses geringere Verkehrsaufkommen spiegelte sich nicht zuletzt darin wider, dass im Gegensatz zur Bundesrepublik Deutschland noch 1990 ca. 48 Prozent der Fern- und 60 Prozent der Bezirksstraßen schmaler als 5,50 Meter waren.[26] Es gab also kaum Straßenverbreiterungen.

## Der Alleenbestand an Straßen heute

Der Bundesminister für Verkehr sowie der Bundesminister für Umwelt, Naturschutz und Reaktorsicherheit haben bereits im Herbst 1990 alle neuen Bundesländer gebeten, die Erfassung wertvoller Alleen sicherzustellen, und Anfang 1991 eine Arbeitsgruppe mit dem Ziel eingerichtet, fachliche Hinweise zur Erhaltung der Alleen im Bereich der klassifizierten Straßen zu erarbeiten. Im Ergebnis stellte der Bundesminister für Verkehr am 13. Februar 1992 der Presse das Merkblatt »Alleen« vor. Wesentliche Zielsetzung dieses Merkblattes war es, vorhandene Alleen an Bundesstraßen in einem größtmöglichen Umfang zu erhalten und Nach- und Neuanpflanzungen im Regelfall in einem Abstand von 4,50 Metern zu entwickeln. Festlegungen wurden z. B. über Art und Umfang von Baumschauen als Grundlage der Abstimmung von Straßenbau- und Naturschutzbehörden getroffen. Das Merkblatt »Alleen« wurde 1992/93 durch die Straßenbauverwaltungen aller neuen Bundesländer für Landesstraßen eingeführt – und damit ein problematischer Pflanzabstand von 4,50 Metern festgelegt.[27] Im Rahmen der Umsetzung dieses Merkblattes wurde von der »Bundesanstalt für Straßenwesen« 1992 ein Projekt zur »Zustandserfassung von Baumalleen« durchgeführt. Ziel war es, den Zustand von Alleen zu bewerten und Auswirkungen von Baumaßnahmen zu beschreiben. Die Bewertung von 32,2 Kilometer Alleen in Mecklenburg-Vorpommern und Brandenburg ergab interessante Ergebnisse: So kam es bereits 1995 nach Baumaßnahmen von 1992 beim Spitzahorn zu einem verminderten Trieblängenwachstum, das auch durch trockene Sommer 1992/93 befördert wurde.[28] Allerdings wäre eine aktuelle Bewertung der 32,2 Kilometer Alleen und ein Vergleich mit dem Zustand von 1992/95 wünschenswert, um zu einem abschließenden Ergebnis zu gelangen.

Nach einer Umfrage von I. L. im September 2003 (in der Tabelle mit * gekennzeichnet) und nach einer Anfrage bei einigen Ministerpräsidenten durch die Bundestagsabgeordnete Gabriele Lösekrug-Möller im September 2005 ergibt sich folgender Bestandsüberblick.

---

»fruchtbare Bäume« nicht an den Rand der Chausseen zu setzen, sondern hinter den Graben. Möglicherweise sollte so Diebstahl durch vorbeifahrende Fuhrwerke vorgebeugt werden, vgl. Lucas, Eduard: Württembergs Obstbau. Festschrift des Pomologischen Instituts in Reutlingen zur 25-jährigen Vermählungsfeier Ihrer Majestäten des Königs Karl und der Königin Olga von Württemberg. Ravensburg 1871.
| 17 | Wirth, Volkmar: Gefährdete Flechtenbiotope in Mitteleuropa. Bericht der Senckenbergischen Naturforschenden Gesellschaft. Natur und Museum 129 (1). Frankfurt a. M. 1999, S. 12–21.
| 18 | Lucas (wie Anm. 16).
| 19 | Trenkle (wie Anm. 5).
| 20 | Auszug aus einem Brief des Deutschen Rates für Landespflege vom 28. Juli 1964 an den Bundesminister für Verkehr. In: Landschaftspflege an Verkehrsstraßen (wie Anm. 11).
| 21 | Protokoll der 114. Sitzung des Deutschen Bundestages am 12. Februar 1964 in Bonn.
| 22 | Vgl. Anm. 14.
| 23 | Antwort des Bundesministers für Ernährung, Landwirtschaft und Forsten vom 9. April 1986 auf die Kleine Anfrage des Abgeordneten Werner (Dierstorf), Drucksache 10/5198.
| 24 | Heitmann, Jürgen: Alleen in Norddeutschland: Ihre Verbreitung und Entwicklung seit dem Ende des 19. Jahrhunderts am Beispiel der Landkreise Nienburg (Niedersachsen) und Prignitz (Brandenburg). Diplomarbeit, Geographisches Institut der Georg-August-Universität zu Göttingen, 1999.
| 25 | Weber, Rolf: Die Gehölze an den Straßen des Kreises Plauen und ihre Bedeutung für Landeskultur und Naturschutz. In: Sächsische Heimatblätter 35 (6). Dresden 1989, S. 249–260.

*Alleen und einseitige Baumreihen in der Bundesrepublik Deutschland*

| Bundesland | Bestand Alleen und einseitige Baumreihen | Besonderheiten an Straßen/Wegen<br>** = Anmerkungen durch Autoren in diesem Buch |
|---|---|---|
| Baden-Württemberg | Unbekannt; geschätzt mind. 700 km; Bestand an Bundes-, Landes- und Kreisstraßen gering; an Gemeindestraßen und innerorts verlaufenden Straßen höher; Neuanpflanzungen erfolgen in geringem Umfang, z. B. 1999/2000 an der Deutschen Alleenstraße.[29] | Karlsruhe hatte bis 1981/82 Lindenalleen, deren Pflanzen aus dem Hardtwald kamen. Im Schlossgarten von Karlsruhe gab es 1695 eine der ersten Kastanienalleen Süddeutschlands. 1764 bis 1770 entstand in Planung und Ausführung die erste Allee mit italienischen Säulenpappeln in Deutschland.[30] In der Lichtentaler Allee, der »Königsallee« in Baden-Baden, die seit 1691 als Eichenalle nachgewiesen ist, wurden zwischen 1839 und 1867 z. B. Tulpenbäume gepflanzt.[31] |
| Freistaat Bayern | **1148** km an allen Straßen (ohne Wege), davon 452 km Alleen und 696 km einseitige Baumreihen.[32]<br>Keine nennenswerten Neuanpflanzungen an Bundesfern- und Staatsstraßen. | Ahorn (25%), Esche (11%), Linde und Obst (je 7 %), Eiche (4%), Pappel und Birke (je 3%), Ulme (2%); Mischalleen (37%); Sonstige Baumarten unter 1 %. Mehrere Hundert Kilometer dürften zum Bestand hinzu kommen, wenn z. B. Wege, Parks oder Städte wie München einbezogen würden.** |
| Stadt Berlin | Unbekannt; geschätzt mind. 500 km; ca. 400 000 Straßenbäume* | Bundesweit höchster Straßenbaumbestand in einer Stadt; charakteristisch sind zwei- oder vierreihige Alleen an ehemaligen Prunkstraßen. |
| Brandenburg | Unbekannt;<br>ca. 12 000 km davon 5 000 an Bundes- und Landesstraßen;[33]<br>2 572 km an Bundes- und Landesstraßen, davon 65 % älter als 70 Jahre;[34]<br>ca. **11 000** km (ohne Wege) davon 4 800 an Bundes- und Landesstraßen, in der Mehrzahl überalterte Bestände[35]; 8 200 km davon 700 innerorts und 5 000 an Kreis- und Kommunalstraßen;[36] häufig sind Spitzahorn, Linde, Robinie und Eiche.[37] | Höchster Anteil an Robinienalleen bundesweit **; (ca. 9 % ?). Der Bestand an Bundes- und Landesstraßen dürfte länger als 4 000 km sein, sofern einseitige Baumreihen und kürzere Alleen statistisch mit erfasst würden, die aber nach dem Erlass vom 24. 11. 2000 kartografisch nicht als verbindlich dargestellt sind; nach Abholzung einseitig fällt zudem der Bestand als Allee aus der Statistik. Problematisch ist ein sich angehäuftes Defizit an Nachpflanzungen: z. B. wurden 2004 an Bundes- und Landesstraßen »11 235 Straßenbäume davon 6 629 Alleebäume« gefällt, aber nur 3 287 nachgepflanzt.[38] Eine Alleenkonzeption soll bis Mitte 2007 für Bundes- und Landesstraßen erarbeitet werden (vgl. Drucksache 4/3046 vom 30. 6. 2006). |
| Hansestadt Bremen | Unbekannt; geschätzt 50 km; ca. 55 000 Straßenbäume | Viele Neuanpflanzungen an Straßen überwiegend seit den 1980er-Jahren mit Linde.* Bemerkenswert ist die Allee aus Pyramideneichen sowie die vierreihige Lindenallee auf dem Friedhof Osterholz.[39] |
| Freie und Hansestadt Hamburg | Unbekannt; geschätzt mind. 250 km; 224 192 Straßenbäume; davon sind nur 7475 Bäume älter als 100 Jahre*. | Bundesweit nach Berlin höchster Straßenbaumbestand in einer Stadt. Der Ohlsdorfer Friedhof hat seltene Alleen, z. B. eine Blutbuchenallee (um 1925 gepflanzt) sowie eine Lärchenallee (um 1930 gepflanzt);[40] in den letzten zehn Jahren mehrere Neuanpflanzungen, z. B. Alleen mit Schwedischer Mehlbeere.[41] |
| Hessen | Ca. **190** km an Straßen des überörtlichen Verkehrs; seit dem Jahr 2000 schwerpunktmäßige Neuanpflanzungen an der »Deutschen Alleenstraße«.[42] | Linde und Ahorn (je 40 %), Esche (16 %), Eiche (4 %). Herausragend ist die 1714 gepflanzte »Schepp-Allee« in Darmstadt mit ca. 160 Straßenbäumen, vor allem Kiefern, wobei es sich wohl um die Mainzer-Sandkiefer und nicht um eine Herkunft aus Norwegen handelt.[43] |

| 26 | In der Bundesrepublik Deutschland waren 1986 nur noch 27% aller Bundes-, Landes- und Kreisstraßen schmaler als 5,50 m.
| 27 | Nur Mecklenburg-Vorpommern lässt bei Neuanpflanzungen an Landesstraßen auch geringere Pflanzabstände zu (1994–2001: 1,50 bis 4,50 m; seit 2002 bis 3,50 m anstatt 4,50 m).
| 28 | Loh, Sieglinde: Zustandserfassung von Baumalleen (Projekt-Nr.: 91717). Bundesanstalt für Straßenwesen, Berlin 1997 (unveröff.).
| 29 | Innenministerium Baden-Württemberg, Schreiben an die ASG vom 29. November 2005.
| 30 | 100 Jahre Gartenbauamt Karlsruhe 1905–2005, hrsg. von der Stadt Karlsruhe, bearb. von Horst Schmidt u. a., 2005.
| 31 | Weigel, Bernd: Parkführer Baden-Baden. Die Gärten und Kuranlagen im Oostal. Stadtverwaltung Baden-Baden, 2003; vgl. auch Kronenwett, Heike. In: Die Lichtentaler Allee im Wandel der Zeit, hrsg. vom Stadtmuseum Baden-Baden, 2005.
| 32 | Bayerische Staatskanzlei, Schreiben an die ASG vom 26. Oktober 2005. Erhebung aus dem Jahr 1997: Danach gibt es an Bundes- und Staatsstraßen 320 km Alleen, 542 km einseitige Baumreihen; an Kreis- und Gemeindestraßen 132 km Alleen und 154 km einseitige Baumreihen.
| 33 | Peters, Jürgen: Alleen und Pflasterstraßen als kulturgeschichtliche Elemente der brandenburgischen Landschaft. Dissertation, Bd. 1, Technische Universität Berlin, 1996, S. 127.

| 34 | Antwort der Landesregierung auf die Kleine Anfrage des Abgeordneten Dr. Jens Klocksin vom 5. September 2005, Drucksache 4/1820.
| 35 | Hochrechnung nach Selle, Niels: Untersuchung zur Altersstruktur und zu Erhaltungsmöglichkeiten von Alleen in Brandenburg. Diplomarbeit, Fakultät für Forstwissenschaft und Waldökologie der Georg-August-Universität Göttingen, 2002.
| 36 | Mündliche Mitteilung von Veronika Feichtinger an I. L. aus dem Jahr 2005.
| 37 | Mündliche Mitteilung von Jochen Brehm an I. L. aus dem Jahr 2006.
| 38 | Vgl. Anm. 34; Baumfällungen 1991–2004: 96 327, Nachpflanzungen: 85 047 (wie Anm. 36); vgl. Mädlow, Wolfgang: Bilanz negativ. In: Biotunnel. Berlin-Brandenburger naturmagazin 4/2003, S. 14 f.; mündliche Mitteilungen von Christiane Weitzel an I. L. aus den Jahren 2005/06.
| 39 | Mündliche Mitteilung von Heribert Eschenbruch an I. L. aus dem Jahr 2006.
| 40 | Fröhlich, Hans Joachim: Zauber der Alleen. Frankfurt a. M. 1996.
| 41 | Schriftliche Mitteilung von Torsten Herbst an I. L. vom 12. Mai 2006.
| 42 | Der Hessische Ministerpräsident, Schreiben an die ASG vom 15. November 2005.
| 43 | Schriftliche Mitteilung von Klaus-Dieter Jung an I. L. vom 6. Mai 2006.
| 44 | Noack, Bodo: Alleen und Baumreihen auf Rügen. Unveröff. Vortragsmanuskript von 2006.
| 45 | Ebenda.
| 46 | Der Minister für Umwelt und Naturschutz, Landwirtschaft und Verbraucherschutz des Landes Nordrhein-Westfalen, Schreiben an die ASG vom 9. Dezember 2005.
| 47 | Der Ministerpräsident des Landes Rhein-

| Bundesland | Bestand Alleen und einseitige Baumreihen | Besonderheiten an Straßen/Wegen<br>** = Anmerkungen durch Autoren in diesem Buch |
|---|---|---|
| Mecklenburg-Vorpommern | **4 374** km, davon 2 588,8 km Alleen, 1 012,6 km einseitige Baumreihen und 772,6 km Neuanpflanzungen an allen Straßen und Wegen außerorts; innerorts geschätzt ca. **700** km insbesondere in Parks und auf Friedhöfen. In den 1980er-Jahren kam es zur Fällung von Ulmenalleen z. B. einer ca. 6 km langen Allee aus Ulme und Linde an der L 30 von der Wittower Fähre nach Wiek (Rügen); 1990–2005 sind allein auf Rügen noch 430 Ulmen an Straßen gerodet worden[44]. | Höchster Anteil an Kastanienalleen bundesweit (11,2 % des Gesamtbestandes) und nach Brandenburg höchster Alleenbestand in der Bundesrepublik Deutschland. Einziges Bundesland mit umfangreichen Schutzvorschriften zu Alleen und einseitigen Baumreihen; Neuanpflanzungen: ca. 1 500 km (1990–2005) an allen Straßen und Wegen; davon aber nur 30 % Alleen; z. B. wurden auf der Insel Rügen 1990–2005 an allen Straßen und Wegen insgesamt 137 km neu angepflanzt, davon 56,4 km Alleen, 80,5 km Baumreihen und insgesamt 29,6 km innerorts.[45] |
| Niedersachsen | Unbekannt; geschätzt 2 000 km; 67 Alleen sind als Naturdenkmal und 7 als »Geschützter Landschaftsbestandteil« festgesetzt. Um 1900 gab es noch größere Obstbaumalleebestände um Braunschweig, Hannover und Einbeck*. | Eine Besonderheit ist z. B. die bereits um 1855 an der B 83 gepflanzte Baumreihe aus Platanen bei Grohnde mit einer Länge von 1,1 km und aufwändigen Erhaltungsmaßnahmen seit 1954. |
| Nordrhein-Westfalen | Unbekannt; ca. **2 650** km, davon 310 km Alleen und 540 km einseitige Baumreihen an Bundesstraßen; 570 km Alleen und 1 230 km einseitige Baumreihen an Landesstraßen sowie ca. **785** km Alleen und einseitige Baumreihen an Kreis- und Gemeindestraßen.[46] | Überwiegend Linde, Ahorn, Kastanie, Birke; in Städten vor allem Platane, seltener Esche und Walnuss. Neuanpflanzungen bisher selten. Die Koalitionsvereinbarung vom 20. 06. 2005 sieht die Pflanzung von 100 Alleen auch an Landesstraßen vor. Initiativen aus dem Ehrenamt sollen helfen die Pflege alter Alleen und Neuanpflanzungen zu finanzieren. Auf politischer Ebene gibt es Bestrebungen NRW an die Deutsche Alleenstraße anzubinden. Der Landesbetrieb Straßenbau wird 32 »Baumkontrolleure« einstellen. |
| Rheinland-Pfalz | Unbekannt; geschätzt 700 km; Neuanpflanzungen z. B. an der L 232 zwischen Merxheim und Meddersheim.[47] An der Deutschen Alleenstraße stehen auf 290 km nur ca. 7 500 Straßenbäume*. | Viele der einst typischen Alleen am Rhein wurden Ende der 1960er-Jahre abgeholzt*. Eine Seltenheit ist eine wegbegleitende Baumreihe mit 15 Speierlingen am Casparyweiher in der Stadt Trier, die um 1878 gepflanzt wurde.[48] |
| Saarland | Unbekannt; ca. **50** km Alleen, davon 10 km ältere Alleen; die meisten Bundes- und Landesstraßen sollen einseitige Baumreihen haben; es werden keine Neuanpflanzungen mehr durchgeführt.[49] | 2 036 km Straßen, davon ca. 1 800 km Bundes- und Landesstraßen auf einer Fläche von 2 570 km²; Netzdichte 127 km auf 100 km² und damit höher als z. B. in NRW**. |
| Freistaat Sachsen | **262** km, davon 65 km an Bundesstraßen, 120 km an Staatsstraßen und 77 km an Kreisstraßen; an diesen Straßenkategorien gibt es an 1 760 km potentielle Standorte zur Neuanpflanzung, davon 580 km an Staatsstraßen.[50] | Von den ca. 500 000 Bäumen an Bundes-, Staats- und Kreisstraßen sind 39,7 % Obstbäume; Linde und Ahorn (je 12 %), Eiche (9,5 %).[51] Pappelalleen gab es, als Napoleon um 1813 bei Pirna war, häufig; Reste existieren heute nicht mehr**[52]. Alleen sollen gemäß Erlass des Sächsischen Staatsministeriums für Wirtschaft und Arbeit vom 6. 08. 1999 durch Ersatz- und Neuanpflanzungen wiederhergestellt werden. |
| Sachsen-Anhalt | Ca. **850** km an Bundes- und Landesstraßen davon ca. 200 km Neuanpflanzungen (1991–2000).[53] Im Jahr 2004 wurden z. B. 534 500 Euro für Alleen und Nachpflanzungen aufgewendet.[54] | Die meisten Alleen befinden sich im Ostharz sowie im Norden und Osten von Sachsen-Anhalt. Im Raum Havelberg besonders schöne Alleen. Ahorn, Linde, Birke, Kastanie, Robinie, Eiche. Es sind 45 km der geschlossenen Alleen älter als 100 Jahre. |

| Bundesland | Bestand Alleen und einseitige Baumreihen | Besonderheiten an Straßen/Wegen<br>** = Anmerkungen durch Autoren in diesem Buch |
|---|---|---|
| Schleswig-Holstein | Unbekannt; mindestens 1 500 Alleen auf Gütern; davon noch etwa 300 barocke Lindenalleen. Mindestens ca. **300 km** | Sehr viele Ulmenalleen sind durch das »Ulmensterben« verschwunden; möglicherweise war die Ulme eine charakteristische Alleebaumart in bestimmten Landesteilen; wird bei den 1 500 Alleen jeweils eine durchschnittliche Länge von 200 m unterstellt, ergeben sich 300 km landesweit**. |
| Freistaat Thüringen | Ca. **880 km** an allen Straßen außer- und innerorts; keine Nadelbaumallee;[55] lokal sehr lange Alleen z. B. zwischen Langensalza und Großenlupnitz mit 12,7 km;[56] allerdings dort und landesweit zahlreiche Fällungen in den letzten Jahren* | Ähnlich wie in Sachsen ist die Stellung der Obstbaumalleen mit 38,1 % herausragend. Häufig sind auch Linde, Ahorn, Pappel, Kastanie, Esche; die vermutlich um 1996 existierende Baumreihe aus Elsbeere an der B84 bei Kirchheilingen ist heute nicht mehr auffindbar und es ist fraglich, ob diese existiert hat.[57] |
| **Insgesamt** | Ca. **23 239 km**, davon 18 066 km in den neuen Bundesländern.<br>Weitere ca. **4 150** km Alleen und einseitige Baumreihen ergeben sich nach Schätzung**. | |

Aus der Tabelle kann abgeleitet werden, dass weniger als 12 Prozent der überörtlichen Straßen mit Alleen bestanden sind.[58] Der überwiegende Teil davon befindet sich in den neuen Bundesländern, wobei es sich in der Mehrzahl um ältere Bestände handelt.

Nach- und Neuanpflanzungen an Straßen sind deshalb notwendig und aus naturschutzfachlichen Gesichtspunkten nur sinnvoll in einem Abstand von bis zu 4,50 Metern vom befestigten Fahrbahnrand. Seit Ende der 1990er-Jahre werden bundesweit Diskussionen darüber geführt, die durch

land-Pfalz, Schreiben an die ASG vom 18. November 2005.
| 48 | Mündliche Mitteilung von Michael Heimes an I. L. aus dem Jahr 2006; vgl. auch Rettig, Gottfried: Die Speierlingsallee am Herrenweiher in St. Matthias. In: Mitteilungen der Deutschen Dendrologischen Gesellschaft 65/1972, S. 177 f.
| 49 | Der Staatssekretär des Ministeriums für Wirtschaft und Arbeit, Schreiben an die ASG vom 12. Januar 2006.
| 50 | Schriftliche Mitteilung von Kerstin Birnstengel an I. L. vom 6. April 2006.
| 51 | Alleen und Straßenbau. Sächsische Alleen zwischen Landschaftsschutz und Verkehrsplanung. Schriftenreihe der Sächsischen Straßenbauverwaltung, hrsg. vom Sächsischen Staatsministerium für Wirtschaft und Arbeit, H. 13/2001.
| 52 | Vgl. auch Kroitzsch, Klaus: Napoleonschanzen und Kanonenkugeln. Schriftenreihe des Stadtmuseums Pirna. H. 6/1987.
| 53 | Alleen in Sachsen-Anhalt – Landschaftsschutz und Verkehrssicherheit. Ministerium für Wohnungswesen, Städtebau und Verkehr des Landes Sachsen-Anhalt. Magdeburg 2000.
| 54 | Der Minister für Bau und Verkehr des Landes Sachsen-Anhalt, Schreiben an die ASG vom 18. November 2005.
| 55 | Schutzgemeinschaft Deutscher Wald. Schutz der Alleen in Thüringen, hrsg. vom Landesverband Thüringen, 1996.
| 56 | Heinrich, Wolfgang u. a.: Wertvolle Bäume und Alleen in Thüringen. Landschaftspflege und Naturschutz in Thüringen 31/1994, Sonderheft, S. 14–28.

*Lückenhafte Bergahornallee bei Schwangau (Bayern)*

*Zu den schönsten und seltensten Alleen in Mecklenburg-Vorpommern zählen die ca. 140 Jahre alten Blutbuchen an der B 5 zwischen Boizenburg und Ludwigslust, eine alte Lindenallee im Hintergrund, 1994*

| 57 | Mündliche Mitteilung von Ramona Halle an I. L. vom Mai 2006; vgl. Fröhlich (Anm. 40).
| 58 | Ausgehend von 231 420 km überörtliche Straßen. In: Statistisches Bundesamt. Statistisches Jahrbuch, 2005.
| 59 | Landgrebe (wie Anm. 13).
| 60 | Neumann, Klaus; Alleen als naturkultureller Wertfaktor der Landschaftsplanung. In: Eid, Volker u. a.: Schutz von Mensch und Baum, hrsg. vom Gesamtverband der Deutschen Versicherungswirtschaft, 2005.
| 61 | Wagner, Wilfried: Die Straßenbepflanzung im Erzgebirgsraum. Archiv für Forstwesen 17/1968, S. 1117–1123.

die Entwürfe zu »Empfehlungen zum Schutz vor Unfällen mit Aufprall auf Bäume (ESAB)« der Forschungsgesellschaft für Straßen- und Verkehrswesen e. V. maßgeblich ausgelöst wurden. Dabei stand z. B. ein Pflanzabstand von 8 Metern zum befestigten Fahrbahnrand im Mittelpunkt, wodurch eine Neuanpflanzung nicht mehr möglich wäre (Flächenerwerb nicht realisierbar). Interessant ist, dass ein gleicher Vorschlag bereits im Jahr 1963 diskutiert wurde.[59] In dem Entwurf der ESAB vom Januar 2006 sind Kompromisse erkennbar, die hoffen lassen, dass durch die z. B. von der FLL erfolgten Diskussionen und durch die vom Bundesumweltministerium gemeinsam mit der Alleenschutzgemeinschaft e. V. durchgeführte Kampagne »Deutsche Alleen durch nichts zu ersetzen« gelungen ist, den Alleenschutz stärker durchzusetzen. Im Ergebnis sind die Ausführungen zur »Bestandssicherung« von Alleen an Straßen in den ESAB positiv zu sehen. So genannte »Radalleen« oder die Anpflanzung von Hecken[60] stellen keine Lösung dar, sondern gehen einseitig zu Lasten der Straßenbäume.

Schwerpunkte sollten zukünftig sein: Schutz und Pflege junger und alter vitaler Alleen an Straßen und Wegen, Schutz von Alleen an Pflasterstraßen einschließlich des Straßenbelages, Förderung seltener Alleebaumarten (z. B. Blutbuche, Elsbeere, Schwarz- und Walnuss, Speierling, Lärche) sowie die Auswahl von geeigneten Baumarten in Abhängigkeit von Klima und Höhe – wie dies z. B. 1968 für das Erzgebirge vorgeschlagen wurde[61] – und/oder anhand historischer Unterlagen.

Kein Zweifel besteht daran, dass Maßnahmen ergriffen werden müssen, die dazu beitragen, die Unfallzahlen in Alleen zu senken z. B. durch Absenkung der Geschwindigkeit auf 80 Kilometer pro Stunde in Alleen, Aufstellen von Schutzplanken in Gefahrenbereichen sowie die Aufnahme der besonderen Anforderungen an die Fahrweise in Alleen in die Fahrschulausbildung. Stärkere Geschwindigkeitskontrollen und das Fifty-Fifty-Taxi-Ticket haben z. B. in Mecklenburg-Vorpommern zur Reduzierung der Anzahl der in Alleen bei Verkehrsunfällen Getöteten im Jahr 2001 im Vergleich zu 2000 um 34 Prozent und im Jahr 2004 im Vergleich zu 2003 nochmals um 34 Prozent geführt. Diese Beispiele zeigen, dass Alleenschutz und Verkehrssicherheit an Straßen vereinbar sind. Alleenschutz erfordert allerdings auch zukünftig ein Engagement durch die breite Öffentlichkeit und die Unterstützung durch ein politisches Einvernehmen, so wie dies z. B. seit 2005 in Nordrhein-Westfalen und seit 1991 in Mecklenburg-Vorpommern klar erkennbar ist.

Margita Marion Meyer

# Historische Alleen in Schleswig-Holstein – ein topografischer Überblick

Alleen gehören von alters her zu den auffälligsten Gestaltungselementen in Garten, Park und Landschaft. Insbesondere in den Jahrzehnten um 1800, in denen die geordnete Bewirtschaftung der Wälder, die staatliche Förderung der Obstbaumkultur und die herrschaftliche Verschönerung der Agrarlandschaften begann, entstanden in Schleswig-Holstein zahlreiche Alleen an den ehemaligen Fürstenresidenzen, auf den Gütern, in den Wäldern und entlang der neu gebauten Chausseen.

Im 19. Jahrhundert kamen zahlreiche Alleen hinzu,[1] besonders in den wachsenden Städten, auf den Landsitzen vermögender Bürger und als neue Wege und Straßen in der freien Landschaft. Selbst in der »großen Gartenrevolution«, in der sich der natürlichere landschaftliche Gartenstil durchsetzte, blieben Alleen wichtige Gestaltungselemente. Ihre Funktion wandelte sich aber vom alles beherrschenden Ordnungssystem in Garten und Landschaft hin zu einem Element der Stadt- und Landschaftsbaukunst, dessen ökonomische und sozial-hygienische Bedeutung zunahm. Die repräsentative und gliedernde Wirkung der Alleen blieb bei den Gartenkünstlern des 19. Jahrhunderts aber weiterhin anerkannt, wenn auch der kunstvolle Formschnitt der Bäume aus der Mode kam.

Um 1900 durften an den wichtigsten Straßen, die die Hauptverkehrsströme innerhalb der Stadt und den umliegenden Gemeinden aufnahmen, Alleebäume nicht fehlen, wie das Beispiel der beschnittenen Kastanienalleen am ehemaligen Hohenzollerndamm (heute Westring) in Kiel verdeutlicht.[2] Auch Städtebauer wie z. B. Joseph Stübben[3] strukturierten die wachsenden Städte durch markante Alleen. Erst das Leitbild einer aufgelockerten Stadt der Nachkriegsmoderne, das Licht und Luft in die zerbombten Stadtlandschaften des Zweiten Weltkrieges bringen wollte, verabschiedete sich von den linearen Baumreihen. Einzelne Solitäre, lockere Baumgruppen und Ziergehölzstreifen begleiteten die neu aufgebauten Wohnsiedlungen.

Die Alleen in den Städten verschwanden: Anfangs durch den Straßenbahnbau, wie z. B. die Düsternbrooker Allee in Kiel, dann durch die Verkehrsplaner, die einen ungehinderten Strom des Verkehrs zu gewährleisten hatten, und zuletzt (bis heute) durch die Arbeiten des Tiefbaus, die unterschiedliche Leitungen für die Wasserzuführung, die Abwässer, für elektrischen Strom, für die Telekommunikation und Fernwärme zu verlegen hatten. Die Straßenräume mussten durch die Aufnahme des oberirdischen Verkehrs und der unterirdischen Versorgungsleitungen baulich so hergerichtet werden, dass für Gehölzpflanzungen kaum Platz war. Aufgrund von Oberflächenversiegelungen und stark eingeschränkter Wurzelräume starben viele der vorhandenen Bäume langsam ab, wenn sie nicht vorher schon gefällt worden waren. Nur die schnittverträglichen Gehölze mit gutem Regenerationsvermögen, wie z. B. Linden, können durch fachgerechten Kronenschnitt an den Straßen-Extremstandorten ertüchtigt werden.[4]

## Alleen in den Wäldern – Jagdalleen

In der aristokratischen Gesellschaft spielte die Jagd eine zentrale Rolle. Leibeigene Bauern hatten als Treiber das Wild aus dem schützenden Laubdach der Wälder vor die Flinten der adeligen Hofgesellschaft zu hetzen. In planmäßig angelegten Alleen – meist »gehauenen Schneisen«[5] – standen die Schützen und hatten ein freies Schussfeld. Aber nicht nur an den Residenzen, wie in Gottorf und Glücksburg,[6] sondern auch auf den adeligen Gütern finden wir Beispiele für solche Jagdalleen.

Ein adeliger Gutsherr musste im 18. Jahrhundert nicht nur ein repräsentatives Herrenhaus mit entsprechender Innenausstattung, einen Lustgarten mit Parterres und Bosketts besitzen, sondern auch einen »Grand Parc«, einen Tiergarten, unterhalten, wollte er in der höfisch-absolutistisch

[1] Auf die zahlreichen noch vorhandenen Alleen auf den Friedhöfen des Landes konnte hier nicht näher eingegangen werden.
[2] Abbildung 18 in: Meyer, Margita: Zwischen Scylla und Carybdis. Plädoyer für einen konservatorischen Umgang mit dem Gartenkulturerbe. In: Denkmal!, 12. Jg., 2005, S. 25.
[3] Stübben, Joseph: Der Städtebau. Handbuch der Architektur. Darmstadt 1890.
[4] Dies propagierte 1927 schon Maasz, Harry: Das Grün in Stadt und Land. Dresden 1927, besonders die S. 19 bis 42, wo er sich explizit für den Erhalt alter Baumgänge durch Schnitt ausspricht. Dieses Thema war Inhalt einer seiner Studienabschlussarbeiten, die als Manuskript in der Berliner Gartenbaubibliothek liegen. Ich danke Herrn Mathias Hopp herzlich für diesen Hinweis.
[5] »Gehauene Alleen«, das sind Alleen, die dadurch entstehen, dass man entlang einer Wegeachse die seitlichen Waldränder beschneidet.
[6] Prange, Wolfgang: Die Tiergärten Herzog Johanns des Jüngeren. In: Zeitschrift für Schleswig-Holsteinische Geschichte, 113, 1988, S. 75 ff.

*»Hortus Alefelto Jersbecensis in Holsatia«. Kupferstich von Christian Fritzsch nach einer Vorzeichnung von E. G. Sonnin, 1747*

| 7 | Siehe den Beitrag zu Traventhal von Kuhnigk, Silke. In: Historische Gärten in Schleswig-Holstein, hrsg. von Adrian von Buttlar und Margita Marion Meyer. Heide 1996, S. 601–608.
| 8 | Siehe dazu Hennigs, Burkhard von: Zur Sanierung und Pflege der barocken Lindenallee im Jersbeker Garten. In: DenkMal!, 6. Jg., 1999, S. 56–60.
| 9 | Wegen der fehlenden Inventarisation solcher Waldalleen kann dazu keine mengenmäßige Angabe gemacht werden.
| 10 | Im Rahmen der Biotopkartierung vom Landesamt für Natur und Umwelt 1978–2000 wurden Alleen, Redder und auch prägnante Baumreihen erfasst. Dies geschah allerdings nur als Signatur in der Biotopkarte im Maßstab 1:25 000. In dieser Kartierung wurde die größte Alleendichte im Ostholsteinischen festgestellt. Eine 2005 durchgeführte Schnellinventarisation des Landkreises Plön von Henrike Schwarz brachte jedoch hervor, dass sich hier mindestens genauso viele Alleen finden lassen, so dass davon ausgegangen werden muss, dass auch in den ehemaligen Güter-Kreisen Rendsburg-Eckernförde und in Schleswig-Flensburg mit vergleichbaren Alleendichten zu rechnen ist.
| 11 | Die Rechtsfigur der Fideikomissgüter entstand im Hochmittelalter, als zunächst der Adel durch Familienverträge Erbteilungen ausschloss. Die Primogenitur, das Anrecht des Erstgeborenen (meist männlichen Erben) auf das ganze Erbe und

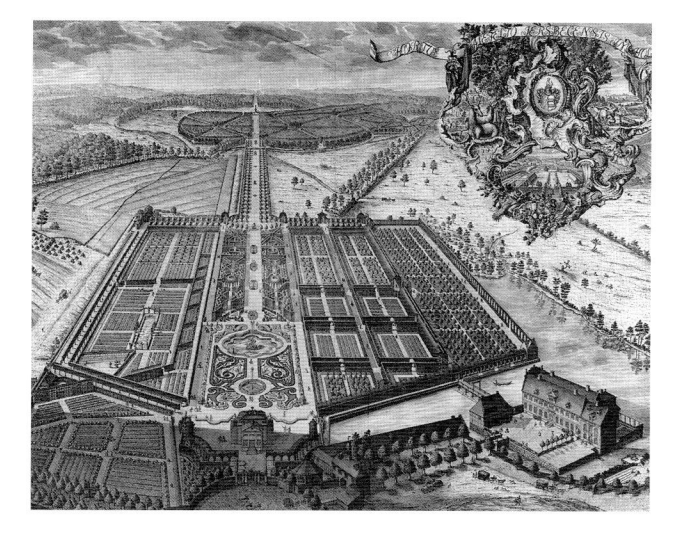

geprägten Gesellschaft zu Ansehen und Reichtum gelangen. In der aristokratischen Kultur des 18. Jahrhunderts spielte die Vorliebe für das Landleben eine herausragende Rolle, wie sich das in der Frieden liebenden Gartenkunst und in der »kriegerischen« Jagdkunst manifestierte. Das Jagdschlösschen der Lübecker Fürstbischöfe in Sielbek am Ukleisee und das Jagdschloss des Plöner Herzogs in Traventhal[7] sind Beispiele dafür.

Die Alleen in Waldgebieten, die in dem waldärmsten Land der Bundesrepublik Deutschland in keinem Jahrhundert zahlreich waren, verschwanden durch die intensive forstwirtschaftliche Nutzung der Wälder im 20. Jahrhundert weitgehend.

In den Kupferstichen des Barockzeitalters finden wir diese »Jagdalleen« und »Jagdsterne« aber noch, wie das Beispiel des Gutes Jersbek[8] (oben) geradezu modellhaft zeigt. Auf dieser Abbildung erkennt man zahlreiche verschiedene Alleeformen: die Zufahrtsallee zum Herrenhaus und die große Querallee am Ende des Gartens, durch junge, herzförmige Lindenbäume gebildet, im Küchengarten die Obstbaumalleen; kunstvoll gestaltete Treillage-Laubengänge als Entree des Gartenhauses und rechter Hand ein gedeckter Laubengang, der sich mit Sichtfenstern zum Herrenhaus und dann an der ganzen Längsseite hin mit einer durchfensterten Treillage-Wand zur Seenlandschaft öffnet. Die seitlichen Alleen linker Hand sind als Fächeralleen geschnitten, rechter Hand liegen in den Bosketts mindestens drei Meter hohe Hochhecken; parallel zur Hauptachse verläuft ein gedeckter Laubengang mit Himmelsstrich, der heute noch erhalten ist. Aus dem Garten führt in der Hauptachse eine doppelreihige Lindenallee in den Tiergartenbereich, der beidseitig von Jagdsternen durchzogen wird. Rechts davon verläuft eine unbeschnittene Eichenallee, begleitet von einem Knick, auch dieses Element ist erhalten. Die beschnittenen Formbäumchen, die das Parterre einrahmen, wurden ebenfalls als Allee bezeichnet.

Im 19. Jahrhundert wurden aber neue Alleen auch von den staatlichen Forstbeamten gepflanzt, freilich nicht für die Ewigkeit, sondern um das »Holz« in Notzeiten auch schlagen zu können. Dies erklärt, warum sie heute nicht mehr vorhanden sind.[9]

## Alleen in der Gutslandschaft – Gutsalleen und Knickalleen

In den Gutslandschaften Ostholsteins[10], Plöns, des Segeberger und Stormarner Landes, Schwansens, des dänischen Wohlds sowie im südöstlich gelegenen, ehemaligen Herzogtum Lauenburg prägen bis heute zahlreiche Alleen auf markante Weise das Landschaftsbild. Die barocke Alleenkunst verwirklichte sich nicht nur in den Grenzen der mehr oder weniger großen Lustgärten, sondern die ganze Gutslandschaft wurde hierarchisch strukturiert. Die Güter umfassten mehrere hundert, einige sogar mehrere tausend Hektar Wiesen-, Weide-, Wald- und Ackerland. Im Mittelpunkt dieses ausgeprägten Alleensystems lag das Herrenhaus, der Herrschafts- und Wohnsitz adeliger Gutsherren, deren Reichtum von der Größe und Fruchtbarkeit ihres Landes und der Anzahl der leibeigenen Gutsangehörigen abhing. Flankiert von einer riesigen Scheune und einem großen Viehstall, der den Reichtum eines Gutes repräsentierte, führten Alleen hinaus und umgriffen das ganze landwirtschaftlich bearbeitete Nutzland. Die Alleenbaukunst erreichte im 18. Jahrhundert ihren Höhepunkt, wie das Beispiel in Jersbek zeigte.

Angelegt wurden Alleen einst für eine »Ewigkeit«, deren Dauer allerdings von der biologischen Lebenszeit der jeweiligen Baumart abhing. Die Eichen erwiesen sich als die beständigsten Exemplare mit mittlerweile über 300 Jahren. Die bisher älteste bekannte, noch erhaltene Eichenallee ist die Allee auf Gut Gudow im Lauenburgischen, die noch im 17. Jahrhundert angepflanzt wurde. Die barocken Eichenalleen lagen entlang der Zufahrts- und Feldwege; ihre Anzahl wird heute auf rund 100 erhaltene Alleen geschätzt.

Die Güter gingen als Fideikomissgüter[11] nicht in die Erbteilung wie in Süddeutschland, so dass es zu keinen Aufparzellierungen kam. Die Dichte von privaten Alleenwegen dürfte hier im Norden – so kann in Ermangelung einer systematischen Kartierung und Bewertung nur vermutet werden – am höchsten in Deutschland sein. In den Gutslandschaften der ehemaligen DDR wurden sie verstaatlicht und befinden sich heute meist im kommunalen Besitz.

Es gibt Güter, die heute noch zehn verschiedene Alleen aufweisen und Güter, die keine mehr haben. Nimmt man die bekannte Anzahl von 300 Gütern und den groben Mittelwert von fünf Alleen pro Gut an, dann kommt man immerhin auf 1500 Gutsalleen! Freilich sind viele nur noch als Restbestände oder lückenhaft erhalten. Aber diese Zahl muss

*Die gemischte Allee in Emkendorf*

waren die Hartholzbäume dem dänischen König oder in den Gutslandschaften dem Gutsherrn vorbehalten.

Ab Mitte des 19. Jahrhunderts wurden dann – auch außerhalb des herrschaftlichen Gartens – Obstbaumalleen zur Ernte der vitaminreichen Früchte angelegt. Wie die Waldalleen so sind auch die ehemaligen Obstalleen heute aus der Kulturlandschaft weitgehend verschwunden, da ihre wirtschaftliche Nutzung nicht mehr erfolgt.

## Alleen in Garten- und Parkanlagen – Gartenalleen

Die Alleen, die ab Anfang des 18. Jahrhunderts im Zusammenhang mit barocken Gärten entstanden, sind überwiegend Linden- und Ulmenalleen, da sie die verschiedenen Formschnitte am besten vertragen. Aber nicht nur Fürsten und Adelige, auch reiche Kaufleute legten zu dieser Zeit repräsentative Alleen an, wie das Beispiel des Hieronymus Küsel belegt. Der zu seiner Zeit reichste Kaufmann Lübecks ließ sich hier einen repräsentativen Landsitz anlegen, wie er prächtiger und kunstvoller von keinem Adeligen hätte gebaut werden können.

Das schönste Sommerhaus Lübecks, das Lustschlösschen »Bellevue«, wurde vermutlich von dem Lübecker Stadtbaumeister Johann Adam Soherr[14] (1706–1778) entworfen. Der anspruchsvolle Rokokobau (1754–1756) ist erhalten, Garten und Alleen zur Trave sind jedoch verschwunden. Ein doppelter gedeckter Laubengang mit »Himmelsstrich« – wohl aus Linden – führte einst zur Bootsanlegestelle an der Trave. Die ehemals zahlreichen Ulmenalleen sind heute wegen des »Ulmensterbens« weitgehend verschwunden, obwohl sie im Norden noch am längsten überleben konnten.

Von den Garten-Lindenalleen in Schleswig-Holstein dürften noch 300[15] aus barocker Zeit erhalten sein, allerdings oftmals verstümmelt durch Stammkappungen, d. h. ihrer Krone beraubt. Viele sind durch den unfachgerechten Schnitt der Kronen und der Stamm- und Wurzelschösslinge in ihrer Vitalität erheblich beeinträchtigt. Die für Lindenvarietäten typischen Schösslinge werden leider meist nicht per Hand, sondern mit Kettensägen entfernt, was zu Rindenverletzungen an den Stämmen führt. Die Verbreitung holzzerstörender Pilze in der Allee wird dadurch beschleunigt. Auch die unsachgemäße Rasen- und Wiesenmahd führt dazu, dass viel zu nah an die Wurzel- und Stammhälse heran gemäht (Stammwunden) wird und durch den Maschineneinsatz (je größer umso besser) Verdichtungen des Bodens auftreten, die zu Sauerstoffarmut führen. Nur die barocken Lindenalleen, die nicht gekappt wurden, sondern durch behutsame Kronenentlastungsschnitte statisch stabilisiert werden konnten, befinden sich heute noch in einem denkmalgerechten Zustand, wie die Alleen auf Gut Nehmten[16] oder die seitlichen Alleen des Plöner Schlossgartens belegen.

doch ernst genommen werden und zeigt auf, dass, wenn man den Schutz und den Erhalt der historischen Alleen im Lande ernsthaft betreiben will, dies mit den aktuellen finanziellen und personellen Möglichkeiten nicht zu bewältigen ist.

Das Arteninventar der Allee in Emkendorf bestand von Anfang an aus verschiedenen Baumarten, wie Linden, Eichen, Kastanien, Platanen, Ahorn- und Eschenbäumen. Die Abbildung zeigt den Blick in den Alleenabschnitt, in dem Lindenbäume überwiegen. In diese Allee wurden immer wieder junge Bäume bei Ausfall von Altbäumen eingebracht, so dass sie durch ständiges Nachpflanzen für die Ewigkeit erhalten werden kann.

In Schleswig-Holstein wurden im Rahmen der Verkoppelung[12] besonders Ende des 18. Jahrhunderts die Eigentumsgrenzen durch Knicks[13] markiert, da Bretterzäune, so genannte Palisadenbauwerke in Anschaffung und Unterhalt, meist viel zu teuer waren. Auf von Knicks begleiteten Wegen wurden auch Alleen angepflanzt, so genannte Knickalleen, die man bis heute in der Landschaft finden kann wie z. B. auf Gut Altenhof oder auf Gut Helmstorf im Plöner Land. Freilich sind diese Knickalleen oft nur nach genauerer Kartierung und Begehung von den einfachen Knicks zu unterscheiden, die typische »Überhälter« – meist Hartholzarten wie Eiche und Buche – enthalten. Während die Sträucher und Weichhölzer in regelmäßigen Intervallen (sieben bis neun Jahre) von den Bauern zur Brennholzgewinnung abgeholzt wurden,

die Rechtsform des Fideikomisses, die dem Erben zwar die Nutzungsrechte aber keine Verfügungsgewalt über das Familienerbe gaben – er konnte es nicht veräußern oder belasten – führte zu einer erstaunlichen Kontinuität in der Bewirtschaftung der Güter. Erst in der Weimarer Reichsverfassung wurde der Fideikomiss abgeschafft.
| 12 | Die Koppelwirtschaft, also die Haltung einer großen Anzahl von Milchvieh, die mit entsprechenden Heumassen durch den Winter gebracht werden musste, verdrängte bereits Ende des 17. Jahrhunderts die vorherrschende Ochsenmast, die keiner Einfriedung bedurfte. Der Höhepunkt der Verkoppelung lag Ende des 18. Jahrhunderts. Die Wortbedeutung »Koppeln«, norddeutsche Bezeichnung für ein eingehegtes Stück Land, geht ursprünglich aus dem französischen Wort »couple«(= Paar) hervor: so viel Land, wie ein Paar Ochsen am Tag pflügen konnte.
| 13 | Vgl. Marquardt, Günther: Die Schleswig-Holsteinische Knicklandschaft. Schriften des Geographischen Instituts der Universität Kiel. Bd. 13, H. 3, 1950, S. 2. Das Wort Knick ist seit 1555 urkundlich belegt und stammt von dem Abknicken der jungen Pflanzenschösslinge auf den Wallhecken. Sie können auf Erd- oder Steinwällen stehen und enthalten unterschiedliche Arten, die lokale Spezifika aufweisen.
| 14 | Vgl. Heckmann, Hermann: Die Baumeister des Barock und Rokoko – in Mecklenburg, Schleswig-Holstein, Lübeck, Hamburg. Berlin 2000.
| 15 | Rund 150 sind in den zahlreichen Garten-

*Lübeck, Einsiedelstraße 10: Der Küselsche Garten mit Alleen. Kupferstich von 1700*

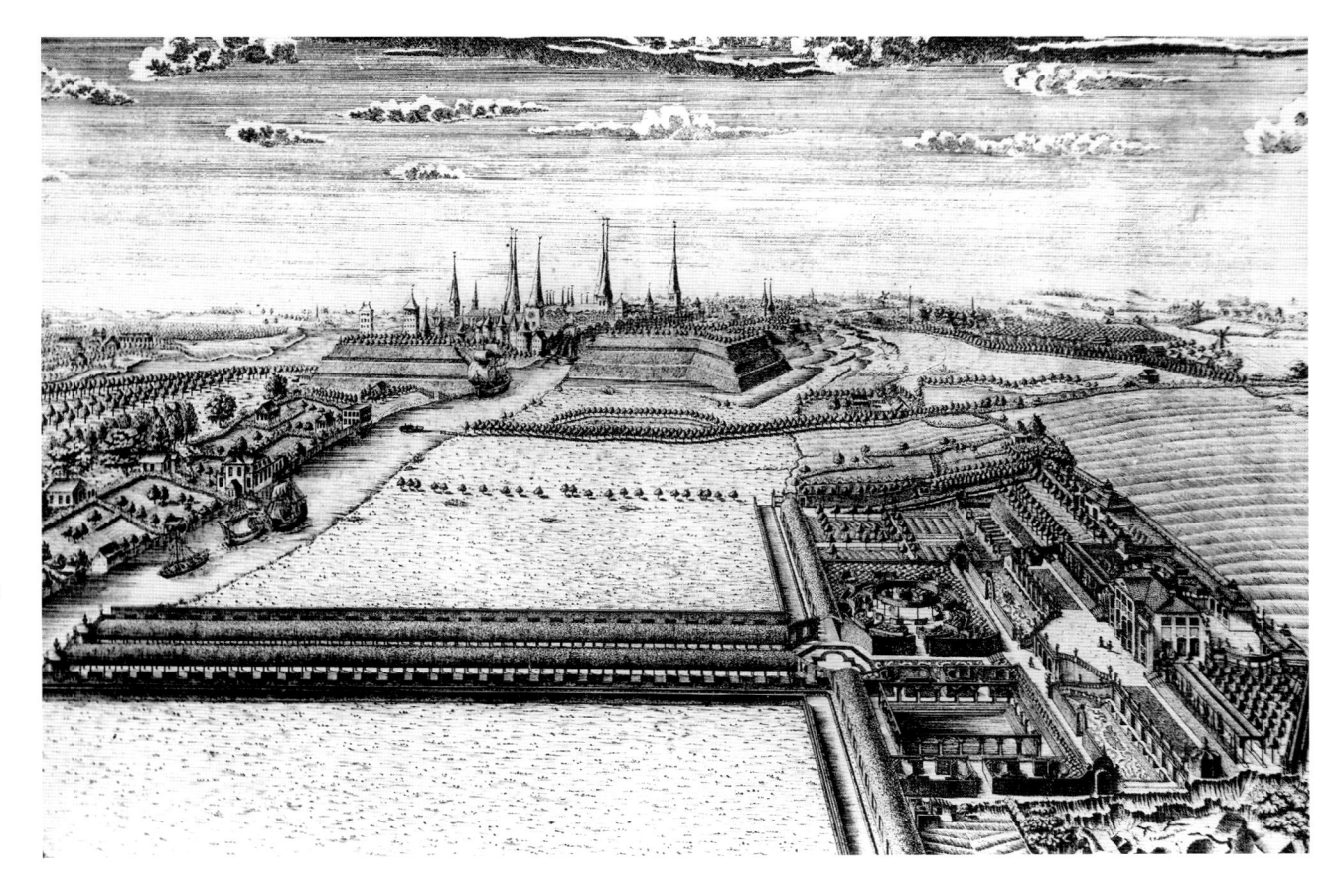

gutachten und im Rahmen der Inventarisation bisher bekannt geworden.
| 16 | Unter www.historischegaerten.de können zahlreiche historische Gärten Schleswig-Holsteins auf den Ausstellungstafeln des Landesamts für Denkmalpflege besucht werden.
| 17 | Zu den Pionieren gehören der Landschaftsarchitekt Stritzke, Klaus: Über die Schnitthöhe an Bäumen in schwedischen Gärten aus dem 18. Jahrhundert. In: Garten Kunst Geschichte. Festschrift für Dieter Hennebo zum 70. Geburtstag. Worms 1994, S. 75–79, sowie Dirk Dujesiefken zus. m. A. Roloff: Zum Umgang mit ehemals gekappten Linden. In: Jahrbuch der Baumpflege, hrsg. von Dirk Dujesiefken u. Petra Kockerbeck. Braunschweig 2003, S. 103–112.
| 18 | Es sind Greisenbäume, die ihr Altersstadium schon vor 100 Jahren erreicht haben, die Vitalität muss also relativ zum Alter definiert werden.
| 19 | Die Ascheberger Wasserallee ist eine von sechs ausgewählten Untersuchungsobjekten des noch laufenden DBU-Projekts »Pflege und Erhalt der historischen Alleen in Schleswig-Holstein«. Vgl. den Beitrag von Lutz Töpfer in diesem Buch: Schutz und Bewahrung

Selbst einzelne erhaltene Baumexemplare in Alleen stellen oft ein wichtiges historisches Dokument dar und bedürfen denkmalpflegerisch-konservatorischer Schutz- und Pflegemaßnahmen. Aufgrund ihres hohen Alters, ihres Wuchshabitus und ihrer erhaltenen Stammkörper enthalten sie Informationen über die unterschiedlichen Umweltbedingungen und Schnittmaßnahmen während ihres oft hundert- bis zweihundertjährigen Lebens. Diese Schnittmaßnahmen sind in den schriftlichen Quellen selten erhalten, da Baumpfleger und Baumzerstörer in früheren Zeiten ihr Tun meist nicht schriftlich belegten.

Gerade die beschnittenen Lindenalleen bieten aufgrund ihrer Totholzstellen und Stammhöhlen zahlreichen Arten aus der Tier- und Pflanzenwelt einen Wohnplatz. Auch liegen unter den Traufbereichen dieser »linearen Biotope« weitgehend ungestörte, jahrhundertealte Böden, die sich sonst nirgends finden lassen. Da diese alten Bäume wissenschaftlich noch nicht systematisch erforscht wurden,[17] ist ihr Erhalt – selbst wenn es nur noch Einzelexemplare sein sollten – umso dringender geboten.

In den Marschländern an der Nordseeküste, wo das mittelalterliche Besitzrecht sich gegen die Güterwirtschaft behaupten konnte, die Bauern also keine Leibeigenen wurden und die Dörfer ihr Land behielten, waren Alleen dagegen weniger landschaftsprägend, sondern stellten vielmehr Ausnahmeerscheinungen dar, die nur im Zusammenhang mit historischen Gärten zu finden sind. Die Reste und teilweise replantierten barocken Lindenalleen des Hochdorfer Großbauerngartens in Tating oder die mächtigen Lindenreihen des adeligen Gutsgartens in Seestermühe, die selbst Sturmfluten überlebten, können als Beispiele genannt werden.

Die seitlichen Lindenalleen des Hochdorfer Großbauerngartens wurden im kalten Nachkriegswinter 1946 wegen Holzmangels gefällt und in den Nachkriegsjahren durch Silberlinden *(Tilia tomentosa)* ersetzt, die dem rauen, windigen Klima der Westküste jedoch nicht standhielten. Im Rahmen eines Förderprojekts des Regionalprogramms konnte 1996 der Vorschlag der schleswig-holsteinischen Gartendenkmalpflege, die seitlichen Lindenalleen nun wieder mit Holländischen Linden *(Tilia intermedia)* neu aufzubauen, realisiert werden. Der Alleenneuaufbau an den historischen Standorten stellt eine wichtige Gemeinschaftsaufgabe von Natur- und Denkmalschutz dar.

Rousseaus Ruf »Zurück zur Natur« bewirkte eine freilich oft affektierte, auf individuellen Gefühlen beruhende Betonung der ländlichen Lebensweise. Vor allem die Schriften des Kieler Professors für Schöne Wissenschaften, Christian Cay Lorenz Hirschfeld (1742–1792), des Entdeckers der Ästhetik der schleswig-holsteinischen Kulturlandschaft, bewirkten die Einführung des englischen Landschaftsgartens in Deutschland. Ein Kennzeichen dieser neuen Gartenkunstform war, dass die Bäume nicht mehr beschnitten wurden.

*Hochdorf Garten in Tating: Die replantierten Lindenalleen von 1996, links dahinter der noch erhaltene vierreihige Lindenbestand aus dem 18. Jahrhundert*

Das bedeutendste Beispiel für eine solche Allee ist die 1791 eng angepflanzte, aber nie beschnittene Lindenallee im Eutiner Schlossgarten. Vorgestellt werden soll aber nicht diese schon viel besprochene Allee, sondern die weniger bekannte Gartenallee auf dem Gut Ascheberg.

Die mit barockem Abstand in doppelter Reihe, wohl aber nie beschnittene Allee sieht nach rund 250 Jahren (fast) immer noch so aus wie auf der Zeichnung. Sie ist ein Beleg dafür, dass ausgewachsene, eng gepflanzte Alleen sich bis heute in einem recht vitalen[18] und stabilen Zustand befinden können. In dieser Allee fanden keinerlei Straßenbauarbeiten statt und in ihr liegen keine Leitungen. Lediglich der verwilderte und aufgewachsene Baumbestand des umliegenden Gartens könnte durch den Schattendruck eine aktuelle Gefährdung darstellen.[19]

Ein weiteres Gefährdungspotential für solche Alleen stellen die Wasserverhältnisse im Boden dar. Linden vertragen keine Staunässe und so wurden sie einstmals auf Dämmen angepflanzt, rechts und links begleitet von Abzugsgräben. In den feuchten Niederungen Norddeutschlands sind solche Gräben notwendig, sie werden in den Parkanlagen aber heute oft nicht mehr gepflegt,[20] so dass es zu einer Wiedervernässung der Böden kommt.[21] Aus ökologischer Perspektive mag diese wünschenswert sein, wenn sie aber in den ehemaligen Kunstgärten voranschreitet, führt das zu einem Umkippen der in ihnen noch erhaltenen Altbäume und auch der Alleen.

Die romantische Epoche brachte mit der Einführung des Landschaftsgartens auch viele neue Baumarten ein: Kastanien, verschiedene Eichensorten, wie z. B. Roteichen und Pyramideneichen, aber auch Blutbuchen, Eschen, Pappeln und weitere Weidenvarietäten kamen hinzu. Die häufigste Alleenbaumart des 19. Jahrhundert in Schleswig-Holstein war die Kastanie: die »wilde« oder auch Rosskastanie, aber auch rot blühende Sorten, wie das Beispiel der Kastanien-

*Gartenallee auf Gut Ascheberg: Die doppelte Allee führt vom Herrenhaus auf der Halbinsel zum See, weswegen sie auch als »Wasserallee« bezeichnet wurde. Bleistiftzeichnung von 1799 aus dem Gutsarchiv Ascheberg*

*Kiel, Gartenstadt Siedlung »Hof Hammer«*

allee in Kletkamp zeigt, die Rosskastanien und die zweifarbige Kastanie enthält. Mindestens 150 Kastanienalleen dürften aus dieser Zeit heute noch erhalten sein[22].

### Alleen des 20. Jahrhunderts – straßenbegleitende Alleen

Die industrielle Entwicklung und die nachfolgende Verstädterung der Landschaften prägten Schleswig-Holstein kaum. Lediglich in den Städten Kiel, Flensburg, Lübeck und Neumünster lassen sich noch einzelne besondere Alleen finden, wie z. B. die in Kastenform geschnittene Kastanienallee der Weserfahrt in Kiel-Düsternbrook oder die Säulen-Ulmenallee im Carlislepark in Flensburg. Besonders auf den neuen Friedhöfen wurden zahlreiche Alleen angepflanzt.

Im Zeitalter des industriell-entwickelten Imperialismus vor Ausbruch des Ersten Weltkrieges finden wir vor allem fremdländische Gehölze oder neue Züchtungen in den städtischen Alleen vor, so z. B. die Platanenallee in Kiel-Holtenau entlang des Nord-Ostsee-Kanals, die nach bisherigen Erkenntnissen die nördlichste Platanenallee des europäischen Festlandes ist[23]. Die neuen Züchtungen erfreuen sich leider oft geringerer Lebenserwartung als in ihren Herkunftsländern, weswegen sie heute selten im Stadt- und Landschaftsbild erhalten sind.

Um 1900 kam es wiederum zu einem Wechsel der Gartenkunstform: Die architektonische Gartenkunst, die das ganze 19. Jahrhundert verpönt war, weil man sie mit den feudal-aristokratischen Barockgärten identifizierte, wurde von Künstlern und Architekten wiederentdeckt. In diesen neuen Künstler-Architekten-Gärten werden die Bäume nun wieder beschnitten.

Inspiriert durch die Heideromantik des populären Dichters Hermann Löns (1866–1914) wurden zahlreiche Birkenalleen vor allem im Ostholsteinischen und in den neuen Reformsiedlungen wie z. B. der Gartenstadt »Siedlung Hammer« in Kiel gepflanzt. Typische Baumarten waren die kleinkronigen Rotdornalleen in den Arbeiter- und Bürgersiedlungen sowie rotlaubige Bäume wie der wunderschöne *Acer platanoides* 'Schwedleri' (z. B. die Pflanzung an der Esmarchstraße/Blücherplatz in Kiel) und die gut wachsenden Mehlbeeren (z. B. Staakensweg in Burg auf Fehmarn), die das nordische maritime Klima besonders gut vertragen.

In Nordfriesland finden sich Ende des Zweiten Weltkrieges angepflanzte, vom Wind schräg geschorene Alleen aus Schwedischer Mehlbeere *(Sorbus intermedia)*. Das herausragendste Beispiel ist die Mehlbeerenallee entlang der deutsch-dänischen Grenze, die über 30 Kilometer, wenn auch lückenhaft, abschnittweise noch vorhanden ist.

Nach den Ideen des Hamburger Gartenarchitekten Leberecht Migge (1881–1935) und des Kieler Stadtbaurates Dr.-Ing. Willy Hahn (1887–1930) wurde das Waldkolonienkonzept von 1922 bis 1929 umgesetzt. Der die Siedlung umlaufende Weg (Damaschkeweg/Eiderbrook) wird von Birkenreihen gesäumt, die immer wieder nachgepflanzt wurden. Der 1922 aufgestellte Grünflächen- und Siedlungsplan der Stadt Kiel legte einzelne Bauzonen fest, die bestimmte Funktionen innerhalb des Stadtgefüges zu erfüllen hatten: Die kaiserzeitliche Hochbauzone sollte von dreigeschossiger Bebauung abgeschlossen werden, auf die eine Flachbauzone mit Wohngebieten und sozialen Einrichtungen wie Sportanlagen und öffentlichen Parks folgte. Der gesamte Innenstadtkern wurde von einem Grüngürtel – einer »Wald- und Wiesenzone« aus Gehölzen, Pacht- und Kleingärten, Friedhöfen, Wiesen und Parks – umschlossen, durch den die von Flachbauten flankierten Ausfallstraßen zu den vorstädtischen Siedlungen führen. Die Einbettung dieser neuen Gartenstädte in die umgebende Landschaft sowie in großflächig aufgeforstete Waldgebiete erfolgte erstmals mit der Waldkolonie Hof Hammer (oben).

Während in Westdeutschland die meisten Alleen bereits den Straßenausbauplänen der »Wirtschaftswunderjahre« zum Opfer fielen, konnten im agrarisch geprägten Schleswig-Holstein viele Alleen überdauern. Auch der künstlich errichtete Grenzstreifen zur ehemaligen DDR, der im Norden historisch zusammenhängende Landschaften einfach zerschnitt und damit Chausseen, die Alleen waren, in Sackgassen verwandelte, führte dazu, dass viele Alleen in den südöstlichen Landesteilen erhalten blieben. Eine Alleenkartierung entlang des über 100 Kilometer langen ehemaligen Grenzstreifens zwischen Lübeck und Lauenburg an der Elbe steht jedoch noch aus.

---

der historischen Kulturlandschaft als Aufgabe der Deutschen Bundesstiftung Umwelt – Förderpraxis zum Erhalt von Alleen.

| 20 | Ehemals haben die Gutsuntertanen diese Gräben in Ableistung ihrer festgesetzten Garten- und Hoftage gereinigt, nach dem Zweiten Weltkrieg wurde diese Arbeit von den zahlreichen Flüchtlingen, die auf den Gütern eine neue Heimat fanden, ausgeführt. Heute werden diese Grabenreinigungen meist nur noch auf den landwirtschaftlichen Nutzflächen durchgeführt.

| 21 | Die Kaukasische Flügelnuss *(Pterocarya fraxinifolia)*, einst als Solitärbaum im Landschaftsgarten eingeführt, oder der Japanische Staudenknöterich *(Reynoutria japonica)*, als Uferziergehölz gepflanzt, vermehren sich massenhaft in wieder vernässten Bereichen und verweist auf den Komplettausfall des Drainagesystems in historischen Parks und Gärten.

| 22 | Nach bisherigen Kenntnissen sind die häufigsten historischen Baumarten in Alleen Schleswig-Holsteins nach der Anzahl ihrer Häufigkeit: Linden, (Ulmen), Kastanien, Eichen, Eschen, Pappeln, Weiden, Birken, Mehlbeere, Obstalleen. Warum bisher nur einzelne historische Ahorn- oder Buchenalleen bekannt sind, ist nicht ganz erklärlich.

| 23 | Nach Auskunft des ehemaligen Gartenreferenten der königlichen Schlösserverwaltung in Dänemark, Jens Hendeliowitz, gibt es in Dänemark keine Platanenallee. Ob es in Schweden oder im Baltikum Platanenalleen gibt, ist der Verfasserin bisher nicht bekannt.

Ingo Lehmann

# Mecklenburg-Vorpommern – Land der Alleen

Das Besondere der Alleen war bis 1990 ihre weitgehende Geschlossenheit und tiefe, tunnelartige Beastung über der Fahrbahn. Oberforstmeister Friedrich von Blücher hatte in den Jahren 1879 bis 1890 die Aufsicht über die Lindenallee von Bad Doberan nach Heiligendamm und war offenbar von der tunnelartigen Wölbung, die Alleen bei sorgsamer Pflege hervorzubringen vermögen, beeindruckt.

»Der Großherzog Friedrich Franz II. liebte es, von hohem Bock sein Gespann zu leiten; es war daher dafür Sorge zu tragen, daß sowohl auf der Chaussee als auch auf dem nebenlaufenden Landweg die Linden an der Innenseite hoch genug aufgeästet wurden. Zu diesem Zweck fuhr ich fast alljährlich einmal die Allee ab, mit hoch erhobener Peitsche und ließ durch meinen Jäger die zu tief stehenden Äste zur Fortnahme anmerken. So hat sich bei dem allmählichen Schluß der Kronen die Wölbung von selbst gebildet.«[1]

Nach Brandenburg verfügt Mecklenburg-Vorpommern mit 4374 Kilometer Alleen und einseitigen Baumreihen außerhalb geschlossener Ortschaften über den größten Bestand in der Bundesrepublik Deutschland.[2] Daraus ergibt sich eine hohe Verantwortung, dieses kulturhistorische Erbe für nachfolgende Generationen zu schützen und zu pflegen. Alleen sind ein Markenzeichen für Mecklenburg und Vorpommern, sie steigern die Erlebnisqualität der Landschaft und sind dadurch indirekt ein Wirtschaftsgut. Alleen sind ein Stück Heimat und verkörpern für den Gast die Anmut einer Landschaft, die noch viel Harmonie bewahrt hat. Der auch aus ökologischen Gesichtspunkten bedeutsame Baumbestand ist aber durch Verletzungen im Kronen- und Wurzelbereich sowie durch vielfältige Standortveränderungen stark gefährdet.

## Die Anfänge der Alleen und einseitigen Baumreihen

Wann und wo die ersten Alleen oder einseitigen Baumreihen in Mecklenburg und Vorpommern gepflanzt wurden ist nicht bekannt. Ein Grund dafür ist, dass der Begriff »Allee« im deutschsprachigen Raum erst während des Dreißigjährigen Krieges (1618–1648) eingeführt wurde.[3] Der Autor nimmt an, dass die Anpflanzung von Alleen durch die Entwaldung eingeleitet wurde. Als Heinrich der Löwe Ende des 12. Jahrhunderts die slawische Macht vernichtet hatte und Scharen deutscher Bauern nach Mecklenburg zu ziehen begannen, war das Land bis zum Schweriner See und kaum 50 Jahre später auch das übrige Land bis nach Vorpommern von einem Netz deutscher Dörfer überzogen. Die Bauern hatten die Wälder gerodet. Das Angerdorf war in Mecklenburg und darüber hinaus weit verbreitet und von einem festen Plankenzaun umgeben.[4] Aufgrund der geringen Waldflächen – die vielfach in kirchlichem oder landesherrlichem Besitz waren und dadurch nicht von jedermann genutzt werden konnten – und eines auf die Ostseehäfen hin orientierten Handels dürften ab 1250 Weiden-, Obst-, Pappel-, Ulmen-

[1] Tessenow, M.: Die Damm-Chaussee in Bad Doberan. Mitteilungen der Deutschen Dendrologischen Gesellschaft 38/1927, S. 396.
[2] Lehmann, Ingo / Schreiber, Erna: Die landesweite Alleenkartierung in Mecklenburg-Vorpommern. T. 1: Zielsetzung und Methodik. T. 2: Ergebnisse. Stadt und Grün 46/1997, S. 263–268, 426–433.
[3] Fink, Eberhard: Die Baumallee, ihre Entwicklung und Bedeutung in der Gartenkunst. Das Gartenamt 4/1955, S. 47 ff., 65 ff.
[4] Engel, Franz: Beiträge zur Siedlungsgeschichte und historischen Landeskunde. Mecklenburg – Pommern – Niedersachsen. Köln, Wien 1970.
[5] Johann Albrecht und Ulrich Herzöge zu Mecklenburg: Polizei- und Landordnung vom 2. Juli 1572. In: Gesetzsammlung für die Mecklenburg-Schwerinschen Lande, vom Anbeginn der Thätigkeit der Gesetzgebung bis zum Anfange des 19. Jahrhunderts. Bd. 5. Wismar, Rostock und Ludwigslust 1872.

*Besonders schutzwürdige Lindenallee bei Hugoldsdorf (Vorpommern), 1997*

*Die Karte der »Königlich Preußischen Landes-Aufnahme« aus den Jahren 1835/36 belegt mehrere lange Alleenbestände an den Straßen nach Putbus (Rügen).*

| 6 | Amtsordnung vom 19. December 1660. In: ebenda. Bd. 4. Parchim 1840.
| 7 | Vgl. Herzog Friedrich Wilhelm: Edict vom 16. Juni 1702, »daß Lehn-Männer oder Allodial-Inhabere ohne Consens kein Holz fällen sollen«. In: Ebenda. Bd. 1. Parchim 1835.
| 8 | Schröder-Lembke, mündlich im Jahr 1995. In: Braun, Bettina / Konold, Werner: Kopfweiden. Kulturgeschichte und Bedeutung der Kopfweiden in Südwestdeutschland. Ubstadt-Weiher 1998.
| 9 | Friedrich Herzog zu Mecklenburg. Beförderung der Weidenzucht. In: Gesetzessammlung (wie Anm. 6).
| 10 | Pulkenat, Stefan, mündlich im Jahr 2006.
| 11 | Ebenda.
| 12 | Heinrich, Gerd: Heer- und Handelsstraßen um 1700. In: Historischer Handatlas von Brandenburg und Berlin, hrsg. von der Historischen Kommission zu Berlin. Berlin, New York 1973.
| 13 | LAGW Rep. 6a Nr. AV001.
| 14 | Herzog Friedrich Wilhelm: Schulzen- und Bauerordnung vom 1. Juli 1702, Ziffer 22. In: Gesetzessammlung (wie Anm. 6).
| 15 | Both, Christian von u. a.: »Instruktion für die Landmesser und Instruktion für die Wirtschafts- und ackerverständige Achtsleute, welche die Adeliche Güter claßificiren und taxiren sollen« vom 30. Oktober. In: Neue vollständige Gesetz-Sammlung für die Mecklenburg-Schwerinschen Lande, vom Anbeginn der Thätig-

und Walnussbäume sporadisch entlang von (Handels-)Wegen ein- oder beidseitig angepflanzt worden sein, um den Holz- und Obstbedarf zu decken. Die ersten Alleen und Baumreihen galten primär der Nutzung. Zwischen dem 16. und 19. Jahrhundert – dem so genannten hölzernen Zeitalter – nahm auch in Mecklenburg die Sorge wegen einer Holznot zu. So enthält die Polizei- und Landordnung aus dem Jahr 1572 die Anweisung, »nach Gelegenheit, Weiden, Mast, Obst und andere fruchtbare Beume« zu setzen und zu pflanzen, bei gleichzeitiger Bestimmung von Maßregeln zum Schutz von Gehölzen.[5] Im Dreißigjährigen Krieg wurden vermutlich Alleen zur Holznutzung gefällt oder hoch aufgeastet. Deshalb erschienen ab Mitte des 17. Jahrhunderts Schutzvorschriften, z. B. die Amtsordnung von 1660, wonach es für die Fällung eines jeden Baumes in Wäldern und Gehölzen einer Genehmigung bedurfte, weil jene Struktur »das vornehmste Kleinot und Schatz in diesem Fürstenthumb ist«.[6] In mehreren Edikten aus den Jahren 1666, 1685, 1693 und 1702 wurden »Holzverwüstungen« verboten und bei Fällung eines Baumes sogar Ersatzpflanzungen mit Eiche, Buche oder Weide in Höhe von bis zu 1:6 angeordnet.[7] Da eine Abgrenzung von Wald und Landschaft nicht erfolgte, ist davon auszugehen, dass diese Edikte auch für Alleen galten. Im 17. und 18. Jahrhundert wurde Weidenholz in Mecklenburg häufig als Zaunholz verwendet wie z. B. beim Lembkeschen Hof in Malchow (Insel Poel). In der Beschreibung zu diesem Gutshof heißt es 1708, dass die Ausbesserung der aus Weidenruten geflochtenen Zäune eine wichtige Winterarbeit war.[8] Weidenreihen wurden um 1700 – auch an Wegen – durch Verordnungen in Vorpommern und Mecklenburg eingeführt. Mit der Bestimmung zur »Beförderung der Weidenzucht« 1769 wurde angeordnet, in welchem Abstand die Weiden in der Reihe zu pflanzen sind und dass diese regelmäßig »gekröpfet« (= geköpft) werden sollen.[9]

Für Mecklenburg sind vereinzelt Gartenpläne und Ansichten erhalten, die zeigen, dass es Gartenanlagen gab, die auch Alleen enthielten. So ist z. B. die Errichtung eines neuen Gartens am Schloss in Schwerin seit 1621 belegt. Ab 1672 ließ sich Herzog Christian Louis I. (1623–1692) nach Wünschen seiner Gemahlin Isabella Angelica de Montmorency im Bereich zwischen Südhang und Schweriner Schloss einen Lustgarten von den Gartenarchitekten Vandenille und Lacroix gestalten. Zur Ableitung der Feuchtigkeit und aus gestalterischen Gründen wurde der Lustgarten durch Kanäle in große Quartiere geteilt. Eine Ansicht um 1680 zeigt diese Gartenanlage mit Alleen[10] – dies ist wohl derzeit die früheste Darstellung von Alleen in Mecklenburg. Alleen können ebenfalls im schwedisch besetzten Vorpommern in Parks des 16. und 17. Jahrhunderts angenommen werden, z. B. im Park Griebenow bei Greifswald, der 1706 erstmalig erwähnt wird.[11]

Um 1700 lagen die begradigten, bepflanzten und befestigten Straßen in Mitteleuropa noch weithin im Schatten der Zukunft, obwohl Anfänge erkennbar waren.[12] Der wohl früheste Nachweis einer Allee an einer Straße in Vorpommern ist ein Bestand, der vor 1694 östlich von Putbus (Rügen) gepflanzt worden sein muss.[13] In jener Zeit waren Alleenbäume wichtige Elemente der »Verkehrssicherheit«, weil sie den Verlauf der Straßen und Wege markierten und den Pferde- und Viehgespannen Schutz gegen Abrutschen in den Weggraben boten. Vermutlich dienten Alleen auch dazu, die Schaffung von Nebenwegen durch Abseitsfahren zu verhindern und somit landwirtschaftliche Flächen zu sichern, die bei Bedarf gepfändet werden konnten.[14] Aus Gründen der oben genannten Verkehrssicherheit sind Bäume Ende des 16. bis zum Beginn des 19. Jahrhunderts gerade an Landstraßen gepflanzt worden, die dem regelmäßigen Verkehr mit Postkutschen dienten. Interessanterweise taucht der Begriff »Allee« in der Instruktion für die Landvermesser aus dem Jahre 1751 nicht auf, obwohl zwischen »Möhre, Brüche ... Sölle« und »Lust-Gärten ... Küchen- und Baum-Gärten« unterschieden wird.[15] Mit dem Begriffspaar »Baum-Gärten« waren die Parkanlagen gemeint. Die Instruktion könnte darauf hindeuten, dass Alleen für die Taxierung der Flächen unbedeutend waren. Bleiben einzelne bepflanzte Wege um 1757 – namentlich der von Schwerin nach Ludwigslust – unberücksichtigt,[16] dann ist wohl das früheste beschriebene Vorkommen mehrerer Alleen in einer Verordnung aus dem Jahr 1768 enthalten. Hier heißt es, bezogen auf die Umgebung der Residenz-Stadt Schwerin, »die Weiden, Linden und andere Bäume an den Strassen und Wegen ... wer die ... muthwillig verletzt oder gar abhauet; soll ... mit einer schweren Geld-Busse, mit Gefängnis, harter Leibesstrafe oder dem Hals-Eisen ... bestraft werden ...«.[17]

Die Einbeziehung von Wegen und Straßen in die gestalteten Kunstlandschaften im engeren und weiteren Umkreis von Gutshöfen, Herrensitzen oder Schlössern dürfte im 18. Jahrhundert dazu beigetragen haben, dass von Parkanlagen ausgehend Alleen in die Landschaft führten und sich um 1750 lokale Alleenlandschaften bildeten. Für den Schlosspark Remplin und dessen Umgebung belegt Kartenmaterial aus dem Jahr 1756, dass außerhalb des Parks drei Alleen und vier einseitige Baumreihen entlang von Wegen gepflanzt waren und vom Park ausgehend weit hinein in die Landschaft führten.[18] Bemerkenswert sind auch längere Alleenbestände. So zeigt eine Karte der »Dierectorial Comission« aus dem Jahr 1758 für die Umgebung von »Guth Lalendorff« drei Alleen und eine einseitige Baumreihe an Wegen.[19] Die längste der Alleen verfügt über etwa 290 Ruthen (= 1 092 Meter).

Der heutige Bestand vieler alter Eichenalleen war eine Konsequenz des Befehls von Friedrich Herzog zu Mecklenburg, der 1773 festlegte, dass »jeder Hauswirth 5 ... jeder Büdener 3 junge Eichen jährlich ... an den Land-Wegen ... zu verpflanzen ... und die ausgehenden aber durch andere zu ersetzen hat«.[20] Die dennoch andauernde Herstellung von Peitschenstöcken aus Eichenholz und der Missbrauch

keit der Gesetzgebung bis zum Anfange des 19. Jahrhunderts. Bd. 3. Parchim 1839.
| 16 | Karge, Wolf: Links'n Baum, rechts'n Baum – in der Mitt' ein Zwischenraum. Entwicklung der Alleen in Mecklenburg. In: Wege übers (Bundes-)Land – Zur Geschichte der Land-, Wasser-, Schienen- und Luftwege in Mecklenburg und Vorpommern. Bd. 2. Schwerin 2004.
| 17 | Herzog Friedrich: Verbot des Beraub- und Bestehlung der Garten- und Feld-Früchte vom 22. Januar 1768. In: Gesetzessammlung (wie Anm. 7).
| 18 | LHAS Gemarkungskarte Nr. Ia Remplin.
| 19 | LHAS Gemarkungskarte Nr. Ia Lalendorf.
| 20 | Friedrich Herzog zu Mecklenburg: Befehl zur Schonung und Vermehrung des Eichenholzes vom 5. October 1773. In: Gesetzessammlung (wie Anm. 6).
| 21 | Friedrich Franz Herzog zu Mecklenburg: Verbot des Ruinirens der jungen Eichhester vom 29. Juli 1789. In: Gesetzessammlung (wie Anm. 6).
| 22 | LHAS Kabinett I 16316.
| 23 | Friedrich Herzog zu Mecklenburg und Friedrich Franz: Anordnung zur Abschaffung der Gallerien, Bäume und Querbänke in Schwerin vom 27. Mai 1777 und in Güstrow vom 21. August 1788. In: Neue vollständige Gesetz-Sammlung (wie Anm. 15), Bd. 5. Parchim 1841.
| 24 | Preußisches Urmesstischblatt Nr. 374. Staatsbibliothek PK Berlin.
| 25 | Z. B. LHAS Gemarkungskarte Nr. VI Schildfeld.

dieser Holzart führten 1789 zu einem Verbot, junge Eichen zu ruinieren.²¹ Aus dieser Zeit dürfte die Eichenallee in Friedrichsmoor, die um 1792 gepflanzt worden sein muss, stammen.²²

Im Gegensatz zur offenen Landschaft kam es zunächst in Schwerin im Jahr 1777 und danach in Güstrow 1788 zur Abschaffung innerstädtischer Baumpflanzungen vor Häusern und damit wohl auch zur Beseitigung innerstädtischer Alleen sowie zum Verbot, neue Alleen in zu engen Straßen zu pflanzen. Bäume wurden nur noch dort, wo zwei Wagen »ohne den Bäumen auf etliche Fuß breit zu nahe zu kommen, züglich neben einander passieren können ... und in der Neustadt Schwerin ... höchstens in den paar breiteren Strassen ... erlaubt ... zu setzen«.²³

## Die Entstehung einer flächigen Alleenlandschaft nach 1840

Aus den Karten der »Königlich Preussischen Landes-Aufnahme« aus den Jahren 1835/36 ist nachweisbar, dass ein großer Teil der Straßen unbepflanzt war wie z. B. die Mehrzahl nordwestlich von Stralsund sowie alle von Bergen (Rügen) ausgehenden Straßen. Allerdings gab es lokal lange Alleenbestände z. B. in der Umgebung von Putbus (Rügen) (vgl. Abb. S. 125); an der Straße von Lonvitz nach Dalkvitz über Zirkow; auch kamen vereinzelt Kopfweidenalleen vor, z. B. bei Gnies (Rügen).²⁴ Daraus könnte man ableiten, dass die gegenwärtig flächendeckend vorhandenen Alleenlandschaften Vorpommerns nicht vor 1840 entstanden sind. Für Mecklenburg trifft dies in ähnlicher Weise zu. Karten für Teile des südwestlichen Mecklenburgs aus den Jahren 1851/1857²⁵ zeigen vergleichsweise wenig Alleen, obwohl Südwestmecklenburg heute das alleenreichste Gebiet in Mecklenburg-Vorpommern ist. Ein grundsätzlicher Zusammenhang zwischen dem Neubau von Chausseen und einer gleichzeitigen Bepflanzung derselben mit Bäumen ist nicht erkennbar. Dafür gab es mehrere Ursachen: Mit dem Bau der ersten »Kunststraße« von der preußischen Grenze bei Warnow bis Boizenburg wurde in Mecklenburg im Jahr 1826 begonnen.²⁶ Bis 1855 wurden 140 Meilen Chausseen gebaut. Davon waren 63 Meilen Staats-Chausseen, der Rest befand sich in privater Hand.²⁷ Daher gab es vielleicht einen finanziellen Hintergrund, der dafür entscheidend war, ob im Einzelfall eine Allee angelegt wurde oder nicht. Ein weiterer Grund ist, dass 1854 auch die Administration sämtlicher Chausseen und die Kontrolle über dieselben nicht einer einzigen Behörde überwiesen war.²⁸ Ein Beispiel aus Schönberg belegt, dass der Bau der oberen und unteren Marienstraße und die Anpflanzung der Kastanienallee annähernd gleichzeitig um 1837 erfolgten.²⁹ Im Gegensatz dazu verfügt die oben genannte erste »Kunststraße« Mecklenburgs gegenwärtig über Alleen, die überwiegend jünger als 150 Jahre

sind. Die Sommerlindenallee entlang der Damm-Chaussee in Bad Doberan ist ebenfalls erst in den Jahren 1849 bis 1850 auf fast 2 Kilometern Länge, jeweils hinter einem Schutzstreifen, der in der Hauptsache aus Ahornbäumen bestand, gepflanzt worden. Die Ahornpflanzungen standen nicht am Straßenrand, sondern befanden sich auf einem erhöhten Wall. Auch der hohe mittlere Stammdurchmesser von 56 Zentimetern des heutigen Alleen-Gesamtbestandes zeigt, dass der überwiegende Teil der Alleen Mitte bis Ende des 19. Jahrhunderts gepflanzt wurde.³⁰

Dass Alleen und nicht Hecken ab 1840 an Straßen landschaftsprägend wurden, ist auch Oberbaurat Bartning zu verdanken, der für Staats-Chausseen von Mecklenburg-Schwerin zuständig war. Die im Jahre 1840 verfasste »Circular-Verordnung an sämmtliche Wege Besichtigungs-Behörden« für Mecklenburg-Schwerin legte Folgendes in Bezug auf die »Sicherstellung« von in gerader Richtung fortlaufender Straßen fest: »... so ist eine Baumpflanzung in der Entfernung von einer Ruthe rheinländisch³¹ ... anzuordnen ... Hecken sind aber zur Befriedigung gefahrdrohender Stellen an Kunststraßen überall nicht anzuordnen.«³² Eine Abstimmung der an Chausseen zu pflanzenden Baumarten auf Klimagebiete und Bodenarten erfolgte zu dieser Zeit allerdings nur in Bayern im Rahmen einer Ministerialverfügung von 1839 – ein Umstand, der erst fast 100 Jahre später zu einem Erlass führte, Ähnliches für ganz Deutschland zu fordern.³³ Heute haben zwischen 10 und 20 Prozent des Gesamtbestandes der jeweiligen Ahorn-, Linden-, Kastanien- und Eichenalleen einen mittleren Stammdurchmesser von mindestens 70 Zentimetern. So ist davon auszugehen, dass diese Bestände im Regelfall älter als 140 Jahre sind. Auch Obstbäume, Weiden, Pappeln und Ulmen sind häufiger gepflanzt worden. Jüngere Pyramidenpappel- und Weidenalleen sind auf Lithographien um 1830/1840 z. B. für die Umgebung von Güstrow erkennbar.³⁴ Das Publicandum von 1855, das u. a. für einen neuen Chausseegeldtarif für die »Kunststraßen« des Herzogtums Mecklenburg-Strelitz erlassen wurde, verpflichtet zu Schadenersatz oder Strafe z. B. beim Abschütteln von Obst von Chausseebäumen,³⁵ was darauf hindeutet, dass es bereits etwas ältere Obstbaumalleen gab. In den Jahren 1866 bis 1880 erscheinen für Mecklenburg insgesamt fünf Anweisungen zur Behandlung der Bäume an Staats-Chausseen, Behandlung der Pappelanpflanzungen sowie zur Festlegung der Abstände zwischen den Bäumen.³⁶

Mit der Gründung eines deutschen Bundes Heimatschutz im März 1904 in Dresden und im Januar 1906 für Mecklenburg in Schwerin entwickelte sich erstmals ein von einer breiteren Öffentlichkeit getragenes Engagement zum Schutz der Alleen. Auslöser einer herausragenden Schutzvorschrift waren öffentliche Diskussionen um die Erhaltung einer Kastanien- und Lindenallee in zwei Städten sowie um die Beseitigung einer alten Weidenallee auf dem Fischland.

| 26 | Statistisch-topographisches Jahrbuch des Grosherzogthums Mecklenburg-Schwerin. In: Mecklenburg-Schweriner Staats-Kalender. 2. T. Schwerin 1856.
| 27 | Betrachtungen über die Chausseen in Mecklenburg-Schwerin. In: Norddeutscher Correspondent Nr. 299, 1855.
| 28 | Einige Worte über die Chausseen in Mecklenburg. In: Archiv für Landeskunde in den Großherzogthümern Mecklenburg und Revüe der Landwirtschaft. Schwerin 1854.
| 29 | LHAS 22465/13: Schriftwechsel zur Erhaltung der Allee aus den Jahren 1937/38; Schreiben des Mecklenburgischen Staatsministeriums, Abteilung Inneres, vom 19. Februar 1937.
| 30 | Lehmann / Schreiber (wie Anm. 2).
| 31 | Eine rheinländische Ruthe entspricht 3,766 Metern.
| 32 | Karge (wie Anm. 16).
| 33 | Rundschreiben des Generalinspektors Straßenwesen Nr. 149 vom 27. Oktober 1934.
| 34 | Glasow, Hans: Die Wandlung des Güstrower Stadtbildes vom 18. zum 19. Jahrhundert in zeitgenössischen Ansichten. In: Heimatbund Mecklenburg 34, Sonderh. 1939.
| 35 | Großherzoglich Mecklenburg-Strelitzer Offizieller Anzeiger für Gesetzgebung und Staatsverwaltung vom 18. April 1855 für den vom 1. Mai 1855 an geltenden neuen Chausseegeldtarif.
| 36 | Circular-Verordnung zur Behandlung der Bäume an den Chausseen vom 26. Juni 1868 in Ergänzung der Regelungen zur Anpflanzung von Bäumen in der Nähe der Städte und Großherzoglichen Residenzen vom 12. Juni 1868 sowie der Anweisung zur Behandlung der Pappelanpflanzungen vom 26. Februar 1866; Verordnungen vom 24. März 1875 sowie vom 30. Mai 1880.

*»Besonders schutzwürdige« sehr alte Lindenallee mit ackerseitig tief hängenden, den Boden berührenden und dann wieder – gleich einer Locke – emporwachsenden Ästen in der Umgebung der Stadt Tribsees (Vorpommern), 1998.*

Danach wurden auf unmittelbare Anregung des Großherzogs Johann Albrecht der Heimatbund und das Großherzogliche Ministerium des Innern gebeten, Vorstellungen zum Erhalt der Alleen zu entwickeln. Im Ergebnis kam es am 29. Mai 1908 zu einem Rundschreiben des Ministeriums an die Chaussee-Verwaltungs-Kommission und Wegebesichtigungsbehörden mit der Anweisung, schöne Alleen an den Landeschausseen zu erhalten bzw. herzustellen. Gleichzeitig wurden die Domanialämter angewiesen, die Gemeindevorstände und Privateigentümer von diesem Schreiben zu unterrichten, verbunden mit der Bitte, darauf hinzuwirken, den Schutz der Alleen sowie einzelner Bäume und Baumgruppen auch an ihren Straßen und Wegen sowie auf den Feldern im Interesse des Landschaftsschutzes umzusetzen.[37] Später kam es zu der »Anweisung für die Behandlung der Baumpflanzungen an den Landes-Chausseen« durch die Großherzogliche Chaussee-Verwaltungs-Kommission,[38] die in Ergänzung der fünf oben genannten Anweisungen erging. Letztere – zusammen mit dem Rundschreiben – stellt erstmals einen Versuch dar, den Schutz der Alleen flächendeckend, also auch an Gemeindestraßen und Wegen, umzusetzen. Darüber hinaus ist diese Schutzvorschrift von Bedeutung, weil, neben den zahlreichen Anweisungen zu fachgerechten Schnittmaßnahmen und zur Berücksichtigung der Bodenverhältnisse bei Neuanlagen, Pappelanpflanzungen beschränkt werden. Ziffer 4 legt den Grundstein für die Entstehung langer Alleen sowie einer Baumartenvielfalt, die bis heute prägend für Mecklenburgs »grüne Tunnel« ist. Ebenfalls waren abgängige Bäume zu ersetzen. Es heißt: »Fortlaufend sind gleichartige Alleen für längere Strecken herzustellen. Mithin sind abgängige Bäume durch eine gleiche Art zu ersetzen … Eine Abwechslung in den Baumsorten nach längeren Strecken ist für die Alleen aus Schönheitsrücksichten zu empfehlen.« Vermutlich wird, zumindest für Mecklenburg, erstmals ein vertikales Lichtraumprofil in Alleen definiert. Ziffer 6 sagt: »Die Fahrstraße ist von überhängenden Zweigen … bis zu der Höhe von 5–6 m durchaus freizuhalten.« Der Heimatbund forderte 1910 nochmals, dass lange Alleen angepflanzt werden. Offenbar waren die Umsetzung der Anweisung sowie die Bemühungen des Heimatbundes für den Alleenschutz erfolgreich, da allein der Altbestand gegenwärtig noch 558,6 Kilometer Alleen und einseitige Baumreihen mit einer Abschnittslänge von mehr als 1 Kilometer aufweist.

Vor dem Inkrafttreten des Reichsnaturschutzgesetzes 1935 – in dem »Alleen« als »sonstige Landschaftsbestandteile« erwähnt und per Anordnung im Einzelfall geschützt werden konnten (§§ 5, 19)[39] – setzte sich der Heimatbund dafür ein, dass Alleen unter Denkmalschutz gestellt wurden z. B. die Lindenallee beim Gut Wöpkendorf.

In den 1930er-Jahren spielten Alleen bei der Erhaltung der Baumart Traubeneiche eine Rolle. Das Mecklenburgische Staatsministerium, Abteilung Landwirtschaft, Domänen und Forsten, wandte sich 1935 an die Abteilung Inneres mit der Bitte, Traubeneichen an Straßen zu pflanzen, und

|37| Tätigkeitsbericht des Heimatbundes Mecklenburg für 1908. In: Mecklenburg – Zeitschrift des Heimatbundes Mecklenburg 4 (3), 1909.
|38| LHAS Rep. Nr. 22465/14: Anweisung vom 8. Oktober 1908.
|39| Reichsnaturschutzgesetz vom 26. Juni 1935. Reichsgesetzblatt. T. 1, Nr. 68, S. 821–825.
|40| LHAS 22465/13: Schreiben vom 11. Februar 1935.
|41| Ebenda. Schreiben des Mecklenburgischen Straßen- und Wasserbauamtes Schwerin vom 20. Dezember 1938.
|42| Ebenda. Schreiben des Mecklenburgischen Straßen- und Wasserbauamtes Neustrelitz vom 26. September 1944 an den Mecklenburgischen Staatsminister, Abteilung Innere Verwaltung.
|43| Ebenda. Anordnung über die Bewirtschaftung von Obstbaumholz vom 24. Oktober 1940 und Anordnung zur Sicherstellung und Verwendung

schlug vor, dass der Staatsforst »eine gewisse Menge Traubeneichen zu Alleebäumen zu erziehen und für die Straßenbauverwaltung zur Verfügung zu halten« bereit ist.[40] Seit Mitte der 1930er-Jahre kam es dann zur Brennholznutzung von Alleen. Im Zuständigkeitsbereich des Mecklenburgischen Straßen- und Wasserbauamtes Schwerin wurden 1938 ca. 490 kranke Alleebäume an Reichsstraßen und Landesstraßen I. Ordnung gefällt.[41] Wie aus mehreren Aktenvorgängen in Zusammenhang mit der Nutzung von Alleen zu Holzzwecken ersichtlich wird, muss die Umsetzung der Anweisung aus dem Jahr 1908 vor allem an Landesstraßen II. Ordnung durch Neuanpflanzungen erfolgt sein, weil diese Alleebestände aufgrund ihrer geringen Stammdurchmesser während des Zweiten Weltkrieges weitgehend keinem Holzeinschlag unterlagen. Die Nutzung beschränkte sich vor allem auf Alleen an Reichsstraßen und Landesstraßen I. Ordnung. Bemerkenswert ist, dass es zu Fällungen gesunder Alleen weder vor noch während des Zweiten Weltkrieges kam. Vielmehr wurden Alleen nur ausgedünnt, indem z. B. jeder zweite Baum gefällt wurde,[42] was belegt, dass Baumabstände in der Reihe vor 1938 an den oben genannten beiden Straßenkategorien enger gewesen sein müssen. Nach dem strengen Winter 1939/40, der zum Absterben zahlreicher Obst- und Nussbaumalleen auch in Mecklenburg führte, wurden im Oktober 1940 zwei Anordnungen für das Deutsche Reich zur Verwendung von Obstbaumholz getroffen, wobei diese auch Obstbaumalleen betrafen, die infolge des Absterbens zum Abtrieb gelangen werden.[43] Mit Erlass vom 18. Mai 1942 wies der Generalinspektor an, Straßen mit Pappelalleen zu bepflanzen. Auch die Ausdünnung der Alleen nahm zu. Im September 1944 und in den danach folgenden Monaten kam es allein in den drei mecklenburgischen Straßen- und Wasserbauämtern Neustrelitz, Schwerin und Güstrow zur Fällung von insgesamt 2 685 Alleebäumen, davon 1729 im Güstrower Amtsbereich.[44] Auffallend ist insgesamt, dass der Anteil gefällter Ulmen, Eschen und Birken hoch ist und damit der Anteil dieser Baumartengruppe – vor allem der Ulme – deutlich höher gewesen sein muss, als dies heute der Fall ist. In Folge der »Ulmenkrankheit«, die seit Juli 1931 in Mecklenburg beobachtet wurde, bestehen heute nur noch 1 Prozent aller Alleen aus Ulmen, überwiegend Flatterulmen.

Der Generalinspektor für das deutsche Straßenwesen ordnete 1940 auch den Schutz von Waldalleen per Erlass an: »Kein wüchsiger, anständiger Baum mit schöner Krone und gutem Wuchs darf entfernt werden, auch nicht, wenn er etwa nicht zur Pflanzengemeinschaft der Umgebung passt …«[45] Waldalleen nehmen gegenwärtig nur 4,8 Prozent des Gesamtbestandes ein, möglicherweise weil die Anpflanzung von Alleen im Wald als wenig sinnvoll angesehen wurde und zum Teil alte Alleen zu Beginn der 1940er-Jahre eingeschlagen wurden. In diesem Zusammenhang betonte das Mecklenburgische Straßen- und Wasserbauamt Neustrelitz bezüglich der Erfüllung des Einschlagsolls an Nutzholz im Jahr 1944: »In Waldstrecken sind Alleen mit stärkeren Beständen nicht mehr vorhanden. Wo im Walde noch Alleebäume stehen, handelt es sich um schwache … oder um ganz kurze Strecken …« Der Erlass vom Juni 1944, in dem es auch hieß: »Ein gänzliches Beseitigen guter Alleen muß unter allen Umständen vermieden werden«[46], schuf die Grundlage weiterer Alleebaumfällungen. Im Dezember 1944 hieß es im Zusammenhang mit der Gewinnung von Generatorholz: »… dass die Straßenbauverwaltungen … noch auf lange Zeit hinaus auf das Holz der Straßenbäume als Treibstoffbasis für LKW und PKW angewiesen sein werden.« Und weiter: »Während des Krieges sind der Wiederanpflanzung von Alleen weitgehende Beschränkung auferlegt. Die Pflanzung ist jedoch dort, wo … geboten, in Aussicht zu nehmen.«[47] Es ist erstaunlich, dass während des Krieges Neuanpflanzungen z. B. im Raum Neustrelitz erfolgten. Vermutlich wurden die Alleen auch in den Nachkriegsjahren genutzt.

Obwohl in den 1960er-Jahren in der DDR die landeskulturelle Bedeutung von Alleen an den Landstraßen diskutiert wurde und sich im Ergebnis eines Forschungsprojektes herausstellte, dass Ertragsminderungen durch Alleen auf landwirtschaftlichen Flächen grundsätzlich vernachlässigt werden können (am stärksten beeinflusst werden Hackfrüchte und Mais auf leichten Böden mit einem fernen Grundwasserstand in Nordlage), erfolgten kaum Neuanpflanzungen.[48] Auch in Mecklenburg und Vorpommern wurden mit Ausnahme von Pappelhybriden und Obstbäumen keine nennenswerten Neuanpflanzungen vorgenommen. Dies kann aus der Stammdurchmesserverteilung der häufigsten Baumarten belegt werden. Der Schutz von Alleen war im Landeskulturgesetz der DDR vom 14. Mai 1970 nicht spezialgesetzlich geregelt. Alleen konnten im Einzelfall als Naturdenkmal geschützt werden (vgl. § 13). Erlasse zum Schutz der Alleen gab es nicht. Für die Neuanpflanzung von Alleen war die TGL 12097 »Gehölzpflanzungen an Landstraßen« des Ministeriums für Verkehrswesen der DDR vom 28. April 1972 maßgebend und hatte Gesetzeskraft. Hier erfolgte die Definition des Begriffs »Allee« und wesentliche

---

*Marginalia:*

von Obstbaumholz vom 31. Oktober 1940.
| 44 | LHAS 22465/14: Diverse Aktenvorgänge im September und Oktober 1944.
| 45 | LHAS 22465/13: Runderlass des Generalinspektors für das deutsche Straßenwesen vom 27. Januar 1940.
| 46 | Runderlass des Generalinspektors Straßen vom 29. Juni 1944 Nr. L 14 »Einbeziehung der Straßenbäume zur Erfüllung des Einschlag-Solls an Nutzholz«. Mbl. Speer, S. 144.
| 47 | Runderlass des Generalinspektors Straßen vom 2. Dezember 1944 Nr. L 14 »Holzeinschlag an Landstrassen«.
| 48 | Sommer, Siegfried: Untersuchungen zu Fragen der Gehölzpflanzungen an Landstraßen der Deutschen Demokratischen Republik. Dissertation, Humboldt-Universität zu Berlin, 1966.
| 49 | Gemeinsamer Erlass des Umweltministeriums und Wirtschaftsministeriums zu »Schutz, Erhalt und Pflege der Alleen in Mecklenburg-Vorpommern« vom 20. Oktober 1992 (Amtsbl. M-V S. 1447), vgl. Bugiel, Karsten / Lehmann, Ingo: Der Alleenschutz in Mecklenburg-Vorpommern. Gesetzlich und administrativ wahr- und ernstgenommen. Stadt und Grün 45/1996, S. 276–282.

*Noch Mitte der 1990er-Jahre erfolgte vielerorts in den neuen Bundesländern eine übertriebene Herstellung des Lichtraumprofils.*
*Das Bild zeigt eine hoch aufgeastete Lindenallee in Vorpommern im Jahr 1995.*

*»Besonders schutzwürdige« Blutbuchenallee an einem ehemaligen landwirtschaftlichen Weg zwischen Pokrent und Renzow (Mecklenburg), 1994. Zum Schutz der Bäume wurde der Weg gesperrt und verläuft jetzt außerhalb der Allee.*

Grundsätze wurden festgelegt z. B.: »Neuanpflanzungen von Bäumen sind an Staats- und Bezirksstraßen unzulässig, an Kreis- und Kommunalstraßen im Mindestabstand von 1,25 m zur Befestigungskante zulässig ... Neupflanzungen von Obstgehölzen sind an allen Straßen unzulässig.«

## Alleen heute

Das Umweltministerium, Abteilung Naturschutz und Landschaftspflege, hat 1991 die entscheidenden Schritte eingeleitet, um die Alleen zu schützen und zu pflegen. Auslöser waren unsachgemäße Eingriffe in deren Kronen- und Wurzelbereich sowie eine übertriebene Herstellung des Lichtraumprofils. Bereits das erste Gesetz zum Naturschutz in Mecklenburg-Vorpommern vom 10. Januar 1992 enthielt in § 4 eine Regelung, wonach Alleen und einseitige Baumreihen an öffentlichen oder privaten Verkehrsflächen und Feldwegen geschützte Landschaftsbestandteile im Sinne von § 18 Bundesnaturschutzgesetz sind. Gemeinsam mit dem Wirtschaftsministerium gelang es, für Bundes- und Landesstraßen Art und Umfang von Baumschauen sowie Pflegegrundsätze, die über das Merkblatt »Alleen« (Ausgabe 1992) des Bundesministers für Verkehr hinausgehen, in einem Erlass festzulegen.[49] Einmalig für die Bundesrepublik Deutschland ist, dass die Verfassung des Landes Mecklenburg-Vorpommern vom 23. Mai 1993 (GVOBl. M-V S. 372) in Artikel 12 das Land, die Kreise und Gemeinden verpflichtet, die Alleen zu schützen und zu pflegen.

Das Umweltministerium initiierte und leitete von 1993 bis 1996 eine landesweite Kartierung der Alleen und einseitigen Baumreihen außerhalb geschlossener Ortschaften an allen Straßen und Wegen, einschließlich entsprechender Parkanlagen, mit Förderung der Deutschen Bundesstiftung Umwelt (Osnabrück) und unter Mithilfe des Wirtschaftsministeriums. Im Ergebnis dieser bislang bundesweit umfassendsten Alleenkartierung wurden mit einem Aufwand von 2,13 Millionen DM 2588,8 Kilometer Alleen, 1012,6 Kilometer einseitige Baumreihen und 772,6 Kilometer Neuanpflanzungen, davon 246 Kilometer Alleen (Kriterium Neuanpflanzung: weniger als 10 Zentimeter Stammdurchmesser in 1,3 Metern Höhe) erfasst und bewertet; 980 Kilometer sind besonders schutzwürdig. Innerhalb von Ortschaften könnten sich weitere 700 Kilometer befinden, insbesondere in Parkanlagen und auf Friedhöfen. Unter den 43 kartierten Baumarten (ausschließlich der Arten der Gattungen Pappel, Weide und Lärche) sind Raritäten wie z. B. Reinbestände mit Schwarzer und Echter Walnuss und mit Schwarzerle. Herausragend sind auch Blutbuchenalleen in den Landkreisen Ludwigslust und Nordwestmecklenburg; die Rotbuchen-

| 50 | Borrmann, Klaus: Die Lärchenallee im Hakeisen. Labus 15/2002, S. 51 ff.
| 51 | Bislang liegen über salzgeschädigte Alleen nur wenig Gutachten vor z. B. Dujesiefken, Dirk: Blatt- und Bodenanalysen bei Alleebäumen der Insel Rügen. Hamburg 1996 (unveröff.).
| 52 | Entscheidend ist die kontinuierliche Neuanpflanzung. Wird dennoch ein Verlust von 85 km Baumreihe pro Jahr unterstellt, dann müssten 73 Jahre Neuanpflanzungen erfolgen, um den jetzigen Bestand von 6190,2 km Baumreihe zu erhalten.
| 53 | Gemeinsamer Erlass des Umweltministeriums und des Wirtschaftsministeriums zu »Neuanpflanzung von Alleen und einseitigen Baumreihen in Mecklenburg-Vorpommern« vom

25. Juli 1994 (Amtsbl. M-V S. 871), zuletzt geändert durch Erlass vom 19. April 2002 (Amtsbl. M-V S. 510); siehe auch Lehmann, Ingo: Neue Regelungen zum Alleenschutz in Mecklenburg-Vorpommern. Das Gartenamt 44/1995, S. 187–197.
| 54 | Lehmann, Ingo: Alleen und einseitige Baumreihen. Regelung der Neuanpflanzung in Mecklenburg-Vorpommern. Stadt und Grün 51/2002, S. 7–10.
| 55 | An Bundes- und Landesstraßen wurden im Durchschnitt pro Jahr (1992–2000) 5 363 bzw. 6 141 (2001–2005) Bäume angepflanzt. An allen übrigen Straßen und Wegen gab es 1996 insgesamt 615,6 km Neuanpflanzungen, davon 30 % Alleen.
| 56 | Der Wert könnte sich bei Einmündungen, Kreuzungen etc. auf ca. 70 Bäume je km Straßenseite reduzieren.
| 57 | Das Verhältnis Fällung zu Pflanzung betrug für Bundes- und Landesstraßen 1:2,7 (1992–2000) und 1:1,7 (2001–2005).
| 58 | Alleenentwicklungsprogramm M-V (Stand: 23. November 2005). Erarbeitet von der Universität Rostock in Zusammenarbeit mit dem Wirtschafts- und Umweltministerium sowie dem Landesamt für Straßenbau und Verkehr (Rostock).

und Hainbuchenalleen der Insel Rügen; die Lärchenalleen in Schwerin-Friedrichsthal und im Hakeisen[50]; noch geschlossene Flatterulmenalleen in den Landkreisen Mecklenburg-Strelitz und Ostvorpommern; malerische Obstbaumalleen in den Landkreisen Güstrow und Parchim sowie die »Festonallee« in Klütz.

Insgesamt 23,9 Prozent des Bestandes waren bereits 1996 »deutlich geschädigt«. Seitdem hat sich die Vitalität vieler Ahorn-, Linden-, Rosskastanien- und Buchenalleen z. B. durch Streusalz deutlich verschlechtert.[51] Aufgrund der Häufigkeit von Ahorn (23,4 Prozent), Linde (27,8 Prozent) und Rosskastanie (11,2 Prozent – dies ist bundesweit bislang der höchste Anteil dieser Baumart in Alleen) sind von den Vitalitätseinbußen 62,4 Prozent des Gesamtbestandes betroffen. Hinzu kommen bei 40 Prozent Schäden z. B. durch tiefe Stammwunden und/oder große eingefaulte Astungswunden, die um 1990 oder davor entstanden, sowie bei 28,1 Prozent jüngere Schäden. Das weitgehende Fehlen einer mittelalten Alleengeneration, die hohen Schädigungsgrade und Vitalitätsverluste sowie die Tatsache, dass 60 Prozent des Gesamtbestandes in den nächsten 50 Jahren ihre Altersgrenze als Straßenbaum erreichen, zeigen, dass Neu- und Nachanpflanzungen in den nächsten Jahrzehnten von enormer Wichtigkeit sind.[52] Mit dem Erlass vom 25. Juli 1994 wurde ein wesentlicher Schritt zum Alleenschutz an Bundes- und Landesstraßen eingeleitet, weil nicht nur eine fachgerechte Neuanpflanzung, sondern auch Regelungen zur Berechnung von Ausgleichs- und Ersatzmaßnahmen sowie zur Bildung eines »Alleenfonds« getroffen wurden.[53] Mit der Novellierung des Landesnaturschutzgesetzes vom 21. Juli 1998 (GVOBl. M-V S. 647) wurde in § 27 die Verpflichtung zur Neuanpflanzung festgeschrieben und mit Erlass vom 19. April 2002 konkretisiert.[54] Ein wesentlicher Punkt war die Reduzierung des Pflanzabstandes von 4,50 Metern zum befestigten Fahrbahnrand für stark frequentierte Landesstraßen auf 3,50 Meter, um Neuanpflanzungen ohne teuren Grunderwerb zu ermöglichen.

Im Jahr 2005 befanden sich im Alleenfonds 1,78 Millionen Euro. Dieses Geld wird überwiegend für Neuanpflanzungen oder Pflegemaßnahmen von Alleen an Kreis- und Gemeindestraßen, ländlichen Wegen oder für Alleen in denkmalgeschützten Parks verwendet und kommt somit dem Gesamtbestand zugute. Der Umfang der Neu- und Nachpflanzungen ist hoch; schätzungsweise 1 500 Kilometer (1990–2005) an allen Straßen und Wegen.[55] Dennoch nimmt der Alleenbestand ab: An Bundes- und Landesstraßen, wo sich 42,1 Prozent des Gesamtbestandes befinden, gab es 1994 bis 2000 durchschnittlich etwa 1800 Baumfällungen pro Jahr; 2001 bis 2005 waren es durchschnittlich 3 612 Fällungen pro Jahr. Daraus lässt sich ableiten, dass an allen Straßen und Wegen vermutlich 4 300 bzw. 8 500 Fällungen pro Jahr erfolgten. Ausgehend von 100 Bäumen je Kilometer Straßenseite wäre dies ein jährlicher Verlust von 43 bzw. 85 Kilometern Baumreihen.[56] Dem kann ein Ausgleich von 1:2 durch Neuanpflanzungen gegenübergestellt werden.[57] Tatsächlich ist aber zu berücksichtigen, dass an Bundesstraßen zwischen 1990 bis 2000 nur etwa 100 Kilometer – davon 80 Kilometer bis 1996 – angepflanzt wurden. Hinzu kommt, dass ein Teil der Neuanpflanzungen an Gemeindestraßen und ländlichen Wegen vorzeitig abstirbt, z. B. durch Trockenschäden. Beachtlich ist aber, dass es sich bei den nach 1990 erfolgten Neuanpflanzungen an allen Straßen und Wegen zu 70 Prozent um einseitige Baumreihen und nicht um Alleen handelt. Dadurch werden die Alleen, die jetzt noch 70 Prozent des Gesamtbestandes umfassen, deutlich abnehmen.

Es bleibt zu hoffen, dass es mit dem Alleenentwicklungsprogramm[58] gelingt, die potentiell ermittelte Pflanzlänge an Bundes- und Landesstraßen von 1795 Kilometern (oder 1092 Kilometern Straßenlänge) in den nächsten 20 Jahren zu nutzen und auch beidseitig zu bepflanzen. Dabei darf nicht übersehen werden, dass die Jungbäume z. B. empfindlich gegenüber Streusalz sind. Die Fällung alter (salz-)geschädigter Alleen zugunsten von Neuanpflanzungen käme daher nur in Betracht, wenn ein differenzierter Winterdienst praktiziert wird. Schließlich sollte die über Jahrhunderte gewachsene, vielfältige Alleenlandschaft auch unseren Kindern erhalten bleiben.

Danksagung: Meinen Abteilungsleitern im Umweltministerium Ernst-Wilhelm Rabius, Dietrich Freiherr von Bredow, Hans-Joachim Schreiber; den Kollegen Dr. Karsten Bugiel, Frank Müller sowie im Wirtschaftsministerium Hartmut Franzke und Wolfgang Jenßen wird für die wirksame Unterstützung beim Aufbau und Vollzug des gesetzlichen Alleenschutzes seit 1991 aufrichtig gedankt. In Erinnerung danke ich Grit Hecht für ihre Hilfe und für die Fachdiskussionen auf unseren vielen Reisen durch die Alleen Nordostdeutschlands.

Wertvolle Informationen für diesen Beitrag verdanke ich Stefan Pulkenat und Prof. Dr. Siegfried Sommer.

*Um Alleen für unsere Kinder zu erhalten, müssen Neuanpflanzungen mit stattlichen Bäumen vorgenommen und diese gut gepflegt werden. Zehnjährige Neuanpflanzungen bei Hohen Viecheln (Mecklenburg), 2006*

Rainer Schomann

# Alleen in Niedersachsen – ein kaum bekanntes Kulturgut

Als Lindenalle(e) bezeichnete um 1970 eine Bürgerinitiative in Oldenburg einen Straßenzug, nachdem die beiden Reihen gut hundertjähriger Linden vollständig gerodet worden waren, um einer neuen Straßenbeleuchtung entsprechende Effektivität ermöglichen zu können. Es war ein Aufbegehren privater Interessen gegenüber einem Handeln öffentlicher Institutionen, die im Erhalt von alten Bäumen noch keinen übergeordneten Sinn erkennen konnten, schließlich gab es zu jener Zeit weder ein niedersächsisches Naturschutzgesetz noch ein Denkmalschutzgesetz, die ein gewisses öffentliches Interesse an derartigen grünen Strukturen grundsätzlich formuliert hätten. Der Unmut gegenüber dem Kahlschlag in der Oldenburger Lindenallee entlud sich in einer Zeit, in der sich mehr und mehr das Bild der alten Stadt, wie es die Bewohner schätzten, veränderte und den neuen Ansprüchen wich, die u. a. in wachsendem Platz- und Raumbedarf für den Verkehr zum Ausdruck kamen. Straße für Straße verlor in kürzester Zeit wegen notwendigen Ausbaus in Oldenburg wie in anderen niedersächsischen Städten, aber auch in den Dörfern und in der freien Landschaft Baum um Baum. Es wandelte sich das Bild der Städte und des Landes in einer Weise, dass sich Protest regte und zumindest die begrünte Straße in Politik und Planung größere Beachtung fand. In Oldenburg hieß dies, dass um 1975 beim Ausbau der Ammerländer Heerstraße, einer von mächtigen alten Eichen gesäumten Ausfallstraße, von einer zunächst geplanten kompletten Rodung abgewichen wurde und man stattdessen versuchte, einen Kompromiss zwischen Bewahrung des Alleencharakters sowie den verkehrstechnischen Notwendigkeiten zu finden. Mehr und mehr entwickelte sich eine Achtung gegenüber dem alten Baum sowie ein Erkennen von Qualitäten in den überkommenen Alleen, die das Lebensumfeld in ganz besonders charakteristischer Weise prägen. So wurde z. B. der Eichenbestand des so genannten Drögen-Hasen-Weges in Oldenburg in seiner Gesamtheit auf der Basis des Niedersächsischen Naturschutzgesetzes in den achtziger Jahren des vorigen Jahrhunderts als erhaltenswert eingestuft und nun alles getan, um seine pflanzliche Substanz möglichst lange bewahren zu können. Inzwischen hat sich ein größeres Interesse am Erhalt von Alleen in Niedersachsen entwickelt. Es ist aber kein großes Politikum und kein herausragendes Thema der Zeit. Keine Statistik sagt uns, wie groß der tatsächliche Verlust an Alleen in Niedersachsen ist. Eine den Bestand beschreibende und die historische Entwicklung der Gestaltung mit Alleen erläuternde Literatur stellt ebenfalls ein Desiderat dar. Auch weist keine wissenschaftliche Studie den heutigen Bestand nach, ebenso wie es an Zahlen über neu gepflanzte oder erneuerte Alleen mangelt. Doch immerhin nennen die Listen über die Kulturdenkmale in Niedersachsen derzeit 191 Objekte dieses Typus, die im Sinne eines öffentlichen, gesetzlich formulierten Interesses erhaltenswert sind. Es ist eine Zahl, die sich auf so genannte historische Alleen beschränkt, also solche, die uns heute aufgrund besonderer und herausragender Merkmale über unsere kulturgeschichtliche Entwicklung informieren können und die auf ein kulturgeschichtliches Erbe verweisen, das im alltäglichen Geschehen unserer gesellschaftlichen Entwicklung trotz erheblicher Widrigkeiten erhalten blieb.

## Alleen als Bilder in Stadt und Land

Schon länger ist in Niedersachsen die Zeit vorbei, da elegante Linden- und Eichenalleen sich durch das Land windend die eine Stadt mit der anderen verbanden. Nur selten zeugen heute noch an manchen Orten mächtige alte Exemplare dieser einst viel verwendeten Baumarten wie an der B 6 zwischen Nienburg und Bremen davon, dass sie die großen Überlandverbindungen des ausgehenden 18. und frühen 19. Jahrhunderts als eine nicht nur vertikal, sondern auch horizontal definierte Struktur in der Landschaft formten. Auch

*Wie Leitpfosten führen die Birken entlang der L 339 durch die Landschaft zwischen Harpstedt und Bassum in der so genannten Wildeshauser Geest, gepflanzt erste Hälfte 20. Jahrhundert*

*Die zweireihige Eschenallee zum ehemaligen Vorwerk »Werners Höhe« in Wrisbergholzen bei Hildesheim führt im langen Bogen durch die bergige Landschaft, gepflanzt Mitte 19. Jahrhundert*

*Die Eschen der Allee zum ehemaligen Vorwerk »Werners Höhe« in Wrisbergholzen im Hildesheimer Land widerstreben in ihrem Wuchs dem Gleichmaß der regelmäßigen Pflanzung. Mitte 19. Jahrhundert*

findet sich nur noch selten eine Allee aus pyramidal aufragenden Pappeln, wie jene gerade Linie in der Wesermarsch zwischen dem Örtchen Meyershof und dem ehemaligen Amtssitz Ovelgönne. Ganz oben an der Ostfriesischen Nordseeküste dicht hinterm Deich lassen die eine oder andere Reihe vom extremen Wind geformter Ulmen oder Vogelbeeren erkennen, dass auch dort mit Alleen gestaltet, markiert und geführt wurde. Selbst in den großen mageren Heidegebieten, wo ehemals die Wege in ihrem Verlauf eher unbestimmt waren und man sich die beste Spur einfach suchte, half die Pflanzung von Baumreihen bei der Orientierung und Ordnung der Landschaft. Birken, mit ihrem so gar nicht in einen Rhythmus passenden Wuchs, dienten dort oftmals als Wegebegleitung und leuchteten wie heute noch an der schmalen Landstraße 339 zwischen Harpstedt und Bassum in der so genannten Wildeshauser Geest im Licht der Sonne, als seien diese Bilder kein von Menschenhand geschaffener Ausdruck kultureller Entwicklung der Landschaft, sondern natürlich gewachsene Formen, wie sie sich einfach durch das Miteinander der Kräfte ergeben haben. Obstbaumalleen wie im niedersächsischen Weserbergland zeugen hingegen von der intensiven Nutzung von Wegeverbindungen durch das Land, nicht nur als Verkehrsfläche, sondern ebenso als brauchbarer Standort zur Produktion von Früchten, wobei hier Äpfel, Birnen, Kirschen, aber auch Pflaumen gefunden werden können. Gerade diese Form der Straßenbepflanzung und Alleegestaltung macht heute noch deutlich, dass Alleen auch in Niedersachsen aus den Gegebenheiten der Zeit, aus den Anforderungen durch den Menschen sowie den Möglichkeiten des Ortes entstanden sind.

Alleen in Stadt und Land sind Bilder eines Gestaltungswillens sowie Ausdruck eines Gedankens. Sie sind Kommunikationsmittel in unserer Umwelt, wie es auch markante Gebäude immer waren und heute noch sind. Durch ihre Ausformung setzen sie Zeichen, wie z. B. jene um 1790 gepflanzte zweireihige und schnurgerade in der Hauptachse verlaufende Lindenallee beim Schloss Söder im Hildesheimer Land. Sie wirft Fragen auf, warum diese Linie, warum in der Art noch zu dieser Zeit, warum dieser Gegensatz zwischen natürlicher Landschaft und künstlicher Struktur verwendet wurden. Heute erscheint es vielleicht wenig verständlich, damals war es jedoch kein Widerspruch, da der Besitz herausgehoben wurde und auch mit der Allee auf die Kultivierung eines Wohnortes in der noch als Wildnis empfundenen Natur hingewiesen wurde. Die sich vom Schloss in Wrisbergholzen, ebenfalls im Hildesheimer Land, seit der Mitte des 19. Jahrhunderts am nahe gelegenen Hang emporwindende Eschenallee fügt sich hingegen harmonisch in die Landschaft, auch wenn sie ebenfalls Ausdruck für Besitzzugehörigkeit ist, da sie zum Vorwerk des Schlosses auf der so genannten Werners Höhe führt und auch Formung der Landschaft sein sollte, aber nunmehr diese in ihrer Qualität unterstützt und scheinbar nicht verändert. Gerade diese Allee

*Gerade Friedhöfe wie hier in Aurich werden von Alleen erschlossen und geprägt, gepflanzt zweite Hälfte 19. Jahrhundert*

erweckt durch ihren Charakter den Eindruck, dass sie zum Erleben von Naturschönheit geschaffen wurde, dass sie die Wahrnehmung von Schönheiten der Natur durch den sich in sie begebenden Menschen ermöglichen und befördern sollte.

Heute nehmen wir Alleen in Niedersachsen wohl zunächst einmal eher nur als existent war. Sie führen eben vielerorts von einer Hauptstraße, einen schmalen, manchmal noch unbefestigten Weg begleitend zu einem ehemaligen Herrenhaus oder dem Hof eines Bauern. Hier sind sie noch üblich, ob nur kurze Distanzen überwindend oder doch gelegentlich einige 100 Meter sich erstreckend. Auch im Bild der Städte sind sie präsent, wo sie z. B. entlang der Straße Rudolf-von-Bennigsen-Ufer in Hannover als zweireihige Lindenallee eine Promenade am Maschsee hervorheben oder ganz in der Nähe zwei Reihen Platanen als weit ausgreifende Raumkulisse den Altenbekener Damm als eine Art Boulevard im einfachen Wohnquartier erscheinen lassen. In Wohngebieten so mancher Stadt erzeugen die rhythmisch gepflanzten Baumreihen Ruhe und Gleichmaß. Obwohl sie eine gleiche Form von Gestaltung, einen ähnlichen Ausdruck durch Reihe, Abstand und Weite sowie durch die Auswahl der Baumart aufweisen, unterscheiden sich Alleen im Grunde immer. Die Lindenallee auf dem Göttinger Stadtwall wirkt anders als jene auf dem in Duderstadt oder der Herrenteichswall in Osnabrück. Diejenige auf den ehemaligen Braunschweiger Fortifikationen unterscheidet sich wiederum völlig von denen in Meppen. Auch die prägende Allee des Kurortes Bad Eilsen formt das Zentrum völlig anders als die vier Reihen alter geköpfter Linden in Bad Rehburg. Die große Allee in Hannover-Herrenhausen, die so genannte Klosterallee in Bad Pyrmont und die Große Allee in Leer-Loga sind Unikate und werden gerade wegen ihrer ganz eigenen Charakteristika, die sie von anderen unterscheiden, besonders wahrgenommen und gewürdigt. Die kurze, aber erhaben anmutende Lindenallee vor der Alexander Kirche in Wildeshausen besitzt eine völlig eigene Wirkung im Vergleich zu der schmalen, aber ebenfalls sehr hohen Lindenallee auf dem Stadtfriedhof in Aurich. Das Alleensystem des Großen Gartens in Hannover-Herrenhausen ist in Art und Charakter nicht mit dem des Stadtfriedhofs in Hannover-Seelhorst zu vergleichen, auch bleiben die doppelten Baumreihen aus ehrwürdigen alten Eichen um den Schützenplatz in Lüchow doch etwas anderes als die Reste so mancher gärtnerischer Gestaltungsstruktur ehemaliger Vieh- und Wochenmärkte sowie Exerzierplätze in Stadt und Land. Alleen sind, wie so viele Beispiele in Niedersachsen zeigen, eben nicht nur einfache landschafts- und städteplanerische Gestaltungsstrukturen, sondern ganz individuelle Marken, die mit dem Ort in Verbindung stehen, an dem sie wachsen, und die Umgebung prägen, wie sie durch diese in Ausdruck und Bild bestimmt werden.

## Marken lebendiger Geschichte

Allein durch ihr oftmals erhaben wirkendes Erscheinungsbild fordern Alleen heute Aufmerksamkeit und machen deutlich, dass es sich bei ihnen durchaus um etwas Besonderes handelt. Form und Gestalt, die sich allein schon durch ihre Rhythmisierung von der Umgebung abheben, haben sie wohl stets in ihrer Wirkung gesteigert und somit auf den Grund ihrer Existenz bzw. den Anlass für ihre Pflanzung hingewiesen. Je nach Pflege und Umgang, sicherlich aber auch Nutzung, blieben Alleen in der Region des heutigen Niedersachsens aus den letzten drei Jahrhunderten in Gestalt und Material erhalten. Vielfach befinden sie sich nicht im Zentrum unserer heutigen Aufmerksamkeit, da die Orte, an denen sie entstanden, mittlerweile abseits des aktuellen Geschehens liegen und die Aufgaben, die sie zu erfüllen hatten, heute wohl keine Relevanz mehr besitzen. Augenfällig ist dies z. B. bei der doppelreihigen Lindenallee zur ehemaligen Deutsch Ordens-Kommende in Lucklum bei Wolfenbüttel. Markierte diese seit 1785 als axiale Linie die Hauptzufahrt zur Anlage, so liegt sie heute recht verloren

*Gut erkennbarer Himmelsstrich zwischen den Lindenkronen in der Großen Allee bei Schloss Evenburg in Leer-Loga. Erstbepflanzung um 1720*

*Eine zweireihige Allee aus mächtigen alten Linden bildete die Zufahrt zum Haus Sögeln im Osnabrücker Land, gepflanzt Mitte 19. Jahrhundert*

*Rest des beidseitig von Eichen gesäumten und so eine Allee bildenden Hunte-Ems-Kanals in Oldenburg, gepflanzt zweite Hälfte 19. Jahrhundert*

weit neben der neu trassierten Landstraße. Trotz dieser Lage verfügt sie aber dennoch über eine Wirkung, lässt den Betrachter innehalten und über ihre ehemalige Funktion reflektieren. Objekte und Orte wie diese sind sicherlich nicht geeignet, ihnen die ehemalige Gestaltung in Form und Idee heute gänzlich wiederzugeben. Zu viele Fragen bezüglich des ursprünglichen Aussehens bleiben offen. Doch ihre Existenz markiert einen Zeitpunkt in der geschichtlichen Entwicklung dieser Anlage und weist daraufhin, dass auch hier eine visuelle Verknüpfung von Haus und Landschaft Bedeutung erhielt, man sich nach außenhin öffnete und durch eine derartige gestalterische Geste bereits im Umfeld eine eigene Atmosphäre schuf. Hier wie auch anderenorts, so z. B. mit der annähernd 1 300 Meter langen doppelreihigen Lindenallee beim Schloss Hünnefeld im Osnabrücker Land oder der sich über gut 1 200 Meter erstreckenden, ebenfalls doppelreihigen, aber innen mit Linden und außen mit Eichen bepflanzten Allee bei der Evenburg in Leer-Loga, wird uns gezeigt, wie raumgreifend das planerische Denken des 18. Jahrhunderts war. Die Alleen lassen uns gesellschaftliche Hierarchien erleben, vermitteln immer noch Macht und Bedeutung ihrer Initiatoren und verweisen auf einen scheinbar grenzenlosen Gestaltungswillen. Andere Alleen wie die Alte Sögeler Landstraße bei dem Dörfchen Schleper im Emsland dokumentieren eindrucksvoll – abseits der neuen internationalen Verkehrszüge – ehemalige Regionalität, zeigen alte Wegebauweisen und stehen für den Versuch des 19. Jahrhunderts, Verkehrsplanung zu betreiben, Ordnung in der Erschließung der Landschaft zu schaffen sowie Straßen und Wege an eine sich ändernde Gesellschaft anzupassen.

Die manchmal fast aufgelöst erscheinenden Strukturen alter Alleen, ihre knorrige pflanzliche Substanz, aber auch die scheinbare Nutzlosigkeit dominieren sicherlich die heutige Bewertung derartiger Objekte. Skurril wachsende Alleen wie jene zwischen dem ehemaligen Herrensitz Alt-Barenaue und der dazugehörenden so genannten Niederen Burg bei Kalkriese im Osnabrücker Land regen die Phantasie an und ziehen Aufmerksamkeit auf sich. Zur Zeit des Blattaustriebs und der Blüte wirken die Rosskastanien der so genannten Kaiserallee des Jagdschlosses Springe im Calenberger Land bei Hannover in ganz besonderem Maße, durchzieht sie doch seit 1862 als schnurgerades Band ein weites offenes Tal und präsentiert sich nach allen Seiten. Als geradezu erwürdig erscheinen die Eichen einer Allee am Stadt-

*Eine ganz eigene Atmosphäre lässt die Lindenallee zwischen dem ehemaligen Herrensitz Alt-Barenaue sowie dem dazugehörigen Vorwerk entstehen, gepflanzt vermutlich Mitte 19. Jahrhundert*

rand Oldenburgs, die ein Reststück des ehemaligen, aus dem 19. Jahrhundert stammenden Hunte-Ems-Kanals überwölben und sein Alter sichtbar werden lassen. Diese Beispiele vergegenwärtigen Geschichte, lassen diese ohne weiteres erkennen und machen sie lebendig. Gerade dort, wo Alleen keine Herkunft und kein Ziel besitzen, wo der Raum zwischen ihnen aus sich heraus offensichtlich keinen Hinweis auf seinen zeitlichen Ursprung gibt, sind sie Dokument oder wenigstens substantielle Vermittler für die Geschichtlichkeit des Ortes und des Objektes. Ihr Alter und der sich daraus ergebende Zustand ist jedoch nicht der einzige transportierte Wert, der die Bedeutung historischer Alleen ausmacht, sondern gerade und vor allem der Beweggrund für die Pflanzung einer Allee, die Aufgabe, die eine Allee zu erfüllen hatte und die Gestaltung, mit der diese in ein Bild, in eine Form umgesetzt wurde. Historische Alleen stellen deshalb komplexe Informationsträger dar, deren Wirkung und Bedeutung aus einem Zusammenspiel verschiedenster Aspekte wie Form, Inhalt, Ort und Alter resultieren.

## Alleen zwischen Erneuerung und Erhalt

Der Erhaltungszustand vieler Alleen in Niedersachsen sowie das Interesse an ihrem gestalterischen Ausdruck haben in der Vergangenheit vielerorts zu pflegerischen Maßnahmen geführt und durchaus intensive Auseinandersetzungen um den geeigneten Weg des Umgangs provoziert. Herausragendes Beispiel hierfür war die lange Zeit als Vorbild dienende Erneuerung der aus dem Jahre 1726 stammenden so genannten Großen Allee in Hannover-Herrenhausen. Nach intensiven fachlichen, aber auch politischen Diskussionen wurde die komplette Rodung und neuerliche Aufpflanzung der zwei schmale Seiten- und eine breite Hauptallee bildenden vier Lindenreihen entschieden und in den Jahren 1972/76 umgesetzt. Der damals konstatierte schlechte Erhaltungszustand des Alleebildes sowie die mangelnde Vitalität vieler Alleebäume waren für diesen Umgang ausschlaggebend, bei dem die Tradierung der Gestaltungsstruktur wesentliches Leitmotiv darstellte. Lange Zeit blieb dieser Vorgang singulär und da von den Hannoveraner Bürgern akzeptiert, glaubten Verantwortliche gut 15 Jahre später in gleicher Weise die dreireihigen Randalleen des so genannten Großen Gartens in Hannover-Herrenhaus erneuern zu können. Herausragende fachliche Vorbereitung und sicherlich auch vorbildliche Informationspolitik konnten hier jedoch ein Klima der Angst in bestimmten Bevölkerungsgruppen nicht überwinden, so dass letztendlich dieses Vorhaben fallengelassen werden musste und eine andere Umgangsweise entwickelt wurde, die in diesem Falle möglich war, da man andere fachliche Prioritäten setzte.

Das stetige Wachsen sowie der natürliche Alterungsvorgang bedingten mehr und mehr notwendige Maßnahmen, wenn ein Totalverlust einer Allee in ihrer historischen Bedeutung verhindert werden sollte. Daher wurden in Niedersachsen in den letzten Jahren diverse Projekte mit dem Ziel durchgeführt, die spezifischen Qualitäten der jeweiligen Alleen sowie ihre historisch überkommenen Informationen möglichst lange zu bewahren. Dabei bildeten sich durchaus völlig gegensätzliche Maßnahmen heraus, wie z. B. die Kappung der Lindenallee des Kirchweges zwischen Heinde und Listringen im Hildesheimer Land 1993 sowie 2003 die komplette Rodung und Neupflanzung einer Alleestruktur im Garten des ehemaligen Herrensitzes in Böhme aus der Zeit des Barock. Hier war Pflanzensubstanz nicht mehr zu erhalten, so dass wenigstens die Form des ehemaligen Gestaltungsbildes in einer Wiederherstellung für die Zukunft geschaffen wurde. In anderen Fällen wurde vielerorts durch Beseitigung konkurrierenden Pflanzenbewuchses versucht, die Vitalität von Alleegehölzen zu fördern und die Qualität des Erscheinungsbildes von Alleen verständlich zu machen. So erfolgten Hiebmaßnahmen im Bereich der so genanten Großen Allee in Leer-Loga im Jahre 2001 zur Freistellung der Einzelgehölze, aber auch der Allee insgesamt, oder wurde im Winter 2005/06 die aus vier Reihen Stileichen bestehende Doppelallee beim Haus Sondermühlen im Osnabrücker Land völlig von Unterholz und konkurrierenden Bäumen befreit, so dass sie nun wieder als ein Gestaltungselement in der Landschaft wahrgenommen werden kann. Vielfach reichten diese Umgangsweisen aus, um den materiellen bzw. substantiellen Erhalt der Alleen zu sichern. Dort wo übergeordnete Gestaltungseinheiten bei der Pflege von Alleen zu berücksichtigen waren, mussten auch weitergehende Eingriffe vorgenommen werden. Entscheidend für den jeweiligen Umgang war jedoch stets die eingehende Auseinandersetzung mit dem überkommenen Objekt und den daraus resultierenden fachlichen Notwendigkeiten. Auf der Basis wissenschaftlich erarbeiteter Grundlagen, die in einer Pflegeanleitung festgehalten wurden, wird z. B. seit 1994 mit der Allee auf den erhaltenen ehemaligen Fortifikationsanlagen von Duderstadt umgegangen. Hier ist wichtig, die gärtnerische Gestaltung als Teil der geschichtlichen und städtebaulichen Entwicklung zu bewahren. In einen größeren Zusammenhang ist der Umgang mit den Alleen der Kureinrichtungen in Bad Pyrmont eingebunden, die seit dem 18. Jahrhundert durch derartige Gestaltungsstrukturen geprägt werden. Ebenso begreift man heute die Alleen des Jagdsternes Clemenswerth in Sögel im Emsland als Teil eines Ganzen, das durch diese erst in seiner künstlerischen Konzeption und kulturgeschichtlichen Bedeutung verständlich wird. Deshalb mussten die Alleen substanziell bewahrt und in Teilen erneuert werden. Diese Reihe von Beispielen macht deutlich, dass Alleen in Niedersachsen inzwischen als kulturgeschichtliche Zeugnisse einen hohen Stellenwert erlangt haben. Die jüngsten Auseinandersetzungen um den richtigen bzw. möglichen Weg des Umgangs mit den Alleen des Jagdsternes Clemenswerth haben gezeigt, dass sich durchaus im Einzelfall ein großes lokales öffentliches Interesse bilden kann und sich heute schützend vor diese Zeichen der Vergangenheit zu stellen vermag. Ein solches Interesse zeigt auch, dass die Bemühungen um den Erhalt zeitgemäß sind, dass eine Pflege erwartet wird und zumindest die kulturgeschichtlich bedeutsamen Alleen von vielen Bürgern als bewahrenswerte Teile ihrer Umwelt geachtet werden.

## Kulturgut Alleen

Alleen sind in Niedersachsen, wie überall sonst auch, keine zufälligen natürlichen Erscheinungen, sondern Produkte menschlichen Handelns. In der Summe wie als Einzelobjekte verweisen sie auf eine kulturelle Entwicklung, in der die Gestaltung der Umwelt, die Formung der Landschaft, ja, letztendlich wohl die Beherrschung der Natur als wesentlicher Ausdruck menschlichen Daseins anzusehen ist. Heute mag sich bei der Betrachtung und dem Erleben von Alleen, insbesondere von historischen Alleen, der ursprüngliche Planungsgedanke, die Absicht der Gestaltung sowie Sinn und Zweck von Alleen nicht mehr sofort erschließen. Alleen werden eher als das gesehen, was sie heute sind und wie sie sich heute darstellen. Je nach Standpunkt empfindet man sie vielleicht als für den Verkehr lästig oder liebt ihre ausgeprägte Stimmung, staunt über die alten knorrigen Bäume oder sieht das ornithologische Habitat; den einen mag das gestalterische Gleichmaß erfreuen, so wie den anderen die Gewaltigkeit mancher Allee beeindruckt. Weniger wird hingegen wahrgenommen, dass Alleen ursprünglich zunächst einmal lediglich gestaltete Wege waren, dass sie zwischen zwei Orten vermittelten und für die Fortbewegung einen leitenden und schützenden Raum bildeten. Alleen waren im wahrsten Sinne Wegbegleiter und sollten wohl in dieser Weise ihre Wirkung entfalten. Wie kein anderes Gestaltungsmittel haben Alleen das Innen und Außen, Stadt und Landschaft, Wohnung und Natur miteinander verbunden. Vielerorts können heute noch in Niedersachsen Alleen gefunden werden, die gerade diese Eigenschaften erleben lassen. Sie machen durch ihre Form deutlich, wo überall der Mensch gestaltend in die Landschaft eingegriffen hat und wie sehr sich die Anwendung dieses Mittels zur Gestaltung der Landschaft, aber auch der Städte verbreitete und anglich. Sie mögen an sich im Wesentlichen immer noch nicht als Kulturgut verstanden werden und repräsentieren doch und gerade eine der bedeutendsten identitätsstiftenden kulturellen Leistungen innerhalb der Region des heutigen Niedersachsens, von der jedoch lediglich einige herausragende Reste erhalten sind und zeugen können.

Michael Rohde und Jörg Wacker

# Alleen in den Gärten der Stiftung Preußische Schlösser und Gärten Berlin-Brandenburg

Die Stiftung Preußische Schlösser und Gärten Berlin-Brandenburg verfügt als Nachfolgerin der 1927 gegründeten Verwaltung der Staatlichen Schlösser und Gärten in Preußen über mehrere Gartenanlagen auf insgesamt mehr als 700 Hektar Fläche in Potsdam, Berlin und Brandenburg. Sie sind vom ausgehenden 17. Jahrhundert bis zum Beginn des 20. Jahrhunderts zur heutigen Potsdam-Berliner Kulturlandschaft gewachsen. Dieses Areal steht im Kern seit 1990 mit Arrondierungen bis 1999 als größtes Ensemble in Deutschland auf der UNESCO-Welterbeliste.

Alleen spielten selbstverständlich auch in der preußischen Gartenkunstgeschichte eine große Rolle: zur räumlich-gestalterischen Formung und funktionalen Ausrichtung. Bedeutungsvoll zum einen für die Verbindung der Schlösser

*»Grundriß der Churfürstlichen Herrschaft Potstamb Nebst dennen Lust- und Fasahnengarten«, Karte von Samuel von Suchodoletz, 1683*

*Geographische Special Charte von der Mittel Marck, Sect. 9, Johann Friedrich von Balbi, Berlin 1749.*
*Die Karte zeigt die Erschließung der Umgebung von Berlin und Potsdam mit Alleen. Vom Berliner Stadtschloss führt die große Lindenallee als Verkehrsweg durch den Tiergarten nach Westen, zweigt rechtwinklig in die Charlottenburger Schlossstraße ein und führt weiter nach Tegel. Deutlich wird die zum Teil als Allee geführte 10 Kilometer lange Sichtachse von Charlottenburg nach Schönhausen. Auffällig auch der Stern beim Jagdschloss südöstlich von Potsdam. Die Wälder entlang der Havel sind von lang gestreckten Achsen durchzogen, die mit Baumreihen (Alleen) bepflanzt sind.*

| 1 | Der Große Kurfürst 1620–1688, Sammler – Bauherr – Mäzen, hrsg. von den Staatlichen Schlössern und Gärten Potsdam-Sanssouci, red. berab. von Hans-Joachim Giersberg, Claudia Meckel, Gerd Bartoschek, Katalog zur Ausstellung im Neuen Palais. Potsdam 1988.
| 2 | Giersberg, Hans-Joachim / Schendel, Adelheid: Potsdamer Veduten. Stadt- und Landschaftsansichten vom 17. bis 20. Jahrhundert, hrsg. von der Generaldirektion der Staatlichen Schlösser und Gärten Postdam-Sanssouci. 3., durchges. Aufl. Potsdam-Sanssouci 1990.

und Residenzen untereinander, zum anderen als zeittypische strukturierende Elemente innerhalb der Gärten. Viele dieser Alleen sind bis heute erhalten geblieben, da Vorhandenes auch bei Überformungen respektiert worden ist. Im Wesentlichen entstanden neue Garten- und Parkanlagen jeweils an neuen Orten und verschmolzen zu der uns bekannten charakteristischen Parklandschaft.

## Alleen der Verschönerungsprogrammatik des Großen Kurfürsten im 17. Jahrhundert

Im Jahr 1643, noch während des Dreißigjährigen Krieges, verlegte der Große Kurfürst Friedrich Wilhelm (reg. 1640–1688) seine Hofhaltung von Königsberg nach Berlin. Bis 1660 erwarb er das Stadtgebiet Potsdams und danach auch die benachbarten Dörfer Nedlitz, Grube, Eiche, Golm, Bornim, Bornstedt, Geltow, Caputh und Glienicke aus dem Besitz adeliger Familien.[1]

Mit Johann-Moritz von Nassau-Siegen (1604–1679), seit 1647 Statthalter der niederrheinischen Provinz Kleve, wo dieser vorbildliche Parkanlagen in Verbindung mit weit in die Landschaft ausgreifenden Alleen anlegte, erarbeitete Friedrich Wilhelm ab 1661 ein ähnlich umfassendes Programm zur Verschönerung Potsdams und seiner näheren Umgebung. Dafür ließ er Handwerker und Künstler aus den Niederlanden holen, wie auch besondere Pflanzenbestände.

Im Zusammenhang mit dem Umbau des Schlosses und der Vergrößerung des Lustgartens in Potsdam begann die planmäßige Erschließung der Landschaft.[2] Die bis 1683 von

Samuel von Suchodoletz (um 1649–1723) gefertigte Karte zeigt Alleen, die von hier aus zu den neuen Lustschlössern oder besonderen Landschaftspunkten ausstrahlen. Sie wurden durch den niederländischen Gärtner Dirk van Langelaer (1640–1713) mit Eichen *(Quercus robur)* bepflanzt und dienten nicht vorrangig dem Verkehr. Auffällig ist die vom Schloss nach Westen, entlang der heutigen Breiten Straße in Richtung Golm, ab 1663 gesetzte »Allee gegen Pannenberg«, den gegenwärtigen Ehrenpfortenberg. 1671 wurde im rechten Winkel davon nach Norden die »Allee gegen Eichberg« zum heutigen Pfingstberg angelegt. Die westliche Allee führte in Richtung Bornim, wo der Kurfürst 1664 einen Garten von Langelaer und bis 1677 ein Lustschloss errichten ließ. Auch zum Schloss Caputh südwestlich von Potsdam, 1662 begonnen, seit 1673 von der Kurfürstin Sophie Dorothea (1636–1689) und seit 1690 kurzfristig von der Kurfürstin Sophie Charlotte (1668–1705) genutzt, führte eine lange Allee südlich der Stadt durch den Großen Tiergarten. Als drittes Schloss in der Potsdamer Umgebung ist das Jagdschloss Klein-Glienicke zu nennen, 1678 von Friedrich Wilhelm erworben und ausgebaut. Auch hier verzeichnet Suchodoletz die 1683 gepflanzte Verbindung als »Allee gegen Glincken«, Teil der heutigen Straße Alt-Nowawes.[3]

## Alleen in den preußischen Gärten der Barockzeit

Brandenburg-Preußen entwickelte sich unter Kurfürst Friedrich III. (1701 König Friedrich I., reg. 1688–1713) neben Frankreich zur zweiten mitteleuropäischen Macht. Friedrich gab um 1694 für seine Frau Sophie Charlotte den Bau des Schlosses Lietzenburg/Charlottenburg bei Berlin in Auftrag. Sie selbst kümmerte sich persönlich um die Anlage des Schlossgartens und engagierte 1696 dafür den Franzosen Siméon Godeau (1632– um 1718) mit einem Entwurf.[4]

Während in den Schlossgärten wie im Berliner Lustgarten ab 1645, Oranienburg ab 1651, Niederschönhausen ab 1662 oder Friedrichsfelde ab 1695 noch niederländische Einflüsse des Quadratischen und Umschlossenen dominieren, gelingt in Charlottenburg der Durchbruch zum französischen Hochbarock.[5]

Der Idealentwurf Charlottenburgs von Johann Friedrich Eosander von Göthe (1669–1728) zeigt die von Godeau beabsichtigte lang gestreckte Hauptachse mit den spiegelgleich geordneten Anlagen, die seitlich nebeneinander liegenden Boskett- und Spielbereiche, die von Kanälen gefasst und mit der zentralen Hauptachse durch Queralleen verbunden sind. Das Parterre wird von doppelten Baumreihen (allées doubles) gerahmt, die – wie auf mehreren Plänen dargestellt – den anschließenden Karpfenteich mit einer Halbmondform (demi-lune) umfassen. Im westlichen Bereich befindet sich die gestreckte Mailbahn. Auf den zwei Boulingrin-Feldern wurden Kugeln so nahe wie möglich an eine kleine Zielkugel geworfen oder gestoßen, was von der Gesellschaft aus den umlaufenden Wandelalleen beobachtet werden konnte. Die Längsausrichtung der Alleen dominierte gegenüber den Alleen der Querverbindung oder kreisrunden Aussichtsplätzen. Godeau bemühte sich um fachgerechten Schnitt, »um die Bäume schöner zu machen als sie seien, ihnen eine angenehme Symmetrie zu geben, was nützlich und notwendig sei, damit sie gleichmäßig wachsen und nicht vom Wind umgeworfen werden«.[6]

Eine ähnliche Führung der Alleen existierte in (Königs-)Wusterhausen südöstlich von Berlin, das Friedrich III. 1698 dem Kurprinzen und späteren König Friedrich Wilhelm I. (reg. 1713–1740) schenkte. Den schlichten Renaissancebau ließ dieser 1718 erweitern. Wahrscheinlich war auch hier Godeau für die Gestaltung des kleinen Lustgartens maßgebend; dieser befand sich neben dem alten Renaissancegarten auf der Ostseite und ist heute teilweise noch in der Grundstruktur erhalten. Auch hier verlängert eine Allee die Achse über den eigentlichen Garten hinaus; eine allée double umfasst den Garten mit einer Halbmondform.

Niederschönhausen, bei Pankow (Berlin) gelegen, wies im Gegensatz zu Charlottenburg bis zum ausgehenden 18. Jahrhundert eine niederländisch geprägte Gestaltung auf. Bis 1664 von Sophie Theodore Gräfin zu Dohna (1620–1678) angelegt, wurde es 1679 an den Kurfürstlichen Geheimrat und Oberhofmarschall Joachim Ernst von Grumbkow (1637–1690) verkauft. Dieser berichtet über »... die von allen Seiten angelegten Alleen, sambt des Lustgarten und Orangerie ...«.[7] Später erwarb Friedrich I. das Gut. König Friedrich II. (reg. 1740–1786) schenkte es nach seiner Thron-

*Plan des Gartens Niederschönhausen (Ausschnitt), um 1750*

| 3 | Wacker, Jörg / Thiede, Olaf: Grün in Potsdam. Ein Spaziergang auf historischen Straßen und Plätzen der Stadt mit Gemälden, alten Farbfotografien und farbigen Postkarten. Potsdam 2002, S. 20.
| 4 | So auch René Dahuron (um 1660–1740), der seine Ausbildung unter Jean Baptiste de la Quintinye, dem »Directeur des Jardins Fruitiers et Potagers du Roi de France«, während der Regierungszeit von Ludwig XIV. in Versailles erfuhr und ab 1700 als Hofgärtner ebenfalls unter Sophie Charlotte wirkte.
| 5 | Viele der barocken Schlossanlagen sind von dem Architekten und Kupferstecher Jean Baptiste Broebes (um 1660–nach 1720) in Idealvorstellung überliefert, 1733 in Augsburg als »Vues des Palais et Maisons de Plaisance de sa Majesté de Prusse« herausgegeben. Neudruck dieser Ausgabe von 1733, kommentiert von Fritz-Eugen Keller. Nördlingen 2000.
| 6 | Godeau vom Mai 1770. Zit. in: Wimmer, Clemens Alexander: Die Bedeutung Simon Godeaus für die deutsche Gartenkunst. In: Sophie Charlotte und ihr Schloß, hrsg. von der Stiftung Preußische Schlösser und Gärten Berlin-Brandenburg. München, London, New York 1999, S. 131. Im Sinne eines Dreistrahls (patte d'oie) sollten die Sichten vom Ausgangspunkt im Ovalen Saal des Schlosses Charlottenburg zum Teil als Alleen über den Garten hinaus in die Landschaft führen, um östlich zum 9,5 km entfernten Schloß Niederschönhausen und westlich zur 6 km weiten Festung Spandau zu deuten.

| 7 | Schreiben an Kurfürst Friedrich III. Zit. nach: Finkemeier, Dirk / Röllig, Elke: Vom »petit palais« zum Gästehaus. Die Geschichte vom Schloss und Park Schönhausen in Pankow/Niederschönhausen 1662 bis 1998. Berlin 1998.
| 8 | Pappenheim, Hans E.: Jagdgärten mit Sternschneisen im 18. Jahrhundert. In: Die alten Gärten und ländliche Parke in der Mark Brandenburg (Paul Ortwin Rave), In: Sonderdruck aus Brandenburgische Jahrbücher. H. 14/15, 1939, S. 20–32.
| 9 | Vgl. Karg, Detlef: Darstellung der Park- und Gartenbereiche der Anlagen von Sanssouci von 1744 bis 1786. Potsdam 1974 (Gartendirektion).
| 10 | Nachlass von Schulze, Karoline: Staatsarchiv Oldenburg, Deposit Sello, 1767, Akte 57.

besteigung seiner Gemahlin Elisabeth Christine von Braunschweig-Wolfenbüttel (1715–1797). Der Hofgärtner Samuel Weigel (gest. 1769) legte nun neue Alleen an, führte die dominierenden Queralleen weiter, an deren Endpunkten sich zum Teil kleine Salons in Form von Borkenhäuschen und Lauben befanden und pflegte die am Gebäude vorbeiführende Kastanienallee (Seufzerallee), von der noch Reste vorhanden sind. An der Charlottenburger Allee (Tschaikowskystraße) entstand eine Plantage mit Maulbeerbäumen.

Der Plan von Niederschönhausen aus der Mitte des 18. Jahrhunderts zeigt die Umrahmung des Gartens mit Alleen, obwohl die Mittelachse mit leichter Betonung über den Abschlussgraben weit in die Landschaft ausgreift. Besonders auffällig als Gegensatz zu Charlottenburg sind hier jedoch die Queralleen, die ebenfalls aus dem ansonsten abgeschlossenen Garten – mit Hilfe von Brücken sogar über das Flüsschen Panke – in die Umgebung führen. Erwähnenswert sind auch die halbkreis- bzw. halbmondförmig geführten Alleen innerhalb des Gartens.

Eine andere Anlage, die ab 1726 in den ebenen Waldflächen südöstlich von Potsdam in der alten »Bauernheide« entstand, ist ein Großer Jagdstern. Der Soldatenkönig Friedrich Wilhelm I. ließ das große Jagdgebiet mit einem Palisadenzaun umhegen und von einem kreisrunden Platz im Inneren 16 Schneisen durch den Waldbestand ziehen und 1730 das Jagdschloss Stern errichten. Noch heute strahlen Strukturen der Alleen – wenn auch durch eine Autobahn stark behindert – vom Rundplatz sternförmig als Wege in die Waldgebiete der »Parforceheide« wie auch in das Stadtgebiet »Am Stern« als Straßenalleen aus.[8]

### Alleen zur Zeit des Spätbarock und der Aufklärung im 18. Jahrhundert

König Friedrich II. begann 1744 gemeinsam mit seinem Architekten Georg Wenzeslaus von Knobelsdorff (1699–1753) den Schlossbau Sanssouci und die Anlage der sechs Weinbergterrassen auf dem Wüsten Berg in unmittelbarer Nähe des so genannten Marlygartens. Nach seinen Vorstellungen entstand auch der zugehörige Park mit der Hauptallee in Ost-West-Richtung, ein regelmäßiger Lustgarten und der sich anschließende, mit lockeren Gehölzen hainartig bestandene Rehgarten, der jedoch nicht der Jagd diente.[9] Den Auftakt dieser Allee bildete ein Obelisk, wo um 1748 ausgehend vom Mittelpunkt des halbkreisförmigen Parterres nördlich und südlich des Hauptweges radiale, jeweils fünf 70 bis 100 Meter lange Lindenalleen *(Tilia x vulgaris)* angelegt worden sind. Diese Pflanzung erweiterte den barocken Gartenraum durch ein fächerartiges Ausstrahlen nach Osten in das Weichbild der Stadt.

Um 1767, zeitgleich mit dem Bau des Neuen Palais und

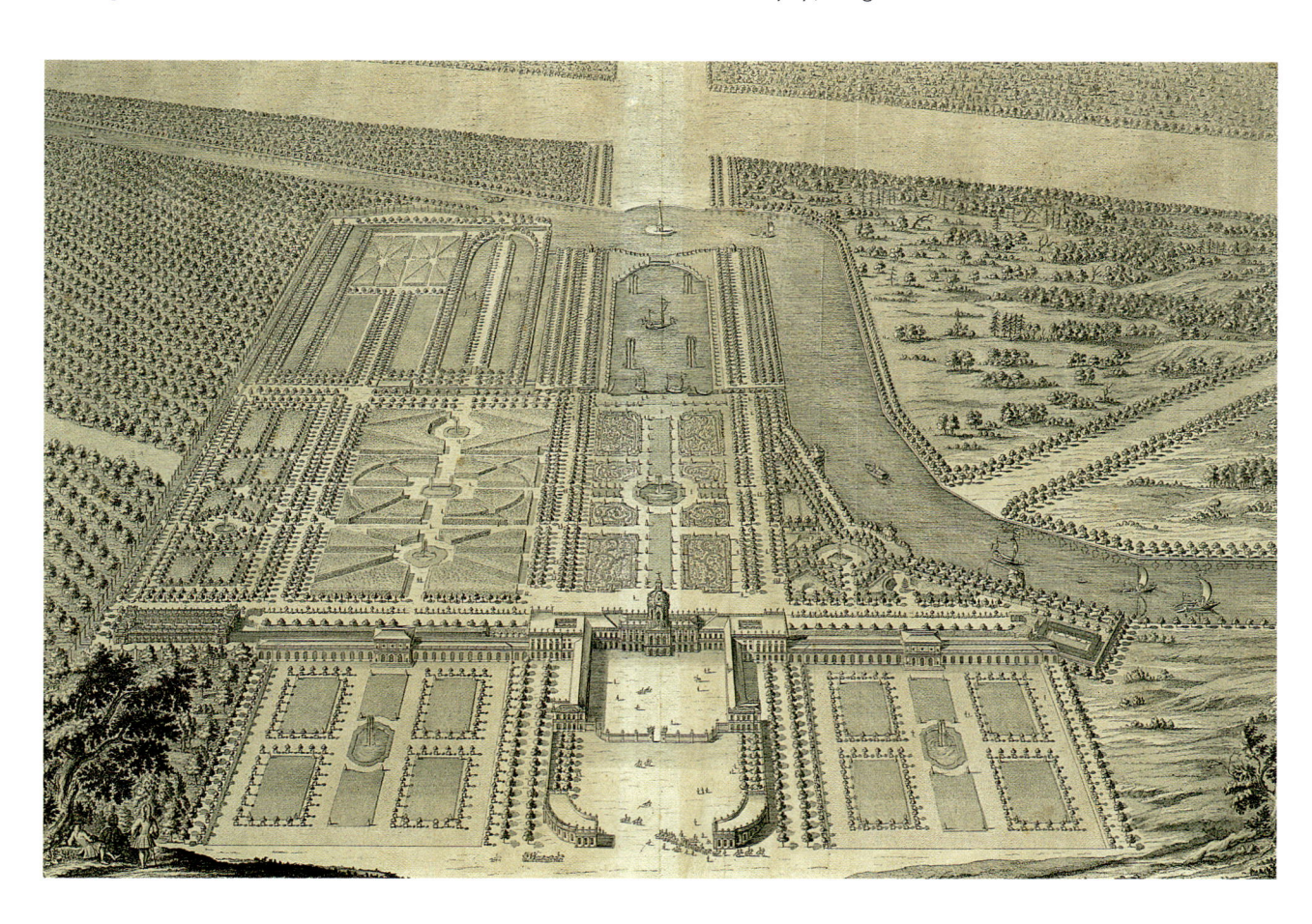

*Schloss und Garten Charlottenburg, Vogelschau, Radierung von Martin Engelbrecht nach Johann Friedrich Eosander von Göthe, um 1717*

*Blick vom Klausberg über die Maulbeerallee und den Hopfenkrug zum Neuen Palais, Karl Christian Wilhelm Baron, 1775*

der Communs, wurden zwei Alleen als Verlängerung des dazwischen liegenden Platzes in Nord- und Südrichtung angelegt: die 300 Meter lange nördliche Lindenallee zur Maulbeerallee am Hopfenkrug und die 550 Meter lange südliche Linden- und Tannenallee *(Picea abies)* zum Weg an der Schonheide (Geschwister-Scholl-Straße).[10] Der für das Terrassenrevier Sanssouci zuständige Hofgärtner Friedrich Zacharias Salzmann (1731–1801) gestaltete in dieser Zeit gemeinsam mit Planteur Burghoff (gest. nach 1777) im Norden und Süden des Rehgartens so genannte Englische Alleen. Dies waren Gehölzstreifen auf etwas erhöhtem Profil entlang stark schlängelnder, breiter Wege, die sich platzartig zu Gartensalons aufweiteten und sehr dicht mit unterschiedlichen »englischen Gehölzen«, meist aus Amerika stammenden Arten, bepflanzt waren.[11] Nur der südlich geführte Weg hatte einige unmotiviert erscheinende Öffnungen und ließ so Ausblicke in die Umgebung zu. Mit der Umgestaltung des Rehgartens 1787 durch Johann August Eyserbeck d. J. (1762–1801) in einen sentimentalen Landschaftsgarten erhielten diese Wege vorübergehend eine etwas seichtere Führung und weitere Öffnungen in den begleitenden Gehölzstreifen. Mit der gärtnerischen Gestaltung der Umgebung des Neuen Palais im Jahr 1769 wurde auch die Hauptallee durch Hofgärtner Heinrich Christian Eckstein (1719–1796) nach Westen um rund 700 Meter mit Rüstern *(Ulmus spec.)* und Birken *(Betula pendula)* verlängert.[12]

Die seit den 1760er-Jahren plantagenartig in vier bis fünf Reihen gepflanzte Maulbeerallee im Norden des Parkes diente zur Gewinnung der Blätter als Futter für Seidenraupen. Nach der Anlage des Weinberges am Klausberg ließ Friedrich II. mit dem Bau des Belvederes auf der Kuppe des Berges eine etwa 300 Meter lange vierreihige Pappelallee *(Populus spec.)* in östliche Richtung setzen, die noch heute auf den Turm der Heilig-Geist-Kirche der Stadt Potsdam zielt.[13] Diese Allee und ihre Ausrichtung bestimmten bei der späteren Triumphstraßenplanung unter König Friedrich Wilhelm IV. (reg. 1840–1858/1861) den Standort des Orangerieschlosses unter Beibehaltung dieser Sichtbeziehung.[14]

Friedrich II. wiederholte mit der Hauptallee in Sanssouci ein Motiv aus seinem kronprinzlichen Schlossgarten Rheinsberg: die im Wechsel mit Linden und Fichten besetzte Hauptallee zwischen Obelisk und Orangerieparterre. Doch ab 1752 erweiterte sein Bruder, Prinz Heinrich von Preußen (1726 bis 1802), den Garten. Der um 1795 von Georg Wilhelm Steinert (1767–1808) gefertigte Plan zeigt mehrere Alleen als Gerüst des Gartens innerhalb der frühlandschaftlichen Ausgestaltung: Alleen, die sich von der Hauptallee zum Englischen Stück und besonders dem Schloss und Grienericksee gegenüber, hinter dem Obelisk und davon nördlich durch die Felder des Boberow ziehen. Die Felder des Boberowparkes wurden zu Beginn des 19. Jahrhunderts aufgeforstet, die alten, breiten Alleen führen aber noch heute durch das Waldgebiet.

Nach der Thronbesteigung König Friedrich Wilhelms II. (reg. 1786–1797) entstand der Neue Garten durch Johann August Eyserbeck d. J. in frühlandschaftlichen Formen. Es wurden aber auch Umgestaltungen vorgenommen, so in Sanssouci und Charlottenburg. Im Neuen Garten veranlasste die Zusammenfassung mehrerer Weingärten mit unterschiedlich kurzen Alleen den König 1790, vor dem Holländischen Etablissement ein Musterstück für Preußens Chausseebau anzulegen. Hofgärtner Johann Georg Morsch (1750–1804) pflanzte an der 350 Meter langen Strecke eine Allee Pyramidenpappeln *(Populus nigra* 'Italica').[15] Gleich-

| [11] | Wimmer, Clemens Alexander: Gehölzsammlungen, Zierpflanzen und Baumschulen. Von Sammlern, Gärtnern und Unternehmen. In: Gartenkultur in Brandenburg und Berlin. Potsdam 2000, S.66.
| [12] | Manger, Heinrich Ludwig: Baugeschichte von Potsdam, besonders unter der Regierung Koenig Friedrichs des Zweiten. Zit. nach dem Reprint der Orginal-Ausgabe (Berlin, Stettin 1789/90) Leipzig 1987, S.323.
| [13] | Wacker, Jörg: Der friderizianische Lustgarten in Sanssouci. In: Nichts gedeiht ohne Pflege. Die Potsdamer Parklandschaft und ihre Gärtner, hrsg. von der Stiftung Preußische Schlösser und Gärten Berlin-Brandenburg. Potsdam 2001, S.47.
| [14] | Persius, Ludwig. In: Ludwig Persius. Das Tagebuch des Architekten Friedrich Wilhelm IV. 1840–1845, hrsg. von Eva Börsch-Supan. München 1980, S.14.
| [15] | Haeckel, Julius: Chausseebau. In: Mitteilungen des Vereins für die Geschichte Potsdams, 1931, S.327.

*Die Lärche-Lindenallee im Boberow am Schlossgarten Rheinsberg, Juni 1996 (oben)*

*Die vierreihige Krimlindenallee mit Blick auf das Belvedere im Park Sanssouci, gepflanzt 1906 von Georg Potente (unten)*

staltungen für den Pleasureground im Park Klein-Glienicke und sogleich auch für den Park Sanssouci, was große Aufregung verursachte, da er die Hauptachse vom Obelisk zum Neuen Palais als Allee aufheben wollte. Schon 1824 wurde Lenné zum Königlichen Gartendirektor befördert und stellte nach 17 Schaffensjahren seine Vision zur Aufschmückung der Umgebungen von Berlin und Potsdam insbesondere mittels der Anpflanzung von Alleen wie auch Hecken und Gehölzpartien vor. Während der Zeit des reifen Landschaftsstils wurden viele alte Alleen letztlich erhalten, gleichwohl durch Vorpflanzungen kaschiert oder »gebrochen«, d. h. abschnittsweise Bäume entnommen. So verfuhr Lenné auch mit der Schwanenallee zum Neuen Garten, indem er für den Staatskanzler Karl August Fürst von Hardenberg (1750 bis 1822) Aussichten von Klein-Glienicke zum Marmorpalais im Neuen Garten und in die entgegengesetzte Richtung schuf.[18]

Für Niederschönhausen reichte Lenné 1827 Verschönerungspläne ein »... wie dieser, wenngleich veraltete, doch in Rücksicht seines Baumschmuckes ausgezeichnete königliche Garten, eine zeitgemäße, dem Aufenthalt der hohen Fürstin würdige Ausschmükkung erhalten könnte ...«. Am 12. April 1829 wurde die Ausführung nach weiteren Entwürfen befohlen und Lenné behielt auch hier – entgegen seinen ersten beiden Entwürfen – einige der barocken Längs- und Queralleen bei.

Der sanft geschwungene, an der Ostseite des Parkes Babelsberg über die Höhe führende, 1,25 Kilometer lange Fahrweg nach Glienicke wurde auf Wunsch des Prinzen Carl von Preußen (1801–1883) noch vor 1834 mit einer Lindenallee *(Tilia x vulgaris)* bepflanzt. Sie schließt an die kurfürstliche, ursprünglich mit Eichen gepflanzte »Allee zum Baberow« an und führt über den Babelsberg hinab zum Griebnitzsee nach Klein-Glienicke. Die alten Linden haben einen durch Schnitt unterschiedlich hohen Kronenansatz, was eine bewusst geplante Freihaltung von Sichten anzeigt. Wo die Baumkronen in 2 bis 3 Meter Höhe beginnen, kann in der Flatowturmsicht über sie hinweg-, andererseits auf der Kuppe bei höherem Kronenansatz auch unter den Bäumen hindurchgeschaut werden, z. B. auf den Teltow.[19]

In Charlottenburg blieben bis heute prägende Elemente wie Hauptalleen, Boskettbereiche oder Gebäude bestehen, denn Lenné hatte die alten Alleen erhalten, auch wenn sie durch Vorpflanzungen kaschiert worden sind, wie seine Entwürfe von 1819 und 1828 zeigen.[20] Aber auch hier hatte er im Sinne Reptons einige Durchbrüche im Alleenbestand durchsetzen können, um von den neuen Wegen den Eindruck einer »natürlichen« Landschaft zu vermitteln. Immer wieder zeugen Reiseberichte der Gartenkünstler von Besonderheiten, auch in Bezug auf Alleen. So hat Eduard Petzold z. B. die eindrucksvolle Koniferenallee zum Mausoleum in Charlottenburg in seinem Lehrbuch über »Landschaftsgärtnerei« 1862 erwähnt, sie wirke »dort ergreifend«. Ihm kam es auf die Kombinationsmöglichkeiten der Baumarten an, er be-

zeitig entstand auch die geschwungene Pyramidenpappelallee nach der Schwanenbrücke, als königliche Zufahrt von der Glienicker Brücke zum Neuen Garten.[16]

## Die Verwendung von Alleen im 19. Jahrhundert

1833 legte Peter Joseph Lenné (1789–1866), ähnlich dem späteren Plan »Projectirte Schmuck- und Grenzzüge von Berlin mit nächster Umgebung« aus dem Jahr 1840, den großartigen »Verschoenerungs-Plan der Umgebung von Potsdam« vor.[17] 1816 unter Friedrich Wilhelm III. als Gartengeselle eingestellt, begannen seine Planungen für Umge-

*»Verschoenerungs-Plan der Umgebung von Potsdam«, entworfen von Peter Joseph Lenné, gezeichnet von Gerhard Koeber, 1833 (Ausschnitt)*

| 16 | Bohle-Heintzenberg, Sabine: Die Berliner Vorstadt. 2. Aufl. Berlin 1997, S. 21.
| 17 | Wacker, Jörg: »Überall ist Lenné's Augenmerk auf Landeskultur und Landes-Verschönerung gerichtet …« Der Lebenslauf von Lenné. In: Peter Joseph Lenné. Katalog der Zeichnungen, hrsg. von Günther Harri u. Sibylle Harksen. Tübingen, Berlin 1993, S. 10 ff.

rücksichtigte die Höhe und die Lebensdauer sowie die Laubfärbung der Bäume. Für ein Zusammenspiel dunkel- und helllaubiger Bäume, die in der Allee im Wechsel stehen könnten, schlug er z. B. die rote Rosskastanie in Verbindung mit dem Tulpenbaum (*Liriodendron tulipifera*) vor. Die Robinie passe wegen der Windbruchgefahr nicht für Alleen, Silber- und Trauerweiden eigneten sich vorzüglich da, »wo die Strasse durch Nadelwald« führe. Nadelgehölze seien nur selten als Alleebäume zu benutzen und müssten dann aber – wie im Schlossgarten Charlottenburg – bis zum Boden bezweigt sein.[21]

Im Park Sanssouci ließ König Friedrich Wilhelm IV. dem Zeitgeschmack entsprechend durch Lenné zur Auflockerung und Abwechslung Spitzahorne (*Acer platanoides*), Platanen (*Platanus x hispanica*) und Rosskastanien (*Aesculus hippocastanum*) in die alte barocke vierreihige Lindenallee an den beiden Stichgräben setzen. Die jeweils fünfreihigen Alleen auf den beiden seitlichen Rampen des Sanssouci-Weinberges erhielten oben vor der Schlossterrasse als malerischen Abschluss große gruppenartige Pflanzungen mit Esskastanien (*Castanea sativa*), Hängebuchen (*Fagus sylvatica* 'Pendula') und Blutbuchen (*Fagus sylvatica* Purpurea Grp.), unten seitlich des Parterres besonders Blutbuchen, die Alleereihen ebenfalls Spitzahorne und Rosskastanien. Im Neuen Garten wurde 1864 die alte Pyramidenpappelallee der Musterchaussee durch gegenüberstehende Pyramideneichen (*Quercus robur* 'Fastigiata') in den Reihen zwischen den alten Standorten ersetzt, die durch Schnitt in einer Höhe von 8 Metern und einem Durchmesser von fast 2 Metern gehalten werden.

Aber auch neue Alleen hielten wieder Einzug in die Gärten, so im Park Sanssouci und noch vor 1860 die rund 140 Meter lange, leicht knickende Lindenallee oberhalb des Nordischen Gartens als Teil der Triumphstraße zwischen dem Marstall an der Historischen Windmühle und dem Neuen Orangerieschloss.[22] Später entstand auf Betreiben

*Plan vom Neuen Garten von Johann Anton Ferdinand Fintelmann, um 1816*

| 18 | Seiler, Michael: Die Entwicklungsgeschichte des Landschaftsgartens Klein-Glienicke 1796–1883. Dissertation. Hamburg 1986, S. 90ff.
| 19 | Hinweis von Karl Eisbein, vgl. Kantel, Gabriele: Allee nach Glienicke. Dokumentation des Lindenbestandes. Typoskript. Stiftung Preußische Schlösser und Gärten Berlin-Brandenburg. Potsdam 1999. Genauere Untersuchungen und Nachforschungen sind hier notwendig.
| 20 | Vgl. Günther, Harri: Peter Joseph Lenné. Gärten, Parke, Landschaften. Stuttgart 1985, S. 146f.
| 21 | Vgl. Rohde, Michael: Von Muskau bis Konstantinopel. Eduard Petzold – ein europäischer Gartenkünstler. Amsterdam, Dresden 1998, S. 102.
| 22 | Vgl. Hennebo, Dieter: Vom »klassischen Landschaftsgarten« zum »gemischten Styl« – Zeittypische Gestaltungstendenzen bei Peter Joseph Lenné. In: Peter Joseph Lenné – Volkspark und Arkadien. Ausst.-Kat., hrsg. von Florian von Buttlar. Berlin 1989, S. 49–59.
| 23 | Wagener, Heinrich: Die kronprinzlichen Anlagen beim Neuen Palais im Parke von Sanssouci. In: Der Bär 7/1881, S. 389–394.
| 24 | Wacker, Jörg: Leben und Werk Georg Potentes im Überblick. In: Georg Potente (1876–1945). Pläne und Zeichnungen. Berlin 2003, S. 6.

der Kronprinzessin Victoria, die mit ihrem Gemahl Kronprinz Friedrich Wilhelm im Heinrichsflügel des Neuen Palais wohnte und dessen Umgebung gärtnerisch verschönerte, westlich des Neuen Palais eine etwa 2 Kilometer lange vierreihige Lindenallee bis zum Kuhforter Damm. Mit dieser neobarocken linearen Allee griff die Grundstruktur des Parkes in Verdoppelung der Hauptachse in die westlich umgebene Landschaft.[23] Als eine der letzten Alleen entstand im frühen 20. Jahrhundert die großartige frei stehende Krimlindenallee *(Tilia x euchlora)*. Die 500 Meter lange, vierreihige Allee pflanzte um 1906/07 Obergärtner Georg Potente (1876–1945) unter Hofgartendirektor Gustav Adolf Fintelmann (1846–1918) für Kaiser Wilhelm II. (reg. 1888–1914) als Kernstück der neuen landschaftlich gestalteten Verbindungsanlage zwischen Orangerieschloss und Belvedere auf dem Klausberg. Durch seitliche Wege lässt sie eine breite Rasenbahn in der Mitte für den Blick frei, fügt sich der elegant »durchhängenden« Bodenmodellierung an und steigert perspektivisch die Entfernung und die Wirkung der auf den Höhen stehenden Gebäude. Nur auf dem letzten Stück vor dem Belvedere ist sie zweireihig ausgebildet, weil die seitlichen parallelen Wege eine vorhandene Führung aufnehmen. Krimlinden mit ihren stark nach unten überhängenden äußeren Ästen wurden erst seit 1880 von der Baumschule Ludwig Späth in Johannistal bei Berlin angeboten. Um die Sichtverbindung zwischen den Gebäuden in der Mitte zu erhalten, werden über der Rasenbahn die beiden Innenseiten der Allee alle fünf bis sechs Jahre als Wand geschnitten.

Bedingt durch die vorangegangenen Erneuerungen und Verjüngungen erfolgten vorerst unter der 1927 gegründeten Staatlichen Verwaltung der Schlösser und Gärten keine Alleeneupflanzungen. Gartendirektor Georg Potente sprach das Problem der Regeneration des Gehölzbestandes bereits 1924 an, jedoch konzentrieren sich die Arbeiten auf die Erneuerung von Baumgruppen und Gehölzmassiven.[24] Erst nach dem Zweiten Weltkrieg mussten wegen Zerfall und natürlichem Abgang ganze Alleeabschnitte erneuert werden.

*Plan des Parkes Babelsberg von Franz Haeberlin, 1863*

Achim Röthig

# Nordrhein-Westfalen – ein Bundesland der vergessenen Alleen?

Betrachtet man den Verlauf der »Deutschen Alleenstraße«, könnte man versucht sein, die Titelfrage durchaus zu bejahen. Spart doch der Verlauf der die Bundesrepublik Deutschland von Rügen bis zum Bodensee durchziehenden Alleenroute konsequent das bevölkerungsreichste Bundesland aus. Hintergrund für diesen Sachverhalt ist mit Sicherheit nicht ein Mangel an bedeutenden und beeindruckenden Alleen. Die elf nordrhein-westfälischen Regionen bieten eine abwechslungsreiche Mischung an beeindruckenden, teilweise sehr unterschiedlich ausgeprägten Landschafts- und Siedlungsformationen, deren jeweiliges, historisch gewachsenes Erscheinungsbild nicht zuletzt durch die Gliederung und ordnende Funktion von Alleen und Baumreihen wesentlich geprägt wird.

Dazu kommt der Alleenbestand innerhalb der unzähligen Parkanlagen, wobei insbesondere die Bundes- und Landesgartenschauen der Nachkriegszeit, vor allem aber die Vielzahl an wertvollen historischen Gärten und Parkanlagen zu nennen sind. Viele Alleen sind in den Anlagen der Schlösser und Gärten in Ostwestfalen, der Parklandschaft des Münsterlandes, den Parks der Schwerindustrie zwischen Dortmund und Duisburg sowie den Garten- und Parkanlagen beiderseits des Rheins zwischen Kleve und Brühl zu finden.

Der Versuch, die wichtigsten oder bedeutendsten Alleen vorzustellen, ist schon aufgrund der Menge schwierig. Es liegt jedoch derzeit auch noch keine abschließende, systematische Erfassung vor, auf deren Basis aussagekräftige Auswertungen zu Quantität, Qualität und Schutzstatus der Alleen abgeleitet werden könnten.

## Erfassungsstand

Erst seit dem Jahr 2003 wird mit dem Projekt »Schützenswerte Alleen und Baumreihen in NRW« der Landesgemeinschaft Naturschutz und Umwelt Nordrhein-Westfalen e. V. (LNU) versucht, den Alleenbestand systematisch zu erfassen. Erhebungen wurden in einer ersten Stufe über die 81 Mitgliederverbände der LNU und deren Unterorganisationen durchgeführt, die vorwiegend ihre Wurzeln in der Heimatschutz- und Naturschutzbewegung haben. Es konnten immerhin rund 300 000 Einzelmitglieder zur Mithilfe bei der Erfassung angesprochen werden.

Die Grundlage für die Aufnahme von allgemeinen Daten zu den Alleen wie ihre Lage, Länge und die Straßenbezeichnung ist ein differenziert konzipierter Erfassungsbogen, in dem auch Angaben zu Baumart, Alter, Kronenausformung und Vitalitätsgrad sowie zur landschaftlichen Lage, zum Arten- und Biotopschutz, zum Schutzstatus und zur kulturhistorischen Bedeutung gemacht werden. Bis zum Juli 2004 konnten mit Hilfe dieser Vorgaben in einem ersten Schritt immerhin knapp 300 Alleen erfasst werden. Diese Arbeiten sind ehrenamtlich durchgeführt worden, was sich aufgrund des besonderen Engagements der beteiligten Vereine und ihrer individuellen Interessensschwerpunkte sicherlich auf die Aussagekraft der eingereichten Erfassungsbögen ausgewirkt hat. Zudem beschränkte sich die Erfassung vorwiegend auf straßen- oder wegebegleitende Baumreihen in der freien Landschaft und in Siedlungsbereichen; nur in relativ geringem Umfang wurden Bestände in Parkanlagen einbezogen. In einem zweiten Schritt wurden bis zum Ende 2004 alle 31 Kreise und 23 kreisfreien Städte mit dem Ziel angeschrieben, das Vorhaben durch die Bereitstellung von dort schon vorhandenen Daten zu unterstützen.

Diese noch nicht abgeschlossene Phase hat zu folgendem aktuellem Stand im Februar 2006 geführt: Auf Basis der eingegangenen Daten von 23 Kreisen und acht kreisfreien Städten sind bisher ca. 1 100 Standorte von Alleen und Baumreihen mit einer Gesamtlänge von ca. 870 Kilometern erfasst und ausgewertet worden. Berücksichtigt man jedoch die Tatsache, dass der LNU bisher von ca. einem Viertel der

**Literatur**

Alleen – Gegenstand der Denkmalpflege, Möglichkeiten ihres Schutzes, ihrer Erhaltung und Erneuerung, hrsg. von der Vereinigung der Landesdenkmalpfleger in der Bundesrepublik Deutschland, Landesdenkmalamt Berlin. Berichte zur Forschung und Praxis der Denkmalpflege in Deutschland 8. Berlin 2000.

Alte und neue Kulturlandschaftsbiotope. Praxisbericht zur Planung, Anlage, Nutzung und Pflege unter besonderer Berücksichtigung historischer Aspekte, hrsg. vom Landschaftsverband Westfalen-Lippe. Schriftenreihe des Westfälischen Amtes für Landes-

*Klever Parklandschaft, Prinz-Moritz-Kanal mit Blick auf das Amphitheater*

und Baupflege, Beiträge zur Landespflege 15. Münster 1999.

Diedenhofen, Wilhelm A.: Klevische Gartenkunst. Kleve 1994.

Freunde des Städtischen Museums Haus Koekkoek e. V.: An den Wassern zu Kleve. Kleve 1994.

Gaida, Wolfgang: Vom Kaisergarten zum Revierpark, ein Streifzug durch historische Gärten und Parks im Ruhrgebiet, hrsg. von Wolfgang Gaida u. Helmut Grothe, Kommunalverband Ruhrgebiet. Bottrop 1997.

Gartenkultur im Rheinland vom Mittelalter bis zur Moderne. Arbeitsheft der rheinischen Denkmalpflege 60, hrsg. vom Landschaftsverband Rheinland, Rheinisches Amt für Denkmalpflege, 2003.

Kreise und ca. zwei Dritteln der kreisfreien Städte noch keine Daten vorliegen und auch die Angaben der Straßenbaubehörden nicht vollständig sind, liegt die Vermutung nahe, dass der tatsächliche Bestand an Alleen noch deutlich höher ist. Aus diesem Grund kann zwar noch nicht von einer abgeschlossenen repräsentativen Erhebung gesprochen werden, sehr wohl sind jedoch deutliche Tendenzen ablesbar.

Am häufigsten sind Alleen an Gemeindestraßen und Wirtschaftswegen erfasst worden. Der Baumbestand entlang von Kreis-, Landes- und Bundesstraßen ist relativ gering. Die Hauptbaumart ist mit großem Abstand die Linde, gefolgt von Ahorn, Rosskastanie und Eiche. Die Einzellänge der bisher erfassten Alleen liegt überwiegend unter einem Kilometer. Der weitaus größte Teil der Alleen weist ein Alter zwischen 60 und 100 Jahren auf. Das bedeutet, dass diese Pflanzungen um 1900, dann in den zwanziger Jahren – oftmals in Zusammenhang mit Notstandsarbeiten – und schließlich wieder kurz nach dem Zweiten Weltkrieg erfolgt sind.

Auf Grundlage des aktuellen Erfassungsstandes bleibt weiterhin festzustellen, dass nahezu alle Alleeformen mit markanten Beispielen vertreten sind. Neben den frei wachsenden oder geschnittenen Formen innerhalb von Parkanlagen und den klassischen straßenbegleitenden Alleen im Landschaftsraum sind als besonders charakteristisch die für den Niederrhein landschaftsprägenden Pappelalleen sowie die zahlreichen Promenaden zu nennen. Letztere sind vermehrt als Uferpromenaden beidseits des Rheins und im Bereich von ehemaligen Befestigungsanlagen nach deren Schleifung im 18. und 19. Jahrhundert durch Umgestaltung in öffentliche Grünanlagen entstanden. Erwähnenswert sind auch partiell noch erhaltene Obstbaumalleen bzw. deren Relikte, die leider stark dezimiert sind.

Beispielhaft sind nachfolgend zwei Alleen mit ihren wichtigsten Rahmendaten vorgestellt, die vor allem wegen ihrer historischen Bedeutung und ihres imposanten Erscheinungsbildes herausragen.

## Die Fürstenallee in Oesterholz

Ohne die Bedeutung einzelner, besonders eindrucksvoller Exemplare wie z. B. der Kastanienallee zwischen Stadtschloss und Poppelsdorfer Schloss in Bonn (1745), der Fächerallee von Schloss Benrath (Mitte des 18. Jahrhunderts) oder der landschaftsprägenden Maronenallee, die Schloss Dyck mit dem Kloster St. Niklas verbindet (um 1810), schmälern zu wollen, soll an dieser Stelle auf die Fürstenallee

(Kreis Lippe) und die Klever Parklandschaft etwas näher eingegangen werden.

Die Fürstenallee ist zweifellos die wichtigste lippische Prachtallee. Graf Simon Henrich Adolf zur Lippe ließ sie als vierreihige Eichenallee zu Repräsentationszwecken im Zusammenhang mit seinem Jagdschloss Oesterholz Anfang der ersten Hälfte des 18. Jahrhunderts pflanzen. Wahrscheinlich bedingt durch Ausfälle bei den Eichen wurde nach wenigen Jahrzehnten die schattenverträgliche Rotbuche in die Lücken nachgepflanzt, was das heutige Erscheinungsbild als Mischallee mit ca. 1000 Bestandsbäumen begründet. Zur langfristigen Sicherung und Erhaltung der ca. 2,5 Kilometer langen und mittlerweile fast 300 Jahre alten Allee haben sich die Verantwortlichen im Jahr 2005 für ein Sanierungskonzept entschlossen, das die Abkehr von den bisher praktizierten Einzelmaßnahmen – sprich Zwischenpflanzung in entstandene Lücken – hin zur Entwicklung eines umfassenden Gesamtkonzepts vorsieht. Dieses mit den Eigentümern, allen beteiligten Behörden und Fachämtern abgestimmte Konzept sieht vor, die Gesamtallee in einem Zeitrahmen von ca. 30 Jahren in zusammenhängenden Teilabschnitten durch Neupflanzungen von einheimischen Stieleichen unter Einhaltung der historischen Baumfluchten und -abstände von 7,5 Metern neu aufzubauen. Einzelne, besonders markante Altbäume der Außenreihen sollen solange wie möglich als historische Zeitdokumente erhalten werden.

Mit ersten Maßnahmen zur Umsetzung wird im Jahr 2006 begonnen, so dass die Regeneration dieser bundesweit zu den beeindruckendsten Kultur- und Naturdenkmalen zählenden Allee zwischen 2030 und 2040 abgeschlossen sein könnte.

## Alleen von Kleve

Ebenfalls eine Ausnahmestellung aufgrund ihrer historischen Bedeutung und ihrer Vorbildfunktion ist der Klever Parklandschaft zuzuschreiben. Die Schöpfung des humanistischen Prinzen Johann Moritz von Nassau-Siegen in der Mitte des 17. Jahrhunderts gilt als Ursprung für die Idee der Landesverschönerung. In nur etwa 25 Jahren entstand ein geniales Gesamtkunstwerk, das Stadt und Landschaft mit einem System von Alleen, Schneisen und Aussichtspunkten verknüpfte. Die Anlage war in ihrer Konzeption für die Zeit einmalig, hochmodern und gilt als ein hervorragendes Bei-

*Poppelsdorfer Allee in Bonn*

*Maronenallee (Castanea sativa) bei Schloss Dyck*

*Die »Haustenbecker Allee« mit den um 1920 gepflanzten Linden und Basaltpflaster besteht noch heute auf dem Truppenübungsplatz Senne in 5 Kilometer Länge.*

Kalesky, Günter: Von Wasserburg zu Wasserburg, bau- und kunstgeschichtliche Studienfahrt. In: Westfalen. Lüdinghausen 1978.

Markowitz, Irene: Schloß Benrath. München 1985.

Schloss Dyck Historischer Park und Neue Gärten, hrsg. von der Stiftung Schloss Dyck. Jüchen 2002.

Schützenswerte Alleen und Baumreihen in Nordrhein-Westfalen, hrsg. von der Landesgemeinschaft Naturschutz und Umwelt Nordrhein-Westfalen e. V. Arnsberg 2004.

Soweit der Erdkreis reicht, Johann Moritz von Nassau-Siegen 1604–1679, hrsg. vom Städtischen Museum Haus Koekkoek. Kleve 1979.

Wörner, Gustav u. Rose, in Zusammenarbeit und Abstimmung mit Frau Prof. Dr. Markowitz: Historische Strukturen im Schlosspark Benrath Düsseldorf. Untersuchung und Zusammenstellung im Auftrag der Stadt Düsseldorf, vertreten durch das Garten-, Friedhofs- und Forstamt, 1991.

Dies.: Der Neue Tiergarten und das Amphitheater in Kleve. Planungsvorschläge zur Erhaltung, Regenerierung und Neugestaltung der Parkanlage. Gutachten im Auftrag der Stadt Kleve, 1979.

Dies.: Die Erhaltung und Wiederherstellung der historischen Parkanlagen des Neuen Tiergartens und des Amphitheaters in Kleve. Entwurfsplanung im Auftrag der Stadt Kleve, 1983.

Ergänzende textliche und mündliche Informationen zur Erfassung und zum Schutzstatus der Alleen in Nordrhein-Westfalen durch: Landschaftsverband Rheinland, Rheinisches Amt für Denkmalpflege, Pulheim; Landschaftsverband Westfalen-Lippe, Westfälisches Amt für Denkmalpflege, Münster.

spiel für die gelungene Verschmelzung von Kunst und Natur. Sie wurde zum Vorbild für viele nachfolgende Gestaltungskonzepte im europäischen Raum.

Seit etwa 1975 wurden die in ihren Grundstrukturen erhaltenen Klever Anlagen Schritt für Schritt restauriert. Besonders beeindruckend stellt sich heute der Bereich des Amphitheaters mit der nach Nordosten anschließenden Achse des Prinz-Moritz-Kanals und der ihn begleitenden Allee dar. Nachdem die Altbäume aus dem 17. Jahrhundert aus Gründen der Verkehrssicherheit nicht mehr gehalten werden konnten, wurde hier ab 1988 die Allee komplett erneuert. Obwohl besonders die in den Waldbereichen gelegenen Achsen und Alleen pflegetechnische Probleme bereiten, beeindruckt das mittlerweile zu einem großen Teil wiederhergestellte historische Gestaltungskonzept mit seinen mannigfachen Blickverbindungen heute wie schon vor 350 Jahren die vielen Besucher der niederrheinischen Kulturlandschaft.

## Perspektiven

Wie in anderen Bundesländern ist auch in Nordrhein-Westfalen der Bestand an Alleen nicht nur durch das Erreichen einer biologisch bedingten Altersgrenze, sondern in großem Maß durch Verkehrsneuplanungen und Straßenmodernisierungen gefährdet. Unter dem letztgenannten Gesichtspunkt wurde z. B. zwischen 1960 und 1970 die Parklandschaft des Münsterlandes großer Teile ihres historisch gewachsenen, landschaftsprägenden Alleebestandes beraubt.

Trotz der mittlerweile in vielen Bereichen erfolgten Neupflanzungen, die zweifelsfrei ein wichtiger Beitrag gegen die einsetzende Destrukturierung und ästhetische Verarmung dieser beeindruckenden Kulturlandschaft sind, bleibt jedoch vor dem Hintergrund hoher Unfallzahlen generell auch in Nordrhein-Westfalen für die nahe Zukunft zu befürchten, dass Forderungen der Versicherungswirtschaft sowie des Straßen- und Verkehrswesens den Alleenbestand sowie wünschenswerte Neupflanzungen in Frage stellen werden. Entsprechend ist das Engagement der LNU mit ihrem Alleenprojekt nicht hoch genug zu bewerten. Die durch systematische Öffentlichkeitsarbeit mittlerweile in Gang gekommene, breit gefächerte Diskussion hat neben einem gestiegenen Problembewusstsein in der Bevölkerung vor allem auch auf landespolitischer Ebene zu einem parteiübergreifenden Konsens zum Erhalt von Alleen geführt. Mit Beginn des Jahres 2006 startete die Landesregierung von Nordrhein-Westfalen zudem eine Initiative mit dem Ziel in den nächsten Jahren 100 neue Alleen zu pflanzen. Die LNU ist bestrebt, in absehbarer Zukunft einen aussagekräftigen Datenbestand mit dem Ziel der Aufstellung eines landesweiten Alleen-Katasters in NRW aufzubauen. Ebenfalls in Bearbeitung ist die Erstellung eines auf digitalen Datengrundlagen basierenden Kulturlandschaftskatasters für Nordrhein-Westfalen durch die beiden großen Landschaftsverbände Rheinland und Westfalen-Lippe. Es wäre zu wünschen, dass hier unter Einbeziehung der schon durch die LNU erfassten Daten auch ein zentrales Kataster für den Alleenbestand im Land aufgebaut und fortgeschrieben wird. Die systematische Erfassung, Einordnung und Bewertung des Alleenbestandes ist der erste und wichtigste Schritt für einen effektiven Schutz und den Erhalt dieses wertvollen Kulturgutes. Die Anbindung von besonders attraktiven und bedeutenden Alleen an die Route der »Deutschen Alleenstraße« – ein für die Identifikation der Bevölkerung mit »ihren« Alleen nicht zu unterschätzender Faktor – sollte dann eigentlich nur noch eine Formsache sein.

---

**Alleenschutz in NRW**

Die Landesgemeinschaft Naturschutz und Umwelt Nordrhein-Westfalen e. V. (LNU), Dachverband für ca. 80 Naturschutz-, Heimat- und Wandervereine, hat sich seit 2003 im Rahmen eines vom NRW-Umweltministerium geförderten Projektes in Kooperation mit der Forschungsgesellschaft Landschaftsentwicklung Landschaftsbau (FLL) intensiv mit dem Schutz der Alleen in Nordrhein-Westfalen befasst. In einer ersten Projektphase erfassten die Mitglieder der LNU mit Hilfe eines Erhebungsbogens landesweit über 300 Alleen, wobei teilweise auch ausführlich die kulturhistorischen Hintergründe aufgearbeitet wurden. Von Juli 2003 bis Juni 2004 kürte die LNU insgesamt zwölf »Alleen des Monats«. Dabei wurden alle Landesteile Nordrhein-Westfalens und die verschiedensten Allee-Typen berücksichtigt. Unter Beteiligung von Landes- und Kommunalpolitikern präsentierten LNU und FLL jeweils die »Alleen des Monats« der Öffentlichkeit und erläuterten die Gefährdung des Kulturlandschaftselements »Allee«, wobei auch der Diskussionsstand um ESAB und RPS dargestellt wurde. Als Ergebnis dieser politischen Lobbyarbeit konnte im NRW-Landtag ein fraktionsübergreifender Konsens für den Alleenschutz erreicht werden, der im April 2005 in der Verabschiedung einer Änderung des NRW-Landschaftsgesetzes mündete. Alleen sind seither als gesetzlich geschützter Landschaftsbestandteil verankert und dürfen nur noch unter eng umgrenzten Voraussetzungen beseitigt werden. In einer zweiten Projektphase setzte die LNU die Erfassung des Alleenbestandes durch eine Abfrage bei den unteren Landschaftsbehörden, der Straßenbauverwaltungen sowie bei weiteren ehrenamtlichen Kartierungen fort. Im Alleenkataster der LNU sind dadurch bislang rund 2 000 Alleenstandorte in NRW dokumentiert, von denen bisher ca. 1100 ausgewertet sind.

*Verfasser: Rainer Fischer (Geschäftsführer LNU)*

LNU, Heinrich-Lübke-Str. 16, 59759 Arnsberg
Tel.: 02932/4201  Fax: 02932/54491
E-Mail: LNU.NRW@t-online.de

Jens Scheffler

# Alleen in Sachsen – ein Beitrag zur Geschichte und aktuellen Situation

Nicht nur in Dresden, sondern auch in den Regionen Sachsens ist eine traditionsreiche Gartenkultur, insbesondere seit dem 17. und 18. Jahrhundert, spürbar. Beispiele der Verwendung von Alleen sind u. a. in Hugo Kochs 1910 publizierter »Sächsischer Gartenkunst« dargestellt und in Archiven dokumentiert.[1] Ein frühes Beispiel sächsischer Alleen befand sich auf der unteren, heute noch vorhandenen Terrasse des Schlossgartens Wolkenburg an der Mulde. In einem Plan von 1694 ist dort ein »freyer Platz, worauf zwey Reihen Bäume, als Eschen und Linden gesetzet,«[2] verzeichnet. Eine der ältesten im Bestand erhaltenen Alleen in Sachsen ist die zweireihige, geschnittene Lindenallee am Zufahrtsweg des Rittergutes Großhennersdorf in der Oberlausitz. Hier ließen die neuen Besitzer Nickol und Katharina von Gersdorf Ende des 17. Jahrhunderts (ab 1676) die herrschaftlichen Gutswege mit Linden bepflanzen und einen Park mit Orangerie und Gewächshaus anlegen. Mittlerweile sind die Linden am Gutsweg gekappt worden (links).

In der Regierungszeit Augusts des Starken (1670–1733) sind bedeutende Gartenanlagen mit Alleen wie in Großsedlitz, Pillnitz oder Moritzburg entstanden. Dabei reichten die Alleen oftmals weit in die umgebende Landschaft – ein wichtiges raumgreifendes, raumbeherrschendes Gestaltungsmittel. Ein bedeutender Ort zur Präsentation und Abhaltung höfischer Feste war der Große Garten in Dresden. Seit den Umgestaltungen unter Johann Friedrich Karcher (1650–1726) sind zwar weitere Veränderungen erfolgt, dennoch blieben vier der barocken Alleen erhalten: die Südallee, die Herkulesallee und die Hauptallee in Ost-West-Richtung sowie die rechtwinklig auf der Höhe des Palais angeordnete Querallee. An den Grenzen des Großen Gartens entwickelten sich im 19. Jahrhundert wichtige Verkehrsachsen, die mit Bäumen bepflanzt wurden. Im Osten verläuft die Karcher-Allee, im Westen die Lingner-Allee und im Norden die Stübel-Allee. Ein Teil der Tiergartenstraße im Süden war als vierreihige Allee angelegt. Als wichtigste Verkehrsstraße entwickelte sich die Stübel-Allee. Sie wurde 1899 sechsreihig mit Silber-Linden in einer Kombination von gegen- und wechselständiger Anordnung gepflanzt. Heute verlaufen in der Allee zwei zweispurige Fahrbahnen, Straßenbahngleise und zwei Fußwege. Aufgrund des schlechten Zustandes der Bäume erfolgte 2001 bis 2005 die abschnittsweise Totalerneuerung der Allee. Anstelle der Silber-Linden (*Tilia tomentosa*) sind insgesamt 570 Kaiser-Linden (*Tilia intermedia* 'Pallida') gepflanzt worden.[3]

Südöstlich von Dresden an der Elbe liegt die Schlossanlage Pillnitz, 1765 von Kurfürst Friedrich August III. (1750–1827) zur Sommerresidenz des wettinischen Hofes bestimmt. Die 1725/26 auf Befehl Augusts des Starken angelegte Kastanienallee wurde ab 1765 im westlichen Be-

*Gekappte Lindenallee entlang des ehemaligen Rittergutsweges in Großhennersdorf/ Oberlausitz, Mai 2006*

|1| Koch, Hugo: Sächsische Gartenkunst. Berlin 1910.
|2| Plan von Schloss und Garten zu Wolkenburg. Gez. Nienburg. 1794. Nachzeichnung. In: Koch (wie Anm. 1), S. 26.

*Kastanienalle im Schlosspark Pillnitz 50 Jahre nach der Neupflanzung, 2006*

| 3 | Grünflächenamt Stadt Dresden. Pressemitteilung. Juni 2005.
| 4 | Weinart, Benjamin Gottfried: Topographische Geschichte der Stadt Dresden und der um dieselbe herum liegenden Gegenden. Dresden 1777.
| 5 | Glaser, Gerhard: Torgau Gestütsanlagen. In: Die Lust am Garten. Ausgewählte Gartenzeichnungen aus drei Jahrhunderten, hrsg. vom Landesamt für Denkmalpflege Sachsen und der Architektenkammer Sachsen. Dresden 2000. Der Plan, angefertigt vom Architekten und Königlichen Landvermesser Hannß Sigismund Ulrici, ist betitelt: »Grundlegung der Von Sr: Koenigl: Maj. In Pohlen u: Chur Fürstl Durchl: Zu Sachßen von Dero Schloß Hartenfelß auff die an der Elbe gelegene 5 Stüttereijen allergnädl: ordinirten Alleen«.
| 6 | Webersinke, Sabine / Dr. Trajkovits, Thomas. Landesamt für Denkmalpflege. Sachsen. 2004.

reich außerhalb der Heckengärten als Maillebahn genutzt. In den 1950er-Jahren wurde der zweireihige Teil der Allee im Bereich der Heckengärten komplett erneuert, zehn Jahre später folgte die Neupflanzung der Rosskastanien in dem vierreihigen Abschnitt der Maillebahn (oben).

Am anderen Ende der Dresdner Residenzlandschaft befindet sich Schloss Übigau. Es wurde von 1724 bis 1726 als Palais zum Sommervergnügen errichtet. »Der Garten, welcher aus verschiedenen Teraßen besteht, hat vortreffliche schöne Alleen von Castanien und Lindenbäumen, ausgesuchte Hecken, vorzüglich aber giebt ihm seine reizende Lage die gröste Zierde. Man kann sich ohnmöglich etwas schöneres denken als die Aussicht aus dien Garten auf die Stadt Dresden, und die ganze herum liegende Gegend.«[4] Blickte man damals vom Übigauer Schlossgarten in Richtung Osten, konnte man die Alleen im Ostragehege erkennen, das bis in das 18. Jahrhundert hinein als kurfürstliches Jagdgebiet und Wildpark diente. Unter August dem Starken wurden hier drei vierreihige Alleen zur Erschließung des Jagdgebietes angelegt. Vom Bereich des Dresdner Residenzschlosses führten die Alleen in die Landschaft. Im Süden des Areals verlief die heute in Resten noch erhaltene Übigauer Allee in Richtung des gleichnamigen Schlosses. Trotz nachhaltiger Veränderungen des Ostrageheges seit dem 19. Jahrhundert blieb eine der drei Alleen, nämlich die Pieschner Allee, als doppelreihige Lindenallee fast vollständig erhalten. 1724 angelegt ist sie immer wieder durch Nachpflanzungen ergänzt worden. Die ältesten Bäume sind ca. 280 Jahre alt. Deshalb ist diese Allee (siehe S. 150) für den Denkmal- wie auch den Naturschutz wertvoll.

An der Elbe, ungefähr 100 Kilometer flussabwärts von Dresden, liegt Schloss Hartenfels in Torgau, eine ehemalige Nebenresidenz Augusts des Starken. In der Umgebung gründete er mehrere Gestüte, um den enormen Bedarf des sächsischen Hofs und seiner Armee an Pferden zu decken. Mittels Alleen sollten die fünf Gestüte Repitz, Graditz, Kreischau, Döhlen und Neublessern sowie das Rittergut Mala in sichtbare Verbindung mit Torgau gebracht werden. Das System war auf den höchsten Punkt der Schlossanlage Hartenfels, den »Flaschenturm« ausgerichtet. Hierzu existiert eine Entwurfsplanung von 1725, der »Alleen- oder Schneisenplan«[5] (siehe S. 154), der allerdings wohl nur in Ansätzen zur Ausführung kam.[6] Relikte sind erhalten geblieben: der dreistrahlige Alleenfächer im Gestüt Graditz, Reste einer Kastanienallee im Bereich des ehemaligen Gestüts Repitz in Richtung Neublessern sowie eine Lindenallee entlang des Triebweges in Richtung der Gutsanlage Mala. Die drei Lindenalleen in Graditz sind höchstwahrscheinlich zu unterschiedlichen Zeiten angelegt bzw. nachgepflanzt worden. Indiz dafür können die verschiedenen Pflanzabstände in-

*Die Pieschner Allee im Ostragehege Dresden ist ein Beispiel für die kontinuierliche Nachpflanzung von Lücken. Der Alleebaumbestand setzt sich aktuell aus Exemplaren im Alter von fünf bis ca. 240 Jahren zusammen, 2006.*

nerhalb der Alleen sein. Die Linden der Friedhofsallee und der Mohrrübenallee sind nach sächsischem Maß, die der Hauptallee nach preußischem gesetzt worden. Aufgrund des hohen Alters und mindestens drei nachweisbarer größerer Schnittmaßnahmen ist der Zustand der Alleen kritisch. Zur Instandsetzung der Lindenalleen kam es 1994 durch eine Kronenentlastung und die Fällung einzelner Bäume. Auf Empfehlung der zuständigen Denkmalschutzbehörde sollen möglichst keine Nachpflanzungen von Lücken erfolgen. Ziel ist es, die Alleen zum gegebenen Zeitpunkt möglichst komplett zu erneuern.[7]

## Alleen an Wegen und Landstraßen

Im 18. Jahrhundert sind auch in Sachsen viele Alleen an Wegen, Chausseen und Straßen entstanden. Eine der ältesten erhaltenen Rosskastanienalleen wurde zwischen 1765 und 1770 im Zusammenhang mit der intensiven Schafhaltung in Lohmen gepflanzt. Seit dem 16. Jahrhundert befand sich in diesem Ort die kurfürstlich-sächsische Stammschäferei. Als zweireihige Triftwegbepflanzung diente die Allee der räumlichen Teilung des Weideschlags. Die Kastanienfrüchte wurden als Winterfutter für die Schafe verwendet und dienten vermutlich auch der Vorbeugung oder Behandlung von (Lungen-)Krankheiten bei diesen Tieren. Im Zuge von Pflegemaßnahmen um 1930 kam es zur Kappung der alten Rosskastanien. In den 1990er-Jahren erfolgten zwar Nachpflanzungen. Bis heute blieb aber über die Hälfte des ursprünglichen Bestandes erhalten.

In der zweiten Hälfte des 18. Jahrhunderts gab es in Sachsen zeittypische Bestrebungen, die Seidenraupenzucht und somit den Anbau von Maulbeeren zu etablieren. Dazu wurden an verschiedenen Orten wie in Hosterwitz, in Seyda und im Großen Garten Dresdens Maulbeersträucher angepflanzt. Ob in dem Zusammenhang Maulbeerbaumalleen vergleichbar denen in Brandenburg angelegt worden sind, ist bisher ungeklärt.[8]

Die Bepflanzung an Straßen und Wegen erfolgte mit Nutzholzarten und vor allem mit Obstbäumen. Bereits Mitte des 16. Jahrhunderts hatte der sächsische Kurfürst August I. (1526–1586) das so genannte Ehestandsbaumgesetz erlassen, um den Obstbau in Sachsen zu verbreiten. Demnach hatte jedes Brautpaar mit Grundbesitz zwei Obstbäume zu pflanzen. Nach dem Dreißigjährigen Krieg erholte sich Sachsen nur langsam. Anfang des 18. Jahrhunderts war ein Mangel an Brenn- und Bauholz absehbar, was August den Starken 1726 veranlasste, das Ehestandsbaumgesetz mit einem

| 7 | Schriftliche Auskunft von Herrn Feindt. SIB Leipzig II. April 2006.
| 8 | Maßgeblich für Wiedereinführung und Förderung der Seidengewinnung in Sachsen in der ersten Hälfte des 19. Jahrhunderts war Georg Heinrich von Carlowitz verantwortlich. Seines Zeichens Königlich-Sächsischer Straßenbaucommissar verfasste er drei Schriften zum Thema, u. a. Aufmunterung zur Beförderung des Seidenbaus in Sachsen. Dresden, Leipzig 1837.
| 9 | Mandat wegen Pflanz- und Propffung, auch Cultivierung fruchtbarer und anderer Bäume ergangen De dato Warschau, den 11ten Maji, Anno 1726. In: Gedruckte Mandata und Verordnungen von Anno 1714 bis Anno 1727, Vol. II, Bl. 102.
| 10 | Vgl. ebenda, § 16–19.

| 11 | Cancrin, Franz Ludwig von: Vermischte ökonomische Schriften. Siebte Abhandlung. Von der besten Pflanzung der Alleen ... Riga 1786.
| 12 | Amtshauptmann von Sorau: Anmerkungen zum Holzanbau, Verbesserung oder Vermehrung desselben und was sonsten von einem klugen Hauswirth zur Ersparung des Holzes zu beachten ist. In: Leipziger ökonomische Nachricht. Leipzig 1757.
| 13 | Mündliche Auskunft von Jens Posthoff. Verwaltung Nationalpark Sächsische Schweiz.
| 14 | Stöhr, Hans: Sachsens Obstbau in vier Jahrhunderten. Geschichte des sächsischen Obstbaues und dessen heutige Organisation. Dresden 1905.
| 15 | Schorler, Bonhard: Die Erhaltung von Alleen und Einzelbäumen. In: Mitteilungen des Landesvereins Sächsischer Heimatschutz. Bd. IX, 1920, S. 2 f.
| 16 | Sommer, Siegfried: Untersuchungen zu Fragen der Gehölzpflanzungen an Landstraßen in der DDR. Dissertation Humboldt-Universität Berlin, Institut für Gartengestaltung der landwirtschaftlich-gärtnerischen Fakultät. Berlin 1966.
| 17 | Hinkelammert, Matthias: Wie eine Säge durch das Auto. Kfz-Unfälle mit Straßenbäumen. In: Landschaftsarchitektur (Zeitschr.). H. 8/2000, S. 30.
| 18 | Landesentwicklungsplan Sachsen, hrsg. vom Sächsischen Staatsministerium des Innern. Dresden 2003, S. 36, 41.
| 19 | Hackel, Mandy: Zur Erhaltung und Sanierung der Alleen im Weißeritzkreis. Diplomarbeit 2001; Kunath, Adina: Alleenschutz in der Oberlausitz. Kartierung und Entwicklungskonzeption. Diplomarbeit 2005; Reichelt, Anne: Alleen im Weißeritzkreis – Entstehung, Bestand, Erhaltung und

Mandat zu erneuern und umfangreich zu erweitern.[9] So wurde u. a. angewiesen, dass »... mit der Setzung der Bäume nicht allein in denen Gärthen, Wiesen, Gräben, Reinen, Gemeinde-Plätzen, sondern auch an denen Wegen und Feldern, soviel als ohne Schaden des Grases und Getreydigs, oder Schmälerung der Straßen geschehen kann, solange bis gar kein Platz mehr vorhanden, fortgefahren, endlich auch die Kinder, nebst der Feldarbeit, zur Baumzucht angeführet werden mögen ...«. Eine wesentliche Neuerung war auch die Anordnung von Baumpflanzungen in den städtischen Gebieten: »So befehlen Wir auch gnädigst: Daß bey denen Städte nicht allein an den Stadt-Graben ... eingleichen an denen Straßen und Feld-Wegen ... entweder Obst- oder andere Bäume, als Weyden, Pappeln, Erlen, Alleenweise gesetzt ... werden sollen.« Weiterhin wurde die sächsische Bürgerschaft in kleinen Städten zur Beteiligung bei der Anlegung von kommunalen und privaten Baumschulen aufgefordert, »damit es niemals an gepfropfften oder oculierten Bäumen fehlen möge«. Zusätzlich enthielt das Mandat einen Aufruf zum Holz sparen, verbunden mit den entsprechenden Hinweisen für den Hausbau oder den effektiven Einsatz einer Ofenheizung. Zur Abschreckung waren bei Missachtung der Anordnungen drakonische Strafen vorgesehen, wie z. B. dass »Frevler mit einigen Monaten Stock-Roden, oder Landesverweisung, auch, nach Befinden, 1. bis 2. Jahre Zucht-Haus oder Vestungsbau bestraffet werden«.[10] 1764 musste Prinz Xaver von Sachsen (1730–1806), der vormundschaftlich 1763 bis 1768 regierte, das Ehestandsbaumgesetz wegen häufiger Missachtung erneuern. Jeder heiratende Bauer hatte demnach sechs Bäume nach Landesart zu pflanzen. In der folgenden Zeit – unter Friedrich August III. (1750–1827) – wurden zwischen 1769 und 1793 rund 25 000 Obstbäume und von 1771 bis 1787 rund 59 000 Hochzeitsbäume gepflanzt.

In den 1786 veröffentlichten »Vermischten ökonomischen Schriften« berichtete Franz Ludwig von Cancrin ausführlich »von der besten Pflanzung der Alleen an den Chausseen und anderen Wegen, sowohl im Frühjahr, Herbste und Winter als auch selbst im Sommer, und der Wartung dieser Alleen«.[11] Meist wurden neben der Wirtschaftlichkeit auch die positiven Wirkungen von Alleepflanzungen auf die Landschaftsgestalt und die Wahrnehmung des Betrachters hervorgehoben. »Es ist nicht alleine etwas nutzbares, sondern auch etwas angenehmes, wenn Baumalleen an Wegen und Straßen auf beyden Seiten gefunden werden; sie sind über dieses für fremde Reisende gute Wegweiser ...«[12]

Zunehmender Reiseverkehr, Handel und vor allem militärische Gründe waren im 19. Jahrhundert die Ursache für den verstärkten Ausbau der Verkehrswege in Sachsen. 1806 erklärte Kaiser Napoleon I. (1769–1821) Sachsen zum Königreich und initiierte den Ausbau sächsischer Straßen zu militärischen Zwecken. Damit ging die Bepflanzung wichtiger strategischer Punkte und Achsen einher. Häufig wird der Ursprung vieler Alleen in Sachsen in diesen zeitlichen Bezug gesetzt, was allerdings bisher nicht nachweisbar ist. So geht z. B. die bekannte Säulen-Pappelallee an der so genannten Kaiserstraße unterhalb des Liliensteins in der Sächsischen Schweiz nicht auf die Zeit der napoleonischen Protektion zurück, sondern auf eine private Pflanzinitiative Ende des 19. Jahrhunderts.[13]

## Alleen im Stadtgrün

Im Zuge der Entfestigung zahlreicher sächsischer Städte in der zweiten Hälfte des 18. Jahrhunderts sowie im 19. Jahrhundert wurden Wallanlagen nicht selten in öffentliche Grünanlagen umgewandelt und mit alleebaumbestandenen Promenaden ausgestattet. In den Städten wie Leipzig, Dresden, Torgau, Zittau und Freiberg blieben große Teile der Grünanlagen und Promenaden auf den ehemaligen Wallanlagen erhalten. In Dresden ist auf der Neustädter Seite an Stelle des alten Stadttores ab 1817 eine klassizistische Rundplatzanlage nach Plänen des Architekten Gottlob Friedrich Thormeyer (1757–1842) angelegt worden. Bis heute wird die Gestaltung des Albertplatzes (ehemals Bautzner Platz) von der strahlenförmigen Anordnung von neun Straßen um einen zentralen Ring geprägt. Alle neun Straßen sollten mit Pappeln und Linden bepflanzt werden, so auch die bereits im 18. Jahrhundert angelegte und auf das Dresdner Residenzschloss ausgerichtete Hauptstraße. Ursprünglich mit Linden bepflanzt präsentiert sie sich heute mit prächtigen Platanen als eine der schönsten Promenaden der Stadt.

Alleen sind auch prägender Bestandteil vieler Friedhöfe in Sachsen. Im Zuge der Säkularisation entstanden neue Begräbnisplätze außerhalb der alten Kirchhöfe, meist am Rande der Städte und Dörfer. Heute erhaltene alte Alleebaumbestände stammen größtenteils aus dem 19. und frühen 20. Jahrhundert, wie die Flatter-Ulmenallee auf dem Johannisfriedhof in Dresden, die Lindenallee auf dem Geithainer Friedhof und die Thuja-Allee auf dem Stolpener Friedhof. Ein sehr interessantes Beispiel aus dem 18. Jahrhundert ist der Begräbnisplatz der Brüdergemeinde in Herrnhut. Noch heute wird der Gottesacker von einer zweireihigen geschnittenen Lindenallee erschlossen und von Baumreihen gleicher Art und Form gegliedert.

In der zweiten Hälfte des 19. Jahrhunderts wurde die Bepflanzung der sächsischen Staatsstraßen mit Obstbäumen forciert. 1874 kam es zur Gründung des Landes-Obstvereins Sachsen. Man veranlasste Untersuchungen zur Eignung von Obstsorten und erarbeitete Instruktionen zur Pflanzung und Pflege. »Durch sorgfältige Beobachtungen und Aufzeichnungen bemühte man sich, die Obstsorten kennen zu lernen, welche sich durch Wuchs der Krone, durch Gesundheit, Widerstandsfähigkeit, regelmäßige reiche Frucht, gute Beschaffenheit der Frucht, festes Anhängen am Baum, nicht zu lebhafte, zum Diebstahl reizende Färbung und andere Eigenschaften besonders zur Anpflanzung an Staatsstraßen ... eignen.«[14] Von Seiten des Vereins ging die Forderung aus, qualifizierte Fachkräfte auszubilden. Zur Pflege der Straßenbäume sollten so genannte Baumwärter eingesetzt werden, 1876 wurde ein Institut für Obstbaumwärter eingerichtet und vor allem durch Chausseewärter genutzt. Ein großer Teil der baumbestandenen Grundstücksflächen entlang der Straßen ist in dieser Zeit vom sächsischen Staat erworben worden. Die Rechte zur Nutzung der Gehölze konnten Anlieger und Landwirte durch die Entrichtung einer Pacht erwerben.

Zu Beginn des 20. Jahrhunderts entwickelte sich in Sachsen die Heimatschutzbewegung. Gleichzeitig gab es die ersten Aktivitäten zum Schutz und zur Erhaltung von Alleen als wertvolle Bestandteile der Kulturlandschaft. Im Zeitalter zunehmender Technisierung sprachen sich die Vertreter des Heimatschutzes für einen schonenden Umgang mit der Landschaft aus. Der Fortschritt in Form des modernen Kraftverkehrs wurde damals bereits als ernsthafte Bedrohung für den Alleenbestand erkannt, denn der intensive Ausbau und die Verbreiterung von Straßen hatten eine meist ersatzlose Abholzung vieler Alleen zur Folge. 1913 verfasste der Landesverein Sächsischer Heimatschutz ein Schreiben an das Sächsisch-Königliche Finanzministerium mit der Bitte um den Erlass einer Generalverordnung zum Schutz der Alleen und Baumreihen in Sachsen, so »daß 1. alte Bäume an den Straßen und namentlich alte Alleen tunlichst geschont werden ... 3. bei notwendig werdenden Verbreiterungen der Straßen mit seitlichem Baumschmuck möglichst nur die eine Seite der Verbreiterung zum Opfer fällt ... 5. einzelne abgestorbene Bäume einer Allee ... durch Anpflanzung junger Bäume derselben Art ersetzt werden, damit die Allee als solche erhalten bleibt ... 6. an den Staatsstraßen nicht nur Obstbäume, sondern ... auch Pappeln, Linden, Eichen und Ahornbäume ... zur Neupflanzung gelangen.«[15]

Während des Zweiten Weltkrieges wurden in Sachsen sehr viele Bäume an den Straßen und in den Parkanlagen infolge von Kriegshandlungen zerstört. Außerdem fällte man vor allem in den Städten Straßenbäume, um Brennholz zu beschaffen. Nach 1952 spielte der Nutzaspekt bei der Straßenbaumpflanzung eine wesentliche Rolle und damit auch der Obstbau. Besonders in den 1960er-Jahren erfolgten Neupflanzungen von Obstgehölzen an kommunalen Straßen. Gleichzeitig wurden umfangreiche Programme zur Anpflanzung von schnellwüchsigen Baumarten (vor allem von Pappel-Hybriden) an Straßen und Wegen für die Verwertung in der Holz- und Zellstoffindustrie eingesetzt. Dieser so genannte Flurholzanbau war in der DDR weit verbreitet. »Die Unterordnung der Holzproduktion unter die Aufgaben der Bepflanzung für Verkehr und Landschaft besteht u. a. darin, dass die Bäume möglichst lange an den Straßen verbleiben. Ein Einschlag hat erst dann zu erfolgen, wenn kein nennenswerter Holzzuwachs mehr zu erwarten ist und die Gefahr der Bildung trockener Äste, des Eintretens von Kernfäule und verminderter Standfestigkeit besteht. Der Zustand der Überalterung, der an zahlreichen Alleen zu beobachten ist, stellt eine bedeutende Gefährdung des Verkehrs dar und zieht, um diese zu vermeiden, eine erhebliche Erhöhung des Pflegeaufwands nach sich.«[16]

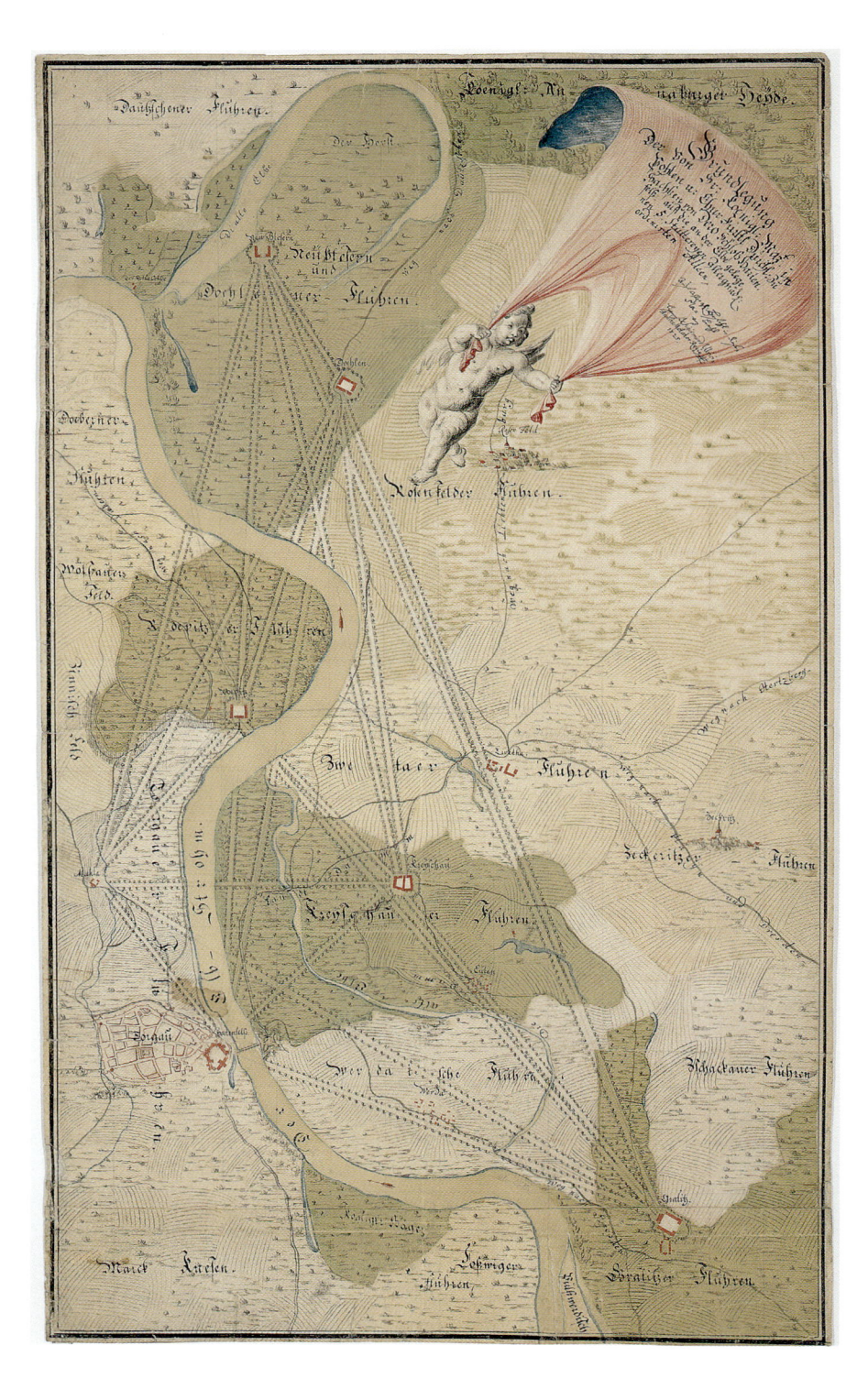

*Alleen- oder Schneisenplan. Gestütsanlagen um Torgau. H. S. Ulrici. 1725. Landesamt für Denkmalpflege Sachsen*

*Schlossallee Moritzburg kurz vor der Erneuerung mit dem ca. 130 Jahre alten Winterlindenbestand, Januar 2005*

Entwicklung. Diplomarbeit 2004.
| 20 | Rund 70 Prozent des alten Baumbestands mussten ersetzt werden, um die Schlossallee wieder in ihrer ursprünglichen Form als offene Allee in einem einheitlichen Erscheinungsbild erlebbar zu machen. So mussten 189 der ca. 130 Jahre alten Linden gefällt werden. 92 Bäume konnten erhalten werden, zwölf wurden innerhalb des Baugebiets umgesetzt. Insgesamt sind 277 Winterlinden neu gepflanzt worden; vgl. Simonsen, Michael: Freiraumplanung Schlossallee Moritzburg. Internet: www.schlossallee.info. 2006.
| 21 | Mündliche Auskunft von Michael Aehnelt. Staatliche Schlösser, Burgen und Gärten Sachsens. 2006.
| 22 | ADAC Sachsen e. V.: Sächsischer Abschnitt der Deutschen Alleenstraße. Internet: www.adac.de. 2005.

## Schutzmöglichkeiten

In Sachsen hat die Entwicklung in den letzten 100 Jahren dazu geführt, dass der Bestand vor allem an alten Alleen drastisch abgenommen hat, insbesondere durch den Ausbau und die Verbreiterung von Straßen und die ständig wachsenden Anforderungen an die Verkehrssicherheit.

Aktuell gibt es von verschiedenen Seiten Bemühungen, diesen Trend zu stoppen und Alleen nicht als »inakzeptables Gefährdungspotential« zu betrachten, sondern als »unverzichtbaren Bestandteil unserer Kulturlandschaft« in das Bewusstsein der Öffentlichkeit zu rücken.[17] Entscheidend für den Schutz, die Erhaltung und die Entwicklung des Alleenbestandes sind insbesondere das Denkmal- und das Naturschutzrecht. So können Alleen als Bestandteil eines Denkmalensembles oder als Einzeldenkmal (z. B. Pieschner Allee in Dresden) geschützt werden. Nach dem derzeitigen sächsischen Naturschutzgesetz können Alleen zum einen als Naturdenkmal bzw. Flächennaturdenkmal (§ 21) oder als geschützter Landschaftsbestandteil (§ 22) ausgewiesen werden; eine Beseitigung von Alleen ist nach der Eingriffsregelung (§ 8 Abs. 2 Nr. 11) zu bewerten und auszugleichen.

Für die Bepflanzung des Straßenkörpers sowie für deren Pflege und Unterhaltung ist der Träger der Straßenbaulast verantwortlich. Obwohl die Bepflanzung im Benehmen mit der zuständigen Naturschutzbehörde zu erfolgen hat (§ 28 SächsStrG), haben die Belange des Verkehrs und der Verkehrssicherheit meist Vorrang. Dadurch werden Neupflanzungen erschwert, obwohl 1992 das Sächsische Staatsministerium für Wirtschaft und Arbeit das vom Bundesminister für Verkehr erstellte »Merkblatt Alleen« (MA-StB 92) mit Hinweisen für ihren Erhalt und Schutz auch für den Bereich der sächsischen Staatsstraßen eingeführt hat.

Im Landesentwicklungsplan Sachsen wird die Erhaltung von Alleen und Baumreihen als Grundsatz formuliert: »Die für Sachsen typischen Baumbestände entlang von Straßen, Wegen und Gewässern sollen erhalten oder wiederhergestellt werden.« Aufgrund ihrer vielfältigen Funktionen im Landschaftshaushalt sind Alleen, »sofern nicht eine Gefährdung der öffentlichen Sicherheit ... besteht, zu erhalten und funktionsgerecht zu ergänzen.«[18] Eine wichtige Voraussetzung für die Umsetzung dieser Zielstellung wäre jedoch die systematische Erfassung und Bewertung vorhandener Alleen. Derzeit existiert für Sachsen aber keine flächendeckende Alleenkartierung. Auf der Ebene der Regionalplanung sind im Landschaftsrahmenplan für die Region Oberes Elbtal/Osterzgebirge 2004 alle Alleen vollständig erfasst worden. Innerhalb der Regierungsbezirke gibt es hingegen nur einige wenige Kartierungen von Alleen wie die des Staatlichen Umweltfachamtes Bautzen oder die des Sächsischen Landesinstituts für Straßenbau. Letztere dient als Grundlage für die Arbeit der Straßenbaubehörden. Im Institut für Landschaftsarchitektur der TU Dresden liegen lediglich drei Studienarbeiten zur Methodik und Erfassung sowie zu Erhaltungs- und Entwicklungsmöglichkeiten von Alleen vor.[19]

Von außerordentlicher Bedeutung für die Erhaltung und Neupflanzung von Alleen und das Wissen um deren Wert in der sächsischen Kulturlandschaft ist die Akzeptanz in der Öffentlichkeit. Die bundesweite Initiative »Deutsche Alleenstraße«, die in Sachsen über Torgau, Oschatz, Meißen und Dresden ins Erzgebirge führt, ist daher zu begrüßen. Die Einweihung des sächsischen Teilstücks der Deutschen Alleenstraße erfolgte in Moritzburg. Entlang der bekannten Moritzburger Schlossallee – seit 1728 als Fürstenweg von Dresden nach Moritzburg »gegen alle Widrigkeiten der Natur« mit 1 000 »wilde[n] Castanien« in zwei Reihen angelegt – wurden im späteren 19. Jahrhundert im Ortsbereich Linden gepflanzt.[20] Im Jahr 2003 wurden die auf dem Schlossdamm verbliebenen 26 regelmäßig geschnittenen alten Rosskastanien – bis auf zwei Dokumentationsexemplare – im Zuge der Stützmauerinstandsetzung wegen des Miniermottenbefalls durch rot blühende Rosskastanien ersetzt.[21] Von der Arbeitsgemeinschaft Deutsche Alleenstraße und der Schutzgemeinschaft Deutscher Wald e. V. wird beabsichtigt, die Deutsche Alleenstraße für den südlichen Bereich Sachsen aufzuwerten, indem Alleen ergänzt bzw. neu angelegt werden sollen. Ein Lückenschluss im geschützten Alleenbestand wurde im November 2001 im Vogtland vollzogen. Südwestlich von Tobertitz bei Plauen wurden 132 Bäume nachgepflanzt. Baumarten wie Mehlbeere, Eberesche, Speierling und Sandbirke prägen jetzt den neuen, knapp 2 Kilometer langen Baumbestand an der S 297.[22] Auch die Verwendung seltener Baumarten wie des Speierlings sind erfreuliche Maßnahmen, um Alleen als prägende Elemente der sächsischen Kulturlandschaft zu erhalten und zu fördern.

Rainer Herzog

# Alleen in Bayern

Bayern besitzt zahlreiche alte Alleen, die oft gleichermaßen als Kultur- und Naturdenkmale unter Schutz stehen.[1] Die hier vorgestellten Beispiele sind von besonderer kultur- und kunsthistorischer Bedeutung. Sie sollen die gestalterische, funktionelle und konzeptionelle Vielfalt der Alleen Bayerns, aber auch unterschiedliche methodische Lösungen im heutigen Umgang mit diesen vegetabilen Zeugnissen menschlichen Schaffens verdeutlichen.

## Alleen zu fränkischen Burgen

Burg Greifenstein auf einem Bergsporn bei Heiligenstadt in der Fränkischen Schweiz wurde durch den Bamberger Fürstbischof Marquard Sebastian Schenk von Stauffenberg (reg. 1683–1693) zu einem barocken Jagdsitz umgebaut. Die zur Burg führende Straße verläuft zunächst durch einen Wald und stößt auf einer landwirtschaftlich genutzten Hochfläche unvermittelt auf einen barocken Rundtempel, den »Tempel der Ceres«. Unmittelbar danach mündet die Straße in eine gerade, knapp 500 Meter lange und allmählich zur Burg hin ansteigende Lindenallee, die vor dem Torhaus endet, ohne es jedoch als point-de-vue einzubeziehen. Dagegen bildet der Tempel in der Gegenrichtung den axialen Bezugspunkt der Allee. Die Lindenallee wurde noch unter Fürstbischof Stauffenberg gepflanzt und ursprünglich wohl als Fächerallee gezogen. Die Schnittmaßnahmen wurden jedoch 1944 mit der Besetzung von Greifenstein durch die Gestapo eingestellt und auch später nicht wieder aufgenommen. Folglich sind die einst geschnittenen Kronen der Altbäume seit rund 60 Jahren durchgewachsen. Die Allee besitzt noch eine weitere Besonderheit: Auf ihrer Nordseite befinden sich unweit der Burg zwei Torpfeiler aus dem 18. Jahrhundert. Sie markieren den Anfang der hier abzweigenden Hauptachse des Gartens mit einer Allee aus ursprünglich »getrimmte[n] Kastanien, die mit Eiben unterpflanzt waren«.[2] Diese Kastanienallee und der Garten sind heute nur noch in Resten erkennbar. Der Deutsche Heimatbund nahm deshalb Greifenstein 1996 in sein »Memorandum zur Verwahrlosung der historischen Parks und Gärten« auf, übrigens mit dem erwähnten Gartentor als Titelbild.[3]

Die Plassenburg liegt oberhalb der Stadt Kulmbach auf einem Ausläufer des Buchberges. Sie war zunächst eine Festung des Oberlandes, später Nebenresidenz der Markgrafschaft Brandenburg-Bayreuth, von 1817 bis 1862 Zwangsarbeitshaus und schließlich bis 1928 Zuchthaus. Die Burghänge, auf denen einst auch der Hofgarten lag, wurden seit dem 16. Jahrhundert intensiv für den Anbau von Obst und Wein genutzt. Die Lindenallee an der steilen, am stadtseitigen Burghang in einem weiten Bogen verlaufenden Fahrstraße wurde jedoch erst 1734–1742 angelegt, vor allem unter Markgraf Friedrich von Brandenburg-Bayreuth (reg. 1735–1763) und seiner Gemahlin Wilhelmine. Die Allee war

| 1 | In den Anmerkungen ist die wichtigste ausgewertete Sekundärliteratur angegeben. Darüber hinaus wurden die Denkmallisten des Bayerischen Landesamtes für Denkmalpflege, objektbezogene Flurkarten und historische Luftbilder des Bayerischen Landesvermessungsamtes sowie

*Burg Greifenstein in der Fränkischen Schweiz, der »Tempel der Ceres« als point-de-vue der Lindenallee aus dem 17. Jahrhundert*

an diesem exponierten Standort starken Witterungsunbilden ausgesetzt. Im 19. Jahrhundert kam es wiederholt zu Sturmschäden, wobei verloren gegangene Bäume sofort nachgepflanzt wurden. Als 1920 sechs alte Linden ausgemauert und 18 »plombiert« wurden, begründete dies die damalige Zuchthausleitung gegenüber dem bayerischen Staatsministerium der Justiz so: »Da die Lindenbäume wegen ihres Alters und ihrer Schönheit nicht nur als Naturdenkmäler zu erachten sind, sondern auch zur Verschönerung des Landschaftsbildes beitragen, wäre sehr zu bedauern, wenn solche durch Wind umgeworfen werden würden.«[4] Obwohl die 260 Meter lange Allee nur noch wenige Bäume der Erstbepflanzung aufweist und ihr Baumbestand insgesamt große Altersunterschiede zeigt, bietet sie dennoch ein geschlossenes Erscheinungsbild. Um diese markante Allee wieder in ihrer Fernwirkung erlebbar zu machen, wird der Hangbewuchs seit 2002 schrittweise in Niederwald umgewandelt.

## Alleen in Gärten der bayerischen Kurfürsten

Die bayerische Kurfürstin Henriette Adelaide (1636–1676) ließ 1664 bis 1676 westlich der Residenzstadt München das Sommerschloss Nymphenburg erbauen und den »Fürstenweg«, eine zwischen Schloss und der Kirche von Pipping verlaufende Weg- und Blickachse als Lindenallee anlegen.[5] Unter Kurfürst Max Emanuel (reg. 1679–1726) entstand 1701 in dieser Achse ein Kanal, der auf rund 950 Meter Länge als Mittelachse des formalen Gartens ausgebaut und beiderseits mit zweireihigen Lindenalleen besetzt wurde. Der Schlosspark erfuhr vor allem durch zwei spiegelbildlich angeordnete, sechsstrahlige Alleesysteme eine straffe Gliederung, wobei die beiden diagonalen Alleen zugleich als Blickachsen vom Schloss in die Landschaft dienten. Zu Beginn des 19. Jahrhunderts wurden bei der von Friedrich Ludwig von Sckell (1750–1823) verwirklichten Umgestaltung der Nymphenburger Barockanlage in einen Landschaftsgarten alle Alleen eliminiert, mit Ausnahme der beiden Alleen am Mittelkanal und den beiden 1,5 Kilometer langen Auffahrtsalleen beiderseits des 1728/30 angelegten Kanals auf der Stadtseite.[6] In den überkommenen Nymphenburger Lindenalleen wurden verloren gegangene Bäume stets umgehend nachgepflanzt, so dass der Bestand heute von Altbäumen aus der Erstbepflanzung bis zu Ersatzpflanzungen aus jüngster Vergangenheit reicht.[7]

In Schleißheim ließ Kurfürst Max Emanuel die seit Ende des 16. Jahrhunderts entstandene Renaissanceanlage zu einer barocken Sommerresidenz ausbauen.[8] Der von Hofbaumeister Henrico Zuccalli um 1684 als Vogelschau gezeichnete Entwurfsplan zeigt innerhalb des Gartens bereits mehrere Alleen, u. a. in der Mittelachse und an beiden Längsseiten. Mit dem Baubeginn am Jagdschloss Lust-

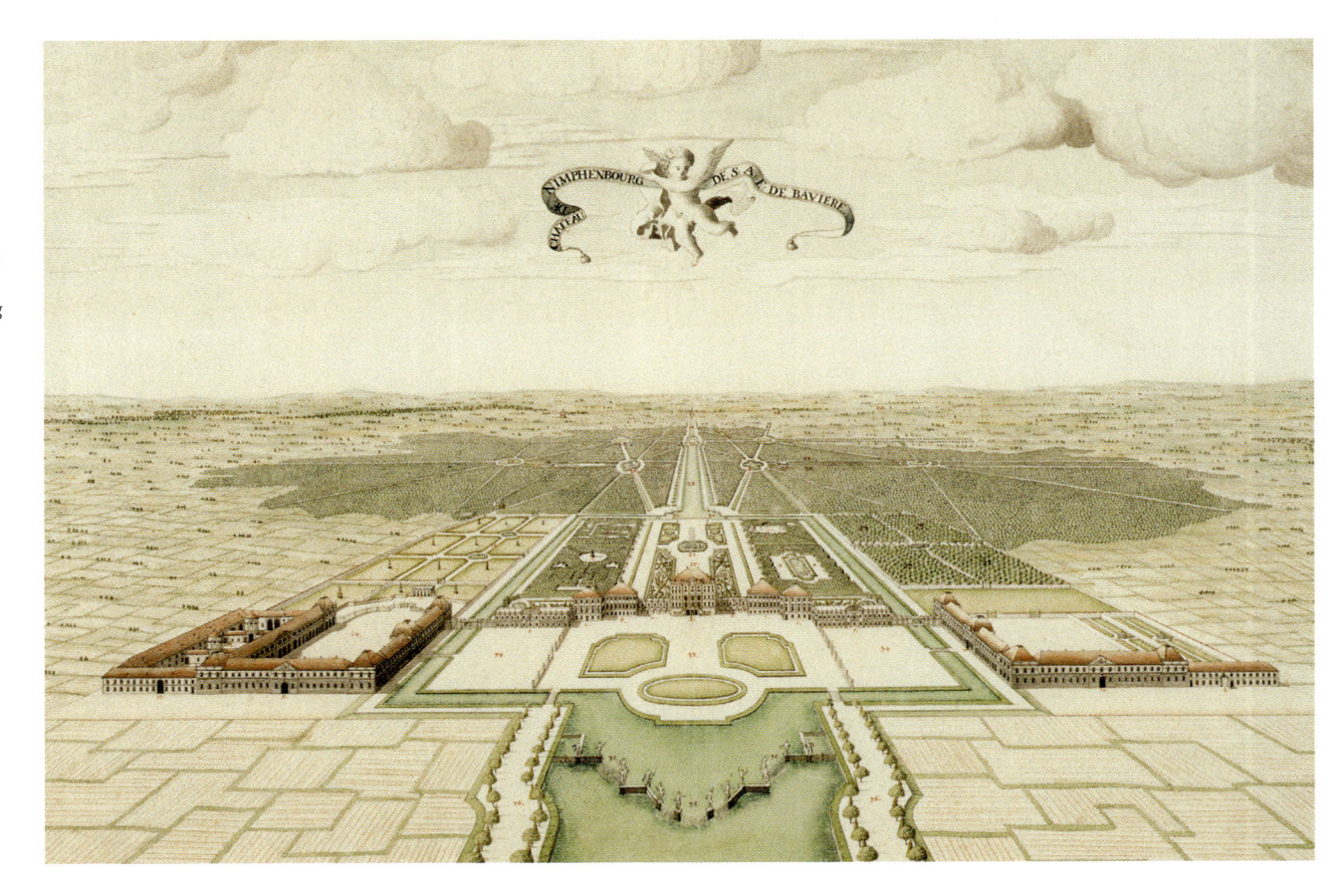

Unterlagen aus der Plan- und Fotosammlung der Gartenabteilung der Bayerischen Schlösserverwaltung herangezogen, wobei auf detaillierte Quellenangaben verzichtet wird. Die Längenangaben der Alleen basieren auf der Auswertung aktueller Luftaufnahmen im BayernViewer-plus der Bayerischen Vermessungsverwaltung. Sonstige Maßangaben wurden meist vom Verfasser vor Ort ermittelt. Michael Degle und Dietger Hagner ist an dieser Stelle für ihre Recherchen in Archiven und im Internet sowie für die Unterstützung im Gelände herzlich zu danken.
| 2 | Weiß, Eckehart: Die versunkenen Gärten von Schloß Greifenstein. In: Heimat Bamberger Land. 6. Jg., 1994, H. 3, S. 69.
| 3 | N. N. (Alfred Schelter): Beispiele für Parks und Gärten, die durch langjährig ausgebliebene Pflege verwahrlosen und in ihrer Existenz akut gefährdet sind. 1.1 Park Greifenstein. In: Memorandum zur Verwahrlosung der historischen Parks und Gärten, Info-Dienst Deutscher Heimatbund, Dez. 1996/Jan. 1997, S. 4.
| 4 | Herzog, Rainer: »... mit Gärten und Obstwäldern so schön bekleidet«. Zur Entwicklung von Gartenbau und Gartenkunst auf der Plassenburg ob Kulmbach. In: Bayerische Schlösser bewahren und erforschen. Forschungen zur Kunst- und Kulturgeschichte. Bd. V. München 1996, S. 195.
| 5 | Bauer-Wild, Anna: Die erste Bau- und Ausstattungsphase des Schlosses Nymphenburg

*Schlosspark Nymphenburg in München, Alleen als Erschließungs- und Gliederungselemente des barocken Gartens. Stich von Johann Adam von Zisla, um 1723*

*Schlosspark Schleißheim bei München, der dreireihige Alleeabschnitt zwischen südlichem Seitenkanal und dem Parterre vor dem Neuen Schloss*

heim wurden gleichzeitig 3000 junge Linden nach Schleißheim gebracht. Erst 1715–1726 wurde die Anlage von Dominique Girard (um 1680–1738) unter Beibehaltung der Zuccalli'schen Grundkonzeption weitgehend fertig gestellt, mit der über 600 Meter langen alleegesäumten Mailbahn in der Mittelachse sowie mit einer Allee an jeder Längsseite. Die Allee mit der Mailbahn musste allerdings zwischen 1771 und 1781 dem noch heute bestehenden Mittelkanal weichen. 1865 bis 1868 erneuerte Carl von Effner (1831–1884) im Auftrag von König Ludwig I. (reg. 1825–1848, gest. 1868) den stark verfallenen Garten. Die beiden gut 1000 Meter langen Seitenalleen des Schleißheimer Lustgartens sind als »grüne Alleen« ausgebildet, also mit einem Tapis vert (Rasenband) in der Mitte und je einem Weg außerhalb der Allee parallel zur Begrenzungshecke des Bosketts. Parallel zum Parterre vor dem Neuen Schloss nehmen beide Seitenalleen auf 220 Meter Länge die Form dreireihiger Alleen an, wobei der Abstand der mittleren Baumreihe zur äußeren 14 Meter beträgt, dagegen zur inneren nur sieben Meter. Auch in den Schleißheimer Lindenalleen wurden verloren gegangene Bäume stets umgehend nachgepflanzt, wobei Altbäume aus der Entstehungszeit heute weitgehend fehlen. Die sechs auf Schloss Lustheim radial zulaufenden Lindenalleen – auf Luftbildern der 1920er-Jahre nur noch zum Teil erkennbar – wurden vor allem 1970/80 ergänzt.

## Mailbahnen fränkischer Markgrafen

Der im 16. Jahrhundert entstandene Hofgarten Ansbach erfuhr unter Markgräfin Christiane Charlotte von Brandenburg-Ansbach (reg. 1723–1729) eine grundlegende Umgestaltung: Sie ließ eine vierreihige Lindenallee mit einem Rondell als Rückgrat der neuen Barockanlage pflanzen.[9] Der Mittelstreifen dieser rund 550 Meter langen Allee diente damals als Mailbahn. Durch kontinuierliche Schnittmaßnahmen erhielt die Baumpflanzung zwei parallel verlaufende, lang gestreckte Kastenkronen in der Art der »Palissade à l'Italienne«. Im Mai 1790 wurde jedoch angeordnet, die »jährlich regelmäßige Beschneidung der Lindenalleen ... abzuändern« und diese »bei ihrem bereits erlangten schönen Wachstum ohne weitere regelmäßige Beschneidung wachsen« zu lassen.[10] Die vierreihige Lindenpflanzung blieb auch von der landschaftlichen Umgestaltung des Gartens völlig unberührt und entwickelte sich zum so genannten Grünen Dom. Die Bemühungen der bayerischen Gartendirektoren Heinrich Rudolf Schall (1871–1942) und Christian Bauer (1903–1978) waren auf die Bewahrung des »Grünen Doms« gerichtet. Seit den 1990er-Jahren wird versucht, den biologisch bedingten Verlust der Altbäume hinauszuzögern, indem sie je nach Erfordernis in mehreren Schritten eingekürzt und anschließend durch kontinuierlichen Schnitt ihrer regenerierten Kronen an die authentische Form des 18. Jahrhunderts angenähert werden.[11]

Markgraf Christian Ernst von Brandenburg-Bayreuth (reg. 1655–1712) ließ 1667 eine Mailbahn in der Nähe des Jagdschlosses Himmelkron anlegen. »Sie bestand aus einem geraden, 1000 Schritte langen Weg am Mainufer entlang, den man zum Mailspiel und zum Flanieren benützte und der beidseitig von je zwei Reihen dicht gepflanzter Linden flankiert war. Die Anzahl der Bäume betrug knapp 800.«[12] Diese Mailbahn zählte im 18. Jahrhundert zu den schönsten in Deutschland und den längsten in Europa. Als die Markgrafschaft Brandenburg-Ansbach-Bayreuth 1791 an das Königreich Preußen überging, wurden alle damals vorhandenen 758 Linden gefällt. Als eines der wenigen authentischen Zeugnisse dieser einst berühmten Allee blieb ein detailliertes Aufmaß der gesamten Mailbahn mit dem kuriosen Format 138,3 x 9,3 Zentimeter im Archiv des Historischen Vereins für Oberfranken erhalten. Es ist heute im Gartenkunst-Museum Schloss Fantaisie bei Bayreuth zu besichtigen. In Himmelkron aber wurde an der Stelle der einstigen Mailbahn 1986 bis 1995 die rund 700 Meter lange vierreihige »Baille-Maille-Lindenallee« mit 560 Spenderbäumen angelegt.

## Eichenalleen in Oberbayern

Die Eichenallee zwischen Seefeld und Delling im Landkreis Starnberg mit 3,2 Kilometer Länge und 14 Meter Breite ist eine der längsten und schönsten in ihrer Art in Europa. Sie wurde von Anton Clemens Graf von Toerring-Seefeld (1725–1812) zwischen 1770 und 1780 angelegt. Graf Toerring, von 1793 bis 1807 Präsident der Bayerischen Akademie der Wissenschaften, gründete 1789 »die ›Seefeldische Feldbau- und Jagdsozietät‹, die einzige private, von einer Grundherrschaft ins Leben gerufene derartige Gesellschaft in Bayern. Sie sollte moderne und effizientere Feldbaumethoden erforschen und die Möglichkeiten ihrer Umsetzung erproben«.[13] Mit rund 800 Eichen ist die Allee noch heute optisch sehr ein-

1663–1680. München 1986, S.21–27.
[6] Sckell äußerte sich übrigens in seinem Lehrbuch »Beiträge zur bildenden Gartenkunst« zum Umgang mit alten »ehrwürdigen Alleen«, vgl. Sckell, Friedrich Ludwig von: Beiträge zur bildenden Gartenkunst für angehende Gartenkünstler und Gartenliebhaber. München 1818, S. 223; vgl. auch den Beitrag von Dietger Hagner: Alleen zur Zeit des Landschaftsgartens – von der Aufklärung bis zum Historismus, in dieser Publikation.
[7] Herzog, Rainer: Die Behandlung von Alleen des 18. Jahrhunderts in Nymphenburg, Ansbach und Veitshöchheim. In: Die Gartenkunst des Barock. Arbeitshefte des Bayerischen Landesamtes für Denkmalpflege. Bd. 103. München 1999, S. 7–9, 12 f.
[8] Götz, Ernst / Langer, Brigitte: Schlossanlage Schleißheim. Amtlicher Führer, Bayerische Schlösserverwaltung. München 2005.
[9] Ankele, Ulrike: Der Ansbacher Hofgarten im 18. Jahrhundert. In: Mittelfränkische Studien. Bd. 8. Ansbach 1990.
[10] Ebenda, S. 122.
[11] Herzog (wie Anm. 7), S. 9 ff.
[12] Habermann, Sylvia: Bayreuther Gartenkunst. Die Gärten der Markgrafen von Brandenburg-Culmbach im 17. und 18. Jahrhundert. Worms 1982, S. 84.

*Murnau bei Garmisch-Partenkirchen, die »Kottmüller-Allee« an einem schmalen Spazierweg mit Ausblicken auf die Alpen*

| 13 | Schober, Gerhard: Schlösser im Fünfseenland. Bayerische Adelssitze rund um den Starnberger See und den Ammersee. Waakirchen 2005, S. 278.
| 14 | Fröhlich, Hans Joachim: Zauber der Alleen. Frankfurt a. M. 1996, S. 66.
| 15 | Volkmann, Robert: Eichenallee Seefeld. In: Oberalting. Beiträge zur Ortsgeschichte. Festschrift zum Jubiläum 1200 Jahre Oberalting. Obertshausen 2004, S. 314.
| 16 | Ebenda, S. 314. Der jährliche Pflegeaufwand beträgt heute 16 000 Euro; die Unterhaltskosten beliefen sich seit 1970 auf insgesamt 625 000 Euro. Diese Summe wurde allerdings insgesamt nicht »nur für Baumpflege im engeren Sinn zum Erhalt der Bäume ausgegeben«.
| 17 | Hruschka, Marion: Emeran Kottmüller (1825–1905). Bierbrauer und Reichstagsabgeordneter. Eine biographische Skizze. In: Jahrbuch des Historischen Vereins Murnau. Murnau 2005, S. 47–116.
| 18 | Diem, J.: Das königliche Lustschloß Schleißheim nach vorhandenen Quellen bearbeitet. München 1870, S. 45.
| 19 | Denkmaltopografie Bundesrepublik Deutschland: Denkmäler in Bayern. Bd. 17: 1, Oberbayern, Landkreis München. München 1997, S. 204.
| 20 | Denkmaltopografie der Bundesrepublik

*Freiham bei München, die von Süden auf das Gut Freiham mit seiner Kirche zuführende Allee*

drucksvoll.[14] Sie steht als Kulturdenkmal unter Denkmalschutz und als Naturdenkmal unter Naturschutz. Dennoch scheint der Altbaumbestand gefährdet, da die Allee als Teil der stark befahrenen Staatsstraße 2068 zwischen Seefeld und Weßling z. B. auch der Verwendung von Streusalz beim Winterdienst unterliegt. Ein 2003 vorgelegtes Gutachten kam zu dem Ergebnis: »Insgesamt werden zirka 95 Bäume in den nächsten 20 Jahren entnommen werden müssen, was etwa einem Drittel des Altbaumbestandes entspricht.«[15] Seit Anfang der 1970er-Jahre erfolgten neben umfangreichen Sanierungsmaßnahmen an den Altbäumen konsequent auch Nachpflanzungen bei unabwendbaren Baumverlusten.[16]

In Murnau im Landkreis Garmisch-Partenkirchen entstand 1870/80 eine rund 620 Meter lange Eichenallee als öffentlicher Spazierweg mit Ausblicken auf die Alpen. Sie wurde vom Murnauer Verschönerungsverein unter Emeran Kottmüller (1825–1905) angelegt.[17] Der Pflanzabstand der Baumreihen beträgt nur etwa 3 Meter. Die Bäume wurden jedoch konsequent wechselständig angeordnet, so dass letztlich bei Baumabständen von rund 9 Metern in der Reihe der schmale Fußweg wechselseitig alle 4,50 Meter von einem Baum gesäumt wird. Die Allee fasziniert sowohl durch ihre mehr als 140 mächtigen Eichen als auch durch ihre Lage. Sie beginnt nur wenige Schritte vom Wohnhaus der Malerin Gabriele Münter entfernt, durchquert einen leicht abfallenden Wiesenhang und endet an der bewaldeten Hangkante zum Murnauer Moos mit einem herrlichen Blick über das Moor und auf das Hochgebirge.

## Gutsalleen auf der Münchner Schotterebene

Die Hofstelle Hochmutting nordöstlich von München kam 1597 an Herzog Wilhelm V. von Bayern (reg. 1579–1598), wurde Mustergut und im 19. Jahrhundert Außenstelle des königlichen Staatsgutes Schleißheim.[18] In der ersten Hälfte des 18. Jahrhunderts verlief die »Münchner Allee« vom Schwaighof Schleißheim direkt nach Süden, ohne Hochmutting zu berühren. Die Flurkarten der ab 1809 durchgeführten bayerischen Landesvermessung zeigen neben der »Münchner Allee« eine zweite Allee, die von Süden geradlinig auf Hochmutting zuführte, dort nach Nordwesten abknickte und zum Neuen Schloss Schleißheim weiterlief. Sie wird heute im Stadtplan als »Münchner Allee« bezeichnet. Die originäre »Münchner Allee« des 18. Jahrhunderts fiel dagegen nach und nach dem 1912 angelegten ersten bayerischen Militärflugplatz zum Opfer. Die heutige Münchner Allee nach Hochmutting besteht auf einer Länge von etwa 1000 Metern aus hoch aufgeasteten Spitzahornen und Eschen. Dabei handelt es sich wohl um die zweite Pflanzengeneration. Die bayerische Denkmalliste erwähnt ausdrücklich diese auf Hochmutting »zuführende Allee«.[19]

Der bayerische Kurfürst Ferdinand Maria (reg. 1654 bis 1679) erhob die westlich von München gelegene Schwaige Freiham 1676 zum Edelsitz. Dort errichtete der Hofmusiker Achilles von Hörmannsreith 1680 das noch heute vorhandene, aber neogotisch umgebaute Schloss. 1887 kaufte der Industrielle Hugo von Maffei (1836–1921) das Gut Freiham. Es wird heute von Norden her durch eine knapp 200 Meter lange Allee aus alten Rosskastanien erschlossen. Die etwa 800 Meter lange Allee, die vom Gut mit leicht gekrümmtem Verlauf nach Süden in die Feldflur führt, geht im Wesentlichen wohl auf Maffei zurück. Sie besteht überwiegend aus Bergahorn, durchsetzt mit Spitzahorn, Rosskastanie und Ulme. Sie weist durchgehend relativ enge Pflanzabstände und tiefe Kronenansätze auf. Die gestalterische Bedeutung beider Freihamer Alleen wird in der Bayerischen Denkmalliste ausdrücklich hervorgehoben, da sie »in Schloßnähe zu Teilen des Ensembles im engeren Sinn werden, die Landschaft herrschaftlich ordnend«.[20]

## Ein Alleesystem in Mittelfranken

Seit dem 17. Jahrhundert nutzten die Markgrafen von Brandenburg-Ansbach Triesdorf südöstlich ihrer Residenzstadt Ansbach als eingefriedeten Tiergarten und als bevorzugtes Jagdrevier. 1657 wurde darin eine erste Lindenallee in Richtung Ornbau angelegt; ihr folgten weitere.[21] In der zweiten Hälfte des 18. Jahrhunderts betrieb Markgraf Friedrich Carl Alexander (reg. 1757–1791), der in Triesdorf ein landwirtschaftliches Mustergut schuf, in der gesamten Markgrafschaft Ansbach den Bau von Chausseen. Sie wurden »möglichst schnurgerade ausgerichtet und mit … Alleebäumen – vor allem Linden und Obstbäumen – versehen. Die erste Chaussee wurde ab 1762 in gerader Trassenführung von Ansbach nach Triesdorf gebaut«.[22] Nachdem Ansbach 1806 an Bayern gefallen war, richtete 1828 »die Straßenbaukommission des Rezatkreises im Triesdorfer Hofgarten eine Straßenallee-Baumschule ein«.[23]

Triesdorf als Ensemble zahlreicher, aber ohne einheitlichen Plan und ohne axiale Bezüge nebeneinander errichteter historischer Gebäude wird heute von mehreren alten Lindenalleen geprägt, vor allem von der Schlossallee und der Fürstensteig-Allee, deren Bäume Anfang der 1980er-Jahre gekappt wurden, aber auch von den Alleen an der Reitbahn und am Spessartgraben. Die fast 1 000 Meter lange geradlinige Lindenallee nach Ansbach, an der jetzigen Staatsstraße 2411, wurde seit 1985 neu gepflanzt. Der Abstand der beiden ursprünglichen Pflanzlinien von rund 10 Metern wurde dabei um 6 Meter vergrößert, bei einem Pflanzabstand der neuen Bäume innerhalb der Reihen von rund 8 Metern. Nur wenige Altbäume dieser Allee blieben bis heute erhalten, die aus Gründen der Verkehrssicherheit nun aber ebenfalls nach und nach gefällt werden.

Eine Besonderheit von Triesdorf stellt die fast 500 Meter lange und leicht geschwungene Platanenallee dar, die 1830 mit Pflanzgut aus der königlich-württembergischen Baumschule Hohenheim bei Stuttgart angelegt wurde. »Diese Allee wird in älteren britischen Lehrbüchern der Forstwirtschaft als einmalig diesseits der Alpen beschrieben.«[24]

## Besondere Alleen – überall in Bayern

Der Trierer Kurfürst und Erzbischof Clemens Wenzeslaus (1739–1812) war zugleich Fürstbischof von Augsburg. Er weilte häufig in seiner Allgäuer Sommerresidenz Oberdorf. 1774 befahl er, vom dortigen Schloss ausgehend, eine 1,9 Kilometer lange gerade Lindenallee auf einem zwischen den Tälern der Wertach und der Geltnach gelegenen Höhenzug anzulegen. Nach Vorarbeiten am Terrain konnten die Linden erst 1780 gesetzt werden.[25] »670 Bäume wurden im Abstand von acht Schritten gepflanzt, von denen jetzt noch etwa 400 stehen. Die Lindenallee endet am Waldberg, einem Aussichtspunkt, der heute noch ›Tempel‹ genannt wird, weil früher dort ein Musikpavillon stand.«[26] Der Pflanzabstand der Baumreihen beträgt analog zum Abstand der Bäume in den Reihen rund 5,70 Meter, so dass sich ein quadratisches Pflanzraster ergibt. Die meisten der Altbäume weisen in einer Höhe von gut 3 Metern eine Gabelung der Starkäste auf, die auf frühere Schnittmaßnahmen hindeutet. 1862 wurden 255 Bäume ausgeschnitten, seit der Gründung des Verschönerungsvereins 1885 »wurden die Bäume regelmäßig ausgeschnitten und, wo Lücken entstanden waren, neue Bäume angepflanzt«.[27] Das Besondere dieser Allee ist, dass sie zwar schnurgerade, aber auf und ab über vier Hügel hinweg verläuft und dabei immer wieder reizvolle Ausblicke auf die Alpenkette bietet. Die »Kurfürstenallee« von Marktoberdorf gilt deshalb als die schönste Lindenallee des Allgäus.

1763 beschloss der Würzburger Fürstbischof Adam Friedrich von Seinsheim (reg. 1755–1779), den rund sechzig Jahre zuvor angelegten Hofgarten Veitshöchheim neu zu gestalten. Die von Hofgärtner Johann Anton Oth (1743–1812) um 1780 angefertigte isometrische Zeichnung gibt die weitgehend ausgeführte Situation wieder.[28] Demnach verlief zwischen Schlossgebäude bzw. Südtreppe der Schlossterrasse einerseits und der Orpheus-Gruppe an der südlichen Gartengrenze andererseits eine frei wachsende, aber aufgeastete Fichtenallee von fast 340 Metern Länge. Anfang der 1990er-Jahre hatte der überwiegende Teil des Baumbestandes dieser Allee ein Alter von rund 90 Jahren erreicht und bildete damit folglich die zweite Generation. Aus Gründen der Verkehrssicherheit wurden 1995 bis 1997 alle Bäume gerodet und nach umfangreichem Bodenaustausch wieder 89 Fichten gepflanzt. In Auswertung der Quellen wurden die um 1900 veränderten Abmessungen korrigiert, der vorgefundene Abstand der Bäume innerhalb der Reihen von 3,20 bis 5,20 Meter auf 6,90 Meter erhöht. Der Abstand beider Baumreihen voneinander wurde dagegen von 7,60 auf 7,40 Meter verringert. Vor allem aber wurden die ursprünglich etwa brusthohen Cornusmas-Hecken beidseitig der Allee aus dem Wegebereich um jeweils einen knappen Meter zurück in die Pflanzlinien der Allee – also wieder zwischen die Bäume – versetzt. Dadurch konnten nicht nur die historisch authentischen Raumproportionen der Fichtenallee, sondern auch die ursprünglichen Blickbeziehungen und ikonografischen Bezüge wiedergewonnen und an den Zustand der 1770er-Jahre angenähert werden.

1784 erwarb der Patrizier Johann Sigmund von Lupin das Gut Illerfeld bei Memmingen und errichtete dort ein Schloss. Sein Sohn Friedrich (1771–1845) bezog nach 1810 die südlich davon gelegene Landschaft in die Gestaltung des Schlossgartens ein, der heute »als wertvolles Beispiel für den Landschaftspark der empfindsamen Phase angesehen werden« kann.[29] Friedrich von Lupin veröffentlichte 1820 seine Ansichten über »Die Gärten. Ein Wort zu seiner Zeit«

Deutschland. Denkmäler in Bayern. Bd. I. 2/2: 1, Landeshauptstadt München, Südwest. München 2004, S. 5; Schreiber, Hanns H. / Liedl, Herbert: Drohender Verlust der Heimat. Das Gut Freiham im Münchner Westen. In: Schönere Heimat. 93. Jg., H. 1/2004, S. 39–43.
| 21 | U. a. folgende Lindenalleen: 1698 die vom Weißen Schloss zum Wannentor, 1700/01 die neue Kreuzallee, 1706 der Lange Gang, 1710 die zum Leidendorfer Tor, 1746 die von der Weidenbacher Straße zum Langen Gang, 1760 der Fürstensteig und 1776 die Schlossallee. Vgl. Zerboni, Maria Theresia von: Landschaftspark Triesdorf – Zeittafel zur Entwicklung in der Zeit der Markgrafen. In: Triesdorf in Weidenbach, Reihe »Fränkische Geschichte«. Bd. 12. Gunzenhausen 2006, S. 204–207.
| 22 | Mavridis, Alexander: Triesdorf während der Herrschaft der jüngeren Linie der Ansbacher Markgrafen 1603–1791. In: ebenda, S. 62.
| 23 | Ahrens, Wilfried: Triesdorf in der Zeit von 1792 bis 1945. In: ebenda, S. 284. Der heutige Regierungsbezirk »Mittelfranken« wurde im Königreich Bayern zunächst als »Rezatkreis« bezeichnet.
| 24 | Von Zerboni (wie Anm. 21), S. 196.
| 25 | Dömling, Martin: Heimatbuch. Geschichte, Land und Leute von Markt Oberdorf im Allgäu. Kempten 1952.
| 26 | Baumgartner, Edi / Stuber, Irmengard: Faszination Allee. Ein Marktoberdorfer Naturdenkmal im Wandel der Jahreszeiten. Marktoberdorf 1985, ohne Paginierung.
| 27 | Dömling (wie Anm. 25), S. 153.
| 28 | Herzog (wie Anm. 7), S. 11.
| 29 | Historische Park- und Gartenanlagen in Schwaben. Ergebnisse eines Forschungsauftra-

mit einem umfangreichen »Verzeichniß der in Illerfeld in Cultur stehenden Pflanzen«, das auch *Liriodendron tulipifera* enthielt. 1825 wurde auf einer kleinen Anhöhe außerhalb des Gartens – ausgehend von einer Nachbildung des antiken Denkmals für Antonius Antius Lupus an der Via Appia – eine knapp 150 Meter lange Liriodendronallee angelegt. Bei einem Abstand der Baumreihen von 4,5 Metern und einem Baumabstand von 11 Metern sind noch 21 Altbäume vorhanden, allerdings zurzeit stark bedrängt. Die alte Allee wurde 1981/1983 mit 29 jungen Tulpenbäumen um 180 Metern verlängert.

Zu den ältesten Alleen Bayerns dürfte die Lindenallee von Ortenburg im Landkreis Passau gehören, die auf Graf Joachim von Ortenburg (1530–1600) zurückgeht. Eine Zeichnung von 1630 zeigt bereits die von der Dorfstraße am damaligen nördlichen Ende Ortenburgs abzweigende Allee. Sie führte etwa 500 Meter geradlinig durch die Feldflur auf eine Anhöhe, wo sie am Kreuzungspunkt mit zwei Wirtschaftswegen und einem durch Bepflanzung aufgewerteten Querweg endete. Der von dort zum Schloss Alt Ortenburg weiterführende und gegenüber der Alleeachse abgeknickte Fahrweg war nur einseitig bepflanzt und tangierte das Schlossgebäude lediglich. Heute verläuft die Allee zunächst innerhalb des inzwischen gewachsenen Ortes, anschließend aber in der Landschaft.[30]

## Alleen am Alpenrand

In Sichtweite der Schlösser Hohenschwangau und Neuschwanstein befinden sich am Fuße der Allgäuer Alpen zwei Alleen, die auf Kronprinz Maximilian, den späteren König Max II. von Bayern (reg. 1848–1864), zurückgehen. Die eine Allee, zwischen Schwangau und Hohenschwangau, wurde im Frühjahr 1838 von Franz Thoma (1798–1862), dem königlichen Forstmeister in Schongau gepflanzt. Damals wurde wohl auch die Allee zwischen Hohenschwangau und der frei in der Landschaft stehenden Kirche St. Koloman angelegt. Beide stoßen innerhalb des Ortes Hohenschwangau im spitzen Winkel aufeinander. Von dort führte eine dritte, heute jedoch nicht mehr vorhandene Allee parallel zur Ostgrenze des Schwanseeparks nach Alterschrofen.[31] Die Allee nach St. Koloman besteht in unregelmäßiger Mischung aus Bergahorn und Bergulme, Gemeiner Esche, Schwarzpappel und Winterlinde. Da die Ulmen und Pappeln inzwischen fast vollständig ausgefallen sind, ist die Allee überaus lückig. Die Allee nach Schwangau besteht überwiegend aus Bergahorn, Esche und Linde, ist ebenfalls sehr lückig und weist nur noch wenige Altbäume, aber zahlreiche Nachpflanzungen jüngeren Datums auf. Beide Alleen dienen heute den umfangreichen Touristenströmen als Zubringerstraßen zu den Schlössern Hohenschwangau und Neuschwanstein, das jährlich allein rund 1,2 Millionen Besucher verzeichnet.

## Alte Alleen an der Autobahn

Das Jagdschloss Fürstenried südwestlich von München wurde 1715 bis 1717 für Kurfürst Max Emanuel erbaut.[32] Im 18. Jahrhundert führte eine gerade Chaussee mittelaxial auf das Schloss zu, die in der Gegenrichtung auf die Türme der Münchner Frauenkirche ausgerichtet war. Das letzte Teilstück dieser Straße war auf einer Länge von knapp 900 Metern als Tapis vert mit zwei seitlichen Alleen ausgebildet.

Die anlässlich der IV. Olympischen Winterspiele 1936 in Garmisch-Partenkirchen ausgebaute Olympiastraße berührte Schloss Fürstenried noch nicht. Erst nachdem im Juli 1939 die Ausrichtung auch der V. Olympischen Winterspiele wiederum Garmisch-Partenkirchen übertragen wurde, wollte die Stadt München nun »innerhalb der in ihrer eigenen Baulast stehenden Anfangsstrecke der Olympiastraße einen wirkungsvollen Beitrag zur Leistungssteigerung der Ausfallstraße nach Garmisch-Partenkirchen leisten, insbesondere durch die Umgehung der ungenügend ausgestalteten und überlasteten Ortsdurchfahrt Forstenried«.[33] Dieser »zweite Ausbau der Olympiastraße« sah eine Straße auf dem Fürstenrieder Tapis vert vor, die unmittelbar vor dem Schloss nach Süden abbiegen sollte.

Allerdings kam es erst 1952 zum Bau der Straße, die in den 1960er-Jahren schließlich als »Olympiastraße« zwischen München-Kreuzhof und Dreieck Starnberg zur sechsspurigen Autobahn ausgebaut wurde. Da der Abstand der beiden inneren Alleereihen im Bereich des Tapis vert vor Schloss Fürstenried gut 36 Meter betrug, konnte die Autobahn mit jeweils drei Richtungsfahrbahnen und einem schmalen Mittelstreifen so eingeordnet werden, dass zu den beiderseitigen Alleen jeweils etwa 4 Meter Abstand verblieben. Außerdem wurde 1967 die »historische Allee von Schloß Fürstenried mit dem Blick auf die Frauenkirche … durch die Nachpflanzung von 90 Linden, Stammumfang 60 bis 100 cm, ergänzt«.[34] Die Autobahn A 95 verläuft heute auf fast 700 Metern Länge zwischen den beiden auf Schloss Fürstenried ausgerichteten Lindenalleen. Von der südlichen Allee gingen jedoch aufgrund der realisierten Kurvenführung rund 200 Meter verloren.

Im weiteren Verlauf der A 95 blieben auf einer Länge von rund 4,5 Kilometern die Reste der westlichen Baumreihe der alten Allee nach Starnberg auf dem bis zu 17 Meter breiten Mittelstreifen erhalten: »Im Bereich des Forstenrieder Parks war man bei der Planung in mühsamer Kleinarbeit und mit großer Sorgfalt darauf bedacht, den herrlichen Bestand an alten Eichen- und Kastanienbäumen, die die alte Olympiastraße säumten, zu erhalten und zusammen mit Neupflanzungen gestaltend in das Autobahnprojekt mit einzubeziehen.«[35] Dadurch gelang es, eine beim Bau von Fernverkehrsstraßen in Deutschland außergewöhnliche Lösung zur Erhaltung alter Alleen zu verwirklichen.

Der Schutz von Alleen hat seit Jahrhunderten Tradition – aus ökonomischen, ästhetischen wie auch geschichtlichen Gründen –, weshalb entsprechende Rechtsvorschriften erlassen worden sind. Heutzutage hat sich der Schutz nicht nur über Denkmal- und Naturschutzgesetze verbessert. Für den Alleenschutz gibt es allgemeine internationale und europäische Vorgaben, so hat Mecklenburg-Vorpommern in seiner Verfassung ausdrücklich festgeschrieben, dass das Land, die Gemeinden und Kreise ihre Landschaft mit ihren Naturschönheiten, Wäldern, Fluren »und Alleen« zu schützen und zu pflegen haben.

*Besonders schutzwürdige, knorrige Apfelbäume bei Krembz (Mecklenburg) im Jahr 1995*

Rechtliche Schutzmöglichkeiten
für Alleen

Ernst-Rainer Hönes

# Allgemeiner Überblick zum gesetzlichen Schutz von Alleen

Mit dem von dem Bund/Länder Arbeitskreis »Alleen« erarbeiteten Merkblatt Alleen (1992) des Bundesverkehrsministers[1] wurde eine wichtige Aussage zu Gunsten der Alleen als kulturelles Erbe, als »Ensembles«, d. h. als Einheit von Alleebäumen und Straße, gemacht. Sie werden dort umschrieben als Straßenabschnitte mit ein- oder mehrseitigem Baumbestand sowie das Landschaftsbild prägende schützenswerte Straßen, die durch spezifische typologische Merkmale im Hinblick auf ihre Querschnittsgestaltung, den Wegebelag, die Baumreihen, den Versickerungsgraben und sonstige begleitende Strukturen wie Vegetation und bauliche Elemente denkmalpflegerisch wertvoll und schutzwürdig sind. Als erster Grundsatz wird betont: »Der Bewahrung dieses kulturellen Erbes ist der Straßenbau verpflichtet.«

Eine Empfehlung zum Schutz vor Unfällen mit Aufprall auf Bäume (ESAB) wurde vom Bundesverkehrsministerium nach anfänglicher Kritik[2] nochmals grundlegend überarbeitet, so dass nun in der Fassung von 2006 die Belange des Naturschutzes, der Landschaftspflege und der Denkmalpflege berücksichtigt sind.

## Denkmalrecht

*Internationale und europäische Vorgaben*
Auf der Basis der in Venedig beschlossenen internationalen Charta über die Konservierung und Restaurierung von Denkmälern und Ensembles von 1964 (Charta von Venedig, nun in der Fassung von 1989)[3] wurde am 21. März 1981 die Charta der historischen Gärten (Charta von Florenz)[4] beschlossen, in der insbesondere in Art. 11f. fachliche Aussagen über Instandhaltung, Konservierung, Restaurierung und Rekonstruktion gemacht werden. Da die Kernaussagen dieser Chartas auch Inhalt des von Deutschland ratifizierten UNESCO-Übereinkommens zum Schutz des Kultur- und Naturerbes der Welt von 1972[5] sind, sind Teile des denkmalpflegerischen Erhaltungsgedankens geltendes Bundesrecht (Art. 59 Abs. 2 GG). Für das Naturerbe und damit die naturschutzrechtlichen Vorschriften ist dies anerkannt, zumal z. B. § 64 BNatSchG direkt auf gemeinschaftsrechtliche oder internationale Vorschriften Bezug nimmt. Beim verschwisterten Denkmalschutz dagegen gibt es noch Defizite. Aus diesem Grunde hat z. B. Sachsen-Anhalt mit Art. 8 des Zweiten Investitionserleichterungsgesetzes vom 16. Juli 2003[6] bei der Begriffsbestimmung der Denkmalbereiche klargestellt, dass historische Kulturlandschaften, die in der Liste des Erbes der Welt der UNESCO aufgeführt sind, Denkmalbereiche sein können.[7]

Dabei wird man sich bei der allgemeinen Akzeptanz der seit 1964 formulierten denkmalpflegerischen Grundsätze und der diesen Grundsätzen zugrunde liegenden Rechtsüberzeugungen, die dem so genannten soft law (weiches Recht)[8] zuzuordnen sind, fragen müssen, ob sie wegen der allgemeinen Akzeptanz in den zivilisierten Staaten und des Erfolges des Welterbegedankens (UNESCO) nicht in Teilen bereits Völkergewohnheitsrecht geworden sind.[9]

Der Europarat hat sich seit seiner Gründung ebenfalls für die Erhaltung des kulturellen Erbes eingesetzt[10] und in Anlehnung an die UNESCO-Welterbekonvention am 3. Oktober 1985 in Granada das Übereinkommen zum Schutz des architektonischen Erbes Europas (Konvention von Granada)[11] beschlossen. Schutzgut können danach, selbst wenn sie nicht ausdrücklich genannt sind, auch denkmalwerte Alleen sein, da sie unter die Trias »Denkmäler, Ensembles, Stätten« des Art. 1 des Übereinkommens von Granada ebenso fallen wie unter die 1972 vorangegangene Definition des Kulturerbes nach Art. 1 der Welterbekonvention. In Deutschland findet dies z. B. in der Potsdam-Berliner Kulturlandschaft oder im Dessau-Wörlitzer Gartenreich seine Bestätigung und in den Landesdenkmalschutzgesetzen die entsprechende Umsetzung (vgl. § 2 Abs. 2 Nr. 2 DSchG LSA).

[1] Merkblatt Alleen (MA-StB 92), hrsg. vom Bundesminister für Verkehr 1992, S. 4. In: Straßenbau AZ, Sammlung Technischer Regelwerke und Amtlicher Bestimmungen für das Straßenwesen. Lieferung 4/1992. Berlin.
[2] Vgl. Otto, Franz: UPR 2001, 429; ders.: NVZ 2002, S. 73; ders.: NuR 2001, S. 427; Hönes, Ernst-Rainer: Denkmalschutz Informationen (DSI) 1/2002.
[3] Abgedruckt in: Denkmalschutz. Texte zu Denkmalschutz und Denkmalpflege, hrsg. von dem Deutschen Nationalkomitee für Denkmalschutz. Schriftenreihe des DNK. Bd. 52, 3. Aufl. 1996, S. 55, sowie in: Mielke, Friedrich: Die Zukunft der Vergangenheit. 1975, S. 33 f.
[4] Abgedruckt in: ebenda, S. 150 f.
[5] BGBl. 1977 II, S. 213. In: ebenda, S. 84 f.
[6] GVBl. LSA N. 26/2003, S. 158.
[7] Vgl. Hönes, Ernst-Rainer: Das Weltkulturerbe Dessau-Wörlitzer Gartenreich aus denkmal- und naturschutzrechtlicher Sicht. In: Burgen und Schlösser 1/2002, S. 2–11.
[8] Vgl. Völkerrecht, hrsg. von Wolfgang Graf Vitzthum. 3. Aufl. 2004, 1. Abschnitt, Rn. 14 und 68.

*Briefmarke mit einer winterlichen Allee, 2004*

| 9 | So Hönes, Ernst-Rainer: Denkmalschutz in Rheinland-Pfalz. Erl. 1.6.4.14. Wiesbaden 2005.
| 10 | Europäisches Kulturabkommen von 1954, BGBl. 1955 II, S. 1128.
| 11 | BGBl. 1987 II, S. 624.
| 12 | Hönes, Ernst-Rainer: Historische Alleen – ein Teil unserer Umwelt, Opfer unserer Umwelt. In: Hönes (wie Anm. 2), S. 63 f.
| 13 | Vgl. ders.: Zum flächenbezogenen Denkmalschutz. In: NuR 2004, S. 27 f.
| 14 | Vgl. ders.: Historische Kulturlandschaft und Recht. In: Die alte Stadt 2/2004, S. 117/133 f.
| 15 | Vgl. ders.: Der Begriff »Landeskultur« im deutschen Recht. In: NuR 2005, S. 279 f.
| 16 | Battis, Ulrich / Krautzberger, Michael / Löhr, Rolf-Peter: Baugesetzbuch. 9. Aufl. München 2005, § 9, Rn. 57.
| 17 | Hönes, Ernst-Rainer: Zur Berücksichtigung des Denkmalschutzes im Baugesetzbuch, Baurecht (BauR) 2006, S. 67 f.
| 18 | Vgl. Strobl, Heinz / Majocco, Ulrich / Sieche, Heinz: Denkmalschutzgesetz für Baden-Württemberg. 2. Aufl. Stuttgart 2001, § 2, Rn. 16; VGH Mannheim, Urt. v. 15. November 1991, Neue Zeitschrift für Verwaltungsrecht (NVwZ) 1992, S. 995, vgl. auch: Hönes, Ernst-Rainer: Die öffentliche Verwaltung (DÖV) 1998, S. 591/598 f.
| 19 | Eberl, Wolfgang / Martin, Dieter / Michael Petzet: Bayerisches Denkmalschutzgesetz. 5. Aufl. Köln 1997, Art. 1, Rn. 165, Art. 6, Rn. 29.

Wegen der völkervertraglichen Bindungen zum integrierten Denkmalschutz, wie er z. B. insbesondere in Art. 10 des Übereinkommens von Granada zum Ausdruck kommt, sind alle Beteiligten einschließlich Straßenbau verpflichtet, die denkmalgeschützten Alleen zu berücksichtigen.

Durch das in Florenz beschlossene Europäische Landschaftsübereinkommen vom 20. Oktober 2000, das seit 1. März 2004 in Kraft ist, werden die Alleen in der Landschaft weiter aufgewertet werden, auch wenn Deutschland dem Übereinkommen noch nicht beigetreten ist.

*Landesdenkmalschutzgesetze*
Entsprechend der Kulturstaatszielbestimmungen vieler Landesverfassungen können nach den Kulturdenkmaldefinitionen der Landesdenkmalschutzgesetze historische Alleen und Baumreihen ebenso wie historische Park- und Gartenanlagen oder sonstige Zeugnisse der Garten- und Landschaftsgestaltung Kultur- bzw. Bau- oder Gartendenkmäler sein.[12] Außerdem sind sie oftmals ein wichtiger und deshalb geschützter Teil von Flächendenkmälern wie Gesamtanlagen, Ensembles, Denkmalbereichen oder Denkmalzonen.[13] Als Teile von (historischen) Kulturlandschaften im Sinne der von Menschen gestalteten Landschaftsbereiche (z. B. § 2 DSchG MV, § 2 Abs. 2, Satz 2 DSchG NW)[14] sind sie für die Denkmalpflege ein wichtiges Element. Zugleich sind sie Zeugnisse der Landeskultur, jedenfalls soweit sie zur Belebung und Werterhöhung der gebauten und gepflanzten Umwelt beitragen.[15] Alleen sind insbesondere in Städten auch Teil der Baukultur, da sie die Qualität von öffentlichem Raum und gebauter Umwelt steigern. Deshalb können die Gemeinden z. B. im Bebauungsplan nach § 9 I 1 Nr. 15 (oder Nr. 25 b) BauGB neben Grünflächen wie Parkanlagen oder Friedhöfen (mit Alleen) z. B. auch Alleen als Straßenrandbegrünung festsetzen,[16] wobei diese Festsetzungen zum fachbehördlichen Denkmalschutz hinzutreten können, so dass das Baugesetzbuch situationsgemäß neben den Landesdenkmalschutzgesetzen eine Plattform für den städtebaulichen Denkmalschutz bilden kann.[17]

Baden-Württemberg berücksichtigt in seinem Denkmalschutzgesetz von 1971 – einem der ersten Denkmalschutzgesetze der Nachkriegszeit – Gärten einschließlich Alleen zwar nicht ausdrücklich, da es bei der Kulturdenkmaldefinition (§ 2 B-W DSchG) auf die Nennung einzelner Denkmalgattungen verzichtet, doch sind diese Gegenstände dank der Weite des Kulturdenkmalbegriffs mit umfasst.[18]

Auch in Bayern werden nach Art. 1 I BayDSchG Denkmäler wegen ihrer geschichtlichen, künstlerischen, städtebaulichen, wissenschaftlichen oder volkskundlichen Bedeutung im Interesse der Allgemeinheit geschützt. Gartendenkmäler und damit auch Alleen gelten dort nach Art. 1 II 3 BayDSchG als Baudenkmäler. Darüber hinaus können Alleen Anlagen im Sinne des Art. 6 I 2 BayDSchG sein, wenn sie in der Nähe von Baudenkmälern liegen (Umgebungsschutz).[19]

In Berlin werden Alleen als Gartendenkmäler ausdrücklich genannt: Ein Gartendenkmal ist eine Grünanlage, eine Garten- oder Parkanlage, ein Friedhof, eine Allee oder ein sonstiges Zeugnis der Garten- und Landschaftsgestaltung, deren oder dessen Erhaltung aus den in Abs. 2 genannten Gründen im öffentlichen Interesse liegt (§ 2 IV 1 BerlDSchG). Damit muss die Erhaltung der Allee ebenso wie des Baudenkmals aus geschichtlichen, künstlerischen, wissenschaftlichen oder städtebaulichen Gründen im Interesse der Allgemeinheit liegen (§ 2 II BerlDSchG). Zu einem Gartendenkmal gehören sein Zubehör und seine Ausstattung, soweit sie mit dem Gartendenkmal eine Einheit von Denkmalwert bilden, bei Alleen z. B. Ruhebänke, Skulpturen, aber ebenso der Straßenbelag. Die Allee kann auch Bestandteil eines Denkmalbereichs (§ 2 III BerlDSchG) sein, wie die Mittelpromenade mit den Linden der Straße »Unter den Linden« in Berlin.[20] Dafür sind in Berlin Bäume, sofern sie zu einem Gartendenkmal gehören, aus der naturschutzrechtlichen Baumschutzverordnung ausdrücklich ausgenommen (§ 1 I 2 BaumSchVO Bln).

Brandenburg schützt nach seinem Gesetz zur Neuregelung des Denkmalschutzrechts vom 24. Mai 2004 nach § 2 II, Nr. 1 BbgDSchG gärtnerische Anlagen oder sonstige von Menschen gestaltete Teile von Landschaften mit ihren Pflanzen, Frei- und Wasserflächen (Gartendenkmale) als Einzeldenkmale sowie nach Nr. 2 Mehrheiten baulicher oder technischer Anlagen einschließlich der mit ihnen verbundenen Frei- und Wasserflächen, die in ihrer Gesamterscheinung, Struktur, Funktion oder in anderer Weise aufeinander bezogen sind, unabhängig davon, ob die einzelnen Anlagen für sich die Voraussetzungen des Absatzes 1 der Begriffsbestimmung (Denkmale) erfüllen (Denkmalbereiche).[21] Denkmalbereiche sind nach § 2 Abs. 2 Nr. 2 Satz 2 BbgDSchG auch Zeugnisse der Siedlungs- und Produktionsgeschichte, des Städtebaus und der Garten- und Landschaftsgestaltung, so dass auch Alleen einbezogen werden können.

Bremen schützt unter dem Oberbegriff Kulturdenkmäler nach § 2 I Nr. 1 und 2 BremDSchG unbewegliche Denkmäler und Ensembles. Darunter können auch Alleen subsumiert werden.

*Allee im Hofgarten von Düsseldorf*

Auch in Hamburg können Alleen als unbewegliche Sachen Einzeldenkmale oder als Mehrheiten von unbeweglichen Sachen Teil eines Ensembles sein, wobei seit 1997 nach § 2 II Nr. 2 HambDSchG dem Beispiel Berlins folgend ausdrücklich »Garten- und Parkanlagen« aufgeführt sind.

In Hessen können Parkanlagen als Kulturdenkmäler nach § 2 I HessDSchG oder als Teil eines Kulturdenkmals im Sinne einer Gesamtanlage nach § 2 II HessDSchG geschützt werden. Durch einen Erlass über »Denkmalschutz von Grünflächen« wird seit 1988 klargestellt, dass Grünflächen einschließlich Alleen dem Denkmalschutz unterliegen können.[22] So ist z. B. die Tannenwaldallee in der Denkmaltopografie der Stadt Bad Homburg v. d. Höhe als Kulturdenkmal beschrieben.[23]

In Mecklenburg-Vorpommern sind nach § 2 Abs. 2 S. 2 MVDSchG Garten-, Friedhofs- und Parkanlagen sowie andere von Menschen gestaltete Landschaftsteile, wenn sie die Voraussetzungen des Denkmalbegriffs erfüllen, als Denkmale zu behandeln. Damit sind auch historische Alleen schutzfähig.

Gleiches gilt für Nordrhein-Westfalen nach § 2 Abs. 2 S. 2 NWDSchG,[24] das für Mecklenburg-Vorpommern Pate gestanden hat. Bekanntestes Beispiel ist wohl die 1801 im Rahmen der Umgestaltung der Festungsstadt konzipierte Königsallee in Düsseldorf.

In Niedersachsen sind Grünanlagen nach § 3 II NdsDSchG Baudenkmale und zwar auch dann, wenn sie nicht unter den Begriff der baulichen Anlage fallen.[25]

In Rheinland-Pfalz können Alleen Kulturdenkmäler (§ 3 DSchPflG) sein, wobei Alleebäume gerade in Städten oft als prägende Bestandteile von Denkmalzonen mit geschützt sind. Wohl bekanntestes Beispiel ist die Kaiserstraße in Mainz. Außerdem kann der Schutz denkmalwerter Alleen auch über den Schutz historischer Park- und Gartenanlagen (§§ 3, 5 V RhPfDSchPflG)[26] oder auch historischer Friedhöfe erreicht werden.

Im Saarland können Alleen z. B. den Garten-, Park- und Friedhofsanlagen nach § 2 Abs. 2 Satz 1 Nr. 3 SDSchG zugerechnet werden. Auch können sie als »Grünflächen« mit einem Baudenkmal eine Einheit von Denkmalwert bilden. Weiterhin lassen sich Alleen z. B. als kennzeichnende Straßen-, Platz- und Ortsbilder oder Grünflächen und damit als »Gründenkmäler«[27] oder als Denkmalbereiche nach §§ 2 Abs. 6, 18 Abs. 1 SaarlDSchG durch Rechtsverordnung schützen.

In Sachsen können Alleen wegen ihrer landschaftsgestaltenden Bedeutung Kulturdenkmale sein (§ 2 I SächsDSchG).[28] Weiterhin gehören Alleen nach § 2 V Buchst. c) SächsDSchG zu den Werken der Garten- und Landschaftspflege.

[20] Martin, Dieter / Schmid, Karin: Denkmalschutzrecht in Berlin. Berlin 2000, S. 30.
[21] Vgl. zum bisherigen Recht Schneider, Andreas / Franzmeyer-Werbe, Wiltrud / Martin, Dieter / Krombholz, Ralf: Brandenburgisches Denkmalschutzgesetz (BbgDSchG). Wiesbaden 2000, S. 53f.
[22] Erlass v. 9. August 1988. In: HessStAnz. S. 1957; vgl. Dörffeldt, Siegfried / Viebrock, Jan Nikolaus: Hessisches Denkmalschutzrecht, 2. Aufl. Mainz-Kostheim 1991, S. 248.
[23] Stadt Bad Homburg v. d. H, hrsg. vom Landesamt für Denkmalpflege Hessen. Wiesbaden 2001, S. 373f.; Junker-Mielke, Stella / Walsh, Gerta: Gartenlandschaft in Bad Homburg v. d. H. Bad Homburg 2001, S. 40f.
[24] Vgl. Memmesheimer, Paul Artur / Upmeier,

In Sachsen-Anhalt gehören nach § 2 II Nr. 1 S. 2 S-A DSchG Alleen zu den Kulturdenkmalen in Form von Baudenkmalen (Garten-, Park- und Friedhofsanlagen, andere von Menschen gestaltete Landschaftsteile).[29]

Schleswig-Holstein hat nach § 1 II 2 S-H DSchG Garten-, Park- und Friedhofsanlagen und andere von Menschen gestaltete Landschaftsteile in die Kulturdenkmaldefinition ausdrücklich einbezogen, wenn sie die Voraussetzungen des Kulturdenkmalbegriffs erfüllen. Historische Park- und Gartenanlagen sind außerdem derzeit noch abweichend vom sonstigen Schutzverfahren nach § 5 II S-H DSchG bereits kraft des Gesetzes geschützt. Nach der Eintragung gelten für ihren Schutz ausschließlich die Vorschriften über eingetragene Kulturdenkmale.[30]

Thüringen schützt wie Rheinland-Pfalz nach § 2 II Nr. 4, VI ThürDSchG historische Park- und Gartenanlagen als Kulturdenkmale (Denkmalensembles).[31] Ein gemeinsamer Ministerialerlass zu Pflege und Erhaltungsmaßnahmen in und an Gartendenkmälern regelt die Zusammenarbeit mit dem Naturschutz.[32] Alleen müssen aber nicht Teil eines Denkmalensembles sein, sondern können, soweit sie den Denkmalbegriff des § 2 Abs. 1 Satz 1 ThürDSchG erfüllen, Denkmale sein.[33]

## Naturschutzrecht

*Verfassungsrecht*

Nach Art 20 a GG schützt der Staat in Verantwortung für die künftigen Generationen auch die natürlichen Lebensgrundlagen. Wenn die »natürlichen Lebensgrundlagen« nicht definiert sind, werden Alleen und Baumreihen zu diesem Schutzgut gehören, da die von Menschen gestaltete Umwelt nicht von vornherein aus dem Schutz des Art 20 a GG ausgenommen ist.[34] Daher wird die von Menschen kultivierte Natur zu den »natürlichen Lebensgrundlagen« gerechnet.[35] Das BVerwG hat ausdrücklich bestätigt, dass auch die rein ästhetische Qualität der Landschaft (Außenbereichsschutz) zu den Lebensgrundlagen gehört.[36]

Die Landesverfassungen kennen entsprechende Staatszielbestimmungen.[37] Länder wie Mecklenburg-Vorpommern, Sachsen oder Sachsen-Anhalt betonen in ihrer Staatsfundamentalnorm am Anfang ihrer Verfassung (Art. 2 Lverf.MV; Art. 1 SächsVerf.; Art. 1 I LVerf.SA), dass sie ein dem Schutz der natürlichen Lebensgrundlagen (Sachsen: und der Kultur) verpflichteter Rechtsstaat sind. Sachsen-Anhalt betont außerdem bereits in der Präambel der Landesverfassung den Willen, die natürlichen Lebensgrundlagen und die kulturelle und geschichtliche Tradition in allen Landesteilen zu pflegen. Nach der Präambel des Freistaates Thüringen besteht der Wille, Natur und Umwelt zu bewahren und zu schützen. Mecklenburg-Vorpommern hat in Art. 12 II 2 LVerf. MV die Alleen ausdrücklich berücksichtigt. Land, Gemeinde und Kreise schützen und pflegen die Landschaft mit ihren Naturschönheiten, Wäldern, Fluren und Alleen.

*Bundesnaturschutzgesetz*

Besondere Bedeutung für den Schutz von Alleen kommt dem neuen Bundesnaturschutzgesetz von 2002 (BNatSchNeuregG)[38] zu, auch wenn es wegen Art 75 I Nr 3 GG nur Rahmenrecht ist. Wegen der im Rahmen der Föderalismusreform anstehenden Änderungen in der bundesstaatlichen Ordnung ist davon auszugehen, dass die Umweltgesetzgebung unter Aufgabe der bisherigen Rahmengesetzgebung dem Bund zugeordnet wird, so dass in absehbarer Zeit unter der großen Koalition von CDU/CSU und SPD mit einem umfassenden Umweltgesetzbuch des Bundes zu rechnen ist, das auch das geltende Bundesnaturschutzgesetz ersetzt.

Ziele und Grundsätze: Die §§ 1 und 2 BNatSchG sind von herausgehobener Bedeutung, auch wenn sie nicht mehr wie bisher unmittelbar gelten (§ 11 BNatSchG).[39] So sind Natur und Landschaft auch in Verantwortung für künftige Generationen so zu schützen, zu pflegen, zu entwickeln und soweit erforderlich wiederherzustellen, dass ihre Vielfalt, Eigenart und Schönheit auf Dauer gesichert sind (§ 1 Nr. 4 BNatSchG). Die Ziele sind auch dadurch zu verwirklichen, dass nach § 2 I Nr. 13 BNatSchG die Landschaft in ihrer Vielfalt, Eigenart und Schönheit sowie wegen ihrer Bedeutung als Erlebnis- und Erholungsraum des Menschen gesichert wird. Ihre charakteristischen Strukturen und Elemente sind zu erhalten oder zu entwickeln. Nach § 2 I Nr. 14 BNatSchG sind historische Kulturlandschaften und -landschaftsteile von besonderer Eigenart, einschließlich solcher von besonderer Eigenart oder Schönheit geschützter oder schützenswerter Kultur-, Bau- und Bodendenkmälern zu erhalten.[40] Da für den wirksamen Schutz historischer Kulturlandschaften ein eigenes Rechtsinstrument fehlt, muss teilweise auf denkmalrechtliche Vorschriften zum Schutz von Denkmälerlandschaften[41] und auf andere naturschutzrechtliche Möglichkeiten wie die Erklärung zum Landschaftsschutzgebiet zurückgegriffen werden.

Objektschutz: Der Schutz der Naturdenkmäler ist seit dem hessischen Gesetz vom 16. Juli 1902[42] die älteste Form des gesetzlichen Naturschutzes in Deutschland. Schon damals konnte nach dem Bericht über die Tätigkeit und die Erfolge in der Pflege der Naturdenkmäler im Jahresbericht der Denkmalpflege im Großherzogtum Hessen[43] nachgewiesen werden, dass die Pappelallee auf dem Familieneigentum des Großherzoglichen Hauses (Kornsand) förmlich unter Denkmalschutz gestellt wurde.

Nun ist in § 29 I 2 BNatSchG bei den geschützten Landschaftsbestandteilen ausdrücklich geregelt, dass sich der Schutz in bestimmten Gebieten auf den gesamten Bestand an Alleen, einseitigen Baumreihen, Bäumen, Hecken oder anderen Landschaftsbestandteilen erstrecken kann. Damit hat der Schutz der Alleen, der so noch nicht in den Gesetz-

---

Dieter / Schönstein, Horst Dieter: Denkmalrecht Nordrhein-Westfalen. 2. Aufl. Köln 1989, § 2, Rn. 60; Hönes, Ernst-Rainer: Nordrhein-Westfälische Verwaltungsblätter (NWVBl.) 1998, S. 383.
| 25 | Schmaltz, Hans Karsten / Wiechert, Reinald: Niedersächsisches Denkmalschutzgesetz. Hannover 1998, § 3, Rn. 8.; vgl. auch Vorbem. Rn. 60 mit Erwähnung der Alleen.
| 26 | Hönes (wie Anm. 9), Erl. 5.5; ders.: Denkmalrecht Rheinland-Pfalz. 2. Aufl. 1995, § 5, Rn. 20.; vgl. Wurster, Hansjörg. In: Handbuch des öffentlichen Baurechts, hrsg. von Michael Hoppenberg. München Stand 2002, Rn. 92f.
| 27 | Martin, Dieter / Krautzberger, Michael: Handbuch Denkmalschutz und Denkmalpflege. T. C, IV. München 2004, S. 134f.
| 28 | Vgl. Martin, Dieter / Schneider, Andreas / Wecker, Lucia / Bregger, Hans Martin: Sächsisches Denkmalschutzgesetz. Wiesbaden 1999, § 2, Rn. 6.3.
| 29 | Martin, Dieter / Ahrensdorf, Holger / Flügel, Andreas: Denkmalschutzgesetz LSA. Wiesbaden 2001, § 2, S. 43; Hönes, Ernst-Rainer: Landes- und Kommunalverwaltung (LKV) 2001, S. 438.
| 30 | Vgl. Gallinat, Rolf: Denkmalschutzgesetz des Landes Schleswig-Holstein. Wiesbaden 1997, S. 13, 51.
| 31 | Vgl. Seifert, Jürgen / Viebrock, Jan Nikolaus / Dusek, Sigrid / Zießler, Rudolf: Thüringer Denkmalschutzrecht. Erfurt 1992, 29 f.; Hönes, Ernst-Rainer: Thüringer Verwaltungsblätter (ThürVBl.) 1989, 5 f.
| 32 | Erlass v. 28. November 1997. In: ThStAnz. 1998, 1017, DSI 1/1998, 70 f. In: Stich, Rudolf / Burhenne, Wolfgang E.: Denkmalrecht der Länder und des Bundes. Kennzahl 392 61. Berlin 1983 f.;

*Die bisher älteste bekannte und noch erhaltene Eichenallee Schleswig-Holsteins auf Gut Gudow, 1665 angepflanzt*

entwürfen der Fraktionen SPD und BÜNDNIS 90 / DIE GRÜNEN vom 20. Juni 2001[44] und der Bundesregierung vom 7. September 2001[45] festgeschrieben war, wohl gerade wegen der Protestaktionen zur Erhaltung von Alleen ausdrücklich Anerkennung gefunden. Die Koalitionsfraktionen haben dies im Ausschuss für Umwelt, Naturschutz und Reaktorsicherheit in einem Änderungsantrag Nr. 69 zu den vorgenannten Gesetzentwürfen eingebracht. Zugleich haben sie sichergestellt, dass beim Verbot der Beseitigung des geschützten Landschaftsbestandteiles in einem neuen Satz 2 folgende Abwägung zwischen den Belangen des Naturschutzes und der Verkehrssicherheit gewährleistet ist: »Ausnahmen von diesem Verbot sind nur zulässig, wenn sie aus zwingenden Gründen der Verkehrssicherheit durchgeführt werden und keine anderen Maßnahmen zur Erhöhung der Verkehrssicherheit erfolgreich durchgeführt werden konnten« (§ 29 II 2 BNatSchG). Dringend notwendige Ausnahmen zu Gunsten des Denkmalschutzes wurden leider vergessen mit der Folge, dass hier das Bundesnaturschutzgesetz wegen der fehlenden Berücksichtigung der fachlichen Belange der Gartendenkmalpflege nachgebessert werden muss,[46] da die bestehende Regelung bei denkmalgeschützten Zeugnissen der Gartenkunst wie denkmalgeschützten Alleen nicht mit den internationalen und europäischen Vorgaben zum Kulturgüterschutz und der Kunstfreiheitsgarantie zusammen mit dem landesverfassungsrechtlichen Schutzauftrag und der Eigentumsgarantie vereinbar ist. Somit ist der Denkmalschutz hier prioritär.[47]

Nach wie vor können Alleen in Tradition des Reichsnaturschutzgesetzes von 1935 auch als Naturdenkmale gemäß § 28 BNatSchG geschützt werden. Die Beseitigung des Naturdenkmals sowie alle Handlungen, die zu einer Zerstörung, Beschädigung oder Veränderung des Naturdenkmals führen können, sind nach Maßgabe näherer Bestimmungen verboten.

Leider ist die bisherige Möglichkeit des Schutzes der Umgebung ersatzlos weggefallen,[48] da sich nach § 22 BNatSchG die Erklärung zum Schutzgebiet (und damit nicht zum Schutzobjekt) gemäß § 22 Abs. 2 Satz 2, 2. Halbsatz BNatSchG nur auf die Schutzgebiete des § 22 Abs. 1 Nr. 1 BNatSchG beschränkt, so dass die Schutzobjekte des § 22 Abs. 1 Nr. 2 BNatSchG (Naturdenkmal und geschützter Landschaftsbestandteil) vom Umgebungsschutz seit 2002 leider ausgeschlossen sind.

Martin, Dieter J. / Viebrock, Jan Nikolaus / Bielfeld, Carsten: Denkmalschutz, Denkmalpflege, Bodendenkmalpflege. Kennzahl 32.30. Kronach 1997 f.
| 33 | Vgl. Fechner, Frank / Martin, Dieter / Paulus, Eberhard / Winghart, Stefan: Thüringer Denkmalschutzgesetz. Wiesbaden 2005, § 2, Rn. 3.4.8.
| 34 | Klöpfer, Michael: Umweltrecht. 2. Aufl. 1998, § 3, Rn. 27; ders. In: Bonner Kommentar. 79. Lieferung März 1997, Art. 20a GG, Rn. 52.
| 35 | Murswiek, Dietrich. In: Grundgesetz, hrsg. von Michael Sachs. 2. Aufl. 1999, Art. 20a, Rn. 31 a; ders. In: NVwZ 1996, 222/225; Wächter, Kay. In: NuR 1996, 321/323.
| 36 | BVerwG, Beschl. v. 13. April 1995. In: NJW 1995, 2648/2649.

Gebietsschutz: Die Festsetzung von Schutzgebieten, der so genannte Gebietsschutz, ist ein wichtiges Instrument für einen wirksamen Naturschutz, wobei die alten artenreichen Kulturlandschaften von besonderer Bedeutung sind. Gerade Alleen prägen solche Kulturlandschaften, wobei für den Schutz von Alleen die Schutzkategorien des 4. Abschnitts (§§ 22 f. BNatSchG) wie Naturschutzgebiete (§ 23 BNatSchG), Landschaftsschutzgebiete (§ 26 BNatSchG), Nationalparks (§ 24 BNatSchG) oder Naturparks (§ 27 BNatSchG) im Einzelfall von Bedeutung sind. So können wegen der Bedeutung für die historische Kulturlandschaft (§ 2 I Nr. 14 BNatSchG) Alleen in Landschaftsschutzgebieten neuerdings auch wegen »der besonderen kulturhistorischen Bedeutung der Landschaft« mitgeschützt werden (§ 26 I Nr. 2 BNatSchG). Bei Biosphärenreservaten (§ 25 BNatSchG) wie dem Dessau-Wörlitzer Gartenreich als Weltkulturerbe kommt bei der Erhaltung den kulturellen Bezügen wie den Hochwasserschutzbauten, Kanälen und Alleen, die auf charakteristische Weise das Land durchziehen, besondere Bedeutung zu.[49]

*Landesnaturschutzrecht*
In den Landesnaturschutzgesetzen finden Alleen schon seit dem hessischen Naturschutzgesetz vom 14. Oktober 1931 in Art. 13 bei den Naturdenkmälern ausdrücklich Erwähnung, ebenso nach der Wende in den neuen Bundesländern. Nach dem Berliner Naturschutzgesetz in der Fassung vom 28. Oktober 2003 können Alleen als Einzelschöpfungen der Natur (Naturdenkmale) geschützt werden, wobei in § 21 Abs. 2 BerlNatSchG alte, seltene oder wertvolle Bäume oder Baumgruppen als Beispiele für Naturdenkmale genannt werden. Außerdem können Alleen nach § 22 BerlNatSchG als geschützte Landschaftsbestandteile z. B. zur Belebung, Gliederung oder Pflege des Orts- und Landschaftsbildes geschützt werden. Als Beispiele für Landschaftsbestandteile werden in § 22 Abs. 2 Nr. 2 BerlNatSchG ausdrücklich Einzelbäume, Baumreihen und Baumgruppen genannt. Nach der auf der Grundlage der §§ 18 und 22 BerlNatSchG erlassenen Baumschutzverordnung von 1982 in der Fassung der Änderung vom 4. März 2004 werden viele Baumarten mit jeweils einem Stammumfang ab 80 Zentimetern geschützt. Die Verordnung findet nach § 2 Abs. 4 der VO jedoch keine Anwendung auf solche Bäume, die als Naturdenkmal ausgewiesen sind oder die dem Landeswaldgesetz unterliegen oder zu einem Gartendenkmal im Sinne des § 2 Abs. 4 DSchG Bln gehören. Dies ist sinnvoll, da damit ein überflüssiger Doppelschutz vermieden wird.

In Brandenburg dürfen Alleen nach § 31 BbgNatSchG nicht beseitigt, zerstört bzw. beschädigt oder sonst (in der seit 22. April 2004 geltenden Neufassung: erheblich oder nachteilig) beeinträchtigt werden. Ausnahmen sind von diesem Verbot nach § 36 I BbgNatSchG zulässig, wenn die hierdurch entstehenden Beeinträchtigungen des Naturhaushaltes oder des Landschaftsbildes gering oder die Ausnahmen aus überwiegenden Gründen des Allgemeinwohls notwendig sind. Ein gemeinsamer Runderlass »Nachhaltige und verkehrsgerechte Sicherung der Alleen in Brandenburg« vom 24. November 2000[50] konkretisiert die Erhaltung und Erneuerung der brandenburgischen Alleen mit Fallbeispielen. Außerdem kommen nach § 24 Abs. 2 Nr. 4 BbgNatSchG Baumreihen als geschützte Landschaftsbestandteile in Betracht. Das Landesplanungsgesetz berücksichtigt in § 3 Nr. 3 den alleenartigen Baumbestand (vgl. Beitrag von Verena Sautter, Rechtlicher Schutz von Alleen am Beispiel des Landes Brandenburg, in diesem Buch).

In Mecklenburg-Vorpommern sind Alleen und einseitige Baumreihen an öffentlichen oder privaten Verkehrsflächen nach § 27 LNatG MV gesetzlich geschützt. Die Beseitigung von Alleen oder einseitigen Baumreihen sowie alle Handlungen, die zu deren Zerstörung, Beschädigung oder nachteiligen Veränderung führen können, sind verboten. Nach § 27 Abs. 2 LNatG MV kann die untere Naturschutzbehörde im Einzelfall Ausnahmen zulassen, wenn die Maßnahme aus überwiegenden Gründen des Gemeinwohls notwendig ist. Eine Maßnahme dient in der Regel erst dann überwiegenden Gründen des Gemeinwohls, wenn sie aus Gründen der Verkehrssicherheit zwingend erforderlich ist und die Verkehrssicherheit nicht auf andere Weise verbessert werden kann. Damit wird dem Verfassungsrang des Alleenschutzes (Art. 12 Abs. 2 LV M-V) Rechnung getragen.[51] Auf dieser Grundlage basieren gemeinsame Erlasse des Umweltministeriums und des Wirtschaftsministeriums über Schutz, Erhaltung, Pflege und Neuanpflanzung von Alleen und einseitigen Baumreihen wie die Erlasse vom 20. Oktober 1992 und vom 19. April 2002.

Sachsen erwähnt die Alleen im Sächsischen Naturschutzgesetz bei den Naturdenkmalen (§ 21 III SächsNatSchG) und den geschützten Landschaftsbestandteilen. So kann sich der Schutz der Landschaftsbestandteile nach § 22 II SächsNatSchG auf den gesamten Bestand an Alleen des Gemeindegebietes erstrecken.[52] Diese Regelungen sind insbesondere klarstellende Hinweise im Gesetzestext entsprechend der schon nach dem Reichsnaturschutzgesetz von 1935 bestehenden Praxis.[53]

Auch in Sachsen-Anhalt werden Alleen bei den geschützten Landschaftsbestandteilen in § 23 I 2 NatSchG LSA ausdrücklich erwähnt.

Thüringen erwähnt die Alleen im Thüringer Naturschutzgesetz in §§ 17 II, 36 a ausdrücklich. Sie können auch dort entsprechend der bisherigen Tradition z. B. als Naturdenkmale (§ 16 ThürNatSchG) oder als geschützte Landschaftsbestandteile (§ 17 ThürNatSchG) geschützt werden. Die Gemeinden können nach § 17 Abs. 4 ThürNatSchG durch Satzung den Schutz des Baumbestandes innerhalb der im Zusammenhang bebauten Ortsteile und des Geltungsbereichs der Bebauungspläne sowie außerhalb der durch das

---

| 37 | Z. B. Art. 3 a Bad.-Württ.Verf.; Art. 3 II, 141 BayVerf.; Art. 31 I BerlVerf.; Art. 39 BraVerf.; Art. 10 SächsVerf.
| 38 | BGBl. I 2002, S. 1193.
| 39 | Vgl. Messerschmidt, K. In: ZUR 2001, S. 241 ff.; Weihrich, D. In: ZUR 2001, 378 f.
| 40 | Zu § 2 I Nr. 13 BNatSchG a.F. vgl. Hönes, Ernst-Rainer: Natur und Landschaft (NuL) 1982, S. 207; ders. In: NuL 1991, S. 87 f. Die Änderung des § 2 Nr. 13 war schon unter der Vorgängerregierung geplant, vgl. BR-Drucks. 363/96 v. 6. September 1996, S. 9.
| 41 | Vgl. Huse, Norbert: Unbequeme Baudenkmale. München 1997, S. 70, unter Bezug auf Breuer, Tilmann: Österreichische Zeitschrift für Kunst und Denkmalpflege, 1983, 75.
| 42 | RegBl., S. 275; vgl. Hönes, Ernst-Rainer: Zum Hessischen Denkmalschutzgesetz vom 16. Juli 1902. In: 100 Jahre Denkmalschutzgesetz in Hessen, hrsg. vom Landesamt für Denkmalpflege Hessen. Stuttgart 2003, S. 48–60.
| 43 | Großherzogliches Ministerium des Innern, Jahresbericht Bd. III, Darmstadt 1914. S. 277–280.
| 44 | BT-Drucks. 14/6378.
| 45 | BT-Drucks. 14/6878.
| 46 | Hönes, Ernst-Rainer: Zum Denkmal-, Naturschutz- und Forstrecht bei historischem Grün. In: Burgen und Schlösser 2/2004, S. 78/86 f.
| 47 | Ders.: Zum Verhältnis von Gartendenkmalpflege- und Naturschutzrecht. In: NuR 2003, S. 257/263 f.
| 48 | Ders.: Umgebungsschutz im Naturschutzrecht, NordÖR 2006, S. 16 f.
| 49 | § 19 Sachs-AnhNatSchG; Hönes, Ernst-Rainer. In: LKV 2001, S. 438/441.

*Eine Seltenheit ist die aus 15 Speierlingen bestehende Baumreihe am Casparyweiher in Trier, 2006.*

Thüringer Denkmalschutzgesetz geschützten historischen Park- und Gartenanlagen regeln[54]. Diese Regelung hat schon aus verfassungsrechtlichen Gründen für die Abstimmung zwischen Natur- und Kulturdenkmalschutz Modellcharakter und geht somit zeichenhaft über den Alleenschutz hinaus. Gleichwohl gibt es noch einen gemeinsamen Ministererlass zu Pflege- und Erhaltungsmaßnahmen in und an Gartendenkmälern[55], der auch auf denkmalgeschützte Alleen Anwendung finden kann.

Alleen werden bei geschützten Landschaftsbestandteilen ausdrücklich auch in einigen westlichen Ländern wie Baden-Württemberg (§ 25 I Nr. 1 c Bad.-Württ.NatSchG), Bayern (Art. 12 I 2 BayNatSchG) oder Schleswig-Holstein (§ 20 I 2 Schl.-Holst.LPflG) oder für Naturdenkmäler wie § 22 I 1 Saarl.NatG erwähnt. In Rheinland-Pfalz werden Alleen nach dem Landesnaturschutzgesetz vom 28. September 2005 sowohl bei den Naturdenkmalen (§ 22 LNatSchG) als auch bei den geschützten Landschaftsbestandteilen (§ 23 I 2 und 3 LNatSchG) als Beispiele genannt, wobei gegen § 23 II 2 LNatSchG verfassungsrechtliche Bedenken bestehen.

Außerdem kann sich, auch wenn Alleen nicht ausdrücklich genannt sind, der Schutz in bestimmten Gebieten fast überall auf den gesamten Bestand von Alleen, Baumreihen und Bäumen als Landschaftsbestandteile und Grünbestände erstrecken. Diese Möglichkeit der Baumschutzsatzungen und Baumschutzverordnungen gibt es in fast allen Bundesländern.[56] In Nordrhein-Westfalen kann sich bei geschützten Landschaftsbestandteilen der Schutz auf den gesamten Bestand an Bäumen erstrecken (§ 23 LGNW). Außerdem können die Gemeinden nach § 45 LGNW Baumschutzsatzungen erlassen. In Hessen können Alleen entsprechend der bestehenden Tradition im Einzelfall als Naturdenkmale oder geschützter Landschaftsbestandteil (§§ 14, 15 HENatSchG)[57] sowie durch Satzungen zum Schutz der Grünbestände im besiedelten Bereich (§ 26 HENatSchG) geschützt werden. Außerdem werden Alleen nach § 25d Abs. 1 Nr. 6 HENatSchG bei den gesetzlich geschützten Biotopen berücksichtigt. Daneben kann der Erhalt von Bäumen und damit auch der Alleenschutz über eine Festsetzung im Bebauungsplan nach § 9 I Nr. 25b BauGB und teilweise über das Bauordnungsrecht[58] erreicht werden.

[50] Amtsblatt für Brandenburg 2000, S. 1026.
[51] Sauthoff, Michael / Bugiel, Karsten / Göbel, Nicole: Landesnaturschutzgesetz M-V. Loseblatt. Wiesbaden Oktober 2000, § 27 Rn. 6.
[52] Vgl. Alleen und Straßenbau, hrsg. vom Sächsischen Staatsministerium für Wirtschaft und Arbeit. Schriftenreihe der Sächsischen Straßenbauverwaltung, H. 13. Dresden 2001.
[53] Vgl. Klose, Hans / Vollbach, Adolf: Das Reichsnaturschutzgesetz vom 26. Juni 1935. Neudamm 1936, § 5 Rn. 9.
[54] Seit dem Zweiten Gesetz zur Änderung des Vorläufigen Thüringer Naturschutzgesetzes vom 25. September 1996. GVBl. S. 149; vgl. Hönes, Ernst-Rainer: Historische Park- und Gartenanlagen zwischen Denkmal- und

## Straßenrecht

### Bundesfernstraßengesetz (FStrG)

Alleen sowie Baumreihen und Einzelbäume an Straßen sind in der Regel Bestandteil der Straßen. Die Träger der Straßenbaulast haben deshalb die für Alleen und Bäume geltenden Vorschriften des Natur- und Denkmalschutzes zu beachten.[59] Nach § 4 FStrG haben die Träger der Straßenbaulast dafür einzustehen, dass ihre Bauten allen Anforderungen der Sicherheit und Ordnung genügen. Dies bedeutet, dass der Träger der Straßenbaulast nicht nur fachspezifische Gesetze und Bestimmungen zu beachten hat, sondern, dass er auch sicherstellen muss, dass seine Bauten mit fachfremden Gesetzen vereinbar sind.[60] Dazu gehören auch das Naturschutz- und Denkmalschutzrecht. Durch Satz 3 des § 4 FStrG wird die Freistellung des Trägers der Straßenbaulast seit dem Gesetz zur Berücksichtigung des Denkmalschutzes im Bundesrecht vom 1. 6. 1980[61] eingeschränkt. Für die Praxis hat dies zur Folge, dass in Fällen, in denen Baumaßnahmen an Bundesstraßen, die Baudenkmäler und damit auch denkmalwerte Alleen berühren und in denen eine Plangenehmigung oder ein Unterbleiben der Planfeststellung vorgesehen ist, die nach Landesrecht vorgeschriebenen Erlaubnisse oder Genehmigungen der Denkmalbehörden eingeholt werden müssen.[62] Zur Klarstellung sollte künftig der Begriff »Baudenkmäler« durch den umfassenderen Begriff »Kulturdenkmäler« ersetzt werden, so dass denkmalwerte Alleen in jedem Fall einbezogen sind.

Der Bau und die Änderung von Bundesfernstraßen (Bundesautobahnen und Bundesstraßen) erfolgt, sofern es nicht um Maßnahmen von unwesentlicher Bedeutung geht, nach § 17 I FStrG aufgrund eines Planfeststellungsbeschlusses, der alle weiteren behördlichen Entscheidungen und damit auch die Genehmigungen nach Naturschutz- und Denkmalschutzrecht entbehrlich macht. An der Planfeststellung ist auch das Landesamt für Denkmalpflege (was Garten- und Bodendenkmalpflege einschließt) zu beteiligen. Bei der Planfeststellung sind nach § 17 I 2 FStrG die von dem Vorhaben berührten öffentlichen und privaten Belange einschließlich der Umweltverträglichkeit[63] im Rahmen der Abwägung zu berücksichtigen.[64] Dazu gehören auch die Belange des Denkmalschutzes.[65] Dies soll nach dem vom Deutschen Nationalkomitee für Denkmalschutz vorgeschlagenen Entwurf eines Gesetzes zur Berücksichtigung des Denkmalschutzes im Bundesrecht[66] bereits in § 3 Abs. 1 FStrG zum Ausdruck kommen.

### Die ESAB

Der bereits erwähnte Entwurf einer Empfehlung zum Schutz vor Unfällen mit Aufprall auf Bäume (ESAB) von 2002 wurde überarbeitet und liegt nun als Entwurf 2006 vor. Ziel des ESAB ist es, die Belange des Naturschutzes und der Landschaftspflege sowie der Denkmalpflege angemessen in die Abwägung einzustellen. Bei dem unter Nr. 3.9 angesprochenen »Entfernen von Bäumen« ist die Beurteilung der zuständigen Unfallkommissionen zu berücksichtigen und die zuständige Naturschutzbehörde sowie gegebenenfalls die zuständige Denkmalschutzbehörde zu beteiligen. Die Praxis hatte z. B. bei der denkmalgeschützten Allee am Schlosspark Altenstein/Thüringen[67] gezeigt, dass Empfehlungen vor Ort oft genauso ernst genommen werden wie Richtlinien und somit in aller Regel widerspruchslos befolgt werden, insbesondere wenn die Behörden durch Rundschreiben des Ministeriums dazu verpflichtet wurden.

## Ergebnis

Der Schutz bestehender Alleen und Baumreihen ist ebenso wie die Verkehrssicherheit ein wichtiges, berechtigtes Anliegen. Neben der Verkehrssicherheit ist auch der Denkmalschutz ein Gemeinwohlanliegen von hohem Rang. Bestehende denkmalwerte Alleen müssen nach den Vorgaben des internationalen und europäischen Kulturgüterschutzrechts ebenso wie nach Landesdenkmalrecht geschützt und auch in Zukunft erhalten werden. Alleen sind sicher nicht Unfallursache Nummer eins. Der historische Belag der Straße hindert an zu schnellem Fahren und kann damit zur Verkehrssicherheit beitragen.

Alleen sind Teil der natürlichen Lebensgrundlagen (Art. 20a GG). Für den Naturschutz hat der Bundesgesetzgeber mit der Neuregelung und Ergänzung der geschützten Landschaftsbestandteile (§ 29 BNatSchG) nun Festlegungen getroffen, die von Empfehlungen und Richtlinien zur Verkehrssicherheit nicht konterkariert werden können. So sind Ausnahmen vom Verbot der Beseitigung geschützter Landschaftsbestandteile nach § 29 II 2 BNatSchG nur zulässig, wenn sie aus zwingenden Gründen der Verkehrssicherheit durchgeführt werden und keine anderen Maßnahmen zur Erhöhung der Verkehrssicherheit erfolgreich durchgeführt werden konnten. Der Denkmalschutz kann hiervon im Einzelfall profitieren.

---

Naturschutzrecht. Thüringer Verwaltungsblätter (ThürVBl.) 1998, S. 5/9; Bauder-Schwartz, Susanne: ThürNatSchG, Loseblatt. Wiesbaden Stand 2004, § 17.

| 55 | Abgedruckt in: DSI 1/1998, S. 70f.

| 56 | Vgl. Günther, Jörg-Michael: Baumschutzrecht. München 1994; Steinberg, Rudolf: Baumschutz. In: HdUR. 2. Aufl. 1994, Sp. 190; Otto, Franz. In: NVwZ 1986, S. 900.

| 57 | Vgl. Kluge, Werner / Werk, Klaus: Naturschutz in Hessen. Loseblatt. Wiesbaden April 2005.

| 58 | Vgl. Günther, Jörg-Michael. In: NuR 1998, S. 637–638; Dreßler, Ulrich / Rabbe, Magnus: Kommunales Baumschutzrecht. 3. Aufl. Wiesbaden 2001, S. 25 f.

| 59 | Grupp, Klaus. In: Marschall, Ernst-A.: Bundesfernstraßengesetz. 1998 § 3, Rn. 11.

| 60 | Ebenda, § 4, Rn. 10.

| 61 | BGBl. I S. 649; vgl. Moench, Christoph. NJW 1980, 2343/2344; Hönes, Ernst-Rainer. In: Hönes (wie Anm. 2), S. 90.

| 62 | Grupp (wie Anm. 59), § 4, Rn. 20; vgl. Eberl, Wolfgang / Martin, Dieter / Petzet, Michael: BayDSchG. 5. Aufl. 1997, Einl. Rn. 58.

| 63 | Vgl. Stüer, Bernhard / Probstfeld: UPR 2001, 361.

| 64 | Vgl. Bartelsperger, Richard: Straßen- und Wegerecht. In: HdUR. Bd. II. 2. Aufl. 1994. Sp. 1933/1962 f.

| 65 | Vgl. Schweizer, M. / Meng, W.: DVBl. 1975, 940/944 f.; Kodal, Kurt / Krämer, Helmut: Straßenrecht, 1999, Kap. 34, Rn. 29.46 und 38.

| 66 | Das DNK hat auf seiner 37. Sitzung am 21. November 2005 dem Gesetzentwurf zugestimmt; vgl. UPR 2006, S. 85.

| 67 | Abbildung des Schlosses bei Hönes (wie Anm. 46), S. 78/86.

Peter Jordan

# Hinweise über historische Schutzvorschriften für Alleen

Lange Zeit galt für die Alleen in und bei Gärten die Willensäußerung des Bauherrn. Sein Wort war Befehl – es bedurfte keiner allgemeingültigen Vorschriften oder Gesetze. Selbst wenn Schlösser und Städte über weite Strecken mittels Alleen miteinander verbunden waren, gehörte deren Unterhalt zum Bauunterhalt der Gesamtanlage und war nicht einer selbstständigen Organisation oder Dienststelle unterstellt. Parkbezogene »Überlandalleen« wie in Kleve beförderten seit der Mitte des 17. Jahrhunderts auch die Anlage von reinen »Straßen-Alleen«, was u. a. in Brandenburg-Preußen unter dem Großen Kurfürsten sichtbar wird.[1]

Der Typus der Alleen entlang von Fernstraßen ist eng mit der Entwicklung des Straßensystems verknüpft.[2] Während in manchen süd- und westdeutschen Herrschaften der Straßenbau bald gute Fortschritte machte, der Straßenunterhalt jedoch unzureichend organisiert war, hatte Brandenburg-Preußen lange Zeit zwar ein relativ dünnes Straßennetz, aber eine hervorragende Straßenverwaltung. Diese Fernstraßen und in ihrer Folge auch die untergeordneten Landstraßen wurden in zunehmendem Ausmaß Träger von Baumbepflanzungen, wobei aber fast nirgends ästhetische, häufig dagegen straßentechnische, fast immer aber produktions-ökonomische Gründe maßgeblich waren. Während Alleen in den Schlossanlagen dem alleinigen Willen des Schloßherrn entstammten und daher nur einiger spezifischer, objektbezogener Verordnungen bedurften, war die Anlage von produktorientierten Alleen an Fernstraßen eine öffentliche Aufgabe, für die schon bald verbindliche Vorschriften erlassen wurden. Über deren Einhaltung wachte ein hierfür ins Leben gerufener Verwaltungsapparat.

Eine beachtenswerte Entwicklung scheint es nach den Untersuchungen von Eduard Lucas aus dem Jahr 1871 in Württemberg gegeben zu haben.[3] Hier besteht eine schon 1515 etablierte und seither über Jahrhunderte immer wieder präzisierte verbindliche Verordnung über die Anlage von Alleen an Fern- und Nahstraßen. Dieses Verordnungswerk beruht im Wesentlichen auf der Verpflichtung eines jeden Bürgers sowie jedes die Ehe schließenden Neubürgers, eine bestimmte Anzahl von Bäumen beiderseits von Straßen zu pflanzen. Diese Vorschriften gliedern sich in drei Teile:
– die Verpflichtung zum Pflanzen von Bäumen,
– eine Liste der zu verwendenden Baumarten und
– einen Strafkatalog für Verstöße sowie für das Fällen oder Verstümmeln von Alleebäumen.

Während in der »2. Landesordnung« vom 10. April 1515 im Wesentlichen nur die Strafen (1 Pfund Heller) festgelegt werden, die beim Abhauen oder Verstümmeln »zahmer« oder »wilder« Bäume fällig werden, wird das Verordnungswerk von Ausgabe zu Ausgabe päziser.

Die »2. Bauordnung« des Verordnungswerkes vom 2. Januar 1655 bestimmte Pflanz- und Unterhaltungsvorschriften, nämlich Abstandsregelungen für Nussbäume in der Stadt und Nussbäume auf dem Lande, sowie Obst- und andere Bäume. Die Alleen bestanden mithin aus Maulbeer-, Nuss- und Obstbäumen sowie anderen Baumarten.[4]

*Tobias Schuchardt, Friederikenberg aus der Vogelperspektive, erste geplante Anlage, um 1709*

| 1 | Hallmann, Heinz-Wilhelm / Peters, Jürgen: Kulturhistorische Landschaftselemente in Brandenburg. Eine Untersuchung am Institut für Landschaftsbau der Technischen Universität Berlin. 2. Aufl. Berlin 2006.
| 2 | Degmair, Julia: Alleen. Geschichte und Funktion – mit einem Blick auf Hohenlohe. In: Culterra 28, hrsg. vom Institut für Landespflege. Freiburg i. Br. 2002.
| 3 | Lucas, Eduard: Württembergs Obstbau. Festschrift des Pomologischen Instituts in Reutlingen. Ravensburg 1871.
| 4 | Ebenda. Das Generalrescript vom 24. Mai 1663 macht das Pflanzen eines Obstbaumes zu beiden Seiten der Straßen einem jeden neuen oder sich verehelichenden Amtsangehörigen zur Pflicht. Auch dieses Vorschriftenwerk wird von Ausgabe zu Ausgabe immer mehr präzisiert.

*Chausseequerschnitt und Meilensteine nach der Anweisung zur Anlegung, Unterhaltung und Instandsetzung der Kunststraßen von 1814*

Dabei nimmt die Maulbeerbaumpflanzung einen hohen Stellenwert ein, wie das Generalrescript vom 23. Oktober 1755 beweist. Am 23. Juni 1808 bestimmte ein Generalerlass die Pflanzung von Alleebäumen an sämtlichen königlichen Straßen.

| 5 | Erlass der Grafen von Schwarzburg-Rudolstadt von 1625. In: Anonymus: »Auf jeden leeren Raum pflanz' einen Baum.« In: Schwarzburgbote, 49/1927, 4.
| 6 | Historische Alleen zwischen Ems und Elbe, hrsg. von Christiane Segers-Glocke, bearb. von Tilmann Gottesleben, Rainer Schomann, Petra Wittmer. Institut für Denkmalpflege. Hannover 1996.
| 7 | Mündliche Mitteilung von Hubert Wertz von 2006; vgl. GLA. Karlsruhe 77, Anlage Nr. 3995 vom 21. Dezember 1774.
| 8 | Hierfür wurde die Baumschule von Schwetzingen ertüchtigt: Sie sollte das Pflanzenmaterial liefern. Johann Wilhelm Sckell hatte im Oktober 1774 einen Katalog mit den Beständen der Baumschule zu erstellen. Er wurde in 1600 Exemplaren gedruckt.
| 9 | Abgedruckt in: Alleen – Gegenstand der Denkmalpflege, hrsg. von der Vereinigung der Landesdenkmalpfleger in der Bundesrepublik Deutschland. Möglichkeiten ihres Schutzes, ihrer Erhaltung und Erneuerung. Berichte zu Forschung und Praxis der Denkmalpflege in Deutschland. Bd. 8. Berlin 2000, S. 26, zit. nach: Liman, A.: Der Alleenerlaß von 1841. In: Berlin-Brandenburgische Bauwirtschaft. H. 14, 2. Juli-H. 1993.

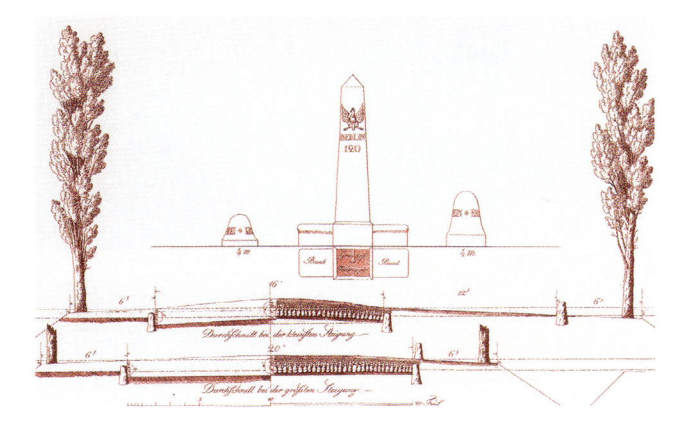

Karl Friedrich, Markgraf von Baden-Durlach, späterer Kurfürst und Großherzog von Baden (reg. 1738–1811) gilt als Musterbeispiel eines aufgeklärten, absolutistischen Herrschers. Er förderte neben Verwaltung, Wirtschaft und Kultur auch die Rechtsprechung. In seinem Gerichtsgesetz vom 21. Oktober 1739 wird für das Beschädigen eines Maulbeerbaumes Zuchthaus angedroht.

Ähnliche Anstrengungen, wenn auch nicht immer mit der gleichen Ausnahmslosigkeit, fanden auch in anderen Ländern Deutschlands statt. So erließen im Jahre 1625 die Grafen von Schwarzburg-Rudolstadt die Anordnung, jeder Untertan in Flecken und Dörfern habe eine Anzahl von Bäumen zu pflanzen, und zwar Obstbäume, Weiden und anderes Gehölz. Als Ziel wird ausdrücklich nicht die Obsternte, sondern das Gewinnen von Brennholz genannt. Die Behörden hatten Verzeichnisse anzulegen, in denen vermerkt war, wie viele Bäume jeder Untertan gepflanzt hatte.[5]

Bereits im 17. Jahrhundert bemerkte man in Hannover neben den Schäden an Alleen durch Pökelwasser von Fisch- und Fleischkonservierungen »mutwillige und freventliche Beschädigung der Bäume« durch einzelne Untertanen. Deshalb wurden 1695 für das Kurfürstentum Hannover die ersten Schutzedikte zum Erhalt der Alleebäume erlassen. Eine weitere Verordnung erfolgte 1786. Hiernach wurden »Thäter mit Karrenschieben; die Thäterin aber mit Zuchthausstrafe unabbittlich« belegt.[6] Diese Schutzverordnung trat in einer Zeit in Kraft, als Alleen nicht nur in den herrschaftlichen Gärten, sondern zunehmend auch in der freien Landschaft gepflanzt wurden.

In der Pfalz ist die Begründung von Straßenalleen vor allem mit dem Namen Karl Theodors, Kurfürst von der Pfalz (1742–1799) und von Bayern (1777–1799), verbunden.[7] Er traf im Oktober 1774 die Anordnung, an Chausseen und Hauptstraßen Obstbäume und in schlechten Lagen auch andere Bäume zu pflanzen.[8]

In den Preußischen Ländern (Berlin-Brandenburg) hatte der Straßenbau eine besondere Bedeutung, da einige Lande trotz ihrer großen Ferne an das Kernland angebunden werden mussten. Friedrich Wilhelm I. von Brandenburg, der »Soldatenkönig« (reg. 1713–1740), ließ ab 1713 Bäume beiderseits der Straßen pflanzen. Die aus dem Jahre 1720 stammende »Montargue'sche Special-Karte« gibt Auskunft über den Stand dieser Bemühungen. Es gab bereits Überlandstraßen, die durchgehend als Alleen angelegt waren, etwa die Straße Frankfurt/Oder – Küstrin, die Allee von Berlin nach Friedrichsfelde oder die Allee von Oranienburg nach Sommerfeld. 1754 erging die Weisung, insgesamt 181 000 Bäume an den Straßen zu pflanzen, und zwar Maulbeerbäume, andere Obstbäume und auf schlechten Lagen Weiden (für Weidenruten). Die königliche Oberbaudirektion Berlin (Oberbaudepartement) festigte 1814 eine verbindliche Bauweise durch ihre »Anweisung zur Anlegung der Kunststraßen«. Es waren, obgleich diese Anweisungen keineswegs lückenlos umgesetzt wurden, nach mehr als 100 Jahren so viele Alleen mit jetzt schon alten Bäumen vorhanden, dass König Friedrich Wilhelm IV. von Preußen mit Erlass vom 26. Februar 1841 das Lichten und Aushauen alter Alleen, soweit diese zu den Domänen oder Staatswaldungen gehörten, untersagte.[9] In dem Erlass zu »Chausseesachen« heißt es: »Des Königs Majestät haben mit Missfallen wahrgenommen, dass häufig ... Bäume alsdann umgehauen ... worden sind ... Und so wollen des Königs Majestät insofern der Grund und Boden zu den Domänen oder Staatswaldungen gehört, die vorhandenen alten Alleen jedenfalls erhalten wissen ... Den Privatbesitzern ist indessen ... eine gleiche Verpflichtung nicht aufzuerlegen.« Er übertrug diesen Erlass dem königlichen Finanzministerium. Dieses hatte schon am 17. März 1825 durch Verordnung bestätigt, dass die Kunst- und Heerstraßen mit Obstbäumen zu bepflanzen seien. Es wird deutlich, dass sowohl die Neuanpflanzung von Straßenbäumen an Chausseen als auch ihr Schutz und die Erhaltung alter Alleen ein wichtiges staatliches Ziel in den deutschen Staaten war.

Carl-August Agena und Hans Walter Louis

# Alleenschutz und Verkehrssicherungspflicht

Bäume gehören seit alters zu den die Landschaft prägenden Elementen. Der Mensch brachte und bringt ihnen Respekt entgegen, insbesondere wenn es sich um betagte Exemplare handelt. Der Schutz alter Bäume und Alleen ist für viele wichtig in Bezug auf die Erhaltung unserer Kulturlandschaft, aber auch für den Natur- und Artenschutz sind alte Bäume äußerst bedeutsam. Je älter sie werden, um so anfälliger werden sie aber auch. Es brechen Äste ab oder Bäume fallen aus Altersgründen bzw. wegen besonderer Witterungslagen um. Hierbei kann es zu erheblichen Personen- oder Sachschäden kommen, für die entweder der Eigentümer des Baumes zu haften hat oder die der Geschädigte selbst tragen muss, wenn kein Verpflichteter zu ermitteln ist. Hier einen gerechten Ausgleich herbeizuführen, ist nicht ganz leicht. Der Gesetzgeber hat sich einer Regelung enthalten.

## Allgemeine Verkehrssicherungspflicht für Bäume

Bei Schäden, die durch umstürzende Bäume oder herabfallende Äste verursacht werden, greift in aller Regel der aus § 823 Abs. 1 BGB (allgemeine Delikthaftung) abgeleitete, von Rechtsprechung und Literatur detailliert ausgestaltete Haftungsgrund der Verkehrssicherungspflicht (VSP). Da die tatbestandsmäßigen Voraussetzungen dieses Rechtsinstituts nicht gesetzlich festgelegt, sondern im Wesentlichen Richterrecht sind, kommt es bei der Beurteilung der jeweiligen Sachverhalte oft zu unterschiedlichen Auffassungen, was zu erheblichen Rechtsunsicherheiten führen kann.[1]

Die VSP für Bäume und damit auch Alleen beruht auf dem Grundgedanken, dass jeder, der Verkehr (insbesondere Straßenverkehr) auf dem seiner Verfügungsgewalt unterstehenden Grundstück eröffnet oder duldet (auf öffentlichen Straßen also in aller Regel der Straßenbaulastträger), eine Schädigung anderer »tunlichst« abzuwenden hat.[2] Er muss »im Rahmen des Möglichen« dafür sorgen, dass »von den dort stehenden Bäumen keine Gefahr für andere ausgeht, der Baumbestand vielmehr so angelegt ist, dass er im Rahmen des nach forstwirtschaftlichen Erkenntnissen Möglichen gegen Windbruch und Windwurf, insbesondere aber auch gegen Umstürzen aufgrund fehlender Standfestigkeit gesichert ist«.[3] Generell hängen Art und Umfang der VSP davon ab, welche Risiken vorhersehbar und welche Vorkehrungen nach den tatsächlichen Gegebenheiten des jeweiligen Gefahrenbereichs, den vernünftigen Sicherheitserwartungen des gefährdeten Personenkreises, dem jeweiligen Stand der Erfahrung und Technik und dem Urteil eines verständigen und gewissenhaften Menschen zur Schadensverhütung geeignet und genügend erscheinen sowie unter Berücksichtigung der finanziellen, personellen und organisatorischen Leistungsfähigkeit des Sicherungspflichtigen zumutbar sind.[4] Nach diesen Kriterien ist zu entscheiden, in welchem Umfang und mit welcher Untersuchungstiefe Kontrollen an Bäumen durchzuführen sind, um Dritte vor Schäden zu bewahren.

## Die Verkehrssicherungspflicht an öffentlichen Straßen, Wegen und Plätzen

Für Alleebäume an öffentlichen Straßen und Plätzen richten sich die erforderlichen Kontrollen und Sicherungsmaßnahmen hauptsächlich nach folgenden, anhand des objektiven Maßstabes eines fachkundigen Baumkontrolleurs[5] zu beurteilenden Kriterien:[6]

– Zustand des Baumes (Baumart, Alter, Vitalität, Verzweigungsmuster, Schäden)
– Standort (Nähe zum Straßenraum, Boden- und Geländebeschaffenheit, Verkehrshäufigkeit und Wichtigkeit der Straße, also z. B. Einordnung als Bundes-, Landes- oder

[1] Vgl. Breloer, Helge: Verkehrssicherungspflicht bei Bäumen, 6. Aufl. Braunschweig 2003, S. 11.
[2] Palandt, Otto / Thomas, Heinz: BGB. 62. Aufl. München 2003, § 823 Rn 58 m. w. N.
[3] BGH vom 27. Oktober 1988, VersR 1989, 207.
[4] BGH vom 21. November 1963, NJW 1964, 814/816, und vom 21. Februar 1972, NJW 1972, 903/904.
[5] OLG Hamm vom 5. November 2002 und OLG Jena vom 17. Oktober 2000, zit. bei Breloer (wie Anm. 1), S. 12.
[6] Ebenda.
[7] Edenfeld: VersR 2002, 272/273.
[8] Vgl. OLG Schleswig vom 7. April 1993, VersR 1994, 3, sowie OLG Koblenz vom 1. Dezember 1997, NZV 1998, 378, wonach »unsere Zivilisation darauf bedacht sein muss, möglichst viele gesunde Bäume zu erhalten«, weil diese »für Klima und Wasserhaushalt unersetzlich und auch gem. Art. 20 a GG zu schützen sind«.
[9] Zum Kriterium der Zumutbarkeit vgl. OLG Düsseldorf vom 15. März 1990, NJW-RR 1990, 669 m.w.N.; BGH vom 5. Juli 1990, VersR 1990, 1148.
[10] Vom 21. Januar 1965, NJW 1965, 815.

*Gefahrenstelle mit Zusatzschild als Hinweis auf eingeschränktes Lichtraumprofil durch Bäume. Die Anwendung des Zusatzschildes kommt insbesondere bei schwach belasteten Straßen bzw. wenig Lkw-Verkehr in Frage.*

| 11 | OLG Düsseldorf vom 22. April 1982, VersR 1983, 61; OLG Köln vom 28. Januar 1993, VersR 1993, 889.
| 12 | OLG Karlsruhe vom 23. Dezember 1993, VersR 1994, 312; Breloer (wie Anm. 1), S. 21f.
| 13 | OLG Düsseldorf vom 22. April 1982, VersR 1983, 61.
| 14 | A. A. für hohe Bäume OLG Brandenburg vom 7. März 2000, NJW-RR 2000, 1696, und OLG Jena vom 20. September 1994, NVwZ-RR 1995, 246; zur Gesamtproblematik vgl. Breloer (wie Anm. 1), S. 19f.
| 15 | OLG Hamm vom 7. April 1992, AgrarR 1993, 121.
| 16 | OLG Düsseldorf vom 30. April 1998, BZ 1999, 78.
| 17 | OLG Koblenz vom 5. Mai 1986. In: NuR 1988, S. 76.
| 18 | Grundlegend OLG Düsseldorf vom 25. März 1990, VersR 1992, 467.
| 19 | Zu Einzelheiten vgl. Breloer (wie Anm. 1), S. 16, wonach bei einem »überwiegend älteren Baumbestand« eine Kontrolle im Abstand von neun Monaten sinnvoll bzw. ausreichend sein soll.
| 20 | Zu Einzelheiten vgl. Breloer (wie Anm. 1), S. 23ff.
| 21 | Vgl. OLG Hamm vom 17. Mai 1994, VersR 1995, 1206; OLG Brandenburg vom 16. Mai 1995, VersR 1995, 1051; OLG Dresden vom 2. Oktober 1996, NZV 1997, 308.
| 22 | BGH vom 21. Januar 1965, NJW 1965, 815.
| 23 | OLG Stuttgart vom 23. Juni 1993, VersR 1994, 359.

Kreisstraße, Breite, Oberflächenbeschaffenheit, zulässige Höchstgeschwindigkeit)
– Legitime Sicherheitserwartungen des geschützten Personenkreises (Erkennbarkeit der Gefahrenlage; Möglichkeit des Selbstschutzes)
– Status des Verkehrssicherungspflichtigen (z. B. kann von einer Behörde mehr Fachkenntnis und höherer finanzieller Aufwand verlangt werden als von einer Wald-, Flur- oder Wegegenossenschaft oder gar von einer Privatperson)
– Zumutbarkeit, wobei im Rahmen einer »wertenden Interessenabwägung«[7] ein Kompromiss gefunden werden muss zwischen den berechtigten Schutzbedürfnissen des Straßenverkehrs, der »umwelt- bzw. naturschutzrechtlichen Bedeutung von Alleebäumen bzw. dem entsprechenden ökologischen Interesse an ihrer Erhaltung«[8] sowie der (objektiv zu beurteilenden) wirtschaftlichen Leistungsfähigkeit des Verkehrssicherungspflichtigen zur Durchführung von Überwachungs- und Sicherungsmaßnahmen.[9]

Nach dem richtungsweisenden Urteil des Bundesgerichtshofes (BGH)[10] genügt zur Gesundheits- und Zustandsprüfung im Regelfall eine »sorgfältige äußere Besichtigung« (Sichtkontrolle) gegebenenfalls unter Benutzung angemessener Hilfsmittel (z. B. Fernglas) vom Boden aus.[11]

Mit einem angemessenen Zeitaufwand sind das Umfeld, der Standraum und – vor allem – der Gesundheitszustand sowie die Biomechanik des Baumes mit Hilfe von VTA (Visual Tree Assessment) zu überprüfen.[12] Der Einsatz von Hubwagen ist wegen des Zumutbarkeitskriteriums nur dann erforderlich, wenn »besonders verdächtige Umstände erkennbar sind«,[13] also z. B. bei einem sehr gefährlichen Standort an einer viel befahrenen Straße.[14] Es besteht grundsätzlich auch keine Verpflichtung, das Laub zum Zwecke einer näheren Wurzeluntersuchung zu beseitigen[15] oder auf bloßen Verdacht hin Probebohrungen vorzunehmen.[16] Wie häufig bzw. in welchen Zeitabständen Sichtkontrollen erforderlich sind, richtet sich nach den oben genannten Kriterien, also insbesondere dem Standort und der Beschaffenheit der Bäume.[17] Zwar wird von vielen Gerichten verlangt, dass die Überprüfung mindestens »zweimal im Jahr, einmal im belaubten und einmal im unbelaubten Zustand, vorgenommen werden muss«[18], aber diese Forderung kann unter dem Aspekt der wirtschaftlichen Zumutbarkeit nicht generell (also z. B. auch für junge, völlig gesunde Alleen) gelten.[19] Umstritten ist, ob bei bestimmten Baumarten (z. B. Pappeln) wegen erhöhter Bruchgefahren von vornherein gesteigerte Kontrollpflichten bestehen.[20] Zur Freihaltung des Lichtraumprofils gibt es keine bestimmten rechtlichen Vorschriften, so dass der Umfang der VSP auch insofern maßgebend von den oben genannten Kriterien (insbesondere Erkennbarkeit der Gefahrenquelle, Verkehrsbedeutung der Straße und vernünftige Sicherheitserwartungen der Verkehrsteilnehmer)

abhängt.[21] Eingehende fachmännische Untersuchungen sind (nur) erforderlich, wenn bei den Straßenbäumen »verdächtige Umstände«[22], nämlich vom Allgemeinzustand abweichende, äußerlich erkennbare Defektsymptome vorliegen, die mit der Sichtkontrolle allein nicht zuverlässig abzuklären sind. Solche Anhaltspunkte, die erfahrungsgemäß auf eine erhöhte Gefährdung hindeuten und befürchten lassen, dass der Baum bei normalen Einwirkungen der Naturkräfte nicht mehr ausreichend widerstandsfähig ist, sind z. B. äußere Verletzungen bzw. Beschädigungen, dürre oder morsche Äste, trockenes Laub, Entrindung, Rindenfaltung, Pilzbefall, häufiges Abwerfen von Zweigen, Vorschädigungen durch Rückschnitt oder Kappung, Besonderheiten des statischen Aufbaus, kranke Bäume in der unmittelbaren Umgebung. Hohes Alter allein »rechtfertigt nicht ohne weiteres eine gesteigerte Beobachtungspflicht« des Verkehrssicherungspflichtigen.[23]

Die in derartigen Fällen gebotenen Spezialuntersuchungen müssen praxiserprobt sein, für den Baum möglichst verletzungsfrei bzw. -gering durchgeführt werden und verwertbare Ergebnisse bringen. Üblich sind z. B. Abklopfen und Anbohren (etwa mit dem Zuwachsbohrer), Wurzelgrabungen[24] und Infrarotaufnahmen. Bei der Entscheidung darüber, welche Maßnahmen jeweils erforderlich und angemessen sind, müssen nach Maßgabe des Zumutbarkeitskriteriums insbesondere die Kosten sowie der Erhaltungswert der Bäume berücksichtigt werden. Nach alledem liegt bei Bäumen an öffentlichen Straßen eine Verletzung der VSP vor, wenn keine ordnungsgemäße Baumschau erfolgt ist, wenn Defekthinweise übersehen bzw. falsch beurteilt oder erkannte Mängel nicht unverzüglich beseitigt worden sind.

### Die Verkehrssicherungspflicht an sonstigen Wegen

Private oder fiskalische Wirtschafts-, Wald- oder Feldwege dürfen nach Maßgabe des § 14 Ab 1 Satz 1 BWaldG bzw. des § 56 BNatSchG von Erholungsuchenden im Rahmen der wald- bzw. naturschutzrechtlichen Betretungsbefugnis »auf eigene Gefahr« begangen werden. Die sich aus dieser Berechtigung für den duldungspflichtigen Grundstückseigentümer ergebenden Verkehrssicherungspflichten werden von der Rechtsprechung dahingehend eingeschränkt, als keine besonderen Vorkehrungen gegen »typische« Risiken zu treffen sind (z. B. herabhängende oder auf dem Weg liegende Äste). Andererseits ist der Wegenutzer aber vor »atypischen« Gefahren zu schützen, das sind Gefahrenquellen, die zusätzlich in den Wald oder die freie Landschaft hineingebracht worden sind und mit denen auch ein vorsichtiger und aufmerksamer Wegenutzer nicht rechnen kann, z. B. schlecht erkennbare Schranken oder sonstige Absperrungen.[25]

Ob und in welchem Umfang auch für durch an Wald- und Feldwegen stehende sturz- oder bruchgefährdete Alleebäume verursachte Schäden gehaftet werden muss, ist noch nicht abschließend geklärt. Alle bislang zu Baumgefahren ergangenen höchstrichterlichen Entscheidungen beziehen sich auf Unfälle an öffentlichen Straßen oder auf etwaige Schädigungen von Grundstücksnachbarn. Die Wege- und Baumeigentümer müssen das Betretensrecht Dritter auch gegen ihren Willen dulden. Andererseits erfolgt die Nutzung der Wege ausdrücklich »auf eigene Gefahr«, der Wegenutzer ist vorgewarnt. Bei Bäumen im Wald bzw. in der freien Landschaft sind abgestorbene Teile, morsche Äste oder sonstige Schädigungen als naturtypische Risiken anzusehen, die von der Verkehrssicherungspflicht nicht umfasst werden. Sie ist daher auf seltene Ausnahmefälle zu beschränken, z. B. wenn unter einer überalterten oder kranken und deshalb sehr bruchgefährdeten Allee ein reger Ausflugsverkehr stattfindet. Um Rechtsunsicherheiten zu vermeiden, sollte der Gesetzgeber die bundesrechtlichen Vorgaben zur Betretungsbefugnis durch Spezialregelungen zur Haftungsbegrenzung für Baumgefahren und Wegezustände ergänzen, wie dies z. B. in § 30 des Nds. Gesetzes über den Wald und die Landschaftsordnung vom 21. März 2002 (Nds. GVBl. S. 112) geschehen ist.[26]

### Die Verkehrssicherungspflicht für geschützte Bäume und Alleen

Für Bäume und Alleen, die naturschutzrechtlich als besonders geschützte Teile von Natur und Landschaft in Form von Naturdenkmalen oder beschützten Landschaftsbestandteilen geschützt sind oder sich in Nationalparken, Naturschutzgebieten oder Landschaftsschutzgebieten befinden, gilt nach herrschender Meinung grundsätzlich die gleiche Verkehrssicherungspflicht wie auch für andere Bäume und Alleen.[27] Unterliegt ein Baum oder eine Allee einem absoluten Veränderungsverbot, wird davon ausgegangen, dass für einen derart geschützten Baum wegen der besonderen Gefahren eine Haftungsbegrenzung des Eigentümers angezeigt ist. Hier wird unterstellt, dass die Verkehrssicherungspflicht ganz oder teilweise auf die Naturschutzbehörde übergeht. Die Verletzung von Verkehrssicherungspflichten

*Ein im Stammbereich gebrochener Alleebaum hängt in der Krone eines Nachbarbaumes und stellt eine Gefahr im Verzuge dar, die sofort beseitigt werden sollte.*

| 24 | OLG Celle vom 22. April 2000, Nds. Rechtspflege 2000, 229 m.w.N.; Horst. MDR 2000, 1161.
| 25 | Vgl. OLG Köln vom 26. März 1987. In: NuR 1988, S. 103, und vom 21. Januar 1988, In: NuR 1988, S. 310; OLG Koblenz vom 5. Dezember 1989, NVwZ-RR 1990, 169.

setzt ein schuldhaftes Unterlassen von Sicherungsmaßnahmen durch den Eigentümer voraus. Nicht die Eigentümer- oder Nutzerstellung selbst im Sinne einer polizeirechtlichen Zustandshaftung, sondern erst die sich daraus ergebende Verfügungsgewalt über die Gefahrenquelle und damit die (unterlassene) Möglichkeit zur eigenmächtigen Gefahrenabwendung wird als haftungsbegründend angesehen.[28] Dann erscheint es aber »unbillig«, den Eigentümer von geschützten Bäumen bzw. Alleen für den Eintritt dieser für ihn nicht abwendbaren Gefahr haften zu lassen. Infolge des naturschutzrechtlichen Veränderungsverbotes ist er »einerseits von maßgeblichen Verfügungsbefugnissen« ausgeschlossen, andererseits kann er deshalb die Gefahrenquelle nicht »ein für alle Mal beseitigen oder jedenfalls erheblich entschärfen«. Der Gesetzgeber würde sonst »keinerlei Gegenleistung im Hinblick auf die dem Eigentümer obliegende Verkehrssicherungspflicht und Zustandshaftung« erbringen, sondern ihm sogar noch »erhebliche Folgekosten aus Schadenshaftung und für Maßnahmen zur Gewährleistung der Verkehrssicherungspflicht anlasten«, obwohl er mit »seinen strikten Verboten insoweit immer wieder zum Aufleben der Gefahrenquelle beiträgt«.[29] In Rechtsprechung und Literatur wird deshalb überwiegend die Auffassung vertreten, dass für solche Schutzobjekte, bei denen Nutzungsbefugnis und Verfügungsgewalt des Eigentümers »sehr massiv«[30] eingeschränkt oder sogar auf Null geschrumpft sind, im Gegenzug eine Aufhebung oder mindestens Reduzierung seiner Haftung aus VSP erfolgen muss. Nach heutiger Meinung geht deshalb die Verkehrssicherungspflicht für unmittelbar durch Gesetz oder als Naturdenkmal geschützte Bäume als Amtspflicht im Sinne einer Haftung nach § 839 BGB i. V. mit Art. 34 GG auf die Naturschutzbehörde über. Der Baumeigentümer soll aber verpflichtet bleiben, bestehende oder neu entstande oder sich verstärkende Gefahren, die für ihn erkennbar sind, unverzüglich zu melden.[31] Es ist allerdings noch nicht genau geklärt, welchen Umfang diese Meldepflicht hat und welche konkreten Anforderungen an die – zwangsläufig mit ihr verbundenen – Beobachtungsobliegenheiten zu stellen sind. Da ein Laie Zustand und Gefährdungsgrad eines geschützten Baumes oft nicht sicher beurteilen und abschätzen kann, wird man allenfalls verlangen dürfen, dass er ihn gelegentlich durch Sichtkontrollen vom Boden aus auf offensichtliche, akut gefährdete Veränderungen hin beobachtet. Genauere Untersuchungen wie Bohrspahnentnahmen oder Wurzelgrabungen müssen der Naturschutzbehörde ebenso überlassen bleiben wie die Entscheidung darüber, welche Sicherungs- oder Erhaltungsmaßnahmen (z. B. Rückschnitt oder baumchirurgische Eingriffe) jeweils geboten bzw. zweckmäßig sind.[32] Fraglich ist, ob die Verkehrssicherungspflicht auch für solche naturschutzrechtlich geschützten Bäume bzw. Alleen, die an öffentlichen Straßen stehen, vom Straßenbaulastträger auf die Naturschutzbehörde übergeht.[33] Dazu besteht unseres Erachtens keine Veranlassung, weil die maßgebliche Risikoursache – nämlich die Eröffnung bzw. Aufrechterhaltung des Straßenverkehrs an gefahrenträchtigen Stellen – zum Verantwortungsbereich der Straßenbehörden gehört und diese nach § 6 Abs. 2 BNatSchG in Verbindung mit den entsprechenden Regelungen der Landesnaturschutzgesetze verpflichtet sind, die Ziele des Naturschutzes zu unterstützen.

Wenn dem Eigentümer von geschützten Bäumen bzw. Alleen nennenswerte Nutzungs- und Einwirkungsmöglichkeiten verbleiben, (z. B. bei geschützten Landschaftsbestandteilen oder in Landschaftsschutzgebieten) ist es gerechtfertigt, ihm auch die Verkehrssicherungspflicht weiterhin aufzuerlegen. Er muss dann den Zustand des Schutzobjektes mit dem »Sorgfaltsmaßstab von Laien«[34] beobachten und bei klar erkennbaren gefahrenträchtigen Veränderungen die Erteilung einer Ausnahme zwecks Beseitigung der Gefahrenquelle beantragen. Zur Begründung des Antrages genügt es, einen Sachverhalt darzulegen, der »nach der allgemeinen Lebenserfahrung auf den künftigen Eintritt eines Schadens hinweist«.[35] Dabei hat der Antragsteller nur solche Tatsachen aufzuzeigen, die in seinen Erkenntnisbereich fallen.[36] Hält die Naturschutzbehörde fachkundige bzw. wissenschaftliche Untersuchungen zum Ausmaß der Gefahrenlage oder der erforderlichen Sicherungsmaßnahmen für geboten, muss sie diese auf eigene Kosten durchführen bzw. in Auftrag geben.[37] Wird die Ausnahme- oder Befreiungsgenehmigung zu Unrecht abgelehnt und tritt dadurch später ein Unfall ein, haftet die Naturschutzbehörde gegenüber dem Geschädigten aus Amtspflichtverletzung.[38]

---

[26] Zur Gesamtproblematik der VSP für Gefahrenquellen im Wald und in der freien Landschaft vgl. Agena, Carl-August. In: NuR 2003, S. 654.
[27] Hötzel, Hans-Joachim. In: Agrarrecht (AgrarR) 1999, S. 236 ff.
[28] OLG Frankfurt vom 30. März 1989. In: NuR 1990, S. 287.
[29] So das meines Wissens leider nicht veröffentlichte Urteil des VG Frankfurt/Oder vom 29. April 2003 7 K 300/00.
[30] Günther, Jörg-Michael. In: NuR 1994, S. 373 f. m. w. N.
[31] OLG Celle vom 22. Mai 1957, NJW 1957, 1637; OLG Koblenz vom 10. Januar 1979. In: NuR 1980, S. 178; OLG Frankfurt vom 30. März 1989. In: NuR 1990, S. 287; OLG Köln vom 11. Juni 1992, VersR 1992, 1370; Günther, Jörg-Michael. In: NuR 2002, S. 587 ff.; Breloer (wie Anm. 1), S. 55 ff.
[32] Zur Gesamtproblematik vgl. Agena, Carl-August. In: NuR 2005, S. 223–228.
[33] Vgl. LG Arnsberg vom 20. Juli 1992. In: AgrarR 1994, S. 345; offen gelassen vom OLG Köln vom 11. Juli 1992, VersR 1992, 1370.
[34] OLG Koblenz vom 10. Januar 1979. In: NuR 1980, S. 178.
[35] OVG Münster vom 8. Oktober 1993. In: NuR 1994, S. 253.
[36] BVerwG vom 7. November 1986, NVwZ 1987, 404; OVG Münster vom 8. Oktober 1993. In: NuR 1994, S. 253–257; Günther (wie Anm. 30), S. 637–641 m. w. N.
[37] OVG Münster vom 8. Oktober 1993. In: NuR 1994, S. 253–257; Hötzel (wie Anm. 27), 236/239; Breloer, Helge. In: AgrarR 2003, S. 101–107.
[38] OLG Hamm vom 8. Januar 1993, NZV 1994, 27

Verena Sautter

# Rechtlicher Schutz von Alleen am Beispiel des Landes Brandenburg

*»Eine hundert Jahre alte Allee sollte man wie sein eigenes Haus bewachen und schützen; denn sie braucht in modernen Zeiten wieder hundert Jahre zum Wachsen. Reichtümer dieser Art gibt man nicht widerstandslos weg.«*
*Günter de Bruyn*

Alleen stehen nicht erst in moderner Zeit, durch die rasanten Veränderungen unserer Landschaft auch aus rechtlicher Sicht im Blickfeld von Gesellschaft und Gesetzgebung. Gerade in Brandenburg-Preußen, obwohl hier gemessen an anderen Ländern erst spät, seit dem 18. Jahrhundert, mit dem systematischen Bau von Straßen begonnen wurde, finden sich recht bald Vorschriften zur Anlage, Unterhaltung und zum Schutz von Alleen an Straßen.[1]

Die wohl bekannteste Allee in Brandenburg, die Straße »Unter den Linden«, wurde sechsreihig bereits Mitte des 17. Jahrhunderts angelegt. Friedrich Wilhelm I. (reg. 1713–1740) ließ ab 1713 im Lande Bäume beiderseits der Straßen pflanzen. 1754 wurden unter Friedrich II. (reg. 1740–1786) rund 161 000 Obstbäume, Maulbeeren und Weiden an den Straßen gepflanzt. Bau und Unterhaltung der Chausseen regelte ab 1814 verbindlich für alle preußischen Provinzen[2] die von der Königlichen Oberbaudirektion zu Berlin herausgegebene »Anweisung zur Anlegung, Unterhaltung und Instandsetzung der Kunststraßen«. Für die Pflanzung waren staatliche Chausseeplanteure verantwortlich, die Beschädigung der Chausseebäume bei Strafe verboten.[3] Allein in Brandenburg stieg die Zahl der Chausseen von 209 Kilometern im Jahre 1816 auf rund 7 500 Kilometer im Jahre 1900. Auch erweiterte sich die Artenvielfalt. Neben Pappeln wurden zunehmend Linden, Eichen, Ulmen und Robinien verwendet. 1841 gab Friedrich Wilhelm IV. (reg. 1840–1861) den so genannten Alleenerlass heraus, der Regeln zum Schutz, zur Erhaltung und zur Pflege der zahlreichen mit Alleen oder Baumreihen gesäumten Chausseen aufstellte.[4]

In der ersten Hälfte des 20. Jahrhunderts führte der intensive Ausbau von Wegen erneut zu umfangreichen Straßenbaumpflanzungen. Die Pflege der Bäume wurde in der Regel von Chausseeaufsehern und deren Baumpflegern durchgeführt.[5] Aus den Bemühungen der Heimatschutzvereine um einen Ausgleich von Natur und Technik entwickelte sich schließlich das Naturschutz- und Denkmalschutzrecht, beides Rechtsgebiete, die auch den Schutz von Alleen zum Ziel haben, freilich aus unterschiedlichen Blickwinkeln.

Heute ist Brandenburg das Bundesland mit dem größten Alleenbestand in Deutschland, der ein wesentlicher und prägender Bestandteil der Kulturlandschaft ist. Die Alleen Brandenburgs sind insgesamt rund 8 200 Kilometer lang, davon stehen rund 2 500 Kilometer an Bundes- und Landstraßen, 700 Kilometer innerhalb von Ortschaften und geschätzt 5 000 Kilometer an Kreis- und Kommunalstraßen. Auffallend sind die regionalen Unterschiede im Alleenbestand. Wäh-

*Lindenallee zwischen Gollmitz und Bergholz (Landkreis Uckermark)*

[1] Die diesbezüglichen Regelungen beziehen sich allein auf Alleen in öffentlicher Hand; nicht erfasst wurden Alleen in privatem Eigentum, insbesondere jene, die Bestandteil einer Schloss- oder Gutsanlage waren.
[2] Hierzu gehörten damals auch das Rheinland, Schlesien, Pommern und Ostpreußen.
[3] Vgl. Peters, Jürgen: Baumpflanzungen als Staatsaufgabe: Entwick-

lungsgeschichte der Alleen in Brandenburg. In: Schutz von Mensch und Baum, hrsg. vom Verkehrstechnischen Institut der Deutschen Versicherer, 2005, S. 17 (18, 19).
| 4 | Alleen. Gegenstand der Denkmalpflege, Möglichkeiten ihres Schutzes, ihrer Erhaltung und Erneuerung. In: Berichte zur Forschung und Denkmalpflege in Deutschland. H. 8, Berlin 2000, S. 26 f.
| 5 | Vgl. Peters (wie Anm. 4), S. 17 (21).
| 6 | Die Alleen Brandenburgs und weiteres Grün an Bundes- und Landesstraßen wurden landesweit nach einheitlicher Methodik erfasst und im Zustand bewertet. Die Straßenbaumdaten sind in einem Fachinformationssystem (FiS Straßenbäume) für weiterführende Studien und Planungen enthalten. 2002 wurde eine Alleenkarte für das Land Brandenburg erstellt. Vergleichbare Daten wurden auch in Mecklenburg-Vorpommern erhoben. Vgl. Gutske, Bernd: Alleen in Brandenburg. In: Pro Baum – Supplement der Fachzeitschriften Neue Landschaft und Stadt + Grün, H. 2/2006, S. 9 ff.
| 7 | Der Landtag hat sich erst jüngst für die Erhaltung der Alleen als kulturhistorisches Landschaftselement ausgesprochen. Zur Zukunftssicherung der Brandenburger Alleen hat er die Landesregierung beauftragt, die Konzeption zur Entwicklung von Alleen an Bundes- und Landesstraßen mit entsprechenden Handlungsempfehlungen vorzulegen (Beschluss vom 22. Juni 2006).
| 8 | Ministerium für Ländliche Entwicklung, Umwelt und Verbraucherschutz, Abt. Forst und Naturschutz, vgl. auch www.mluv.brandenburg.de /cms/detail.php/lbm1.c. 241272.de (24. April 2006).
| 9 | Hinsichtlich des völkerrechtlichen, europa-

rend in der Uckermark Kastanien- und Lindenalleen dominieren, säumen in der Prignitz vor allem Eichen- und Pflaumenalleen die Straßen.[6] Ihre Erhaltung ist erklärte politische und gesetzgeberische Zielsetzung des Landes.[7] Alleen unterliegen aber insbesondere bedingt durch infrastrukturelle Maßnahmen einem hohen Veränderungsdruck. Die Straßenbauämter des Landes haben von 1991 bis 2005 rund 93 850 Straßenbäume gepflanzt. Den Pflanzungen standen rund 105 000 Baumfällungen gegenüber. In den Jahren 2001 bis 2005 wurden fast 23 900 Alleebäume gefällt, überwiegend aus Gründen der Verkehrssicherheit oder wegen Straßenbauvorhaben.[8] Nachpflanzungen erfolgten hingegen nur in einer Höhe von rund 19 600 Alleebäumen. Angesichts dieser beachtlichen Zahlen soll der gesetzliche Schutz der Alleen in Brandenburg näher beleuchtet werden.[9]

## Landesverfassungsrecht

Brandenburg hat sich in den in Art. 2 seiner Landesverfassung[10] formulierten Grundsätzen dem Schutz der natürlichen Umwelt und der Kultur verpflichtet. Das kulturelle Leben in seiner Vielfalt und die Vermittlung des kulturellen Erbes werden nach Art. 34 Abs. 2 öffentlich gefördert. Kunstwerke und Denkmale der Kultur und damit auch die denkmalgeschützten Alleen stehen unter dem Schutz des Landes, der Gemeinden und Gemeindeverbände. Nach Art. 39 Abs. 1 ist der Schutz der Natur, der Umwelt und der gewachsenen Kulturlandschaft als Grundlage gegenwärtigen und künftigen Lebens Pflicht des Landes und aller Menschen. Alleen und Baumreihen als Bestandteil unserer Umwelt und unserer gewachsenen Kulturlandschaft werden also auch vom Schutz der natürlichen Lebensgrundlagen erfasst. Aus diesen Staatszielbestimmungen kann zwar kein direkter Anspruch auf den Schutz oder die Erhaltung von Alleen abgeleitet werden, sie sind gleichwohl rechtlich verbindliche Verfassungsnormen, die der Staatstätigkeit ein bestimmtes Programm vorgeben und bei allem staatlichen Handeln, insbesondere bei der Erfüllung öffentlicher Aufgaben, zu beachten und zu verwirklichen sind. Die in der Normenhierarchie nachrangigen einfachgesetzlichen Regelungen haben daher diese Staatszielbestimmungen zu berücksichtigen, wie auch die staatlichen Akteure ihr Handeln danach auszurichten haben.

## Denkmalschutz

Denkmale sind nach § 2 Abs. 1 Brandenburgisches Denkmalschutzgesetz[11] Sachen, Mehrheiten von Sachen oder Teile von Sachen, an deren Erhaltung wegen ihrer geschichtlichen, wissenschaftlichen, technischen, künstlerischen, städtebaulichen oder volkskundlichen Bedeutung ein öf-

fentliches Interesse besteht. Denkmale können nach § 2 Abs. 2 Nr. 1 insbesondere technische Anlagen (technische Denkmale) oder Teile davon sein, aber auch gärtnerische Anlagen oder sonstige von Menschen gestaltete Teile von Landschaften mit ihren Pflanzen, Frei- und Wasserflächen (Gartendenkmale) sowie nach Nr. 2 Mehrheiten baulicher oder technischer Anlagen einschließlich der mit ihnen verbundenen Frei- und Wasserflächen, die in ihrer Gesamterscheinung, Struktur, Funktion oder in anderer Weise aufeinander bezogen sind, unabhängig davon, ob die einzelnen Anlagen für sich die Voraussetzungen des Absatzes 1 erfüllen (Denkmalbereiche). Denkmalbereiche sind nach § 2 Abs. 2 Nr. 2 S. 2 insbesondere auch Zeugnisse der Siedlungs- und Produktionsgeschichte, des Städtebaus und der Garten- und Landschaftsgestaltung, so dass auch Alleen hiervon erfasst sein können.

Seit der Novellierung des Brandenburgischen Denkmalschutzgesetzes werden Denkmale nicht mehr konstitutiv durch förmlichen Verwaltungsakt geschützt, sondern unterliegen, soweit sie die materiellrechtlichen Voraussetzungen des Denkmalbegriffs erfüllen, dem gesetzlichen Schutz, ohne dass es eines zusätzlichen Akts wie der Eintragung in die Denkmalliste oder ihrer Veröffentlichung bedarf. Unter den rund 1 000 bislang in der Denkmalliste[12] verzeichneten Gartendenkmalen sind knapp 330 Parkanlagen, die beispielsweise als Schloss- oder Gutspark mit 290 Anlagen, Stadtpark, Volkspark oder Kurpark in der Denkmalliste geführt werden.

Alleen bestimmen in maßgeblicher Weise das Landschaftsbild Brandenburgs, sind aber auch im städtischen und dörflichen Bereich für das Erscheinungsbild zum Teil sehr prägend. Im Unterschied zum Naturschutzrecht unterliegen in Brandenburg nicht alle Alleen per se dem Denkmalschutz, sondern nur dann, wenn sie von Denkmalwert sind, also die gesetzlichen Voraussetzungen des Denkmalbegriffs erfüllen.[13] Von den Alleen, die Denkmalwert besitzen, stehen die meisten als Bestandteil von historischen Gärten und anderen Gartendenkmalen unter Schutz oder sind durch ihre unmittelbare Zugehörigkeit zu Baudenkmalen, technischen Denkmalen oder Denkmalbereichen geschützt. Jedoch sind auch einige wenige Alleen, die nicht integraler Bestandteil einer Gesamtanlage sind, in der Denkmalliste des Landes Brandenburg verzeichnet; zumeist als Zeugnisse der Gartenkunst bzw. Landesverschönerung. Hierzu gehören u. a. die vierreihige Lindenallee, die außerhalb des Parks Sanssouci, westlich des Neuen Palais, als Verlängerung der Hauptwegeachse des Parks bis zur Stadtgrenze von Potsdam führt, eine über 200 Jahre alte, in Brandenburg einmalige Lärchenallee in Mahlendorf in der Uckermark und die mehr als 2,5 Kilometer lange straßenbegleitende Allee aus stattlichen Altlinden, die weithin sichtbar das uckermärkische Landschaftsbild zwischen Gollmitz und Bergholz prägen.[14] Ebenfalls in der Uckermark, zwischen Densow und

*Unterstützt durch das Engagement vieler Bürger wurde die Pflasterstraße mit Sommerweg und Lindenallee zwischen Densow und Annenwalde (Landkreis Uckermark) im Jahr 2006 als technisches Denkmal in die Liste der geschützten Denkmale des Landes Brandenburg aufgenommen. Die Belange des Denkmalschutzes sind also bei Veränderungen wie der geplanten Asphaltierung und der beabsichtigten Wegnahme einzelner Bäume zu berücksichtigen.*

Annenwalde säumt eine Allee mit über hundertjährigen Winterlinden den traditionellen und für die Kulturlandschaft typischen sandigen Sommer- bzw. gepflasterten Winterweg. Dieser Weg ist ebenso wie die uckermärkische Pflasterstraße von Damitzow mit ihrer Kastanienallee als technisches Denkmal in die Denkmalliste eingetragen.

Denkmale sind so zu nutzen, dass die Erhaltung der Substanz auf Dauer gewährleistet ist. Dieser Grundsatz erfordert die regelmäßige Pflege von Alleen, die vom einfachen Schnitt der Äste über den Formschnitt hin zum Kappen der Bäume reichen kann. Veränderungen, die in die Substanz oder das Erscheinungsbild einer Allee eingreifen, bedürfen der denkmalrechtlichen Erlaubnis. Gleiches gilt für Veränderungen in der Umgebung einer Allee. Maßnahmen sind erlaubnisfähig, wenn die Maßnahme nach denkmalpflegerischen Grundsätzen erfolgt, also denkmalverträglich ist, bzw. andere – öffentliche oder private – Belange überwiegen. Die Rodung einer Allee und ihre Neuanpflanzung kann auch aus denkmalpflegerischer Sicht notwendig werden, etwa dann, wenn das künstlerisch intendierte Erscheinungsbild einer Allee entweder durch den Verlust einzelner Bäume oder das Erreichen ihres natürlichen Abgangalters nicht mehr gewahrt ist. Vor einer solchen Entscheidung steht aber eine gründliche Untersuchung, ob das alte Baummaterial nicht insgesamt oder teilweise durch Pflegemaßnahmen erhalten werden kann, da es eines relativ langen Zeitraums bedarf, bis sich das Erscheinungsbild wieder dem gestalterisch intendierten annähert. Insbesondere bei der ersatzlosen Beseitigung einer Allee kommt den Belangen des Denkmalschutzes ein hohes Gewicht zu. Denn ist eine Allee erst einmal entfernt, geht ein Bestandteil unseres kulturellen Erbes unwiederbringlich verloren. Es muss deshalb eingehend geprüft werden, inwieweit andere öffentliche Belange, insbesondere Aspekte der Verkehrssicherheit, oder private Belange die des Denkmalschutzes überwiegen oder ob nicht durch andere, weniger einschneidende Maßnahmen der jeweils entgegenstehende Belang hinreichend berücksichtigt werden kann.[16]

## Naturschutz

Alleen werden in Brandenburg durch § 31 Brandenburgisches Naturschutzgesetz[17] gesetzlich geschützt. Alleen dürfen danach nicht beseitigt, zerstört, beschädigt oder sonst erheblich oder nachhaltig beeinträchtigt werden. Einseitige

rechtlichen und bundesrechtlichen Schutzes von Alleen sei auf den Beitrag von Ernst-Rainer Hönes: Allgemeiner Überblick zum Schutz von Alleen, in diesem Band verwiesen.
| 10 | Verfassung des Landes Brandenburg vom 20. August 1992, zuletzt geändert durch Art. 1 ÄndG v. 16. Juni 2004 (GVBl. I S. 254).
| 11 | Gesetz über den Schutz und die Pflege der Denkmale und Bodendenkmale im Land Brandenburg (Brandenburgisches Denkmalschutzgesetz – BbgDSchG) vom 22. Juli 1991 (GVBl. S. 311), zuletzt geändert durch Gesetz vom 18. Dezember 1997 (GVBl. I S. 124), insoweit inhaltsgleich mit dem Gesetz über den Schutz und die Pflege der Denkmale im Land Brandenburg (Brandenburgisches Denkmalschutzgesetz – BbgDSchG), verkündet als Art. 1 G v. 24. Mai 2004 (GVBl. I S. 215), das zum 1. August 2004 in Kraft getreten ist.
| 12 | In der seit dem 1. August 2004 zentral bei der Denkmalfachbehörde geführten Denkmalliste des Landes Brandenburg sind bislang rund 11 500 Bau-, Garten- und technische Denkmale verzeichnet, von dieser Zahl nicht erfasst sind die Boden-

denkmale sowie die durch Satzung der Gemeinden geschützten Denkmalbereiche. Die Denkmalliste wurde erstmals am 26. Januar 2005 im Amtsblatt für Brandenburg veröffentlicht; ihre erste Aktualisierung erfolgte am 31. Januar 2006 (Amtsblatt für Brandenburg vom 22. Februar 2006). Die Denkmalliste ist unter www.denkmalpflege.brandenburg.de abrufbar.

[13] Zum Denkmalbegriff vgl. Schneider, Andreas / Martin, Dieter / Franzmeyer-Werbe, Wiltrud / Krombholz, Ralf: Brandenburgisches Denkmalschutzgesetz, Wiesbaden 2000, S. 41 ff.

[14] Vgl. Dreger, Hans-Joachim. In: Denkmalpflege in Berlin und Brandenburg. Arbeitshefte 2/2004, Gartenkunst und Gartendenkmale – Zur aktuellen Situation der Gartendenkmalpflege im Land Brandenburg, S. 10 ff.

[15] Vgl. zum Begriff der Denkmalverträglichkeit Martin, Dieter / Krautzberger, Michael: Handbuch Denkmalschutz und Denkmalpflege. München 2004, S. 170 f., sowie grundsätzlich zum Umgang mit historischen Gärten die Charta von Florenz vom 18. Mai 1981, abgedruckt in: Denkmalschutz. Schriftenreihe des Deutschen Nationalkomitees für Denkmalschutz. Bd. 52, S. 150 ff.

[16] Vgl. zum Umgang mit Alleen das Arbeitspapier der Vereinigung der Landesdenkmalpfleger, veröffentlicht als: Alleen (wie Anm. 5).

[17] Gesetz über den Schutz und die Landschaftspflege im Land Brandenburg (Brandenburgisches Naturschutzgesetz – BbgNatSchG) in

*Walnussallee im ehemaligen Wirtschaftsbereich der Gutsanlage Polßen (Landkreis Uckermark), 2002*

Baumreihen können nach § 24 Abs. 2 als geschützte Landschaftsbestandteile durch Rechtsverordnung des zuständigen Ministeriums oder, bei Landschaftsbestandteilen innerhalb der im Zusammenhang bebauten Ortsteile und im Geltungsbereich von Bebauungsplänen, durch Satzungen der Gemeinden festgesetzt werden. Die Beseitigung der Baumreihen sowie alle Handlungen, die zu ihrer Zerstörung, Beschädigung oder Veränderung führen können, sind gemäß § 24 Abs. 4 nach Maßgabe der Rechtsverordnung oder Satzung verboten.

Ausnahmen von den Verboten des § 31 und des § 24 Abs. 4 bei Rechtsverordnungen und Satzungen zum Schutz von Baumreihen entlang von Straßen können auf Antrag nach § 72 Abs. 2 nur zugelassen werden, wenn sie aus zwingenden Gründen der Verkehrssicherheit erforderlich sind und keine anderen Maßnahmen zur Erhöhung der Verkehrssicherheit erfolgreich durchgeführt werden konnten. Hier wurden die Ausnahmetatbestände zugunsten der Alleen eingegrenzt. Noch nach dem inzwischen entfallenen § 36 Abs. 1 a. F. waren Ausnahmen vom Verbot des § 31 zulässig, wenn die hierdurch entstehenden Beeinträchtigungen des Naturhaushaltes oder des Landschaftsbildes gering oder die Ausnahmen aus überwiegenden Gründen des Allgemeinwohls notwendig waren.[18]

Kommt es aufgrund der durchgeführten Maßnahmen zu einer Bestandsminderung, ist der Eigentümer verpflichtet, in angemessenem und zumutbarem Umfang Ersatzpflanzungen vorzunehmen. Diese Pflicht trifft in der Regel die Träger der Straßenbaulast, also je nach Einstufung der Straße Bund, Land und/oder Landkreise und Gemeinden. Darüber hinaus kann im Einzelfall, wie bei Alleen in privatem Besitz, auch der private Eigentümer von einer solchen Ersatzpflanzung betroffen sein. Nach der neuen Brandenburgischen Baumschutzverordnung[19] werden diese Alleen ebenfalls geschützt und bedürfen vor ihrer Beseitigung oder Veränderung der Genehmigung (§ 5). Besteht eine örtliche Baumschutzverordnung, gilt die Brandenburgische Baumschutzverordnung subsidiär.

Alleen können darüber hinaus auch durch Rechtsverordnung der unteren Naturschutzbehörde als Naturdenkmale (§ 23) geschützt werden, wenn ihr besonderer Schutz aus wissenschaftlichen, naturgeschichtlichen oder landeskundlichen Gründen oder wegen ihrer Seltenheit, Eigenart oder Schönheit erforderlich ist. Als Schutzgegenstand kommen insbesondere landschaftsprägende alte, seltene oder wertvolle Bäume in Betracht.[20] Die Beseitigung des Naturdenkmals sowie alle Handlungen, die zu seiner Zerstörung, Beschädigung oder Veränderung führen können, sind nach Maßgabe der entsprechenden Rechtsverordnung verboten. Ausnahmen und Befreiungen können durch die Rechtsverordnung von einer Genehmigung abhängig gemacht werden.

Über den Einzelobjektschutz hinaus werden Alleen von den in § 1 formulierten Zielen des Naturschutzes und der Landschaftspflege erfasst. Natur und Landschaft sind so zu schützen, zu pflegen, zu entwickeln und soweit erforderlich wiederherzustellen, dass u. a. Vielfalt, Eigenart und Schönheit, aber auch der Erholungswert von Natur und Landschaft auf Dauer gesichert sind. Insbesondere sollen die landschaftlichen Strukturen erhalten, entwickelt und soweit erforderlich wiederhergestellt (Abs. 2 Nr. 1) und Biotop-Verbundsysteme erhalten werden (Abs. 2 Nr. 2). Bei der Planung von ortsfesten baulichen Anlagen, Verkehrswegen, Energieleitungen und ähnlichen Vorhaben sind die natürlichen Landschaftsstrukturen zu berücksichtigen (Abs. 2 Nr. 6). Insbesondere aber sind die historischen Kulturlandschaften und ihre Landschaftsteile wie Alleen von besonderer Eigenart, einschließlich solcher von besonderer Bedeutung für die Eigenart oder Schönheit geschützter oder schützenswerter Kultur-, Bau- und Bodendenkmäler, zu erhalten (Abs. 2 Nr. 15). Alleen oder Baumreihen können auch als Verbindungselement in einem Biotopverbund nach § 1a Abs. 3 erfasst werden. Die zur Vernetzung von Biotopen besonders geeigneten linearen und punktförmigen Landschaftsstrukturelemente werden von der Fachbehörde für Naturschutz und Landschaftspflege für den jeweiligen Naturraum ermittelt und im Landschaftsprogramm[21] dargestellt. Sie sind in ihrem Bestand zu erhalten (Abs. 4 Nr. 3).

Wichtiges Instrument des Naturschutzes ist die Ausweisung von Schutzgebieten, die für Alleen vor allem mit Blick auf ihre Bedeutung für die historischen Kulturlandschaften wirksam sein können. Teile von Natur und Landschaft können danach durch Gesetz zum Nationalpark (§ 20), durch Rechtsverordnung zum Naturschutzgebiet (§ 21), Landschaftsschutzgebiet (§ 22) oder geschützten Landschaftsbestandteil (§ 24) und durch Bekanntmachung der obersten Naturschutzbehörde zum Biosphärenreservat (§ 25) erklärt werden. In Brandenburg werden so beispielsweise die Alleen im ca. 42 800 Hektar großen Landschaftsschutzgebiet Ruppiner Wald- und Seengebiet geschützt, u. a. aus Gründen der charakteristischen Eigenart und Schönheit der eiszeitlich entstandenen und kulturhistorisch geprägten Landschaft mit vielfältigen, naturraumtypisch ausgebildeten Biotopstrukturen und Lebensräumen und der damit verbundenen besonderen Eignung für die landschaftsbezogene Erholung.[22]

## Unterschiedliche Zielstellungen

Überschneidungen und Abstimmungsbedarf zwischen Denkmalschutz und Naturschutz können sich aus ihren unterschiedlichen Zielstellungen ergeben. Während aus denkmalpflegerischer Sicht Eingriffe wie das Beschneiden oder Kappen von Bäumen in regelmäßigen Abständen, manchmal auch der Austausch von Bäumen zur Erhaltung oder Wiederherstellung eines bestimmten Erscheinungsbildes notwendig sind, verfolgt der Naturschutz hier häufig das Ziel der uneingeschränkten Erhaltung. Beide Gesetze sind in der Normenhierarchie aber grundsätzlich gleichrangig.[23] Schließen sich die Rechtsfolgen jedoch gegenseitig aus und würde durch die naturschutzrechtlichen Ge- und Verbote der Fortbestand der historischen Garten- oder Parkanlagen in Frage gestellt, können nicht beide Regelungskomplexe nebeneinander angewandt werden. Nach h. M. ist in diesen Fällen das Denkmalschutzgesetz für den Schutz von historischen Garten- und Parkanlagen und damit auch für die in diesen befindlichen Alleen prioritär, soweit die Rechtsfolgen nicht miteinander verträglich sind. Zur Lösung dieses Zielkonflikts können in Mecklenburg-Vorpommern[24] wie auch in Brandenburg Ausnahmeregelungen in den Landesnaturschutzgesetzen hinsichtlich der Eingriffe in Natur und Landschaft beitragen. Nach § 10 BbgNatSchG werden als Eingriff in Natur und Landschaft Veränderungen der Gestalt oder Nutzung von Grundflächen, die die Leistungs- und Funktionsfähigkeit des Naturhaushalts oder das Land-

der Fassung der Bekanntmachung vom 26. Mai 2004 (GVBl. I S. 350).
| 18 | Brandenburgisches Naturschutzgesetz vom 25. Juni 1992 (GVBl. I S. 208).
| 19 | Verordnung über die Erhaltung, den Schutz und die Pflege von Bäumen im Land Brandenburg vom 29. Juni 2004 (GVBl. II S. 553) – diese hat die Baumschutzverordnung der DDR (GBl. DDR I 1981, 273) vom 28. Mai 1981, zuletzt geändert durch Verordnung vom 21. Juli 2000 (GVBl. II S. 251) ersetzt.
| 20 | Vgl. Wilken, Theo / Schrader, Michael: Baumdenkmale als Gegenstand von Naturschutz und Denkmalschutz am Beispiel des Landkreises Aurich. Diplomarbeit am Institut für Grünplanung und Gartenarchitektur der Universität Hannover, 2002.
| 21 | Das Landschaftsprogramm Brandenburg wurde 2001 aufgestellt. Es enthält Leitlinien, Entwicklungsziele, schutzgutbezogene Zielkonzepte und die Ziele für die naturräumlichen Regionen Brandenburgs.
| 22 | Verordnung über das Landschaftsschutzgebiet (LSG) Ruppiner Wald- und Seengebiet (GVBl. II vom 17. März 2003).
| 23 | Vgl. Gassner, Erich: Bundesnaturschutzgesetz. 2. Aufl. München 2003, § 2 Rn. 40; Hönes, Ernst-Rainer: Zum Verhältnis von Gartendenkmalpflege und Naturschutzrecht. In: NuR 2003, S. 257 (262) m.w.N.
| 24 | Vgl. § 14 Abs. 3 NatSchGMV. (GVBl. M-V 2003, S. 1), zuletzt geändert durch Art. 23 Verwaltungsmodernisierungsgesetz M-V (GVBl. M-V 2006, S. 194). Entsprechend nun auch nach § 26 a Abs. 1

*Lindenallee im Schlosspark Rühstädt (Landkreis Prignitz), 2006*

schaftsbild erheblich beeinträchtigen können, definiert. Nicht als Eingriff gelten nach Abs. 3 Nr. 3 die Pflege, Restaurierung oder Rekonstruktion unter Denkmalschutz stehender Garten- oder Parkanlagen entsprechend einer zwischen unterer Denkmalschutzbehörde und unterer Naturschutzbehörde einvernehmlich abgestimmten langfristigen gartendenkmalpflegerischen Zielstellung. In Brandenburg haben nun die Stiftung Preußische Schlösser und Gärten Berlin-Brandenburg, zugleich untere Denkmalschutzbehörde gemäß § 16 Abs. 2 BbgDSchG, und die Landeshauptstadt Potsdam als untere Naturschutzbehörde unter Mitwirkung der Ministerien als oberste Behörden und der Landesämter jeweils für Denkmalpflege und Naturschutz eine derartige Vereinbarung im Sinne eines öffentlich-rechtlichen Vertrages geschlossen,[25] dem im Hinblick auf andere denkmalgeschützte Garten- und Parkanlagen eine Pilotfunktion zukommt. Zu erörtern waren hier neben der Frage, inwieweit überhaupt Mitspracherechte der Naturschutzbehörden bei einer denkmalpflegerischen Zielstellung bestehen können, der Umstand, dass Alleen und Biotope gesetzlich geschützte Teile von Natur und Landschaft sind, für die besondere Ausnahmetatbestände gelten, wie auch örtliches Recht, wie die Potsdamer Baumschutzverordnung. Werden pflegende einschließlich regenerierender Maßnahmen an einer Allee in einem denkmalgeschützten Park aufgrund einer abgestimmten denkmalpflegerischen Zielstellung also nicht als Eingriff gewertet, wäre streng genommen eine entsprechende Maßnahme aufgrund der besonderen Regelungen für die gesetzlich geschützten Teile von Natur und Landschaft nur aus zwingenden Gründen der Verkehrssicherheit zulässig.

Gegenläufige Zielstellungen bestehen oft auch zwischen dem Straßenbau und den Belangen des Naturschutzes und des Denkmalschutzes. Alleen, soweit sie nicht Bundesstraßen säumen, unterliegen als Zubehör einer öffentlichen Straße gemäß § 2 Abs. 2 Nr. 3 als Bepflanzung dem Brandenburgischen Straßengesetz.[26] Ein gemeinsamer Runderlass der Ministerien für Umwelt und Verkehr über die »Nachhaltige und verkehrsgerechte Sicherung der Alleen in Brandenburg« vom 24. November 2000[27] konkretisiert die Erhaltung und Erneuerung der brandenburgischen Alleen mit Fallbeispielen. Der Erlass gilt unmittelbar für Bundes- und Landesstraßen in Brandenburg, den kommunalen Straßenbauträgern wurde die Anwendung empfohlen. Der Maßnahmekatalog unterscheidet zwischen dem Hauptverkehr dienenden und untergeordneten Straßen, zwischen Bestand und Neutrassierung, sodann zwischen Lückenbepflanzung in vitalen Alleen und Neuanpflanzungen, die gerade bei Neutrassierungen oder beim Ausbau von bestehenden Straßen nicht immer als straßenbegleitende Allee erfolgt, sondern lediglich hochwertige, an die jeweilige Situation angepasste, straßennahe Begrünungsmaßnahmen vorsieht. Neupflanzungen an baumlosen Abschnitten sieht der Erlass jedoch nicht vor. Schließlich sind Alleepflanzungen insbesondere an untergeordneten Straßen oder Wegen wie z. B. Radwegen[28] als Ausgleich für Fällungen vorgesehen. Der bereits erwähnte Negativsaldo zwischen gefällten und gepflanzten Alleebäumen seit Anwendung des gemeinsamen Runderlasses zeigt, dass dieser dringend nachgebessert werden muss.

Eine ähnliche Problematik besteht zwischen den Belangen des Denkmalschutzes und des Straßenbaus. Hier geht es oftmals nicht allein um die Erhaltung oder Nachpflanzung der Alleebäume, sondern auch um die Straßenpflasterung, die neben den Bäumen eine kulturhistorische, technikgeschichtliche und landschaftsästhetische Funktion haben kann und häufig zugunsten des bisweilen fragwürdigen Ausbaus und der Asphaltierung auch untergeordneter Straßen abgewogen wird. In diesem Zusammenhang ist noch das Brandenburgische Gesetz über die Umweltverträglichkeitsprüfung[29] zu erwähnen[30], das als Ausführungsgesetz für den Neubau oder Ausbau von Straßen mit Ausnahme der unselbstständigen Rad- und Gehwege eine generelle Pflicht zur Durchführung einer Umweltverträglichkeitsprüfung vorsieht, jedenfalls dann, wenn die Maßnahme auf einer Länge von mehr als 4 Kilometern in Biosphärenreservaten, Landschaftsschutzgebieten, Denkmalbereichen oder in Gebieten liegt, die historisch oder kulturell von Bedeutung sind.

## Zusammenfassung

Alleen unterliegen aus den unterschiedlichen Zielrichtungen des Natur- und Denkmalschutzes dem Schutz der jeweiligen Fachgesetze. Sie haben damit neben engagierten Bürgern Anwälte, die für ihren Erhalt streiten. In den letzten Jahren ist das Bewusstsein für die Erhaltung der Alleen als Teil unserer kulturellen Umwelt gewachsen. Häufig genug unterliegen jedoch die Belange des Denkmal- und Naturschutzes den Bedürfnissen nach mehr Verkehrssicherheit und Bequemlichkeit. Dass damit auch Zeugen unserer Vergangenheit verschwinden, hat in der Abwägung oft nur ein geringes Gewicht. Die ersatzlose Entfernung von Alleebäumen aus Gründen der Verkehrssicherungspflicht stellt natürlich nicht die einzige mögliche oder sinnvolle Maßnahme dar. Auch geht es aus denkmalpflegerischer wie naturschutzrechtlicher Sicht nicht nur um eine ökologisch ausgeglichene Bilanz. Vielmehr muss die Bewahrung des Charakters eines alten Kulturgutes und damit oftmals der Erhalt von gewachsenen Kulturlandschaften noch stärker beachtet und respektiert werden.

Die Verdeutlichung der Sinnhaftigkeit und fachlichen Stärkung von Denkmal- und Naturschutzgesetzen wie auch die Anwendung jüngerer Rechtsinstrumente, wie der Schutz von historischen Kulturlandschaften oder die Durchführungspflicht von Umweltprüfungen, können dazu beitragen, kulturelle Belange und damit auch den Erhalt von Alleen zu fördern.

---

Nr. 6 LNatG M-V für gesetzlich geschützte Bäume in denkmalgeschützten Parkanlagen. Diese werden vom Schutz ausgenommen, wenn ein zwischen Naturschutz und Denkmalschutz einvernehmlich abgestimmtes Konzept zur Pflege, Erhaltung und Entwicklung des Parkbaumbestandes vorliegt.

| 25 | Öffentlich-rechtliche Vereinbarung über die Ausnahme gemäß § 1 Abs. 5 Potsdamer Baumschutzverordnung (PBaumSchVO) und über naturschutzrechtliche Regelungen gemäß §§ 10 Abs. 3 Nr. 3, 32 und 72 Abs. 3 Nr. 2 BbgNatSchG in den Parkanlagen der Stiftung Preußische Schlösser und Gärten Berlin-Brandenburg auf dem Gebiet der Landeshauptstadt Potsdam, Vertrag vom 20. April 2005.
| 26 | Brandenburgisches Straßengesetz (BbgStrG) in der Fassung der Bekanntmachung vom 31. März 2005 (GVBl I S. 134, ber. S. 197).
| 27 | Gemeinsamer Runderlass der Ministerien für Stadtentwicklung, Wohnen und Verkehr sowie für Landwirtschaft, Umweltschutz und Raumordnung des Landes Brandenburg vom 24. November 2000, Amtsblatt für Brandenburg 2000, S. 1026.
| 28 | Deutschlands erste Radallee liegt in Pessin im Landkreis Havelland und wurde im Oktober 2002 für den Verkehr freigegeben.
| 29 | Brandenburgisches Gesetz über die Umweltverträglichkeitsprüfung (BbgUVPG) vom 10. Juli 2002. (GVBl. I S. 62).
| 30 | Vgl. zur Berücksichtigung von Alleen im Rahmen der UVP den Beitrag von Dieter Martin: Alleen und Umweltprüfungen, in diesem Buch.

Dieter J. Martin

# Alleen und Umweltprüfungen

Lange Zeit wurden sich die deutschen Denkmalschützer der Bedeutung der Umweltprüfung in ihren verschiedenen Ausprägungen nicht bewusst. Sie ist eine »sleeping beauty«, ein noch nicht erwecktes Dornröschen, ein Geschenk der europäischen Einigung für den Schutz der Denkmale und auch der Alleen.[1] Gefährdet sind Alleen meist durch Straßenerweiterungen und andere Infrastrukturmaßnahmen, durch Grundwasserabsenkungen, Unterbinden der Wasserzufuhr, Aufschüttungen und Einschnitte, Aufweitungen von Straßen, Bemühungen um Verkehrssicherung, gelegentlich durch die Ausweisung von Bauland, oft durch die Errichtung von emittierenden Anlagen. Vorgezeichnet werden künftige Gefahren durch öffentliche Vorhaben von bundesweiten Verkehrswegeplanungen bis zu den örtlichen Bauleitplänen. Zumindest visuelle Gefahren drohen durch Maßnahmen in der Nähe der Alleen, auch wenn nicht direkt ihr Bestand betroffen ist. Hilfen bieten insbesondere das Unterlassen der genannten Eingriffe, ein großräumiger Abstand, Sorgfalt bei den Erdarbeiten, Einbeziehung von Spezialisten, Begrenzungen der Emissionen und Schutzeinrichtungen.

Das deutsche Umweltrecht hat eine lange Geschichte. Bemerkenswerte Regelungen enthielt – ohne dass in den frühen Jahren der Begriff Umwelt verwendet wurde – bereits das »Muttergesetz«, die Gewerbeordnung vom 21. Juni 1869, die an die Preußische Gewerbeordnung von 1845 anknüpfte und nach Dutzenden von Novellierungen zumindest in Restbeständen auch noch heute gilt. Die meisten dieser Novellierungen gliederten Spezialbereiche aus und schufen moderne Errungenschaften des Umweltrechts wie z. B. das Bundesimmissionsschutzgesetz. Sozusagen ein »Enkel« der Gewerbeordnung ist seit 1990 auch das Gesetz zur Umweltverträglichkeitsprüfung.

Der Name des deutschen Gesetzes zur Umweltverträglichkeitsprüfung vom 12. Februar 1990[2] erreicht fast die Länge einer Allee: Gesetz zur Umsetzung der Richtlinie des Rates vom 27. Juni 1985 über die Umweltverträglichkeitsprüfung bei bestimmten öffentlichen und privaten Projekten (85/337/EWG). Gebräuchlich ist die Abkürzung UVPG. Aus dem vollständigen Namen werden auch die Vorgeschichte des Gesetzes und seine europarechtlichen Zwänge und Vorgaben deutlich. Der weitere Verlauf der Geschichte des Gesetzes ist ein getreues Abbild des Fortwirkens der internationalen Abhängigkeiten, zumal durchaus unterschiedliche Auffassungen bestanden und bestehen, ob die Vorgaben durch den deutschen Gesetzgeber ordnungsgemäß erfüllt waren und sind. Zur Umweltverträglichkeitsprüfung (UVP) hinzugekommen ist mittlerweile als weitere Umweltprüfung (UP) die strategische Umweltprüfung (SUP). Auf Einzelheiten der Fortentwicklung des Gesetzes kann hier nicht eingegangen werden.[3] Notwendig wurde z. B. die Anpassung des BauGB mit seinen planungsrechtlichen Vorschriften an EU-Richtlinien im Jahre 2004, welches sich nunmehr wieder vom UVPG abgenabelt hat.[4]

## System der Umweltprüfungen

Das gesamte System der Umweltprüfungen ist kompliziert und nicht allein aus dem UVPG zu ersehen. Bereits das Gesetz enthält zahlreiche Hinweise darauf, dass gleiche oder gleichwertige Prüfungen auch beim Vollzug zahlreicher Spezialgesetze, z. B. des Straßen- und Wasserrechts, anzustellen sind (§ 4) und versteht sich nur als Auffangregelung. Im Übrigen gilt es für die in den Anlagen im Einzelnen genannten Maßnahmen, Pläne und Programme. Die Umweltverträglichkeitsprüfung definiert das Gesetz als einen (unselbstständigen) Teil verwaltungsbehördlicher Verfahren, die der Entscheidung über die Zulässigkeit von Vorhaben dienen; sie umfasst die Ermittlung, Beschreibung und Bewertung der unmittelbaren und mittelbaren Auswirkungen eines Vorhabens auf Menschen, Tiere, Pflanzen, Boden, Wasser, Luft, Klima, Landschaft, aber auch auf Sachgüter wie z. B. Kul-

| 1 | Die verdienstvolle Dissertation von Rößler, Lars: Denkmalschutz und Umweltverträglichkeitsprüfung, 2004, berücksichtigt die Rechtsentwicklung bis Mai 2003, nicht also die neuesten Änderungen in BauGB und UVPG. Zum Teil durch die Rechtsentwicklung überholt auch Boesler, Dorothee: Die Kulturgüter als Bestandteil der Umweltverträglichkeitsprüfung. Denkmalschutz und Planung am Beispiel der projektierten Ortsumgehung Winnekendonk / Niederrhein. Köln 1996; Horn, Heinz Günther: Bodendenkmalpflege und Umweltverträglichkeitsprüfung. In: Archäologie in Deutschland. H. 3/1994, S. 4 f.
| 2 | BGBl. I. S. 205, vielfach geändert.
| 3 | Siehe hierzu die Spezialliteratur, nachgewiesen z. B. in Hoppe, Werner / Bönker, Christian / Grotefels, Susan: Öffentliches Baurecht. 3. Aufl. München 2004, § 3 RdNr. 163; neueste Kommentare zum UVPG von Peters, Heinz-Joachim / Balla, Stefan: Gesetz über die Unverträglichkeitsprüfung. Handkommentar. 3. Aufl. Baden Baden 2006; Gassner, Erich: UVPG Kommentar. Heidelberg / Neckar 2006.

turgüter und schließlich die Wechselwirkung zwischen den Schutzgütern. Die Strategische Umweltprüfung ist ein unselbstständiger Teil behördlicher Verfahren zur Aufstellung oder Änderung von Plänen und Programmen, die von einer Behörde, einer Regierung oder im Wege eines Gesetzgebungsverfahrens angenommen werden. Bei der Aufstellung von Bauleitplänen wird nach aktuellem Rechtsstand nunmehr nach § 2 Abs. 4 BauGB für die in § 1 Abs. 6 Nr. 7 und § 1a genannten Belange des Umweltschutzes eine Umweltprüfung durchgeführt, in der die voraussichtlichen erheblichen Umweltauswirkungen ermittelt und in einem Umweltbericht beschrieben und bewertet werden.

## Schutzgüter der Umweltprüfungen

Zu den Schutzgütern der Umweltprüfungen gehört nicht nur, wie zunächst zu vermuten wäre, die Umwelt im engeren Sinne, also Boden, Wasser, Luft und Klima. Erst bei genauem Hinsehen wird deutlich, dass es nicht nur um schädliche Emissionen und Immissionen geht – wie man das bei einem Umweltgesetz erwarten könnte. Vielmehr reichen sowohl die Motive als auch der Schutzzweck des Gesetzes viel weiter. Gegenstand des Schutzes sind darüber hinaus Tiere, Natur, Landschaft und Sachgüter. Unter Letzteren nennen das UVPG und – eingeschränkt – das BauGB ausdrücklich auch die Kulturgüter.

Eine Definition des Kulturguts ist weder im UVPG noch im BauGB enthalten. Es handelt sich dabei um einen der unzähligen so genannten unbestimmten Rechtsbegriffe, die nach den Regeln und mit den Methoden der juristischen Auslegung näher zu bestimmen sind. Keineswegs werden damit nur die Denkmale der 16 deutschen Denkmalschutzgesetze erfasst;[5] eine solche Einschränkung hätte einer gesonderten Präzisierung im Gesetz bedurft. Wenig hilfreich wäre auch der Versuch der Einschränkung der Schutzgegenstände durch die Bezugnahme auf das Kulturgutschutzgesetz des Bundes.[6] Letzteres regelt allein die Verbringung der in Listen aufgenommenen, national wertvollen beweglichen Denkmale ins Ausland – offensichtlich geht es dem UVP-Gesetz um etwas ganz anderes.

Zu bestimmen ist der weite Begriff des Kulturdenkmals im UVPG deshalb aus Regelungszusammenhang und Regelungsziel: Gemeint sind unabhängig von einem Bezug zur natürlichen Umwelt alle Kulturgüter, die von Vorhaben und behördlichen Planungen betroffen werden können. Als Vorhaben werden genannt z. B. die Errichtung und der Betrieb technischer und sonstiger Anlagen, die Durchführung sonstiger in Natur und Landschaft eingreifender Maßnahmen und öffentliche Planungen aller Art. Präziser nennt das BauGB in § 1 »seine« kulturellen Schutzgüter: In Abs. 5 u. a. die umweltschützenden Anforderungen, die städtebauliche Gestalt und das Orts- und Landschaftsbild, welche »baukulturell zu erhalten und zu entwickeln« sind. Bei der Aufstellung der Bauleitpläne sind nach Abs. 6 insbesondere folgende Schutzgüter zu berücksichtigen: 3. die kulturellen Bedürfnisse der Bevölkerung, 4. die Erhaltung, Erneuerung, Fortentwicklung, Anpassung und der Umbau vorhandener Ortsteile, 5. die Belange der Baukultur, des Denkmalschutzes und der Denkmalpflege, die erhaltenswerten Ortsteile, Straßen und Plätze von geschichtlicher, künstlerischer oder städtebaulicher Bedeutung und die Gestaltung des Orts- und Landschaftsbildes, 7. die Belange des Umweltschutzes, einschließlich des Naturschutzes und der Landschaftspflege, insbesondere a) die Auswirkungen auf die Landschaft, (d) umweltbezogene Auswirkungen auf Kulturgüter und sonstige Sachgüter, (i) die Wechselwirkungen zwischen den einzelnen Belangen des Umweltschutzes nach den Buchstaben a, c und d. Als ergänzende Vorschriften zum Umweltschutz bringt § 1 a Abs. 3 BauGB das Gebot, voraussichtlich erhebliche Beeinträchtigungen des Landschaftsbildes zu vermeiden. Widersprüche zwischen den Schutzgütern des UVPG und des BauGB sind nicht zu erkennen; wünschenswert wäre aber eine ausdrückliche Klarstellung im BauGB, dass alle Kulturgüter (und damit alle Denkmale) auch Umwelt im Sinne des BauGB sind. Offensichtlich knüpft das BauGB im Wesentlichen an die Errichtung von (baulichen) Anlagen an, damit decken die planungsrechtlichen Vorschriften zumindest einen – nicht unwesentlichen – Teil des öffentlichen Planungsgeschehens (wenn auch nicht der Programme) ab. Damit liegt neben der Anwendung der kulturrechtlichen Definitionen der Denkmalschutzgesetze der Länder eine Heranziehung der doch verhältnismäßig detaillierten Regelungen des BauGB zu einer pragmatischen Auslegung des Begriffs der Kulturgüter im Sinne des UVPG nahe.

Kurz gefasst bedeutet dies für die Alleen: 1. Nach den Denkmalschutzgesetzen der Länder sind historische Alleen Denkmale und sie gehören damit automatisch zu den Kulturgütern im Sinne des UVPG; und 2. sind Alleen auch Kulturgüter im Sinne des § 1 Abs. 6 Nr. 7 BauGB, und zwar soweit sie Denkmäler nach den Denkmalschutzgesetzen sind, aber auch wenn sie zu dem Orts- und Landschaftsbild gehören, das »baukulturell zu erhalten und zu entwickeln« ist (§ 1 Abs. 5, § 1 a Abs. 3), weil sie ferner zu den kulturellen Bedürfnissen der Bevölkerung (Abs. 6 Nr. 3), zu den Belangen der Baukultur, des Denkmalschutzes und der Denkmalpflege, gegebenenfalls der erhaltenswerten Ortsteile, Straßen und Plätze von geschichtlicher, künstlerischer oder städtebaulicher Bedeutung, jedenfalls aber des Naturschutzes und der Landschaftspflege gehören. Offensichtlich sind ihre Auswirkungen auf die Landschaft (Nr. 7 a), dies sind umweltbezogene Auswirkungen auf Kulturgüter (d); zu berücksichtigen sind die Wechselwirkungen zwischen den einzelnen Belangen des Umweltschutzes nach den genannten Buchstaben a und d.

[4] Die Änderungen sind (nur) in den neueren Kommentaren erläutert, siehe z. B. Battis, Ulrich / Krautzberger, Michael / Löhr, Rolf-Peter: BauGB, 9. Aufl. 2005.
[5] Auf die Unterschiede der Denkmalschutzgesetze kommt es deshalb nicht an; einbezogen sind z. B. auch nicht förmlich eingetragene Gegenstände im so genannten konstitutiven System.
[6] Siehe hierzu Eberl, Wolfgang: Abwanderungsschutz und Rückführung. In: Handbuch Denkmalschutz und Denkmalpflege, hrsg. von Dieter J. Martin und Michael Krautzberger. 2. Aufl. München 2006, RdNr. 106 ff. Das Kulturgüterrückgabegesetz regelt die Rückgabeansprüche anderer Mitgliedstaaten der EU für deren nach Deutschland verbrachte national wertvolle Kulturgüter.
[7] Siehe auch die verschiedenen »Leitfäden« z. B. zur Vorprüfung des Einzelfalls usw. in www.bmu.de/umweltvertraeglichkeitspruefung und Bunzel, Arno: Arbeitshilfe Städtebaurecht. Umweltprüfung in der Bauleitplanung, hrsg. vom Deutschen Institut für Urbanistik. Berlin 2005, www.difu.de, E-Mail: bunzel@difu.de.

Aus der Zuordnung der Alleen zu den Kulturgütern folgt die Notwendigkeit ihrer Berücksichtigung bei der Bauleitplanung des BauGB, nach dem UVPG im Rahmen der UVP beim Bau von Industrieanlagen und Infrastrukturmaßnahmen und im Rahmen der SUP bei Planungen der Bundesverkehrswege, der Raumordnung, der Landschaft und sonstiger Fachplanungen aller Ebenen, in denen häufig schon die Weichen für künftige Maßnahmen gestellt werden.

## Verfahren

Die Verfahren bei der Durchführung der Umweltprüfungen sind zwar vielfach ähnlich ausgestaltet, sie sind aber keineswegs einheitlich geregelt. Vorrang haben meist spezialgesetzlich geregelte fachliche Anforderungen an den Umfang der Prüfung und die Art der Abwägung, so dass in jedem Einzelfall genau zu ermitteln ist, ob überhaupt eine UP durchzuführen ist (§ 3a UVPG sieht z. B. eine gesonderte diesbezügliche Feststellung durch Verwaltungsakt vor) und welche Verfahren einzuhalten sind. Auch insoweit kann hier nur auf die Spezialliteratur zu den jeweiligen Rechtsgebieten verwiesen werden.[7]

Zahlenmäßig überwiegen werden in Zukunft die UP im Rahmen der Bauleitplanung. Die Anlage des Gesetzgebers zu § 2 Abs. 4 und § 2a BauGB erläutert in Anlehnung an die europarechtlichen Vorgaben das Vorgehen, den Umfang und die Tiefe der Ermittlungen für den Umweltbericht, den die Gemeinden zu erarbeiten haben. Er muss sich auf die Belange nach § 1 Abs. 6 Nr. 7 und § 1 a beziehen. Sofern sich Alleen im Plangebiet befinden oder durch die Planung betroffen werden, müssen deshalb insbesondere untersucht werden: die Auswirkungen auf die Landschaft (Nr. 7 a) und umweltbezogene Auswirkungen auf die Alleen als Kulturgüter (d); darzustellen sind die bei Alleen offensichtlichen Wechselwirkungen zwischen den einzelnen Belangen des Umweltschutzes nach den genannten Buchstaben a und d. Einbezogen werden müssen die Vorschriften des § 1 a BauGB, also insbesondere das Gebot des Abs. 3, die Vermeidung und den Ausgleich voraussichtlich erheblicher Beeinträchtigungen des Landschaftsbildes zu berücksichtigen. Zum notwendigen Inhalt: Nach der genannten Anlage

| 8 | Mit Sorge sind deshalb Tendenzen zu beobachten, welche die Denkmalbehörden aus dem Kreis der zu beteiligenden Träger öffentlicher Belange ausschließen wollen.
| 9 | OVGNW vom 10. August 2000. In: BauR. Düsseldorf 2001, S. 201ff.; BVerwG vom 27. Oktober 2000; NVwZ 2001, 673, 682. Zu den Fehlerfolgen bei Bauleitplänen siehe im Einzelnen § 214 BauGB, insbesondere Abs. 1 Satz 1 Nr. 3 und die

*Eichenallee zwischen Veckerhagen und Reinhardswald (Hessen)*

sind hinsichtlich historischer Alleen z. B. die Ziele des Denkmal- und Naturschutzes und deren Berücksichtigung bei der Planung (Nr. 1 b) darzustellen. Zu beschreiben und zu bewerten sind die Auswirkungen der Planung mit Angabe des gegenwärtigen Zustandes der Alleen und der Landschaft (Nr. 2 a), Angabe einer Prognose über die Entwicklung von Alleen und der Landschaft sowohl bei Durchführung wie Nichtdurchführung der Planung (b), der geplanten Maßnahmen zur Vermeidung, Verringerung und zum Ausgleich der nachteiligen Auswirkungen und anderweitige Planungsalternativen (c und d). Nicht geschenkt werden den Gemeinden Angaben zur künftigen Überwachung der Auswirkungen (Monitoring), eine allgemein verständliche Zusammenfassung der Angaben (Nr. 3 b und c) und die Beteiligung der Öffentlichkeit. Der Bericht muss das umfassen, was nach gegenwärtigem Wissensstand und allgemein anerkannten Prüfmethoden sowie nach Inhalt und Detaillierungsgrad des Bauleitplans angemessenerweise verlangt werden kann. Selbstverständliche Voraussetzung ist allerdings, dass die zuständigen Denkmalbehörden ihre Belange tatsächlich in qualifizierter Weise rechtzeitig in das Verfahren einbringen konnten – wenn sie von dem Vorhaben und der Planung denn überhaupt erfahren haben.[8]

Das Ergebnis der Umweltprüfung ist nach § 2 Abs. 4 Satz 4 BauGB in der Abwägung bei der Aufstellung der Bauleitpläne zu berücksichtigen. Speziell für Alleen kann dies neben der gänzlichen Ablehnung der Beseitigung, der Zerstörung oder einer Änderung auch den Ausgleich der Verluste durch Neupflanzungen an anderer Stelle als am Ort des Eingriffs oder andere geeignete Maßnahmen bedeuten.

## Rechtswirkungen

Das BauGB hat mit § 2 Abs. 4 Satz 4 die Erstellung und die Beachtung des Umweltberichts zu einer gesetzlichen Verpflichtung der Gemeinde und zu einem Regelverfahren gemacht. Vollzugsdefizite der zuständigen Behörden oder ihrer Beauftragten wegen Verkennung von Kulturgütern und ihrer Bedeutung bei der Erfassung der Fakten, Fehler im Verfahren oder bei der Abwägung machen den Bauleitplan aber nicht zwangsläufig unwirksam. Das Fehlen einer förmlichen Umweltprüfung überhaupt wird heute oftmals nur als Verfahrensfehler angesehen; materiellrechtlich ist entscheidend, ob die relevanten Belange trotzdem erkannt und gewürdigt wurden.[9] In der Abwägung können im Übrigen die Belange z. B. der Alleen überwunden werden, wenn anderen Erfordernissen, z. B. der Verkehrssicherheit, größeres Gewicht beigemessen wird.[10]

Im Gegensatz zum BauGB mit seinen strikten Geboten bringt das UVPG zwar keine Genehmigungspflicht oder Verbotsmöglichkeiten; es eröffnet auch keine Ansprüche von Privaten oder verselbstständigte Klagemöglichkeiten. Vielmehr beschränken sich die UVP und die SUP auf eine Untersuchung der Umweltfolgen und bleiben jeweils nur ein (wie im BauGB) unselbstständiger Teil des Verfahrens über die Genehmigung oder Erlaubnis eines Vorhabens. Auch hier führt die Nichtbeachtung der Verfahrensvorschriften nicht unbedingt zur Rechtswidrigkeit der Entscheidung bzw. Planung. Im Rahmen ihres Entscheidungs- oder Planungsermessens können die Behörden auch anderen öffentlichen Belangen den Vorrang einräumen. Allerdings ist in jedem Fall eine gerechte Abwägung der berührten Belange erforderlich, die des Kulturgüterschutzes dürfen jedoch nicht verzerrt werden, sonst wäre sie materiell rechtswidrig.

## Bedeutung der Umweltprüfungen für Alleen

Eine Gesamtschau der Umweltprüfungen zeigt, dass mit ihrer Einführung der Stellenwert der geschützten Rechtsgüter wesentlich angehoben worden ist. Allerdings hat sich der Gesetzgeber nicht dazu entschließen können, den Umweltbelangen und damit auch den angesprochenen Kulturgütern wie z. B. den Alleen einen rechtlichen Vorrang einzuräumen. Sie sind in den Entscheidungs- und Planungsprozessen zu beachten wie andere öffentliche Belange auch. Worin besteht also der tatsächliche Zugewinn für den Schutz der Kulturgüter? Mit ihnen ist eine »höhere Richtigkeitsgewähr« in den Genehmigungs- und Planungsverfahren erreichbar. Die Umweltprüfungen verbessern allein durch ihre Existenz und die gesetzlichen Gebote oder Möglichkeiten der Einbringung dieser Belange in das Verwaltungsverfahren zumindest in jedem Fall die Entscheidungsgrundlagen hinsichtlich der fachlichen Belange, sie bewirken Pflichten zur Erfassung und Bewertung und können sich damit segensreich auch z. B. auf die Denkmalpflege auswirken.[11] Man darf sich aber nicht täuschen: Ansprüche von Privaten werden allerdings nicht gewährt, Klagemöglichkeiten nicht eröffnet.[12]

Die Möglichkeiten der Umweltprüfungen nach den verschiedenen Rechtsgrundlagen für den Kulturgüterschutz, z. B. bei der Bauleitplanung, aber auch in Genehmigungsverfahren aller Art, sind wegen der in denselben Rechtsgrundlagen geregelten offensichtlich prioritären sonstigen Umweltaspekte (Klima, Natur, usw.) in ihrer Wirksamkeit für die Denkmalbelange wohl weder tatsächlich noch rechtlich ausgelotet.[13] Ob die Kulturgüter auch weiterhin zwar im Gesetz genannt sind, aber trotzdem Stiefkinder dieser Instrumente bleiben müssen, wird wesentlich von der Fähigkeit der Denkmalpfleger und ihrer Institutionen zur Artikulierung und Einbringung ihrer Anliegen in die Verfahren abhängen. Leider sind bisher über theoretische Ansätze hinaus noch keine bemerkenswerten Fortschritte zu erkennen.[14] Beruhigend ist der Schutz der Alleen durch die in anderen Abschnitten dieses Buches dargestellten Rechtsgrundlagen.

---

Erl. In: Battis / Krautzberger / Löhr (wie Anm. 4).

| 10 | Hoppe / Bönker / Grotefels (wie Anm. 3), RdNr. 174.

| 11 | So schon Schmidt-Preuß, Matthias: Der verfahrensrechtliche Charakter der UVP. In: DVBl. Köln, Berlin 1995, 485. Ein Katalog möglicher Vorhabenswirkungen auf Kulturgüter und Minderungsmaßnahmen z. B. bei Gassner, Erich / Winkelbrandt, Arnd: UVP. Rechtliche und fachliche Anleitung für die Umweltverträglichkeitsprüfung. 4. Aufl. Heidelberg 2005. Siehe auch Kulturgüterschutz in der UVP. In: Kulturlandschaft. Jg. 4, Sonderh. 2/1994.

| 12 | Rößler (wie Anm. 1), S. 276 ff.

| 13 | Skeptisch zu den künftigen Möglichkeiten insbesondere wegen der Beschleunigungsgesetzgebung z. B. Schink, Alexander. In: NuR 1998, S. 173 f.

| 14 | In jeder Hinsicht unterstützungswürdig ist der 1994 gegründete Arbeitskreis »Kulturelles Erbe in der UVP«; Kontakt Landschaftsverband Rheinland (LVR), Umweltamt, Kennedy-Ufer 2, 50679 Köln. Siehe auch den Tagungsbericht der 6. Fachtagung vom 11. bis 12. März 1996 in Kevelaer: »Kulturgüterschutz in der Umweltverträglichkeitsprüfung«. In: LVR. Beiträge zur Landesentwicklung 53, 1997.

**Abkürzungen:**

BauGB  Baugesetzbuch
SUP    Strategische Umweltprüfung
UP     Umweltprüfung
UVP    Umweltverträglichkeitsprüfung
UVPG   Umweltverträglichkeitsprüfungsgesetz

Die Anpflanzung von Alleen gehörte ebenso wie ihre Pflege und Erhaltung immer dem gärtnerischen Handwerk an. In den letzten zwei Jahrhunderten haben sich sowohl die Anzucht von Bäumen durch die Entwicklung von Baumschulen als auch geeignete Erhaltungsmaßnahmen verbessert. In den letzten 50 Jahren ist vielfach mit denkmalpflegerischen Erhaltungsmethoden von Alleen experimentiert worden, dazu gehören Aspekte des Artenwechsels bei Replantationen, Fragen des Wiedereinsatzes genetischen Materials bis hin zur weitestgehend möglichen Respektierung des originalen Baummaterials im Sinne des »Alterswertes«. Der »richtige Umgang« scheint im Einzelfall begründet zu liegen, doch wissen wir heute auch mehr über die Wundbehandlungen im Stamm- und Kronenbereich und Revitalisierungen geschädigter Wurzelbereiche.

*Sonnenuntergang in einer Allee in der Uckermark*

Methodik zur Erhaltung, Pflege und
Erneuerungsmaßnahmen für Alleen

Michael Seiler

# Maße, Proportionen, Erziehung und Pflege von Alleen in Gärten des Barock und Rokoko

Die Meinung, dass Alleebäume in der Zeit des Barock und Rokoko denselben strengen Schnittmethoden unterworfen wurden wie Formbäume, ist weit verbreitet, jedoch nicht richtig. Die mit der Wiederherstellung und Neuschöpfung geometrischer Gärten seit der Mitte des 19. Jahrhunderts geübten und allentalben sichtbaren Praktiken bestimmen dabei unsere Vorstellungen. Die Auswertung der maßgeblichen französischen Fachliteratur führt zu einem anderen Ergebnis. Um dies nachzuweisen, werde ich weitgehend die damaligen Autoren in neuen, von mir besorgten Übersetzungen zu Wort kommen lassen. Ich habe dazu das für fast ein Jahrhundert maßgebliche Werk »La théorie et la pratique du jardinage« von Antoine Joseph Dezallier d'Argenville (1680–1765) in der Erstausgabe von 1709 herangezogen. Auf Ergänzungen der Ausgabe von 1760 gehe ich nur ein, sofern sie neue Informationen zum Thema bringen. Die zweite aussagekräftige Quelle ist die von 1751 bis 1765 erschienene »Encyclopédie« von Denis Diderot und Jean LeRond d'Alembert, in der sich zum Thema teilweise wörtlich mit »La théorie et la pratique du jardinage« übereinstimmende Beiträge von Dezallier d'Argenville ebenso finden wie klare und hilfreiche Definitionen von Louis Jean-Marie Daubenton (1716–1799). Die zeitgenössischen Darstellungen des 17. und 18. Jahrhunderts zeigen jugendliche Idealbäume, ein Zustand der sicher auch noch lange Zeit nach der Pflanzung blieb, da der mustergültige Baum von 6,50 Metern und mehr Stammhöhe, der erst 20 Jahre nach der Pflanzung seine Krone frei entfalten durfte, in den ersten Jahrzehnten nur einen geringen Zuwachs zuließ. Auch das Ziel der Bildung eines grünen Gewölbes, zumeist bei den Seitenalleen, ist den wenigsten Darstellungen zu entnehmen. 1694 jedoch notierte Le Nôtre über die schattige Allee, die in der Achse vom Peristyl des Schlosses Grand Trianon zum Bassin du Plafond führt: »Sie macht eine bewundernswerte Wölbung (voûte) von einer Überdeckung und einer Höhe von 50 Fuß [16,24 Meter], durch die die Sonne niemals dringt.«[1]

Das fünfte Kapitel in »La théorie et la pratique du jardinage« ist den Alleen, Seitenalleen und Hecken gewidmet. Es beginnt: »Die Alleen in den Gärten sind wie die Straßen einer Stadt, sie dienen zur Verbindung von einem Ort zu einem anderen und sind gleichermaßen Führer und Wege, um überallhin in einem Garten zu leiten. Außer der Annehmlichkeit und Bequemlichkeit für den Spaziergang, die die Alleen unaufhörlich bieten, sind sie, wenn sie gut angelegt und gut aufgepflanzt sind, eine der Hauptschönheiten der Gärten.

Man unterscheidet mehrere Arten von Alleen: bedeckte und offene, einfache und doppelte. Die bedeckten sind die, die aus Bäumen oder Hecken gebildet sind, die sich in der Höhe vereinigen und dem Blick verwehren, den Himmel zu sehen, und die durch ihre Dunkelheit eine Frische hervorrufen, die für die sengenden Sonnenstrahlen undurchdringlich sind. Man sollte den Alleen, die man als gedeckte haben will, eine geringere Breite geben als den anderen, damit die Bäume nicht so viel Zeit brauchen, um sich anzunähern und in der Höhe zu vereinigen. Diese Alleen haben ihre Annehmlichkeit bei der großen Hitze, weil man in ihnen im Schatten promenieren kann, selbst am heißen Mittag.

Die offenen Alleen lassen sich in zwei Arten einteilen: die Alleen der Parterres, der Boulingrins und der Küchengärten, die nur durch Eiben und Büsche der Rabatten gebildet werden, und die Alleen, die obwohl mit großen Hecken und hochstämmigen Bäumen bepflanzt, oben offen sind. Sei es, indem man die Hecken auf einer bestimmten Höhe anhält oder indem man die Bäume auf beiden Seiten beschneidet, mit dem Ergebnis, dass man die milde Luft atmen kann.

Es ist eine grundsätzliche Regel, die Hauptalleen offen zu halten. Das sind die Alleen, die sich gegenüber einem Gebäude, einem Pavillon, einer Kaskade usw. befinden. Deshalb muss man sie breiter machen als die anderen, damit man am Ende einer Allee einen Teil der Fassade eines Gebäudes oder eine andere schöne Ansicht sehen kann. Es gibt nichts Unangenehmeres in einer Allee, wenn man am Ende

[1] Zit. nach Ernest de Ganay: André Le Nôtre, Paris 1962, S. 51

*Johann Konrad Krüger nach Christian Friedrich Ekel, VUE ET PERSPECTIVE DES DEUX PLACES ET DE LA RUE DU CHATEAU DE REINSBERG ... 1773. Radierung.
Ein Beispiel für hochstämmige und im Verhältnis dazu kleinkronige Alleebäume*

steht und nur mit Mühe die Tür zur Eingangshalle des Gebäudes erkennen kann. Man sollte nur die Seitenalleen sich schließen lassen, um auf diese Art zwei grüne Laubengänge zu bilden, und die Alleen, die an unbedeutenden Orten sind oder wo es keinen beachtenswerten Blickpunkt gibt.

Die einfachen Alleen sind die, die durch zwei Reihen Bäume oder Hecken gebildet werden. Im Gegensatz dazu haben die Doppelalleen (allées doubles) vier Reihen, woraus sich drei zusammengehörige Alleen bilden, eine große in der Mitte und zwei an jeder Seite, die sie begleiten und die man Seitenalleen (contre-allées) nennt. Die beiden Reihen in der Mitte müssen aus isolierten Bäumen gepflanzt werden, d. h. sie dürfen in keiner Weise in eine Hecke eingebunden sein, und man muss um diese Bäume herumgehen können. Alle anderen Reihen müssen von Hecken geschmückt und begrenzt sein. Da die Doppelalleen die am meisten geschätzten und wichtigsten sind, müssen sie die schönsten Orte des Gartens einnehmen.«[2]

Über die Proportionen der Alleen lesen wir: »Man muss die Breite der Alleen entsprechend ihrer Länge proportionieren. Dies macht ihre Schönheit aus. Wir haben Leute in der Gartenkunst gehabt, die dieses richtige Verhältnis nicht beachtet haben, indem sie Alleen im Verhältnis zu ihrer Länge zuviel Breite gegeben haben. Man kann auch in einen gegenteiligen Fehler verfallen, indem man die Alleen zu schmal macht. Wenn z. B. eine Allee 100 Toisen [1 Toise = 1,95 Meter] lang ist und nur 2 oder 3 Toisen breit, wäre sie sehr unzulänglich und würde wie ein Darm wirken. Hätte sie dagegen 5 oder 6 Toisen Breite, würde sie sehr schön sein und gut proportioniert, vorausgesetzt, sie ist eine einfache Allee. So werden die Alleen von 200 Toisen Länge 7 bis 8 Toisen Breite haben; die von 300 Toisen 9 bis 10 und die von 400 Toisen, 10 bis 12. Das ist etwa ihr richtiges Verhältnis, vorausgesetzt, sie sind nicht doppelt, denn in diesem Fall müssen sie ihre Breite fast verdoppeln.« Es folgen Hinweise, die man beachten sollte, für die Breite von Alleen, die begrenzt sind, entweder von jungen Hecken, die sich durch ihre Höhe eines Tages zusammenziehen und die Sicht zu sehr einengen werden, was die Alleen zu schmal machen würde, oder die Hecken oder Bäume an den Seiten. Indem sie wachsen und dichter werden, nehmen sie mit der Zeit auf jeder Seite 2 Fuß ein, was man nicht verhindern kann und was ebenfalls eine Allee erheblich einengt. Ein kleiner Hinweis für Fachleute: »Zu beachten ist, was eines Tages aus den Alleen wird, wenn sie alt sind, und nicht nur darauf zu sehen, wie sie anfangs sind, denn ein alter Plan ist sehr verschieden von einem neuen. Ein wenig mehr Breite kann all diese kleinen Unannehmlichkeiten heilen.«[3]

Zum Thema der Pflanzabstände der Alleebäume schreibt d'Argenville im sechsten Kapitel: »Bei der Anlage von Alleen und Seitenalleen aus Ulmen, Linden oder Kastanien teilt man, wenn die Flucht festliegt, von 12 Fuß zu 12 Fuß [3,90 Meter] die Pflanzstandorte ab. Dieser Abstand ist ein Mittelwert zwischen denen, die nur 9 Fuß von Baum zu Baum gewähren, was nicht genug ist, und denen, die 15 bis 18 Fuß wollen, was wiederum zu viel ist. Der Abstand von 12 Fuß ist vernünftig und gebräuchlicher als die beiden anderen.«[4] Es sei angemerkt, das der Abstand von 12 Fuß auch noch für die von Lenné gepflanzten landschaftlichen Alleen des 19. Jahrhunderts verbindlich war. Nach Anweisungen zum Ausheben der Pflanzlöcher fährt d'Argenville fort: »Bevor Sie Ihre Bäume pflanzen, muss man sie in einer Höhe von 8 bis 9 Fuß [2,60–2,92 Meter] abschneiden, indem man sie köpft, sofern sie nicht mit Ballen gezogen wurden, wozu ich mich hiernach äußern werde.« Auf die Nachteile des üblichen Köpfens und den Vorteil der Ballenpflanzung geht er dann ein: »Personen, die einen schönen Garten in kurzer Zeit haben wollen und sich nicht scheuen, ein wenig mehr auszugeben, bedienen sich der mit Ballen gezogenen Bäume. Sie gewinnen dadurch fünf oder sechs Jahre. Da diese Bäume mit Ballen gezogen sind, kann man sie in ihrer ganzen Höhe pflanzen, ohne etwas abzuschneiden. Während die anderen Bäume, deren Wurzeln offen liegen, nicht genug Kraft haben, ihren Wipfel zu ernähren, ist man verpflichtet, sie in einer Höhe von 8 oder 9 Fuß zu köpfen, wie berichtet wurde. Daran sieht man, dass ein Privatmann, der Ballenware pflanzt, die Zeit gewinnt, die die Bäume brauchen, um einen neuen Wipfel zu bilden. Darüber hinaus sind diese unendlich viel schöner, da sie keine Stelle des Wiederaustriebs haben, als die, die man geköpft hat. Ich habe Ulmen mit Ballen gepflanzt von 30 Fuß Höhe [30 Fuß = 9,75 Meter] und stark wie ein Schenkel, die wunderbar angewachsen sind.«[5]

Während d'Argenville zwar das Pflanzen der Ballenware der Unsitte des Köpfens der Pflanzbäume vorzieht, aber aus Kostengründen nicht verwirft, wendet sich Daubenton in der »Encyclopédie« so entschieden dagegen, dass er die im Folgenden wiedergegebenen Argumente gleich dreimal unter verschiedenen Stichwörtern (taille des arbres, tilleul, orme) wörtlich wiederholt: »Fast alle Gärtner haben die böse Leidenschaft in 7 Fuß [2,27 Meter] Höhe die Bäume abzuschneiden, die sie verpflanzen. Es scheint dies der absolute Punkt zu sein, jenseits dessen die Natur sich in Erschöpfung befindet. Sie sehen nicht, dass diese alte Routine, die

[2] Dezallier d'Argenville, Antoine Joseph: La théorie et la pratique du jardinage. Paris 1709, S. 39 f.
[3] Ebenda, S. 41.
[4] Ebenda, S. 148.
[5] Ebenda, S. 149.

Bäume so kurz zu pflanzen, ihr Angehen stark verzögert und ihnen eine Schadhaftigkeit bringt, die meist irreparabel ist. Auf diese Weise heruntergehauene Bäume bilden fast immer an der Schnittstelle eine knieförmige, missgebildete Verdickung von sehr unangenehmem Anblick; man kann diesem Mangel nur vorbeugen, indem man den für Alleen, Avenuen, Quincunxe usw. bestimmten Bäumen mindestens einen Stamm von 12 Fuß Höhe belässt. Man lässt einige Jahre lang die Austriebe, die sie oberhalb der ersten 10 Fuß [3,25 Meter] machen, danach ästet man sie nach und nach aus, um ihnen nur die Hauptstämme zu belassen, die sich zur Laubkrone emporschwingen. So kann man rasch Freude an ihnen haben und sie Fortschritte machen sehen, die stets von Anmut begleitet sind.«[6]

Nach der Erörterung dessen, worauf beim Pflanzen von Bäumen zu achten ist, heißt es: »Die dritte Sorgfaltspflicht ist, die jungen Pflanzen zu leiten (conduire) und auszuasten (élaguer), was nichts weiter als ein wenig Intelligenz erfordert, die darin besteht, beim Anblick eines Baumes, der fünf oder sechs Zweige hat, zu wissen, welchen man erhalten muss, um diesen Baum eines Tages sehr schön und sehr gerade hochzubringen. Man muss als Grundregel festhalten, ein hochgewachsener Baum darf, um als schön zu gelten, nur einen Leittrieb haben und er soll einen sehr hohen Stamm von etwa 20 bis 30 Fuß [6,50–9,75 Meter] haben, ohne Gabelungen und Zweige. Danach lässt man ihn seine Krone bilden, wie er will. Ist im gegenteiligen Fall der Stamm eines Baumes zu kurz, sind die Gabelungen unangenehm im Anblick, ebenso wenn ein Baum mehrere Leittriebe hat, weil er nun aussieht wie ein Apfelbaum oder Weihnachtskerzenständer, die in sieben Zweige verdreht sind. ([Randbemerkung] So sehen die Rosskastanien der Großen Allee in den Tuilerien aus, die fast alle diesen Fehler haben.) Wenn es geköpfte Bäume sind, die man leiten will, wird man sie das erste Jahr »rupfen«, indem man alle Knospen, die sich am Stamm befinden, von Hand beseitigt, damit der Saft steigt und sich ganz oben vereinigt, um einen neuen Wipfel zu bilden. Im zweiten Jahr ihres Wachstums wählt man unter all diesen Zweigen den aus, der der stärkste und der geradeste auf dem Fuß des Baumes ist, d. h. der am lotrechtesten steht, und man schneidet ohne Rücksicht alle anderen weg. Wenn man in der Auswahl des Astes im Zweifel ist und kein wirklich senkrechter sich auf dem Baum befindet, sollte man zwei bis zum folgenden Jahr lassen, in dem man dann den schwächeren schneidet. Es kommt manchmal vor, dass man verpflichtet ist, drei Zweige an dem Baum zu lassen, weil der mittelste, der senkrecht zum Stamm steht, der schwächste und manchmal auch ein wenig schief ist. In diesem Fall schiebt man einen Stock zwischen die Zweige, um den mittelsten zu richten. Danach schält man dort, wo die anderen Zweige aus dem Stamm kommen, die Rinde rundherum ungefähr zwei Daumen breit ab. Das hält den Saft an, der auf diese Weise nur dem mittelsten Ast zugute kommt. Die bei-

den anderen Zweige sterben und wenn der mittelste sich selbst halten kann, schneidet man sie ab. So bleibt von den drei Zweigen, die man zu Anfang hat bestehen lassen, nur der eine gerade übrig. Der Grund, nur einen Ast am Baum zu lassen, ist, dass er sich so besser entwickelt und stärker und schöner wird und er alle Nahrung auf sich vereinigt. Ich habe auf diese Art und Weise geköpfte Ulmen entwickelt, die in fünf oder sechs Jahren einen schönen geraden Wipfel gebildet haben, 15 bis 20 Fuß hoch. Wenn man Bäume, ohne sie zu köpfen, pflanzt, wie die mit Ballen, lässt man auch ihnen nur einen kleinen Strauß an der Spitze. So wird der Baum ganz oben mit nur wenigen Ästen wenig belastet und die Wurzel kann leicht ihren Wipfel ernähren.

Die beste Art Alleen hochzubringen und aufrecht wachsen zu lassen ist, an zwei Maßnahmen nicht zu sparen: Das erste ist, an jeden Baum Stangen mit Weidenruten zu setzen, um sie zu befestigen, das dient dazu, sie gegen die Erschütterungen der starken Winde zu sichern und sie hoch und senkrecht zu leiten, ohne dies kippen die Bäume, wird ihre Krone gekrümmt und ist sehr der Gefahr ausgeliefert, durch die Winde zerrissen zu werden.«[7] Die folgende zweite Maßnahme bezieht sich auf die Hecken und ist deshalb hier nicht von Interesse. In der Ausgabe von 1760 ist eine Passage eingefügt, die empfiehlt, gekippte und gedrehte Alleebäume nicht gleich abzuschlagen, sondern mit Seilzügen zu richten und sie dann mit Hilfe von Eisendrähten an geeigneten Nachbarbäumen zu fixieren. Starke Krümmungen sollte man mit einem Balken und Spannseilen während des Saftflusses herausdrücken. Die Wurzeln kippender Jungbäume sind mit einem eingerammten Baumpfahl in die richtige Lage zu zwingen. Bäume, die man aufgrund ihres Alters oder ihrer Deformation nicht richten kann, müssen gefällt und durch Nachpflanzungen ersetzt werden. Soweit d'Argenville. Ich möchte noch ergänzen, dass in vielen Anstellungsverträgen der Zeit für Gärtner die Verpflichtung die Alleen auszubessern, d. h. nachzupflanzen, ein wesentlicher Punkt ist.

Daubenton, der bereits zitierte Autor vieler Artikel über den Garten, fasst in der »Encyclopédie« die von d'Argenville formulierten Festlegungen für barocke Baumalleen in Gär-

*Ausschnitt einer Ansicht der Hauptallee von Rheinsberg von Süden, um 1795. Lavierte Federzeichnung, vermutlich mit einer Camera obscura aufgenommen, verschollen. Ein Beispiel für eine Doppelallee, in der der Blick auf das Schloss in der Mittelallee durch Schnitt freigehalten wird und die Bäume sich über den Seitenalleen bogengangförmig wölben.*

| 6 | Encyclopédie, ou Dictionnaire raisonné des sciences, des arts et des métiers, hrsg. von Denis Diderot und Jean LeRond d'Alembert. Bd. 15. Neuchâtel 1765, S. 834.
| 7 | Ebenda, S. 159 f.

ten unter der Überschrift »Der Schnitt (taille) oder das Ausästen (élagage) der Avenuen und Alleen« in prägnanter Form zusammen: »Es ist Brauch für die Avenuen und großen Alleen, die Bäume so hoch wachsen zu lassen, wie ihre Kraft es vermag. Die große Höhe macht die hauptsächliche Schönheit aus. Hinsichtlich der Alleen mittlerer Ausdehnung bemüht man sich manchmal, sie in der Höhe zu begrenzen, um sie sich garnieren zu lassen, um ihnen mehr Regelmäßigkeit zu geben oder mehr noch, um die Blicke auf die Gebäude in ihrer Nachbarschaft frei zu halten: der Hauptpunkt jedoch besteht darin, den Avenuen und Alleen die Form eines Bogenganges (berceau) zu geben, sei es mittlerer Höhe, sei es in großer Erhebung, entsprechend der Natur des Baumes und der Qualität des Bodens. Man kann dahin nicht mit Erfolg gelangen, wenn man sich nicht rechtzeitig damit befasst, um nicht gezwungen zu sein, dicke Äste wegzunehmen, die ein Loch hinterlassen oder deren Beseitigung den Bäumen oftmals schadet. Während der drei oder vier ersten Jahre nach der Pflanzung muss man nichts weiter tun, als die unnützen Triebe auszumerzen, die Kronen der Bäume zu vereinfachen und die Hauptzweige, die die Fluchtlinie mit Laub schmücken können oder die das Höhenwachstum übernehmen sollen, zu leiten. Nach dieser Zeit wird man alle Jahre im Frühling mit der Heckensichel (croissant) einen Schnitt der Äste machen, die ihre Richtung, sei es in das Innere der Allee, sei es nach außen, nehmen. Zuerst etwa einen halben Fuß vom Stamm des Baumes entfernt, danach gibt man nach und nach diese Präzision auf, um ein Wirrwarr (chiffonnage) der Äste zu vermeiden. Das Ziel muss sein, eine Art Hecke zu formieren, auf einer Höhe von 8 bis 10 Fuß. Man tut gut daran, diese Pflegearbeit nicht zu unterbrechen bis die Pflanzung 20 Jahre alt ist. Jetzt ist der Zeitpunkt gekommen, wo die Bäume ihre volle Kraft haben. Man wird ihnen nun erlauben, ihre oberen Zweige auszubreiten, um einen Schirm zu bilden, und es wird reichen, alle drei Jahre einzugreifen, um die zu Anfang getroffenen Dispositionen zu erhalten und alles zu begünstigen, was Schatten verschaffen kann und einen angenehmen Aspekt.«[8]

Zwei Begriffe werden bei der Alleenerziehung synonym gebraucht: émonder (= einen Baum ausputzen) und élaguer (= einen Baum ausästen, ausschneiden).[9] In der »Encyclopédie« von Diderot schreibt d'Argenville darüber im fünften Band: »Emonder (jardinage) Tätigkeit, Bäume auszuästen (élaguer) oder auszuputzen (émonder), die keine Früchte bringen, bewirkt bei ihnen den gleichen Effekt, wie der Schnitt des Obstgehölzes. Durch den Schnitt formiert man sie, gibt ihnen eine schöne Form und einen hoch angesetzten und graziösen Wipfel. Grundregel ist, dass ein hochstämmiger Baum (de haute tige ou de haute futaie) nur einen Leittrieb bis zu einer bestimmten Höhe haben darf. Danach lässt man ihn seinen Wipfel bilden.«[10] Der weitere Text entspricht dem in »La théorie et la pratique du jardinage« von 1709 mit folgender Ergänzung: »Man soll beim Schneiden nicht den Baum auf beiden Seiten anschneiden, weil die klaffenden Wunden wegen der Rinde, die man wegschneidet, wenig Durchfluss für den Saft ermöglichen, den Baum zum Stillstand bringen können und seinen Wipfel vertrocknen lassen oder im Winter erfrieren. Man wird dieses deshalb bei den Bäumen von Etage zu Etage und rücksichtsvoll machen, indem man milde Jahreszeiten aussucht, wie Ende des Herbstes oder Beginn des Frühlings.«

Das Wort tondre (= scheren, schneiden) war für den Heckenschnitt mit der Schere wie für das Schneiden der Zweige der Bäume mit der Heckensichel gebräuchlich. Als rapprocher wird das Zurückschneiden einer Hecke bis an den Stamm bezeichnet. Étêter, ébotter, étronçonner sind Synonyme für das Köpfen von Bäumen.

Im fünften Kapitel nennt d'Argenville die bevorzugten Alleebäume mitsamt der Begründung: »Die Bäume, derer man sich normalerweise bedient, um schöne Alleen zu bilden, sind Ulmen, Linden, Rosskastanien. Ulmenalleen werden, wenn sie gut eingerichtet sind, sehr hoch und sehr hochkronig, von einem schönen Laubwerk und halten sehr lange. Die Lindenalleen sind ebenfalls sehr schön, besonders wenn es holländische Linden sind. Diese Bäume, wie man weiß, erheben sich sehr hoch, haben eine einheitliche Rinde und angenehmes Laubwerk. Sie erzeugen eine große Zahl von Blüten, deren Duft sehr angenehm ist. Außerdem sind sie nicht Gegenstand eines Raupenbefalls. Das sind die beiden Baumarten, von denen ich rate, sie immer der Rosskastanie vorzuziehen, obwohl diese stark in Mode ist. Man kann nicht sagen, dass die Rosskastanie nicht schön sei. Sie ist gleichmäßig und wächst sehr gerade mit einem schönen Stamm. Sie hat eine gleichmäßige Rinde und ein sehr schönes Laub, aber all die Gerüche, die sie ununterbrochen in den Alleen verursacht, durch den Fall ihrer Blüten im Frühling, durch den Fall ihrer Igel und Kastanien im Sommer und ihrer Blätter zu Beginn des Herbstes, vermindern doch ihren Wert. Hinzu kommt, dass sie sehr von Maikäfern befallen wird und von Raupen, die sie während des Sommers ganz entblößen können, und dass ihr Schatten, wie man behauptet, sehr ungesund ist und dass sie nur eine mittlere Höhe erreicht, nicht sehr langlebig ist und eine sehr schlechte Ausschlagkraft hat.«[11]

Zusammenfassend sei festgestellt, dass in den Alleen des Barock und Rokoko die Bäume nach strenger Erziehung in den ersten 20 Jahren ihre hoch angesetzten Kronen frei entwickeln sollten und in den Seitenalleen und Alleen ohne architektonischen Zielpunkt gewölbeförmiger Kronenschluss angestrebt wurde. Zweige, die in der Hauptallee die Sicht auf Architekturen einengten oder sonst das Bild der Regelmäßigkeit störten, wurden im Dreijahresrhythmus entfernt. Probleme, die mit hundertjährigen Alleebäumen ins Blickfeld rücken, entfielen, da nach dieser Zeit der Landschaftsgarten neue Ideale formulierte oder, wie im Falle von Versailles, ein Neupflanzung vorgenommen wurde.

[8] Ebenda, S. 835.
[9] Vgl. Wimmer, Clemens Alexander: Abbé Jean Roger Schabols Schnittverfahren. In: Zandera. Bd. 12/1997. Nr. 1, S. 28–33.
[10] Enzyclopédie (wie Anm. 6). Bd. V., S. 571.
[11] Dezallier d'Argenville (wie Anm. 2), S. 143.

Michael Rohde

# Erhaltungs- und Pflegemethoden für Alleen im 19. Jahrhundert

Obwohl die architektonische Gartenkunst in der zweiten Hälfte des 18. Jahrhunderts auch in Deutschland von der Stilrichtung des malerischen Landschaftsgartens abgelöst worden ist, sind relativ viele der alten Alleen erhalten geblieben, wenn auch oftmals durch Vorpflanzungen versteckt oder durch Entnahme einzelner Bäume gebrochen. Später wurden allmählich auch wieder neue Alleen gepflanzt, nicht nur als Promenaden in den Städten und an Straßen und Wegen in der Landschaft, sondern auch in den umgestalteten und neuen Gärten und Parkanlagen.

Alleen haben also in der Gartenkunst immer eine Rolle gespielt, weshalb Fragen der Anzucht geeigneter Alleebäume (Baumschultechniken), der Bodenvorbereitung, der Technik von An- und Umpflanzung, der Bewässerung und Düngung sowie des Kronenschnitts stets thematisiert worden sind. Aber auch die Pflege und Erhaltung von alten Alleen, insbesondere die Methodik, bestehendes altes Baummaterial so lange wie möglich zu bewahren, ist im Sinne früher denkmalpflegerischer Ansätze diskutiert worden.[1]

## Hirschfelds Programmatik im Umgang mit Alleen

Zur Zeit des Barock »war ein Park nichts anders, als ein weit eingeschlossener und mit einer hohen Mauer umgebener Raum, in große symmetrische Stücke verteilt, mit geraden Alleen bepflanzt, die auf *Einen* Mittelpunkt zusammenliefen, oder einen Stern bildeten«, schrieb Hirschfeld (1742–1792) in den achtziger Jahren des 18. Jahrhunderts. »Die Bäume und Sträucher, die der neue Geschmack pflanzt, erhalten sich fast von selbst, weil sie frey und fröhlich unter der Hand der milden Natur aufwachsen.«[2] »Dennoch haben Alleen ihre Empfehlung«, so Hirschfeld in seiner für Europa auch im 19. Jahrhundert noch gültigen Programmatik. Alles käme darauf an, »die Strenge der Regelmäßigkeit durch irgend eine kleine Veränderung zu mindern«, sie also durch Vorpflanzungen zu verbergen oder durch die Entnahme einzelner Bäume aufzulockern. Vor einem Landhaus jedoch vermögen Alleen sich in ihrer völligen Regelmäßigkeit zu zeigen, »indem sich von dem Gebäude aus der Begriff von Kunst, Ordnung und Regelmäßigkeit verbreitet.«[3]

Hirschfeld setzte sich in einem Beitrag über Verschönerungen der Landstraßen auch für Alleen ein, »die majestätische Wölbung der hohen Laubdecken dieser Bäume, worunter Schatten, Kühlung und Ruhe wohnen«. Er kritisierte »die gemeine Baumstuzerey, die noch hier und da den Gartenknechten verstattet« werde. Man habe die Bepflanzung der Landstraßen »aus dem ökonomischen Grunde vorgeschlagen, den Holzmangel zu ersetzen«. Doch das »Kappen« bzw. die »unsinnige Mode der Baumverstümmelung« erbringe kaum genügend Brennmaterial, sondern verunziere an den Landstraßen wie auch in den Gärten. Es sei Unsinn, diese »waldigten Gipfel, die von frohen Sängern bewohnt in der Luft zu wallen bestimmt waren, zu kahlen Pfählen herabzukappen, oder sie in Kegel, Fächel und andre kindliche Figuren zu verunstalten«.[4]

## Untersuchung des Kappens von Alleebäumen in Hamburg – ein Wettbewerb 1790

Das von Hirschfeld beschriebene Problem wird an einem Beispiel aus Hamburg deutlich. Im Jahr 1790 schrieb die »Hamburgische Gesellschaft zur Beförderung der Künste und nützlichen Gewerbe« einen Wettbewerb zur »Untersuchung der Vortheile und Nachtheile des Kappens der Bäume auf den Hamburgischen Wällen und Landstraßen« aus.[5] Seit etwa Mitte des 18. Jahrhunderts würde die Unsitte des Kappens gesunder Bäume vor allem in Hamburg praktiziert, was vor 1709 noch nicht der Fall gewesen sei.[6] Beil und Säge würden die Bäume bis auf den Stamm verstümmeln, so dass

| 1 | Das Kappen von Alleen wird bis heute diskutiert, seit dem 19. Jahrhundert freilich als gärtnerische Unterhaltungsmaßnahme wie auch als denkmalpflegerische Methodik, indem alte Bäume als Anschauungsmaterial so lange wie möglich erhalten werden. Lothar Abel zitiert in seiner 1876 in Wien publizierten »Garten-Architektur« z. B. den vollen Wortlaut Hirschfelds über diese »Baumverstümmelungen« (S. 24).
| 2 | Hirschfeld, Christian Cay Lorenz: Theorie der Gartenkunst. Bd. IV. Leipzig 1782, S. 11, 23.
| 3 | Ebenda. Bd. II. Leipzig 1780, Kap. Alleen, S. 64–70, siehe S. 64 f.
| 4 | Ebenda. Bd. V. Leipzig 1785, Kap. Gartenmäßige Verschönerung einzelner Theile eines Landsitzes, S. 181 f. mit Verweis auf seine Ausführungen. In: Gartenkalender 1783, S. 215 ff.
| 5 | Verhandlungen der Gesellschaft über die Untersuchung der Vortheile und Nachtheile des Kappens der Bäume auf den Hamburgischen Wällen und Landstraßen. In: Verhandlungen und Schriften der Hamburgischen Gesellschaft zur Beförderung der Künste und nützlichen Gewerbe. 2. Bd. Verhandlungen vom Jahr 1791. Hamburg 1793, S. 193–257.

*Das von Friedrich II. und seinen Architekten Georg Wenzeslaus von Knobelsdorff um 1750 konzipierte Venusbassin im Berliner Tiergarten. Das 1761 von Jakob Philipp Hackert gefertigte Gemälde zeigt eine im Wechsel von Bäumchen mit Kugelkronen und Gehölzpyramiden rahmende Allee.*

| 6 | Ebenda, S. 206 f.
| 7 | Mit Bezug auf Untersuchungen aus dem »Hannöverschen Magazin« würde die Entnahme großer Zweige einer älteren Eiche in den nicht mehr überwallenden Wunden Fäulnis verursachen (1754). Und C. F. Meyer warnt 1757, dass durch das Abhauen der Gipfel eine Menge von Reisern hervor treibe, die aber die Menge der Säfte nicht fassen könnten, deshalb kränkeln würden. Ebenda, S. 200 ff.
| 8 | Der Autor erwähnt auch eine alte Walnussbaumallee bei Frankfurt a. M., die »nie durch Eisen oder Stahl je versehrt wurde, und keine nasse Stellen zeigt«. Ebenda, S. 241.
| 9 | Sckell, Friedrich Ludwig von: Beiträge zur bildenden Gartenkunst … München 1818. 2. Aufl. 1825. Nachdruck Worms 1982, S. 2 f., 166–169, 202 ff.; vgl. u. a. auch Herzog, Rainer (Ausstellungskonzeption und Projektleitung): Die Alleen Am Mittelkanal. In: Friedrich Ludwig von Sckell und Nymphenburg. München 2003, S. 44 f.; sowie: Die Gartenkunst. H. 2/2002.
| 10 | Manche Alleen löste Sckell allerdings auch auf, vgl. seine Gutachten über Schönbusch 1795: »Die Linden Allee muss an den beiden Seiten des neuen

der freie Wuchs der Äste gehemmt sei und »keinen natürlichen Baumschlag« mehr ausbilden könnte. Auch würden gekappte Bäume einer Allee ihrer ursprünglichen Bestimmung beraubt, »dem Wanderer Schatten und Kühlung zu geben«. Für die Hamburgische Gesellschaft standen damals auch die fragwürdigen Aspekte einer zugrunde gelegten »Forst-Theorie« wie die eines »cameralischen Gewinns« im Sinne eines Holzertrages zur Diskussion.

Wenn aber die »Erhaltung der Bäume« als Ursache für das Kappen angesehen werde, so fände es in der Regel Anwendung bei »einzelnen wirklich kränkelnden und absterbenden Bäumen gewisser Arten, z. B. bei Jypern (Ulmen), Hagebüchen usw. deren Leben durch vorsichtiges Beschneiden der Aeste für mehrere Jahre vielleicht noch gerettet werden« könnte. Das totale Kappen hingegen würde »am wenigsten bei Bäumen in Alleen« durchgeführt und auch nicht »in den Forsten, wo Bäume, ihrer ökonomischen Bestimmung wegen … gefället werden müssen«.7

Die Gesellschaft wollte zwei generelle Fragen beantwortet wissen: »Welches sind die Vortheile und welches die Nachtheile des Kappens (Köpfens) der Jypern (Ulmen, Rüstern), Linden, Büchen, Eschen und Hainbüchen auf unseren Wällen und Landstraßen, in Rücksicht auf Forst-Wirthschaft, Cameral-Nutzen, Polizei und schöne Gartenkunst?« Und: »Wie oft, zu welcher Zeit, und auf welche Weise muß dieses Kappen in denjenigen Fällen, wo dessen gänzliche Abschaffung nicht anzurathen ist, vorgenommen werden?« Von den zwölf Preisschriften wurden drei ausgewählt, um ihnen im April 1791 nochmalig detailliert Fragen wie nach den Baumarten, nach der Entwöhnung vom Kappen oder nach der Art des Schnittes anzutragen und die Ergebnisse schließlich vollständig zu veröffentlichen.

Der Oberförster Hase aus Eutin beobachtete, dass gepflasterte Wege, Sand- wie auch Grandwege »das Kappen weniger nötig« machen würden, »als Wege die aus Lehm, Kley- und Moor-Erde bestehen«, weil diese zu wenig freie Luft enthalten. Zur Art des Schnittes sei »der schräge Hieb« der beste. »Er muß mit einem scharfen Beil dergestalt geschehen, dass der Ast nicht spalte, oder splittere.«

Der Forstschreiber Unzer aus Isenburg am Harz gab andere Hinweise. Ein gekappter Baum könne »das Alter eines der Natur überlassnen Baums nicht erreichen« und das Kap-

*Kappversuch im Rahmen des Landesparkprogramms: Alleebäume mit besenartigen Austrieben im Park von Remplin (Mecklenburg) 1999 vor der Kappung der gesamten Allee in 7,50 Meter Höhe, 2005*

Thals zugepflanzet und die vom Brand meistens beschädigte Lindenbäume, müssen notwendigerweise alle heraus genommen, und die nicht beschädigte (welche nur wenige sind) im Schönbusch hin und wieder verpflanzet werden, damit auch diese Allée in der folge nicht mehr bestehe.« Vgl. Albert, Jost / Helmberger, Werner: Der Landschaftsgarten Schönbusch bei Aschaffenburg. Worms 1999, S. 106.
| 11 | Pückler-Muskau, Hermann Fürst von: Andeutungen über die Landschaftsgärtnerei. Stuttgart 1834. Reprint Stuttgart 1977, Alleen, S. 54 f., Versetzung grösserer Bäume, S. 39 ff. Eduard Petzold sagte später über Pückler; dieser habe zwar »die Führung der Axt als das einzige Mittel der Erhaltung ... ausgesprochen und erkannt. Und dennoch und trotz alledem hat er sich zum Hauen in seinen Anlagen und Pflanzungen niemals entschliessen können«. Petzold, Eduard: Fürst Hermann v. Pückler-Muskau in seinem Wirken in Muskau und Branitz. Leipzig 1874, S. 45 f.

*Die »gedeckten Lindenalleen« in Kastenform seitlich des Parterres im Schlossgarten Brühl, gepflanzt um 1728, die mit einigen Unterbrechungen immer wieder im Formschnitt gehalten werden konnten, 2002*

| 12 | Z. B. Greenwood, George: Der Baumheber oder: Eine neue Methode Bäume umzupflanzen und Alleen anzulegen. Übersetzung aus dem Englischen von G. L. Feldmann. Leipzig, Pesth 1844.
| 13 | Wittmack, Marx Carl Ludewig: Lennés Entwurf zu einem Lehrbuch der Landschaftsgärtnerei. In: Gartenflora 38/1890, S. 540 ff. Meyer, Gustav: Lehrbuch der schönen Gartenkunst. Berlin 1860. Reprint Berlin 1999.
| 14 | Jäger, Hermann: Die Verwendung der Pflanzen in der Gartenkunst ... Gotha 1858; ders.: Lehrbuch der Gartenkunst. Leipzig 1877.
| 15 | Vgl. Hennebo, Dieter: Vom »klassischen Landschaftsgarten« zum »gemischten Styl« – Zeittypische Gestaltungstendenzen bei Peter Joseph Lenné. In: Peter Joseph Lenné – Volkspark und Arkadien, hrsg. von Florian von Buttlar. Ausst.-Kat. Berlin 1989, S. 49–59; ders.: Gestaltungstendenzen in der deutschen Gartenkunst des 19. Jahrhunderts. In: Die Gartenkunst. H. 1/1992, S. 1–11; ders.: Gartenkunst in Niedersachsen im 19. und frühen 20. Jahrhundert. In: Hennebo, Dieter / Rohde, Michael / Schomann, Rainer: Historische Gärten in Niedersachsen, hrsg. vom Heimatbund Niedersachsen e. V. Ausst.-Kat. Hannover 2000, S. 30–51.
| 16 | Rohde, Michael: Gartentheorie zur Unterhaltung und Erhaltung von Landschaftsgärten im 19. Jahrhundert. In: Stadt und Grün. H. 11/1995, S. 745–754.

pen hundertjähriger Bäume bleibe überhaupt waglich. »Solche Bäume schlagen zwar wieder aus, allein ihre Lohden sind kümmerlich und kommen nur da hervor wo bereits einige Auswüchse vorhanden sind: daher verunstalten sie eine Allee ... Ganz anders verhält es sich mit Bäumen, welche bereits zu Kopfstämmen gezogen sind, und besonders mit solchen, denen schon in der Baumschule die Krone genommen wurde. Das junge Holz, welches beim jedesmaligen Köpfen darauf stehen bleibt, wird im ersten höchstens zweiten Jahr mit neuer Rinde bedeckt und kann nicht einfaulen.« Unzer resümiert: »Die jetzigen mehrsten Alleen und Pflanzungen sind zu sehr ausgeartet und durch schlechte Behandlung verdorben.« Am besten sei zu verfahren, wenn man sie »nach und nach wegnimmt und junge dafür hinsetzt«.

Auch der anonym gebliebene »Pommersche Forst-Beamte und Güter-Besitzer« war der Ansicht, dass »alle diese Operationen« schädlich seien und gekappte Bäume früher absterben. »Verletzt jeder Hieb mit der Axt« den Baum, so werde »solche Verletzung, bald früher, bald später, eine Ursache zur Fäulnis, und der Baum modert allmählig dahin.«[8] Wenn man jedoch vom Kappen nicht ablassen wolle, müssten die Kronen jährlich beschnitten werden.

## Die Akzeptanz von Alleen im 19. Jahrhundert

Zu Beginn des 19. Jahrhunderts erschienen die »Beiträge« von Friedrich Ludwig von Sckell, die allerdings in Bezug auf Alleen wenig Neues gegenüber Hirschfeld brachten.[9] In der Landschaft würden Alleen der Natur widersprechen, in den Gärten würden alte Alleen »ihrer Schönheit wegen doch erhalten«, gleichwohl versteckt oder zum Teil geöffnet werden müssen. »Stolze Alleen im großen Charakter, aus 2 oder 4 Reihen ehrwürdiger Bäume bestehend«, dürften »nicht beschnitten« werden, »sondern in ihrem schönen Natur-Gestalten erscheinen«.[10] 1834 erwähnte auch Fürst Pückler Alleen in seinen »Andeutungen«, wollte sie »nicht verdammen«, sie ebenfalls für Landstraßen und Schlossauffahrten empfohlen haben. Zur Pflege und Erhaltung alter Alleen äußerte er sich nicht, doch kam er an anderer Stelle auf die Verpflanztechnik großer alter Bäume nach der Theorie des Sir Henry Steuart zu sprechen.[11] Andere Techniken des Verpflanzens von Bäumen für die Anlage von Alleen wurden aus dem Englischen ins Deutsche übersetzt.[12] Peter Joseph Lennés projektiertes »Lehrbuch der Landschaftsgärtnerei« ließ das Thema Unterhaltung unberücksichtigt und auch Gustav Meyer machte in seinem 1860 publizierten »Lehrbuch der schönen Gartenkunst« zu Erhaltungsfragen von Alleen keine Angaben.[13] Hermann Jäger bezog sich in seinen Schriften zwar allgemein auf Maßnahmen der Regeneration von Gehölzbeständen, blieb in Fragen der Alleen jedoch auf der Basis der Äußerungen von Sckell, Pückler oder Eduard Petzold.[14]

In dieser Zeit entstanden in Deutschland neben den ersten kommunalen Promenaden, Volksgärten, Stadtparks und größeren Friedhöfen, mit den Schöpfungen der Gartenkünstler Lenné und Pückler auch Gärten und Parks im reifen landschaftlichen Stil. Dies führte prinzipiell zur breiten Akzeptanz alter wie der Anlage neuer Alleen, befördert durch zwei Tendenzen der Gartenkunst. Einmal griffen – besonders nach dem Beispiel des Gartenreiches von Dessau-Wörlitz – Bestrebungen der Landesverschönerung: Ein wesentliches Mittel jener Verknüpfung von Landsitzen, Städten und markanten Bauwerken in der Landschaft waren Alleen einschließlich der Obstbaumalleen. Zum anderen entstanden »zonierte« Gärten mit der Einführung fließender Verbindungen unterschiedlich strukturierter, ausgestatteter und nutzbarer Teilbereiche zu einem stimmigen Gesamtkunstwerk. Nutzbare Gärten in der Nähe des Hauses – meist nach historistischen Tendenzen im regelmäßigen formalen Stil ausgeführt – leiteten zu einem »aufgeschmückten« malerischen Bereich über, dem »Pleasureground« und dieser wiederum zu der Abfolge des landschaftlichen Parks und der ihn umgebenden (verschönten) Landschaft.[15] Diese Entwicklungen förderten vor allem auch den Einsatz von Alleen wie auch Diskussionen um ihre Erhaltung und Pflege[16] (vgl. den Beitrag von Dietger Hagner, Alleen zur Zeit des Landschaftsgartens – von der Aufklärung bis zum Historismus, in diesem Band).

## Die Herrenhäuser Allee – Diskussionen über das Schneiden, Kappen, Ersetzen

Der Umgang mit Alleen wurde im 19. Jahrhundert besonders in Fachzeitschriften diskutiert, z. B. in Bezug auf Hannover-Herrenhausen.[17] Die 1723 von Ernst August Charbonnier über ca. zwei Kilometer lang angelegte Allee hatte bereits nach 50 Jahren eine erste Kappung erfahren. Fünf Jahrzehnte später wurde Christian Schaumburg (1788–1868), späterer Garteninspektor von Hannover, erneut über den Umgang mit

*Durch Kappung erhaltene uralte Alleebäume auf dem Zufahrtsweg zum Schlossgarten Hundisburg (Sachsen-Anhalt), 1999*

*Die Große Allee von Hannover-Herrenhausen in den 1960er-Jahren*

den inzwischen hoch ausgewachsenen Bäumen gefragt. Seiner Auffassung nach würde »durch das Kappen eine egale Form der sämmtlichen Bäume und das Düngen ein junger und kräftiger Trieb bewirkt«. Das Kappen müsse in abnehmenden Intervallen wiederholt werden. »Darüber waren alle Sachverständige vollkommen einig.«[18] Nach diesem Gutachten erfolgte 1834 schließlich die zweite Kappung und Düngung der Herrenhäuser Allee. Bereits 1854 mussten aus verschiedenen Gärten rund 900 Bäume angekauft werden, um in der Allee wie auch im Großen Garten »fehlende Linden zu ersetzen«, aber »auch die gedachten schwachen Bäume durch größere zu ersetzen«.[19]

1880 vollendete William Heinrich Adolf Tatter (1823–1897), Oberhofgärtner im Großen Garten Hannover-Herrenhausen, schließlich die dritte Kappung und verbesserte die Situation durch eine unterirdische Bewässerungseinrichtung. Aufgrund des heftigen Widerspruchs aus der Bevölkerung verfasste auch er 1895 eine aufschlussreiche Schrift darüber.[20] Wegen der heftigen Diskussion über die Stammhöhe der dritten Kappung ließ Tatter im Januar 1874 einen »Kappversuch« der Bäume in Pyramidenform durchführen: »20 Stück ließ ich im alten Holz kappen, und betrug die Höhe des Leitzweiges vom Erdboden gerechnet 7,10 Meter. 20 Stück wurden im jungen Holze 8,75 Meter« durchgeführt. Tatter schreibt: »Ich vertrat den Standpunkt, man müsse die Bäume im alten Holze, d. h. unter der Kappstelle von 1834/35 abnehmen.« Zwei Jahre später habe sich bereits ein gewaltiger Unterschied gezeigt. »Bei den im alten Holze gekappten Bäumen überragten die jungen Triebe diejenigen im jungen Holze gekappten fast um Meterlänge.« Freilich seien hier »die Wunden etwas größer«, letztlich wurde aber nach der Methode von Tatter für alle 1313 Lindenbäume verfahren.

»Nachdem das Kappen beendigt, ließ ich die Wunden dreimal hintereinander, d. h. in Zwischenräumen von drei Tagen mit dicker Ölfarbe überpinseln.« Von den ca. 8300 Kappstellen sei auch 15 Jahre später »keine faulige, bzw. schadhafte« erkennbar gewesen, schreibt Tatter. Da sich vor dem Kappen bereits 120 Baumfehlstellen zeigten, habe er nach der Operation in die Lücken »mittelst großer Pflanzmaschine große Bäume mit Erdballen gepflanzt«. Bis zum vierten Jahr habe er die Vielzahl der jungen Holztriebe der gekappten Bäume ungestört gelassen, »dann aber bis auf die sechs kräftigsten, etwa 1,5 – 2 Meter hohe Triebe reduziert«, die nun umso rascher wuchsen. »Von hierab überließ ich es den Bäumen, sich naturgemäß weiter zu entwickeln. Das überflüssige, nicht von ihnen zu ernährende Holz ward trocken und abgestoßen.« Die Kappwunden erhielten einen fünften, letzten Ölfarbenanstrich und manche verbliebenen »Baumlöcher wurden mit einer Mischung von Lehm und Kuhmist verstopft«. Erst 1972 kam es dann doch zu einer ersten Rodung und kompletten Nachpflanzung der Herrenhäuser Allee.[21]

## Petzolds Programmatik zur Behandlung von Alleebäumen

Petzold äußerte sich seit 1849 mehrfach über die Behandlung von Alleen und schrieb schließlich 1878 ein zusammenfassendes Buch darüber.[22] Mit Aufkommen des Landschaftsgartens seien die stattlichsten Alleen zerstört worden, »nur um der neuen Mode zu huldigen«. Petzold empfahl Alleen als Auffahrten zu Schlössern, »auf Promenaden und in Volksgärten, auch als Verbindung einer Residenz mit ihren Vorstädten, oder als Bepflanzung der Landstraßen«. Das ein Jahr zuvor von dem Berliner Forstrat Dr. Ludwig Fintelmann (1809–1879) publizierte Buch »Über Baumpflanzungen in den Städten« sei »sehr schätzenswert und wohl zu beachten«.[23] Petzolds Alleenbuch stellt u. a. geeignete Alleebaumarten »nach Höhe und Farbe, nach Umfang und Lebensdauer, nach dem Boden, den sie zu ihrem Gedeihen verlangen, nach Blüthe und Frucht, nach Werth und Nutzen« vor. Ihm ging es darum, »den Kundigen längst bekannte Gegenstände, die Behandlung der Baumpflanzen, das Schneiden derselben, das Pflanzen selbst, über die spätere Pflege etc. das Erforderliche« zu erläutern, er erwähnt z. B. auch Aspekte der fachgerechten Bodenmischung, der richtigen Baumware aus geeigneten Baumschulen und ihren Transport, natürlich auch die Pflanztechnik selbst, die »nicht

| 17 | Vgl. Palm, Heike: Die Alleen des Grossen Gartens in Hannover-Herrenhausen. In: Naturschutz und Denkmalpflege, hrsg. von Ingo Kowarik, Erika Schmidt, Brigitt Sigel. Zürich 1998, S. 251–265.
| 18 | Schaumburg, Christian: Einige Mittheilungen über das Kappen der Bäume in der Herrenhäuser Allee. In: Verhandlungen des Vereins zur Beförderung des Gartenbaues. XIII. 1834, S. 66 ff. Schaumburg reiste zuvor nach Dresden und Potsdam-Sanssouci (Gespräche mit Peter Joseph Lenné, Christoph Friedrich Otto und Hermann Louis Sello).
| 19 | Malortie, Ernst von. zit. nach: Krosigk, Klaus von: Die Entwicklungsgeschichte der Großen Allee in Hannover-Herrenhausen ... Diplomarbeit Institut für Grünplanung und Gartenarchitektur TU Hannover 1976, S. 47.
| 20 | Tatter, William Heinrich Adolf: Die Kappung der Lindenbäume in der Herrenhäuser Allee. In: Zeitschrift für bildende Gartenkunst. 13. Jg. 1895, S. 114–117.
| 21 | Gartendirektor Hermann Kube (1866–1944): »Die Linden haben zahlreiche ... Wunden. An vielen sind in Fäulnis begriffene Astzapfen vorhanden, was darauf schließen läßt, daß der letzte Verjüngungsschnitt der Bäume nicht sachgemäß und sorgfältig ausgeführt worden ist ...« Kube 1928, Akte VII E, b5 Nr. 1 I, zit. nach: von Krosigk (wie Anm. 19), S. 64.
| 22 | Petzold, Eduard: Beiträge zur Landschafts-Gärtnerei. Weimar 1849, Kap. »Ueber Anlage und Bepflanzung der Landstraßen sowie über Holz-

*Die Kastanienallee vor dem Schweriner Schloss mit Nachpflanzungen in den Lücken, 2003*

pflanzungen in den Feldern überhaupt«, S. 43–54; ders.: Die Landschaftsgärtnerei. Leipzig 1862, Kap. »Unterhaltung der Pflanzungen«, S. 169–183, und »Alleen«, S. 183–189; ders.: Die Anpflanzung und Behandlung von Alleebäumen. Berlin 1878; vgl. Rohde, Michael: Von Muskau bis Konstantinopel. Eduard Petzold – ein europäischer Gartenkünstler. Amsterdam, Dresden 1998, S. 101–104, 121 f. Petzold erwähnt den »Gebrauch der Axt« u. a. »wo die neu angelegte Pflanzung die bezweckte Ausdehnung erreicht hat und ihre weitere Vergrösserung ihre Wirkung beeinträchtigen würde«. Petzold 1862, S. 162 f.
| 23 | Fintelmann, Friedrich Wilhelm Ludwig: Über Baumpflanzungen in den Städten, deren Bedeutung, Gedeihen, Pflege und Schutz. Kern, Breslau 1877.
| 24 | In Ruurlo/Niederlande plante Petzold 1879 bis 1881 »eine der stattlichsten Alleen alter Eichen« teilweise zu verdecken; vgl. Petzold 1862 (wie Anm. 22), 2. verm. u. verb. Aufl. Leipzig 1888, Kap. »Alleen«, S. 198–213.
| 25 | Ders.: Gutachten zum Schwanenteichpark in Zwickau. »Muskau, den 24. Maerz 1866. Petzold«. Stadtarchiv Zwickau, die Parkanlagen beim Schwanen-Teiche btr. 1865, Sig. III n/3 Nr. 26 IV, Bl. 100–107r.; ders. 1878 (wie Anm. 22), S. 57 f.; ders. 1888 (wie Anm. 24), S. 203 f.
| 26 | Hennebo, Dieter: Städtische Baumpflanzungen in früherer Zeit. In: Bäume in der Stadt, hrsg. von Franz H. Meyer. 2. überarb. u. erg. Aufl. 1982. Stuttgart 1978, S. 11–45.
| 27 | Vgl. u. a. Beissner,

durch gewöhnliche Arbeiter besorgt« werden könne, bis hin zum ersten Schnitt an Wurzeln und Zweigen in der Krone.

In einer Zeit, als sich Vorläufer der späteren Landesdenkmalämter in Deutschland etablierten, forderte Petzold 1878 im Zusammenhang mit den Alleen so etwas wie einen Gartendenkmalschutz: Möchten die Landesbehörden »alle jungen Alleen, öffentliche Anlagen und Anpflanzungen unter besonderen Schutz des Publikums stellen und deren Schonung namentlich auch durch die Lehrer der Schuljugend anempfehlen«. Die »als wesentliches Moment des symmetrischen Styls« erhaltenen Alleen würden »uns schon als Beweis für ihren Werth und für ihre Bedeutung gelten«. In Anlehnung an Hirschfeld und Sckell meinte auch Petzold noch, wo alte Alleen nicht »Charakter« besäßen, sei es notwendig, sie teilweise zu verstecken oder »sie je nach den Umständen zu brechen, d. h. in Gruppen zu stellen, oder ganz zu entfernen«.[24] Im Sinne der Landesverschönerung jedoch müssten Alleen gefördert werden. Der Nutzen der Alleen, »den man bei ihrer Anwendung auf Landstraßen mit ihrer ästhetischen Wirkung verbindet, seit sie aus den Gärten mehr und mehr verdrängt wurden, ist längst anerkannt und eine sehr dankenswerthe Fürsorge der Landesverwaltung«.

Petzold hielt Kenntnisse über die Hiebverträglichkeit, »namentlich auch das Köpfen oder Abwerfen der Krone« für notwendig. Leider werde in weiten Teilen Schlesiens noch immer das »Köpfen der Bäume, namentlich der Kopfholzzucht« betrieben. Ganze Gegenden seien dadurch verunstal-

tet und »wo, wie Fürst Pückler sehr treffend sagt, die Bäume ihre nackten Aeste, wie um Rache flehend, gegen den Himmel strecken«. Dennoch meinte Petzold, dass »solche Verjüngung zur Erhaltung alter Alleebäume« zuweilen unumgänglich notwendig sei. Werde eine Allee dann überständig, so müsse sie beseitigt werden, »und zwar nicht durch Abhauen, sondern durch Ausroden; auch darf man nicht einige, etwa noch kräftige Bäume stehen lassen, sondern man muß Alles entfernen«. Auch müsse stets vermieden werden, junge Bäume »zwischen alte zu pflanzen, weil die Pflanzung hierdurch unsymmetrisch und lückenhaft wird und das Auge beleidigt«. Petzold gibt schließlich den lange Zeit später auch noch üblichen Rat, die Pflanzung junger Bäume für die Anlage einer neuen Allee »nie auf dem alten Platz, sondern genau in der Mitte des Zwischenraumes, wie die alten Bäume gestanden haben«, vorzunehmen. Aufgrund der Bodenmüdigkeit pflanze man ferner »Bäume anderer Art, welche zwar auf demselben Boden gedeihen, aber keine verwandtschaftliche Beziehungen zu ihren Vorgängern haben«.

Petzold publizierte auch eigene Beispiele wie den »Crataegusdamm« in dem von ihm ab 1850 geplanten und bis 1866 ausgeführten rund 27 Hektar umfassenden Schwanenteichpark von Zwickau. 1853 ließ er 84 Rotdornbäume mit zwei Meter Stammhöhe und fünf Meter Entfernung als Promenadenweg pflanzen. Doch schon 1866 seien die Baumkronen für die Stämme zu schwer und windbruchgefährdet gewesen, so dass auch mit Pfählen nichts erreicht werden konnte. Als einzig taugliches Mittel empfahl Petzold ein starkes Zurücksetzen bzw. Abwerfen der Kronen, Crataegus könne sogar den Schnitt kurz über dem Stamm vertragen. Er habe diese »Operation des Zurückschneidens« bereits in Muskau an einer Chausseepflanzung von Scharlacheichen, Goldweiden, Ulmen und amerikanischem Ahorn mit bestem Erfolg ausgeführt. Das habe er »mehrere Male und zwar solange wiederholen« müssen, bis die Äste wieder erstarkt waren, um die Kronen tragen zu können. Aufgrund des guten Anblicks solle man so verfahren, dass man – wie es der Gartenkünstler Heinrich Siesmayer in Nauheim erprobt habe – »zuerst einen Baum um den anderen zurückschneidet und nach einem oder zwei Jahren, nachdem sich die ersten wieder einigermaßen erholt haben, die übrigen«. Erst 1877 sei die Operation, die sich glänzend bewährt habe, durchgeführt worden, »indem selbst die stärksten der zurückgeschnittenen Aeste Ruthen bis zu 3 Fuß Länge getrieben« hätten. Und 1888 hätten die Äste einen Durchmesser von 20 bis 26 Zentimetern und einen Kronendurchmesser von acht Metern erreicht.[25]

## Tendenzen der Alleenpflege bis zur ersten Hälfte des 20. Jahrhunderts

Zur Zeit der Jahrhundertwende traten die Möglichkeiten und Maßnahmen der Landesverschönerung allmählich in den Hindergrund. Das öffentliche Stadtgrün einschließlich der Behandlung seiner Alleen wurde nun zum dominierenden Thema in der Gartenkunst[26] (vgl. den Beitrag von Heino Grunert, Die Reformbewegung und die Renaissance der Allee …, in diesem Band). Im Abstand weniger Jahre erschienen mehrere Bücher über die Ausführung und Unterhaltung von Bäumen in der Stadt.[27] In diesem Zusammenhang wurden neben technischen Neuerungen der Bewässerungsanlagen, Wundbehandlungsmöglichkeiten oder Schutzmaßnahmen der Baumwurzeln gegenüber Strom- und Gasleitungen häufig auch Methoden des Verpflanzens größerer Baumexemplare wie auch Schnittmaßnahmen der Baumkronen diskutiert.[28]

Das von Pückler propagierte Verpflanzen großer Bäume wurde im 19. Jahrhundert zunehmend angewendet, auch für die Anlage von Alleen, so bei der Ausführung der Promenaden zur großen Transformation von Paris.[29] Das Verpflanzen erwachsener Bäume käme »in der Praxis wohl noch nirgends in so grossartiger Weise zur Ausführung« wie dort, wo die »unternehmenden Gärtner und Ingenieure« sich einen »zweckmäßig construirten Wagen« ausdachten, der das Verpflanzen mit dem Frostballen ersetzen könne. Damit könne nun »beinahe zu jeder Jahreszeit, nicht nur in der Ruheperiode, sondern mitten im Wachsthum« und sogar »eine ganze Allee mit schon großen Bäumen angelegt werden«.[30] Auch Rudolph Reinecken, späterer Parkdirektor von Greiz in Thüringen, bezog sich in seinem 1876 publizierten Artikel über das »Verpflanzen großer Bäume« mit einem speziell von ihm entworfenen Wagen auf Erfahrungen in Paris und England und nicht zuletzt auf Pückler und Meyer.[31]

1892 berichtete der Garteninspektor Richter aus Breslau, dass er wiederholt Gelegenheit hatte, »stärkere Bäume, bis zu 30 cm Stammdurchmesser, mit Erfolg zu verpflanzen«. Hierfür sei aber »ein Ausdünnen der Aeste und Zweige, Zurückschneiden der letzten Jahrestriebe unbedingt nothwendig, da eine Verkürzung und Verringerung der Wurzeln geschehen« sei. Bei Weiden, Pappeln, Linden, Kastanien und Ulmen genüge ein Rückschnitt bis zu einem Viertel der Anzahl der Äste, während bei Ahorn, Platanen, Eichen und Buchen stärker, bis zu einem Drittel vorgegangen werden müsse. Ein alljährliches Zurückschneiden der Triebe sei aber generell während der nächsten fünf Jahre Bedingung.[32]

Ähnliche Erfahrungen machte der Obergärtner Hinderlich, der für den neuen Schlosspark Moschen in Oberschlesien im Dezember u. a. 57 Amerikanische Scharlacheichen (*Quercus coccinea*), »ca. 11 m hoch, Kronendurchmesser bis 8 m, Stammumfang bis 80 cm«, bei offenem Wetter erfolgreich mittels eines Orangeriewagens mit niedrigen Rädern transportierte und verpflanzte.[33] Auch mit größeren Koniferen wurde experimentiert. So konnte Hermann Amelung in Neuruppin 700 Amerikanische Weißtannen, die vor sechs Jahren verschult und ca. zwei bis drei Meter hoch waren, verpflanzen. Da sie wenig Wurzeln ausgebildet hatten, ließ er die Tannen »umgraben, um möglichst viele Faserwurzeln zu erhalten«. Durch »sofortiges Einschlämmen bekam jede Pflanze ihren festen Stand«. Nur 20 Exemplare seien eingegangen.[34]

1929 diskutierte Josef Hempelmann Nachpflanzungen von Alleebäumen in Lücken. Das Wesentliche der Allee sei »Geschlossenheit und Gleichmäßigkeit«. Sei eine Allee noch jung, so könnten »die Lücken durch Nachpflanzungen junger Bäume gefüllt werden«. Bei alten Alleen allerdings würden die Hauptbedingungen zum guten Gedeihen fehlen. »Bewegungsfreiheit sowohl im Boden als auch in der Luft«. Der Seitendruck durch die hohen, alten Nachbarbäume sei derart stark, »dass das für das Wachstum außerordentlich

*Die Allee als Stadtpromenade auf dem »Crataegusdamm« im Schwanenteichpark von Zwickau, um 1903*

Ludwig: Der Straßen-Gärtner. Gründliche Unterweisung zu erfolgreicher Auswahl, Zucht, Pflanzung und Unterhaltung der für die öffentlichen Straßen und Schmuckplätze in Deutschland geeigneten Nutz- und Zierbäume. Berlin 1887; Dau, Hugo Bernhard u. a.: Anleitung zur Pflanzung und Pflege von Straßenbäumen. Düsseldorf 1889; Heicke, Carl: Die Baumpflanzungen in Straßen der Städte, ihre Vorbereitung und Anordnung. Neudamm 1896; Hübner, Otto: Der Straßenbaum in der Stadt und auf dem Lande, seine Pflanzung und Pflege sowie die erforderlichen Maßnahmen zu seinem Schutz. Berlin 1914.
| 28 | Rohde, Michael: Zur Geschichte der Gartentechnik. In: Beiträge zur räumlichen Planung 57. Schriftenreihe Landschaftsarchitektur und Umweltentwicklung Uni Hannover 2001, S. 28–64.
| 29 | 1903 erschien ein Hinweis auf Senecas 86. Brief: »er sei durch eine Ölpflanzung gegangen und habe mit Staunen gesehen, dass ältere Ölbäume verpflanzt werden könnten«; anonym: Umpflanzen von Bäumen im alten Rom. In: Die Gartenkunst 1903, S. 103.
| 30 | Rothschild, J.: Ueber das Verpflanzen erwachsener Bäume (in Anlehnung an das Alphand'sche Werk »Les Promenades de Paris«, Anm. d. Verf.). In: Deutsches Magazin für Garten- und Blumenkunde. Stuttgart 1873, S. 294–299. 1888 schreibt auch Jäger, dass er eine große Rosskastanie erfolgreich verpflanzte, vgl. Jäger, Hermann: Bemerkung über das Verpflanzen sommergrüner Laubgehölze im

*Kronenrückschnitt der in den 1950er-Jahren gepflanzten Linden der allée double im Schlossgarten Charlottenburg Berlin, 2000*

bereits beblätterten Zustande. In: Gartenflora. Berlin 1888, S. 190 f.
| 31 | Reinecken, Rudolph: Das Verpflanzen grosser Bäume. In: Deutsches Magazin für Garten- und Blumenkunde. Stuttgart 1876, S. 193–196, 242–247. Vgl. dazu Rohde, Michael: Zur Bedeutung der Planung Carl Eduard Petzolds in Greiz und zur veränderten Ausführung durch Rudolph Reinecken. In: Jahrbuch der Stiftung Thüringer Schlösser und Gärten. Bd. 2 1997/98. Rudolstadt 1999, S. 151–160, 201 f.
| 32 | Richter: Ueber den Baumschnitt. In: Zeitschrift für bildende Gartenkunst. Berlin 1892, S. 125 f.
| 33 | Hinderlich, E.: Das Verpflanzen starker Eichen. In: Die Gartenwelt. Berlin 1901, S. 76 ff.
| 34 | Amelung, Hermann: Beiträge zum Verpflanzen grosser Koniferen. In: Gartenflora. Berlin 1905, S. 570 ff.
| 35 | Hempelmann, Josef: Nachpflanzung von Alleebäumen. In: Die Gartenwelt. Berlin 1929, S. 220.
| 36 | Hampel, Carl: Stadtbäume. Anleitung zum Pflanzen und Pflegen der Bäume in Städten, Vortorten und auf Landstraßen. Berlin 1893.
| 37 | Krone, K.: Über das Kappen und Schneiden von Alleebäumen. In: Die Gartenwelt. Berlin 1902, S. 175 ff.

*Neu gepflanzte Allee in der um 1906 gegründeten Gartenstadt Marga (Niederlausitz), 2005*

wichtige Sonnenlicht kaum oder nur notdürftig zu dem neugepflanzten Baum gelangt, und selbst wenn dieser wächst, wird er mit seiner ganzen Kraft hochstreben, so dass ein schwächlicher Stamm entsteht … Sind andererseits die Lücken zu stark, so sollte man vor der einzig richtigen Folgerung des völligen Neupflanzens der ganzen Allee auch nicht zurückschrecken«.35

Über das andere Thema, die Behandlung der Kronen von Alleen, gab z. B. Carl Hampel in seinem 1893 publizierten Buch über »Stadtbäume« Auskunft.36 Zur Verjüngung von Alleeanpflanzungen empfahl er das Schneiden bzw. ein stärkeres Auslichten der Krone, »um sie zu erneutem jungen Holzwuchs anzuhalten«. Befinden sie sich im Absterben, so sollen sie »durch andere Bäume ersetzt werden«. Bei der Erneuerung von Alleen wäre es jedoch ein Fehler, »die alten Bäume auf einmal zu beseitigen und durch jüngere zu ersetzen«. Wie schon von Petzold vorgeschlagen, solle auf mehrere Jahre verteilt »ein Baum um den anderen oder immer der dritte Baum zunächst ersetzt werden«. Die junge Pflanzung würde unter dem Schutz der alten Bäume besser anwachsen. In Berlin-Tempelhof habe sich gezeigt, dass die in einem Stück neu gepflanzten Linden auch nach 17 Jahren noch »mit kleinen winzigen Kronen« dastünden.

Das regelmäßige »Kappen und Schneiden von Alleebäumen« wird 1902 auch von Krone angemahnt, andernfalls würden die Bäume stark aufschießen, die Verzweigungen dadurch an der Innenseite bald absterben, »und somit die Wölbung des Laubganges höher und höher« hinaufrücken«.37 Die aufwärts strebenden Zweige der Kronen müssten stets ausgedünnt werden, »um den unteren, und besonders den nach innen gerichteten, den Zutritt von Luft und Licht zu gewährleisten«. Das Kappen bzw. das »Abwerfen der alten Krone« sei durchaus »ein brauchbares Mittel … zur Verbesserung des fehlerhaften Wuchses, den Alleen mit der Zeit annehmen«.

Die in diesem Beitrag gegebenen Hinweise zeigen den Willen, Alleen in Garten, Landschaft und Stadt auch zur Zeit des Landschaftsgartens in Deutschland seit dem Ausgang des 18. Jahrhunderts bis in unsere heutige Zeit zu erhalten und über die notwendigen Pflegemethoden zu ringen.

Peter Fibich

## Beherzte Erneuerung – Alleen in der Gartendenkmalpflege der DDR

»Der Tod geht um«, sagte man Hermann Schüttauf (1890–1967) infolge seiner Plenterungsarbeiten in den historischen Gärten Dresdens nach.[1] Die durchgreifende Regeneration historischer Gehölzbestände trug dem Gartenarchitekten in der Öffentlichkeit den Ruf eines »Holzhackers«[2] und »Vandalen« ein.[3] Dessen ungeachtet setzte er sich kontinuierlich für Erhaltung und Erneuerung der überalterten Einzelbäume, Baumgruppen und Alleen ein. Die Gehölze, so betonte er, seien aufgrund ihrer raumbildenden Wirkung die erste und dringendste Aufgabe bei der »Pflege und Erhaltung der historischen Gärten und Parks« – der Begriff Gartendenkmalpflege war seinerzeit noch nicht gebräuchlich.[4]

Nachdem Schüttauf aus politischen Gründen als Gartendirektor der sächsischen Schlösser- und Gärtenverwaltung im Januar 1949 entlassen worden war, wirkte er freiberuflich weiter.[5] Er machte sich dabei nicht zuletzt um die Erneuerung lückenhafter bzw. abgängiger Alleen in historischen Gartenanlagen in der DDR verdient. Der Gartenarchitekt konnte bei der Lösung dieser Aufgaben auf Erfahrungen zurückgreifen, die er in der Gartendirektion vor allem bei der Wiederherstellung des Barockparks Großsedlitz seit den frühen 1930er-Jahren gesammelt hatte.[6] Zu den dort gewonnenen Erkenntnissen gehörte es, hochwertiges Pflanzenmaterial aufzuschulen oder vorzuhalten, um bei einer notwendigen Verjüngungsmaßnahme entweder komplett oder in größeren Teilabschnitten vollkommen neu pflanzen zu können. Einen Ersatz einzelner Exemplare hingegen hielt Schüttauf für wenig erfolgversprechend, da der geschlossene Charakter einer Allee dabei verloren gehe. »Ich halte es aber nicht für richtig, wenn man an alten Alleen nun nach gärtnerischer Art Nachpflanzungen vornimmt, die ja nie das Ziel erreichen können ...«, unterstrich er in einem Vortrag im Jahr 1955.[7] Er stand damit in der Tradition der Begründer einer staatlichen Gartendenkmalpflege aus der Zeit der Weimarer Republik – wie etwa seines Zeitgenossen Georg Potente, der sich in Sanssouci und anderen Anlagen um die grundlegende Erneuerung von Alleebeständen verdient gemacht hatte.[8]

Kontinuierlich trat Schüttauf gegen die verbreitete Auffassung auf, Gärten »in Schönheit sterben« zu lassen. 1963 schrieb er in Anspielung auf das Goethe-Wort vom »Stirb und Werde« der Natur: »Wir müssen uns auch über den Wachstumszustand unserer Parke Klarheit verschaffen und für eine immerwährende Regeneration, für das ›Stirb und Werde‹ Sorge tragen. Nicht abfinden aber dürfen wir uns damit, etwa aus einer romantischen Einstellung heraus, daß diese alten Gärten ›in Schönheit‹ sterben.«[9] In einem Gutachten über die Landschaftsparks in Weimar machte er im Jahr 1957 deutlich, es könne nicht darum gehen, »den einzelnen schönen Baum, die reizvolle Baum- oder Gebüschgruppe vom Standpunkt des Pflanzenliebhabers, des Naturschützers oder des Dendrologen aus zu betrachten und zu behandeln«. Vielmehr seien hier »einzig und allein die Gesetze der Kunst, des Stiles, der Raum- und Bildwirkungen, der Sicht- und Blickbeziehungen die Richtlinien«. Die Bemühungen seien demnach »zunächst ausschließlich auf die Gehölzbestände zu konzentrieren«, wobei »von allgemeinen, zunächst als schmerzlich empfundenen Operationen nicht zurückgeschreckt werden darf«.[10]

Er selbst scheute sich nicht, solche beherzten, in der Öffentlichkeit mit Skepsis und Protest verfolgten Eingriffe vorzunehmen. Bereits im Jahr 1950 regte er im Barockpark Lichtenwalde bei Chemnitz die Auswechslung der lückenhaften Schlossallee an. Die Verjüngung sollte in mehreren Abschnitten erfolgen, wobei auch die inzwischen nachgepflanzten, kümmernden Bäume zu ersetzen seien. Anstelle der bestehenden Ahornbäume sollten Linden zum Einsatz kommen, um Ermüdungserscheinungen des Bodens zu begegnen.[11] Auch der mittelsächsische Rokokogarten Sahlis verdankte Schüttauf im Jahr 1961/62 die komplette Auswechslung seiner rahmenden Alleen.[12] Die Reihe von Beispielen aus dem mitteldeutschen Raum, in denen Schüttauf

[1] Stenografisches Protokoll der Tagung des Kulturbundes z.d.E.D. Natur- und Heimatfreunde: »Pflege und Erhaltung der historischen und ländlichen Gärten und Parke« am 6. Mai 1955 in Dessau. Stiftung Preußische Schlösser und Gärten Berlin-Brandenburg, Gartendirektion Potsdam-Sanssouci. Ordner »Parkaktiv«, S. 5.
[2] Ebenda.
[3] Wiedemann, Kurt: Hermann Schüttauf – ein Parkgestalter unserer Zeit. In: Sächsische Heimatblätter. H. 3/1967, S. 142.
[4] Grundlage dieses Beitrages war ein DFG-Forschungsprojekt zur Geschichte der Landschaftsarchitektur der DDR, das der Autor an der Universität Hannover in Zusammenarbeit mit Prof. Dr. Joachim Wolschke-Bulmahn von 2001 bis 2004 absolvierte. Eine Publikation zur Geschichte der Gartendenkmalpflege in der DDR ist in Vorbereitung.
[5] Zu den Hintergründen der Entlassung (Schüttauf war NSDAP-Mitglied) vgl. Puppe, Roland: Die Verwaltung der Königlich Sächsischen Gärten im 19. und 20. Jahrhundert – von der Hofgartendirektion zur staatlichen Gartenverwaltung. In: Jahrbuch der

auf diese Weise aktiv geworden war, ließe sich weiter fortsetzen. Eine Grenze zwischen freiberuflicher und freiwilliger Tätigkeit ist dabei schwer zu ziehen: Unermüdlich ist Schüttauf noch im höheren Alter auch ehrenamtlich tätig gewesen.

Größeren Umfang nahm die Erneuerung einer mehrreihigen Kastanienallee in den Kuranlagen von Bad Lauchstädt ein, welche leider das letzte Werk Schüttaufs bleiben sollte.[13] Mitte der 1960er-Jahre war er von den Nationalen Forschungs- und Gedenkstätten der Klassischen Deutschen Literatur in Weimar, denen Bad Lauchstädt unterstand, mit der umfassenden Sanierung der Kuranlagen beauftragt worden. Von 1966 bis 1968 wurde nicht nur die weit geschwungene Kolonnadenfront wiederhergestellt, sondern auch die Allee vor den Kolonnaden neu bepflanzt.[14] Heute können die Alleepflanzungen Hermann Schüttaufs vielerorts in ihrer angestrebten Größe und Geschlossenheit erlebt werden.

Auch wenn sie Schüttauf zugeschrieben wurde, ging die Verjüngung der Maillebahn im Schlossgarten Dresden-Pillnitz nicht auf seine Initiative zurück.[15] Im April 1955 betonte er auf einer Tagung in Dessau, er sei vor der Fällung der Kastanienallee nicht zu Rate gezogen worden. Gleichwohl befürwortete er das Vorgehen aber grundsätzlich: »Ich halte diese Maßnahme für richtig.«[16] Bereits im November 1952 hatte man in Pillnitz feststellen müssen, dass ein großer Teil der Rosskastanien altersschwach geworden war und eine ernste Gefahr für die Besucher darstellte. Sturmschäden und vereinzelte Entnahmen hatten Lücken in die Allee gerissen; Nachpflanzungen gediehen nur kümmerlich und führten zu einem unregelmäßigen Erscheinungsbild. Ein Gutachter legte Hans Nadler (1910–2005), Leiter der Dresdner Arbeitsstelle des Instituts für Denkmalpflege, bereits zu diesem Zeitpunkt nahe, »ob nicht die sogenannte Hauptallee eingeschlagen werden kann und eine Neubepflanzung erhält.«[17] Das Gartenamt der Stadt Dresden, welchem der Park

seit Auflösung der Schlösser- und Gärtenverwaltung unterstand, ließ die Allee schließlich im Winter 1953/54 roden. Bei einer Begehung im März 1954 mit Vertretern der Stadt stimmten das Institut für Denkmalpflege sowie Hermann Schüttauf einer Neuanpflanzung »gezwungenermaßen« zu, »um den Anblick einer ›geflickten‹ Allee zu vermeiden.«[18]

In der Öffentlichkeit erfreuten sich derartige Maßnahmen damals wie heute keiner Popularität. Die plötzliche Beseitigung des gewohnten Zustandes einer – wenn auch »altersschwachen« – Allee war in der Regel ein Schock, die Erneuerungsabsicht zunächst nur schwer vermittelbar. Befördert durch die Zerstörungen während des Krieges sowie die Vernichtungen in der Nachkriegszeit, war das Verständnis für pflegende Eingriffe in die Gehölzsubstanz der Gärten und Parks seinerzeit vielleicht besonders gering. So beschwerte sich nach dem Einschlag in die Pillnitzer Maillebahn ein Dresdner Bürger beim Institut für Denkmalpflege in bitterem Ton: »Dresden ist fast völlig vernichtet. Uns ist nur die schöne Umgebung geblieben und auch die wird vernichtet. Die herrliche Kastanienallee, die im Schlosspark zu Pillnitz auf das Schloss führte, ist nicht mehr.«[19] Allerdings ließ die in mehreren Abschnitten erfolgte Verjüngung der Allee die Proteste schnell der Anerkennung weichen. Aufgrund der Verwendung kräftiger, 13-jähriger Ersatzpflanzen – es wurde kein Artenwechsel vorgenommen – trat schon nach kurzer Zeit die angestrebte räumliche Wirkung ein.

Die Erneuerung der Maillebahn von Pillnitz erlangte Vorbildwirkung für andere historische Anlagen und half, Kritiker und Gegner von ähnlichen Maßnahmen zu überzeugen. Auch Willy Kurth (1881–1963) schwebte als Generaldirektor der Staatlichen Schlösser und Gärten Potsdam-Sanssouci zu dieser Zeit die Erneuerung von überalterten und durch Grundwasserabsenkungen gezeichneten Alleen in den Gärten seines Verantwortungsbereiches vor.[20] Sich der besonderen Schwierigkeit dieser Aufgabe offenbar bewusst, holte

---

Staatlichen Schlösser, Burgen und Gärten in Sachsen 1993, hrsg. von der Sächsischen Schlösserverwaltung. Dresden 1993, S. 112–128.
| 6 | Vgl. Herzog, Rainer: Hermann Schüttauf (1890–1967) und Groß-Sedlitz. In: Das Gartenamt. H. 9/1991, S. 572–577.
| 7 | Vgl. stenografisches Protokoll (wie Anm. 1).
| 8 | Vgl. Wacker, Jörg: Georg Potente (1876–1945). Pläne und Zeichnungen, hrsg. von der Stiftung Preußische Schlösser und Gärten Berlin-Brandenburg. Berlin 2003.
| 9 | Schüttauf, Hermann: Pflege historischer Parkanlagen, hrsg. vom Deutschen Kulturbund. Kom-

*Maillebahn im Schlosspark Dresden-Pillnitz (vor 1950). Die Rosskastanien waren zu Beginn der 1950er-Jahre überaltert und bruchgefährdet (links)*

*Die Maillebahn im Schlosspark Dresden-Pillnitz, 2005. Sie wurde ab 1954 abschnittsweise vollständig erneuert. (rechts)*

*Allee am Zugang zu den Terrassen von Sanssouci in den 1970er-Jahren. Sie war durch Gartendirektor Harri Günther in den 1960er-Jahren erneuert worden.*

der Kunsthistoriker im Herbst 1959 den Rat mehrerer Landschaftsarchitekten und Dendrologen wie Georg Pniower, Walter Funcke und Günther Bickerich ein. Die Fachleute lehnten übereinstimmend eine Einfügung von Einzelbäumen in Alleen ab, um deren Einheitlichkeit zu wahren. Mehrere plädierten bei der kompletten Verjüngung überdies für alternative Arten, um veränderten Umwelt- und Standortbedingungen sowie der einseitigen Auszehrung des Bodens zu begegnen.[21]

Nachdem Kurth als Autodidakt in gartendenkmalpflegerischen Fragen im Jahr 1959 in dem Landschaftsarchitekten Harri Günther als Gartendirektor einen berufenen Nachfolger gefunden hatte, nahmen die längst überfälligen Allee-Erneuerungen in den 1960er-Jahren Gestalt an. Günther ließ u. a. die hoch aufgeschossene Lindenallee, welche die zentrale Sicht auf die Terrassen von Sanssouci mehr verdeckte als betonte, sowie die sich anschließende Kastanienallee zum Grünen Gitter vollständig ersetzen. Nach der Rodung erfolgte eine Zwischeneinsaat mit Lupinen, um den Boden vorzubereiten. Anschließend wurden starke, ausgesuchte Bäume »ohne Ballen, ohne Rückschnitt und ohne Pfähle« gepflanzt, wie Jürgen Jäger, Gartendirektor in Weimar ab 1969, im September 1967 erstaunt notierte.[22] Dennoch waren diese Maßnahmen von baldigem Erfolg gekrönt. Anstelle der Linden vor der Großen Fontäne wurde Ahorn gewählt, um der erwähnten Theorie von einem Artenwechsel zu genügen.[23] Im Neuen Garten in Potsdam erfuhr die Zugangsallee aus Pyramideneichen eine grundlegende Erneuerung.

Im Schlosspark Rheinsberg, wo sich die Entwicklung des Fachgebietes Gartendenkmalpflege in der DDR besonders augenfällig widerspiegelt, vermögen gerade die Alleen eine wechselvolle Geschichte zu erzählen.[24] Neben der in ost-westlicher Richtung verlaufenden Querallee verdient hier die Nord-Süd-Allee besondere Beachtung. Wie in vielen anderen Parks und Gärten hatte das jahrzehntelange Unterlassen von durchgreifenden Pflege- und Regenerationsmaßnahmen auch hier eine so starke Überalterung der Gehölzbestände bewirkt, dass die Allee Ende der 1950er-Jahre nicht mehr gefahrlos begangen werden konnte. Harri Günther vermerkte nach einer Besichtigung im Oktober 1959, der Pflegezustand des Parkes sei »äußerst mangelhaft«, und regte an, die Hauptallee neu zu bepflanzen.[25] Auch Hugo Namslauer (1922–1999), als Landschaftsarchitekt in der Berliner Zentrale des Instituts für Denkmalpflege für die Gartendenkmale in der DDR zuständig,[26] äußerte im November 1962 über Rheinsberg: »Sollten die aufgewendeten Bemühungen im richtigen Verhältnis zum erhofften Erfolg stehen, so muß die Allee von Grund auf erneuert werden.«[27] Anstelle des bestehenden und historisch belegten Rhythmus in der Allee aus Linden und Fichten plädierte Namslauer für eine einheitliche doppelreihige Bepflanzung aus Rosskastanien. »Um den wachstumshemmenden Erscheinungen ei-

mission Natur und Heimat des Präsidialrates. Zentraler Fachausschuss Landschaftsgestaltung, Naturschutz und Dendrologie. Berlin 1963, S. 8.
[10] Landesamt für Denkmalpflege Thüringen, Archiv: Akte Weimar, Parkanlagen 1949 ff.: Hermann Schüttauf: Gutachten über die Erhaltung, Erneuerung, Entwicklung des »Parkes an der Ilm«, des Parkes zu »Belvedere«, des »Parkes zu Tiefurt«, vom 30. Juni 1957.
[11] Landesamt für Denkmalpflege Sachsen, Archiv: Akte Niederwiesa, Lichtenwalde Park. 1946–1964: Bericht über eine Besichtigung des Parkes zu Lichtenwalde vom 11. Februar 1950.
[12] Krahnstöver, Henriette: Denkmalpflegerische Analyse und Zielstellung für das Denkmal Rokokogarten Sahlis. Leipzig 1987.
[13] Zur Biografie Schüttaufs vgl. u. a. Günther, Harri: Hermann Schüttauf zum Gedenken seines 100. Geburtstages. In: Beiträge zur Gehölzkunde. Rinteln 1991, S. 108–111.
[14] Vgl. Berichte zur Denkmalpflege 1945–1980, red. bearb. von Peter Findeisen. In: Denkmale in Sachsen-Anhalt. Hermann Böhlaus Nachf., hrsg. vom Institut für Denkmalpflege. Weimar 1983, S. 474–564.
[15] Eine Zuschreibung erfolgte in Bretschneider, Christa: Hermann Schüttauf, sein Wirken zur Erhaltung der historischen Gärten in der ehemaligen DDR. In: Jahrbuch der Staatlichen Schlösser, Burgen und Gärten in Sachsen 1997, hrsg. von

*Zugang zur Hauptallee im Schlosspark Rheinsberg, überalteter Bestand der Allee bis 1964/65*

der Sächsischen Schlösserverwaltung. Dresden 1997, S. 164–170.
| 16 | Vgl. stenografisches Protokoll (wie Anm. 1).
| 17 | Landesamt für Denkmalpflege Sachsen, Archiv: Akte Dresden, Schloßpark Pillnitz, 1949–1992: Schreiben Betka an Dr. Nadler vom 5. November 1952.
| 18 | Ebenda. Schreiben Winkler, Landesamt für Denkmalpflege Dresden, an Dr. Wiedemann, Rat des Bezirks, Abt. Aufbau / Städtebau, Dresden, vom 26. April 1954.
| 19 | Ebenda. Schreiben Oskar Pusch, Dresden, vom 29. März 1954.
| 20 | Zur Person Kurths vgl. Fibich, Peter / Wolschke-Bulmahn, Joachim: Impulse für die Gartendenkmalpflege. Das Wirken des Kunsthistorikers Willy Kurth. In: Stadt und Grün. H. 6/2003, S. 14 ff.
| 21 | Stiftung Preußische Schlösser und Gärten Berlin-Brandenburg, Gartendirektion Potsdam-Sanssouci. Ordner »Schriftverkehr Dr. Günther 1959/60«. Willy Kurth: Aktennotiz vom 4. November 1959.
| 22 | Weimar, Goethe- und Schiller-Archiv. Institutsarchiv 150, Nr. 1226: Gärten und Parke, Allgemeines 1966–1968, 75: Notiz über das Gespräch mit Herrn Dr. Harri Günther, Gartendirektor in Potsdam-Sanssouci, am 19. September 1967, Jürgen Jäger vom 30. September 1967.
| 23 | Unter der Leitung von Gartendirektor Michael Seiler wurde der Artenwechsel inzwischen wieder rückgängig gemacht und die Allee präsentiert sich heute wieder als Lindenallee.

ner eventuellen ›Bodenmüdigkeit‹ bei einseitiger Nutzung des Bodens zu begegnen, wurde hier beschlossen, vom bisherigen alternierenden Rhythmus Linde – Fichte abzugehen und die Neupflanzung mit der Roßkastanie durchzuführen.«[28] Möglicherweise waren auch ästhetische Überlegungen ausschlaggebend, den in der Tat sonderbaren, jedoch hohen Zeugniswert besitzenden Rhythmus aus Laub- und Nadelgehölzen in der Allee zunächst zu negieren. Im Winter 1964/65 wurde schließlich die Nord-Süd-Allee eingeschlagen und anschließend nach den Plänen Namslauers bepflanzt.

Allerdings sollte diese Nachpflanzung nur ein gutes Jahrzehnt bestehen bleiben. Als ab Mitte der 1970er-Jahre denkmalpflegerische Bemühungen in der DDR einen Aufschwung erlebten, Hugo Namslauer in der Zentrale des Instituts für Denkmalpflege Verstärkung durch die Landschaftsarchitekten Krista Gandert und Detlef Karg erhielt und exakte wissenschaftliche Maßstäbe und Methoden zunehmend zur Durchsetzung gelangten, beharrte Detlef Karg auf dem durch historische Quellen begründeten Vorschlag, es solle in der Nord-Süd-Allee der »charakteristische Wechsel von Nadel- und Laubgehölz wieder in Erscheinung treten«.[29] Er konnte sich dabei zudem auf eine Planung des Landschaftsarchitekten Folkwin Wendland aus dem Jahr 1970 be-

ziehen. 79 Rotfichten, eigens aus Hohenstein-Ernstthal beschafft, wurden schließlich in Wechsel zu den Laubbäumen gebracht. Aufgrund des Mangels an Baumschulmaterial in der DDR mussten die Rosskastanien dabei zunächst einbezogen werden. Erst nach 1990 konnten diese Pflanzungen, wie bereits 1976 beabsichtigt, mit Linden ausgeführt werden. Die Geschichte der Rheinsberger Hauptallee ist damit ein Beleg für die zunehmende Hinwendung zu einer wissenschaftlich fundierten Gartendenkmalpflege, bei der die Verpflichtung gegenüber dem historischen Erscheinungsbild etwaigen ästhetischen Argumenten oder auch biologischen Aspekten einer drohenden »Bodenmüdigkeit« übergeordnet waren.

Ebenfalls ab Mitte der 1970er-Jahre – nicht zuletzt das europäische Jahr des Denkmalschutzes hatte auch in der DDR einen Aufschwung derartiger Aktivitäten bewirkt – erfuhr auch der Barockpark Großsedlitz bei Dresden seine überfällige, von Hermann Schüttauf bereits 20 Jahre zuvor geforderte Regeneration. Namentlich die beschnittene Lindenallee, welche die Achse des Orangerieparterres über die »Stille Musik« mit großzügiger Geste in die Landschaft hinaus verlängert und so den raumgreifenden barocken Gestaltungsanspruch deutlich macht, erfuhr nun eine grundlegende Verjüngung. Im April 1976 wurde die Allee nach eingehender Prüfung durch die Fachleute des Instituts für Denkmalpflege in Berlin und Dresden sowie die Gartenverwaltung in Großsedlitz, vertreten durch den Landschaftsarchitekten Rainer Herzog, gefällt und anschließend neu aufgepflanzt.[30]

Bereits ab 1960 waren im Schlossgarten Schwerin die Alleen und Baumhaine zu beiden Seiten des Kreuzkanals erneuert worden. In der zweiten Hälfte der 1960er-Jahre hatte auch die Herkules-Allee im Großen Garten in Dresden einen kompletten Austausch erfahren; Anfang der 1970er-Jahre folgten ihr die stadtseitigen Hauptalleen nach. Die Rodung und Neupflanzung der mehrere hundert Meter messenden Lindenalleen war von einer Dimension, welche auf der Seite der Bundesrepublik Deutschland in der Erneuerung der Herrenhäuser Allee in Hannover eine Parallele fand. Unter den Bedingungen des wirtschaftlichen Mangels in der DDR, wo schon die Beschaffung einiger weniger Bäume gleicher Art und in annehmbarer Qualität zum schier unlösbaren Problem werden konnte, ist diese Leistung umso höher zu bewerten. Die städtebauliche Bedeutung der Herkules-Allee, welche infolge der Kriegszerstörungen und der Dresdner Nachkriegsplanungen nun einen direkten Bezug zum Rathausturm und zur Innenstadt besaß, dürfte deren umfassende Erneuerung befördert haben.[31]

Dresden lieferte mit den genannten Maßnahmen bedeutende Beispiele des in der Gartendenkmalpflege der DDR weithin durchgesetzten Grundsatzes, dass die Verjüngung von Alleen – wenn notwendig – mit aller Konsequenz zu erfolgen habe. In der Tradition Hermann Schüttaufs stand bei der Entscheidung über eine »abgängige« Allee nicht der einzelne Baum, sondern die Allee als Ganzes zur Debatte, die in ihrer Eigenschaft als raumbildendes Gestaltungselement bewertet wurde. Detlef Karg und Krista Gandert schrieben in ihrem theoretisch-methodischen Leitfaden »Denkmale der Landschafts- und Gartengestaltung« im Jahr 1979 zum Umgang mit Alleen: »Hier muß bei einer notwendigen Verjüngung, der eine eingehende Prüfung über den Zustand vorausgehen muß, ein genereller Einschlag erfolgen, um eine einheitliche Entwicklung der Einzelbäume zu garantieren.«[32]

Man darf den genannten Fällen bescheinigen, dass die meist schmerzhafte Entscheidung zur kompletten Fällung und Neupflanzung einer in ihrem gewohnten Erscheinungsbild geschätzten, gleichwohl altersschwachen Allee nicht leichtfertig und ohne Not getroffen worden war. Nach einem sorgfältigen Abwägungsprozess fiel die Entscheidung zu einem Ersatz »gezwungenermaßen«, wie es in Pillnitz bereits 1954 hieß. In diesem Sinne plädierte auch Jürgen Jäger für eine komplette Erneuerung immer erst dann, wenn sich die Bäume insgesamt als stark überaltert erwiesen und der Charakter der Allee nicht mehr erlebbar war.[33]

Waren derartige Grundsätze weitgehend Konsens unter den Gartendenkmalpflegern in der DDR, entbrannten Diskussionen hingegen immer wieder um die Frage, ob eine Allee in der gleichen Art verjüngt werden konnte oder nach einem Artenwechsel verlangte. Detlef Karg plädierte aufgrund der gebotenen Treue gegenüber der historischen Überlieferung grundsätzlich dafür, Nachpflanzungen am exakt gleichen Standort und in der möglichst gleichen Art vorzunehmen.[34] Die guten Erfahrungen bei den Allee-Erneuerungen in Pillnitz und im Großen Garten Dresden lieferten Argumente für diese Auffassung. In der bereits zitierten Schrift »Denkmale der Garten- und Landschaftsgestaltung« von 1979 sahen Karg und Gandert einen Artenwechsel als biologisch bedingte Ausnahme an, da der Gesamtcharakter der Anlage wesentlich durch das Pflanzenmaterial bestimmt werde. »Ein Artenwechsel wird daher nur aus biologischen Erwägungen (Bodenmüdigkeit) vorgenommen.«[35]

| 24 | Vgl. Schröder, Katrin: Rheinsberg – ein Kapitel zur Gartendenkmalpflege in der DDR. In: Wege zum Garten. Gewidmet Michael Seiler zum 65. Geburtstag, hrsg. von der Generaldirektion der Stiftung Preußische Schlösser und Gärten Berlin-Brandenburg. Potsdam 2004, S. 163–168.
| 25 | Stiftung Preußische Schlösser und Gärten (wie Anm. 21): Harri Günther: Besichtigungsfahrt nach Rheinsberg am 12. Oktober 1959, Schreiben vom 16. Oktober 1959.
| 26 | Zur Person Namslauers vgl. Fibich, Peter / Wolschke-Bulmahn, Joachim: Hugo Namslauer (1922–1999). Landschaftsarchitekt und Gartendenkmalpfleger. In: Stadt und Grün. H. 9/2002, S. 30 ff.

*Rodung der Lindenallee in der Fortsetzung der »Stillen Musik« des Schlossparks Großsedlitz im April 1976 (links)*

*Lindenallee in der Fortsetzung der »Stillen Musik« mit Blick in die Landschaft, 2006 (rechts)*

*»Herkules-Allee« mit Blick auf den Dresdner Rathausturm, 2006. Die Lindenallee wurde in der zweiten Hälfte der 1960er-Jahre vollständig erneuert.*

| 27 | Brandenburgisches Landesamt für Denkmalpflege: Akte Rheinberg – Schriftverkehr bis 1982: Schreiben Namslauer an Rat der Stadt Rheinsberg, Herrn Schwabe, vom 28. November 1962.
| 28 | Ebenda.
| 29 | Ebenda. Schreiben Karg vom 3. März 1976.
| 30 | Vgl. Herzog, Rainer: Zur Regenerierung von Baumpflanzungen im regelmäßigen Garten, dargestellt am Beispiel des Barockgartens Großsedlitz. In: Schriftenreihe der Sektion Architektur. Technische Universität Dresden. H. 14/1979, S. 67 ff.
| 31 | Vgl. Stadtarchiv Dresden, Akte 9.1.5 VEB (St) Grünanlagen Dresden, 537: Technische Universität Dresden, Lehrstuhl für Grünplanung, Prof. Werner Bauch: Perspektivplanung Zentraler Park Dresden (o. D.).
| 32 | Karg, Detlef / Gandert, Krista: Denkmale der Landschafts- und Gartengestaltung. In: Materialien der Denkmalpflege. H. IV/1979, S. 45.
| 33 | Jäger, Jürgen: Erfahrungen beim Pflanzen und Erziehen von Baumgruppen und Alleen in Parkanlagen. In: Dienstleistungen. H. 3/1988, S. 35 ff.
| 34 | Hier bezogen auf Regenerationsarbeiten im Landschaftspark, vgl. Karg, Detlef: Der Muskauer Park – ein Werk des Fürsten Hermann von Pückler – Vergangenheit, Gegenwart und Zukunft. In: Die Gartenkunst. H. 1/1990, S. 63–76.
| 35 | Karg / Gandert (wie Anm. 32), S. 45.
| 36 | Hamann, Heinrich: Schloßgarten Lindstedt. In: Peter Joseph Lenné 1789–1866. Gärten in und

Die Notwendigkeit und Legitimation eines Artenwechsels bei Regenerationen war in der Gartendenkmalpflege der DDR eine viel diskutierte Frage. Aus Gründen der Bodenmüdigkeit hatte die Gartendirektion Potsdam-Sanssouci beispielsweise gegen Ende der 1980er-Jahre anstelle alter Linden im Schlossgarten Lindstedt rot blühende Rosskastanien eingesetzt.[36] Karl Eisbein, seit 1972 Leiter des Parkes Babelsberg in Potsdam, machte z. B. die Erfahrung, dass manche Arten durchaus mehrmals an gleicher Stelle gepflanzt werden können, andere hingegen nicht.[37] Helmut Rippl, ab 1984 als Landschaftsarchitekt verantwortlich für die Gartendenkmale im Bezirk Cottbus, vertrat ebenfalls die Ansicht, dass z. B. Linden, Buchen, Erlen und Robinien in der gleichen Art nachgepflanzt werden könnten, während andere Baumarten im Wechsel gepflanzt werden müssten.[38] Einige seiner Entscheidungen, nicht zuletzt im Muskauer Park, wurden später revidiert. Die Diskussion um die richtige Artenwahl trat bei der Erneuerung einer Kastanienallee im Schlosspark Ballenstedt am Ende der 1980er- und zu Beginn der 1990er-Jahre noch einmal offen zu Tage. Die ursprünglich gepflanzten Esskastanien wurden hier durch rot blühende Rosskastanien ersetzt. Reinhard Schelenz, von 1978 bis 1996 als Landschaftsarchitekt im Institut für Denkmalpflege bzw. im Landesdenkmalamt in Halle tätig, versuchte, die viel diskutierte Entscheidung 1993 mit historischen und gestalterischen Argumenten zu begründen.[39] Pro und Kontra zu diesem Thema waren auch Ende der 1980er-Jahre bei Verjüngungsmaßnahmen in der Kolonie »Alexandrowka« in Potsdam virulent – längst waren auch bedeutsame Alleen außerhalb historischer Parks und Gärten Gegenstand gartendenkmalpflegerischer Tätigkeit geworden. In Alleen der Kolonie wurde ein Artenwechsel vorgenommen, gegen den das Institut für Denkmalpflege in Berlin Einspruch erhob.[40]

Im Zuge des erwachenden Umweltbewusstseins seit den 1980er-Jahren, welches auf die Folgen des ungebremsten Raubbaues durch Industrie und Landwirtschaft in der DDR reagierte, veränderte sich offenbar auch in der Gartendenkmalpflege die Haltung in Fragen der Alleen-Regeneration allmählich in Richtung einer vorsichtigeren Verfahrensweise. In einem Gutachten zur Erneuerung der überalterten Belvedere-Allee, welche das Stadtzentrum Weimars mit dem Belvedere-Park verbindet, plädierte Harri Günther im Jahr 1981 für Differenzierung. Nach eingehender Analyse kam er zu dem Schluss: »Die Belvedere-Allee ist eine zu ehrwürdige, sowohl gartengeschichtlich als auch kulturpolitisch bedeutsame Baumpflanzung, als daß ein generelles Urteil über rd. 450 Bäume gefällt werden sollte.«[41] Einen Teil der Altbäume sollte man, so Günthers Empfehlung, abschnittsweise sofort ersetzen. Für die verbleibenden Bäume seien Pflege- und Kontrollmaßnahmen einzuleiten. »Je intensiver die Pflege, um so lebenskräftiger wird der Baumwuchs sein und den künftigen Bewohnern Weimars Freude an der Belvedere-Allee gewähren, deren wehmütigen Abgesang zu erleben wir gezwungen sind.«[42]

Deutet auch das Gutachten Günthers ein Umdenken im Verlauf der 1980er-Jahre an, so liefert doch die Gartendenkmalpflege der DDR zahlreiche Belege für eine beherzte Erneuerung überalterter Alleen, wie sie zu dieser Zeit auch in der BRD und in anderen europäischen Staaten üblich war. Den Replantationen standen jedoch oftmals ökonomische Schwierigkeiten wie der Mangel an verwendbarer Baumschulware und Maschinen sowie spezialisierten Fachfirmen entgegen.

Die nahe liegende Schlussfolgerung, dass in der DDR aufgrund weitreichender Entscheidungsbefugnisse derart durchgreifende Maßnahmen leichter möglich gewesen seien als unter den Bedingungen der Demokratie, gerät bei der näheren Betrachtung der Einzelfälle leicht zu einem pauschalen Urteil. In der Tat war etwa die radikale Verjüngung der Pillnitzer Maillebahn wohl nur so schnell möglich geworden, weil es die Stadt Dresden als Rechtsträgerin ohne große Diskussion wagte, die Alleen gleichsam ›über Nacht‹ zu fällen. In vielen Fällen wird aber auch deutlich, dass die Regierungsvertreter an den beschriebenen Erneuerungsmaßnahmen kein Interesse hatten. Wie das Anliegen der Gartendenkmalpflege insgesamt, mussten sie häufig gegen deren Willen durchgesetzt werden – obgleich der Staat nach dem Erfolg der Maßnahmen diese durchaus zu seinem eigenen Renommee zu nutzen verstand.

In Rheinsberg beispielsweise, wo schließlich die schrittweise Restaurierung nicht nur der Alleen, sondern weiterer Teile des Schlossparks nach wissenschaftlichen Maßstäben gelang, mussten die notwendigen Maßnahmen in vielen Fällen erstritten werden. Detlef Karg beklagte im November 1974 gegenüber dem Rat des Bezirkes Potsdam die »Ignoranz, mit der man sich über die Tätigkeit vieler Beteiligter hinwegsetzt«, und argumentierte mit dem internationalen Rang der Anlage sowie dem »Wählerauftrag« des Rates, um schließlich mit einer »Staatsratseingabe« an Erich Honecker zu drohen: »Ich würde mich dann veranlaßt sehen, die Entwicklung um die Bemühungen für die Rekonstruktion des Parkes Rheinsberg von 1969 bis zum gegenwärtigen Zeitpunkt darzustellen.« Mit Verweis darauf, »was dieser Schritt für alle Beteiligte bedeuten würde«, konnte schließlich die Rücknahme des »Nein« des Rates des Bezirkes zu den geplanten Restaurierungsmaßnahmen erstritten werden.[43]

Derartige Vorgänge belegen die Schwierigkeiten, unter denen die Erhaltungs- und Wiederherstellungsmaßnahmen an Alleen durchgesetzt werden mussten. Es bedurfte der Courage der Akteure, um die Erneuerung der überalterten Alleen sowohl »nach oben« als auch »nach außen« zu verteidigen. Der Landschaftsarchitekt Georg Pniower erkannte bereits 1955: »Die schwierigste Aufgabe, die vor uns liegt, ist es, die öffentliche Meinung für uns zu gewinnen, und zur öffentlichen Meinung rechne ich gewisse Behörden und gewisse Denkmalspfleger.«[44] Pniower spielte mit Letzterem auf die konservativen Auffassungen innerhalb des Natur- und Denkmalschutzes an und unterstrich: »Dieser Schutz muß ein entwickelnder sein.«[45] In Bezug auf Alleen bedeutete dies, sie in ihrer Dynamik zu respektieren und der Verjüngung zu unterziehen, wenn sie überaltert waren, ohne dabei mit dem Naturschutzrecht zu kollidieren.

Auffassungen zu Naturschutz und Landeskultur, wie sie Pniower vertrat, mussten in der DDR allerdings noch lange auf eine juristische Durchsetzung warten. Das Naturschutzgesetz vom 4. August 1954 widersprach pflegenden Eingriffen in Gartendenkmale, welche besonders im ländlichen Raum häufig unter Naturschutz standen. Eine Erneuerung von Alleen konnte aufgrund der Festlegung in § 1, Abs. (3) nicht vollzogen werden, da hier untersagt wurde, Pflanzen zu beschädigen, zu entnehmen oder Teile von ihnen abzutrennen. Lediglich eine »Zentrale Naturschutzverwaltung« sollte Ausnahmen zulassen können.[46] Infolge dieser Problematik wurde 1963 auf Initiative Schüttaufs eine Verfügung zum Schutz ländlicher Parkanlagen erlassen, welche das Naturschutzgesetz in Bezug auf historische Gärten konkretisierte.[47] Im Mai 1970 trat das Landeskulturgesetz an die Stelle des Naturschutzgesetzes von 1954 und machte damit auch die Verfügung von 1963 hinfällig. Im Sinne des Vordenkers Pniower entfernte sich das Landeskulturgesetz vom konservierenden Naturschutzgedanken. In einer ersten Durchführungsbestimmung zum Landeskulturgesetz wurde nun auch der Schutz von Parkanlagen neu geregelt. Demnach waren »Maßnahmen zu ihrer Gestaltung und Pflege zu beschließen und durchzuführen. Weiterhin ist von den Räten zu sichern, daß der Charakter der Parks erhalten oder wiederhergestellt wird.«[48]

Während der Schutz nach dem Landeskulturgesetz in den 1970er- und 1980er-Jahren vor allem für die »ländlichen Parkanlagen« in Frage kam, waren die Gartendenkmale in den Städten durch die Denkmalschutzverordnung von 1961 bzw. das Denkmalpflege-Gesetz der DDR aus dem Jahre 1975 erfasst. Naturschutzrechtliche Bestimmungen waren auf dem Gelände historischer Parks und Gärten unwirksam, was die Arbeit der Gartendenkmalpflege – nicht zuletzt bei der Erneuerung von Alleen – entscheidend erleichterte. Als im Mai 1981 eine zentrale Baumschutzverordnung für Siedlungsbereiche erlassen wurde, welche die unberechtigte Schädigung oder Entfernung von Bäumen ab einem Stammdurchmesser von 10 Zentimetern untersagte, drohte dieser Vorteil untergraben zu werden. Hugo Namslauer wies in einem Kommentar 1982 darauf hin, welche Unklarheiten sich nun für Gartendenkmale ergaben, da sie nicht bereits im Geltungsbereich unmissverständlich ausgeklammert waren.[49] Die nachträglich eingefügte Ergänzung, dass die Bestimmungen des Denkmalpflegegesetzes und seiner Durchführungsbestimmungen von der Baumschutzverordnung ausdrücklich unberührt bleiben, war von Gartendenkmal-

um Potsdam: Geschichte und Wiederherstellung. Mitteilungen der Gesellschaft für Denkmalpflege im Kulturbund der DDR – Bezirksvorstand Potsdam. Potsdam 1989, S. 9–15.
| 37 | Gespräch von Peter Fibich mit Karl Eisbein in Potsdam-Babelsberg am 16. Januar 2002.
| 38 | Gespräch von Peter Fibich mit Helmut Rippl in Cottbus am 10. Dezember 2001.
| 39 | Schelenz, Reinhard: Der Ballenstedter Schlossgarten. In: Wieder wandelnd im alten Park. Beiträge zur Geschichte der Gartenkunst für Harri Günther zum 65. Geburtstag, red. bearb. von Ursula Dohna. Potsdam 1993, S. 187 (Anm.).
| 40 | Kahle, Bernd: Die Russische Kolonie »Alexandrowka« in Potsdam. Über ihre Geschichte und Wiederherstellung. In: Peter Joseph Lenné (wie Anm. 36), S. 2–8.
| 41 | Stiftung Preußische Schlösser und Gärten in Berlin-Brandenburg, Gartendirektion Potsdam-Sanssouci. Ordner »Manuskripte«: Günther, Harri: Gutachten über die Behandlung der Belvedere-Allee in Weimar, 1981.
| 42 | Ebenda.
| 43 | Brandenburgisches Landesamt (wie Anm. 27): Schreiben Karg an Rat des Bezirkes Potsdam, Abt. Kultur, Dr. Grabe vom 10. November 1974.
| 44 | Vgl. stenografisches Protokoll (wie Anm. 1), S. 50.
| 45 | Ebenda, S. 83.
| 46 | Gesetz zur Erhaltung und Pflege der heimatlichen Natur (Naturschutzgesetz) vom 4. August 1954. In: Gesetzblatt der Deutschen Demokratischen Republik Nr. 71 vom 13. August 1954, S. 695–698.
| 47 | Berger: Fakten des gesellschaftlichen Wirkens im Deutschen Kulturbund: Hermann Schüttauf, Gartendirektor a. D. In: Opitz, Christine: Die Persönlichkeit Hermann

*Die Nord-Süd-Allee im Schlosspark Rheinsberg mit ihrem charakteristischen Wechsel aus Laub- und Nadelbäumen (Linden und Fichten), 2006*

Schüttaufs. Seminararbeit TU Dresden, Institut für Landschaftsarchitektur. Dresden 1979 (unveröff.).
| 48 | Horn, Waldemar: Gesetze und Verordnungen zur Parkpflege. In: Pflege ländlicher und historischer Parke, hrsg. vom Kulturbund der Deutschen Demokratischen Republik. Berlin 1972, S. 56.
| 49 | Namslauer, Hugo: Zur Anwendung der Baumschutzverordnung in Denkmalbereichen. In: Landschaftsarchitektur. H. 2/1982, S. 52 f.
| 50 | Gespräch von Joachim Wolschke-Bulmahn und Peter Fibich mit Ludwig Trauzettel in Dessau am 6. März 2002.
| 51 | Vgl. Fibich, Peter: Schöpferische Denkmalpflege. Entwicklungslinien und Hintergründe gartendenkmalpflegerischer Auffassungen in der Frühphase der DDR. In: Gegen den Strom. Gert Gröning zum 60. Geburtstag. Beiträge zur räumlichen Planung. Schriftenreihe des Fachbereichs Landschaftsarchitektur und Umweltentwicklung der Universität Hannover, hrsg. von Uwe Schneider und Joachim Wolschke-Bulmahn. Bd. 76. Hannover 2004, S. 111–136.

pflegern um Detlef Karg in mühsamer Überzeugungsarbeit erfochten worden.[50] Die eindeutige Abgrenzung zwischen Denkmal- und Naturschutzinteressen gehört zu den entscheidend begünstigenden Faktoren im Umgang mit Alleen in den Gartendenkmalen der DDR, weil sie Kompetenzstreitigkeiten von vornherein ausräumte und den jeweiligen Schutzinteressen klar definierte Betätigungsfelder zuwies. Aufgrund ihres dynamischen Erhaltungsverständnisses wurden von der Gartendenkmalpflege Refugien von außerordentlicher stadt- und naturräumlicher Qualität geschaffen, während eine statische Bewahrungsabsicht der sterbenden Alleen letztlich zu deren Verlust hätte führen müssen.

Neben diesem gesetzlichen Vorteil muss bei der Suche nach Gründen für die erfolgreiche Regeneration von Alleen in der DDR schließlich die entscheidende Rolle der Akteure hervorgehoben werden. In der Frühphase war es vor allem Hermann Schüttauf, der die Aufmerksamkeit der gartendenkmalpflegerischen Tätigkeit unmissverständlich auf das räumliche Gerüst lenkte, das in Park und Garten in erster Linie durch die Gehölze, durch Baumgruppen und Solitäre, Baumreihen und eben Alleen gebildet wird. Mit der konsequenten Erneuerung von Alleen leistete er Vorbildliches; in unermüdlicher ehrenamtlicher Arbeit vermittelte er seine Erfahrungen zudem der nachfolgenden Generation. Diese jüngeren Gartendenkmalpfleger führten in beruflicher wie in ehrenamtlicher Tätigkeit die Tradition umfassender Erneuerungsstrategien von Alleen weiter, wenngleich Schüttaufs sonstige gartendenkmalpflegerischen Auffassungen eine teilweise Revidierung erfuhren.[51]

Heute ist die umfassende Verjüngung ganzer Alleen im Zuge des gewachsenen Umweltbewusstseins in der Öffentlichkeit sowie gestärkter, wiederum oft statisch interpretierter Naturschutzinteressen eine seltene Ausnahme geworden. Nicht zuletzt aber auch infolge einer stärkeren Achtung des Alterswertes und der Vielschichtigkeit unserer Gartendenkmale wird ein kompletter Austausch einer Allee heute eingehender diskutiert und vorsichtiger bewertet als früher. Die beschriebenen, in sich geschlossenen Alleen sind damit ebenso beredter Ausdruck ihrer Entstehungszeit von 1945 bis 1989, wie die nicht gleichaltrigen Alleebestände von unseren gegenwärtigen Natur- und Denkmalschutzauffassungen berichten.

Rainer Schomann

# Methodischer Umgang mit denkmalgeschützten Alleen heute

Historische Alleen, wie sie auf uns überkommen sind, geben uns ganz besondere Informationen über Geschichte, auch und gerade über ihre eigene. Die Art und Weise wie mit ihnen umgegangen wurde, wie man sie achtete und pflegte, spiegelt sich in ihrem Erhaltungszustand bzw. in ihrem Erscheinungsbild wider. Im Allgemeinen ist von dem Umstand auszugehen, dass Alleen zu einem bestimmten Zeitpunkt konzipiert sowie gepflanzt bzw. angelegt wurden und je nach Vitalität, äußeren Bedingungen und direkter pflegerischer Aufmerksamkeit die Zeit überdauerten und bis heute substanziell zumindest in Teilen erhalten blieben. Das heutige Bild stellt das Ergebnis der Entwicklung dar, das in der Regel nicht dem Ursprünglichen, Idealen entspricht, sondern etwas Gewachsenes, Gealtertes und in vielen Fällen Verändertes und Beeinträchtigtes ist. Dennoch kann eine Allee selbst in ihrem verwandelten heutigen Zustand geschichtliches Dokument sein, ästhetisch ansprechen sowie den Standort und dessen Umgebung in seinem Erscheinungsbild prägen.

Wird eine Allee als Kulturgut gesehen, so darf die Betrachtung nicht auf die pflanzliche Substanz reduziert und auf Baumarten, Reihenanzahl und Pflanzrhythmus beschränkt werden, vielmehr ist ein Ganzes zu betrachten, bei dem Standort bzw. Wegekörper, Wegebau und Einbindung in die Umgebung ganz wesentliche Aspekte darstellen. Die Allee ist im Wesentlichen durch die markante, raumgestaltende Pflanzensubstanz geprägt, doch sind die anderen Faktoren maßgeblich in ihrer Wirkung und Erlebbarkeit beteiligt. Alleen müssen deshalb über ihre materielle Gänze hinaus auch mit ihren immateriellen Eigenschaften gesehen werden, also als komplexe Gebilde menschlicher Kulturleistung, die Gegenstand denkmalpflegerischen Handelns sein können und mit denen in diesem Sinne entsprechend umzugehen ist.

Die Pflege von denkmalgeschützten Alleen stellte sich in der Vergangenheit immer wieder als problematisch in

Bezug auf öffentliche Reaktionen dar, insbesondere wenn durch massive Eingriffe in die überkommene Substanz das Erscheinungsbild erheblich verändert werden sollte. Sinn und Zweck derartiger Maßnahmen waren und sind auch heute nur schwer zu vermitteln, zumal häufig erregte Emotionen, durchaus auch Ängste, sachliche Diskussionen beeinträchtigen. Aber selbst differierende Auffassungen in der Fachwelt über den geeigneten Weg des Umgangs, häufig als einzig möglicher und richtiger empfunden, haben deutlich werden lassen, dass hier durchaus zwischen einem gärtnerischen bzw. grünplanerischen Weg der Behandlung und einem denkmalpflegerischen, dem Erhalt eines Schutzgutes dienenden, zu unterscheiden ist und insofern andere Überlegungen prioritär beachtet werden müssen.

Der Umgang mit denkmalgeschützten Alleen sollte unter Berücksichtigung der gesamten Komplexität von Bedingungen und Interessen erfolgen. Das Schutzziel ist nur zu erreichen, wenn diese bekannt sind und in einen Planungsprozess einfließen. Dieser sollte ausschließlich sachbezogen, wissenschaftlich korrekt und offen geführt werden. Mit einem entsprechenden methodischen Planungsansatz besteht die Möglichkeit, der Idee von Denkmalschutz und Denkmalpflege unter den gegebenen Bedingungen gerecht zu werden. Eine derartige Methodik, wie sie sich in den letzten Jahren in der Fachwelt herausgebildet hat und aus der einschlägigen Literatur abgeleitet werden kann, orientiert sich an dem Umstand, dass es sich um denkmalgeschützte Alleen handelt, deren Bedeutung als Kulturdenkmal in ihren materiellen wie immateriellen Informationen und Eigenschaften erhalten werden soll.

## Erfassung und Dokumentation des überkommenen Bestandes

Ein sachlicher, wissenschaftlich geprägter Umgang mit historisch bedeutsamen Alleen ist nur auf der Basis von exakt erhobenen Daten möglich. So bedarf es zunächst einer Kartierung des Bestandes sowie des Aufbaus eines geeigneten Katasters, um einerseits die Qualitäten und Quantitäten hinsichtlich der Geschichtlichkeit der vorhandenen Substanz differenzieren und andererseits eine wertfreie Darstellung der Vitalität des einzelnen pflanzlichen Materials erarbeiten zu können. Eine derartige Kartierung ergibt zunächst einmal Aussagen über die Ist-Situation, ermöglicht aber auch Rückschlüsse auf den Ursprung und die Entwicklung. Die Beschäftigung mit dem Bestand lässt jedoch auch notwendige Fragen formulieren, die im weiteren Verlauf der Untersuchung möglichst beantwortet werden sollten. Bereits bei der Kartierung ist auf die Gesamtsituation zu achten, gegebenenfalls bei sich später bildenden Kenntnissen nachzuarbeiten, um den heutigen Zustand der Allee in eine richtige Relation zum Ursprung stellen zu können, also z. B. zu erfahren, wie viel von der Allee eigentlich noch vorhanden und in welchen gestalterischen Kontext sie eingebunden ist.

Eine rein visuelle Erfassung eines Ist-Zustandes birgt grundsätzlich die Gefahr der Fehlinterpretation. Ist eine historische Allee zu behandeln, da das von ihr Überkommene verloren zu gehen droht, wird im Wesentlichen zu bewerten sein, worin die Bedeutung der historischen Substanz und die des Objektes begründet ist. Eine derartige Beurteilung wird jedoch nur erfolgen können, wenn Wissen über Ursprung, Entwicklung und Zustand vorhanden ist. Die Kartierung und das Kataster bilden die Grundlagen für spätere analytische Prozesse und beugen einer Dominierung des Planungsprozesses durch vorgefasste Meinungen vor. Schließlich soll durch die Erhebung von Daten auch der weitere Weg differenziert und konkretisiert werden, d. h. zwar sind die weiteren methodischen Schritte bekannt, doch wird deren Intensität nicht von vornherein zu formulieren sein, viel mehr muss eine Flexibilität in der Reaktion einer schädlichen Starrheit vorbeugen. Es geht also bereits in diesem anfänglichen Stadium nicht darum, Daten und Fakten an sich zu sammeln, sondern sie in der Art und Weise und Menge zu erheben, wie sie im jeweiligen Fall notwendig sind.

Im denkmalpflegerischen Planungsprozess steht die Substanz im Mittelpunkt des Interesses. Hier kann keine grundsätzliche Priorität der materiellen gegenüber der immateriellen oder umgekehrt hergeleitet werden. Vielmehr ist grundsätzlich zu sehen, was ist an Materiellem wie Immateriellem vorhanden und wie bzw. wodurch drückt sich dieses aus. Da mit dem lebenden pflanzlichen Material eine empfindliche Substanz gegeben ist, muss hier jedoch dieser Besonderheit Rechnung getragen und die Vitalität der Pflanzen bzw. ihre Zukunftsfähigkeit eingehend betrachtet werden. Mit welcher Methode eine derartige Einschätzung erfolgt und welche Intensität notwendig ist, wird sich aus dem Einzelfall ergeben. Zu beachten ist jedoch grundsätzlich, dass es sich hierbei nicht um ein Auswahlverfahren handelt, also z. B. lediglich zwischen vital und abgehend entschieden werden könnte, sondern um Datenerhebung, die der Entwicklung eines Verfahrens zum Umgang mit der Allee, also der Substanz, dient.

Kartierung und Kataster bilden uneingeschränkt notwendige Grundlagen zum denkmalpflegerischen Umgang mit historischen Alleen. Hierbei handelt es sich nicht um die auch notwendige gärtnerische Pflege, die sich um Form und Vitalität bemühen muss, sondern um die Formulierung eines Erhaltungszieles und die erforderlichen Schritte, mit denen dieses zu erreichen ist. Das denkmalpflegerische Ziel ergibt sich aus dem Vorhandenen, es ist insofern allein zwingend, dass dieses erhoben, untersucht und dokumentiert wird.

| 1 | Das Haus Sondermühlen, südlich von Melle im Osnabrücker Land, ist ein aus dem Mittelalter stammender ehemaliger Herrensitz, dessen Zufahrt im frühen 18. Jahrhundert durch eine doppelreihige Allee markiert wurde.
| 2 | Die 1726 gepflanzte Lindenallee im Berggarten steht kulturgeschichtlich und lokal in direktem Zusammenhang mit dem so genannten Großen Garten, dessen Hauptachse sie in östliche Richtung markiert.
| 3 | Der Jagdstern Clemenswerth wurde zwischen 1737 und 1747 im Hümmling im östlichen Emsland errichtet.
| 4 | Die Große Allee in Hannover-Herrenhausen, 1726 angelegt, führte ursprünglich von der Stadt

(links)
*Blick über das Mittelparterre des Schwetzinger Schlossgartens mit seitlichen Lindenalleen vor (um 1970) und nach dem Lindenaustausch (um 2000)*

## Untersuchung und Dokumentation der geschichtlichen Entwicklung

Ohne Kenntnisse über die Entstehung und Entwicklung eines Objektes kann dessen historische Bedeutung nicht eingeschätzt werden. Zwar ist für den denkmalpflegerischen Umgang das Vorhandene bzw. Überkommene maßgeblich, doch nur vor dem Hintergrund der substanziellen Aussagekraft zu etwas Vergangenem, zu etwas in der Vergangenheit Entstandenem, das für uns etwas Historisches, also Bedeutendes materiell dokumentiert. Es ist demnach zwingend notwendig, ein Objekt in Gänze zu betrachten, seinen Ursprung zu kennen, seine Entwicklung zu vergegenwärtigen und möglichst zu erfahren, warum dieses so abgelaufen ist. Die vorangegangene Untersuchung des Ist-Zustandes hat gegebenenfalls bereits Hinweise auf verschiedenste Aspekte ermöglicht. So wird in der Regel aus der Substanz heraus die Grundgestaltung mit Anzahl der Alleereihen, der Abstände dieser zueinander, der Pflanzrhythmus und die Beschaffenheit des Wegekörpers z. B. gelesen werden können. Aber allein bei diesen scheinbar einfachen Fragen sind bereits Irrtümer möglich, wenn nicht ausreichend aufmerksam und mit entsprechendem fachlichem Sachverstand die Analyse der Substanz durchgeführt wird. Allein in vermeintlich eindeutigen Fällen wie z. B. der Allee beim Haus Sondermühlen[1] mit vier Reihen alter Eichen, gegenständig gepflanzt und eine homogene alte Substanz aufweisend, könnte zu leicht untergehen, dass es sich bereits um eine komplette Zweitbepflanzung handelt, die gegen Ende des 19. Jahrhunderts erfolgte. Ohne Studium von Quellenmaterial, wie Akten gärtnerischer Verwaltungen, würde z. B. nicht bekannt sein, dass die vierreihige Lindenallee im Berggarten in Hannover-Herrenhausen[2] ungefähr alle 60 Jahre seit ihrer Pflanzung gekappt wurde, der deutlich sichtbare Schnitthorizont demnach kein Ergebnis eines einmaligen, radikalen Umgangs ist, sondern einem bewussten traditionellen Handeln entspricht, das lediglich mit unseren heutigen Auffassungen kollidiert. Für die Bewertung des Objektes und den Umgang mit diesem waren diese Informationen jedoch wesentlich, da die Kappung als Teil der geschichtlichen Bedeutung verstanden werden musste.

Der auf dem Studium von historischen Quellen wie Akten, Karten und Fotos basierende analytische Prozess beugt, wie es sich vielfach erwiesen hat, einem überschnellen Handeln vor, das sich an vermeintlich Offensichtlichem orientiert, doch deren historische Bedeutung sich letztendlich nicht mit Sicherheit bewerten lässt. Der untersuchende Vergleich zwischen heutigem Bestand und planerischer Absicht aber auch mit dem, was im Verlauf der Zeit vielleicht verändert wurde oder gar nicht so zur Ausführung kam, wie es gestalterisch beabsichtigt war, macht in vielen Fällen deutlich, wie durch offizielles historisches Kartenmaterial wiedergegeben wird, dass Planung, Entstehung und Entwicklung von Alleen häufig dynamische Prozesse waren, deren Ergebnisse nicht grundsätzlich als Produkte stringenten Handelns sowie materieller Konstanz angesehen werden können. Allein die Veränderungen, die sich z. B. durch Standort- und Witterungsverhältnisse im Laufe der Entwicklung ergeben, haben für die Alleen des Jagdsterns Clemenswerth[3] gezeigt, dass immer wieder zu reparieren war, dadurch zwar der Gestaltungsgedanke, die Form tradiert wurde, jedoch das Material nicht ursprünglich bleiben konnte, sondern einem bewussten Austauschprozess unterlag. Das Quellenstudium zu diesem Objekt ließ darüber hinaus deutlich werden, dass z. B. aufgrund des enormen Materialbedarfs und des hohen Realisierungsdrucks eine Beschaffung der benötigten Linden nicht aus einheitlicher Herkunft erfolgen konnte und deshalb eine Beschränkung auf die Pflanzenart zu akzeptieren war. Diese Kenntnisse, mittlerweile auch für andere Objekte belegt, führten beim Umgang mit dem Alleestern zum Verzicht nach der Forderung geklonten Materials, um durch dieses eine möglichst hohe Gleichmäßigkeit erreichen zu können, wie sie z. B. die Diskussion und Vorgehensweise bei der Erneuerung der Großen Allee in Hannover-Herrenhausen[4] in den sechziger Jahren des vorigen Jahrhunderts bestimmt hatte und sich in der Folge als gartendenkmalpflegerischer Grundsatz festsetzte, der heute jedoch in dieser Allgemeingültigkeit so nicht mehr zu begründen ist.

Bei einer wissenschaftlich fundierten Vorgehensweise sollte die Integration eines analytischen Prozesses selbstverständlich sein. Die heutige Situation mangelnder finanzieller Ressourcen scheint wissendes Handeln diskreditieren zu dürfen. Dennoch darf der in der Regel vorhandene Zwang zum Handeln nicht die Planung bestimmen, sondern höchstens begründen. Schließlich ist jeder Eingriff in die

*Die im Jahre 1726 gepflanzte Lindenallee im so genannten Berggarten in Hannover-Herrenhausen hat nach erfolgter traditioneller Kappung wieder ausgetrieben.*

Hannover zur Sommer-Residenz der Welfen in Herrenhausen.
| 5 | Die Eremitage Baum, vor Ort als Jagdschloss bezeichnet, entstand ab 1757 im Schaumburger Wald östlich von Minden.
| 6 | Die Alleen im so genannten Großen Garten in Hannover-Herrenhausen sind mit der zweiten und dritten Gestaltungsphase gegen Ende des 17. bzw. zu Beginn des 18. Jahrhunderts entstanden. Nur noch wenige Gehölze stammen aus der ersten Bepflanzung. In der Geschichte dieser Anlage wurden immer wieder Ersatzpflanzungen vorgenommen und teilweise sogar ganze Abschnitte vollständig neu bepflanzt.
| 7 | Das Schloss Hünnefeld liegt im Huntetal nördlich des Wiehengebirges im Osnabrücker Land. Diverse Karten des 18. Jahrhunderts zeigen

eine Gestaltung der Landschaft sowie der Hauptachse des aus dem Mittelalter stammenden ehemaligen Herrensitzes durch Alleen. Vieles spricht dafür, dass die heutige Allee als Ersatz einer aus dieser Zeit stammenden gepflanzt wurde.

| 8 | Die so genannte Klosterallee in Bad Pyrmont entstand 1781 im Zuge der Erweiterung des Pyrmont prägenden Alleensystems. Sie musste in den neunziger Jahren des 20. Jahrhunderts aufgrund mangelnder Vitalität des im Alter sehr heterogenen Bestandes komplett erneuert werden.

| 9 | Die Erneuerung der so genannten Fächeralleen des nach Plänen Nicolas de Pigage in Düsseldorf errichteten Schlosses Bennrath war jahrelang umstritten. Nach längerer Absperrung wegen Verkehrssicherheitsproblemen und erheblichen Sturmschäden einigte man sich auf eine Kappung des erhaltenen Bestandes in Höhe eines nachweisbaren Schnitthorizontes und ergänzte die Lücken mit jungem Pflanzenmaterial.

| 10 | Die Randalleen im so genannten Großen Garten in Hannover-Herrenhausen sollten in den neunziger Jahren des 20. Jahrhunderts gerodet und komplett erneuert werden. Nach heftigem öffentlichem Protest stagnierten zunächst diese Planungen, aber auch die Pflege der Gehölze blieb aus. Als Lösung des Problems wurde die Pflege mit dem dazugehörenden

*Mit der Erneuerung der so genannten Großen Allee in Hannover-Herrenhausen wurde der historische Gestaltungsgedanke in den Vordergrund gestellt und im Sinne der Zeit der Erneuerung idealisiert.*

Substanz eine nicht rückgängig zu machende Veränderung. Jeder Schnitt, jede Rodung oder jede Neupflanzung führen in unterschiedlicher Intensität zur Veränderung der Substanz, des Erscheinungsbildes und damit der Dokumentationsfähigkeit. Nur ausreichende Kenntnisse über die Entstehungs- und Entwicklungsgeschichte einer Allee bieten die Möglichkeit eines fachlich korrekten Umgangs, helfen Fehler zu vermeiden und beugen Willkür vor. Schließlich geht es bei diesem Prozess um das Bewahren von etwas Vorhandenem, von Dokumenten, von Informationen. Jeder Eingriff, und das muss Verantwortlichen deutlich sein, führt zu Veränderungen und Verlusten der überkommenen Aussage.

## Bewertung der Denkmaleigenschaft sowie Benennung des Schutzgutes und Schutzzieles

Auf der Basis von Bestandserhebung, Sichtung des Quellenmaterials sowie Analyse der erarbeiteten Kenntnisse sollte bei einem methodischen Planungsprozess im Rahmen denkmalpflegerischen Handelns in einem weiteren Schritt die Bewertung der Denkmaleigenschaft erfolgen sowie die Benennung des Schutzgutes und des Schutzzieles vorgenommen werden. Selbst wenn die Bedeutung des Objektes als Kulturdenkmal oder als Teil eines Kulturdenkmales bereits erkannt ist und deshalb der hier geschilderte Prozess durchgeführt werden sollte, können die erhobenen Daten doch Informationen offen legen, die bis dahin nicht berücksichtigt werden konnten, manchmal sogar nicht bekannt waren und sich insofern eine andere Grundlage für die Bewertung ergibt. Hier kann nicht die Vorstellung von dem ehemaligen Objekt, seiner ursprünglichen Gestaltung und seiner beabsichtigten Wirkung im Focus der Betrachtung stehen und ausschlaggebend bei der Bewertung sein, sondern es muss zunächst entschieden werden, was genau macht substanziell das zu schützende Gut aus und welche Informationen bietet es uns heute bzw. was und in welcher Weise dokumentiert es heute.

Die Bedeutung einer sachlichen Betrachtung und vor allem exakten Differenzierung bei der Bewertung und Benennung des Schutzgutes wird deutlich, wenn der Einzelfall gesehen wird. Eine Allee, wie die Randpflanzungen der Eremitage Baum[5], von dessen ursprünglicher pflanzlicher Substanz lediglich vielleicht noch 10 Prozent erhalten sind, kann z. B. durchaus noch aussagekräftig sein und insbesondere auf das Alter verweisen. Alleen, die sich deutlich vollständiger präsentieren, vermögen gegebenenfalls besser ihre ursprüngliche Gestalt und Form zu vermitteln, wie z. B. im Großen Garten in Hannover-Herrenhausen[6], sind jedoch substanziell ein Produkt gärtnerischen Umgangs, der stets die Bewahrung der Form zum Ziel hatte. Historisch bedeutsam kann aber auch ein Objekt wie jene vierreihige Lindenallee beim Schloss Hünnefeld[7] sein, die vollständig gegen

Ende des 19. Jahrhunderts erneuert wurde. Da es aber keine Informationen darüber gibt, ob sie in Form und Gestalt mit jener des 18. Jahrhunderts identisch ist, kann hier derzeit nicht von einer Allee des 18. Jahrhunderts gesprochen werden, sondern es muss vielmehr eine Neugestaltung des ausgehenden 19. Jahrhunderts im Mittelpunkt der Überlegungen stehen. Diese Beispiele zeigen, dass es bei der Bewertung der Denkmaleigenschaft und der Benennung des Schutzgutes nicht zuerst darauf ankommt, wie viel Alleesubstanz noch vorhanden ist oder welche ästhetischen Qualitäten sie aufweist, sondern welche Informationen die überkommene Substanz dokumentiert und inwieweit diese Informationen Bedeutung haben und damit erhaltenswert sind. Wesentlich bei diesem Vorgang ist es zu verstehen, dass sich die Denkmaleigenschaften an der Dokumentationsfähigkeit der erhaltenen Substanz orientieren. Es geht demnach in erster Linie nicht darum, ob die ursprüngliche Gestalt noch verständlich wiedergegeben wird, viel mehr ist zu benennen, was das Schutzgut darstellt und welche Qualität dieses an sich aufweist.

Denkmalbewertung und Benennung des Schutzgutes münden schließlich in die Formulierung des Schutzzieles. Dieser Planungsschritt ist allein unter dem Gesichtspunkt von Denkmalschutz und Denkmalpflege vorzunehmen. Es ist die nächste Phase, bei der aus dem einen Interesse heraus eine Position ermittelt wird, die zunächst einmal ein Ideal darstellen mag, da hier noch nicht über die Machbarkeit zu entscheiden ist und keine sachfremden Überlegungen einen Abwägungsprozess bestimmen. Sie ist jedoch notwendig, um das Erstrebenswerte zu benennen. Das Schutzziel ist somit im weiteren Verlauf die Orientierung für die Planung eines denkmalgerechten Umgangs.

## Analyse der Planungsbedingungen und Formulierung des Umgangs

Wird ein Planungsprozess zum Umgang mit historischen denkmalgeschützten Alleen begonnen, so ist dies in der Regel eine Folge von Sachzwängen. Häufig wird die Notwendigkeit des Handelns aus dem Umstand begründet, dass die Pflanzensubstanz abgängig sei, eine Verkehrssicherungspflicht bestünde oder die Allee zu viele Lücken aufweise und deshalb nicht mehr ausreichend als einheitlich gestaltetes Objekt oder Element eines Ganzen wirke. Die Anlässe für Überlegungen zur Auseinandersetzung mit dem Problem Alleenerhalt oder -erneuerung ergeben sich nicht immer aus denkmalpflegerischer Notwendigkeit, sondern durchaus auch aufgrund anderer Anforderungen, die an Objekte im öffentlichen Raum, aber ebenso im privaten Eigentum gestellt werden. Dieser Umstand sollte bewusst sein, wenn mit Alleen umgegangen wird und ein Weg und ein Ziel zu formulieren sind, die meist sehr kontrovers in der Öffentlichkeit dis-

kutiert werden. Der Umgang mit denkmalgeschützten Alleen sollte deshalb in jedem Fall zu einem Planungsprozess entwickelt werden, in dem die Fragen von Denkmalschutz und Denkmalpflege Leitlinien darstellen und an denen das entwickelte Planungsziel immer wieder zu überprüfen ist.

Verschiedenste Aspekte werden zu berücksichtigen sein, wenn eine Umgehensweise entwickelt werden soll, die fachlich begründet ist und der Kritik standhalten muss. Da das Handeln sich in einem gesetzlich begrenzten Rahmen abspielt und vielfach nicht zu negierende andere Interessen in den Prozess eingebracht werden, ist es notwendig, eine Analyse der Planungsbedingungen vorzunehmen, abzuwägen und zu entscheiden, welche anderen Aspekte zu berücksichtigen sind bzw. gegebenenfalls sogar beachtet werden müssen, da ihre Forderungen auf einem dem Denkmalschutz gleichrangigen öffentlichen Interesse basieren. Es ist auch zu entscheiden, welche Anregung oder fachliche Auffassung übernommen werden soll und welcher Empfehlung nicht gefolgt werden kann, da sie mit wesentlichen anderen Bedingungen kollidiert oder sogar als unrealisierbar anzusehen wäre. Diesem Prozess dienen die zuvor erfolgte Datenerhebung sowie die denkmalfachliche Positionsfindung. Sie bilden zusammen mit der Analyse der gegebenen Planungsbedingungen die Grundlage für die Formulierung des Umgangs mit einer Allee.

Ein methodischer Umgang mit denkmalgeschützten Alleen ermöglicht bewusstes Handeln und ein rechtzeitiges Berücksichtigen relevanter Interessen. Er ist nicht auf den Augenblick bezogen, sondern dient einer Zielfindung, die

Schnitt in der Tradition dieses Objektes wieder aufgenommen und es erfolgten unter diesen Bedingungen mögliche Ersatzpflanzungen.

### Literatur

Alleen – Gegenstand der Denkmalpflege, hrsg. von der Vereinigung der Landesdenkmalpfleger in der Bundesrepublik Deutschland. Berlin 2000. (Berichte zur Forschung und Praxis der Denkmalpflege in Deutschland. H. 8).

Gartendenkmalpflege, hrsg. von Dieter Hennebo. Stuttgart 1985.

Hennings, Burkhard von: Zur Sanierung und Pflege der barocken Lindenallee im Jersbeker Garten. In: DenkMal! Zeitschrift für Denkmalpflege in Schleswig-Holstein. H. 9/1999, S. 56–60.

Herklotz, Achim: Die Erneuerung der Herrenhäuser Allee zu Hannover. In: Das Gartenamt, 26. H. 2/1977, S. 70–73.

Herzog, Rainer: Die Behandlung von Alleen des 18. Jahrhunderts in Nymphenburg, Ansbach und Veitshöchheim. In: Die Gartenkunst des Barock. München 1998. (ICOMOS. Hefte des Deutschen Nationalkomitees. Bd. 28), S. 7–14.

Historische Alleen zwischen Ems und Elbe.

*Mit der Neupflanzung von zwei Reihen Linden entlang der Hauptachse des Schlosses Dornum in Ostfriesland wurde die ehemalige Gestaltung einer doppelten Ulmenallee nachgezeichnet, die abgestorben und im dichten Waldbestand aufgegangen war. Diese Umgehensweise war das maximale Ergebnis zwischen den Interessen des Denkmalschutzes, der Forstwirtschaft und dem Natur- sowie Artenschutz.*

*Auch das Ergänzen von Alleen wie hier entlang der Zufahrt zum Haus Altenkamp in Papenburg-Aschendorf kann unter Umständen sinnvoll sein. Gerade die gärtnerischen Bedingungen müssen in diesen Fällen jedoch stimmen.*

Texte von Tilmann Gottesleben, Rainer Schohmann u. Petra Wittmer. Hannover 1996.

Jordan, Peter: Zur Behandlung von Gehölzbeständen in historischen Freiräumen. In: Gartendenkmalpflege, hrsg. von Dieter Hennebo. Stuttgart 1985, S. 254–281.

Markowitz, Irene: Die Fächerallee im Benrather Schlosspark. In: Die Gartenkunst. H. 2/1989, S. 184–192.

Palm, Heike: Die Alleen des Großen Gartens in Hannover-Herrenhausen. Ein Versuch der Annäherung an das historische Bild. In: Naturschutz und Denkmalpflege, hrsg. von Ingo Kowarik, Erika Schmidt und Brigitt Sigel. Zürich 1998, S. 251–165.

Panning, Cord: Pflanzen – Schneiden – Kappen – Fällen. Zum Umgang mit den Alleen in den Herrenhäuser Gärten. In: ebenda, S. 267–276.

Petzet, Michael: Grundsätze der Denkmalpflege. München 1992. (ICOMOS. Hefte des Deutschen Nationalkomitees. H. 10).

Schomann, Rainer: Gartendenkmalpflegerischer Umgang mit dem zentralen Bereich des Jagdparks Clemenswerth. In: Die Gartenkunst des Barock. München 1998. (ICOMOS. Hefte des Deutschen Nationalkomitees, Bd.28), S. 121–124.

Wertz, Hubert Wolfgang: Maßnahmen im »Zirkel des Schwetzinger Schlossgartens«. In: Naturschutz und Denkmalpflege, hrsg. von Ingo Kowarik, Erika Schmidt und Brigitt Sigel. Zürich 1998, S. 131–135.

zukunftsgerichtet ist. Er ermöglicht das Zusammenführen unterschiedlichster Informationen, Bedingungen und Erfahrungen sowie Meinungen. Vor allem schützt eine derartige Vorgehensweise vor einem Verharren in vorformulierten Zielen und einer möglichen Überbewertung von eingebrachten Aspekten, da der gesamte Vorgang versachlicht wird. Mit ihm kann auf den Einzelfall reagiert werden, dessen Besonderheiten im Mittelpunkt von Entscheidungen stehen. Schließlich kann es hier nicht um Standardisierung von Behandlungsweisen gehen. So wird in dem einen Fall sogar eine Lösung möglich sein, die in einem anderen ausgeschlossen wurde und beide können denkmalfachlich wie gesamtplanerisch schlüssig begründbar sein. Letztendlich ist entscheidend, ob der formulierte Umgang unter den herrschenden Bedingungen dem Kulturdenkmal Allee gerecht wird.

## Menschen, Gefühle, Interessen

Beim Umgang mit Alleen sollte stets berücksichtigt werden, dass das Handeln unter öffentlicher Aufmerksamkeit erfolgt. Die Diskussion über Weg und Ziel wird häufig selbst fachintern, aber erst recht nicht in der Öffentlichkeit emotionslos geführt. Um den verschiedensten Argumenten begegnen zu können, ist es nicht nur sinnvoll, sondern notwendig, sich eine Basis zu schaffen, auf der eine rein sachbezogene Planung erfolgen kann. Methodisches Vorgehen ermöglicht auch dem Planer, dem Denkmalpfleger, seine persönlichen Vorstellungen, ja vielleicht sogar Vorlieben zu versachlichen und eine Lösung zu finden, die sich aus dem Objekt unter den herrschenden Bedingungen ergibt. Der Umgang mit denkmalgeschützten historischen Alleen ist zukunftsgerichtet, doch bleibt der Augenblick der Planung für das Handeln bestimmend. Somit bilden auch die beteiligten Personen, die sich entwickelnden Emotionen sowie die formulierten Interessen einen Rahmen, der das Geschehene beeinflusst, aber so in dieser Weise nur den jeweiligen Augenblick beherrscht. Planungen für den Umgang und die Realisierung der Planungsziele z. B. für die Klosterallee in Bad Pyrmont[8], für die Querallee beim Schloss Bennrath[9] oder die Alleen im Großen Garten in Hannover-Herrenhausen[10] haben während der teilweise viele Jahre dauernden Diskussionen über den „richtigen Umgang" deutlich werden lassen, dass die Lösungsfindung sehr vom Augenblick abhängig ist. Alle drei Fälle haben aber auch exemplarisch gezeigt, dass Lösungen entwickelt werden können, wenn die vorherrschenden Notwendigkeiten und Möglichkeiten das Handeln bestimmen. Die Missachtung der Planungsbedingungen wird letztendlich zum Stillstand des Bemühens führen und in der Regel dem Objekt schaden. Sachbezogenes methodisches Handeln hingegen kann vor einer derartigen Erstarrung schützen, denn es basiert nicht auf einem Wollen, sondern auf Bedingungen, die ein Handeln erforderlich machen.

Dirk Dujesiefken

# Erhaltung sehr alter und schadhafter Alleen

Historisch bedeutsame Alleen sind häufig sehr alt und weisen vielfach auch umfangreiche Schäden auf. Allein aufgrund ihrer Größe sind sie sehr prägend und bieten zudem Lebensraum für viele Organismen. Dabei sind vor allem Bäume mit Totholz und Höhlungen unter ökologischen Aspekten sehr wertvoll. Umfangreiches Totholz und große Höhlungen mit Fäule vermindern jedoch die Verkehrssicherheit von Bäumen. Somit führen Verkehrssicherheit und Naturschutz sowie Gestaltung bzw. Gartendenkmalpflege zu Zielkonflikten.

An Straßen und Wegen hat die Verkehrssicherungspflicht häufig Priorität. Aus diesem Grund ist es besonders wichtig, die rechtlichen Grundlagen über die Verkehrssicherungspflicht zu kennen, auf deren Basis bei Bäumen an öffentlichen Wegen eine Baumkontrolle und gegebenenfalls eine eingehende Untersuchung erfolgen muss. Die Ergebnisse der Baumkontrolle und Baumuntersuchung geben dann vor, welche baumpflegerischen Maßnahmen für die Herstellung der Verkehrssicherheit erforderlich sind. Umfangreiche Maßnahmen (z. B. Fällung oder starke Schnittmaßnahmen in der Krone) gehen häufig jedoch zu Lasten der Gestaltung und führen zu einem Verlust an ökologischem Potenzial, z. B. als Lebensraum für verschiedene Tierarten.

## Verkehrssicherungspflicht für Bäume

Die Anforderungen an die Verkehrssicherungspflicht sind nicht gesetzlich definiert. Der Begriff wurde von der Rechtsprechung entwickelt und ist in vielen Urteilen sowie in der Literatur erläutert, und zwar in der Regel für den öffentlichen Verkehr. Verantwortlich für die Verkehrssicherheit eines Baumes ist normalerweise sein Eigentümer. Bezogen auf Bäume bedeutet die Verkehrssicherungspflicht, dass der Grundstückseigentümer grundsätzlich verpflichtet ist, Schäden durch Bäume an Personen und Sachen zu verhindern und für einen verkehrssicheren Zustand zu sorgen.

Die Verkehrssicherheit eines Baumes ist gegeben, wenn er weder in seiner Gesamtheit noch in seinen Teilen eine vorhersehbare Gefahr darstellt, d.h., wenn sowohl seine Stand- als auch seine Bruchsicherheit gewährleistet sind. Die Standsicherheit beschreibt die ausreichende Verankerung des Baumes im Boden bei normalen äußeren Einflüssen, die Bruchsicherheit, die ausreichende Fähigkeit und Beschaffenheit des Baumes, dem Bruch von Stamm und Kronenteilen bei normalen äußeren Einflüssen zu widerstehen.

Aus der Rechtsprechung ergeben sich keine zwingenden Festlegungen hinsichtlich des Umfanges, des Zeitpunktes und der Häufigkeit einer Baumkontrolle. Diese hängt in starkem Maße vom Standort und Zustand des Baumes ab, so dass sie einzelfallabhängig betrachtet werden muss. Richtungsweisend für den Umfang der Verkehrssicherungspflicht bei Bäumen ist das so genannte Kastanienbaum-Urteil des Bundesgerichtshofs (BGH) aus dem Jahr 1965[1], das in vielen späteren Entscheidungen zitiert wird und bis heute eine hohe Bedeutung für die Baumschadensrechtsprechung hat. Hiernach wird der Verkehrssicherungspflicht genügt, wenn die nach dem Stand der Erfahrung und Technik als geeignet und hinreichend erscheinenden Maßnahmen getroffen werden, also den Gefahren vorbeugend Rechnung getragen wird, die nach Einsicht eines besonnenen, verständigen und gewissenhaften Menschen erkennbar sind.

Kommt es infolge einer mangelnden Stand- und/oder Bruchsicherheit eines Baumes zu einem Schadensfall, so ist für etwaige Schadensersatzansprüche[2] stets entscheidend, ob der Schaden vorhersehbar war und infolge einer Fahrlässigkeit des Verantwortlichen entstanden ist oder ob er trotz regelmäßiger Kontrollen nicht verhindert werden konnte. Hierbei ist es unbedeutend, ob der Schaden beispielsweise

[1] Kastanienbaum-Urteil des Bundesgerichtshofs (BGH) aus dem Jahr 1965. In: Neue Juristische Wochenschrift 1965, S. 815.

[2] Grundlage hierfür bildet § 823 BGB, der für jede fahrlässige und widerrechtliche Verletzung des Lebens, des Körpers, der Gesundheit, des Eigentums oder sonstigen Rechts für den Geschädigten einen entsprechenden Anspruch begründet.

*Die Baumkontrolle erfolgt visuell. Ergeben sich hierbei Verdachtsmomente für eine mangelnde Verkehrssicherheit, muss eine Baumuntersuchung erfolgen.*

| 3 | Breloer, Helge: Verkehrssicherungspflicht bei Bäumen aus rechtlicher und fachlicher Sicht. Schriftenreihe Bäume und Recht. Bd. 2. 6. überarb. und erw. Aufl. Braunschweig 2003.
| 4 | Baumgarten, Heiner / Doobe, Gerhard / Dujesiefken, Dirk / Jaskula, Petra / Kowol, Thomas / Wohlers, Antje: Kommunale Baumkontrolle zur Verkehrssicherheit. Der Leitfaden für den Baumkontrolleur auf der Basis der Hamburger Baumkontrolle. Braunschweig 2004.
| 5 | Baumkontrollrichtlinie 2004: Richtlinie zur Überprüfung der Verkehrssicherheit von Bäumen. Forschungsgesellschaft Landschaftsentwicklung und Landschaftsbau e. V. (FLL). Bonn 2004.

während eines Sturms erfolgt ist. Sturmschäden beruhen nicht grundsätzlich auf höherer Gewalt, sondern nur dann, wenn der Schaden nicht vorhersehbar war.³

In dem oben genannten BGH-Urteil wird zum Umfang von Baumkontrollen folgendes ausgeführt: »Es ist also nicht nötig, dass die laufende Überwachung der Straßenbäume ständig durch Forstbeamte mit Spezialerfahrung erfolgt, oder dass gesunde Bäume jährlich durch Fachleute bestiegen werden, die alle Teile des Baumes abklopfen oder mit Stangen oder Bohrern das Innere des Baumes untersuchen. Nicht einmal die Straßenwärter brauchen die Bäume ständig abzuklopfen, weil sie die dafür notwendige Erfahrung nicht besitzen. Der Pflichtige kann sich vielmehr mit einer sorgfältigen äußeren Besichtigung, also einer Gesundheits- und Zustandsprüfung begnügen und braucht eine eingehende fachmännische Untersuchung nur bei Feststellung verdächtiger Umstände zu veranlassen.«

Aus rechtlicher Sicht ist somit eine visuelle Kontrolle ausreichend. Ergibt diese Baumkontrolle jedoch Verdachtsmomente für eine mangelnde Verkehrssicherheit, muss eine Baumuntersuchung erfolgen, z. B. mit einfachen Werkzeugen, speziellen Geräten oder Verfahren.

Erfahrungen aus der Praxis zeigen, dass für viele Bäume eine Kontrolle pro Jahr ausreicht, stärker geschädigte Bäume dagegen müssen häufiger kontrolliert werden und Bäume ohne Schäden weniger oft. Zustandsabhängige Kontrollintervalle wurden in den neunziger Jahren erstmals in Hamburg eingeführt (Hamburger Baumkontrolle) und nachfolgend weiterentwickelt zur »Kommunalen Baumkontrolle zur Verkehrssicherheit«.⁴ Die im Dezember 2004 bei der FLL erschienene Baumkontrollrichtlinie (2004)⁵ enthält ebenfalls in wesentlichen Zügen gleichlautende zustandsabhängige Kontrollintervalle und Empfehlungen für die Baumkontrolle. Dieser Richtlinie kommt besondere Bedeutung zu, da hiermit erstmals von vielen Organisationen bzw. Fachverbänden eine Empfehlung für die Baumkontrolle erarbeitet wurde.

## Maßnahmen zur Herstellung der Verkehrssicherheit und zum Erhalt von Alleen

In der Praxis wird bei Vorliegen einer mangelnden Verkehrssicherheit von Bäumen sehr schnell an eine Fällung gedacht. Gerade in Alleen, deren wesentlicher Charakter es ist, dass Bäume gleicher Art und Größe in regelmäßigem Abstand zueinander stehen, führen Fällungen zu Lücken und damit zu einer Beeinträchtigung des Gesamtbildes. Zweifellos bleibt bei einem starken Schaden nur die Fällung. Häufig kann jedoch ein Baum durch baumpflegerische Maßnahmen noch viele Jahre bis Jahrzehnte verkehrssicher an seinem Standort erhalten werden. Ein Erhalt des Baumes z. B. durch Schnittmaßnahmen oder durch eine Kronensicherung ist oft sogar preiswerter als die Fällung mit nachfolgender Rodung des Stubbens und der meist dann gewünschten Nachpflanzung eines Jungbaumes. Da Nachpflanzungen innerhalb einer alten Allee in der Regel schlechte Entwicklungsmöglichkeit haben und gestalterisch keinen Ersatz für das gefällte Exemplar darstellen, spricht insbesondere unter diesem Aspekt vieles für den Erhalt des Altbaumes mit baumpflegerischen Maßnahmen und gegen eine Fällung.

Die ZTV-Baumpflege (2006)⁶ ist das Regelwerk für die Baumpflege und enthält viele Leistungsbeschreibungen für Maßnahmen zum Erhalt von Bäumen bzw. für die Herstellung der Verkehrssicherheit. Im Wesentlichen handelt es sich um Schnittmaßnahmen in der Krone und um Kronensicherung.

*Schnittmaßnahmen*

Schnittmaßnahmen in der Krone dienen – richtig ausgeführt – der Entwicklung und dem Aufbau, später der Erhaltung von vitalen, gesunden und verkehrssicheren Alleebäumen. An alten Bäumen sollten Schnittmaßnahmen nur in begründeten Fällen ausgeführt werden (z. B. zur Verkehrssicherung). Erforderliche Eingriffe sollten so früh wie möglich ausgeführt werden, um Schnittstellen klein zu halten und Folgeschäden sowie weitere Schnittmaßnahmen möglichst zu vermeiden. Folgende Schittmaßnahmen werden unterschieden:

Erziehungs- und Aufbauschnitt: Besonders wichtig für eine gute Entwicklung der Bäume ist ein Erziehungs- und Aufbauschnitt, der in der Praxis leider häufig vernachlässigt wird. Dabei werden Seitenäste mit eingewachsener Rinde in der Vergabelung, sich kreuzende, reibende sowie gebrochene Äste entfernt. Bei Straßenbäumen wird dabei auch

*Fällungen führen zu Lücken in der Allee und damit zu einer Beeinträchtigung des Gesamtbildes.*

nach und nach der jeweils erforderliche lichte Raum hergestellt. Während der Erziehungs- und Aufbauphase sollte ein ausgewogenes Verhältnis von Stammhöhe zu Gesamthöhe angestrebt werden.

Lichtraumprofilschnitt, Totholzbeseitigung und Kronenpflege: Der lichte Raum an Straßen ist vorgegeben, z. B. durch die RAS Q.[7] Mit der Herstellung des lichten Raumes der Straße mit einer Höhe von 4,50 Metern muss schon beim Jungbaum begonnen werden. Der Kronenansatz ist dabei in Abhängigkeit von Baumart, Wuchsform des Baumes, angrenzender Nutzung und Topografie so zu wählen, dass der vorgesehene lichte Raum nach und nach erzielt und später erhalten werden kann.

Sind an älteren Bäumen tote Äste oder unerwünschte Entwicklungen in der Krone vorhanden (z. B. Zwieselbildung), wird hier durch Schnittmaßnahmen korrigierend eingegriffen. Mit der Totholzbeseitigung werden lediglich tote oder gebrochene Äste entfernt, bei der Kronenpflege werden zudem auch kranke bzw. absterbende sowie sich kreuzende und reibende Äste abgeschnitten. Wird eine Kronenpflege gemäß ZTV-Baumpflege beauftragt, enthält diese Maßnahme auch die Herstellung des lichten Raumes der Straße.

Kroneneinkürzung und Einkürzung von Kronenteilen: Die Einkürzung der Krone oder einzelner Kronenteile wird ausgeführt bei nicht mehr verkehrssicheren Bäumen, die auf diese Art und Weise noch erhalten werden können. Bei der Kroneneinkürzung wird die gesamte Krone in ihrer Höhe und/oder ihrer seitlichen Ausdehnung entsprechend den Erfordernissen der Verkehrssicherheit eingekürzt. Bei der Einkürzung von Kronenteilen wird dies entsprechend bei einzelnen Ästen oder Stämmlingen durchgeführt.

Der Umfang der Einkürzung soll höchstens 20 Prozent betragen, damit die verbleibende Krone noch einen möglichst arttypischen Habitus behalten bzw. wieder entwickeln kann. Die Herstellung der Verkehrssicherheit und zugleich ein langfristiger Erhalt des Baumes sind auf diese Weise häufig möglich.

Kronensicherungsschnitt: Bei schwer geschädigten Bäumen, die trotzdem noch erhalten werden sollen, muss aus Gründen der Verkehrssicherungspflicht deutlich stärker als bei der Kroneneinkürzung in den Baum eingegriffen werden. Hierbei sind stets große Verluste an Kronenvolumen und damit auch große Schnittwunden die Folge. Als Kronensicherungsschnitt versteht man einen starken Rückschnitt (mehr als 20 Prozent) zur Herstellung der Verkehrssicherheit

| 6 | ZTV-Baumpflege: Zusätzliche Technische Vertragsbedingungen und Richtlinien für Baumpflege. Forschungsgesellschaft Landschaftsentwicklung und Landschaftsbau e. V. (FLL). 5. Aufl. 2006.
| 7 | Richtlinie für die Anlage von Straßen (RAS), T.: Querschnitte, hrsg. von der Forschungsgesellschaft für Straßen- und Verkehrswesen (FGSV). Köln.

und ohne Rücksicht auf den Habitus. Es ist eine Notmaßnahme für Bäume mit oftmals nur noch kurzer Lebenserwartung. Mit einem Kronensicherungsschnitt kann der Alleecharakter zumindest noch für einige Jahre weitgehend erhalten werden.

Im Gegensatz zum Kronensicherungsschnitt bezeichnet man das umfangreiche, baumzerstörende Absetzen der gesamten Krone ohne Rücksicht auf physiologische Erfordernisse als Kappung; sie ist keine fachgerechte Maßnahme. Vom Kappen zu unterscheiden sind die Erziehung zu einem Kopfbaum und der Rückschnitt von Formgehölzen oder von Bäumen in Gehölzgruppen. Hierbei handelt es sich um regelmäßig wiederkehrende Schnittmaßnahmen aus gestalterischen Gründen und nicht um den plötzlichen Verlust einer ausgewachsenen Krone.

*Kronensicherung*
Zur Sicherung von bruchgefährdeten Kronenteilen werden seit vielen Jahren Kronensicherungen eingebaut. Während man früher mit Gewindebolzen und Stahlseilen so genannte Kronenverankerungen in die Bäume eingebaut hat, werden seit etwa 1990 vermehrt umschlingende Systeme mit Gurten und/oder Hohltauen verwendet.

In den vergangenen Jahren gab es zur Kronensicherung eine kontroverse Diskussion von erklärten Befürwortern und Gegnern dieser Methode. Inzwischen hat sich die Diskussion versachlicht und die Erkenntnis durchgesetzt, dass Schnittmaßnahmen und Kronensicherungen sich ergänzende Methoden sind. Da der Einsatz vom jeweiligen Einzelfall abhängt, wurden in der neuen Ausgabe der ZTV-Baumpflege (2006) Entscheidungshilfen hierzu erarbeitet.

*An Alleebäumen ist das Lichtraumprofil von besonderer Bedeutung.*

*Entscheidungskriterien für Schnittmaßnahmen und Kronensicherungen*
In der neuen ZTV-Baumpflege werden umfangreichere Schnittmaßnahmen zur Herstellung der Verkehrssicherheit (meist Kroneneinkürzung oder Kronensicherungsschnitt) und Kronensicherung hinsichtlich ihrer Vor- und Nachteile diskutiert. In Anlehnung an diese Ausführungen werden als Entscheidungshilfe folgende Beispiele gegeben:

Ein Kronenschnitt hat meist folgende Vorteile:
– Keine Technik im Baum,
– kein Unterbinden der natürlichen Schwingungen der Krone,
– gleichzeitige Möglichkeit der Kronenpflege, einschließlich Korrektur.

Ein Kronenschnitt hat meist folgende Nachteile:
– Verletzung durch Schnitt,
– mögliche Minderung der Vitalität,
– Verlust an Kronenvolumen und möglicherweise an Lebensraum für Tiere,
– Veränderung des Habitus/der Gestaltung,
– Nachsorge wegen natürlicher Veränderungen im Wuchs.

Eine Kronensicherung hat meist folgende Vorteile:
– Erhaltung des Habitus/der Gestaltung,
– kein Verlust von Kronenvolumen und gegebenenfalls Erhalt von Lebensraum für Tiere,
– keine Beeinträchtigung des natürlichen Energiehaushaltes des Baumes,
– Ruhigstellen von bruchgefährdeten Kronenteilen,
– kein bzw. nur geringer Kronenschnitt erforderlich.

Eine Kronensicherung hat meist folgende Nachteile:
– Möglicherweise Unterbindung der natürlichen Schwingungen des Baumes,
– Technik im Baum,
– materialbedingte Nachsorge,
– regelmäßige Kontrolle und gegebenenfalls Nachsorge erforderlich,
– Einbau nur möglich, wenn geeignete Äste/Stämmlinge zur Befestigung vorhanden sind.

In Alleen sollten somit generell bei jüngeren und mittelalten Bäumen Schnittmaßnahmen anstelle von Kronensicherungen bevorzugt werden. Gleiches gilt, wenn die Schnittmaßnahmen nicht zu erheblichen Verletzungen führen und der Habitus des Baumes nicht zu stark beeinträchtigt wird. In alten Alleen sind Äste bzw. Stämmlinge häufig schadhaft (Risse, Höhlungen), so dass für eine Kronensicherung keine geeigneten Äste bzw. Stämmlinge vorhanden sind. In diesen Fällen verbleibt für einen Erhalt des Baumes lediglich der Kronenschnitt als einzige Möglichkeit.

*Bei mangelnder Verkehrssicherheit des Baumes kann häufig noch über eine Kronensicherung der Baum erhalten werden.*

Kronensicherungen bieten dagegen die Möglichkeit, den Habitus vollständig oder weitgehend unverändert zu lassen, wenn hierdurch die Verkehrssicherheit des Baumes hergestellt werden kann. Das Erscheinungsbild des Baumes bzw. der Allee bleibt unverändert. Zugleich können Baumteile, die aus Gründen des Naturschutzes von Bedeutung sind, erhalten werden. Da mit dieser Methode kein Kronenvolumen verloren geht und zugleich größere Schnittwunden vermieden werden, ist die Kronensicherung vielfach eine gute Methode für den Baumerhalt.

Vor allem bei alten Alleen ist häufig eine Kombination von Schnittmaßnahmen und Kronensicherungen sinnvoll, da hierdurch unter Umständen alle Aspekte hinsichtlich Gestaltung, Naturschutz und Verkehrssicherheit berücksichtigt werden können.

*Wundbehandlung*
Astungswunden: Seit Jahrhunderten wird mit der Behandlung von Wunden die Hoffnung verbunden, Schäden an den Bäumen zu verringern bzw. die Verletzungen »heilen« zu können. Die Wirksamkeit von Wundverschlussmitteln bleibt jedoch häufig hinter den Erwartungen zurück; meist kann hierdurch eine Fäule im Holz nicht verhindert werden. Ein Schutz des Wundrandes und damit ein Verhindern von Kambielnekrosen sowie eine Förderung der Überwallung sind hierdurch jedoch möglich.[8] Bei Astungswunden wird daher empfohlen, Schnittflächen von 3 bis 10 Zentimetern Durchmesser vollflächig und bei größeren nur den Wundrand mit einem Wundverschlussmittel zu belegen (siehe auch ZTV-Baumpflege 2006).

Schnittwunden mit einem Durchmesser von mehr als 10 Zentimetern sollten jedoch ohnehin unterbleiben, da diese – unabhängig von der Baumart – meist schwach abgeschottet werden und die Gefahr einer umfangreichen Fäule besteht. Einem rechtzeitigen und vorsichtigen Schnitt des Baumes kommt daher eine große Bedeutung zu.

Anfahrschäden: Ein besonderes Problem in Alleen sind Anfahrschäden, d.h. der meist großflächige Verlust von Rinde durch Verkehrsunfälle. In der Vergangenheit wurden solche Wunden baumchirurgisch behandelt. Aufgrund der Erkenntnis, dass das Ausfräsen der Wunde bzw. das Glattschneiden der Wundränder nicht den gewünschten Effekt brachte, wurde über Jahre an solchen Wunden häufig gar nichts gemacht.

Neuere Untersuchungen ergaben, dass sich auf der Wundfläche eines Anfahrschadens noch teilungsfähige Zellen befinden, die durch eine Behandlung geschützt werden und eine Zellteilung ermöglichen. Den größten Effekt hat die Abdeckung frischer Wunden mit einer lichtundurchlässigen Kunststofffolie. Geschieht dies, kann nicht nur am Wundrand, sondern auch auf der Wundfläche ein Kallus, der so genannte Flächenkallus, entstehen.[9] Das Holz unterhalb des

|8| Dujesiefken, Dirk: Wundbehandlung an Bäumen. Braunschweig 1995.
|9| Stobbe, Horst / Dujesiefken, Dirk / Eckstein, Dieter / Schmitt, U.: Behandlungsmöglichkeiten von frischen Anfahrschäden. In: ebenda, S. 43–55. Dies.: Development Stages and Fine Structure of Surface Callus Formes after Debarking of Living Lime Trees (Tilia sp.). Annals of Botany 89/2002, S. 773–782.

*Wird unmittelbar nach einem Verkehrsunfall die frische Wunde mit einer lichtundurchlässigen Kunststofffolie abgedeckt, kann sich darunter auf der Wundfläche ein Flächenkallus entwickeln.*

Flächenkallus bleibt lebend – die offene Wunde wird durch einen Flächenkallus somit kleiner. In Einzelfällen kann die Verletzung sogar bereits nach einer Vegetationsperiode vollständig verschlossen sein.

Die Behandlung frischer Anfahrschäden in Form einer Abdeckung mit lichtundurchlässiger Kunststofffolie ergibt stets effektivere Wundreaktionen als eine Nichtbehandlung oder das Überdecken mit Wundverschlussmitteln. Empfehlungen für das Vorgehen bei der Behandlung finden sich u. a. in der ZTV-Baumpflege (2006).

## Ausblick

Der Umgang mit Alleen wurde und wird wesentlich davon geprägt, von wem bzw. unter welchem Aspekt die Straße mit ihren Bäumen gepflegt bzw. erhalten wird. Die oben genannten Zielkonflikte zwischen Verkehrssicherheit und Naturschutz sowie Gestaltung bzw. Gartendenkmalpflege führen daher vielerorts zu langwierigen Diskussionen. Die Folgen sind dann oftmals ein Aufschieben von Entscheidungen oder die Durchführung einer Maßnahme nur unter dem Aspekt eines der Ziele.

Einen interdisziplinären Ansatz für den zukünftigen Umgang mit sehr alten und schadhaften Alleen verfolgt ein aktuelles zweijähriges Forschungsprojekt, das von der Deutschen Bundesstiftung Umwelt (DBU) gefördert wird. Es startete im April 2005 am Landesamt für Denkmalpflege Schleswig-Holstein (Dr. Margita Meyer) in Zusammenarbeit mit dem Landesamt für Natur und Umwelt (LANU, Ulrich Mehl) zum Thema »Schutz und Pflege historischer Alleen«. Diese Untersuchungen werden durch das Büro biola Hamburg, Dr. Vilmut Brock, unter Beteiligung des Büros Holger Mordhorst, Nortorf, erarbeitet. Das Institut für Baumpflege Hamburg, Prof. Dr. Dirk Dujesiefken, ist unter Beteiligung von Prof. Dr. Rolf Kehr, Göttingen, mit der Beurteilung der Vitalität, der baumstatischen, baumbiologischen und mykologischen Untersuchungen beauftragt.

Erstmals werden hier gleichrangig kulturhistorische Erkenntnisse aus der Entwicklungsgeschichte einer Allee (Denkmalwert), die ökologischen Potenziale als Lebensraum (Biotop und Artenschutz) und der Zustand der Bäume erfasst. So sollen die Belange von Natur- und Denkmalschutz sowie Baumpflege und Verkehrssicherheit gleichermaßen Eingang finden.

Sechs Alleen wurden mit Hilfe eines Expertengremiums in die Kategorien Straßen-, Guts- und Gartenallee eingestuft. Für den Modellcharakter des Projektes war es unerlässlich, bei der Auswahl unterschiedliche Baumarten zu berücksichtigen. Das Projekt soll Fragen des Schutzes der Baumstandorte und der Verkehrsregulierung bei Straßenalleen ebenso erörtern wie die der Verkehrssicherheit von ehemals unter Formschnitt gehaltenen und heute durchgewachsenen Gartenalleen.

Die Ziele des Projektes sind im Einzelnen:
– Erkenntniszuwachs durch vertiefende und gut dokumentierte Forschungsergebnisse zur Geschichte von Alleen und deren Ökologie am Beispiel von sechs Alleen; Initiierung eines Diskurses durch interdisziplinäre Untersuchungen, in dem baumbiologische, ökologische und kulturhistorische Sichtweisen gemeinsam reflektiert und diskutiert werden und gleichermaßen Eingang finden in Schutz- und Erhaltungsstrategien.
– Schaffung eines öffentlichen Bewusstseins für die Konflikte zwischen den Anforderungen des wachsenden Verkehrs und den Lebensbedingungen alter Alleen; Verkehrssicherungspflicht versus Naturdenkmal. Angesprochen sind vor allem die Entscheidungsträger: Eigentümer und zuständige Behörden (Naturschutz, Denkmalpflege, Straßenbauämter, Kommunen und Kreisverwaltungen).
– Aufzeigen von Lösungsmöglichkeiten zum Umgang mit alten Alleen.

Die ersten Ergebnisse dieses Projektes sollen im Winter 2006/07 auf einem DBU-Kolloquium vorgestellt werden.

Hartmut Balder

# Zur Beurteilung und Behandlung geschädigter Wurzelbereiche von Alleen

Dem Wurzelsystem eines Baumes fallen bei der Gehölzentwicklung vielfältige Aufgaben zu. Hierzu zählen insbesondere die Verankerung der Pflanze im Boden, die Aufnahme für Wasser und Nährstoffe, die Speicherung für Reservestoffe, die Synthese für Wuchsstoffe und die Verbindung mit essentiellen Symbionten. Daraus wird bereits deutlich, dass eine Störung im Wurzelsystem negative Folgen für das Wachstum, seine Standsicherheit oder seine Widerstandskraft gegenüber parasitären und nicht parasitären Schadfaktoren haben muss. Die Wurzel kann daher als Achillesverse der Pflanze bezeichnet werden.[1] Die standortgerechte Baumartenwahl, die weitsichtige Standortvorbereitung in Planung und Ausführung, die Vermeidung von Belastungen in der langen Standzeit, eine kontinuierliche Pflege sowie effektive Maßnahmen im Schadensfall sind essentielle Voraussetzungen für eine gute Wurzelentwicklung und damit für die Gesundheit, Vitalität und Erscheinung eines Baumes.

## Wurzelentwicklung und Wurzelreaktionen

Am Beginn einer Alleegründung steht zwangsläufig die Pflanzung von Jungbäumen, die üblicherweise mit homogenen hochwertigen Gehölzen vorgenommen wird, um ein einheitliches Bild zu erzielen. Gute und gleichmäßige Bodenbedingungen bewirken, dass sich zunächst die Wurzeln artgerecht als Pfahl-, Herz- oder Senkerwurzel ausbilden. Erlauben die Straßenbeläge das Eindringen von Niederschlagswasser durch Fugen in den Untergrund und sichern sie gleichzeitig auch den Bodenluftaustausch, so ist es den wachsenden Wurzeln möglich, seitlich unter die Fahrbahn vorzudringen und weitreichende Wurzelsysteme zu entwickeln. Sandwege oder Kopfsteinpflaster sind daher von alten Baumbeständen und großflächigen Ausbreitungsbildern geprägt. Nicht selten hat die Bildung von Kondensationswasser unterhalb der Beläge die Wurzeln oberflächennah angelockt, so dass Anhebungen zu erheblichen Belagschäden führten.[2]

Zunehmend wurden stärkere Tragschichten und undurchlässigere Beläge erforderlich, die den unmittelbaren Fahrbahnbereich für Wurzeln unattraktiver werden lassen. Die Wurzeln der Alleebäume entwickeln sich daher an vielen Standorten einseitig auf der straßenabgewandten Seite.

Technische Arbeiten zum Ausbau und zur Unterhaltung von Alleenstraßen sind als Folge der räumlichen Enge konfliktreich und häufig mit folgenschweren Schädigungen an den Wurzelsystemen der Bäume verbunden. Die Kenntnis der Baumreaktionen auf unterirdische Verletzungen, insbesondere der pflanzlichen Abwehrmechanismen bei Beeinträchtigungen, dient als Grundlage für die Entwicklung schonender Wurzeleingriffe, z. B. bei gezielten Kappungen im Rahmen der Anlage von Wurzelvorhängen. Im Schadensfall müssen sich effektive Behandlungsmaßnahmen an diesen Erkenntnissen orientieren.

Rindenverletzungen zählen zu den leichteren Wurzelschäden, die vorrangig bei ungeschützten Wurzeln u. a. durch menschlichen Tritt, Überfahren mit Fahrzeugen, beim Entfernen des Oberbodens oder Nagefraß von Schaderregern an der Wurzelrinde entstehen, ohne dass der Holzkörper nachhaltig in Mitleidenschaft gezogen wird. Oberflächennahe Wurzelsysteme, wie sie häufig auf verdichteten Böden und Standorten mit hohen Grundwasserständen angetroffen werden, sind ebenso gefährdet wie auch Baumarten mit häufig oberflächennaher Wurzelentwicklung, u. a. Ulmen, Linden, Kastanien. Auch bei Arbeiten im Baumumfeld sind trotz vorsichtiger Handschachtung Verletzungen der Wurzelrinde nicht gänzlich zu vermeiden. Da die Gefäße im Holzteil hierbei nicht unmittelbar beeinträchtigt werden, ist die Versorgung der Wunde und der nachfolgenden Wurzelteile nach wie vor gesichert. Bei Verletzung in der Vegetationsphase setzt nach kurzer Zeit am Wurzelrand eine verstärkte Zellbildung des Kambiums ein, dem Kallus, um den

| 1 | Balder 1998; Reichwein 2003.
| 2 | Balder 1998.

*Optimale Jungbaumpflanzungen im Berliner Regierungsviertel mit gleichmäßigem Kronenaufbau, guter Stammentwicklung und sachgerechter Pflanzung*

offen gelegten Holzkörper zu überwallen. In den jüngsten Jahrringen werden gleichzeitig effektive Abwehrmechanismen aktiviert, wobei diese im Frühjahr und mit zunehmender Entfernung vom Stamm effizienter reagieren als im Winter. Mitunter werden auch schlafende Knospen zum Austrieb angeregt. In Abhängigkeit von Wundgröße und Vitalität des Baumes ist die Wunde im Normalfall schnell verschlossen.

Wurzelkappungen, die bei Eingriffen in Wurzelsysteme den Verlust von Grob- und Starkwurzeln mit sich bringen, stellen eine stärkere Verletzungsform dar, da dem Baum zum einen ein Teil des Wurzelsystems verloren geht, zum anderen neben der Rinde auch der Holzkörper selbst verletzt wird. Als äußere Reaktion trocknen bei vielen Baumarten unabhängig von der Wurzeldicke zunächst an der Schnittstelle Rinde, Bast und Kambium zurück, es bildet sich ein Kallus und die Wurzelneubildung setzt im rückwärtigen Wurzelbereich ein. In der Regel nimmt mit zunehmender Wurzeldicke die Fähigkeit zur Wurzelneubildung ab. Im Wurzelinneren bilden sich charakteristische, trichterförmige Verfärbungen, die im jüngsten Gewebe am geringsten ausfallen und sich in der Wurzelmitte am tiefsten ins Gewebeinnere hineinziehen. Mit zunehmender Wurzelstärke nimmt die Holzverfärbung zu, sie ist bei Derbwurzeln (2 bis 5 Zentimeter Durchmesser) häufig zwei- bis dreimal so lang wie bei den Schwachwurzeln. Diese Prozesse sind abhängig von der Baumart: während Buche, Eiche, Linde und Ahorn im Wurzelbereich gut abschotten, scheint die Robinie schlechter zu reagieren. Die Schnittführung hat für die Wundreaktion der gekappten Wurzel offenbar eine untergeordnete Bedeutung. Verletzungen in der Vegetationsruhe verursachen bei Roteiche analog zu oberirdischen Reaktionen deutlich stärkere Holzverfärbungen und eine weitreichendere Fäulnisentwicklung, inmitten der Vegetationsperiode sind beide Parameter wie auch das Rücktrocknen von Rinde, Bast und Kambium am geringsten. Mit zunehmendem Wurzelalter nimmt die Regenerationsfähigkeit deutlich ab.[3] Die Forschung steht hier jedoch erst am Beginn, viele Baumarten sind in ihrer Reaktion unbekannt.

Im Gegensatz zur gezielten Kappung werden beim Maschineneinsatz im Straßenbau häufig die im Boden verborgenen Wurzeln im Arbeitsbereich ab- und angerissen, häufig auch im angrenzenden Erdreich zusätzlich weiter aufgerissen und stellen ideale Eintrittspforten für holzzerstörende Pilze dar. Da Abschottungsmechanismen nur unzureichend aktiviert werden und Schutzholz sich unregelmäßig bildet, schreiten Holzverfärbung und Fäulnis schnell voran. Ein Nachschneiden von Wurzelabrissen fördert stets die Abschottung sowie die Wurzelneubildung und reduziert sowohl die Verfärbung als auch die Fäulnisentwicklung.

Wundbehandlungen haben auf die Folgereaktionen von Wurzelverletzungen nur geringen Einfluss. Herkömmliche Wundverschlussmittel scheinen geringfügig die Abschottungsreaktionen zu unterstützen, da Holzverfärbungen und auch die Stärke des Holzabbaus tendenziell geringer ausfallen. Desinfektions- oder Holzschutzmittel, die für andere Zwecke entwickelt wurden, haben meist phytotoxische Eigenschaften und sind für diesen Einsatzbereich nicht verwendbar. Einen Befall mit holzzerstörenden Pilzen können bisherige Wundbehandlungen offensichtlich nicht verhindern, auch die Wurzelneubildung wird durch Mittel nicht nachhaltig gefördert. Die Weiterentwicklung der neu gebildeten Wurzeln ist nur bei günstigen Bodenverhältnissen möglich, wobei sich aufgrund von Konkurrenzverhältnissen offensichtlich nur einige wenige Wurzeln durchsetzen können, die anderen sterben wieder ab.[4]

Das Absterben von Wurzeln ist bei Bäumen ein weit verbreitetes Phänomen und zählt offensichtlich zu den normalen Entwicklungsprozessen eines Wurzelsystems. So sterben Feinst- und Feinwurzeln periodisch ab, z. B. ist als Alterserscheinung das Absterben auch größerer Teile des Wurzelsystems immer wieder anzutreffen. Darüber hinaus bewirken Infektionen mit Schaderregern, Witterungseinflüsse sowie die pflanzenschädigende Wirkung von Schadstoffen lokale oder großräumige Absterbeerscheinungen am Wurzelsystem. Die Folge- und Abwehrreaktionen eines Baumes bei Absterben der Wurzeln sind bislang nur aus Beobachtungen bekannt. Aggressive Wurzelpilze, die entweder über Wunden oder durch die Rinde in die Wurzel eindringen, können sich besonders bei geringer Vitalität des Baumes schnell im Wurzelsystem verbreiten und die Bäume nachhaltig schädigen.

Die Folgen von Wurzelschäden sind für die betroffenen Bäume häufig gravierend und werden früher oder später am Kronenbild sichtbar. Durch den Verlust eines Teiles der Wurzeln wird die Relation zwischen Wurzelmasse und Blatt-

[3] Balder 1998.
[4] Balder u. a. 2005.

masse gestört. Bezüglich des Wasserhaushaltes bedeutet dies, dass der transpirierenden Blattfläche eine geringere wasseraufnehmende Wurzeloberfläche gegenübersteht. Bei Wurzelverlust innerhalb der Vegetationsperiode kann daher ein schnelles Welken des Baumes folgen, ansonsten ist der Austrieb im Folgejahr kleinblättrig und mitunter auch chlorotisch. Bei stärkeren Wurzelbeeinträchtigungen sterben hingegen ganze Astpartien in der Baumkrone ab, so dass sich Zopftrocknis bildet. Letztlich wird auch der Wuchsstoffhaushalt des Baumes verändert, so dass bei einigen Baumarten eine deutliche Wasserreiserbildung einsetzt. Die Vitalitätsabnahme erhöht die Anfälligkeit für Schaderreger, vorrangig für Schwächeparasiten. Zahlreiche rinden- und holzbrütende Schadinsekten befallen daher Grob- und Starkäste und verursachen so ein weiteres Aststerben. Gleichzeitig dringen holzzerstörende Pilze sowohl in den geschädigten Wurzeln als auch im Astwerk vor und parasitieren als Holzzerstörer Rinde, Bast, Splint- und Kernholz.

## Vorbeugende Schutzmaßnahmen der Wurzelsysteme

Vorbeugende Wurzelschutzmaßnahmen beginnen bereits in der Planungskonzeption einer Baumallee, der Standortvorbereitung und der Pflanzung. Analog zur Kronenerziehung werden im Jugendstadium die entscheidenden Voraussetzungen für den Aufbau eines guten Wurzelsystems als Grundlage für eine dauerhaft vitale Entwicklung gelegt.

Nach alter gärtnerischer Erfahrung sollten Bäume nur dort gepflanzt werden, wo ausreichend Raum zur Entwicklung vorhanden ist. In der Planungsphase von Alleen müssen daher zunächst alle Einschränkungen eines Standortes erkannt, die Möglichkeiten der Standortverbesserung geprüft sowie die Auswirkungen der verkehrsbedingten Belastungen auf die Wurzelentwicklung und damit auf Gesundheit und Vitalität der Bäume insgesamt bedacht werden. Primär ist demzufolge eine Baumart auszuwählen, die am Standort für einen langen Zeitraum ein gesundes Baumwachstum erwarten lässt.

Bäume sind in unterschiedlichem Maße fähig, ihr artspezifisches Wurzelsystem der jeweiligen Standortsituation individuell anzupassen. Darüber hinaus wurzeln sie verstärkt in wurzelfreundliche Bereiche ein, während sie ungünstige Areale eher meiden. Diese Eigenschaft kann gezielt zur Steuerung der räumlichen Ausdehnung eines sich entwickelnden Wurzelsystems genutzt werden. Nach heutigen wissenschaftlichen Erkenntnissen können zum Schutz und zur gezielten Steuerung des Wurzelwachstums gezielt Wurzelsysteme gelenkt werden. Während nach gängiger Praxis Alleebäume lediglich in kleine Baumgruben gesetzt werden, beinhalten moderne Bauweisen u. a. unterirdische Verbindungen der Baumscheiben in Form von Belüftungsgräben, die von allen Beteiligten im Tief- und Leitungsbau zu respektieren sind. Der Einbau von Trennwänden (Wurzelsperren) zwischen zu pflanzenden Jungbäumen und nicht zu durchwurzelnden Flächen kann das unerwünschte Vordringen der Wurzeln verhindern, setzt aber voraus, dass die verwendeten Materialien dauerhaft sind und weder durch- noch unterwachsen werden.[5]

Zur Pflanzung von Baumalleen sollte nur qualitativ hochwertige Baumschulware verwendet und während des Transportes sowie der Lagerung keine Schädigung, insbesondere auch des Wurzelsystems der Gehölze, hervorgerufen werden. So sollten z. B. nicht akklimatisierte Gehölze und unzureichende Pflanzqualitäten keine Verwendung finden. Beim Bezug der Baumschulware ist als vorbeugende Maßnahme auch eine Abstimmung der Balleneigenschaften auf die zu bepflanzenden Standorte zu empfehlen, um die Auswirkungen des Verpflanzschockes zu vermindern. Bei Kapillarbruch zwischen Ballensubstrat und umgebendem Erdreich treten häufig Probleme in der Wasserversorgung auf, da z. B. ein sandiges Umfeld einen lehmigen Ballen nur schwer befeuchten lässt. Die Pflanzgrube ist so vorzubereiten, dass die flächenhafte Wurzelausbreitung gefördert wird, z. B. durch Beseitigung von Bodenverdichtungen durch Auflockerungsmaßnahmen und von stauender Nässe durch den Einbau von Drainagesets.[6]

Beim Setzen der Gehölze in den Boden muss je nach Pflanzenbeschaffenheit unterschiedlich vorgegangen werden: Wurzelnackte Bäume sind so zu pflanzen, dass die Wurzeln ihrer individuellen Entwicklung entsprechend gleichmäßig verteilt werden und die Zwischenräume des Wurzelsystems mit Substrat gefüllt sind. Ballenpflanzen sind von Ballentüchern und Verdrahtungen möglichst zu befreien, zumindest sind diese zu lösen und auf den Grubenboden zu drücken, um späteren Einschnürungen an Wurzel und Stamm vorzubeugen. Dies empfiehlt sich auch für verrottende und schnell rostende Materialien, da auf diese Weise von Beginn an ein ungestörter Kontakt zwischen Ballen und Substrat gegeben ist. Ferner ist der Baum im Pflanzloch auszurichten, d. h. der Baum muss so gesetzt werden, dass die tieferen Äste nicht unmittelbar ins Lichtraumprofil ragen. Ein zu tiefes Pflanzen bedeutet z. B. eine dauerhafte Wachstumsbeeinträchtigung. Die Pflanzung muss daher so erfolgen, dass nach Setzung des Bodens von meist 10 bis 15 Zentimetern die Wurzeln sich in natürlicher Lage befinden, was der ursprünglichen Standhöhe aus der fachgerechten Anzuchtphase entspricht. Demnach genügt es, wenn die oberen Wurzeln 2 bis 3 Zentimeter mit Substrat bedeckt sind. Zum Ausgleich der durch den Pflanzvorgang bedingten Wurzelverluste muss ein Pflanzschnitt durch Rückschnitt oder Auslichten vorgenommen werden.

An zahlreichen innerstädtischen Baumstandorten ist aus gestalterischen und nutzungsbedingten Gründen eine Bodenversiegelung unverzichtbar. Die hieraus resultieren-

[5] Balder 1998; FLL 2005.
[6] Balder u. a. 2000.

*Gute Wundreaktion nach einer Rindenverletzung der Wurzel*

*Wurzelkappung und die Reaktionen: Rücktrocknung, Holzverfärbung und Wurzelneubildung*

*Geringerer Pilzbefall und erste Wurzelneubildung durch ein sauberes Nachschneiden (links) im Vergleich zum Wurzelabriss*

*Wurzelschädigung bei anaeroben Bedingungen, u. a. Gaslekage und Staunässe*

den Auswirkungen auf den Wasserhaushalt und die Bodenluft mit Folgen für die Wurzelentwicklung von Bäumen sind zwischenzeitlich erkannt, eine Versiegelung muss daher so konzipiert werden, dass die nachfolgenden Beeinträchtigungen möglichst gering bleiben. Die Wasserdurchlässigkeit des zu wählenden Belages sollte daher möglichst hoch sein, diese setzt jedoch voraus, dass das im Wurzelbereich zu versickernde Oberflächenwasser keine phytotoxischen Bestandteile enthält und der Unterboden die Wassermengen zügig abführt. Daher sind Abflüsse z. B. von Verkehrsflächen und belasteten Industrieflächen in jedem Fall der Kanalisation zur Klärung zuzuleiten.

Eine effektive Wasserdurchlässigkeit einer Bodenversiegelung kann durch eine bodennahe Bauweise, eine armierte Rasenbauweise, eine Bauweise mit Fugenverbreiterung oder eine aus Dränbaustoffen erzielt werden. Die jeweiligen Bauweisen haben unterschiedliche Eigenschaften, ihre Einsatzbereiche sind von der Nutzung der Flächen abhängig. Ziel muss mit Blick auf die Versorgung der Bäume eine Flächenversickerung mittels durchlässiger Oberfläche sein. Eine Versiegelung des Wurzelraumes sollte bei aggressiv wurzelnden Baumarten nicht leichtfertig vorgenommen werden, um eine Schädigung der Beläge zu vermeiden.

## Schutzmaßnahmen vor Schädigung

Bei einer fachgerechten Standortplanung sind für die normale Nutzung bereits vorbeugende Schutzmaßnahmen vorgesehen. In zahlreichen Regelwerken und Normen wird daher der Schutz der Wurzelsysteme ausdrücklich gefordert.

| Normen und Regelwerke zum Baumschutz in der Bundesrepublik Deutschland | |
|---|---|
| Baumschutzsatzungen der Städte und Kommunen | |
| DIN 18 920: | Vegetationstechnik im Landschaftsbau Schutz von Bäumen, Pflanzenbeständen und Vegetationsflächen bei Baumaßnahmen |
| RAS-LP 4: | Richtlinie für die Anlage von Straßen, Teil: Landschaftspflege, Abschnitt 4: Schutz von Bäumen, Vegetationsbeständen und Tieren bei Baumaßnahmen |
| MA-StB 92: | Merkblatt Alleen 1992 |
| | Merkblatt über Baumstandorte und unterirdische Ver- und Entsorgungsanlagen, 1989 |
| ZTV-Baumpflege, 2006: | Zusätzliche Technische Vorschriften und Richtlinien für Baumpflege und Baumsanierung |
| ZTV A-StB: | Zusätzliche Technische Vertragsbedingungen und Richtlinien für Aufgrabungen und Verkehrsflächen |

Alle fachlichen Empfehlungen zielen darauf ab, sowohl Belastungen des Baumumfeldes in Form von Bodenverdichtungen oder Stoffeinträgen mit Verschlechterungen der Wachstumsbedingungen der Bäume als auch direkte Beschädigungen der Wurzeln zu vermeiden. Für die Praxis können folgende Maßnahmen empfohlen werden:

- Ein schablonenhafter kleinräumiger oberirdischer Stammschutz an Alleebäumen bewirkt keinen Schutz des eigentlichen Wurzelbereiches. An natürlichen Standorten entspricht die Ausdehnung des Wurzelbereiches eines Baumes etwa seinem Kronenbereich zuzüglich 1,5 Meter, bei Säulenformen sogar 5 Meter. Auf gestörten Standorten ist häufig eine völlig abweichende Wurzelentwicklung anzutreffen, so dass hier in Abhängigkeit der Erkenntnisse von Suchgrabungen eine individuelle Absperrung des Wurzelbereiches mit geeigneten Schutzzäunen vorzunehmen ist. Dieser muss so konstruiert sein, dass er weder leicht verstellt, noch mit wenig Aufwand zerstört werden kann, damit er seine Funktion erfüllt.
- Ist ein kurzzeitiges Befahren des Wurzelbereiches nicht durch anderweitige Lösungen zu umgehen, so können zur Schadensbegrenzung Kies- oder Splitauflagen, besser feste Holzbohlen, Stahl- oder Kunststoffplatten das Gewicht von Fahrzeugen und die damit einhergehende Bodenverdichtung abmildern. Ein druckverteilendes Vlies und eine mindestens 20 Zentimeter starke Schicht aus dränschichtgeeignetem Material verbessern die Schutzwirkung. Gleichzeitig ist der Stamm durch eine Holzummantelung vor Beschädigung zu schützen, dem Wurzelhals ist hierbei besondere Aufmerksamkeit zu schenken. Diese Maßnahme ist nur für eine Vegetationsperiode zulässig. Nach Entfernen des Schutzes ist der Boden unter Schonung der Wurzeln in Handarbeit flach zu lockern.
- Ein dauerhafter Schutz von Wurzelsystemen bei unausweichlichem Überfahren bedarf anderer Lösungen, z. B. bei Grundstückszufahrten in baumbestandenen Straßen. Bei wenig oberflächennahen Wurzeln können baumfreundliche Versiegelungen möglichst mit geringem Unterbau erstellt werden. Schonender erscheint der Einbau so genannter Wurzelbrücken: Freitragende Betonfertigteile überspannen den zu schützenden Wurzelbereich und beugen einer Bodenverdichtung vor. Sie können sowohl vorbeugend bei Jungbäumen als auch bei Altbäumen eingebaut werden. Voraussetzung bei vorhandenem Wurzelsystem ist ihr schonender Einbau.
- Wurzelschäden im Leitungsbau sind bei offener Grabenbauweise alltägliche Praxis. Dabei bietet die moderne

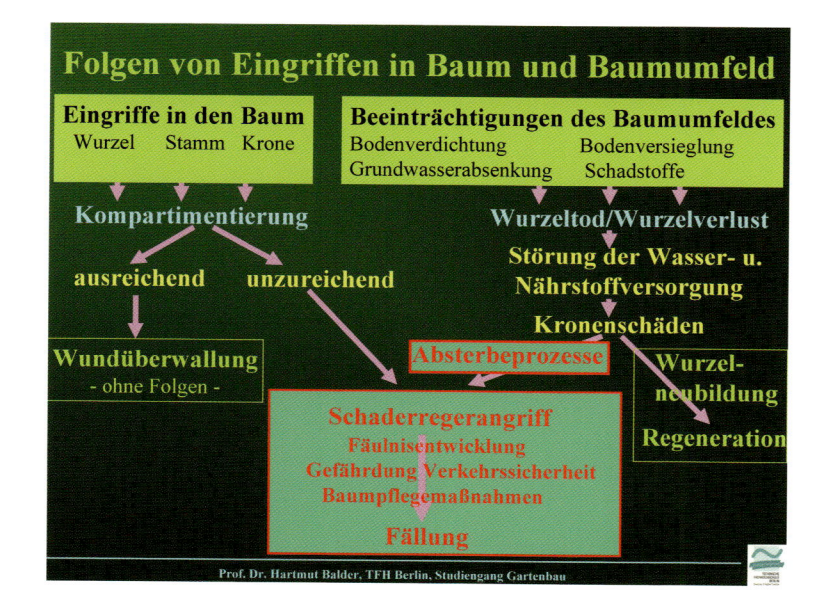

*Unübersehbare Absterbeerscheinungen in der Laubkrone nach massiver Wurzelschädigung*

*Wirkungskette als Folge von erheblichen Wurzeleingriffen*

**Literatur**

Balder, Hartmut: Die Wurzeln der Stadtbäume. Ein Handbuch zum vorbeugenden und nachsorgenden Wurzelschutz. Berlin 1998.

Balder, Hartmut / Ehlebracht, Kerstin / Mahler, Erhard: Straßenbäume – Planen, Pflanzen, Pflegen – am Beispiel Berlin. Berlin 1997.

Balder, Hartmut / Schwarz, Helmuth: Erhalten Sie Qualität. BdB-Broschüre. Pinneberg 2000.

Balder, Hartmut / Barten, Rolf: Fachgerechte Behandlung von Baumwunden. Unna 2005.
FLL: Handlungsempfehlungen zur Pflanzung von Bäumen. T. 1 u. 2. Bonn 2005.

Reichwein, Sabine: Root Growth under Pavements. 2003 – Results of a Field Study. In: Balder, Hartmut / Strauch, Karl-Heinz / Backhaus, Georg F.: Second International Symposium on Plant Health in Urban Horticulture. Mitteilungen aus der Biologischen Bundesanstalt für Land- und Forstwirtschaft 304/2003, S. 132–137.

*Salzgeschädigte Bäume einer Straßenallee in Berlin (oben)*

*Wurzelbrücke. Freitragende Betonfertigteile überspannen den zu schützenden Wurzelbereich (unten).*

Technik der unterirdischen Leitungsverlegung wurzelschonende Alternativen. Lanzenspitzen, ferngesteuerte Erdraketen und Bohrköpfe, kleine und große Tunnelvortriebsmaschinen unterfahren oder durchbohren den Wurzelbereich eines Einzelbaumes oder über eine längere Distanz auch größere Gehölzbestände. In die Bohrung werden Mantelrohre (Schutzrohre) eingeführt, durch die anschließend die Leitungen hindurchgezogen werden. Gleichzeitig können Reserverohre für weitere Leitungen vorgesehen werden. Ferner ist die Schädigung durch Frost oder Trockenheit vermindert, da die Wurzeln nicht freigelegt werden.

– Trassen im Rahmen von Hoch-, Straßen-, Tief- und Leitungsbaumaßnahmen werden häufig ohne Kenntnis der vorhandenen Vegetation geradlinig geplant und Konflikte mit Baumbeständen damit erst später erkannt. Dabei bietet es sich geradezu an, die Trassenführung zum Schutz erhaltenswerter Bäume in Abhängigkeit von der individuellen Standortsituation zu optimieren. Dies erfordert zunächst Voruntersuchungen zur Erfassung der Ausbreitung der Wurzelsysteme. Im möglichst weiten Abstand von den Wurzeltellern muss dann die neue Trasse gefunden werden, so z. B. die Baustellenzufahrt, die Einfahrt einer Tiefgarage, Wegeführungen oder Leitungsgräben. Innerhalb von Alleen ist in der Regel die Straßenmitte die bessere Trasse.

– Beim Ausbau alter und meist schmaler Alleen kann geprüft werden, ob nicht im größeren Abstand zur Allee eine neue Fahrbahntrasse realisiert werden kann.

## Behandlung geschädigter Wurzelsysteme

Im Schadensfall ergeben sich durch Schädigungsform, Verletzungsort und zwischen Schädigung und Behandlung verstrichener Zeit individuelle Maßnahmen. Belastungen durch Witterungsstress, Schadstoffe und Schaderreger haben meist einen chronischen Verlauf, so dass individuell sowohl Schäden als auch Abwehrreaktionen der Wurzel eingetreten sind. Bei mechanischen Eingriffen sind jedoch folgende Aspekte von Bedeutung:
– Nachbehandeln »unfachmännischer Eingriffe«,
– Beseitigung von Fäulnis in Abhängigkeit vom Schadensfortschritt,
– Schutz vor nachträglichen Schädigungen,
– Förderung der Wurzelneubildung durch Wundbehandlung, Einbau wurzelfördernder Substrate,
– gärtnerische Pflege.

Alle Maßnahmen haben stets den Charakter einer Schadensbegrenzung. Bei frischen Wunden ist von Bedeutung:
– Bloße Rindenverletzungen sind nicht »gesund zu schneiden«, sondern lediglich vorsichtig nachzuarbeiten.
– Maschinell zerrissene Wurzeln sind abgeknickt und vielfach eingerissen. Ein Nachschneiden bei vertikaler Schnittführung mit scharfem Werkzeug fördert die Abschottung, Kallus- sowie Wurzelneubildung und vermindert die Gefahr der Pilzinfektion.
– Eine Wundbehandlung darf nur mit pflanzenverträglichen Wundverschlussmitteln erfolgen. Die Schnittfläche und die angrenzende Rinde muss flächig überstrichen werden. Danach muss durch geeignete Schutzmaßnahmen eine erneute Schädigung der Wurzeln verhindert werden.
– Ist eine Wurzelneubildung erfolgt, so ist das umgebende Substrat wesentlich für ihre Weiterentwicklung verantwortlich. Die Wurzelneubildung wird gegenüber sterilem Sand, wie er in der Regel im Tiefbau Verwendung findet, durch Zusatz organischer Substanz und bei zusätzlicher Wässerung – also gärtnerischer Pflege – gefördert.

Ist seit der Schädigung ein größerer Zeitraum verstrichen, so ist genau abzuwägen, ob zusätzliche Maßnahmen vertretbar sind. In keinem Fall dürfen zwischenzeitlich eingetretene Abschottungsreaktionen geschädigt werden. Wundbehandlungen sind in der Regel überflüssig, da meist eine Pilzinfektion stattgefunden hat. Sinnvoll wäre daher der Hygieneschnitt bei gut reagierenden Wurzeln, um u. a. die Wurzelneubildung zur Stabilisierung der Bäume anzuregen und letztlich die Erhaltung einer Allee zu ermöglichen.

Heinz-Detlef Gregor

# Schadfaktoren für innerstädtische Alleebäume und Möglichkeiten der Schadensbegrenzung

Alleebäume in der Stadt haben eine Vielzahl von ästhetischen und stadtökologischen Funktionen zu erfüllen. Um diese auch tatsächlich zu gewährleisten, müssen bestimmte Anforderungen an den Standort der Bäume, aber auch an deren Eignung für den geplanten Zweck erfüllt sein. Oft genug aber bedingen Planungsvorgaben oder die historisch bedingte Standortqualität bereits Kompromisse, die sich auf die Überlebenschancen der einzelnen Bäume oder den längerfristigen Bestand einer Allee limitierend auswirken. Um vieles mehr machen sich intensivere nutzungsbedingte Belastungen und Eingriffe, zusätzliche Störungen der Standortbedingungen oder neuartige Anforderungen bemerkbar!

## Funktionen von Alleebäumen in der Stadt

Abgesehen von ihrer ästhetischen und gestalterischen Funktion und ihrer Bedeutung für den Verkehr sorgen Alleebäume, wie alles innerstädtische Grün, für
- die Erhöhung der Luftfeuchtigkeit und des vertikalen Luftaustauschs,
- eine Verhinderung von Temperaturspitzen durch Verdunstung und Beschattung,
- die Abschwächung von Böen und starken Winden,
- die Ausfilterung von gasförmigen Schadstoffen, Grob- und Feinstaub,
- und Lärmminderung, insbesondere eine Dämpfung der Schallreflexion.

Innerorts, wo die räumliche Distanz zwischen den Alleebäumen und den Nutzern gering ist, summieren sich ihre Belastungen, wobei sich die Lebensbedingungen für die Bäume massiv verschlechtern. Nach wie vor führen die Bedürfnisse des Individualverkehrs und die Prioritäten des Hoch- und Tiefbaus neben sonstigen Anforderungen moderner Lebensweisen in Ballungsräumen dazu, dass die Lebensgrundlagen des »Straßenmobiliars Baum« nicht in ausreichendem Maße berücksichtigt werden. Oft beschränkt man sich auf Neupflanzung, anstatt die Pflege der Bestände zu intensivieren. In vielen Großstädten beeindruckt demzufolge eher die Anzahl, weniger der Zustand der Alleebäume. Da jedoch im innerörtlichen Bereich Schäden an den Alleebäumen eher ins Auge fallen als entlang von außerörtlichen Straßen und das Bewusstsein für die Unersetzlichkeit ihrer stadtökologischen Funktionen inzwischen gewachsen ist, wird in der Stadt auch eher über Schutzmaßnahmen nachgedacht. Nur gesunde, voll belaubte Bäume können ihre stadtklimatischen Aufgaben erfüllen! Speziell in jüngster Zeit beginnt man daher behutsamer mit Alleebäumen umzugehen. »Alleenschutz« ist nach jahrzehntelangen Versäumnissen mancherorts sogar schon zum Stichwort auf der Agenda von Kommunalverwaltungen und in der Politik von Fachministerien geworden.

Im nachfolgenden Kapitel sollen die wichtigsten Belastungsfaktoren, einige typische Schäden sowie mögliche Sanierungs- und Schutzmaßnahmen für Alleen in unseren Städten beschrieben werden.

## Ungünstige Lebensbedingungen

Elementare Lebensgrundlagen von Pflanzen sind Sonneneinstrahlung, Sauerstoff, Kohlendioxid, Wasser und Nährstoffe. Für innerstädtische Alleebäume sind diese alle erheblich eingeschränkt.[1]

Das Sonnenlicht wird (in den Blättern) durch Umsetzung von Kohlendioxid und Wasser in Zucker unter Freisetzung von Sauerstoff zum Aufbau pflanzlicher Substanz und zur Energiegewinnung genutzt. Auf den für diese fotosynthetische Leistung wichtigen Blattflächen lagert sich jedoch viel Staub aus der Luft ab und vermindert die Lichteinwirkung. Dieser Staub kann außerdem die Regulation des

[1] Gregor, Heinz-Detlef: Wo und wodurch ist der Stadtbaum gefährdet? In: Das Gartenamt 31/1982, S. 644–655.

*Auch junge Alleen haben unter hohen Emissionen durch den Verkehr wie auch unter Streusalz und Bodenverdichtung durch parkende Autos zu leiden.*

| 2 | 10. Ökologie-Forum: Bäume in der Großstadt – Bedeutung und Lebensmöglichkeiten, Hamburg 9. Oktober 1981, hrsg. von der Behörde für Bezirksangelegenheiten, Naturschutz und Umweltgestaltung. Hamburg 1981.
| 3 | Ebenda.
| 4 | Balder, Hartmut / Ehlebracht, Kerstin / Mahler, Erhard: Straßenbäume – Planen, Pflanzen, Pflegen – am Beispiel Berlin. Berlin 1997.

Spaltöffnungsmechanismus behindern und so die Transpiration der Bäume erhöhen. Der Staubbelag absorbiert zudem kurzwellige Infrarotstrahlung. Dies führt zu einer erhöhten Wärmebelastung der Bäume, die ohnehin durch höhere Temperaturen in den Straßen und eine verringerte Wärmeableitung infolge verminderter Windeinwirkung belastet sind. Auch das vermehrt die Transpiration und erhöht den Wasserbedarf. Wasser aber ist für Straßenbäume nur unzureichend verfügbar, vor allem seit zunehmend Straßenränder versiegelt sind und Niederschläge oberflächlich abgeleitet werden, ehe sie im Boden versickern können. Unter Wassermangel verlangsamt sich die Stoffproduktion, verändert sich die Morphologie und der Gewebeaufbau der betroffenen Bäume und es vermindert sich damit ihre Vitalität insgesamt.[2]

Auch der Bestand an Mineralstoffen wie Kalium und Phosphor ist in Stadtböden oft mangelhaft. Straßennahe Böden weisen hohe Kalkgehalte und oft zu hohe pH-Werte auf, was die Pflanzenverfügbarkeit des Phosphors verringert. Insgesamt werden damit Wurzelwachstum und Nährstoffaufnahme eingeschränkt.[3] Verschlechterte Struktur des Bodengefüges und geringeres Porenvolumen führen zu verminderter Durchlüftung und wirken sich gleichfalls negativ aus. Viel zu wenig wird beachtet, dass die Wurzeln der Bäume für ihr Wachstum, aber auch die Bodenfauna zur Aufbereitung der Nährstoffe eine Sauerstoffversorgung benötigen, die insgesamt etwa dem Sauerstoffbedarf der Krone entspricht.

Standortbedingungen von Alleebäumen – insbesondere für den innerstädtischen Bereich – unterscheiden sich also deutlich von denen für Bäume am natürlichen Standort. Über die Jahrhunderte hat man aber beobachten können, welche Gehölze die besonderen Bedingungen am Straßenrand am besten ertragen. Aus diesem Grunde ist heute die Baumartenverteilung bei den verschiedenen Alleen großräumig wenig unterschiedlich. Linde, Ahorn und Kastanie, die salzempfindlichsten unserer Alleebaumarten, machen zusammen mehr als 60 Prozent aus.

## Mechanische Belastungen und Schäden

Mitte des 17. Jahrhunderts, zur Zeit der Blüte der französischen Alleen, legte der Große Kurfürst die Berliner Prachtstraße »Unter den Linden« an (1647). Schon bald, und dann immer wieder, gab es Ärger mit weidenden und wühlenden Schweinen der Anlieger, aber natürlich auch mit dem Verkehr. Schon damals wurden »Leitplanken« angelegt, hölzerne Geländer (wie eine oft gezeigte historische Abbildung von 1688 darstellt) zum Schutz vor mechanischen Verletzungen durch Pferdekutschen.[4] Nach 1824 kamen »Prellsteine« aus Granit dazu, ebenfalls wegen der Fuhrwerke.

Alleen dienen, das sagt schon ihr französischer Name, von jeher der Fortbewegung von Menschen. Sie mussten deswegen immer wieder mit passiven Mitteln vor zu »aggressiven« Nutzern geschützt werden. Darauf wird man auch in Zukunft nicht verzichten können. Nach wie vor weist fast jeder Alleebaum massive Rindenschäden auf. Um direkte mechanische Verletzungen des Stammes durch Kraftfahrzeuge zu vermeiden, werden daher Leitplanken (primär außerorts), Hochbordsteine oder Metallbügel eingebaut. Ein besonderer Faktor, der sich aus Nutzungsansprüchen für den Verkehr herleitet und starke physische Schädigung bedingt, ist die Schaffung des »Lichtraumprofils« durch massive und nicht fachgerecht ausgeführte Schnittmaßnahmen.

Zusätzlich zu oberirdischen mechanischen Beschädigungen müssen die Bäume häufig Schädigungen beim Straßenbau und anderen Grabearbeiten überstehen. Verkabelung oder Verlegung von Versorgungsleitungen führen oft zu schweren Wurzelverletzungen, die neben einem Verlust an Wurzelmasse auch Wunden darstellen, durch die Pilze eindringen, die den Stamm befallen können. Wurzelschäden und nachfolgende Infektionen können die Wasser- und Nährstoffversorgung der Bäume und ihre Standfestigkeit beeinträchtigen.

## Gasschäden

Unter den stadttypischen Belastungsfaktoren kommt dem Stadt- oder Erdgas eine wichtige Rolle zu. Aus undichten Leitungen austretendes Gas kann die straßennahen Böden massiv verseuchen und beträchtliche Schäden am Baumbestand anrichten. Marode Leitungen oder die durch die Umstellung von Stadtgas auf das trockenere Erdgas bei gleichzeitiger Druckerhöhung brüchig gewordene Dichtungen erlauben den Gasaustritt. Dieser bewirkt die Verdrängung von Sauerstoff aus dem Boden und eine Reihe von bodenchemischen/bodenphysikalischen Prozessen, welche schließlich Wurzelschäden und – je nach Intensität des Gas-

*Gasschäden an Lindenblättern*

*Typische Salzschäden an Linde und Ahorn* [5]

austritts mehr oder weniger verzögert – Folgeschäden an den oberirdischen Organen des Baumes auslösen. Typische Symptome sind Kleinblättrigkeit, chlorotische Aufhellungen in der Krone und Welkeprozesse. Derartige, meist irreversible Schadensverläufe an Straßenbäumen sind in vielen Städten beobachtet worden.[6] Hunderte von Linden und Kastanien waren nicht mehr zu retten. Einer Neupflanzung musste in jedem Fall ein großzügiger Bodenaustausch vorangehen, um dort die toxischen Verhältnisse zu beheben und den Sauerstoffgehalt des Bodens wieder auf ein Niveau anzuheben, bei dem Wurzelschäden nicht eintreten können. Gut geplante Maßnahmen auf der Basis von kommunalen Kooperationsvereinbarungen und Schadensregulierungsabkommen mit den Versorgungsbetrieben sowie technische Vorkehrungen zur Vermeidung von Gasaustritten (z. B. die Befeuchtung von Erdgas, In-line-Abdichtung von Gasleitungen oder Ersatz von undichten Leitungen) haben die Schadenswahrscheinlichkeit für die Zukunft deutlich gemindert.

## Streusalzschäden

Nur wenige Jahre nach dem ersten Einsatz von Streusalz im Straßenwinterdienst wurden vor etwa 40 Jahren die ersten Schäden am Straßenbegleitgrün entdeckt und seitdem haben sich die sichtbaren und messbaren Wirkungen parallel zum inzwischen flächendeckenden Einsatz dieser Umweltchemikalie von den empfindlichen Straßenbäumen auf die übrige Vegetation am Straßenrand, die Böden und alle Flächen und Objekte in ihrem Einwirkungsbereich ausgedehnt.[7] Nicht nur die Korrosion an Kraftfahrzeugen, nein, auch die Schäden an Brücken- und Stützbauwerken, die Bodenversalzung und Wirkungen auf das Grundwasser haben entlang deutscher Straßen über vier Jahrzehnte Schäden in unschätzbarer Höhe angerichtet. Alleebäume haben sich dabei als die bei weitem empfindlichsten »Targets« herausgestellt und gerade Linde, Ahorn und Kastanie, die salzempfindlichsten unter ihnen, machen den Hauptteil an den Alleebäumen aus!

Die folgende Tabelle gibt einen Überblick über die Schadwirkungen des Streusalzes, die für Alleebäume relevant sind.

[5] Hartmann, Günter / Nienhaus, Franz / Butin, Heinz: Farbatlas Waldschäden – Diagnose von Baumkrankheiten. 2. Aufl. Stuttgart 1995.
[6] Ebenda; Leh, Hans-Otfried: Diagnose nichtparasitärer Umweltschäden bei Pflanzen und Wege zu Sanierungsmaßnahmen unter besonderer Berücksichtigung der Belastungssituation des innerstädtischen Grüns. In: Nachrichtenblatt Deutscher Pflanzenschutzdienst. H. 43/1991, S. 3–9.
[7] Sauer, G.: Über die Schäden an der Bepflanzung der Bundesfernstraßen durch Auftausalze. In: Nachrichtenblatt (wie Anm. 6). H. 19/1967, S. 81–87; Glatzel, Gerhard / Krapfenbauer, Anton: Streusalzschäden am Baumbestand der Straßen in Wien. Institut für forstliche Standortforschung der Hochschule für Bodenkultur. Wien 1975.

| Pflanze | Boden |
|---|---|
| – Kontaktschäden (z. B. Ätzwirkung) | – Salz-Akkumulation |
| – osmotische Wirkung (»Wassermangel«) Salzaufnahme, Speicherung | – Nährstoffauswaschung/-austausch |
| – Nährstoffmangel | – Alkalisierung |
| – Störung des Kaliumhaushalts Blattchlorosen/-nekrosen, Blattverlust | – Schäden an der Bodenflora, Mykorrhizaschäden |
| – Salzkreislauf, Rückverlagerung | – Verschlämmung |
|  | – Verdichtung |
|  | – Grundwasserschädigung |

*Deutliche Salzschäden an der Kastanie*[8]

Das Umweltbundesamt hat schon 1981 eine Zusammenfassung und Bewertung des Wissensstandes vorgenommen.[9] Diese ist im Laufe der Zeit durch neue Ergebnisse bestätigt und ergänzt worden.[10]

90 Prozent der Schadwirkungen von Streusalz erfolgen über den Boden, nur etwa 10 Prozent gelangen über das Spritzwasser direkt auf die Vegetation am Straßenrand. Die »Verkehrsgischt« weist Salzgehalte von bis zu 1,5 Prozent auf. An trockenen Wintertagen fällt an stark befahrenen Straßen oft der silbergraue Salzstaub auf, der vom Verkehr aufgewirbelt wird und vielerorts sind die Stämme der Alleebäume über einen Meter hoch dick salzverkrustet von dem verspritzen Salzmatsch der Vortage. Als Folge der direkten Einwirkung werden Kontaktschäden in Form von Verätzungen am Stamm, an Rindenpartien und Knospen beobachtet. Die Hauptwirkung des Streusalzes im Winterdienst aber geht – mit Verzögerung – über den Bodenpfad. Unglücklicherweise reichert sich das Salz im straßennahen Boden an. Die im Spritzwasser, im Schmelzwasser und dem am Straßenrand abgelagerten Schnee enthaltenen Mengen akkumulieren im Laufe des Winters zunächst auf dem gefrorenen Boden und werden mit Einsetzen des Tauwetters schlagartig in den Wurzelraum der Bäume verfrachtet. Dort ist im Frühjahr der Wasser- und Nährstoffbedarf der Gehölze besonders groß, die Schadwirkung daher zum Teil verheerend. Wegen des in der Stadt geringeren Sickerwasserangebots kann sich das Salz nur sehr allmählich abwärts verlagern.[11] Es erreicht im Sommer je nach Boden 40 bis 60 Zentimeter, im Herbst 80 bis 100 Zentimeter Tiefe. Kurz danach erfolgt der nächste Einsatz und die Versalzung schreitet fort. In einer klassischen Studie aus den USA[12] sind an Straßenrändern ohne Salzeinsatz Natriumgehalte von 30 mg/kg Boden gefunden worden. Nach nur zweijährigem Salzeinsatz fanden sich aber in einem fünf Meter breiten Randstreifen in 16 Zentimeter Tiefe schon 100 bis 350 mg/kg. Bei derartigen Konzentrationen wurden in Wien Schäden bei Linden und Ahorn beschrieben.[13] Ein Straßenrand an anderer Stelle wies nach 17 Jahren Salzeinsatz Na-Gehalte von 400 bis 500 mg/kg auf. In der Bodenlösung am Straßenrand sind demzufolge nach dem winterlichen Salzeinsatz für längere Zeit erhöhte Salzkonzentrationen zu erwarten.

Schon ab 0,2 bis 0,9 Prozent NaCl in der Bodenlösung (0,9 Prozent werden am Fahrbahnrand oft deutlich überschritten!) kommt es bei Gehölzen zur Exoosmose: Der Boden entzieht der Wurzel das Wasser, im Extremfall bis zur Plasmolyse, dem Kollaps des Zellinhalts. Ansonsten kommt es zur Salzaufnahme über die Wurzel, zu Störungen des Wasserhaushalts und der Nährstoffaufnahme und schließlich zur Speicherung im Blatt oder Holz. Die Toleranzgrenze im Blatt wird bei 0,8 Prozent (in der Blatt-Trockenmasse) angesetzt, d. h. bei Salzgehalten darunter gibt es meist keine Schäden bei Bäumen. Beobachtet werden aber mehr als 2, sogar bis 6

| 8 | Balder / Ehlebracht / Mahler (wie Anm. 4).
| 9 | Streusalzbericht I, hrsg. vom Umweltbundesamt. Berichte 1/81. Berlin 1981.
| 10 | Balder / Ehlebracht / Mahler (wie Anm. 4); Leh (wie Anm. 6); Straßenbaumschäden, Ursachen und Wirkungen. Angewandter Umweltschutz, hrsg. von Hans-Georg Brod. Landsberg. 1991.
| 11 | Kreutzer, Kr.: Die Salzimmissionen im straßennahen Bereich aus forstlich ökologischer Sicht. In: Kali-Briefe (Büntehof) 14/1978, S. 161–171.
| 12 | Hutchinson, F. E.: Accumulation of road salt in soils along Maine highways. In: Maine Farm Research. 1966, S. 13–16.
| 13 | Glatzel/Krapfenbauer (wie Anm. 7).

Prozent. Dann sind stets starke Schäden zu verzeichnen, die als typische Nekrosen von den Blatträndern her bis zum völligen Absterben fortschreiten.[14] Oft ist nicht nur der Blattgehalt an Na oder Cl allein ausschlaggebend, sondern das veränderte Verhältnis von Natrium zu Kalium in der betreffenden Pflanze, das sich in Kaliummangelsymptomen äussert.[15]

Die Schäden äußern sich in einer verringerten Jahresringbreite, einem gestörten Stickstoff- und Kohlenhydratstoffwechsel und vorzeitiger Alterung. Man beobachtet Kleinblättrigkeit beim Frühjahrsaustrieb. Linden produzieren bis zu sechs Neuaustriebe mit zunehmend kleineren Blättern (normal sind zwei bis drei). Es kommt zu Blattchlorosen, die sich ausbreiten und in Nekrosen übergehen (s. S. 231, 232). Mit zunehmender Belastung sterben Blätter, Zweige und ganze Kronenpartien ab. Große Städte wie Hamburg oder Berlin lasteten den Verlust ganzer Baumreihen[16] einer jahrelangen Salzbelastung an. In der begleitenden Bodenvegetation, gehen empfindliche Gräserarten zugrunde, die Flächen zwischen den Alleebäumen, wenn nicht ohnehin versiegelt, verlieren ihren Graswuchs oder typische Halophyten (salzliebende Pflanzen) wie Wüstensalzgras oder der gemeine Salzschwaden treten auf.

## Schutz vor Salzschäden

Trotz aller denkbaren technischen Vorkehrungen und Sanierungsmaßnahmen,[17] um Salzeinwirkungen zu verringern, wie z. B. Hochbordsteine, Bodenversiegelung, häufiger Bodenaustausch und Bewässerung, ist ein herkömmlicher Winterdienst, der Salzeinsatz zulässt, selbst mit den minimalen Lebensansprüchen unserer unersetzlichen Alleebäume nicht vereinbar. Eine dauerhafte Sanierung der Straßenrandböden oder eine Revitalisierung geschädigter Bäume ist unmöglich, wenn Salzeinsätze beibehalten werden. Alternative Auftaumittel verursachen oft schwerer wiegende Schäden. Eine Anpassung der Alleebepflanzung an die Winterdienstpraxis scheidet ebenfalls aus. Es gibt zwar bei den zuständigen Behörden so genannte Toleranzlisten von Baumarten, die als Neupflanzungen dem Salzeinsatz eine gewisse Zeit widerstehen können, aber selbst diese Gehölze sind den bei der gängigen Winterdienst-Praxis ausgebrachten Salzmengen auf Dauer nicht gewachsen. Auch die vor Jahren verbesserten Streutechniken können letzten Endes nicht verhindern, dass die in die Umwelt geratenden Mengen zu hoch sind.

Als wirksamste Möglichkeit zum dauerhaften Schutz der Alleebäume bietet sich ein Verzicht auf den Salzeinsatz an. Dessen eingedenk hat der Berliner Umweltsenator seinerzeit nach der Devise »eine Entscheidung für Salz auf der Straße ist eine Entscheidung für Straßen ohne Bäume« und auf Empfehlungen des Umweltbundesamtes reagierend einen weitestgehenden Salzverzicht im Berliner Winterdienst verfügt. Mehr als zehn Jahre hat u. a. das Umweltbundesamt diese beispielhafte Entscheidung und die zahllosen vergleichbaren Vorhaben von Kommunen in Deutschland fachlich unterstützt und mit Studien begleitet.[18] In dieser Phase konnte der kommunale Salzeinsatz über viele Jahre um bis zu 40 Prozent reduziert[19] und eine Entlastung für den Baumbestand an den Straßen deutscher Städte erreicht werden. Dieser hat sich daraufhin sichtbar erholt. Nach den wegweisenden Ansätzen in Wiesbaden gehörten Berlin, Hamburg und Freiburg zu den Kommunen mit den erfolgreichsten Programmen zur Reduzierung des Salzgebrauchs im Interesse des empfindlichen Baumbestandes. Von dort wurden auch die eindrücklichsten Berichte über das Ausmaß der Erholung geliefert.[20] So wie es mit einer Verzögerung von etwa fünf Jahren nach Beginn eines Salzeinsatzes zu den ersten sichtbaren Schäden an der Straßenrandvegetation gekommen war,[21] dauerte es nach dem vollständigen Salzverzicht in Berlin ca. sechs Jahre, bis sich zuvor leicht geschädigte Bäume erholt hatten und mehr als zehn Jahre, bis auch ehemals stärker belastete Bäume symptomlos erschienen.[22] Das eindeutige Resumee dieser Beobachtungen: Das »Ökosystem Straßenrand« vermag sich bei völligem Tausalzverzicht selbständig zu regenerieren!

Es hat Situationen und Orte gegeben, wo am »chemischen Winterdienst« festgehalten wurde und Salzeinsatz Priorität behielt. Es bleibt jedoch zu hoffen, dass der jüngst zu beobachtende »Roll back«, die Rückkehr des Salzeinsatzes im kommunalen Winterdienst, Episode bleibt und im Interesse unserer unersetzlichen Alleebäume gemäßigt wird, ehe es zu spät ist und wieder Schäden auftreten. Es muss bedenklich stimmen, dass es in einer deutschen Metropole heute wieder möglich ist, in einer im Wasserschutzgebiet verlaufenden, kastaniengesäumten Straße in einer Tempo-30-Zone ohne öffentlichen Personennahverkehr, uneingeschränkt, sogar vorbeugend Streusalz im Winterdienst einzusetzen! Wie schon vom Umweltbundesamt 1981 gefordert und jüngst bekräftigt[23], sollte der kommunale Salzeinsatz wohl überlegt und äußerst restriktiv erfolgen. Praxistests haben die technischen Kriterien und die Wirksamkeit eines differenzierten Winterdienstes belegt, es gilt nun, sie den ökologischen Erfordernissen gegenüberzustellen. Natürlich gilt der Grundsatz, dass die sichtbare Notwendigkeit, innerstädtische Alleebäume für ihre wichtigen Funktionen für Menschen und Umwelt über lange Zeit gesund zu halten, einem eher vermuteten Anspruch auf ungehemmten Verkehrsfluss für individuelle Verkehrsteilnehmer übergeordnet ist! Verkehrssicherheit ist ohnehin weniger durch Salzeinsatz als durch verminderte Fahrgeschwindigkeiten zu erzielen[24] und im Extremfall kann für eine salzfrei gehaltene Allee eine benachbarte, herkömmlich »gesalzene« Ausweichstrecke angeboten werden. Auf diese Weise ist es dem einzelnen Bürger sogar möglich, durch umweltbewusstes Verkehrsverhalten im Winter selber aktiv zum Alleeschutz beizutragen.

---

| 14 | Ebenda.
| 15 | Leh, Hans-Otfried: Sanierung von Straßenbäumen. Landschaftsarchitektur 05/1991, S. 39–43.
| 16 | Streusalzbericht I (wie Anm. 9).
| 17 | Leh (wie Anm. 6).
| 18 | Balder, Hartmut / Nierste, Julia: Ökologische Auswirkungen eines tausalzfreien innerstädtischen Winterdienstes, hrsg. vom Umweltbundesamt. Texte 3/1988.
| 19 | Schneewolf, Rainer: Winterdienstbericht. Zur Entwicklung eines umweltfreundlichen Innerorts-Winterdienstes, hrsg. vom Umweltbundesamt. Berichte 3/85. Berlin 1985; Gregor, Heinz-Detlef: Der Trend »weg vom Salz« ist unverkennbar! Ökologische Risiken der Salzstreuung – Forderungen und Tendenzen. In: Der Gemeinderat 9/1982, S. 23 f.
| 20 | Balder / Nierste (wie Anm. 18); Leh (wie Anm. 6).
| 21 | Sauer (wie Anm. 7).
| 22 | Balder / Nierste (wie Anm. 18).
| 23 | Streusalzbericht 1 (wie Anm. 9); Balder, Hartmut / Becker, Winfried / Breitenkamp, Manfred: Reduktion der Streusalzbelastung von Straßenbäumen durch einen differenzierten Winterdienst. In: Stadt und Grün, Sonderh. Hannover 2003.
| 24 | Gregor, Heinz-Detlef: »Der nächste Winter kommt bestimmt ... Alleenschutz und Winterdienst.« Fachtagung der Alleenschutzgemeinschaft in Potsdam, 7. März 2005; Deutscher Verkehrsgerichtstag Goslar, 1989.

Gerd Bollmann

# Bewertung von Alleen-Kappungen aus der Sicht eines Baumpflegeunternehmers

Unvermeidbare Eingriffe in den Lebensraum der Alleebäume führen meist zu Erhalt- und Ausgleichsmaßnahmen, die durch Baumpfleger begleitet werden sollten. Dies können sein: Wurzelbehandlungen, Wurzelraumüberbrückungen, standortverbessernde Maßnahmen und Kronenausgleichsschnitte. Fehlen derartige Pflegearbeiten, kann es zu einer Unterversorgung kommen, die eine Wurzelreduktion nach sich zieht. Dies wird in der Krone durch Klein- und Helllaubigkeit, Kurztriebigkeit, überhöhten Totholzanteil und in der Folge schwächeres Wachstum deutlich. Der Baum wird zusätzlich für Baumkrankheiten anfällig. Langfristig wird so auch die Verkehrssicherheit eingeschränkt.

Aus diesen Gründen wurden Normen und Richtlinien zum Schutz und zur Pflege des Baumes eingeführt, z. B. die ZTV-Baumpflege 2006, Merkblatt Alleen, DIN 18920 – Schutz von Bäumen bei Baumaßnahmen, RAS LP4 – Schutz von Bäumen auf Baustellen, sowie die FLL-Baumkontrollrichtlinie. Vielfach wird heute das »Auf Kopf setzen« mit einer Kappung von Bäumen verwechselt. Die »Kronenkappung« ist jedoch ein vollständiges und bei den meisten Arten baumzerstörendes Absetzen der Krone. Bei den »Kopfweiden« erfolgt der erste Kappschnitt erst am stärker entwickelten Stämmling. Durch die schlechte Abschottung kommt es an der Schnittfläche zu Fäulnis, was auch der Neuaustrieb aus dem Kambium nicht verhindern kann. Das ständige »Auf Kopf setzen« führt schließlich zu Morschungen und Fäulnis, die sich vom Stamm bis in den Wurzelstock erstrecken. Allein durch den immer wiederkehrenden Schnitt bis auf den Stammkopf wird ein Stammbruch verhindert. Die meisten Lindenarten hingegen sind schnittverträglich, strapazierfähig und besitzen ein optimales Abschottungsvermögen. An »Kopflinden« entstehen bei fachlich richtigem Schnitt keine Schadstellen, wenn der Rückschnitt jeweils nur bis an die Astbasis der Stämmlingsköpfe erfolgt.

»Kopflinden« werden entwickelt, indem sie in ihrer Jugendzeit durch seitliches Abbinden, meist unterstützt durch Hilfsgerüste, kandelaberartig aufgebaut werden. Durch anschließenden Rückschnitt an den Stämmlingsenden entstehen kleine Stämmlingsköpfe. Nach einer sehr späten Herausnahme der Terminale und dem Rückschnitt der Seitenäste erfolgen weitere Schnitte bis auf die alte Rückschnittsebene. Dadurch wachsen starke Stamm- und Stämmlingsformen, die periodisch zurückgeschnitten werden müssen. Da oftmals dieser Schnitt bei Kopfbäumen

*In fachlich richtigem Schnitt eingekürzte und wieder ausgetriebene Linden der Jersbeker Allee, 1998*

*Ein übertriebener Anspruch an die Verkehrssicherheit führte 1995 zur Kappung mehrer Kastanien in einer Allee an einer Gemeindestraße im südwestlichen Mecklenburg.*

*Gekappte Alleenbäume in Wolfenbüttel, 2003*

Bei einer Kappung im Sinne eines Kronenabwurfes werden zwangsläufig alle Astteile alter, bisher ungestörter, sich frei entwickelnder Bäume horizontal durchtrennt und ein Transport der Assimilate findet nicht mehr statt. Zumeist entwickelt sich nach der Kappung eine besenartige Mehrtriebigkeit, die aber die durch die Kappung eingetretene Schwächung des Baumes nicht ausgleichen kann. Das offen liegende, ungeschützte Gewebe wird zudem durch holzzerstörende Pilze besiedelt und abgebaut. Von der Schnittfläche ausgehend kommt es zu tief reichender Fäulnis. Hierdurch kann es – muss es jedoch nicht – zu einem Bruch kommen.

Im Auftrag der Stadt Ahrensburg führt der Verfasser deshalb seit Jahren bei Kopfbäumen (ehem. gekappten Kronen) eine so genannte Umstrukturierung durch. Im ersten Arbeitsgang wurden etwa 50 bis 60 Prozent der Triebe der ca. 230 Jahre alten Linden selektiert. Nach erfolgtem Austrieb von Jungtrieben werden nur die Alttriebe entnommen, so dass immer eine verjüngte Krone verbleibt. Die so in Intervallen geschnittenen Bäume weisen nach wenigen Jahren wieder ein verstärktes Dickenwachstum auf und die Maßnahme wird von der Bevölkerung durch die ständige Erhaltung einer artentypischen Kronenform positiv angenommen. Dies darf jedoch nicht dazu führen, eine Kappung durch vorgenannte Umstrukturierung als reguläre Schnittmaßnahme zu dulden, denn weiterhin muss das Kappen von Bäumen, ohne Rücksicht auf Habitus und physiologische Erfordernisse, wie auch aus der ZTV-Baumpflege 2005 und 2006 zu entnehmen ist, als ein umfangreiches, baumzerstörendes Absetzen der Krone und damit als nicht fachgerechte Maßnahme bezeichnet werden.

Problematisch ist die Behauptung, dass Bäume die Wohnräume von Anliegern verschatten würden. Eine eingeleitete Kappung und damit ein Abwurf der gesamten Krone

unterblieb, kam es zu Kronenausbrüchen. Nun mussten neue Rückschnitte erfolgen, die nahezu einer Kappung entsprachen, was zu umfangreichen Schäden durch Fäulnis an den Schnittflächen führte. Um dies zu vermeiden, sollten statisch kritische Baumkronen nicht gekappt, sondern nur eingekürzt werden.

Ein optimales Beispiel bietet die Jersbeker Lindenallee nördlich von Bargteheide. Auch hier wurde befürchtet, dass es zu Stämmlingsausbrüchen kommen könnte. Die augenscheinlichen Astanbindungen der Stämmlingsbasen an den Stammköpfen ließen Brüche möglich erscheinen. Daraufhin wurden ganze Stammenden und Stämmlinge in einer wissenschaftlichen Untersuchung mittels Zugverfahren auf die Bruchfestigkeit geprüft, was zu einem überraschenden Ergebnis führte. Die eingeleiteten Zwangsbrüche erfolgten nicht – wie zu erwarten war – an der Astanbindung, sondern im schwächsten Teil des Stämmlings, zumeist ca. 2 Meter über der Astanbindung.

Die moderne Baumpflege stand in den 1960er-Jahren am Anfang ihrer Entwicklung. Mit der Zunahme von Baumaßnahmen und der immer dichter werdenden Besiedelung wurden immer mehr Bäume gefällt, was später erst zu Schutzregelungen führte. Das allgemeine Fällverbot hatte allerdings umfangreiche Kroneneinkürzungen zur Folge, da die Menschen ein so genanntes Lichtbedürfnis hatten. Das Kappen und damit das Verstümmeln von Bäumen nahm allerorts zu. Argumentativ wurde das Kappen dem »Auf Kopf setzen« gleichgestellt. Durch fehlende Kenntnisse wurde auch in Fachkreisen verschwiegen, welch umfangreiche Schäden als Folge der Kappung entstanden. Erst durch zunehmende wissenschaftliche Untersuchungen setzte ein Umdenken ein. Das Wachstum eines Stammes bzw. Astes ist differenziert. Die Rinde (1) dient als Schutzschicht für das darunter liegende Bastgewebe (2). In diesem erfolgt der Transport der Assimilate aus der Krone zu allen Wachstumszonen. Im Kambium (3) erfolgt die Zellteilung; es entstehen Bastgewebe und Holzzellen. Im Splintholz (4) erfolgt der Wasser- und Nährstofftransport in die Krone. Das Kernholz (5) dient als Stabilisations- und Speichergewebe.

*Im Rahmen des Landesparkprogramms Mecklenburg-Vorpommern fachlich korrekt geschnittene, ca. 160 Jahre alte Lindenallee im Schlosspark Remplin. Die Linden sind im Herbst 2005 auf 7,50 Meter eingekürzt worden. Dies entsprach nicht der historischen Schnitthöhe (ca. 5,50 Meter) und stellte einen Kompromiss zwischen Naturschutz und Denkmalpflege dar.*

*Regelmäßig und fachgerecht auf den Kopf geschnittene Linden am Kongresszentrum in Hannover, 2004*

kann jedoch nur vorübergehend Abhilfe schaffen. Je nach Baumart treiben nämlich die Stämmlinge an den Kappstellen im Folgejahr verstärkt aus und es kommt zu besenartiger, meist meterlanger Triebentwicklung, die nach kurzer Zeit erneut zu einer Beschattung führt und weitere Schnittmaßnahmen erfordert. Günstiger ist deshalb eine Selektierung im gesamten Kronenraum um ca. 20 bis 30 Prozent je nach Baumart vorzunehmen, was zu einer Verteilung des Wassers und der Nährstoffe über die Restkrone führt, wodurch es nur zu einer geringeren Neutriebbildung kommt.

Soweit eine Schutzverordnung vorliegt, können Schnittmaßnahmen genehmigungspflichtig sein und Veränderungen verbieten, die in die Kronencharakteristik eingreifen und Kappungen verhindern. Die aktuelle Ausgabe der ZTV-Baumpflege sagt hierzu: »Durch Schnittmaßnahmen treten die geringsten Folgeschäden auf, wenn sie während der Vegetationszeit ausgeführt werden. Bei Temperaturen -5°C dürfen Schnittmaßnahmen nicht ausgeführt werden. Blutende Baumarten (z. B. Acer, Betula, Juglans) sollten in der Zeit des starken Saftdrucks nicht geschnitten werden, sondern möglichst im belaubten Zustand.« Dies gilt nicht für das Entfernen toter Äste, da diese außerhalb des Astringes in der schon abgestorbenen Astbasis geschnitten werden.

Belaubte Baumkronen fördern das Zellwachstum und die Zuführung von Assimilaten durch Photosynthese. Somit beginnt in dieser Vegetationsperiode nach einem Schnitt durch unmittelbar einsetzendes Zellwachstum und damit Kallusbildung die Heilung der Wunden. Um ferner jeglichen Konflikt mit dem Artenschutz zu vermeiden, ist es auch sinnvoll, Bäume vor dem Schnitt auf vorhandene Brutstätten zu kontrollieren.

Die Schnittführung bei Bäumen auf Astring ist seit Jahren fachlich und wissenschaftlich erprobt und anerkannt. Umso unverständlicher ist es, dass immer noch reihenweise stammparallele Astschnitte in Alleen und Baumreihen mit entsprechenden Nachteilen anzutreffen sind.

Andreas von Hoeren

# Alleenpflege aus der Sicht eines Landschaftsarchitekten

Vermutlich kein anderes vegetatives Element prägt das Erscheinungsbild von Siedlung und Kulturlandschaft so sehr wie eine Allee. Raumbildung und gliedernde Funktion, aber auch gestalterische Vielfalt machten Alleen in der Gartenkunst zu einem zentralen Instrument des Planers und Gestalters. Während sich die technischen Verfahren bei der Pflanzung oder die Erfordernisse an den Standort im Laufe der Zeit nachhaltig verändert haben und auf die gegenwärtigen Anforderungen immer stärker ausgerichtet und optimiert wurden, blieb der gestalterische Anspruch in der Regel meist unverändert. Eine Allee kann als »eine mit zwei oder vier Baumreihen bepflanzte Straße«[1] bezeichnet werden, aber immer auch als »Gang« bzw. »Spaziergang«[2], denn das französische Wort »aller« bedeutet »gehen«. Selbst eine einzelne Baumreihe an der Außenseite einer Straße wird mit Alleen in Verbindung gebracht und zuweilen als so genannte Halballee, also Sonderform einer Pflanzung, aufgeführt. Bedingt durch Tradition und Wirkung des Elementes »Allee« steht der Planer somit in einer großen Verantwortung – geht es doch um den Erhalt und die Pflege des Vorhandenen genauso wie um die planerische Kompetenz bei Neuschöpfungen.

Das Spektrum der Erhaltung und Anpflanzung von Alleen ist vielfältig und umfasst ein weites Aufgabengebiet in der Gartendenkmalpflege und aktuellen Gartenkunst. Je nach Standort bewegt sich der Landschaftsarchitekt dabei im städtebaulichen Innenbereich, mit einem baurechtlichen Schwerpunkt, oder im Außenbereich, wo primär naturschutzfachliche Belange überwiegen. Inhaltlich geht es bei seinen Tätigkeiten daher um aktuelle und denkmalpflegerische Stellungnahmen, um die planerischen Auseinandersetzungen in Form von Entwürfen, die konkrete planerische Vorbereitung von Bauleistungen oder die Beaufsichtigung der Umsetzung. Diese Tätigkeiten treffen sowohl auf die Alleen unserer Städte und Landschaften als auch auf Systeme innerhalb historischer Anlagen zu.

## Pflege und Erhaltung vorhandener Alleesysteme

Tradition bedeutet zunächst Fortbestand und hat sich mit der Bewahrung des Vorhandenen auseinander zu setzen. Somit sollte vor allen Überlegungen zur Anpflanzung neuer Alleen und Sonderformen die Pflege des Bestandes im Vordergrund stehen. Hinsichtlich erforderlicher Unterhaltung ist generell zwischen zwei wesentlichen Kriterien zu unterscheiden. Einerseits sind Alleen wichtige Bestandteile historischer Gartenanlagen (als Ensemble oder Einzeldenkmal) mit gehobenen Pflegeansprüchen, andererseits sind sie prägendes Element unserer Städte bzw. Landschaft. Bedingt durch die quantitative Fülle ihres Auftretens können und müssen dort unter Umständen andere Pflegekriterien gelten.

Unabhängig vom Standort der Allee gehört bei entsprechenden vertraglichen Vereinbarungen die Begutachtung der Allee zu einem wichtigen Aufgabenbereich des Landschaftsarchitekten. Besonders kleine Kommunen können sich in der Regel keine Fachingenieure in ihren eigenen Reihen leisten, so dass derartige Leistungen bei entsprechendem Bedarf zugekauft werden müssen. Bei solchen Fachgutachten geht es primär um die Einhaltung der Verkehrssicherung oder entsprechender Lichtraumprofile. Mitunter kann jedoch auch die thematische Auseinandersetzung mit der Art und Weise der Pflege zur inhaltlichen Fragestellung gehören. Sonderformen von Alleen wurden beispielsweise aus ästhetischen oder wirtschaftlichen Gründen einem Rückschnitt unterzogen. In diesem Fall ist zu klären, welche Pflegeschritte zum Erhalt des Alleecharakters anzuwenden sind. Zentrales Instrument und Regulativ zur Umsetzung solcher Pflegearbeiten sind die »Zusätzlichen Technischen Vertragsbedingungen und Richtlinien für Baumpflege« (ZTV-Baumpflege), herausgegeben von der Forschungsgesellschaft Landschaftsentwicklung Landschafts-

[1] Meyers Konversations-Lexikon. Ein Nachschlagewerk des allgemeinen Wissens. Bd. 1, A bis Aslaug. 5., neu bearb. Aufl. Leipzig, Wien 1895, S. 395.
[2] Vgl. z. B. Internet-Enzyklopädie Wikipedia http://de.wikipedia.org/wiki/Allee.

*Heinder Kirchweg nach der Schnittmaßnahme mit wiederhergestellten Proportionen*

*rechts: Baumkrone*

bau e. V. (FLL), die Planern und Ausführenden Regularien für eine sachgemäße Umsetzung bei Gehölzpflegearbeiten an die Hand gibt.

Während die Durchführung dieser Arbeiten im überwiegenden Teil der Fälle zu insgesamt befriedigenden ästhetischen Ergebnissen führt, werden in historischen Beständen zusätzliche Anforderungen an die gestalterische Qualität fachgerechter Ausführung gestellt. Abhängig von der jeweiligen Stilrichtung müssen aufwändige Formschnitte oder sich stetig wiederholende »Kappungen« der Krone durchgeführt werden. Selbst bei vermeintlich natürlich gewachsenen Alleebäumen geht es im Zuge der Aufrechterhaltung der Proportionen auch darum, gezielte und für den Betrachter nicht wahrnehmbare Einkürzungen vorzunehmen. So kann etwa die nicht fachgerechte Entnahme eines Schleppastes einen über Jahrzehnte gewachsenen Blick mit einem Schlag zerstören oder die übermäßige Kronenrücknahme das Erscheinungsbild erheblich beeinträchtigen.

Sensible und fachplanerisch sicherlich schwierige Entscheidungen sind in Bezug auf abgängige oder unterhaltungsdefizitäre Bestände erforderlich. Je nach Einzelfall ist zu klären, ob eine Lindenallee, die in der Not der Kriegszeiten geköpft wurde, nun weiterhin geschneitelt oder wieder in Exemplare mit natürlichem Habitus versetzt wird. Eine andere Frage ist auch, ob Bäume einer abgängigen Allee Zug um Zug zu ersetzen sind oder die gesamte Allee zu replantieren ist.

Am Beispiel eines seit Ende des 19. Jahrhunderts mit Linden gesäumten Kirchweges im Gebiet der Stadt Bad Salzdetfurth in Niedersachsen soll dies erläutert werden: Über viele Jahrzehnte erfolgte die Schneitelung der Bäume, wodurch ein formales, eher reduziertes Wuchsbild erzeugt wurde. Aus unterschiedlichen Gründen unterblieb dieser Pflegeschnitt jedoch nach einiger Zeit, so dass sich an den alten Schnittstellen eine Vielzahl langer Ruten entwickeln konnte, die mit der Zeit die Wirkung einer gotischen Kathedrale entwickelten. Die durch unterlassene Pflege entstandene malerische Situation birgt jedoch für die Einzelbäume neben dem veränderten gestalterischen Eindruck auch »konstruktive« Gefahren, da ein herausbrechen der langen Ruten nicht ausgeschlossen werden kann. Somit hatten entsprechende Expertisen den weiteren Umgang zu klären, zumal die durchzuführenden Schnittmaßnahmen einen nicht unerheblichen Eingriff in den Vegetationsbestand bedeuteten. Schließlich entschieden sich die Beteiligten zur Wiederherstellung der ursprünglichen Situation.

In der Gesamtschau befinden wir uns hinsichtlich des Erhaltes von Bäumen auf einem guten Weg zu einer angemessenen und fachlich korrekten Pflege, insbesondere auch bei historisch wertvollen Alleen. Es ist jedoch genauso erstrebenswert wie erforderlich, dass sich die Verantwortlichen aller beteiligten Institutionen auch und insbesondere in der Pflege der Profangrünzüge stärker den gestalterisch-ästhetischen Belangen öffnen. Auch ohne großen Mehraufwand kann hier eine erlebbare Gestaltqualität erreicht werden, wie sie in historischen Anlagen heute bereits selbstverständlich ist. Im Speziellen ist hier die den Betrachter in hohem Maße auch emotional anrührende Formensprache alter Bäume anzusprechen. Im Zuge überzogenen Sicherheitsdenkens, aber auch infolge wenig weitsichtiger Planung und defizitärer Baumumfeldgestaltung sind und werden zahlreiche wertvolle Bäume an Straßen und in Grünanlagen weit vor ihrer Zeit entfernt oder verstümmelt und so ihrer Vitalität, Individualität und Ausstrahlung beraubt.

## Neuanlage von Alleen und Alleensystemen

Neben der Erhaltung des Vorhandenen nimmt die Erneuerung oder Neugestaltung – auch im historischen Bestand – einen wichtigen Stellenwert ein. Hierbei kann zwischen dem Ersatz oder der Erneuerung von traditionellen Alleen und der völligen Neugestaltung differenziert werden. In beiden Fällen hat sich der Planer nicht nur mit öffentlichen Belangen des Denkmal- und Naturschutzes, sondern auch in der Folge mit einem umfangreichen Repertoire diverser Vorschriften, Festsetzungen, Auflagen und technischem Regelwerk auseinander zu setzen.[3]

Für die Auswahl der Gehölze, aber auch die entsprechende gestalterische Absicht ist insbesondere der vorgesehene Standort im besiedelten Bereich oder in der freien Landschaft entscheidungsrelevant. Während im Außenbereich in der Regel standortheimische Gehölze zum Einsatz kommen sollen, erschließt sich dem Planer im innerstädtischen Bereich ein größerer Handlungsspielraum bei der Artenauswahl. Abgesehen von der »freien« Artenwahl stellt der städtische Baumstandort allerdings hohe Anforderungen an Pflanze und Planer. Inmitten von Asphalt und Beton, zwischen Leitungstrassen und Kanälen bleibt meist nur noch 1 Quadratmeter über, auf dem sich der Baum wohl fühlen soll.

Grün ist geduldet, solange Alleen, Baumreihen oder Einzelbäume lediglich Abstands- oder Restflächen beanspruchen, solange keine Verschattung von Haus- und Garten eintritt, kein Blatt rauscht oder gar fällt, keine Blüte riecht, keine Frucht auf den öffentlichen Fuß- und Stellplatzflächen matscht, keine Wespe kommt und überhaupt das »Grünzeug weder Dreck, noch Ärger, noch Arbeit« macht. Es kommt hinzu, dass sich die aktuelle Grünplanung aufgrund wirtschaftlicher Zwänge derzeit oftmals auf die »Verhübschung« von Abstandsflächen, die Kaschierung planerischer Unzulänglichkeit und bestenfalls die ingenieurbiologische Behandlung landschaftlicher Wunden beschränken muss. Dieser sachliche Zynismus verdeutlicht die Problematik, mit der wir uns bei unseren planerischen Ansätzen heute befassen. Grundsätzlich ist daher insbesondere im bauleitplanerischen Prozess eine deutlichere Prioritätensetzung zu Gunsten der »grünen Fachplanung« einzufordern. Es ist weder zielführend noch im Ergebnis befriedigend, wenn der auf Langfristigkeit angelegten ästhetischen Gestaltung des Wohn- und Lebensumfeldes kein oder ein nur nachgeordneter bzw. unzureichender Einfluss auf den Entwurf und die Feinplanung im Städtebau zugestanden wird. Es spiegelt lediglich den Zeitgeist, ist aber nicht der planerischen Weisheit letzter Schluss, dass heute fast ausschließlich Fahrbahnbreiten, Abstands- und Schutzflächen sowie die Erfordernisse des »ruhenden Verkehrs« die wesentlichen Gestaltelemente des öffentlichen Raumes darstellen. Eine hochwertige und fundierte Grünplanung wie auch nachhaltige Ausführung in Baugebieten kann neben der Quantität pflanzlicher Elemente und Lebensräume auch deren Gestaltqualität unseres Lebensumfeldes bewirken.

Aufgrund und trotz vorhandener Sachzwänge wird dem Landschaftsarchitekten als zuständigem Grünplaner hier ein großes Maß an Kreativität und Verantwortung übertragen. In entscheidendem Maße sind also in der planerischen Praxis detaillierte gärtnerische Kenntnisse und raumgestalterische Fähigkeiten gefragt. Situationsbezogen ist jeweils die optimale gestalterische Form und gleichzeitig eine vegetationstechnisch funktionale wie unterhaltungseffektive Lösung zu finden. Diese wird für etliche nachfolgende Generationen gleichermaßen Lebensraum, Landschaftserleben und Naturerfahrung prägen.

Erfreulicherweise geht die Entwicklung der Technik bzw. Forschung mittlerweile neue Wege, indem Verfahren und Substrate entwickelt werden, mit deren Hilfe der Landschaftsarchitekt die Ansprüche und Qualität an Neupflanzungen deutlich verbessern und anwenden kann.[4] Neben den bislang klassischen Baumgruben aus verdichtetem Mutterboden, welche einem Blumentopf gleichen, ist es bereits vielfach üblich, große Teile angrenzender Tragschichten ohne Einbuße statischer Richtwerte als durchwurzelbaren Raum für die Bäume zur Verfügung zu stellen. Hierdurch wird nicht nur der Anwachserfolg erhöht, sondern u. a. ein wichtiger Beitrag für ein optimales Wachstum und die arttypische Entfaltung geleistet. Optimum der Vitalität bedeutet schlussendlich einen geringeren Aufwand in der Unterhaltung, wodurch in Zeiten knapper Kassen ein wichtiger Beitrag für den Fortbestand unserer innerstädtischen Alleesysteme geleistet wird.

Der geplante Regelwerksentwurf des Bundesverkehrsministeriums zu »Empfehlungen zum Schutz vor Aufprall auf Bäume« (ESAB) wird derzeit heftig diskutiert. Hierin vorgesehene Sicherheitsabstände führen nicht nur zu einer visuell veränderten Wahrnehmung zukünftiger Alleen, sondern

---

*Fachlich fragwürdige Schneitelung oberhalb der alten Schnittflächen, wodurch es zu einer unangemessen Veränderung der Gestaltungswirkung kommt*

[3] Exemplarisch: Erlasse des Bundesverkehrsministeriums (BMVBW) zu Pflanzungen an Verkehrswegen, Regelwerke und Merkblätter zur Pflanzung von Gehölzen im Bereich von Versorgungsträgern, örtliche Satzungen in Verbindung mit Bebauungsplänen, Regelwerke der FLL bis hin zu Landschaftsbaufachnormen die die Qualität der Gehölze oder deren konstruktiven Einsatz regeln. Letztere werden in naher Zukunft durch entsprechende ISO-Normen mit EU-weiter Geltung ersetzt (siehe z. B. DIN 18916 Pflanzen und Pflanzarbeiten).

[4] Vgl. insbesondere die Regelwerke und Gremien der FLL.

dürften ihre An- und Nachpflanzung durch nicht zur Verfügung stehende Flächen im Bereich der Straßenränder zukünftig weiter reduzieren oder nahezu ausschließen.

Inwieweit sich die heutige Gestaltung von Alleen im Hinblick auf ihre angestrebte Wirkung unterscheiden kann, zeigt der Vergleich von traditioneller Pflanzung und einigen Neuanlagen. Spielte seinerzeit etwa das Lichtraumprofil keine wirkliche Rolle, stellen heutzutage Stammhöhen von wenigstens 4,30 Meter bis zum Kronenansatz eine gängige Verwendungspraxis dar. Obwohl der Planer sich hier wiederum im Handlungsfeld normativer Vorgaben bewegt, wird sich hieraus resultierend zukünftig vermutlich eine eigenständige Formensprache entwickeln, die unseren Nachfahren die epochale Zugehörigkeit vermitteln wird. Insgesamt kann sich u. a. aus den veränderten Pflanzabständen oder der Zusammensetzung der Allee möglicherweise eine neue Formensprache planerischer Experimentierfreude ergeben, erinnert man sich beispielsweise an die anlässlich der EXPO 2000 in Hannover gepflanzte Allee der vereinigten Bäume, die in ihrer Artenzusammensetzung vollständig vom klassischen »Ideal« abweicht.

## Ausblick

Alleen als traditionelle Bestandteile von Gärten, Parks und Landschaften, im Städtebau an Wegen und Straßen der Städte und Siedlungen, bewegen sich derzeit nicht nur im Spannungsfeld zwischen Denkmalpflege und Naturschutz, sondern auch zwischen Ökonomie und Fragen der Sicherheit; letztlich sind sie aber auch ein Thema der Ästhetik. Unterschiedlichste Anforderungen gilt es für einen Landschaftsarchitekten, der gutachterlich oder planerisch tätig ist, zu berücksichtigen, um den vielfältigen Ansprüchen gerecht zu werden.

Derzeit stehen allerdings scheinbar besonders ökonomische Aspekte der Unterhaltung, aber auch die Auseinandersetzung mit aktuellen Sicherheitsfragen entlang von öffentlichen Straßen im Vordergrund. Die Gründe derartiger Diskussionen sind nachvollziehbar. Allerdings sollten wir uns im Klaren darüber sein, welche Qualitäten wir unter Umständen aufgeben, wenn wir nur noch technische Kriterien berücksichtigen, Qualität und Anmut aber weitgehend außer Acht lassen. Während die Optimierung der Gehölzstandorte ohne jede Frage weiter zu verbessern ist, da davon ausgegangen werden kann, dass die Urbanität zunimmt, sollten methodisch unverständliche Auflagen, beispielsweise zur ESAB, neu überdacht werden. Die Allee lebt von ihrem geschlossenen Charakter, der uns lenkt, Schatten spendet oder auch das Gefühl von Geborgenheit vermittelt. Hierbei handelt es sich vor allem um gestalterische Zielsetzungen, die sich selbst mit optimierten Standorten nicht erreichen lassen. Somit ist dieser Ausblick auch ein Plädoyer für die Vielfalt und Individualität unseres planerischen Handelns, bei dem Auflagen, Normen oder örtliche Satzungen lediglich Mittel zum Zweck sein sollten.

*Innerstädtische Alleeneupflanzung mit einem normgerechten Lichtraumprofil*

## Kurzbiografien

**Dr. Carl-August Agena, Ministerialrat,** geb. 1945. Studium der Rechts- und Sozialwissenschaften an den Universitäten Tübingen und Göttingen, Promotion 1973 zur Rechtsgeschichte an der Georg-August-Uni Göttingen, ab 1974 in der Niedersächsischen Landesverwaltung – Mitarbeiter des Gesetz- und Beratungsdienstes des Nds. Landtages, 1987–2005 Referatsleiter im Nds. Landwirtschaftsministerium, Justiziar. 1983–2000 Lehrbeauftragter für Nds. Landesrecht an der Hochschule für Verwaltungswissenschaften Speyer. Veröffentlichungen auf den Gebieten Naturschutz-, Bodenschutz-, Tierschutz- und Landwirtschaftsrecht.

**Dr. Heidemarie Apel,** geb. 1954 in Westrhauderfehn, Kr. Leer/Ostfriesland. Diplom-Biologin, Schwerpunkt Verhaltensphysiologie. Promotionsarbeit zum Thema Lernen und das Gedächtnis bei verschieden alten Mäusen. Weiterbildung zur Fachkraft für Umweltschutz. Danach u. a. Umweltschutzbeauftragte Gemeinde Scharnebeck, Lkr. Lüneburg und Teamverantwortliche im Umweltamt Stadt Detmold (Baumschutzsatzung). Seit 2000 Referentin der AG Umwelt der SPD-Bundestagsfraktion, u. a. zuständig für Klimaschutz, Luftreinhaltung, Chemikaliensicherheit, Lärm und Gesundheit. Mitglied der Alleenschutzgemeinschaft.

**Prof. Dr. habil. Hartmut Balder,** geb. 1954. Studium der Gartenbauwissenschaften an der Uni Hannover, Promotion und Habilitation dort am Inst. für Pflanzenkrankheiten und Pflanzenschutz. Danach 20 Jahre leitender Wissenschaftler im Pflanzenschutzamt Berlin, seit 2003 Professur für »Pflanzenschutz und Gehölzproduktion im urbanen Bereich« an der TFH Berlin im FB V (Life Sciences und Technology). Sein Interesse gilt den komplexen Zusammenhängen der Stressbelastung für Pflanzen in der Stadt bzw. dem urbanen Gartenbau. Zahlreiche Fachpublikationen.

**Dr.-Ing. habil. Eva Benz-Rababah,** geb. 1958. 1977–1983 Studium der Landespflege an der TU Hannover, Dipl.-Ing. 1983–1985 wiss. Mitarbeiterin am Inst. für Grünplanung und Gartenarchitektur (IGG) der Uni Hannover. 1985–1988 Promotionsstipendium der Studienstiftung des Deutschen Volkes. 1991 Promotion am FB Architektur der Uni Hannover über den Städtebauer Paul Wolf (1879–1957). 1992–1994 wiss. Mitarbeiterin am Inst. für Bau- und Kunstgeschichte, Uni Hannover, Forschungsprojekt zum Wiederaufbau Hannovers nach 1945. 1995–2003 wiss. Assistentin am IGG, Uni Hannover, und Abschluss der Habilitation zum Thema »Städtebauliche Leitbilder am Beispiel Hannovers im 20. Jahrhundert«. Seit Oktober 2003 Vertretung der Professur für Landschaftsarchitektur an der TU Dresden.

**Gerd Bollmann,** geb. 1943. 1957–1960 Gärtnerlehre in Nürnberg. Zehnjährige Zusammenarbeit mit Michael Maurer, davon acht Jahre Büroleitung (Maurers Baumpflege Nord). 1972 Meisterprüfung im Garten und Landschaftsbau. 1979 Gründung des Betriebes Baumchirurgie Bollmann, Präsenz in ganz Deutschland, 35 Mitarbeiter in den Unternehmen. 2000 Übergabe des Betriebes und Gründung des Baumsachverständigenbüros. Seit 1985 ö.bv Sachverständiger für Baumpflege, -chirurgie und -bewertung. 1997 Bundespreis des Handwerks. Gründungs- und Vorstandsmitglied der QBB (bis 2003), Mitglied in Fachverbänden und Arbeitskreisen z. B. FLL – ZTV-Baumpflege und Baumkontrolle.

**Dr.-Ing. E.h. Fritz Brickwedde,** geb. 1948. Studium der Geschichte, Politikwissenschaften und Publizistik in Münster, Magister Artium. Akademiedozent und Fachbereichsleiter am Franz-Hitze-Haus, der Akademie des Bistums Münster, später Leiter der Volkshochschule Georgsmarienhütte und Dezernent für Schule und Kultur, Landschaftspflege und Regionalplanung beim Landkreis Emsland. Sprecher der Nds. Landesregierung, Leiter der Presse- und Informationsstelle unter Ministerpräsident Dr. Ernst Albrecht. Seit Gründung der DBU am 1. März 1991 Generalsekretär der Stiftung. U. a. Vorsitzender des Bundesverbandes Deutscher Stiftungen, Mitglied des Stiftungsrates der Stiftung Internationales Begegnungszentrum St. Marienthal (Sachsen) und Vorsitzender des Kuratoriums der Stiftung »Fürst-Pückler-Park Bad Muskau« (Sachsen).

**Corinna Cwielag,** geb. 1967 in Magdeburg. Teilstudium der Medizin in Leipzig, Engagement in der DDR-Umweltbewegung, Umzug nach Mecklenburg, Ausbildung zur Kunsthandwerkerin, ehrenamtliche Mitarbeit in Bürgerinitiativen. Seit 1997 ist sie Landesgeschäftsführerin des BUND-Landesverbandes Mecklenburg-Vorpommern. Hier Entwicklung des Alleenschutzprojekts mit Alleen-Patenschaften aus der verkehrspolitischen Umweltarbeit des BUND.

**Dr. Annette Dorgerloh,** wiss. Mitarbeiterin am Kunstgeschichtl. Seminar, Humboldt-Universität Berlin (HUB). Mitarbeit Sonderforschungsbereich 644 »Transformationen der Antike«, Projekt zu Geschichtskonstruktionen in der Kunst und Gartenkunst um 1800 (Ltg. Prof. Dr. Horst Bredekamp). 1982–1987 Studium der Kunstgeschichte an der HUB. 1987–1991 wiss. Mitarb. Inst. für Ästhetik und Kunstwissenschaften, Akademie der Wissenschaften der DDR. Nach deren Auflösung Ende 1991 im Wissenschaftler-Integrationsprogramm tätig, seit 1994 am Kunstgeschichtl. Sem. der HUB. 1996 Promotion mit Thema Künstlerpaar Sabine und Reinhold Lepsius. Derzeit Abschluss der Habilitation zum Thema »Überdauern. Todesmetaphorik und Erinnerungskult im frühen Landschaftsgarten«. Forschung und Lehre zur Kunst des 17. bis 20. Jahrhunderts.

**Prof. Dr. Dirk Dujesiefken,** Gründer und Leiter des Inst. für Baumpflege, Hamburg. Lehre an der Hochschule für Angewandte Wissenschaft und Kunst (HAWK), Fakultät Ressourcenmanagement, Göttingen, und an der Schwedischen Uni für Agrarwissenschaften, Fachbereich Landschaftspflege und Gartenbau, Alnarp. Seit 1990 ö.bv Sachverständiger für holzbiologische Baumanalysen, Baumpflege und -sanierung der Landwirtschaftskammer Schleswig-Holstein.

**Dr.-Ing. Peter Fibich,** geb. 1968. 1990–1995 Studium der Landschaftsarchitektur an der TU Dresden, 1999 Promotion. 1998–2001 freiberufliche Tätigkeit als Fachjournalist, 2001–2004 wiss. Mitarbeiter an der Uni Hannover im Rahmen eines DFG-Forschungsprojektes zur Geschichte der Landschaftsarchitektur der DDR. Seit 2004 freischaffend als Gartenhistoriker und Gartendenkmalpfleger im Büro für Freiraumkonzepte, Bad Lausick. Zahlreiche Publikationen zur Geschichte der Landschaftsarchitektur im 20. Jahrhundert.

**Andreas Fischer,** geb. 1976 in Frankfurt/Oder. 1996/97 Studium »Umwelt- und Verfahrenstechnik« an der BTU Cottbus. 1997–2000 Lehre zum »Gärtner im Garten- und Landschaftsbau«. Seit 2000 Student an der FH Eberswalde, Studiengang »Landschaftsnutzung und Naturschutz«, derzeit Diplomarbeit. Seit 1994 Mitglied im NABU, ehrenamtliche Arbeit im Alleenschutz und in der Feldherpetologie. Teilnahme an mehreren Projekten bzw. Praktika im Naturschutz, insb. Vogelmonitoring auf Kalabrien (Italien) und auf der Insel Sylt (Biologische Station List).

**Prof. Dr. phil. Hubertus Fischer,** geb. 1943. Studium in München und Hamburg, wiss. Assistent und Assistenz-Professor an der FU Berlin, seit 1982 Professor für Ältere deutsche Literatur an der Uni Hannover, 1989–1993 Vizepräsident, Gastprofessor in Kairo und Posen. Beirat des Zentrums für Gartenkunst und Landschaftsarchitektur der Uni Hannover (CGL), Vors. der Theodor Fontane Gesellschaft. Bücher und Aufsätze zur deutschen Literatur, Geschichte, Landschaftswahrnehmung, Umweltbildung und Karikatur, zuletzt u. a.: (Hrsg.) Die Kunst der Infamie. Vom Sängerkrieg zum Medienkrieg, 2003; (Mitautor) Hochschule neu denken, 2004; (Hrsg.) Klosterfrauen, Klosterhexen. Theodor Fontanes »Sidonie von Borcke« im kulturellen Kontext, 2005; (Hrsg.) Fontane, Kleist und Hölderlin, 2005; Ritter, Schiff und Dame. Mauritius von Craûn: Text und Kontext, 2006; (Hrsg.) Renate Böschenstein: Studien zu Theodor Fontane, 2006; (Hrsg.) Bilder aus dem Bürger-Leben. Europäische Karikatur im Vor- und Nachmärz, 2006.

**Rainer Fischer**, geb. 1963 in Arnsberg/Westfalen. 1982–1989 Studium der Geographie an der Philipps-Universität Marburg, Diplom. 1990–1991 Angestellter am Umweltamt der Stadt Arnsberg (Projekt Stadtbiotopkartierung). 1992–1994 Angestellter bei der Landesgemeinschaft Naturschutz und Umwelt Nordrhein-Westfalen e.V. (LNU). Projekt Rote Umweltmappe NRW, seit 1994 Geschäftsführer der LNU. 2003–2005 Leiter der LNU-Projektgruppe »Alleen«.

**Silke Friemel**, geb. 1972 in Beckum. Geografin (M.A.), Studium in Berlin. Seit 2003 Leitung der Alleenaktivitäten des BUND-Landesverbandes Brandenburg, als stellv. Geschäftsführerin auch Ansprechpartnerin für die politischen Akteure im Alleen- und Baumschutz. Mitarbeit in der Schutzgemeinschaft Brandenburger Alleen, Betreuung von Alleen-Paten.

**Prof. Dr. Heinz-Detlef Gregor**, geb. 1941. Direktor und Professor am Umweltbundesamt, Leitung Fachgebiet für Schadstoffwirkungen auf Ökosysteme. Studium der Pharmazie und Biologie in Passau und an der FU Berlin, 1971 Promotion, 1977 Habilitation. Danach Forschungsprojekte an den Universitäten Santa Cruz/Kalifornien und Kyoto/Japan. Lehre über Ökophysiologie an der FU Berlin, Privatdozent am FB Chemie, Biologie, Pharmazie. Seit 2001 Chairman der »Working Group on Effects« (WGE) für die Ableitung ökologischer Belastungsgrenzen für die Konvention über weiträumige, grenzüberschreitende Luftverunreinigungen (»Luftreinhaltekonvention«) der UN-Wirtschaftskommission für Europa in Genf. Forschungen über ökologische Wirkungen, Umweltschäden und deren Vermeidung sowie Ursachen der Waldschäden.

**Heino Grunert**, geb, 1957. Studium der Landespflege und der Geschichte der Gartenkunst bei Prof. Dr. Dieter Hennebo an der Uni Hannover. Mehrjährige, freiberufliche Tätigkeit für die Berliner Gartendenkmalpflege. Seit 1993 wiss. Angestellter bei der Behörde für Stadtentwicklung und Umwelt der Freien und Hansestadt Hamburg als Gartendenkmalpfleger. Veröffentlichungen zu gartendenkmalpflegerischen Fragestellungen in Hamburg, Mitarbeit bei den Denkmaltopografien Zehlendorf und Harburg. Forschungsschwerpunkt Volksparke in Hamburg und die Reformbewegung in der Gartenkunst sowie der Einsatz geografischer Informationssysteme (GIS) in der Gartendenkmalpflege.

**Dietger Hagner**, 1997–2004 Studium der Landschafts- und Freiraumplanung an der Uni Hannover, Schwerpunkt Gartendenkmalpflege und Gartenkunstgeschichte. Praktika u. a. in der Gartendirektion der Stiftung Preußische Schlösser und Gärten Berlin-Brandenburg und bei der Deutschen Bundesstiftung Umwelt (DBU) in Osnabrück. Diplomarbeit über den Gartenkünstler Dr. Rudolph Siebeck (1812–1878). Seit Mitte 2005 Anstellung als wiss. Volontär in der Gärtenabteilung der Bayerischen Verwaltung der staatlichen Schlösser, Gärten und Seen in München.

**Rainer Herzog**, geb. 1949. Nach Gärtnerlehre Studium der Gartengestaltung und Landeskultur an der Humboldt-Universität Berlin und der Landschaftsarchitektur an der TU Dresden, Dipl.-Ing. 1976–1983 Leiter des Barockgartens Großsedlitz, 1986–1990 wiss. Mitarbeiter der Wilhelma Stuttgart. 1990–2005 stellv. Leiter, seit September 2005 Leiter der Gärtenabteilung der Bayerischen Verwaltung der staatlichen Schlösser, Gärten und Seen. Zahlreiche Veröffentlichungen zur Gartenkunstgeschichte und Gartendenkmalpflege, u. a. über Alleen in Sachsen und Bayern sowie »Alleen und Baumreihen« im Fachbericht »Pflege historischer Gärten« der Forschungsgesellschaft Landschaftsentwicklung Landschaftsbau e.V. (FLL).

**Prof. Dr. Ernst-Rainer Hönes**, geb. 1942 in Wolfstein/Pfalz. Studium der Rechtswissenschaft und Geschichte in Heidelberg und München. Erstes und zweites juristisches Staatsexamen. Promotion zum Dr. jur. an der Uni Mainz über »Die Untersuchung der Kulturdenkmäler«. 1974–2000 Referatsleiter Denkmal- und Kulturgüterschutz im Kulturministerium Rheinland-Pfalz. Seit 2000 Vorsitzender der AG Recht und Steuerfragen des Deutschen Nationalkomitees für Denkmalschutz. Honorarprofessor an der FH Mainz.

**Andreas von Hoeren**, geb. 1968. Nach Gärtnerlehre im Garten- und Landschaftsbau Studium der Landespflege an der Uni Hannover, Schwerpunkt Gartendenkmalpflege und Objektplanung, u. a. auch Mitwirkung am Forschungsprojekt über Stadtbäume und freie Mitarbeit in einem Landschaftsplanungsbüro in Hannover. Seit 2000 freischaffende Tätigkeit im eigenen Büro für gartendenkmalpflegerische Gutachten und Begleitung von Bauleistungen, u. a. Schlosspark Niederschönhausen Berlin, Schlosspark Rastede/Oldenburg und Klostergärten in Niedersachsen. 2002/03 Mitarbeit am Forschungsprojekt DBU »Entwicklung von Pflegekriterien zum Erhalt national wertvoller Parkanlagen« an der Uni Hannover. Ab 2005 Regionalbeauftragter des AK Historische Gärten der DGGL.

**Peter Jordan**, geb. 1936. Gärtner und Landschaftsarchitekt, ö.bv Sachverständiger für Gartenarchitektur, Garten- und Landschaftsbau, Fachmann für Gartendenkmalpflege. Studium »Gartendenkmalpflege« bei Christian Bauer. Angehöriger der Staatlichen Schlösserverwaltung Bayerns. Seit 1975 selbstständig. Mitwirkung u. a. in: Die Gartendenkmalpflege, 1985 hrsg. von Dieter Hennebo. Autor zahlreicher Parkpflegewerke mit Alleen-Bezug. Spezielle Alleen-Gutachten, u. a. Schwetzingen, Benrath, Bruchsal oder Dortmund. Monitoring-Beauftragter des AK Historische Gärten der DGGL e.V.

**Prof. Dr. Detlef Karg**, geb. 1945 in Ketzin/Havel. 1965–1980 Studium der Garten- und Landeskultur an der HUB, danach bis 1975 wiss. Mitarbeiter in den Staatlichen Schlössern und Gärten Potsdam-Sanssouci, Abt. Gärten. 1971–1975 außerplanmäßige Aspirantur an der TU Dresden, 1977 Promotion zum Dr.-Ing. über Terrassenanlagen in der ersten Hälfte des 18. Jahrhunderts in den deutschen Staaten. Ab 1975 Oberkonservator und ab 1987 Hauptkonservator und Leiter der Abt. Historische Garten- und Parkanlagen im Inst. für Denkmalpflege der DDR. Seit 1991 Landeskonservator und Direktor des Brandenburgischen Landesamtes für Denkmalpflege. 1994 Berufung zum Honorarprofessor an der FHS Potsdam und 1999 an der BTU Cottbus. Seit 1996 stellv. Vorsitzender der Vereinigung der Landesdenkmalpfleger, Leiter der AG »Fachliche Fragen« des Deutschen Nationalkomitees. Mitglied der Akademie der Künste Berlin-Brandenburg, Abt. Baukunst. Mitglied des Deutschen Nationalkomitees von ICOMOS. Ehrenbürger der Stadt Rheinsberg. 1985 Ehrung mit dem »Fritz-Schumacher-Preis« der Stiftung F.V.S. zu Hamburg und 1989 mit dem Architekturpreis Berlin/Ost. Zahlreiche Publikationen.

**Dr. Axel Klausmeier**, geb. 1965. 1984–1986 Lehre im Blumen- und Zierpflanzenbau, danach Studium der Kunstgeschichte. 1999 Dissertation über den engl. Architekten Thomas Ripley (1682–1758). 1999–2001 Volontariat in der Gartendirektion der Stiftung Preußische Schlösser und Gärten Berlin-Brandenburg. 2001–2006 wiss. Assistent am Lehrstuhl Denkmalpflege der BTU Cottbus, zahlreiche Publikationen zur Gartengeschichte und Kulturlandschaftspflege. Seit Mai 2006 Oberassistent am Lehrstuhl für Denkmalpflege und Bauforschung der ETH Zürich.

**Martin Kraft**, geb. 1953 in Niederwalgern bei Marburg. 1977 Beginn Biologiestudium Philipps-Uni Marburg, 1986 Promotion und 1999 Habilitation in Ornithologie/Ökologie. Derzeit freiberuflicher Gutachter und Hochschullehrer für Ornithologie im Fachgebiet Naturschutz an der Uni Marburg. Viele Exkursionen im In- und Ausland sowie zahlreiche Publikationen. Forschungsschwerpunkte sind Langzeitstudien bei Brutvögeln der Wälder und des Offenlandes sowie bei Zugvögeln und deren Bestimmung. Besonderer Schwerpunkt: die Auswirkungen der globalen Klimaveränderung auf die Vogelbestände.

**Bernd Krebs**, geb. 1940. Bundesgeschäftsführer a. D., seit Jahren (bis Dezember 2005) hauptberuflich in der Schutzgemeinschaft

Deutscher Wald (SDW, 1947 gegr.) tätig. Gründungsmitglied der Arbeitsgemeinschaft Deutsche Alleenstraße (ARGE e.V.), die 1990 in Zusammenarbeit mit der SDW begann, die einmaligen Alleen in den neuen Bundesländern zu kartieren. Seit 1992 Mitorganisator der »Deutschen Alleenstraße« von der Insel Rügen bis zum Bodensee, Vorstand der ARGE. Neben Tätigkeiten im Bereich Natur-, Landschafts- und Waldschutz ehrenamtliche kommunalpolitische Funktionen als Bürgermeister der Stadt Solingen und Fraktionsvorsitzender der CDU-Fraktion im Rat der Stadt Solingen, u. a. Vorsitzender des Beirates bei der Unteren Landschaftsbehörde der Klingenstadt im Bergischen Land.

**Ingo Lehmann,** geb. 1964, aufgewachsen in der Niederlausitz/Brandenburg. 1986 Abitur in Arnsberg/Westfalen. Danach bis 1991 forstliche Ausbildung mit Studium der Forstwirtschaft in Göttingen. Diplomarbeit 1989 in Nord- und Zentralkenia/Ostafrika, Dipl.-Ing. Seit Juli 1991 Tätigkeit im Umweltministerium Mecklenburg-Vorpommern, Abteilung Naturschutz und Landschaftspflege, maßgeblicher Aufbau des gesetzlichen Alleenschutzes und des Landesparkprogramms und deren Durchsetzung. Seit 2001 Vorsitzender der Alleenschutzgemeinschaft e.V. Seit 1989 jährliche private Studienaufenthalte in Kenia und England, seit 1994 Durchführung eines entomologisch-botanischen Forschungsprojektes in Zusammenarbeit mit kenianischen Behörden in fünf Küstenwäldern Südostkenias. Fachpublikationen auch international – einschließlich einer Monografie – in Südafrika, Kenia und Belgien.

**Prof. Dr. Hans Walter Louis, Ministerialrat LL.M.,** geb. 1984. Studium der Rechtswissenschaften an der Uni Göttingen. 1976–1982 wiss. Assistent am Lehrstuhl für Rechtswissenschaft der TU Braunschweig. 1981 Promotion im Steuerrecht an der Georg-August-Uni Göttingen. 1981/82 Studium an der School of Law der University of California/Los Angeles. Seit 1983 Dezernent bei der Bezirksregierung Braunschweig. 1990 Referent für Europarecht im Nds. Ministerium für Bundes- und Europaangelegenheiten, ab 1991 Referatsleiter im Nds. Umweltministerium für die Referate Klimaschutz, Rechtsangelegenheiten der Abfallwirtschaft und – heute noch – Naturschutzrecht, Eingriffsregelung, Umweltverträglichkeitsprüfung. Veröffentlichungen auf dem Gebiet des Umweltrechts, Schriftleiter der Zeitschrift Natur und Recht. Lehrbeauftragter für Umweltrecht an der Uni Hannover und der TU Braunschweig.

**Dr.-jur. Dieter Josef Martin,** geb. 1944. Studium der Rechtswissenschaften und der Betriebswirtschaft. Stadtverwaltungen in Amberg und Regensburg. 15 Jahre Direktionsmitglied des Bayerischen Landesamtes für Denkmalpflege, Stellv. des Generalkonservators. Seit 1994 Leitender Akademischer Direktor an der Uni Bamberg und selbstständiger Fachvertreter für Management und Recht der Denkmalpflege. Publikationen zu Themen der Verwaltungswissenschaften, Denkmalschutz und Denkmalpflege, u. a. Mitautor der Kommentare zu den Denkmalschutzgesetzen Bayerns, Berlins, Brandenburgs, Sachsens und Sachsen-Anhalts; Martin/Viebrock/Bielfeldt: Handbuch Denkmalschutz-Denkmalpflege-Archäologie, 1997 ff.; Eberl/Kapteina/Kleeberg/Martin: Entscheidungssammlung zum Denkmalrecht, 1997 ff.; Martin/Krautzberger: Praxishandbuch Denkmalschutz und Denkmalpflege, 2. Aufl. 2006; als Schriftführer Mitherausgeber des Handbuchs der Deutschen Kunstdenkmäler von Georg Dehio (20 Bde.).

**Dr.-Ing. Margita Marion Meyer,** aufgewachsen in Baden-Württemberg und Nordrhein-Westfalen. 1979–1981 Studium der Landwirtschaft an der TU München-Weihenstephan und 1982–1988 Studium der Landschaftsplanung an der TU Berlin. 1989–1991 NAFÖG-Promotionsstipendium, Forschungsaufenthalte in Paris. 1991–1993 wiss. Mitarbeiterin am Kunsthist. Inst. Kiel bei Prof. Dr. Adrian von Buttlar, Forschungsprojekt in Zusammenarbeit mit dem Landesamt für Denkmalpflege (Dr. Johannes Habich) »Historische Gärten in Schleswig-Holstein«. Seit 1993 Dezernentin für Gartendenkmalpflege beim Landesamt für Denkmalpflege in Kiel. 1994 Promotion zum Dr.-Ing. mit dem Thema »Natur als Symbol – Freiraum als Schein« bei Prof. Dr. Johannes Küchler, TU Berlin, und Prof. Dr. Christoph Hubig, Philosoph. Fakultät Leipzig. Zahlreiche Mitgliedschaften, u. a. seit 2004 in der Deutschen Akademie für Städtebau und Landesplanung (DASL) und seit 2005 Sprecherin AK Gartendenkmalpflege bei der VDL.

**Alexander Mühle,** geb. 1970 in Berlin. 1999 Studium der Umweltchemie in Merseburg, 2001 Studienfachwechsel und Studium der Politologie und Soziologie an der Berliner Humboldt-Uni, 1998 Diplom. Mitarbeit in einer Forschungsgruppe des Deutschen Historischen Museums Berlin. 2000/01 Büroleiter im Deutschen Bundestag für den Abgeord. Dietmar Schütz, seit November 2001 Büroleiter der MdB Gabriele Lösekrug-Möller. Seit 2002 in der Alleenschutzgemeinschaft.

**Dr. Meinhard Ott,** geb. 1949. Studierter und promovierter Forstmann. Bis 1997 in der forstlichen Forschung tätig mit den Spezialgebieten Waldinventuren, Nachhaltigkeitsplanung und Fernerkundung. Ab 1998 Referatsleiter Landnutzung in der Brandenburgischen Landesanstalt für Großschutzgebiete. Bis 2002 Lehrbeauftragter für das Fach Forsteinrichtung an der FH Eberswalde. Seit 2002 mit der Wahrnehmung der Geschäfte des Leiters im Naturpark Märkische Schweiz beauftragt. Ehrenamtlicher Vors. der Schutzgemeinschaft Deutscher Wald, Landesverband Brandenburg e.V.

**Heike Palm,** geb. 1958. Historikerin, seit 1990 im Bereich Gartengeschichte und Gartendenkmalpflege tätig, u. a. als wiss. Mitarbeiterin an der Uni Hannover und der TU Dresden, Quellenedition, Gutachten, Ausstellungen, redaktionelle Arbeit. Zahlreiche Publikationen über die Herrenhäuser Gärten, u. a. über die Geschichte der Alleen des Großen Gartens. Publikationen u. a.: Zur Erneuerung der Randallee im Großen Garten in Hannover-Herrenhausen, 1889–1894. Zeitgenössische Diskussionsbeiträge. In: Die Gartenkunst 3, 1/1991, S. 148 ff.; Die Alleen des Großen Gartens in Hannover-Herrenhausen. Ein Versuch der Annäherung an das historische Bild. In: Naturschutz und Denkmalpflege. Wege zu einem Dialog im Garten, hrsg. von Ingo Kowarik, Erika Schmidt, Brigitt Sigel. Zürich 1998 (Veröffentl. des Inst. für Denkmalpflege ETH Zürich, 18), S. 251–265.

**Prof. Dr. Jürgen Peters,** geb. 1959. 1979–1981 Lehre als Landschaftsgärtner in Hamburg. 1981–1982 Geselle im Garten- und Landschaftsbau in Buchholz/Nordheide. 1982–1988 Studium am FB Landschaftsentwicklung der TU Berlin. 1989–1994 wiss. Mitarbeiter an der TU Berlin, FG Landschaftsbau (Prof. Hallmann). 1992–1997 Gründung und Mitgesellschafter des Planungsbüros ALV (Architektur, Landschaftsplanung, Verkehrsplanung) in Angermünde und Berlin. 1996 Promotion an der TU Berlin zum Thema »Alleen und Pflasterstraßen« in Brandenburg. Nach Lehrauftrag an der FH Neubrandenburg für das Fach »Planung in ländlichen Gemeinden« 1996 Berufung zum Professor für Landschaftsplanung, Raum- und Siedlungsplanung an der FH Eberswalde, seit 2002 für Landschaftsplanung und Regionalentwicklung.

**Erwin Pfeiffer,** geb. 1959 in Exlarn im Bayrischen Wald. Studium der Geographie, Städtebau und Raumplanung an der TU München. Anschließend beim ADAC tätig, hier im Fachbereich Camping in nationalen und internationalen Gremien zuständig. 1992 Leitung Bereich Informationsservice Vertrieb, verantwortlich für die Neustrukturierung der touristischen Vertriebswege im ADAC mit knapp 200 Geschäftsstellen, außerdem für das gesamte touristische Schulungsangebot. Seit 1997 für das ganze Dienstleistungsspektrum der ADAC Clubtouristik mitverantwortlich (u. a. Routenplanung, TourSet, ADAC Jahresgabe und touristische Online-Services. Mitglied des AK Tourismus der Industrie- und Handelskammer (IHK) München, im Fachbeirat der Bayern Tourismus Marketing GmbH und im Forschungsbeirat des Dt. WiWiss. Inst. für Fremdenverkehr e.V. an der Uni München (dwif). Seit April 2004 zweiter Vorstand der AG Deutsche Alleenstraße e.V.

**Prof. Dr. Harald Plachter,** Ökologe, 1978–1990 Leiter des Referates für Artenschutz und Grundlagen des Biotopschutzes beim Bayerischen Landesamt für Umweltschutz, Erstellung des Bayerischen Arten- und Biotopschutzes. Seit 1990 Professur für Naturschutz an der Philipps-Uni Marburg, dort Aufbau des Hauptfaches Naturschutz. Wiss. Schwerpunkte: Bedeutung natürlicher dynamischer Prozesse, Raum-Zeit-Struktur von Tierpopulationen und

Entwicklung von Naturschutzzielen für agrarisch geprägte Kulturlandschaften. Zuvor in zahlreichen Gremien ehrenamtlich tätig, u. a. im Welterbekomitee der UNESCO, in der deutschen UNESCO-Kommission, im deutschen Nationalkomitee »Man and the Biosphere«, in der World Commission on Protected Areas der World Conservation Union IUCN sowie in verschiedenen wiss. Beiräten.

**Dr. Michael Rohde,** geb. 1959 in Leer/Ostfriesland. Gärtner (Baumschule), Volontär beim National Trust in Stourhead/England, 1990 Dipl.-Ing. Landespflege (Uni Hannover), 1993 Assessor der Landespflege (zweites Großes Staatsexamen). 1993–2000 freischaffend als Landschaftsarchitekt (Parkpflegewerke). 1994–2004 neben Gutachtertätigkeit hauptamtlich Lehre und Forschung zur Gartenkunstgeschichte und Gartendenkmalpflege am Inst. für Grünplanung und Gartenarchitektur der Uni Hannover, dort 1998 Promotion zum Dr. rer. hort. Seit Dezember 2004 Gartendirektor der Stiftung Preußische Schlösser und Gärten Berlin-Brandenburg. Letzte Buchpublikationen: »Historische Gärten heute«, mit Rainer Schomann, 2003, sowie »Marketing für Gärten und Schlösser«, mit Arno Brandt und Wilken von Bothmer, 2004.

**Achim Röthig,** geb. 1949. Freier Landschaftsarchitekt BDLA. Studium der Landespflege an der FH Wiesbaden. Seit 1974 angestellter Architekt und seit 1982 freier Mitarbeiter im Büro der Garten- und Landschaftsarchitekten Rose und Gustav Wörner in Wuppertal, 1996 Übernahme des Büros mit neuem Standort in Haan/Rheinland. Mitglied im AK Historische Gärten der DGGL, Regionalbeauftragter NRW für den Bereich Ruhrgebiet. Neben Objektplanungen insb. gartendenkmalpflegerische Projekte und Gutachten (einschl. Erhaltung bzw. dem Neuaufbau von Alleen) als lange Bürotradition.

**Verena Sautter,** geb. 1974 in Reutlingen. Studium der Rechtswissenschaften in Tübingen, Referendariat am Oberlandesgericht Brandenburg. Seit Dezember 2001 Justitiarin des Brandenburgischen Landesamtes für Denkmalpflege und Archäologischen Landesmuseums, Mitglied in der Arbeitsgruppe Recht und Steuerfragen des Deutschen Nationalkomitees für Denkmalschutz.

**Jens Scheffler,** geb. 1974 in Dresden. Zivildienst Landeskulturbrigade Dresdner Heide im Forstamt Dresden-Klotzsche. Studium der Landschaftsarchitektur an der TU Dresden, Fakultät Architektur, Dipl.-Ing. Volontär der Staatlichen Schlösser, Burgen und Gärten Sachsen, Gartenabteilung. Freiberufliche Tätigkeit, u. a. Friedhofsinventarisierung Gemeinde Kloster Lehnin, denkmalpflegerisches Gutachten Tiergarten Gutshof Zernikow. Zurzeit Referent für Parkanlagen und Gartendenkmalpflege bei der Stiftung Thüringer Schlösser und Gärten.

**Rainer Schomann,** geb. 1958 in Oldenburg/Niedersachsen. Gärtnerausbildung im Ammerland. Studium der Landespflege an der Uni Hannover, Dipl.-Ing. Seit 1987 Inventarisation historischer Gärten im Auftrag des Senators für Stadtentwicklung und Umweltschutz in Berlin. Seit 1991 Leitung des Fachgebietes Gartendenkmalpflege beim Nds. Landesamt für Denkmalpflege. 1997–2000 Lehrauftrag zum Thema Gartendenkmalpflege an der Uni/Gesamthochschule Paderborn. Mitgliedschaft der AG Gartendenkmalpflege der Vereinigung der Landesdenkmalpfleger in der Bundesrepublik Deutschland, dort 2000–2004 Sprecher der AG Gärten. Seit 2005 Lehrauftrag für das Fach Gartendenkmalpflege am Inst. für Grünplanung und Gartenarchitektur der Uni Hannover. Als Gartendenkmalpfleger diverse Publikationen.

**Prof. Dr. Michael Seiler,** geb. 1939. Studierte Geodäsie und Garten- und Landschaftsgestaltung an der Techn. FH und der TU Berlin, jeweils mit Diplom-Abschluss. 1979 Leiter, später Oberkustos der Pfaueninsel. 1987 Promotion über die Geschichte des Landschaftsgartens Klein-Glienicke. Seit 1989 Honorarprofessor der FU Berlin. 1993–2004 Gartendirektor der Stiftung Preußische Schlösser und Gärten Berlin-Brandenburg (SPSG). 2000 Verleihung des Friedrich-Ludwig-von-Sckell-Ehrenringes durch die Bayerische Akademie der Schönen Künste. Seit dem 1. Dezember 2004 außer Dienst. Zahlreiche Veröffentlichungen zur Geschichte des Landschaftsgartens und zur Gartendenkmalpflege, darunter die Bücher: Das Palmenhaus auf der Pfaueninsel; Insel Potsdam; Pfaueninsel Berlin; Inszenierte Landschaften; zudem wiss. Kataloge des SPSG: Nichts gedeiht ohne Pflege, 2001, und Preußisch Grün, 2004. Umfängliche Vortragstätigkeit im In- und Ausland.

**Frank Szymanski,** geb. 1956. 1974–1978 Studium, Diplomlehrer für Geschichte und Deutsch an der Pädagogischen Hochschule Potsdam, 1978–1984 Fachlehrer an der Polytechn. Oberschule Cottbus, 1984–1988 Fachlehrer Abiturstufe (Aufenthalt in Bulgarien), 1989–1991 Direktor der 24. Polytechn. Oberschule Cottbus, 1991–1998 Schulleiter der 8. Gesamtschule Cottbus. 1991–1994 Erweiterungsstudium Politische Bildung am Pädag. Landesinst. Brandenburg, FU Berlin. 1993–1998 Mitglied der Stadtverordnetenversammlung Cottbus, SPD-Fraktion und Vors. des Ausschusses für Bildung, Jugend und Sport. 1994–1998 Vors. der SPD-Fraktion in der Stadtverordnetenversammlung Cottbus. Dezember 1998 Staatssekretär im Ministerium für Bildung, Jugend und Sport. Januar 1999 Koordinator der Landesregierung bei der Umsetzung des Handlungskonzeptes »Tolerantes Brandenburg«. September 2003 Minister für Stadtentwicklung, Wohnen und Verkehr in Brandenburg.

**Karl Georg Tempel, Regierungsdirektor,** Dipl.-Pol., geb. 1947 in Bad Dürkheim. 1968–1973 Studium der Politikwissenschaft an der FU Berlin, 1973–1977 Mitarbeit am Wissenschaftszentrum Berlin, 1978–1989 wiss. Angestellter beim Umweltbundesamt, 1990–1993 Referent im Bundesministerium für Umwelt, Naturschutz und Reaktorsicherheit (BMU), 1993 Fellow German Marshall Fund, 1994–1999 Referatsleiter für »Umwelt und Tourismus« im BMU, seit 1999 Referatsleiter für Öffentlichkeitsarbeit im BMU in Berlin, Betreuung der »Alleenkampagne« seit 2002. Publikationen u. a.: Die Berliner Erklärung zu Biologischer Vielfalt und Nachhaltigem Tourismus sowie zu Nachhaltiger Tourismus: Zur Karriere eines Themas auf der globalen Bühne der Umwelt- und Entwicklungspolitik.

**Elke Thiele,** Ausbildung als PR-Beraterin, Mitarbeiterin einer internationalen Agentur, Betreuung von Kommunikationskampagnen verschiedener Ministerien, Verbände und Unternehmen, Marketing, Umsetzung von Sponsoringmaßnahmen, mehrjährige Arbeit für eine australische Tageszeitung. Gründerin von SIEBENGRÜNDE – Büro für Kommunikation, Konzeption & Organisation der Alleen-Fan-Kampagne im Auftrag des Bundesumweltministeriums. Weitere Themen: Umwelt, Kunst, Kultur, IT/TK und Regionenmarketing. Freie Dozentin der University of Management and Communication der FH Potsdam.

**Lutz Töpfer,** geb. 1970. Studium der Geschichte, Anglistik und Philosophie in Mainz, Boston/Mass. und Bonn, Magister Artium. Mitarbeiter im »Haus der Geschichte der Bundesrepublik Deutschland«, Bonn, Unterrichtstätigkeit in Bonn und Köln. Seit Mai 2004 Mitarbeit im Referat »Umwelt und Kulturgüter« der Deutschen Bundesstiftung Umwelt, inzwischen als Referatsleiter.

**Dr. Jörg Wacker,** geb. 1960. 1978–1980 Lehre zum Landschaftsgärtner in Potsdam. 1980–1985 Studium der Landschaftsarchitektur an der TU Dresden, Dipl.-Ing. 1986–1988 postgraduales Zusatzstudium »Architekturbezogene künstlerische Gestaltung« an der Hochschule für Bildende Künste Dresden. Seit 1988 wiss. Mitarbeiter bzw. Kustos für Gartendenkmalpflege der Gartendirektion der Staatlichen Schlösser und Gärten Potsdam-Sanssouci bzw. der Stiftung Preußische Schlösser und Gärten Berlin-Brandenburg. Seit 2002 Vertreter des Gartendirektors. 2004 Promotion über Georg Potente (1876–1945) und seine Entwicklung vom Gartengestalter zum Gartendenkmalpfleger in Potsdam-Sanssouci an der Universität Potsdam. Zahlreiche Veröffentlichungen zur Gartenkunstgeschichte und Gartendenkmalpflege.

**Dr. habil. Clemens Alexander Wimmer,** Dipl.-Ing. Dr. rer. hort. habil., Gartentheoretiker, Gartenpraktiker, Gartenschriftsteller, Gartenbesitzer in Potsdam.

## Ortsverzeichnis Alleen

Deutsche und andere Orte mit Hinweisen zur Entwicklung, Bedeutung und Pflege von Alleen unter Berücksichtigung von Text, Fußnoten und Abbildungen

Aachen 111
Ahrensburg 236
Alt-Barenaue 136
Altenhof 120
Altenstein 171
Alterschrofen 161
Alt-Ventschow 92
Amsterdam 73
Angermünde 100
Annenwalde 180
Ansbach 158, 160
Arles 74
Ascheberg 122
Athen 52
Aurich 134

Bad Doberan 124, 127
Baden-Baden 114
Bad Homburg 166
Bad Lauchstädt 203
Bad Muskau 32, 200, 207
Bad Pyrmont 134, 137
Bad Salzdetfurth 239
Basedow 50, 51
Bassum 132
Beeskow 104
Bergholz 178
Berlin 15, 18, 23, 33, 35, 37, 40, 41, 44–46, 114, 139, 140, 165, 173, 223
– Charlottenburg 19, 28, 32, 140, 141, 143, 201
– Glienicke 60, 139, 143
– Tiergarten 31, 55, 56, 72–74, 195
Bonn 111, 148
Branitz 60, 63
Braubach 96
Braunschweig 35, 115
Bremen 114, 165
Brown 23
Brühl 27, 58, 59, 79, 80, 196
Brüssel 20, 70

Claremont 23
Clemenswerth 26, 137

Damitzow 180
Danzig 64, 65
Darmstadt 114
Delling 158
Den Haag 18
Densow 180
Dessau 62
– Wörlitz 23, 169, 197
Dornum, Schloss 214
Dortmund 34
Dreilinden, Jagdschloss 75
Dresden 18, 43, 45, 47, 48, 96, 110, 150–153, 203
– Pillnitz 20, 150, 151, 203
Duderstadt 95, 137
Durlach 23, 173
Düsseldorf 166

– Benrath 56, 147
Dyck, Schloss 147, 148

Eaton Hall 16
Einbeck 115
Eisenhüttenstadt 100
Elswoud 69, 73
Elvaston 23
Emkendorf 120
Enghien 20
Envords 75
Eutin 26, 27, 122, 195

Feldafing 34, 35
Fertöd 53
Flensburg 123
Florenz 14, 24, 53, 164, 165
Frankfurt a. M. 195
Frankfurt a. d. Oder 23, 173
Freiham 159
Friederickenberg 172
Friedrichsmoor 127

Garz 101
Gitschin 15, 20
Glücksburg 118
Gnies 127
Goeree-Overflakkee 70
Göllersdorf 26
Gollmitz 178
Goslar 95
Göttingen 65, 66
Granada 164, 165
Graz 20
Greifenstein, Burg 156
Greiz 200
Griebenow 126
Grohnde 115
Großenlupnitz 116
Großhennersdorf/Oberlausitz 150
Groß Molzahn 98
Großsedlitz 26, 150, 202, 205, 206
Gudow 119, 168
Gusow 68
Gustow 96
Güstrow 127, 129

Hagenburg 23
Halberstadt 86
Hamburg 18, 31, 36–39, 64, 114, 166, 194, 195, 217
– Altona 17
– Ohlsdorfer Friedhof 114
Hampton Court 20, 53
Hannover 43–46, 49, 115, 134, 173, 237, 241
– Herrenhausen 25, 26, 136, 197, 198, 212, 213
Haustenbeck 148
Havelberg 115
Heilbronn 112
Heiligendamm 124

Heiligenstadt 156
Hellbrunn 16, 20
Het Loo 20, 26
Heverlee 20
Himmelkron, Jagdschloss 158
Hochmutting 159
Hohenlohe 112
Hohenschwangau 161
Hohen Viecheln 131
Hoogeveen 73
Hugoldsdorf 124
Hundisburg 197

Ilford 23
Isenburg 195

Jena 91, 108, 109
Jersbek 119, 234, 236
Johannistal 145

Karlsruhe 23, 53, 96, 114
Kasnevitz 101, 125
Kassel 16, 25, 72, 110
Kiel 118, 123
Kirchheilingen 116
Kirchheim 112
Kletkamp 123
Kleve 18, 53, 147–149
Klütz 56, 131
Köln 43
– Melaten-Friedhof 79, 80
Kornsand 167
Köthen 24, 25
Krageholm 20
Krembz 62, 63
Kulmbach 156
Kyritz 104

Lalendorf 126
Langensalza 116
Ledreborg 16
Leer-Loga 134, 135
Leipzig 23, 37, 54, 73
Lichtenwalde 202
Linderhof 35
Lohmen 152
London 17, 41
Lübeck 121, 122
Lucklum 134
Ludwigslust 54, 71, 117, 126, 130
Lützow 99

Machern 29, 30
Mahlendorf 179
Mainz 166
Mala 151
Malchow/Poel 126
Manchester 23
Marga 201
Marktoberdorf 160
Marly 19
Meddersheim 115

Meiningen 96
Memmingen 160, 161
Merxheim 115
Middachten 34
Middelharnis 64, 70
Milkersdorf 63
Mindelheim 89
Moritzburg 96, 150, 155
München 34, 110, 111, 161
– Maxvorstadt 33
– Nymphenburg 26, 27, 30, 157
Murnau 159

Nauen 104
Nauheim 200
Neustrelitz 129
Niederschönhausen 16, 140, 143
Nienburg/Weser 112, 113, 132
Nuenen 73

Oesterholz, Jagdschloss 148
Oldenburg 132, 135
Oranienburg 173
Ortenburg 161
Osnabrück 93
Overveen 69, 73

Papenburg-Aschendorf 215
Paretz 68
Paris 200
– Champs-Elysées 16, 18
Picher 111
Pipping 16, 157
Pirna 115
Plauen 96, 113, 155
Plüschow 101
Pokrent 22, 23, 130
Polßen 181
Potsdam 15, 16, 60, 139, 144, 207
– Babelsberg 143, 145, 207
– Neuer Garten 31, 142–144

– Sanssouci 23, 30, 141, 142, 204
Pritzier 82
Probsteierhagen 87
Putbus 125–127

Reichenau 96, 97
Reichenbach 33
Remplin 126, 196, 236
Renzow 22, 23, 130
Rheinsberg 30, 54, 55, 57, 95, 142, 191, 192, 204, 205, 208, 209
Rivoli 16
Rom 14, 15, 20, 37, 70, 200
Rosenheim 73
Rosenstein 71
Rothemühl 82
Rudolstadt
Rügen 76, 101, 115, 127, 130, 131
Rühstädt 182
Ruurlo 199
Sahlis 202
Salzburg 15
Schenkendorf/Neumark 15
Scheveningen 18
Schleißheim 17, 26, 157, 158
Schönberg 127
Schwangau 116, 161
Schwarzburg 173
Schwedt 104
Schwerin 126, 127, 129, 199, 206
– Friedrichsthal 8, 101, 131
Schwetzingen 30, 173, 210, 211
Seefeld 158, 159
Seestermühe 121
Sellin 95
Senne, Truppenübungsplatz 148
Sens 23
Sielbek 119
Springe 135
Starnberg 158, 161
Stöckersoll 50, 51

Stowe 23
Stralsund 127
Stuttgart 112
– Hohenheim 160

Tating 121, 122
Teltow 110
Thyrow 57
Tivoli 16, 71
Tobertitz 155
Torgau 151, 154
Tribsees 128
Trier 115, 170
Triesdorf 160

Übigau, Schloss 151
Ulrichshusen, Schloss 92

Veckerhagen 186
Veitshöchheim 28, 160
Venedig 164
Versailles 25, 53, 193
– Grand Trianon 190

Waiblingen 112
Wannsee 74
Wegendorf 104
Weimar 207
Weißenstein 30
Werneck 26
Wien 21, 27, 34
Wittenberg 95
Wolfenbüttel 236
Wolkenburg 150
Wöpkendorf 128
Wrisbergholzen 132, 133

Zernikow 61
Zülow 87
Zwickau 199, 200

## Bild- und Rechtenachweis

ADAC, München: S. 95, 97
Archiv der Hansestadt Lübeck: S. 121
Archiv Hennebo: S. 172, 198
Archiv Metternich, Adelebsen: S. 59
Balder, Prof. Dr. Hartmut, Berlin: S. 223, 225 oben, Mitte, Mitte, unten, 226 oben links und rechts, unten, 227 oben und unten, 229, 230, 232
Bayerische Verwaltung der Staatlichen Schlösser, Gärten und Seen, Plansammlung und Gärtenabteilung, München: S. 27 (Mü 01-05-4), 28 (VH 01-05-5), 33 oben (Mü 10-05-2), 34 (FE 01-05-10), 35 (LI 01-05-7)
Behörde für Stadtentwicklung und Umwelt (BSU), Stadtgrün und Erholung, Hamburg: S. 38 oben

Bollmann, Gerd, Ellerau: S. 234, 236 oben, 237
BUND M-V. e.V., Schwerin (Corinna Cwielag): S. 99, 101
Bundesministerium für Umwelt, Naturschutz und Reaktorsicherheit, Berlin: S. 88
DBU/PUNCTUM Fotografie, Leipzig: S. 93
Degle, Michael, München: S. 116, 159 oben
Deichmann, Christel, Holthusen: S. 87
Dreger, Hans-Joachim, Berlin: S. 178, 181
Dujesiefken, Prof. Dr. Dirk, Hamburg: S. 217, 218, 219, 220, 221
Edelmann, Lutz: S. 150
Fibich, Peter, Bad Lausick: S. 203 rechts, 206 rechts, 207, 209

Fichtl, Ludwig, Mindelheim: S. 89 oben
Fischer, Prof. Dr. Hubertus: S. 65, 66, 68, 69
Geheimes Staatsarchiv Preußischer Kulturbesitz, Berlin, Plankammer, Kartensammlung Abt. VI: S. 138 (Nr. 360)
Graphische Sammlung/Plankammer, Rheinsberg 41: S. 192
Gutsarchiv Ascheberg: S. 122 unten
Hagner, Dietger, München: S. 159 unten
Hartmann, Dr. Günter, Hardegsen: S. 231 oben und unten
Heimes, Michael, Trier: S. 170
Heinrich, Dr. Wolfgang, Jena: S. 91, 108/109
Herzog, Rainer, München: S. 156, 158
Historisches Museum am Hohen Ufer, Hannover: S. 26
Hoeren, Andreas von, Bad Salzdetfurth: S. 239 links und rechts, 240, 241
Holz, Dr. Rainer, Greifswald: S. 2, 188/189
Hönes, Prof. Dr. Ernst-Rainer, Mainz: S. 165
Institut für Regionalentwicklung und Strukturplanung Erkner, Wiss. Sammlung (Jürgen Rentsch, Potsdam): S. 204
Karg, Detlef, Berlin: S. 57
Klausmeier, Dr. Axel, Zürich: S. 58, 63
Kobes, Prof. Dr. Lutz, Göttingen: S. 186
König, Marko, Bad Hersfeld: S. 78 links
Landesamt für Denkmalpflege Kiel (Friedhelm Schneider): S. 119, 120, 122 oben, 123
Landesamt für Denkmalpflege Sachsen, Dresden, Bildarchiv: S. 154, 206 links
Landesamt für Umwelt und Natur Schleswig-Holstein, Kiel (Ulrich Mehl): S. 168
Landesarchiv Berlin Pr. Br. Rep. 42, Plankammer III/5: S. 140
Landesgemeinschaft Naturschutz und Umwelt NRW, Arnsberg-Hülsen (Michael Sondemann): S. 148 links
Landesmedienzentrum Karlsruhe: S. 210 unten
Lehmann, Ingo, Hansestadt Wismar: Umschlag Vorder- und Rückseite, S. 8, 12/13, 22, 50/51, 56 unten, 82 links und rechts, 84/85, 92 links und rechts, 96, 98, 111, 112, 117, 124, 128, 129, 130, 131, 162/163, 175, 176, 235, 236 unten
Luftbildarchiv Landesbetrieb Geoinformation und Vermessung der BSU, Hamburg: S. 38 unten, 39
LVR Rheinisches Amt für Denkmalpflege (Jürgen Gregori): S. 166
Matthesius, Anke: S. 151
Peters, Prof. Dr. Jürgen, Eberswalde: S. 106, 107
Plachter, Prof. Dr. Harald, Wetter: S. 76
Rohde, Dr. Michael, Potsdam: S. 53, 196 oben und unten, 197, 199, 201 oben und unten
Röthig, Achim, Haan: S. 147, 148 rechts
Ruße, Johannes, Saarlouis: S. 89 unten
Sächsische Landesbibliothek – Staats- und Universitätsbibliothek, Abt. Deutsche Fotothek, Dresden: S. 40, 41 oben und unten, 42, 44, 45, 47 oben und unten, 48, 203 links, 205
Schäf, Mathias, Heidelberg: S. 78 oben und unten
Scheffler, Jens, Dresden: S. 152
Schomann, Rainer, Hannover: S. 133 oben, Mitte, unten, 134, 135 links, rechts oben und unten, 136, 212, 213, 214, 215
Seiler, Prof. Michael, Berlin: S. 61, 143 oben
Simonsen, Michael: S. 155
Spuhn, Claus-Peter, Prenzlau: S. 180
Staatliche Graphische Sammlung, München: S. 157 (Inv. Nr. 46922)
Staatsbibliothek Preußischer Kulturbesitz, Berlin, Kartenabteilung: S. 125 (Nr. 374), 139 (Nr. 5435/10–7)
Stadtarchiv Zwickau: S. 200
Stadtmuseum Berlin: S. 195 (Inv. Nr. VII 59/770x)
Steinfeld, Joachim, Berlin: S. 86

Steinhausen, Friedemann: S. 100
Stiftung Fürst-Pückler-Museum Park und Schloss Branitz (mit frdl. Genehmigung des Earl of Leicester, Holkham Hall, Norfolk, England): S. 60
Stiftung Preußische Schlösser und Gärten Berlin-Brandenburg, Plankammer, Plansammlung, Potsdam: S. 31, 33 unten (Nr. 36 18), 55 (Rheinsberg, Nr. 10019), 56 oben (Tiergarten, Nr. 3594), 142 (Nr. 7416), 144 oben (Nr. 3639), unten (Nr. 3350), 145 (Nr. 7012), 191 (Nr. 9241)
Swientek, Sabine (SPSG): hintere Klappe
Szymanski, Frank, Potsdam: S. 103 links und rechts, 104, 105
Verlagsarchiv: S. 54
Volkmann, Torsten, Lehnin: S. 182
Wacker, Jörg: S. 143 unten
Wagner, Manfred, Gemeinde Augustdorf: S. 148 unten
Wertz, Hubert, Ettlingen: S. 210 oben
Wimmer, Dr. Clemens Alexander, Potsdam: S. 17

© The Munch Museum/The Munch Ellingsen Group/VG Bild-Kunst, Bonn 2006: S. 75 oben


Folgende Abbildungen wurden entnommen:

Aus: Architektur und Städtebau der fünfziger Jahre, hrsg. vom Deutschen Nationalkomitee für Denkmalschutz. Bonn 1990: S. 47 oben und unten
Aus: Carl Blechen. Zwischen Romantik und Realismus. Ausst.-Kat. hrsg. von Peter-Klaus Schuster. Nationalgalerie Staatliche Museen zu Berlin 1990: S. 72
Aus: »Der kleine Reaktionär«, Ritter A. J. M. Itzig, 1862: S. 68
Aus: Der Städtebau 9, 1912, Tafel 28: S. 40
Aus: Der Wohnungsbau in Deutschland nach dem Weltkriege. München 1928, S. 526: S. 41
Aus: »Es sind das freilich Schattenspiele«. Eine Lichtenberg-Topographie in Bildern, bearb. von Horst Gravenkamp und Ulrich Joost. Göttingen 1990, S. 91: S. 66
Aus: Königliche Überbaudirektion zu Berlin 1824: Anweisung zur Anlegung, Unterhaltung und Instandsetzung der Kunststraßen. Berlin: S. 173
Aus: Marian, Matthäus / Zeiller, Martin: Topographia Superioris Sxoniae. Thüringiae, Misniae, Lasatiae etc. Frankfurt a. M. 1650: S. 24
Aus: Max Klinger 1857–1920. Druckgraphik, Ausst.-Kat. hrsg. vom Institut für Auslandsbeziehungen, Stuttgart 1987: S. 75 unten
Aus: Max Liebermann – Jahrhundertwende. Ausst.-Kat. hrsg. von Angelika Wesenberg, Nationalgalerie Staatliche Museen zu Berlin 1997, S. 208: S. 69, 74
Aus: Mittelstädt, Kuno: Vincent van Gogh. Berlin 1981, S. 27: S. 73
Aus: Morawinska, Agnieszka: Polnische Malerei. Von der Gotik bis zur Gegenwart. Warschau 1984, Tafel 16: S. 65
Aus: Munch und Deutschland. Ausst.-Kat. Nationalgalerie Staatliche Museen zu Berlin 1997, S. 187: S. 75 oben
Aus: Pietsch, J. / Kretzmar, G. / Grau, R.: Fußgängerbereiche in Stadtzentren. In: Landschaftsarchitektur 3. H. 1, 6. 1974: S. 48
Aus: Schneider, Norbert: Geschichte der Landschaftsmalerei. Vom Spätmittelalter bis zur Romantik. Darmstadt 1999, S. 149: S. 70
Aus: Stadtmitte Hannover, hrsg. von der Aufbaugemeinschaft Hannover e.V. Hannover 1949: S. 45
Aus: Theatrum Europaeum. Bd. 16., 1717, S. 250: S. 141
Aus: Ritter, Carl. Anleitung zur Verschönerung der Landgüter und Landschaften nach englischer Art. Wien 1839: S. 32
Aus: Wolf, Paul: Wohnung und Siedlung. Berlin 1926: S. 42, 44